河北省文物考古研究院
唐山市文物古建研究所
滦州市文物管理所
/ 编著

马小飞
/ 主编

张春长　刘连强
/ 副主编

河北滦县韩新庄瓮棺葬考古发掘报告

上海古籍出版社

图书在版编目（CIP）数据

河北滦县韩新庄瓮棺葬考古发掘报告 / 河北省文物
考古研究院，唐山市文物古建研究所，滦州市文物管理所
编著 ；马小飞主编 ；张春长，刘连强副主编. -- 上海：
上海古籍出版社，2024. 7. -- ISBN 978−7−5732−1236−8

Ⅰ. K878.85

中国国家版本馆 CIP 数据核字第 2024N2G342 号

河北滦县韩新庄瓮棺葬考古发掘报告

河北省文物考古研究院

唐山市文物古建研究所　编著

滦州市文物管理所

马小飞　主编

张春长　刘连强　副主编

上海古籍出版社出版发行

（上海市闵行区号景路 159 弄 1-5 号 A 座 5F　邮政编码 201101）

（1）网址：www. guji. com. cn

（2）E-mail：guji1 @ guji. com. cn

（3）易文网网址：www. ewen. co

上海雅昌艺术印刷有限公司印刷

开本 889×1194　1/16　印张 22.5　插页 49　字数 517,000

2024 年 7 月第 1 版　2024 年 7 月第 1 次印刷

ISBN 978−7−5732−1236−8

K・3647　定价：268.00 元

如有质量问题，请与承印公司联系

目　　录

插 图 目 录

图 版 目 录

第一章　前　言

第一节　地 理 位 置

　　滦县韩新庄遗址位于今河北省滦州市王店子镇韩新庄子村。唐山市位于河北省东部，东隔滦河与秦皇岛市相望，西与天津市毗邻，南临渤海，北依燕山隔长城与承德市相望。东至秦皇岛125公里，西南至天津108公里，南距渤海40公里，西北至北京154公里。整个唐山市地处燕山南麓，地势由西北向东南倾斜，西北高东南低。大致可分为三个地理单元：北部、东北部多山，为丘陵区，海拔在300米至600米之间；中部为平原区，即燕山山前平原，地势较低且平坦，海拔在50米以下；南部、西部也为平原地带，但主要呈现为滨海盐碱地与洼地草泊，海拔在10米至15米之间。辖区整体范围位于北纬38°55′—40°28′，东经117°31′—119°19′之间，其中陆地面积13 472平方公里，另有海域面积约4 440平方公里，大陆海岸线总长229.7公里。

　　滦县位于滦河西岸，唐山市东部，西为唐山市，西北邻北京，西南靠天津，东邻秦皇岛。西距唐山35公里，西北距北京220公里，西南距天津136公里，东距秦皇岛82公里。整体地势与唐山市基本一致，大体北高南低。由两个地理单元组成：西北、东北为低山丘陵区；中、南部为滦河冲积平原，地势平坦。滦县县域范围：北纬39°34′39″—39°58′25″，东经118°14′3″—118°49′45″，国土面积1 028平方公里。

　　韩新庄遗址位于唐山市滦县龙索乡韩新庄村东300米的坡地上，南距唐山市区约35公里（图一）。遗址全域地处低山丘陵区，分布有低矮小山，现地表主要栽种杨树和种植玉米。

第二节　历 史 沿 革

　　滦县古时称滦州，因滦河而得名。1949年，滦西县并入滦县。1954年，滦南县并入滦县。1958年11月21日，滦县划归唐山市，置为滦州区。1959年6月23日，复建滦县。1983年，实行市管县制，滦县随隶于唐山市。1988年3月，滦县由国务院列为沿海地区开放县。2018年9月，经国务院批准，撤销滦县，设立县级滦州市，由河北省直辖，唐山市代管。本报告为叙述方便，采用发掘期间的行政区域名"滦县"。

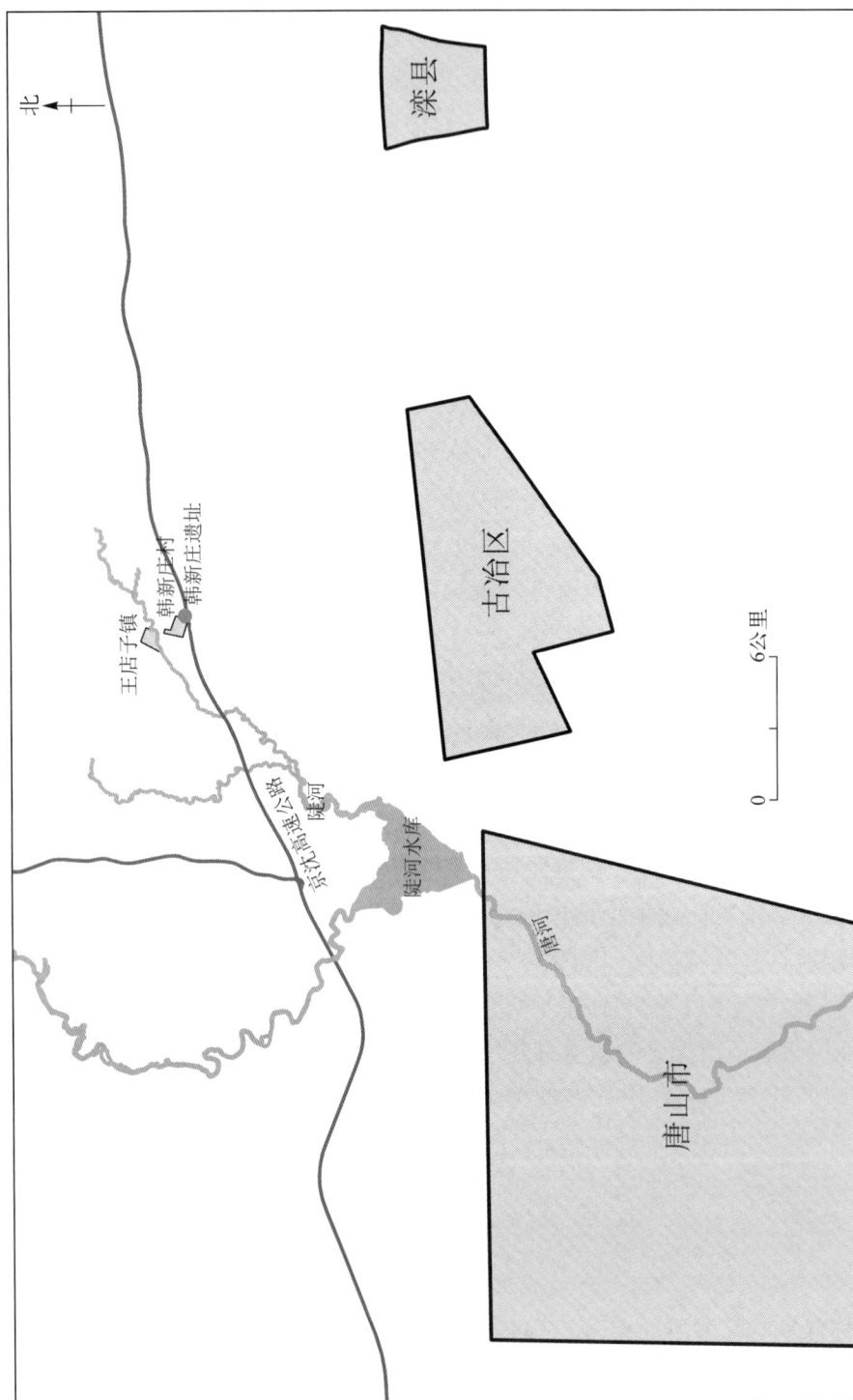

图一 韩新庄遗址位置示意图

滦县历史悠久,早在20万年以前的旧石器时代便有人类繁衍生息。商周时期近山戎,曾为孤竹国,后属燕地。秦朝,隶属"右北平郡"和"辽西都"。汉朝,先属燕国,后归海阳等四县,东汉归属幽州。三国,属魏国辽西郡,西晋时期为燕国。隋朝,先后划归新昌县、卢龙县。唐朝,先后划归石城县、临榆县、马城县。辽朝,辽太祖以俘户置滦州。北宋宣和七年(1125年),金灭辽后,滦州隶属中都路。1126年,金灭北宋,滦州隶属中都路,后滦州改节度使,辖义丰、石城、马城、乐亭四县与榛子镇、新桥二镇。崇庆二年(1213年),滦州入蒙古。1215年,元太祖铁木真改平州为兴平府,辖滦州,同时任命金降将鲜卑仲吉(今卑家店人)为滦州节度使。至元二年(1265年),蒙古撤义丰入滦州,次年再置义丰,裁石城入乐亭,随之又将石城地入义丰。至元四年(1267年),撤马城县,滦州领义丰、乐亭二县。大德四年(1300年),元改平滦路为永平路,滦州属中书省永平路(中书省下不设道)。明朝建立(1368年),分全国为省、府、州、县,滦州属京师省(北平承宣布政使司)永平府(治所在今卢龙)所辖。洪武二年(1369年),撤义丰县归入滦州,属京师永平府。清因之,仍袭明制,滦州属直隶省永平府所辖。由于清之故地在东北,滦州地已失去边镇的意义,视同县,不再辖县。

1912年,初袭清制,滦州仍属直隶省永平府。1913年,州改县,称为滦县。1914年,滦县隶属津海道。1948年11月29日,县城解放。

第三节　工　作　概　况

1996年4月初,为配合京沈高速公路的建设,在河北省交通厅世界金融组织贷款项目办公室的大力支持下,河北省文物研究所(今河北省文物考古研究院)、唐山市文物管理处(今唐山市文物古建研究所)和滦县文物保管所(今滦州市文物管理所)组成联合考古队,对京沈高速公路区域滦县路段进行调查,并组织力量对遗址进行全面勘探,确认遗址范围,选定遗址发掘地点。

1996年4月5日,考古发掘工作正式开始,张春长任此次发掘工作的领队,田野考古发掘人员包括翟良富、刘连强、周国立、赵立国、张文海、张德林等。本次考古发掘工作严格执行《中华人民共和国文物保护法》(1982年通过,1991年第一次修订)以及国家文物局《田野考古工作规程》(试行),截至1996年8月,田野考古工作基本结束。本次发掘分为5个区域,共计布设284个探方和6条探沟,合计发掘面积7 055平方米。共发现各类遗迹272处,其中最重要的发现是261座战国秦汉时期的瓮棺葬。另外,发掘期间还在遗址西南的孟店子村北清理了7座瓮棺葬。

2018年5月,为更好地保护和展示该批瓮棺葬遗存,使本次考古成果尽快为世人所知,在河北省文物局的大力支持下,河北省文物考古研究院启动了对韩新庄遗址发掘资料的整理和报告编写工作。受考古领队张春长的委托,马小飞具体负责相关工作的开展,包括对器物的清洗、粘接和补缺等修复工作,原始文字、图表等资料的核对工作,遗迹和器物图的绘制工作,原始照片和胶卷的数字化处理工作,器物描述和卡片制作及报告的统筹和编写等工作。至2021年,完成考古报告初稿。

第四节　报　告　编　写

考古工作是一项严密、科学、专业性很强的工作,相应的田野考古发掘报告编写也一定要做到准确、详尽、认真、谨慎、科学和合理。目前学术界还没有规范统一的考古报告编写体例,但随着考古学科的不断发展与完善,逐渐在业内形成一套约定俗成的编写体例和规范。相对统一的田野考古发掘报告编写规范,不仅有助于作者更好、更快地写作,更清晰地表达自己的思想观点,而且有助于读者一目了然地了解报告所叙述的内容,方便快速地查询资料。参考科学出版社考古编辑部的《考古图书编写规范》(征求意见稿)、《田野考古学》、《关于编写考古报告的谈话》等重要参考资料,本报告拟按照以下体例组织编写:

一、正文由前言(地理位置、历史沿革、工作概况)、遗址及遗物、瓮棺葬形制与葬具类型、相关问题探讨等部分组成,此外还有附录与后记等内容。

二、对地层、遗迹、遗物等的表述遵循"由上至下、由前至后、由外至里、由头至足(尾)""先整体、后局部"的原则,依次描述。对地层的表述主要包括:土质、土色、包含物、厚度及与其他遗迹的关系。地层剖面图编号按照叠压顺序从上往下编号,生土不编号。探方和遗迹单位编号采用其汉语拼音的第一个字母,其中探方(沟)为T,灰坑为H,墓葬为M等。遗迹开口表述为"开口于×层下",遗迹的表述内容包括:所在位置、层位关系、形状结构、大小方向、堆积状况、包含物等。

三、遗物按材质分为陶器、瓷器、金属器、石器等几个大的类别,先分别按大类对质地、颜色、装饰、制法、用途、器类等进行概述,再在各大类里按不同器类分别予以介绍,有的器物还根据细微的演变特征进行分型分式。每件器物都有器物号,器物号包括分区编号、遗迹编号、遗物流水号等。对遗物的非测量性特征进行文字描述,原则上先整体后局部,从上到下,从左到右,包括质地、色彩、纹饰等,遗物的可测量性数据按照口径、底径、高的顺序描述。先进行非测量性特征描述,再进行可测量性数据描述。

四、插图与图版服务于文字,是对文字更加直观、形象的补充说明,力求准确、清晰、整齐、美观。插图的图号随正文顺序出现,编为图一、图二、图三……;由多幅小图组合成图时,小图加标1、2、3……;插图在正文相应处加括号标注,如"(图一)""(图一,1)",同一括注里既有插图还有图版时,用分号隔开,表示为"(图四,1;图版一,1)"。与插图、图版相关的图注包括序号、图名以及说明性文字(器物名称和标本号等),按照序号与图名在上,说明性文字在下的原则编排。

五、各类统计表格以附录形式附于末尾,序号的编排方式与插图、图版一样,各种单位采用公制,有关表格的特殊说明,置于表格底部或另行文字说明。

六、相关说明。韩新庄遗址共计发掘了5个区域,编号为Ⅰ区、Ⅱ区、Ⅲ区、Ⅳ区、Ⅴ区。其中Ⅳ区和Ⅴ区因只出土了无法判断年代的路土,未发现其他遗迹和遗物,报告中不再对以上两区的具体内容进行介绍；Ⅰ区和Ⅱ区出土少量的遗迹和遗物，本报告只做简单介绍，不做进一步的讨论和分析；Ⅲ区是此次发掘出土遗迹和遗物最多的区域，也是本报告的核心内容所在。本报告将按照上述编写原则与体例，依次详细介绍这批资料，并做进一步的分析和讨论，但其中个别墓葬因破坏严重，介绍略简。此外，发掘期间在韩新庄村西南的孟店子村北调查和抢救性清理了7座瓮棺葬，因年代和性质与韩新庄发现的瓮棺葬相近，故也对这批资料做全面详细的介绍。

第二章 遗址及遗物

第一节 韩新庄遗址概况

韩新庄遗址位于韩新庄村东南方向,该遗址东北方向为附近砖厂取土区域(图二)。遗址位于相对较高的台地上,分布区域呈不规则形,拟建设的京沈高速公路东西向穿过该遗址。根据发掘工作需要,此次发掘区域分Ⅰ—Ⅴ5个区域,布设284个探方、6条探沟(实际发掘5条),合计发掘面积7 055平方米。共发现瓮棺葬261座、单室砖室墓1座,另发现灰坑5个、房址2座、灶址2个、灰沟1条。5个区域详细布方及发掘情况如下:

Ⅰ区:位于发掘区域最西侧,布5米×5米的探方20个(编号为Ⅰ区T1—T20),布3米×5米的探方5个(编号为Ⅰ区T21—T25)。该区域发现房址2座、灰坑5个。

Ⅱ区:位于发掘区域西侧,布5米×5米的探方20个(编号为Ⅱ区T1—T20)。该区域发现灶址2个、灰沟1条。

Ⅲ区:位于发掘区域中部及东侧,布5米×5米的探方235个(编号为Ⅲ区T1—T226、T228—T231、T233—T237),布4米×5米的探方2个(编号为T227、T232)。该区域共发现瓮棺葬261座、单室砖室墓1座。

Ⅳ区:位于发掘区域最东部的台地上,距第Ⅲ发掘区约300米,布2米×5米的探沟5条(编号为Ⅳ区T1—T5)。地表0.8米以下发现厚约0.3米的路土,未发现任何遗物,年代无法确定。

Ⅴ区:位于发掘区域东南部,布3米×5米的探方2个(编号为Ⅴ区T1、T2)。未发现任何遗迹现象,也无遗物出土。

另外,根据当地村民提供的线索,在韩新庄西南方向的孟店子村发现一处遗址,该遗址位于孟店子村东北一长条形台地上(图三)。在该区域布5米×5米的探方2个,即T1、T2。为完整揭露墓葬,向南部扩方,T1扩方面积1.6米×1米,T2扩方面积分为两部分,均为1.4米×1米。发现3座瓮棺葬,并在周围采集到属于4座瓮棺葬的红陶釜。

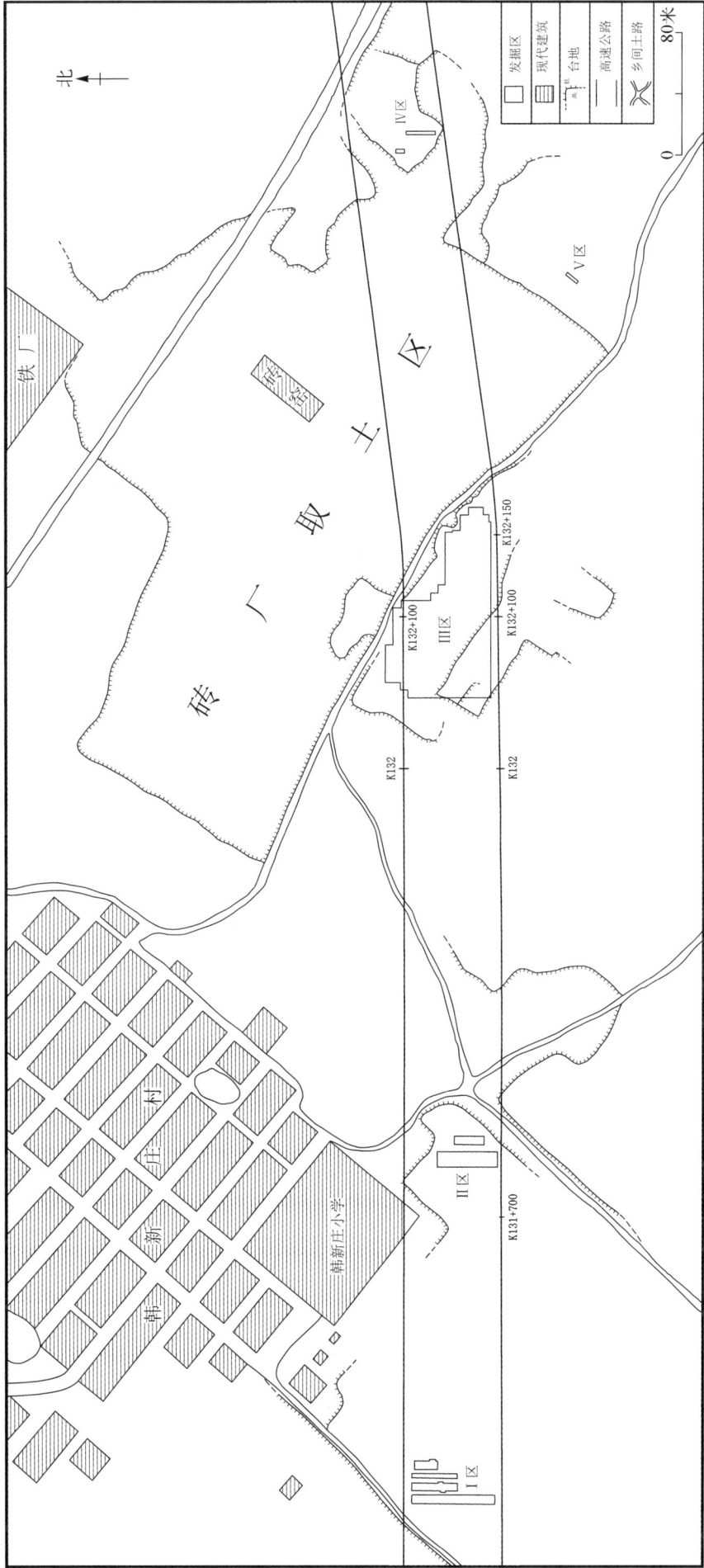

图二 韩新庄遗址发掘区位置示意图

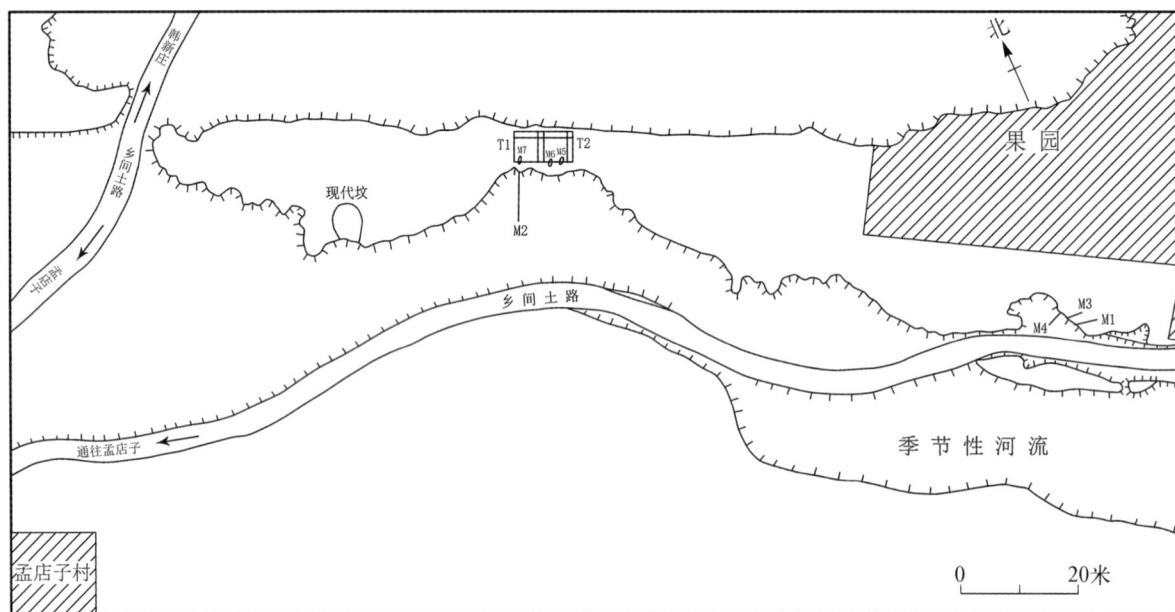

图三　孟店子遗址位置示意图

第二节　Ⅰ区

位于整个发掘区的最西侧,布5米×5米的探方共20个(Ⅰ区T1—T20),布3米×5米的探方5个(Ⅰ区T21—T25),共计发掘面积为575平方米。发现房址2座、灰坑5个(图四)。

一、地层堆积与地层遗物

本区地层可统一划分为3层。现以Ⅰ区T1地层剖面为例进行介绍。

第①层:黄褐土,土质疏松。包含少量现代杂物。厚约0.15—0.2米,为现代耕土层。

第②层:灰黄土,土质较硬。包含少量碎砖,出土少量泥质灰陶片,可辨器类有盆、瓮以及少量青花瓷片。厚约0.15—0.2米,从出土遗物判断应为明清文化层。H1开口于该层下。

第③层:灰褐土,土质较硬。出土物有布纹瓦、绳纹砖块以及瓷片等。厚约0.6米,应为金元文化层。F1、F2、H2、H3、H4和H5开口于该层下。

第③层以下为生土。

Ⅰ区地层中共计出土各类遗物36件,主要为瓷器、陶器,另有部分铁器、铜器和铜钱等。其中瓷器以碗的数量为最多,也有一定量的碟和器底。陶器中盆的数量最多,有少量的釜。从地层上看,遗物集中出土在第③层。

T1③层出土遗物5件。

北

T14

T20

T25

H1

T2

H2

T1

F1

T13

T19

T24

T3

T12

T18

T23

T11

H4

T17

H5

F2

T10

T16

T22

T9

T15

T21

T8

T7

T6

H3

T5

0 ____ 4米

T4

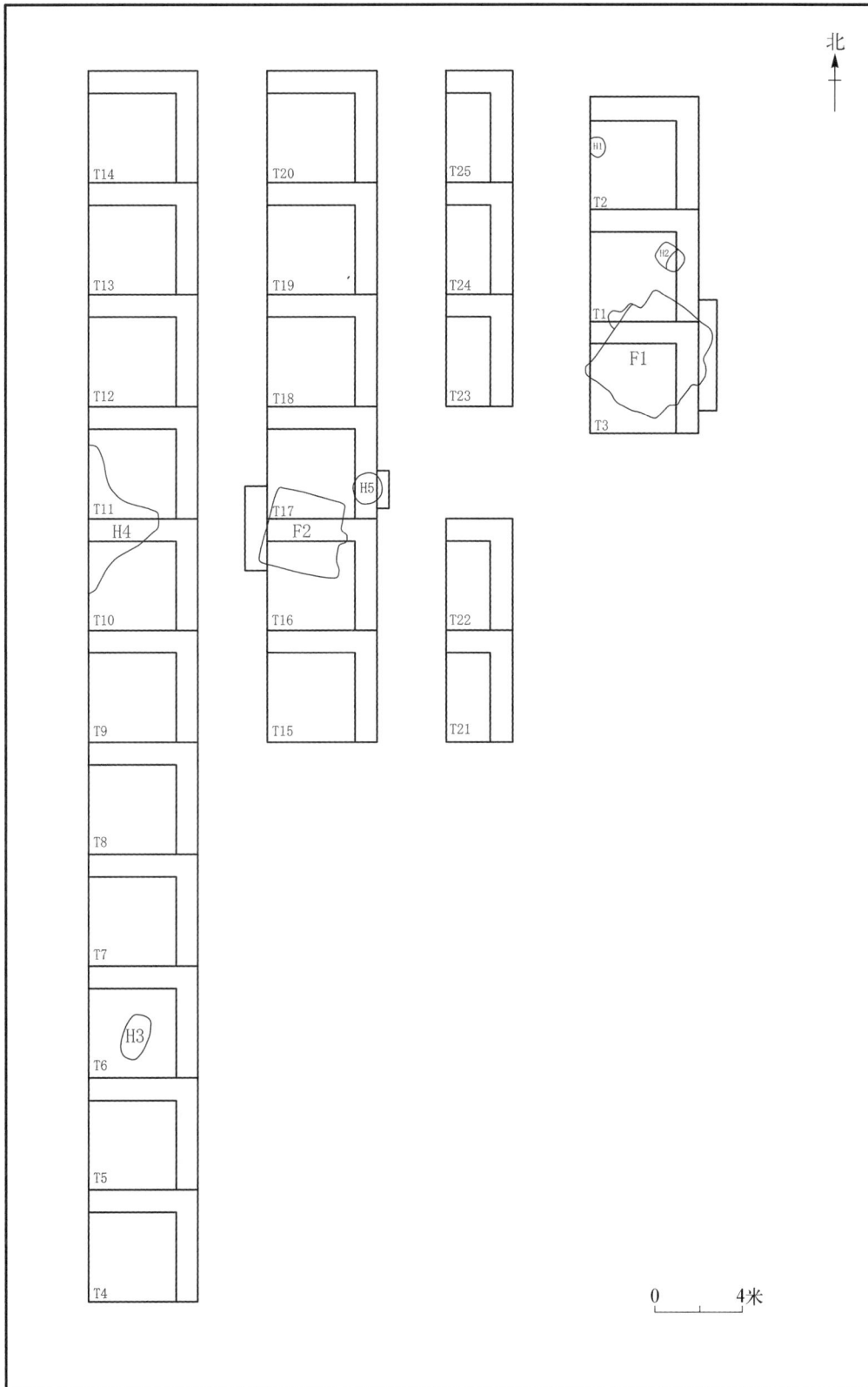

图四 韩新庄遗址Ⅰ区平面图

瓷器底　1件。标本Ⅰ区T1③:1,白釉褐彩,内、外壁施白釉。斜直腹,腹下部斜直收,腹底分界不明显,假圈足。器表施褐彩绘草叶纹与卷云纹,近底部绘两周弦纹。底径9.9、残高7.2厘米(图五,1)。

瓷碗　2件。标本Ⅰ区T1③:2,白釉瓷,内、外壁施白釉,略发黄。器形不甚规整,制作较粗糙,圈足处有削坯痕迹。斜弧腹,假圈足。器内壁有彩绘,但模糊不清。底径7.4、残高5.4厘米(图五,2)。标本Ⅰ区T1③:3,白釉瓷,疑为花口碗,器内、外壁皆施白釉,微发灰。弧腹,圈足。器形不甚规整,圈足处有削坯痕迹。器内壁疑似绘草叶纹。底径7.8、残高4.4厘米(图五,3)。

陶碗　1件。标本Ⅰ区T1③:4,泥质灰陶,内、外壁呈灰色。弧腹,圈足。器内壁有纹饰,但模糊不清。底径7、残高4.1厘米(图五,4)。

陶片　1件。标本Ⅰ区T1③:5,泥质灰陶,内、外壁皆呈灰色。器表施三周瓦楞纹。残高4厘米(图五,5)。

T1高台出土遗物2件。

陶豆盘　1件。Ⅰ区T1高台:2,泥质灰陶,内、外壁皆呈灰色。弧壁。素面。残高2.8厘米(图五,7)。

陶片　1件。Ⅰ区T1高台:1,泥质灰褐陶,内、外壁皆呈灰褐色。应为腹片,弧壁。器外壁施一周凸弦纹,其下部施规则的锯齿纹。残高9厘米(图五,6)。

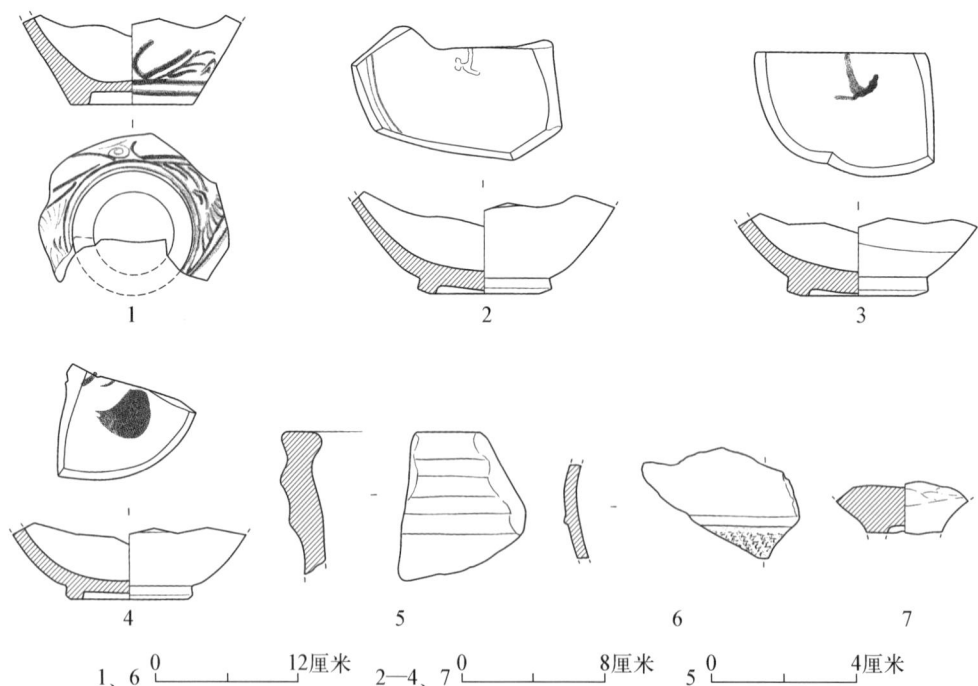

图五　韩新庄遗址Ⅰ区T1③层及高台出土遗物

1.瓷器底(Ⅰ区T1③:1)　2、3.瓷碗(Ⅰ区T1③:2、Ⅰ区T1③:3)　4.陶碗(Ⅰ区T1③:4)
5、6.陶片(Ⅰ区T1③:5、Ⅰ区T1高台:1)　7.陶豆盘(Ⅰ区T1高台:2)

T2③层出土遗物3件。

瓷瓶　1件。标本Ⅰ区T2③：1，酱釉瓷，外壁施酱釉，施釉不到底，局部流釉，腹下部露胎，呈灰白色。溜肩，弧腹，腹底分界不明显，假圈足。器表为瓦楞纹。底径7.95、残高17.85厘米（图六，1）。

瓷碗　1件。标本Ⅰ区T2③：2，白釉瓷，内、外壁施白釉，略发灰。弧腹，腹底分界明显，圈足。内壁似有纹饰。底径8、残高3.8厘米（图六，2）。

瓷碟　1件。标本Ⅰ区T2③：3，白釉瓷，内壁及外壁上部施白釉，内壁下部露胎，呈灰色。敞口，方唇，浅盘，弧壁，腹底分界明显，矮圈足。内壁施两周褐色彩绘，右下施草叶纹。口径11.76、底径2.38、高2.64厘米（图六，3）。

T3③层出土遗物2件。

瓷碗　2件。标本Ⅰ区T3③：1，白釉瓷，器内壁施白釉。有支钉叠烧痕迹。器外壁施釉不到底，局部流釉，露胎处呈白灰色。弧腹，腹底分界明显，圈足。口径23.2、底径8.4、高7.2厘米（图六，4）。标本Ⅰ区T3③：2，白釉瓷，内、外壁皆施白釉。腹底分界明显，弧腹，圈足。底径8.2、残高5厘米（图六，5）。

T4③层出土陶片1件。

陶片　1件。标本Ⅰ区T4③：1，夹砂红褐陶。弧壁。施绳纹，局部构成交错绳纹。残高10厘米（图六，6）。

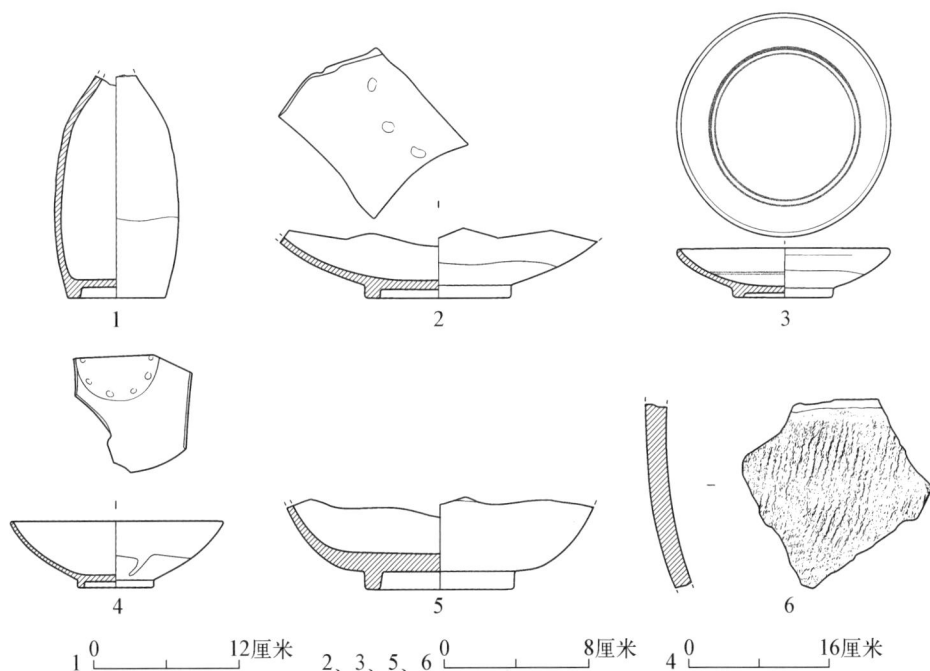

图六　韩新庄遗址Ⅰ区T2③层、T3③层、T4③层出土遗物
1.瓷瓶（Ⅰ区T2③：1）　2、4、5.瓷碗（Ⅰ区T2③：2、Ⅰ区T3③：1、Ⅰ区T3③：2）
3.瓷碟（Ⅰ区T2③：3）　6.陶片（Ⅰ区T4③：1）

T6③层出土遗物6件。

陶釜口沿　2件。标本Ⅰ区T6③：1，夹云母红陶。敛口，尖圆唇，窄折沿，沿面斜平，内沿呈凸棱状。素面。口径30、残高5.6厘米（图七，1）。标本Ⅰ区T6③标：2，夹云母红陶。敛口，尖唇，折沿，弧腹。素面。残高11.4厘米（图七，2）。

陶盆口沿　2件。标本Ⅰ区T6③：4，夹云母灰陶。敞口，方唇，卷沿，弧腹。器表施数周瓦楞纹。残高8.55厘米（图七，4）。标本Ⅰ区T6③标：5，夹云母灰陶。敞口，方唇，折沿，斜直腹。器表施数周凸弦纹。口径26.1、残高8.1厘米（图七，5）。

陶片　2件。标本Ⅰ区T6③：3，夹云母灰陶。弧壁。器内壁施菱形纹，器表施绳纹，局部构成交错绳纹。残高11.55厘米（图七，3）。标本Ⅰ区T6③标：6，夹云母灰陶。弧壁。器内壁施菱形纹，器外壁施竖向绳纹。残高18厘米（图七，6）。

T7③层出土铁镢1件。

铁镢　1件。标本Ⅰ区T7③：1，铁质，锈蚀严重。器身略扁平，正锋。残长9.2、残宽10厘米（图八，1）。

T9③层出土陶口沿1件。

陶口沿　1件。标本Ⅰ区T9③：1，泥质灰陶。敞口，方唇，卷沿，竖颈。素面。口径20.1、残高5.1厘米（图八，2）。

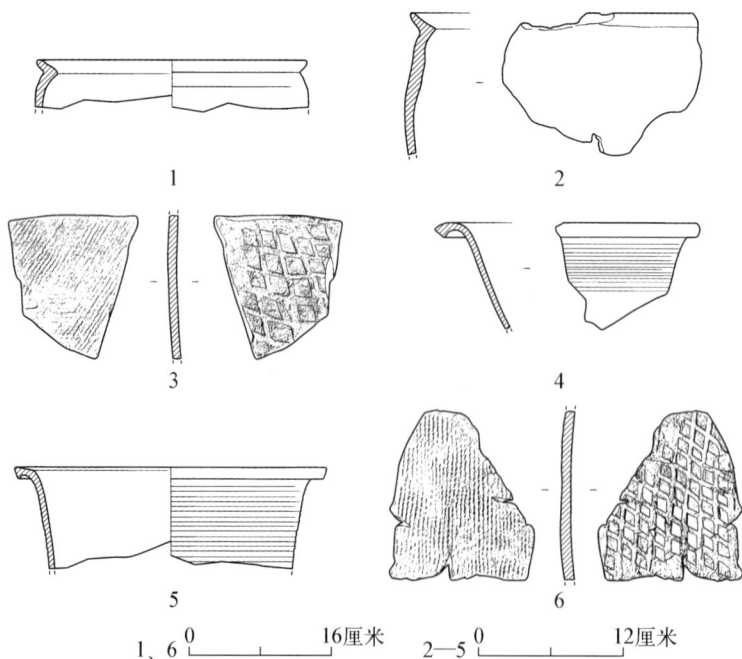

图七　韩新庄遗址Ⅰ区T6③层出土遗物

1、2.陶釜口沿（Ⅰ区T6③：1、Ⅰ区T6③：2）　3、6.陶片（Ⅰ区T6③：3、Ⅰ区T6③：6）

4、5.陶盆口沿（Ⅰ区T6③：4、Ⅰ区T6③：5）

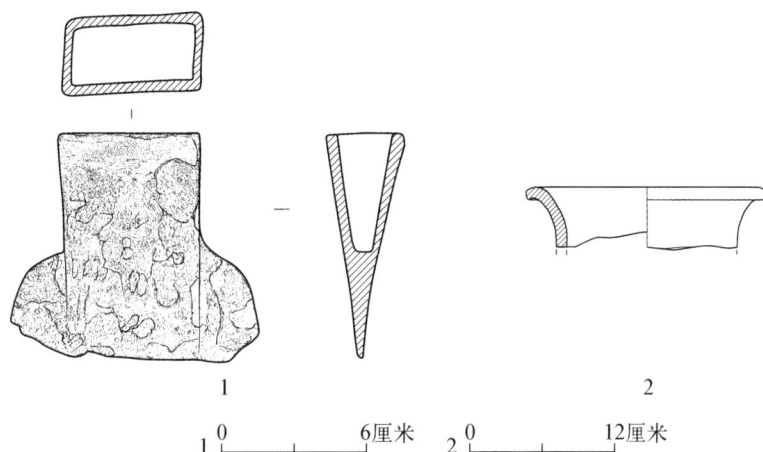

图八　韩新庄遗址Ⅰ区T7③层、T9③层出土遗物
1.铁镢(Ⅰ区T7③:1)　2.陶口沿(Ⅰ区T9③:1)

T10③层出土遗物8件。

瓷器底　1件。标本Ⅰ区T10③:7,白釉褐彩,器表有开裂的痕迹。斜直腹,假圈足。器表用褐彩彩绘草叶纹,近底部施两周弦纹。底径8、残高5.6厘米(图九,7)。

陶罐口沿　2件。标本Ⅰ区T10③:1,泥质灰陶。敛口,圆唇,卷沿,弧腹。素面。口径32、残高6.8厘米(图九,1)。标本Ⅰ区T10③:2,泥质灰陶。敛口,圆唇,卷沿。素面。残高6.6厘米(图九,2)。

陶盆口沿　2件。标本Ⅰ区T10③:5,泥质灰陶。内、外壁比较光滑。敞口,方唇,卷沿。素面。残高6.6厘米(图九,5)。标本Ⅰ区T10③:8,泥质灰陶,器外壁口沿、腹上部呈黑色,腹下部呈褐色。敞口,圆唇,卷沿,腹下部斜直收。素面。口径56.1、残高13.8厘米(图九,8)。

陶器底　1件。标本Ⅰ区T10③:3,泥质灰陶。斜直腹,腹底分界明显,平底。素面。底径37.8、残高6.3厘米(图九,4)。

陶片　1件。标本Ⅰ区T10③:6,泥质黄褐陶。内壁较光滑。器表施菱形纹与竖向绳纹。残高6.5厘米(图九,6)。

铁器　1件。标本Ⅰ区T10③:4,铁质,锈蚀严重。一端为三角形,下接细条形,尾端有弯钩。残长4.2厘米(图九,3)。

T11③层出土遗物1件。

铁器　1件。标本Ⅰ区T11③:1,铁质,锈蚀严重。细条形,一端锐尖。残长19.4厘米(图一〇,1)。

T12③层出土陶器底1件。

陶器底　1件。标本Ⅰ区T12③:1,泥质灰陶,腹下部外壁以灰色为主,局部呈黑色,底部呈灰色。腹部斜弧收,圈足。素面。底径8、残高4.3厘米(图一〇,2)。

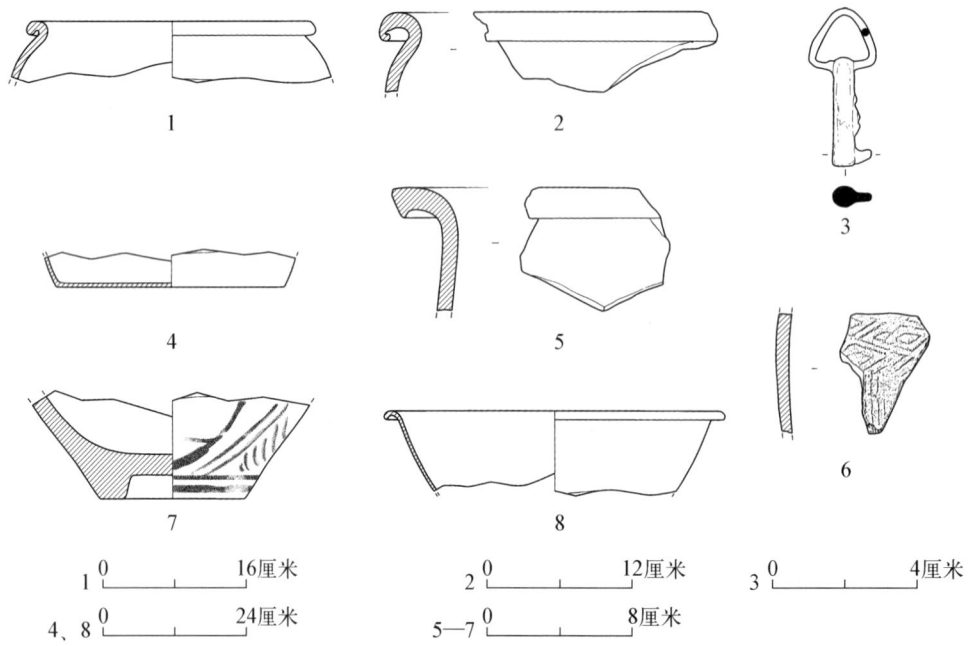

图九 韩新庄遗址Ⅰ区T10③层出土遗物

1、2.陶罐口沿（Ⅰ区T10③：1、Ⅰ区T10③：2） 3.铁器（Ⅰ区T10③：4） 4.陶器底（Ⅰ区T10③：3）
5、8.陶盆口沿（Ⅰ区T10③：5、Ⅰ区T10③：8） 6.陶片（Ⅰ区T10③：6） 7.瓷器底（Ⅰ区T10③：7）

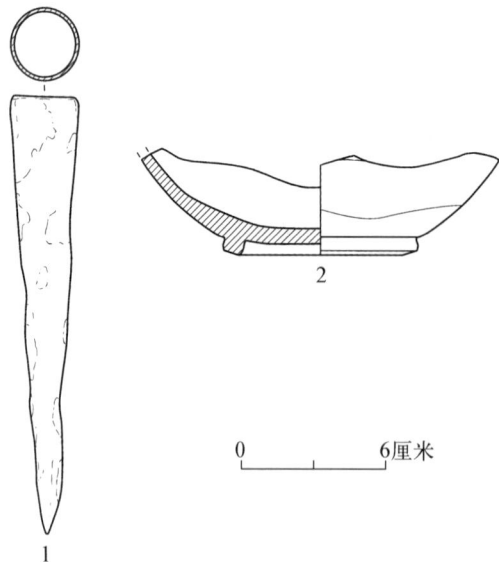

图一〇 韩新庄遗址Ⅰ区T11③层、T12③层出土遗物

1.铁器（Ⅰ区T11③：1） 2.陶器底（Ⅰ区T12③：1）

T13③层出土铜钱1枚。

元祐通宝　1枚。标本Ⅰ区T13③：1，圆形方孔，穿周有横。直径2.2、穿径0.65厘米（图一一，1）。

T14③层出土遗物3件。

陶器底　1件。标本Ⅰ区T14③：3，泥质灰陶，内、外壁较光滑，器内、外壁皆呈灰色。折腹，圈足。素面。底径5.6、残高3.5厘米（图一二，2）。

陶片　1件。标本Ⅰ区T14③：2，泥质灰陶，内壁较光滑。器表施细绳纹，局部为交错绳纹。残高14.4厘米（图一二，1）。

开元通宝　1枚。标本Ⅰ区T14③：1，圆形方孔，穿周有横。背有星月纹。直径2.6、穿径0.7厘米（图一一，2）。

T15③层出土瓷器1件。

瓷器底　1件。Ⅰ区T15③：1，白釉瓷，灰白色胎，胎土较细，器内壁施白釉，釉层较薄，有小开片。腹下部弧收，圈足。底径7.6、残高3.2厘米（图一二，3）。

图一一　韩新庄遗址Ⅰ区T13③层、T14③层出土铜钱

1. Ⅰ区T13③：1　2. Ⅰ区T14③：1

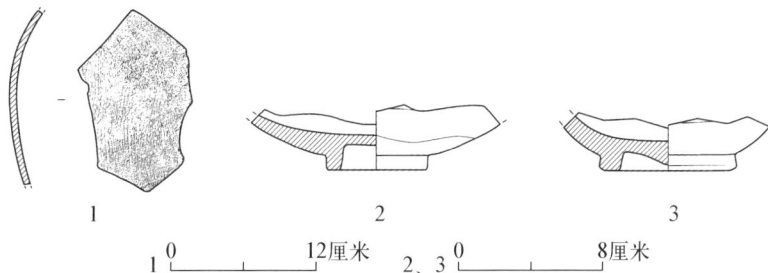

图一二　韩新庄遗址Ⅰ区T14③层、T15③层出土遗物

1. 陶片（Ⅰ区T14③：2）　2. 陶器底（Ⅰ区T14③：3）　3. 瓷器底（Ⅰ区T15③：1）

二、遗迹及遗物

韩新庄遗址Ⅰ区内共发现7处遗迹，包括2座房址和5座灰坑。发现各类遗物共计20件，包括瓷、陶、石、铜和铁等质地，瓷器中以碗为最多，陶器中碗和罐的数量较多。

1. 房址

2座：F1、F2。

F1　位于Ⅰ区T1东南部及Ⅰ区T3北部、东北部，开口于第③层下。长方形半地穴式房址，直壁，深0.8米，门道方向123°（图一三）。房子西北角内曲，形成一缺角，长约1、宽约0.44米，曲角以南的西壁长约3.9米，南壁长约4.2米，北壁长约3.76米，东壁南部向内斜折0.2米，内折

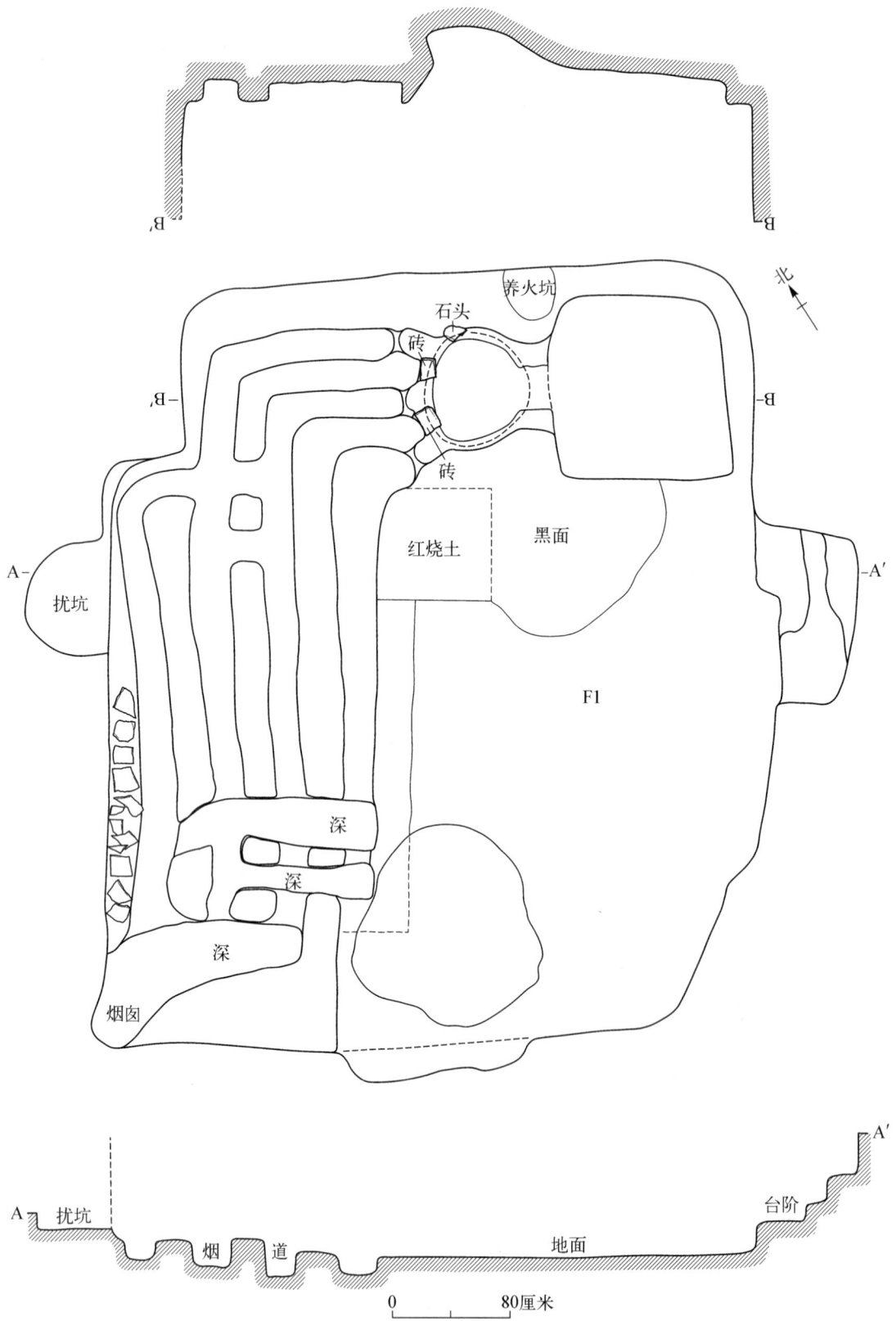

图一三 韩新庄遗址Ⅰ区F1平、剖面图

部分南北向1米,折角以北的东壁长3.9米,贴西壁和北壁分别宽约0.2—0.3米。面积为18.16平方米,残高0.2米。其中西壁土台上还排列有残砖碎瓦,推测应为墙体,已被破坏。贴房子南壁,西半部也有呈"L"形生土台,西部宽约0.2—0.56米,东端向北延伸成条形,长1、宽0.22米,应为墙体和火炕的组成部分。门道位于东壁中部偏北的地方,距北壁1.6米,残长0.66、宽1.1米,呈台阶式,由地面起残余三级台阶,分别残长0.3、0.14和0.2米,残高0.2、0.12和0.18米。踩踏面位于室内东部,为生土,黄褐土,土质较酥,包含有碎石等杂物。在踩踏面北部,靠近灶的部位,为灰黑土。在踩踏面西北部有一东西长0.8、南北长0.7米的长方形硬面,其周边有宽0.1米的红烧土痕迹,可能为火炉或灶等高温行为所致。房址内堆积为浅灰土,土质较硬,夹杂一块不规则薄石板,出土绳纹砖块、布纹瓦、泥质灰陶片、白釉瓷片等遗物,其中瓷片有刻花装饰。

房址内东北部为火灶,由方坑、灶门、灶坑和烟道组成。方坑在灶门以东,平面为边长1.2米的圆角方形,底部由东向西倾斜,低于居住面0.15—0.25米,其下即生土。灶门上部已塌,灶门外用草拌泥抹平,残宽0.28、残高0.2米。灶面与居住面大体相平,呈不规则圆形,口小底大,最大口径0.66、最大底径0.72米,底为锅底形,距开口深0.48米。灶坑周围及灶门西侧有宽0.08—0.15米的烧结面,呈红黄色,质地坚硬。灶门及坑下部堆积有厚约0.1米的黑色灰烬,灶坑内上部堆积为浅灰土,夹有红烧土块及白瓷片。灶坑西侧斜坡向上通出三条烟道,与火炕的三条烟道相连通,灶的烟道与火炕的烟道之间凸起呈坎状。在灶北部靠近墙壁处有一不规则的凹坑,内放木炭一块,据纹理推测应为松木,可能与储存火种等有关。火炕,位于室内西部,上部已破坏,仅残存烟道,火炕通长约4.65、宽1.82米。炕之东侧墙隐约可辨。火炕东南角被一扰坑打破,火炕东南角内折形成一个南北长0.80、东西长0.48米的缺角。西北角与室内墙体的转折也形成缺角,火炕的三条烟道从灶通出后,平行向西,然后呈直角南拐。为便于叙述,由东向西将烟道编为1、2、3号。2、3号烟道北部有两个通口,3号烟道外侧向西伸出一条与转折的墙壁平行的烟道,顺西壁南拐,编为4号。1—4号烟道平行向南,南部被两条稍深的烟道连通起来。1号因火炕内折缺角至此而终。2—4号继续南延通入火炕南端的东西烟道,汇入烟囱。烟囱位于室内的西南角,大致呈圆筒状,上部有内收的趋势,下部直径0.32米。

F1出土遗物14件,其中地面出土8件,填土中出土4件,灶内出土2件。遗物多为泥质灰陶、白釉瓷器。

F1地面出土遗物8件。

瓷碗　2件。标本F1地面:1,白釉瓷,器表通体施白釉,略发黄,轮制。敞口,尖圆唇,小折沿,弧壁。器外壁腹部施数周弦纹。口径19.95、残高3.9厘米(图一四,1)。标本F1地面:8,青白釉瓷,器内、外壁皆施青白釉。瓷胎有轮制痕迹,疑为轮修。敞口,圆唇,深弧腹,腹底分界明显,矮圈足。器内壁右下施草叶纹。口径9、底径2.2、高4.1厘米(图一四,8)。

瓷盘　1件。标本F1地面:2,白釉瓷,器表通体施白釉,器外壁腹部有褐色斑驳,轮制。弧壁,腹底分界明显,圈足。底径6、残高3.4厘米(图一四,2)。

陶盆口沿　3件。标本F1地面:3,口沿残片,泥质灰陶,器内、外壁皆呈灰色,器表有轮制痕迹。圆唇,卷沿,敞口。素面。口径58.2、残高10.2厘米(图一四,3)。标本F1地面:4,泥质灰陶,

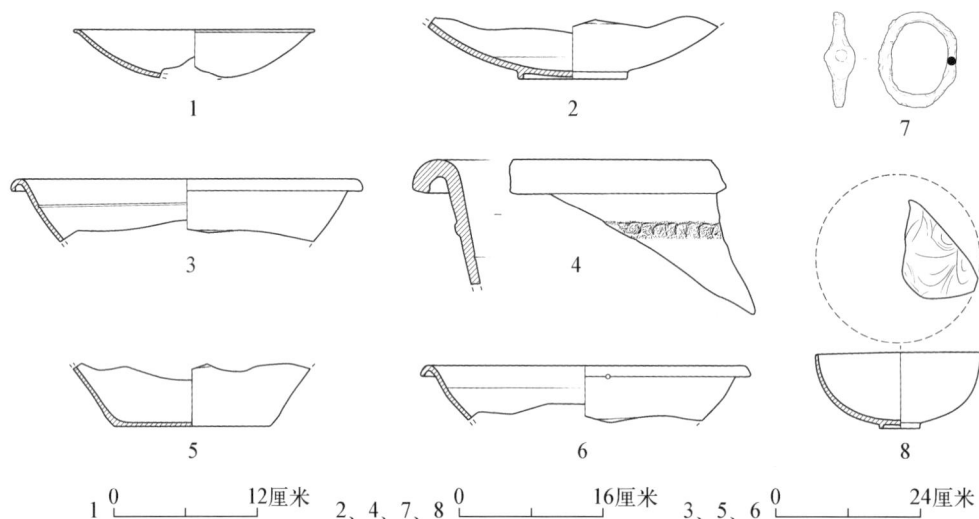

图一四　韩新庄遗址Ⅰ区F1地面出土遗物

1、8. 瓷碗（F1地面：1、F1地面：8）　2. 瓷盘（F1地面：2）
3、4、6. 陶盆口沿（F1地面：3、F1地面：4、F1地面：6）　5. 陶器底（F1地面：5）　7. 铁器（F1地面：7）

器表通体呈灰色，器外壁有明显的轮制痕迹。敞口，方唇，卷沿，斜直腹。器外壁腹上部近唇部，施一周附加堆纹。残高8.2厘米（图一四，4）。标本F1地面：6，泥质灰陶，器表通体呈灰褐色，器表有明显的轮制痕迹。敞口，方唇，卷沿，斜弧腹。素面，器外壁腹上部近口沿处有一规则的圆孔。口径54、残高9.3厘米（图一四，6）。

　　陶器底　1件。标本F1地面：5，泥质灰褐陶，器内、外壁皆呈灰褐色，疑为轮制。斜直腹，腹底分界不明显，平底。素面。底径25.8、残高10.2厘米（图一四，5）。

　　铁器　1件。标本F1地面：7，铁质，器表布满锈蚀。平面呈椭圆形的环状。用途不明。最大外径5.1、内径3厘米（图一四，7）。

　　F1填土中出土遗物4件。

　　陶罐口沿　3件。标本F1填土：2，泥质灰陶，器内、外壁皆呈灰色，器表有明显的轮制痕迹。敛口，圆唇，小卷沿。器表腹上部施有一周凹弦纹。残高5.8厘米（图一五，1）。标本F1填土：3，泥质灰陶，器表通体呈灰色，轮制。敛口，圆唇，卷沿中空。素面。口径28、残高5.2厘米（图一五，2）。标本F1填土：4，泥质灰陶，器内、外壁皆呈灰色，器外壁沿部及近口沿处有明显的轮制痕迹。敛口，方唇，卷沿，弧壁。素面。残高7.65厘米（图一五，3）。

　　石器　1件。标本F1填土：1，平面呈椭圆形，中间有一圆形穿孔，不通透。最大外径12.6、残高11.1厘米（图一五，4）。

　　F1灶中出土遗物2件。

　　瓷器盖　1件。标本F1灶：1，白釉瓷，器表通体施白釉。覆斗形，方唇，折沿略上翘。唇部有一周凸棱，沿面有一周凹弦纹。外径16、残高2.2厘米（图一五，5）。

　　陶片　1件。标本F1灶：2，泥质灰陶，器内、外壁皆呈灰色。应为腹片，弧壁。器内壁拍印

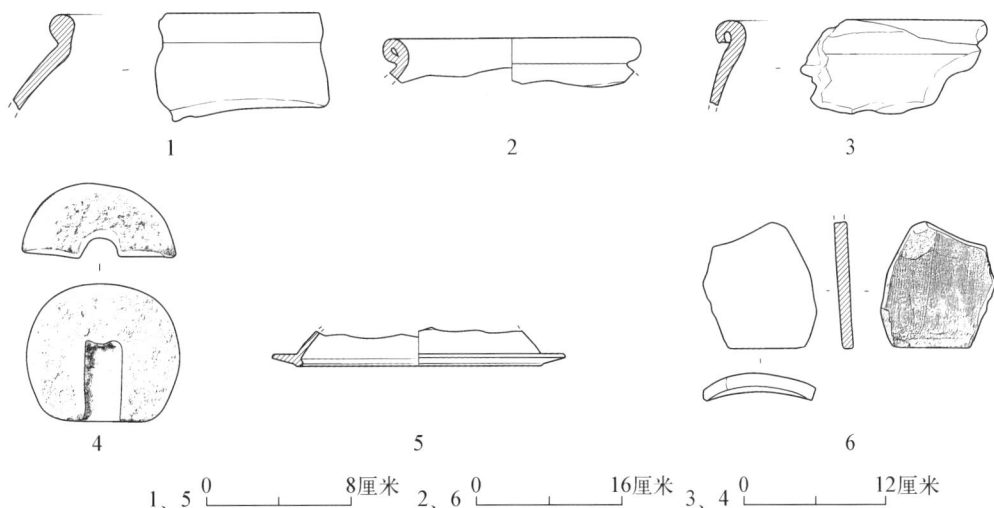

图一五 韩新庄遗址Ⅰ区F1填土及灶出土遗物

1—3.陶罐口沿(F1填土∶2,F1填土∶3,F1填土∶4) 4.石器(F1填土∶1) 5.瓷器盖(F1灶∶1) 6.陶片(F1灶∶2)

布纹,器外壁素面。残高13.6厘米(图一五,6)。

F1出土遗物主要为金元时期代表性遗物,推测其时代可能上限为金代,下限为元代。

F2 位于Ⅰ区T16北部与Ⅰ区T17南部,开口于第③层下,打破生土层。半地穴式,房址平面近方形(图一六)。南北长3.54米,东西宽3.2米,面积约11.3平方米,穴壁深0.2米,直壁。门道位于房址东侧中央,呈台阶式,地面起台,残余两级台阶,残长0.4、宽0.5米。出土遗物有白釉褐彩瓷片、泥质灰陶片、磨石等。

F2出土遗物5件。

瓷片 1件。标本F2∶1,白釉褐彩瓷器,器表有明显的开裂痕迹。弧壁。器外壁以黑彩彩绘草叶纹及六周弦纹,以褐色彩绘勾边。残高11.4厘米(图一七,1)。

陶盆口沿 1件。标本F2∶2,泥质灰陶,器内、外壁皆呈灰色,轮制。敞口,方唇,卷沿,斜直壁。素面。残高5.1厘米(图一七,2)。

陶碗底 1件。标本F2∶3,泥质灰陶,器内、外壁皆呈灰褐色。弧腹,腹底分界明显,假圈足。素面。底径6.6、残高4.1厘米(图一七,3)。

磨石 1件。标本F2∶4,石质。平面呈不规则形。一侧较光滑,疑为长期研磨所致。残高9.2厘米(图一七,4)。

铜器 1件。标本F2∶5,青铜质,锈蚀严重。呈长条形,两端较尖。通长10厘米(图一七,5)。

2. 灰坑

5个∶H1、H2、H3、H4、H5。

H1 位于Ⅰ区T2西部偏北,开口于第②层下。平面近圆形,口大底小,斜直壁,平底(图一八)。坑内堆积为灰土,土质疏松,遗物较少。口径0.88、底径0.52、深约2米。

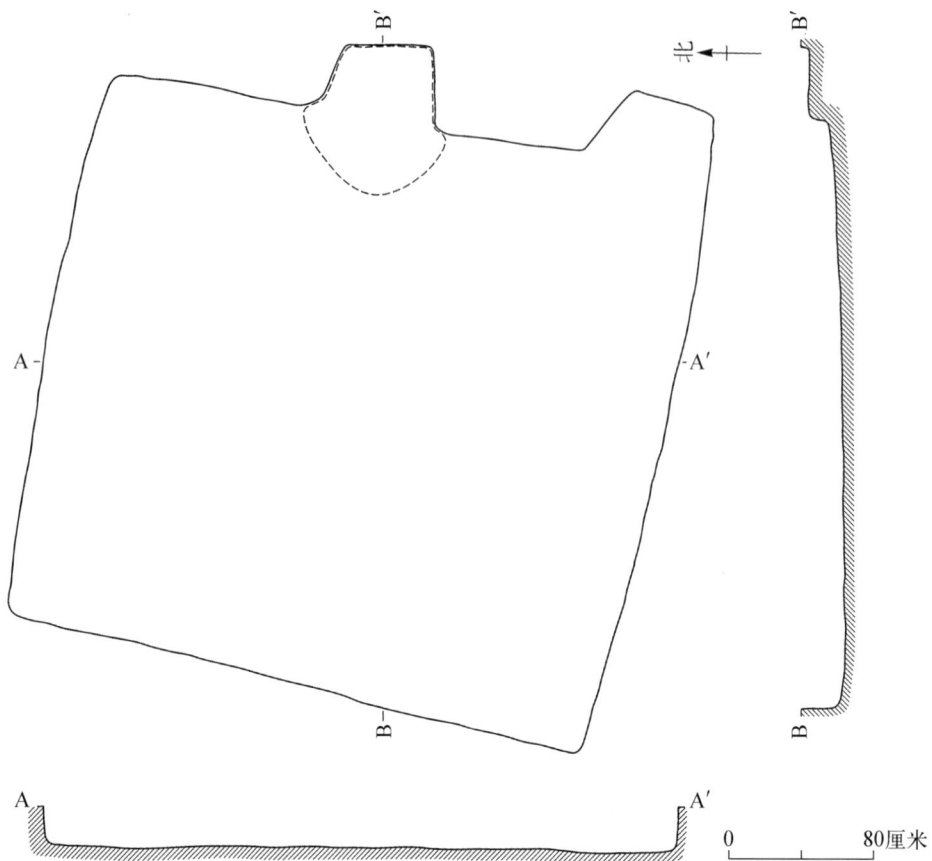

图一六　韩新庄遗址Ⅰ区F2平、剖面图

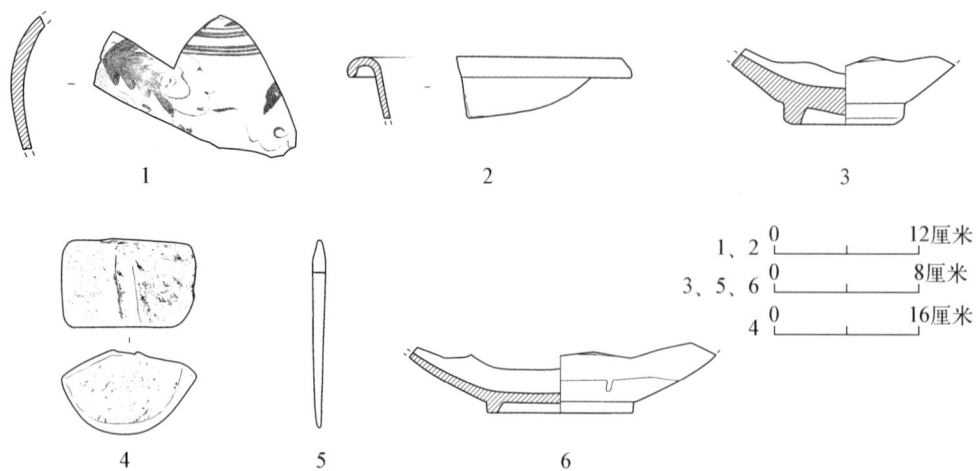

图一七　韩新庄遗址Ⅰ区F2、H2出土遗物

1.瓷片（F2：1）　2.陶盆（F2：2）　3.陶碗（F2：3）　4.磨石（F2：4）　5.铜器（F2：5）　6.瓷碗（H2：1）

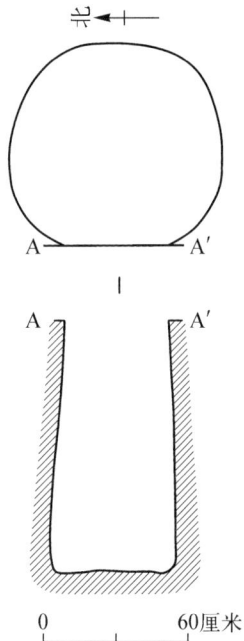

图一八 韩新庄遗址Ⅰ区H1平、剖面图

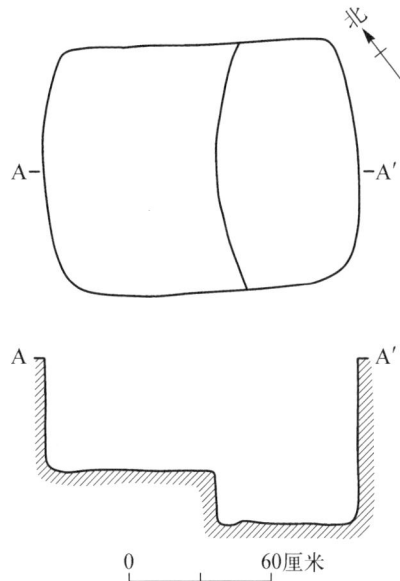

图一九 韩新庄遗址Ⅰ区H2平、剖面图

　　H2 位于Ⅰ区T1东北部,开口于第③层下,打破生土。平面近似长方形,直壁,坑底为两级阶梯状,西高东低(图一九)。坑口长1.3、宽0.98、深0.44—0.65米。坑内堆积为浅灰土,土质疏松,出土遗物较少,包括白瓷片等。南距F1约1.1米,推测为F1附属坑。

　　H2仅出土1件瓷碗底。

　　瓷碗底 1件。标本H2∶1,白釉瓷,器内壁施白釉,器外壁施釉不到底,局部流釉,器身下部及底部露胎,呈褐色。弧壁,圈足。素面。底径8、残高3.8厘米(图一七,6)。

　　H3 位于Ⅰ区T6中部。开口于第③层下,打破生土层。平面近长方形,斜弧壁,平底(图二○)。坑内堆积为灰褐土,土质疏松,夹杂有较多的炭、少量红烧土块以及石子等。坑口长2.05、宽1.02、深约0.34米。出土遗物主要有泥质灰陶片、泥质红陶片、夹砂红褐陶片,纹饰主要为绳纹、弦纹等。

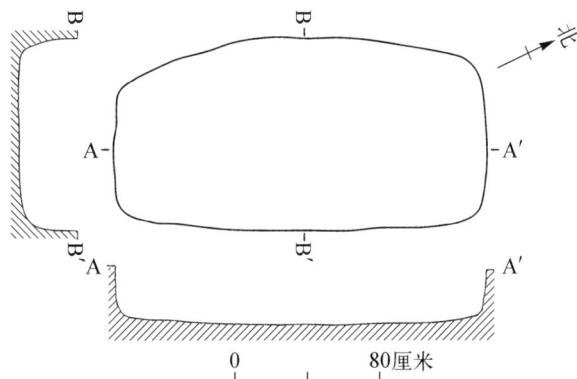

图二○ 韩新庄遗址Ⅰ区H3平、剖面图

H4　位于Ⅰ区T10西北部以及Ⅰ区T11西南部,开口于第③层下,打破生土层。平面为不规则三角形,西部被压在探方壁下。斜直壁,平底(图二一)。坑内堆积为灰褐土,土质疏松,遗物较少。坑口最长6.64、最宽3.1、深0.32米。

H5　位于Ⅰ区T17东隔梁偏南部,开口于第③层下,打破生土层。平面近圆形,直壁,平底(图二二)。最大口径1.3、深约0.6米。坑内堆积为深灰褐土,土质疏松。出土遗物主要为陶器、石器、铜器、铁器、瓷器,陶器主要为泥质灰陶片、夹砂红褐陶片,以素面为主,器类有盆、瓮等,瓷器包括白瓷、彩瓷等。

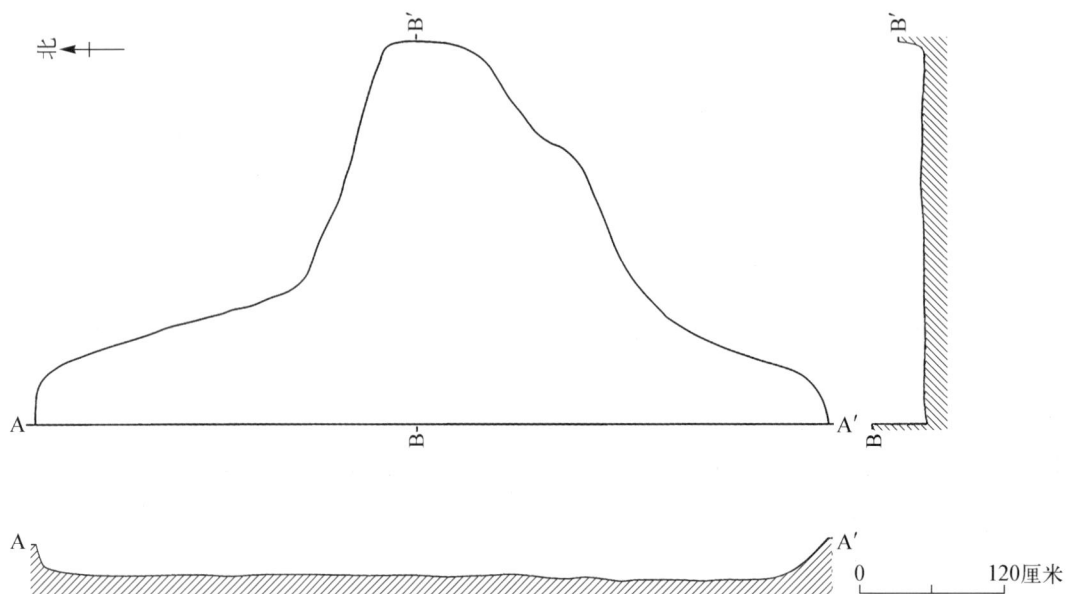

图二一　韩新庄遗址Ⅰ区H4平、剖面图

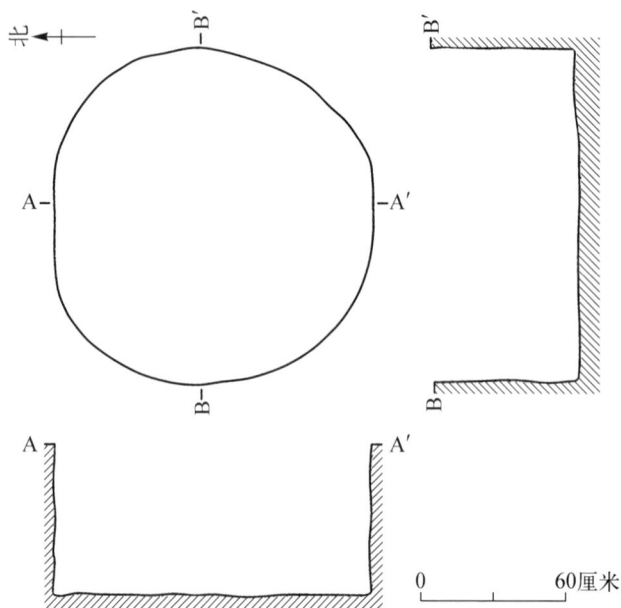

图二二　韩新庄遗址Ⅰ区H5平、剖面图

第三节　Ⅱ区

Ⅱ区位于整个遗址的西侧,布5米×5米的探方共20个(Ⅱ区T1—T20),共计发掘面积500平方米(图二三)。发现灶址2座、灰沟1条。出土遗物有陶釜、盆、罐、豆、碗、钵及铜铁器等。

一、地层堆积与地层遗物

本区地层堆积可统一划分为3层,现以Ⅱ区T16剖面为例进行介绍。

第①层:黄褐土,土质疏松。包含有少量现代瓷片、碎玻璃等。厚约0.1—0.2米,为现代耕土层。

第②层:黄土,土质较硬。包含少量碎砖、陶片等。厚约0.15—0.25米,为明清文化层。G1开口于该层下。

第③层:灰褐土,土质较硬。出土少量陶瓦片、夹云母陶片。厚约0.15—0.3米,为战国文化层。Z1开口于该层下。

第③层以下为生土。

Ⅱ区地层中共计出土各类遗物87件,主要为陶器,另有个别铜铁器。陶器中釜和盆数量最多,也有一定量的罐和豆等。

T1③层出土遗物6件,为泥质灰陶盆、罐、甑箅与夹云母红陶釜。

陶釜口沿　2件。标本Ⅱ区T1③:1,夹云母红陶。侈口,尖圆唇,折沿,沿面内凹成槽,内沿呈凸棱状。腹上部有零星竖向绳纹。残高6.4厘米(图二四,1)。标本Ⅱ区T1③:2,夹砂红陶。侈口,圆唇,折沿,内沿呈凸棱状,斜直腹。素面。残高4.7厘米(图二四,2)。

陶盆口沿　1件。标本Ⅱ区T1③:3,泥质灰陶,含少量细砂。敞口,方唇,唇面有一周凹槽,卷沿。内、外壁皆较光滑。素面。残高3.6厘米(图二四,3)。

陶罐口沿　2件。标本Ⅱ区T1③:4,泥质灰陶。敞口,方唇,折沿,沿下有一周凸棱。内、外壁皆较光滑。素面。残高4.5厘米(图二四,4)。标本Ⅱ区T1③:5,泥质灰陶。方唇,唇面有一周凹槽,唇下有一周凸棱。内、外壁皆较光滑。素面。残高5.1厘米(图二四,5)。

陶甑箅　1件。标本Ⅱ区T1③:6,泥质灰陶。内、外壁皆较光滑。素面,其上见有长条形甑眼。残高4.5厘米(图二四,6)。

T2③层出土遗物6件。

陶釜口沿　1件。标本Ⅱ区T2③:1,夹云母红褐陶。侈口,圆唇,宽折沿,沿面内凹,内沿呈凸棱状,斜直腹。内壁较光滑,外壁较粗糙。器表施竖向粗绳纹。残高5.55厘米(图二五,1)。

陶盆口沿　2件。标本Ⅱ区T2③:3,泥质红褐陶。方唇,唇面有凹棱,卷沿。素面。残高2.2厘米(图二五,3)。标本Ⅱ区T2③:5,泥质灰陶。敞口,方圆唇。内、外壁皆较光滑。素面。残高3.8厘米(图二五,5)。

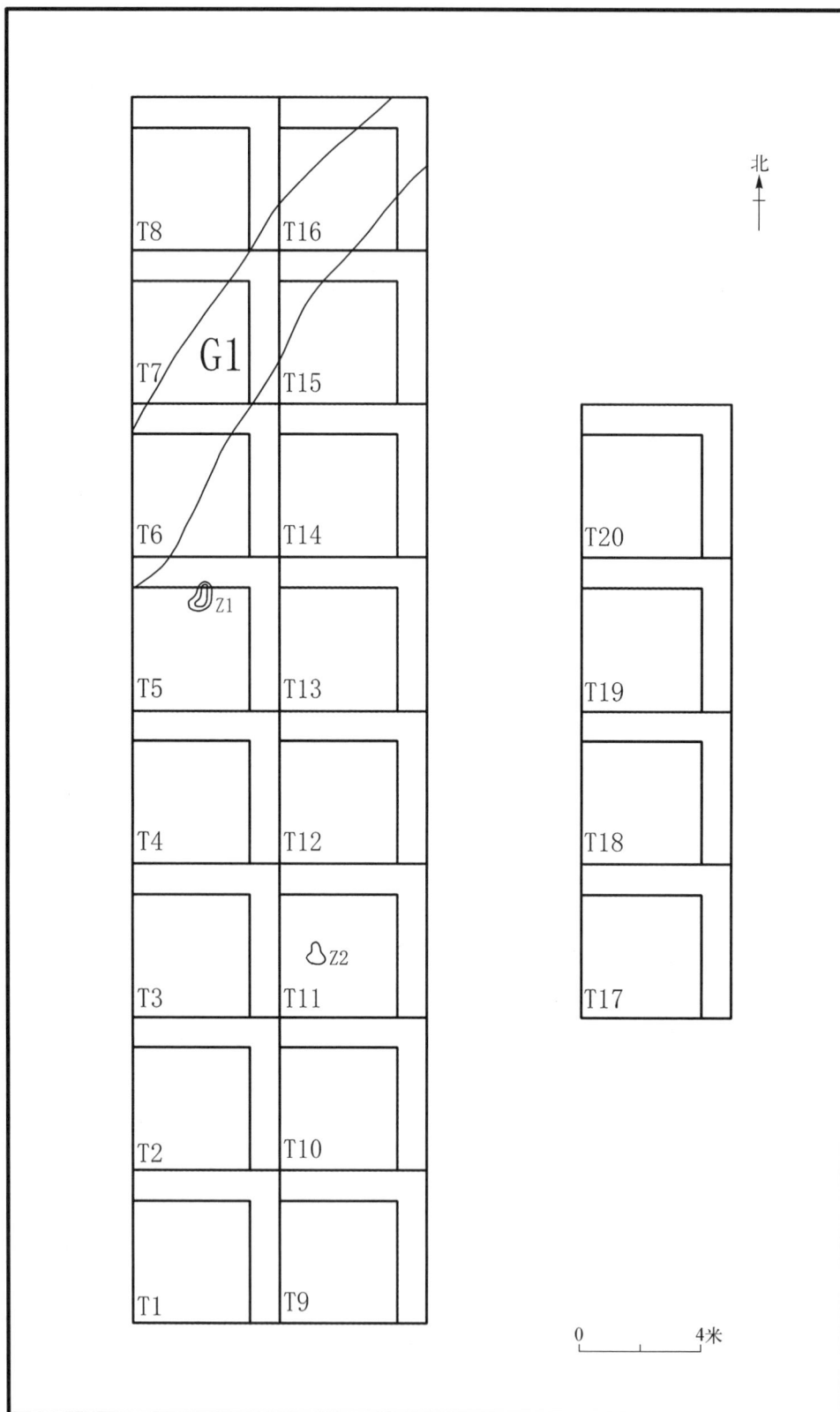

图二三　韩新庄遗址Ⅱ区平面图

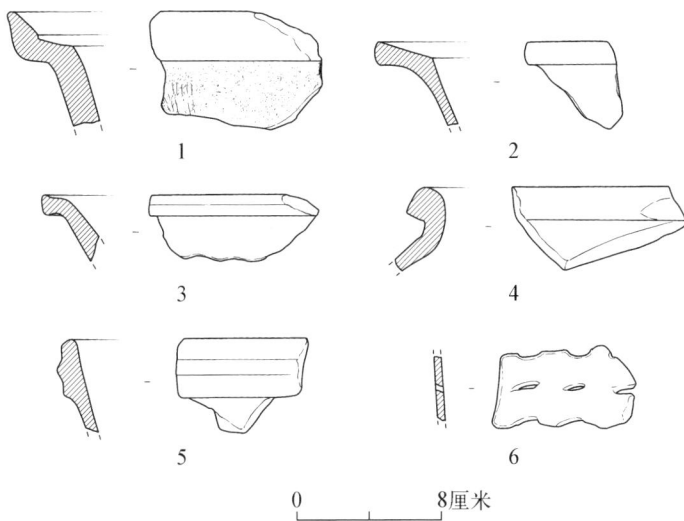

图二四　韩新庄遗址Ⅱ区T1③层出土遗物

1、2.陶釜口沿（Ⅱ区T1③：1、Ⅱ区T1③：2）　3.陶盆口沿（Ⅱ区T1③：3）
4、5.陶罐口沿（Ⅱ区T1③：4、Ⅱ区T1③：5）　6.陶甑箅（Ⅱ区T1③：6）

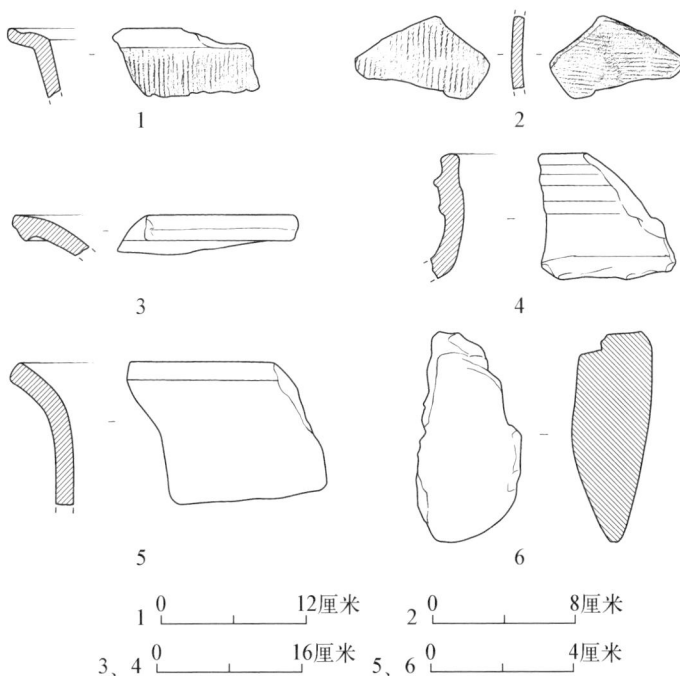

图二五　韩新庄遗址Ⅱ区T2③层出土遗物

1.陶釜口沿（Ⅱ区T2③：1）　2.陶片（Ⅱ区T2③：2）　3、5.陶盆口沿（Ⅱ区T2③：3、Ⅱ区T2③：5）
4.陶罐口沿（Ⅱ区T2③：4）　6.石器（Ⅱ区T2③：6）

陶罐口沿　1件。标本Ⅱ区T2③：4，泥质灰陶。方唇。器表施两周凸弦纹。残高6.8厘米（图二五，4）。

陶片　1件。标本Ⅱ区T2③：2，泥质灰陶。内壁施竖向绳纹，外壁施弦纹。残高8.8厘米（图二五，2）。

石器　1件。标本Ⅱ区T2③：6，灰色，石英石残块。残高5.6厘米（图二五，6）。

T3③层出土遗物2件。

陶釜口沿　1件。标本Ⅱ区T3③：1，夹云母红褐陶，含云母量极少，器内、外壁皆呈橘红色。侈口，圆唇，窄折沿，沿面内凹，内沿呈凸棱状。器内、外壁皆光滑。素面。口径14、残高4.8厘米（图二六，1）。

陶盆口沿　1件。标本Ⅱ区T3③：2，泥质黄褐陶，器内、外壁皆呈黄褐色。敞口，方唇，唇面有一周凹槽，卷沿。器内、外壁皆较光滑。素面。残高4.2厘米（图二六，2）。

T4③层出土遗物4件。

陶釜口沿　1件。标本Ⅱ区T4③：1，夹云母红陶。侈口，圆唇，宽折沿，沿面内凹成槽，内沿呈凸棱状，斜直腹。内、外壁皆较光滑。器表施竖向细绳纹，沿下近腹上部经磨光不清晰。残高6.8厘米（图二六，3）。

陶片　3件。标本Ⅱ区T4③：2，泥质灰陶。内、外壁皆较光滑。素面。残高10.4厘米（图二六，4）。标本Ⅱ区T4③：3，泥质灰陶。器表施绳纹，局部为交错绳纹。残高9.4厘米（图二六，5）。标本Ⅱ区T4③：4，夹砂红陶。斜直腹。器外壁较光滑。器表施竖向细绳纹，局部经磨光模

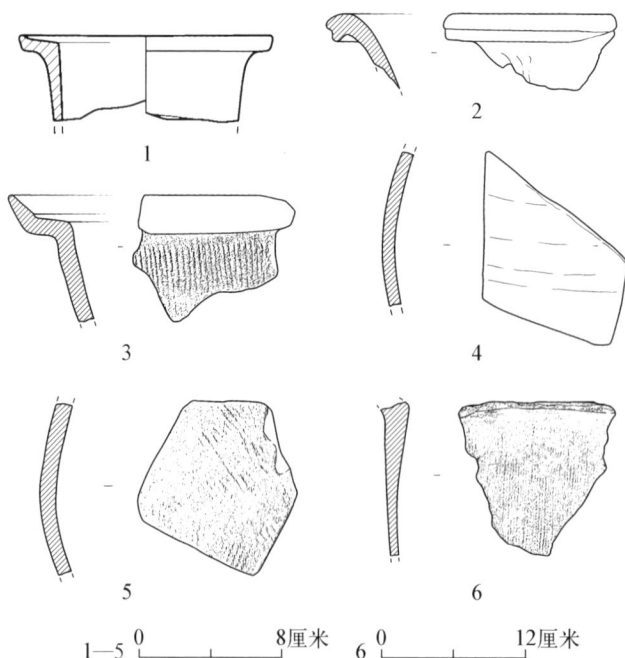

图二六　韩新庄遗址Ⅱ区T3③层、T4③层出土遗物

1、3.陶釜口沿（Ⅱ区T3③：1、Ⅱ区T4③：1）　2.陶盆口沿（Ⅱ区T3③：2）　4—6.陶片（Ⅱ区T4③：2、Ⅱ区T4③：3、Ⅱ区T4③：4）

糊不清。残高12.45厘米(图二六,6)。

T5③层出土遗物3件。

陶釜口沿 1件。标本Ⅱ区T5③:1,夹云母黄褐陶,器内、外壁皆呈黄褐色。侈口,圆唇,宽折沿,沿面内凹成槽,内沿呈凸棱状,斜直腹。器内、外壁皆光滑。器表施竖向粗绳纹。口径32、残高6.4厘米(图二七,1)。

陶盆口沿 2件。标本Ⅱ区T5③:2,泥质灰陶,器内、外壁皆呈灰色。敞口,方唇,唇面有一周凹槽,卷沿。器内、外壁皆较光滑。素面。残高7.65厘米(图二七,2)。标本Ⅱ区T5③:3,泥质灰陶,器内、外壁皆呈灰色。敞口,方唇,唇面有一周凹槽,卷沿,斜直腹。器内、外壁皆较光滑。素面。残高5.85厘米(图二七,3)。

T6③层出土遗物2件。

陶足 1件。标本Ⅱ区T6③:1,夹云母红陶,器内、外壁呈橙红色。柱状足。器表较粗糙。素面。残高5.1厘米(图二七,4)。

陶片 1件。标本Ⅱ区T6③:2,夹云母红褐陶,器内壁呈红褐色,器外壁红褐色偏黄。器内、外壁皆较光滑。器表施竖向绳纹与弦纹,局部构成交错绳纹,纹样呈方格状。残高16.95厘米(图二七,5)。

T7③层出土遗物4件。

陶釜口沿 1件。标本Ⅱ区T7③:1,夹云母红褐陶。侈口,圆唇,宽折沿,沿面内凹,内沿呈凸棱状,斜直腹。内、外壁皆光滑,器表局部可见竖向绳纹,纹饰因磨光不清晰。残高7.2厘米(图二八,1)。

陶盆口沿 1件。标本Ⅱ区T7③:2,泥质灰陶。方唇,卷沿,近口部有棱状凸起。内、外壁皆较光滑。素面。残高3.8厘米(图二八,2)。

陶片 2件。标本Ⅱ区T7③:3,泥质灰陶。内、外壁皆较光滑。器表施斜向绳纹与弦纹,纹样呈条带状。残高10.5厘米(图二八,3)。标本Ⅱ区③:4,泥质灰陶。内、外壁皆光滑。素面。

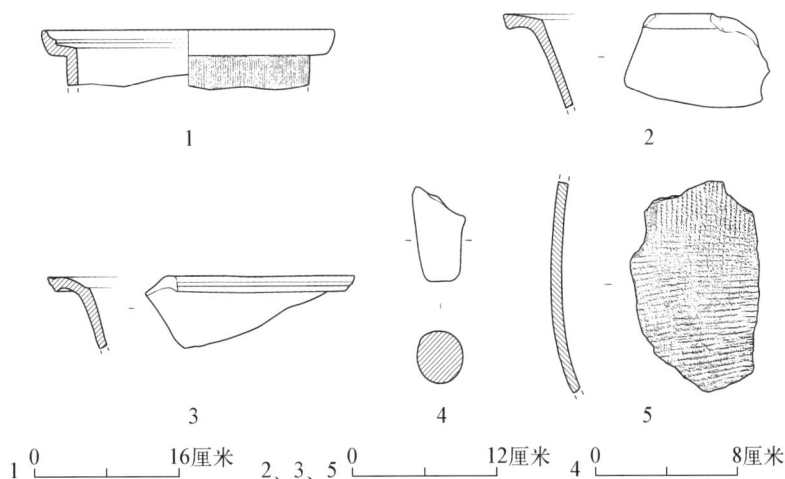

图二七 韩新庄遗址Ⅱ区T5③层、T6③层出土遗物

1.陶釜口沿(Ⅱ区T5③:1) 2、3.陶盆口沿(Ⅱ区T5③:2、Ⅱ区T5③:3) 4.陶足(Ⅱ区T6③:1) 5.陶片(Ⅱ区T6③:2)

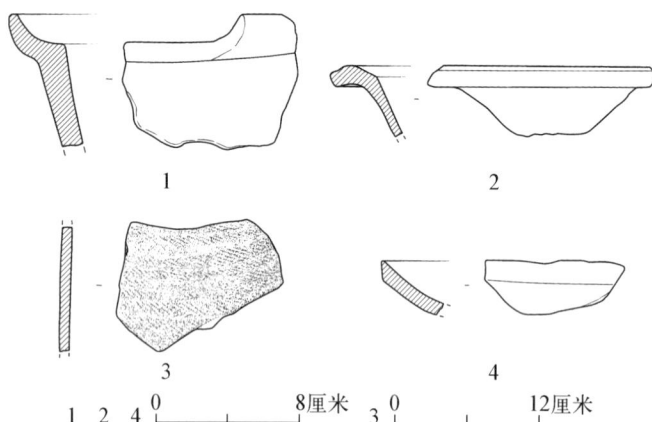

图二八　韩新庄遗址Ⅱ区T7③层出土遗物

1.陶釜口沿（Ⅱ区T7③：1）　2.陶盆口沿（Ⅱ区T7③：2）　3、4.陶片（Ⅱ区T7③：3、Ⅱ区T7③：4）

残高3厘米（图二八，4）。

T9③层出土遗物12件。

陶盆口沿　6件。标本Ⅱ区T9③：1，泥质灰陶。敞口，方唇，唇面有一周凹槽，卷沿。内、外壁皆较光滑。素面。残高2.9厘米（图二九，1）。标本Ⅱ区T9③：8，泥质灰陶。侈口，方唇，卷沿，斜弧腹。内、外壁皆较光滑。素面。口径36、残高10.8厘米（图三〇，2）。标本Ⅱ区T9③：9，泥质灰陶。敞口，方唇，卷沿。内、外壁较光滑。素面。口径34、残高5.2厘米（图三〇，3）。标本Ⅱ区T9③：10，泥质灰陶。敞口，尖唇，卷沿。内、外壁光滑。素面。残高5.3厘米（图三〇，4）。标本Ⅱ区T9③：11，泥质灰陶。敞口，方唇，唇面有一周凹槽，卷沿。内、外壁较光滑。素面。残高3.3厘米（图三〇，5）。标本Ⅱ区T9③：12，泥质灰陶。敞口，方唇，卷沿。器内、外壁皆较光滑。素面。残高3.2厘米（图三〇，6）。

陶釜口沿　6件。标本Ⅱ区T9③：2，夹云母红陶。侈口，圆唇，宽折沿，沿面内凹成槽，内沿呈凸棱状，斜直腹。内、外壁较光滑。器表施竖向细绳纹。口径32、残高7厘米（图二九，2）。标本Ⅱ区T9③：3，夹砂红陶。侈口，圆唇，折沿，沿面内凹成槽，内沿呈凸棱状，斜直腹。器表施竖向细绳纹。口径32、残高8厘米（图二九，3）。标本Ⅱ区T9③：4，夹云母红褐陶。侈口，圆唇，宽折沿，沿面内凹成槽，内沿呈凸棱状，斜直腹。器表施竖向粗绳纹，纹饰因磨光不清晰。残高8.85厘米（图二九，4）。标本Ⅱ区T9③：5，夹云母红陶。侈口，圆唇，宽折沿，沿面内凹成槽，内沿呈凸棱状，斜直腹。器表施竖向细绳纹，局部经磨光不清晰。残高12.2厘米（图二九，5）。标本Ⅱ区T9③：6，夹云母红褐陶。方唇，宽折沿，沿面内凹成槽，内沿呈凸棱状。器表施竖向粗绳纹。残高4.9厘米（图二九，6）。标本Ⅱ区T9③：7，夹云母红褐陶。侈口，圆唇，折沿，沿面内凹成槽，内沿呈凸棱状。器表施竖向粗绳纹。残高5.2厘米（图三〇，1）。

T10③层出土遗物2件。

陶釜口沿　1件。标本Ⅱ区T10③：1，夹云母红褐陶。侈口，尖圆唇，宽折沿，沿面内凹成槽，内沿呈凸棱状，斜直腹。器表施竖向粗绳纹。残高4.9厘米（图三一，1）。

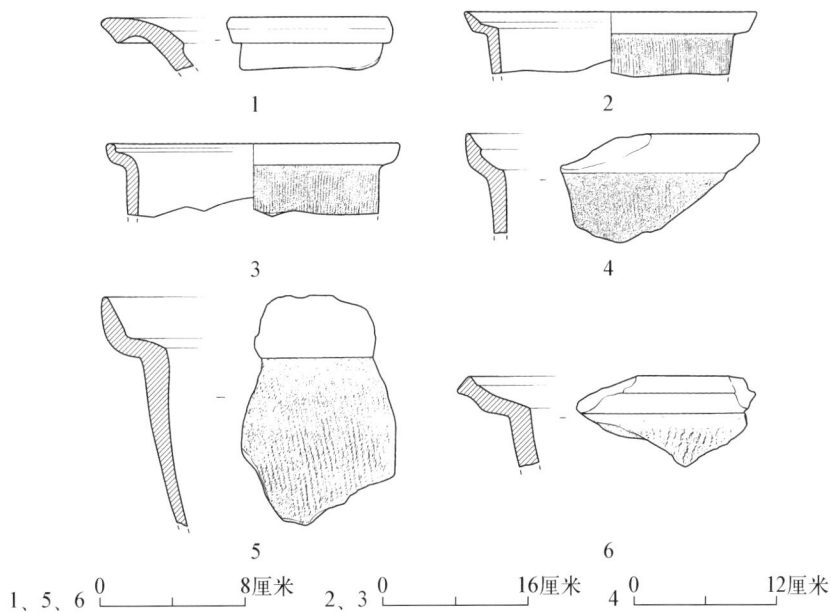

1、5、6 0 8厘米　2、3 0 16厘米　4 0 12厘米

图二九　韩新庄遗址Ⅱ区T9③层出土遗物

1.陶盆口沿（Ⅱ区T9③：1）　2—6.陶釜口沿（Ⅱ区T9③：2、Ⅱ区T9③：3、Ⅱ区T9③：4、Ⅱ区T9③：5、Ⅱ区T9③：6）

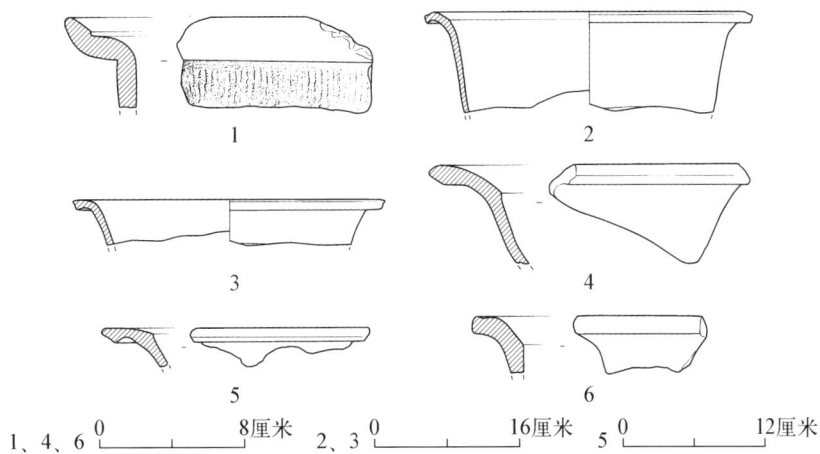

1、4、6 0 8厘米　2、3 0 16厘米　5 0 12厘米

图三〇　韩新庄遗址Ⅱ区T9③层出土遗物

1.陶釜口沿（Ⅱ区T9③：7）　2—6.陶盆口沿（Ⅱ区T9③：8、Ⅱ区T9③：9、Ⅱ区T9③：10、Ⅱ区T9③：11、Ⅱ区T9③：12）

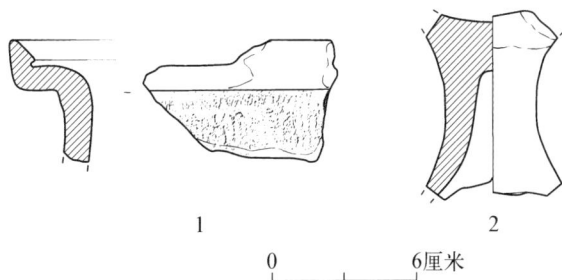

0 6厘米

图三一　韩新庄遗址Ⅱ区T10③层出土遗物

1.陶釜口沿（Ⅱ区T10③：1）　2.陶豆柄（Ⅱ区T10③：2）

陶豆柄　1件。标本Ⅱ区T10③：2，泥质灰陶，圈足内呈黑色，圈足外壁呈灰褐色。高圈足，空心柄。器内、外壁皆较光滑。素面。残高7.6厘米（图三一，2）。

T11③层出土遗物6件。

陶釜口沿　1件。标本Ⅱ区T11③：1，夹云母红褐陶，器内壁呈黑色，器外壁呈红褐色。侈口，方唇，唇面有一周凹槽，宽折沿，沿面内凹，内沿呈凸棱状，斜直腹。器表施竖向粗绳纹。残高5.6厘米（图三二，1）。

陶口沿　3件。标本Ⅱ区T11③：4，泥质灰陶。敛口，圆唇，束颈，弧腹。器内、外壁皆较光滑。素面。残高8.8厘米（图三二，4）。标本Ⅱ区T11③：5，泥质灰陶。侈口，折沿。腹部施一周瓦楞纹。残高5.3厘米（图三二，5）。标本Ⅱ区T11③：6，泥质灰陶。圆唇，唇下有一周凸棱。内、外壁皆较光滑。素面。残高4.2厘米（图三二，6）。

陶盆口沿　2件。标本Ⅱ区T11③：2，泥质灰陶。敞口，方唇，折沿。器内、外壁皆较光滑。素面。残高3.7厘米（图三二，2）。标本Ⅱ区T11③：3，泥质灰陶。敞口，方唇，卷沿。器内、外壁皆较光滑。素面。残高2.8厘米（图三二，3）。

T12③层出土遗物10件。

陶釜口沿　2件。标本Ⅱ区T12③：1，夹云母红褐陶，含云母量极少。侈口，尖圆唇，宽折沿，沿内凹成槽，内沿呈凸棱状，斜直腹。器表施竖向绳纹。口径34、残高12厘米（图三三，1）。

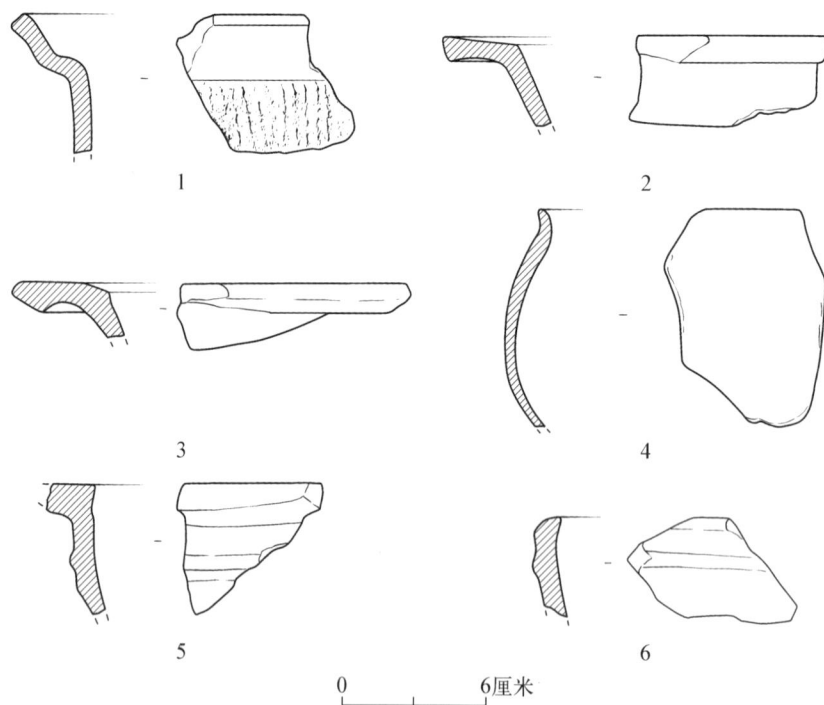

图三二　韩新庄遗址Ⅱ区T11③层出土遗物
1.陶釜口沿（Ⅱ区T11③：1）　2、3.陶盆口沿（Ⅱ区T11③：2、Ⅱ区T11③：3）
4—6.陶口沿（Ⅱ区T11③：4、Ⅱ区T11③：5、Ⅱ区T11③：6）

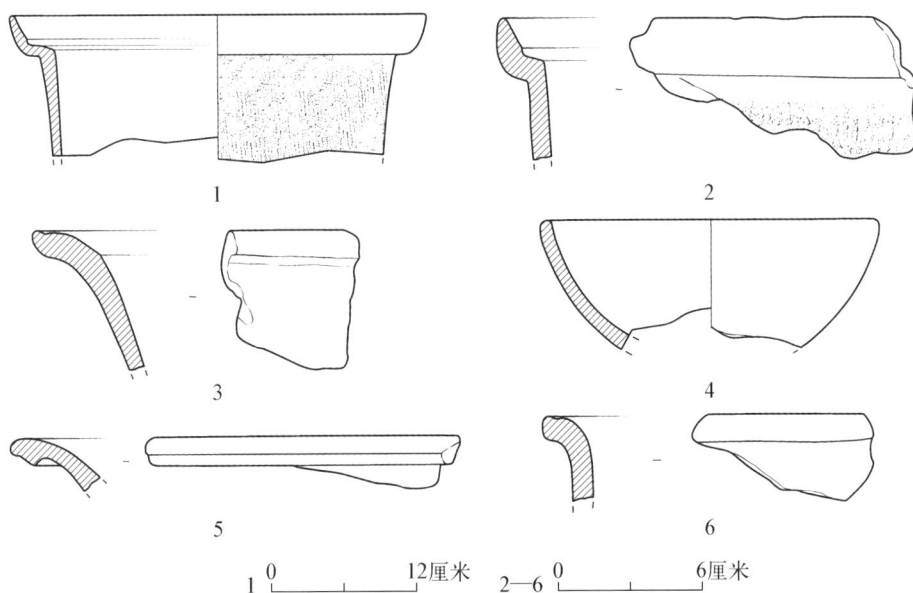

图三三 韩新庄遗址Ⅱ区T12③层出土遗物

1、2.陶釜口沿(Ⅱ区T12③∶1、Ⅱ区T12③∶2) 3、5、6.陶盆口沿(Ⅱ区T12③∶3、Ⅱ区T12③∶5、Ⅱ区T12③∶6)
4.陶碗口沿(Ⅱ区T12③∶4)

标本Ⅱ区T12③∶2,夹云母红褐陶。侈口,圆唇,宽折沿,沿面内凹成槽,内沿呈凸棱状。器表施竖向粗绳纹。残高5.7厘米(图三三,2)。

陶碗口沿 1件。标本Ⅱ区T12③∶4,泥质灰陶。敞口,圆唇,折沿。素面。口径14、残高5.2厘米(图三三,4)。

陶盆口沿 4件。标本Ⅱ区T12③∶3,泥质灰陶。方唇,折沿。内、外壁皆较光滑。素面。残高5.6厘米(图三三,3)。标本Ⅱ区T12③∶5,泥质灰陶。方唇,唇面有凹棱,卷沿。内、外壁皆较光滑。素面。残高2.2厘米(图三三,5)。标本Ⅱ区T12③∶6,泥质灰陶。方唇,卷沿,沿面有凹棱。内、外壁皆较光滑。素面。残高3.6厘米(图三三,6)。标本Ⅱ区T12③∶8,泥质灰陶。敞口,方唇,唇面有一周凹槽,卷沿。内、外壁皆较光滑。素面。残高9.15厘米(图三四,2)。

陶盆底 1件。标本Ⅱ区T12③∶9,泥质灰陶。腹下部弧收,腹底分界不明显,平底。器表局部可见斜向绳纹,纹饰因磨光不清晰。残高4.2厘米(图三四,3)。

陶罐口沿 1件。标本Ⅱ区T12③∶10,泥质黄褐陶。口沿残片,侈口,方唇。器表施两周凸弦纹。残高5.1厘米(图三四,4)。

陶片 1件。标本Ⅱ区T12③∶7,泥质灰陶。腹片。器表施竖向细绳纹与弦纹,绳纹呈条带状。残高8.7厘米(图三四,1)。

T13③层出土遗物12件。

陶豆 1件。标本Ⅱ区T13③∶1,泥质灰陶。敞口,圆唇,浅腹,弧壁,圜底,短柄,喇叭形高圈足座。器形较规整,内、外壁皆较光滑。素面。残高6.15厘米(图三五,1)。

陶釜口沿 1件。标本Ⅱ区T13③∶3,夹云母红褐陶。侈口,尖圆唇,宽折沿,沿面内凹,内

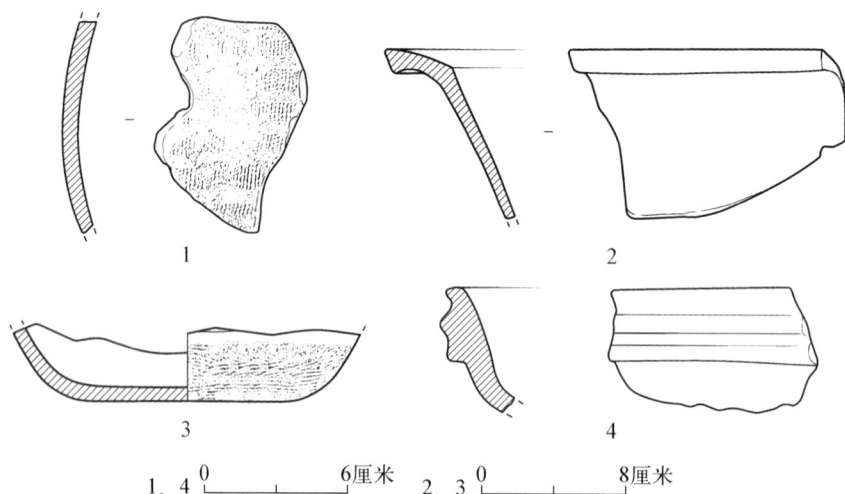

图三四　韩新庄遗址 Ⅱ 区 T12③层出土遗物

1. 陶片（Ⅱ区T12③：7）　2. 陶盆口沿（Ⅱ区T12③：8）　3. 陶盆底（Ⅱ区T12③：9）　4. 陶罐口沿（Ⅱ区T12③：10）

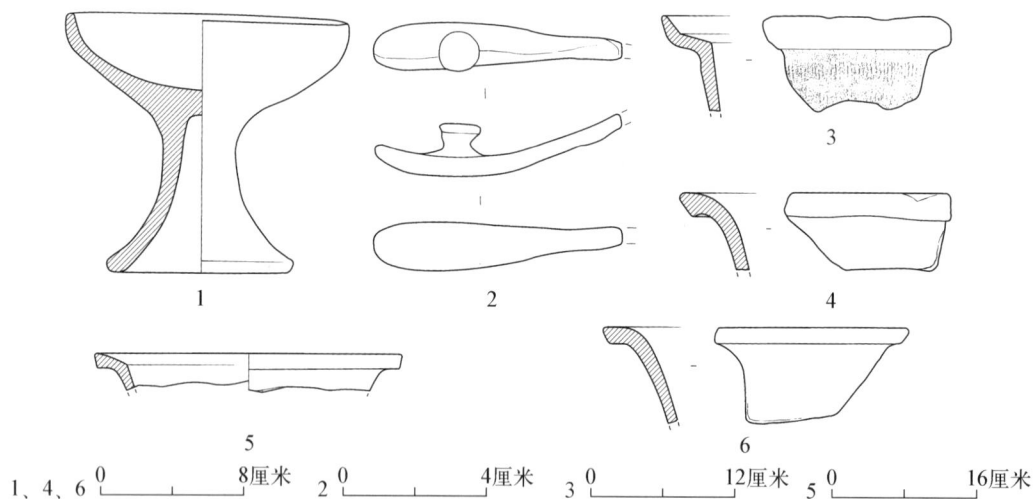

图三五　韩新庄遗址 Ⅱ 区 T13③层出土遗物

1. 陶豆（Ⅱ区T13③：1）　2. 铜带钩（Ⅱ区T13③：2）　3. 陶釜口沿（Ⅱ区T13③：3）
4—6. 陶盆口沿（Ⅱ区T13③：4、Ⅱ区T13③：5、Ⅱ区T13③：6）

沿呈凸棱状。器表施竖向粗绳纹。残高7.65厘米（图三五，3）。

　　陶盆口沿　3件。标本Ⅱ区T13③：4，泥质灰陶，含极少量云母。方唇，卷沿。内、外壁皆较光滑。素面。残高4.2厘米（图三五，4）。标本Ⅱ区T13③：5，泥质灰陶。敞口，方唇，卷沿。内、外壁较光滑。素面。口径34、残高4.2厘米（图三五，5）。标本Ⅱ区T13③：6，泥质灰陶。侈口，方唇，折沿，沿面有一周凸棱。素面。残高5.2厘米（图三五，6）。

　　陶片　2件。标本Ⅱ区T13③：7，泥质灰陶。腹片。器表施竖向细绳纹与弦纹，绳纹呈条带状。残高10厘米（图三六，1）。标本Ⅱ区T13③：8，泥质灰陶。束颈，溜肩。颈部有一周凸棱，肩部施数周弦纹。残高6.4厘米（图三六，2）。

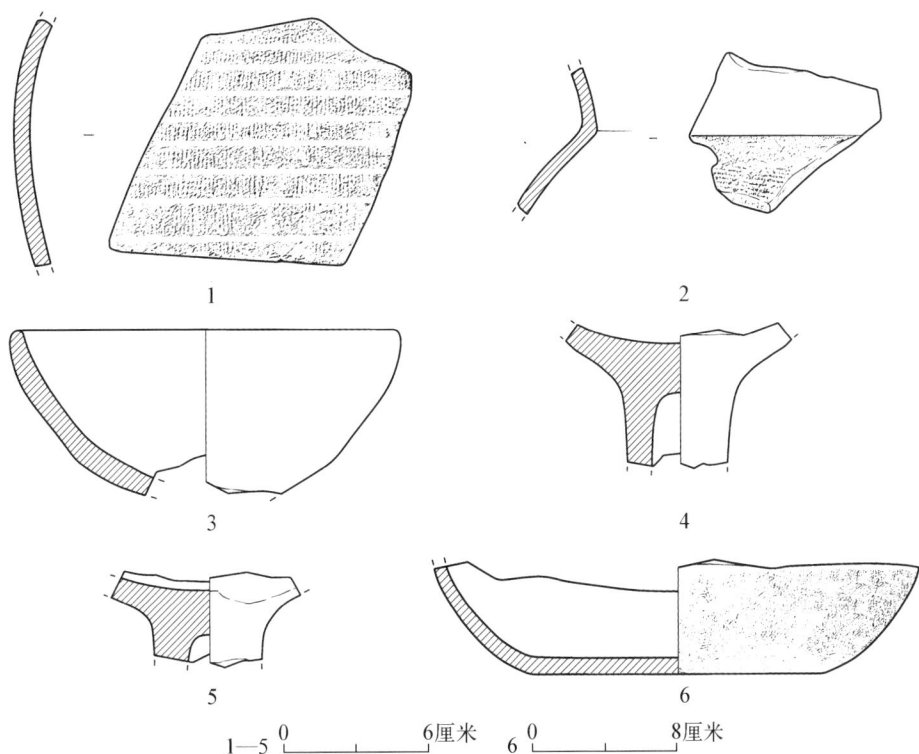

图三六　韩新庄遗址Ⅱ区T13③层出土遗物

1、2.陶片（Ⅱ区T13③：7、Ⅱ区T13③：8）　3.陶碗口沿（Ⅱ区T13③：9）　4、5.陶豆柄（Ⅱ区T13③：10、Ⅱ区T13③：11）
6.陶盆底（Ⅱ区T13③：12）

陶碗口沿　1件。标本Ⅱ区T13③：9，泥质灰陶。敛口，圆唇，弧腹。内、外壁较光滑。素面。口径16、残高6.6厘米（图三六，3）。

陶豆柄　2件。标本Ⅱ区T13③：10，泥质灰陶。豆盘底分界明显，豆柄中空。内、外壁较光滑。素面。残高5.8厘米（图三六，4）。标本Ⅱ区T13③：11，泥质红陶。豆盘底分界明显，豆柄中空。内、外壁较光滑。素面。残高3.9厘米（图三六，5）。

陶盆底　1件。标本Ⅱ区Ⅱ T13③：12，泥质灰陶。腹下部弧收，平底。器表局部施竖向细绳纹与斜向细绳纹，纹饰因磨光不清晰。底径16.2、残高6.15厘米（图三六，6）。

铜带钩　1件。标本Ⅱ区T13③：2，青铜质，锈蚀严重。琵琶形，器身细长，圆形钮位于近尾部。素面。残长6.8、钮径1.05厘米（图三五，2）。

T14③层出土遗物3件。

陶盆口沿　2件。标本Ⅱ区T14③：1，泥质灰陶。方唇，唇面有一周凹槽，卷沿，敞口。内、外壁较光滑。素面。残高6.15厘米（图三七，1）。标本Ⅱ区T14③：2，泥质灰陶。敞口，方唇，卷沿。内、外壁较光滑。素面。残高4.2厘米（图三七，2）。

陶片　1件。标本Ⅱ区T14③：3，泥质灰陶。仅余腹片，鼓腹。器表施弦断绳纹。残高15厘米（图三七，3）。

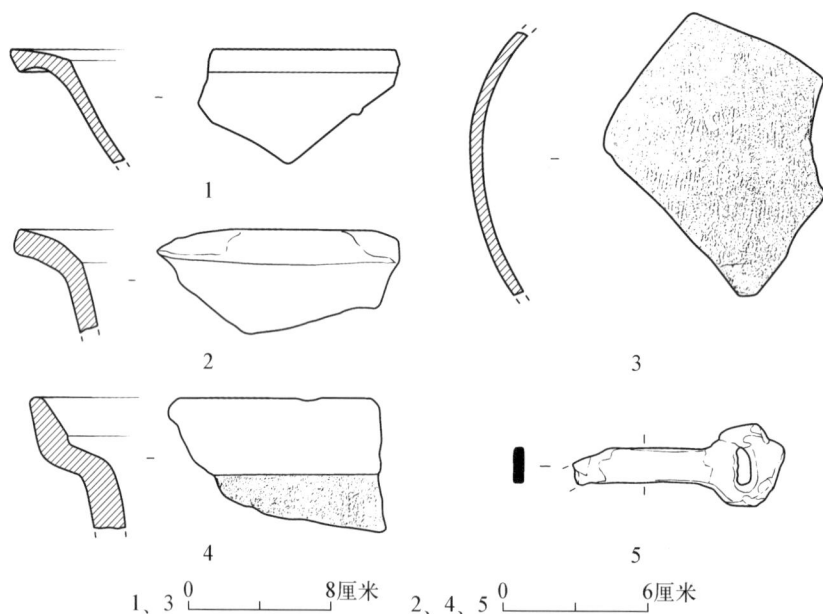

图三七　韩新庄遗址Ⅱ区T14③层、T17③层、T18③层出土遗物

1、2.陶盆口沿（Ⅱ区T14③：1、Ⅱ区T14③：2）　3.陶片（Ⅱ区T14③：3）　4.陶釜口沿（Ⅱ区T17③：1）　5.铁器（Ⅱ区T18③：1）

T17③层出土陶釜1件。

陶釜口沿　1件。标本Ⅱ区T17③：1，夹云母红陶。侈口，圆唇，折沿，沿面内凹，内沿呈凸棱状。器表腹上部施竖向绳纹，纹饰因磨光不清。残高5.4厘米（图三七，4）。

T18③层出土铁器1件。

铁器　1件。标本Ⅱ区T18③：1，铁质，锈蚀严重。呈钥匙状，柱状器身连接圆形环状孔，器身略扁。残长8.6厘米（图三七，5）。

T19③层出土遗物9件。

陶釜口沿　1件。标本Ⅱ区T19③：1，夹云母褐陶。圆唇，侈口，宽折沿，沿面内凹，内沿呈凸棱状，斜直腹。素面。残高8厘米（图三八，1）。

陶盆口沿　3件。标本Ⅱ区T19③：2，泥质灰陶。敞口，方唇，卷沿。内、外壁较光滑。素面。残高3.3厘米（图三八，2）。标本Ⅱ区T19③：3，泥质灰陶。敞口，方唇，唇面有一周凹槽，卷沿。器表施瓦楞纹。残高6.7厘米（图三八，3）。标本Ⅱ区T19：9，泥质灰陶。侈口，方唇，唇面有一周凹槽，卷沿。内、外壁较光滑。素面。残高5.1厘米（图三九，5）。

陶钵　1件。标本Ⅱ区T19③：4，泥质灰陶。敛口，圆唇，斜直腹，腹底分界不明显，平底。内、外壁较光滑。素面。口径15.1、底径4.2、高6厘米（图三八，4）。

陶豆柄　1件。标本Ⅱ区T19③：5，泥质灰陶。高柄，中空。内、外壁较光滑。素面。残高7.7厘米（图三九，1）。

陶片　1件。标本Ⅱ区T19③：8，泥质灰褐陶。内、外壁较光滑。器表施两周凹弦纹，间施菱形纹。残高8厘米（图三九，4）。

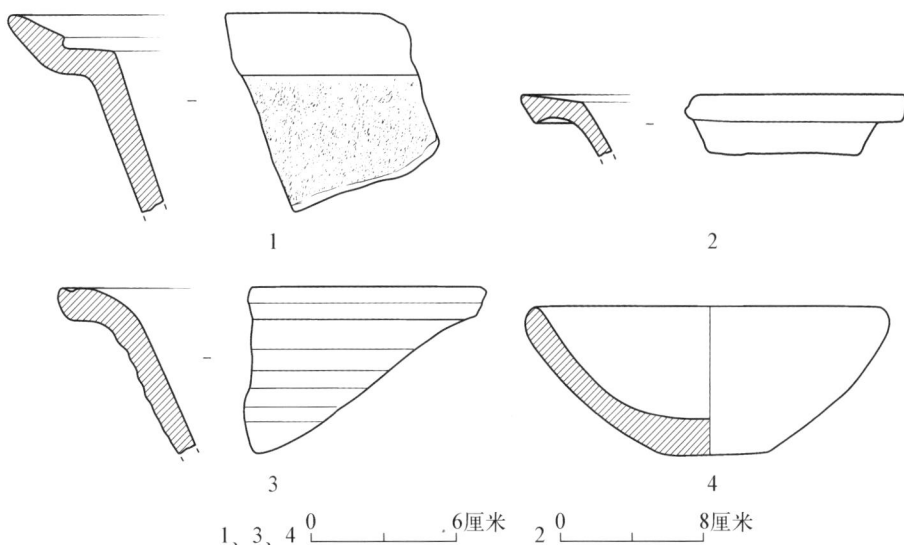

1、3、4　0 ————— 6厘米　　　0 ————— 8厘米 2

图三八　韩新庄遗址Ⅱ区T19③层出土遗物

1.陶釜口沿(Ⅱ区T19③：1)　2、3.陶盆口沿(Ⅱ区T19③：2、Ⅱ区T19③：3)　4.陶钵(Ⅱ区T19③：4)

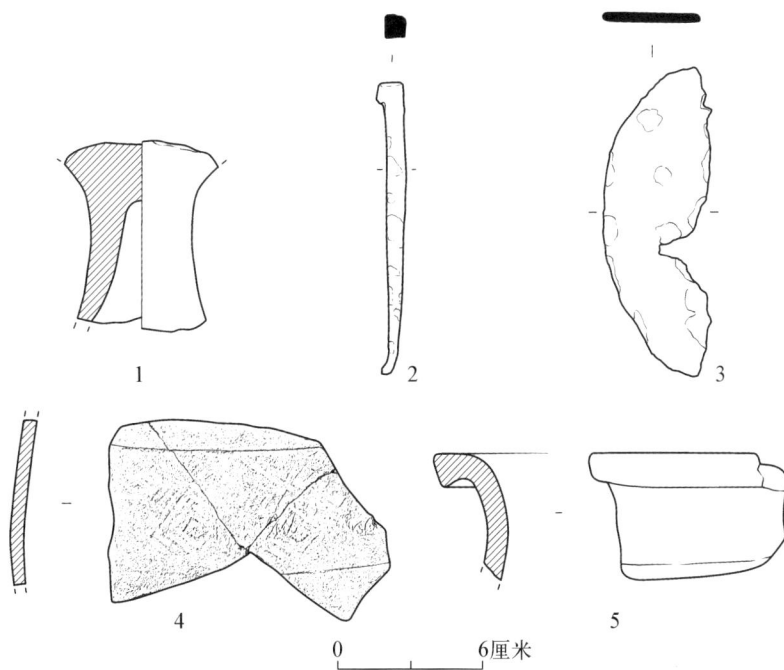

0 ————— 6厘米

图三九　韩新庄遗址Ⅱ区T19③层出土遗物

1.陶豆柄(Ⅱ区T19③：5)　2.铜器(Ⅱ区T19③：6)　3.铁器(Ⅱ区T19③：7)　4.陶片(Ⅱ区T19③：8)
5.陶盆口沿(Ⅱ区T19③：9)

铜器 1件。标本Ⅱ区T19③:6,青铜质,锈蚀严重。整体为长条形,剖面呈长方形,一端略弯,一端平直。素面。通长11.7厘米(图三九,2)。

铁器 1件。标本Ⅱ区T19③:7,铁质,锈蚀严重。平面近半圆形。残长12.4、厚0.4厘米(图三九,3)。

T20③层出土遗物4件。

陶釜口沿 1件。标本Ⅱ区T20③:1,夹云母红褐陶,器内壁发黑,器外壁呈红褐色。侈口,圆唇,宽折沿,沿面内凹,内沿呈凸棱状,斜直腹。器表施竖向粗绳纹,纹饰因磨光不清晰。残高7.5厘米(图四〇,1)。

陶盆口沿 3件。标本Ⅱ区T20③:2,泥质灰陶。敞口,方唇,卷沿。器表施竖向绳纹。残高4.95厘米(图四〇,2)。标本Ⅱ区T20③:3,泥质灰陶。圆唇,宽折沿。器表施竖向粗绳纹。残高4.8厘米(图四〇,3)。标本Ⅱ区T20③:4,泥质黄褐陶。方唇,唇面有凹棱,宽折沿。内、外壁较光滑。素面。残高3.6厘米(图四〇,4)。

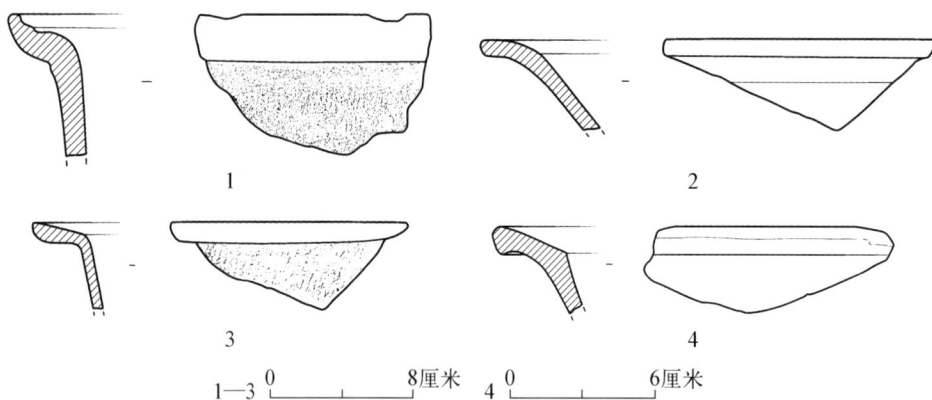

图四〇 韩新庄遗址Ⅱ区T20③层出土遗物

1.陶釜口沿(Ⅱ区T20③:1) 2—4.陶盆口沿(Ⅱ区T20③:2、Ⅱ区T20③:3、Ⅱ区T20③:4)

二、遗迹

1.灶址

2座:Z1、Z2。均破坏严重,具体形制不明。

Z1 位于Ⅱ区T5内,开口于第③层下,打破生土。破坏严重,仅见红烧土痕迹,难以知其原貌。

Z2 位于Ⅱ区T11内,平面大致呈不规则环绕状,破坏严重,形制不明。

2.灰沟

1条。

G1 位于Ⅱ区T5北隔梁西部,Ⅱ区T6西部、北部及北隔梁,Ⅱ区T7南部、东部及北隔梁东部、东隔梁大部分，Ⅱ区T16西南部、中部、东北部及北隔梁东部、东隔梁北部。开口于第②层下，打破生土。平面近似长条形。沟口长2.48、深0.4米。沟内堆积为灰褐土，土质较硬，基本不出遗物。

第四节　Ⅲ区

Ⅲ区位于遗址的中部及东部（图四一；图版一），布5米×5米探方235个（Ⅲ区T1—T226、Ⅲ区T228—T231及Ⅲ区T233—T237），布4米×5米探方2个（Ⅲ区T227、Ⅲ区T232），共计发掘面积5915平方米。共发现瓮棺葬261座（编号W1—W261），单室砖室墓1座（编号M1）。

一、地层堆积与地层遗物

该发掘区地层堆积相对简单，仅3层，堆积情况如下。

第①层：耕土层，土质疏松，厚约0.2米。W2、W30、W34、W48、W54及M1开口于该层下，W53开口于该层扰沟下。

第②层：灰黄土，土质疏松，包含有瓷片、瓦片等，厚0.1—0.15米。W1、W3、W4、W5、W6、W7、W8、W9、W10、W11、W12、W14、W15、W16、W17、W18、W19、W20、W21、W22、W23、W24、W25、W26、W27、W28、W29、W31、W32、W33、W35、W36、W37、W38、W39、W40、W41、W42、W43、W44、W45、W46、W47、W49、W50、W51、W52、W55、W56、W57、W58、W59、W60、W61、W62、W63、W64、W65、W66、W67、W68、W69、W70、W71、W72、W73、W74、W75、W76、W77、W78、W79、W81、W82、W83、W84、W85、W86、W87、W88、W89、W90、W91、W92、W93、W94、W95、W96、W97、W98、W99、W100、W101、W102、W103、W104、W105、W106、W107、W108、W109、W110、W111、W112、W113、W114、W115、W116、W117、W118、W119、W120、W121、W122、W123、W124、W125、W126、W127、W128、W129、W130、W131、W132、W133、W134、W135、W136、W137、W138、W139、W140、W141、W142、W143、W144、W145、W146、W147、W148、W149、W150、W151、W152、W153、W154、W155、W156、W157、W158、W159、W160、W161、W162、W163、W164、W165、W166、W167、W168、W169、W170、W171、W172、W173、W174、W175、W176、W177、W178、W179、W180、W181、W182、W183、W184、W185、W186、W187、W188、W189、W190、W191、W192、W193、W194、W195、W196、W197、W198、W199、W200、W201、W202、W203、W204、W205、W206、W207、W208、W209、W210、W211、W212、W213、W214、W215、W216、W217、W218、W219、W220、W221、W222、W223、W224、W225、W226、W227、W228、W229、W230、W231、W232、W233、W234、W235、W236、W237、W238、W239、W240、W241、W242、W243、W244、W245、W246、W247、W248、W249、W250、W251、W253、W254、W255、W256、W257、W258、W259、W260、W261开口于该层下。

第③层：灰褐土，土质较硬，包含有绳纹陶片、红陶釜等，厚约0.4米。

第③层以下为生土。

韩新庄遗址Ⅲ区瓮棺葬分布较为集中，排列较为规整，仅少数墓葬存在叠压打破关系，分别为W19→W20、W47→W46、W65→W64、W70→W69、W105→W106、W117→W116、W157→W158。

该区地层内发现遗物仅有3件，包括陶罐、铜带钩、板瓦等。

陶罐 1件。标本96LHⅢT48①：1，泥质灰陶。侈口，方唇，束颈，溜肩，深腹圆鼓，最大径在腹中部，腹下部弧收，腹部与底部分界不明显，平底。器表肩部至腹中部施弦纹，腹下部至底部施绳纹，纹饰因磨光不清晰。通体较光滑。口径16.68、腹径24.64、底径11、高22.12厘米（图四二，3）。

铜带钩 1件。标本96LHⅢT73③：1，青铜质，锈蚀严重。琵琶形，器身细长，蛇首状钩首，圆形钮位于器身中部。素面。通长15.8、钮径1.4厘米（图四二，1）。

板瓦 1件。标本96LHⅢT118关键柱：1，泥质灰陶，模制。里侧素面，外侧施绳纹和数周瓦楞纹。长51.6、宽39.6、高9厘米（图四二，2）。

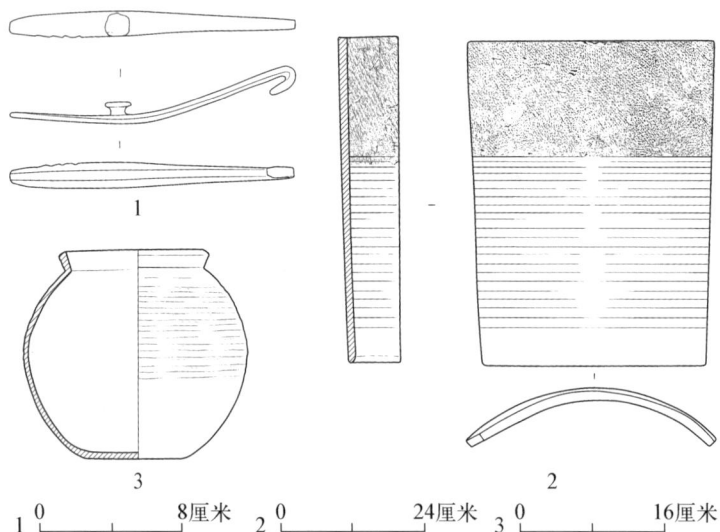

图四二 韩新庄遗址Ⅲ区地层出土遗物

1.铜带钩（96LHⅢT73③：1） 2.板瓦（96LHⅢT118关键柱：1） 3.陶罐（96LHⅢT48①：1）

二、墓葬、葬具及随葬品

W1 位于Ⅲ区T13中部。开口于第②层下。西南—东北向，北偏东约40°。圆角长方形土坑竖穴墓，墓圹遭后期破坏严重，墓葬南北长约0.85、东西宽约0.5米，深度不明（图四三，1）。葬具为陶釜2件（图四三，2、3），自北向南依釜（W1：1）口部—釜（W1：2）口部对接而成。

陶釜 2件。标本W1：1，夹云母红褐陶。侈口，尖圆唇，宽折沿，沿面内凹成槽，沿下有棱状凸起，斜直腹。器表上部隐约可见竖向绳纹，局部纹饰因磨光不清晰。口径34、残高10.6厘米（图

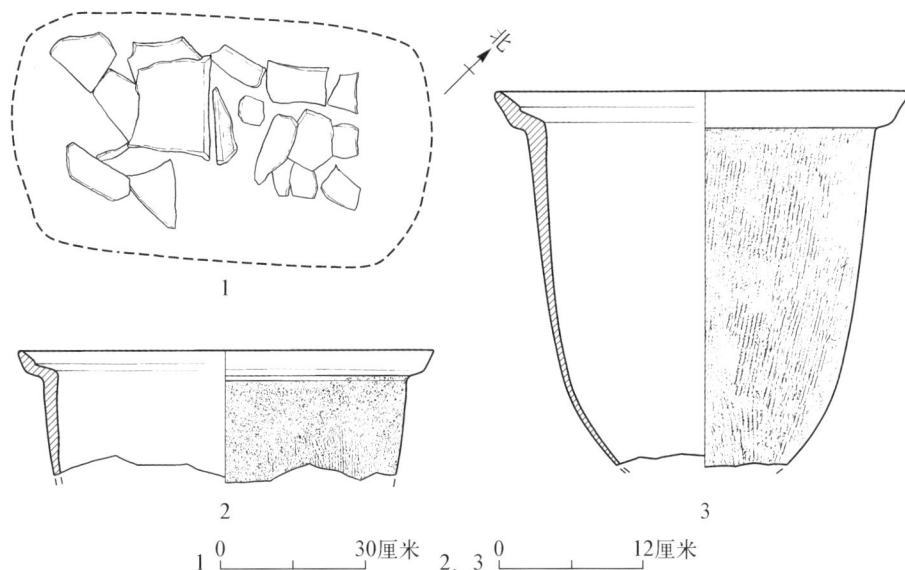

图四三 W1平面图及葬具

1. W1平面图 2、3. 陶釜(W1∶1、W1∶2)

四三,2)。标本W1∶2,夹云母红褐陶,内壁腹上部呈红褐色,腹中部至下部逐渐变黑,外壁呈红褐色,局部呈黑色。侈口,圆唇,宽折沿,沿面内凹成槽,沿下有棱状凸起,斜直腹,弧收。器表通体施斜向竖绳纹,局部纹饰因磨光不清晰。口径34、沿宽2.24、残高30厘米(图四三,3)。

　　W2　位于Ⅲ区T13北部。开口于第①层下。西南—东北向。圆角长方形土坑竖穴墓,墓圹被破坏,墓底较平整。墓内填土为灰褐土,土质较软。墓葬南北长约1、东西宽约0.55、残深约0.15米(图四四,1)。葬具内有一具人骨,保存极差,仅可知头向西南,约214°。葬具为陶釜3件(图四四,2—4),自北向南依釜(W2∶1)—釜(W2∶2)—釜(W2∶3)形式组合而成,其中釜(W2∶1)口部与釜(W2∶2)口部对接,釜(W2∶3)的口部套接于釜(W2∶2)的底部。

　　陶釜　3件。标本W2∶1,夹云母红褐陶,内壁通体呈红褐色,外壁通体部呈红褐色偏黄,腹中部有黑色斑驳。侈口,尖圆唇,宽折沿,沿面内凹成槽,沿下有棱状凸起,斜直腹。器表通体施竖向绳纹,腹上部局部纹饰因磨光不清晰。口径31.6、沿宽2.36、残高27.6厘米(图四四,2)。标本W2∶2,夹云母红褐陶。侈口,尖圆唇,宽折沿,沿面内凹成槽,沿面下部较平。器表施竖向绳纹。口径33.6、沿宽2.04、残高6.8厘米(图四四,3)。标本W2∶3,夹云母红褐陶,内、外壁呈红褐色,外腹中部至下部局部呈黑色。侈口,方唇,宽折沿,沿面内凹,近唇部有凸棱,沿下呈棱状凸起,斜直腹。器表沿下近腹上部施竖向粗绳纹,腹中部至腹下部施横向绳纹。口径29.84、沿宽2.8、残高26.88厘米(图四四,4)。

　　W3　位于Ⅲ区T14北隔梁内。开口于第②层下。西南—东北向,北偏东约45°。近似圆角长方形土坑竖穴墓,墓圹遭后期破坏严重。墓内填土为灰黄土。墓葬南北长约0.76、东西宽约0.45、残深0.06米(图四五,1)。葬具为陶甗1件、陶盆1件和陶釜1件(图四五,2—4),自北向南依甗(W3∶1)—盆(W3∶2)—釜(W3∶3)组合而成,推测甗(W3∶1)口部与盆(W3∶2)底部对接,

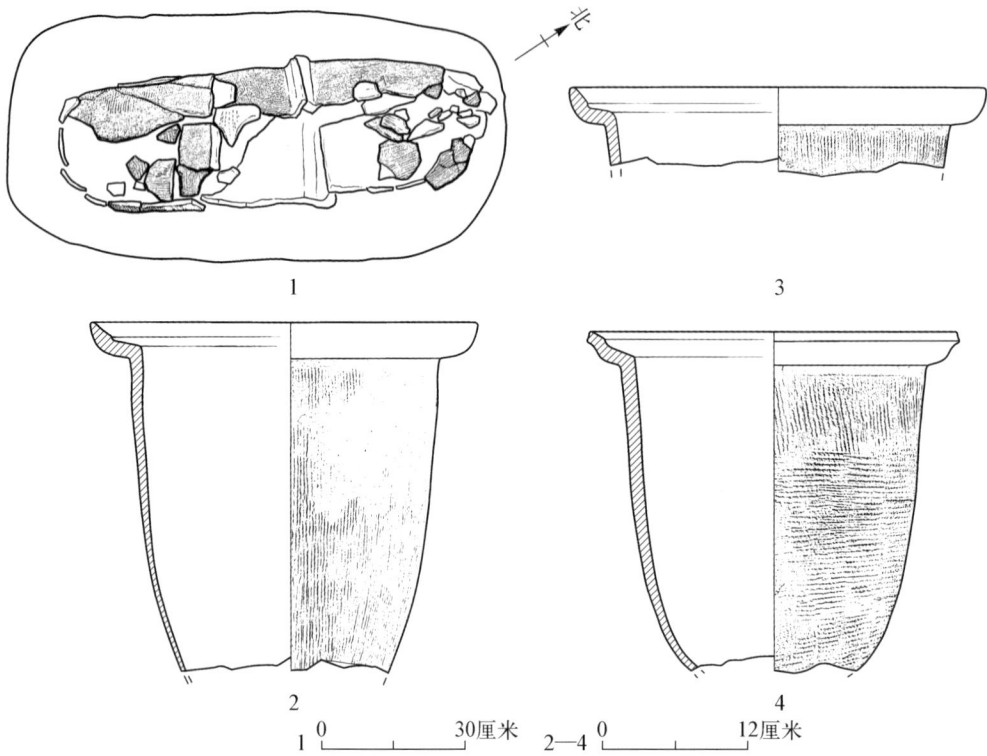

图四四 W2平面图及葬具

1.W2平面图 2—4.陶釜（W2：1、W2：2、W2：3）

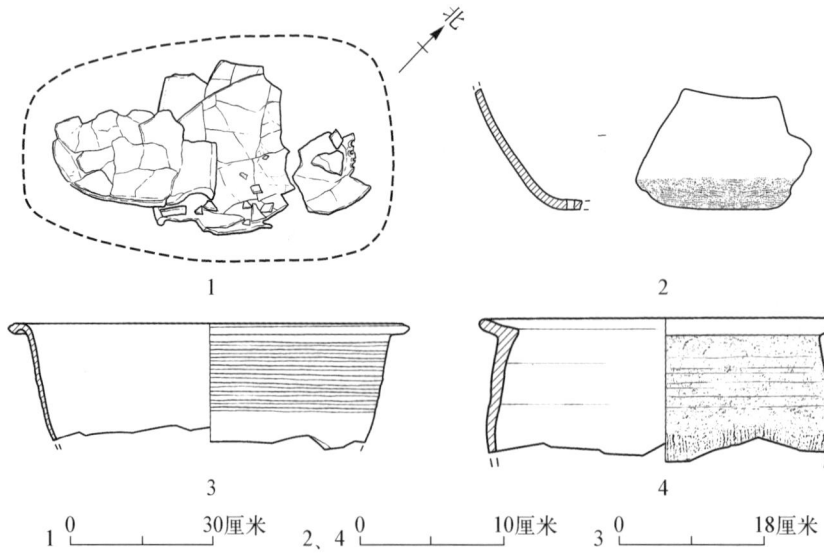

图四五 W3平面图及葬具

1.W3平面图 2.陶甑（W3：1） 3.陶盆（W3：2） 4.陶釜（W3：3）

盆(W3:2)口部套接于釜(W3:3)口部。

陶甑 1件。标本W3:1,泥质灰陶,器内壁灰褐色,外壁呈灰色。平底,底部可见近椭圆形箅孔。器内、外壁皆光滑,底部施绳纹。残高8.1厘米(图四五,2)。

陶盆 1件。标本W3:2,泥质黄陶,胎芯呈灰色,内壁呈黄色,外壁黄褐色为主,腹上部局部发黑。敞口,卷沿,沿截面呈三角形,方唇,唇沿施一圈细绳纹,斜直腹。上腹部施数圈弦纹。口径49.2、残高14.1厘米(图四五,3)。

陶釜 1件。标本W3:3,夹云母黄褐陶,胎芯红褐色,内、外壁皆呈黄褐色。敛口,圆唇,折沿,沿面微内弧,内沿呈凸棱状。沿下至上腹部施弦纹,其下施竖向绳纹。口径25.4、沿高2.56、残高10.12厘米(图四五,4)。

W4 位于Ⅲ区T15西南部。开口于第②层下。西南—东北向,北偏东约38°。不规则椭圆形土坑竖穴墓,墓圹北部被扰沟破坏,墓壁较直,墓底平整。墓内填土为灰褐土,土质较软。墓葬南北残长约0.66、东西宽0.5、深约0.1米(图四六,1)。现存葬具为陶釜2件(图四六,2、3)。因W4破损严重,组合关系不明确。仅可知自北向南为釜(W4:1)的腹部套接于釜(W4:2)的口部内。

陶釜 2件。标本W4:1,夹云母红褐陶。敛口,圆唇,窄折沿,沿面微内弧,内沿呈凸棱状,微鼓腹。沿下至上腹部施弦纹,腹下部局部隐约可见竖向绳纹。口径27、沿高2.44、残高18.16厘米(图四六,2)。标本W4:2,夹云母红褐陶,内、外壁通体红褐色,腹中部局部发黑。敛口,圆唇,

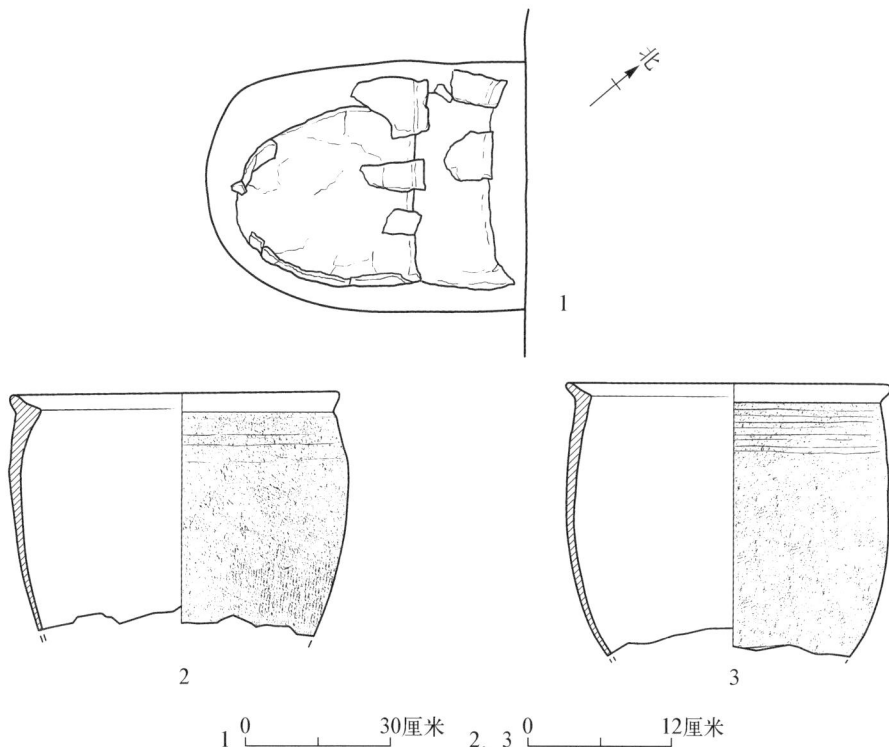

图四六 W4平面图及葬具
1. W4平面图 2、3. 陶釜(W4:1、W4:2)

窄折沿,沿面斜平,内沿呈凸棱状,微鼓腹。器内、外壁皆较粗糙。沿下至上腹部施弦纹,下部纹饰不清晰。口径27.04、沿宽2.2、残高20.84厘米(图四六,3)。

W5　位于Ⅲ区T15西北部。开口于第②层下。西南—东北向,北偏东约34°。圆角长方形土坑竖穴墓,墓圹遭后期破坏,墓壁较直,墓底平整。墓内填土为灰黄土。墓葬南北长约1.02、东西宽约0.5、残深约0.11米(图四七,1)。葬具为陶釜3件(图四七,2—4),自北向南由釜(W5:1)—釜(W5:2)—釜(W5:3)组合而成,其中釜(W5:1)口部与釜(W5:2)口部对接,釜(W5:3)的口部套接于釜(W5:2)的底部。

陶釜　3件。标本W5:1,夹云母红褐陶,内、外壁通体皆呈红褐色,外腹中部局部微发黑。敛口,圆唇,窄折沿,沿面较斜平,内沿呈凸棱状,微鼓腹。器形不甚规整,腹中部凹凸不平。沿下至上腹部施弦纹,腹下部施竖向绳纹,纹饰因磨光不清晰。口径28.16、沿宽2.56、残高22.4厘米(图四七,2)。标本W5:2,夹云母红褐陶。敛口,圆唇,窄折沿,沿面较斜平,内沿呈凸棱状,微鼓腹,器形不甚规整。沿下至上腹部施弦纹,下部纹饰不清晰。口径25.4、沿宽2.32、残高13.8厘米(图四七,3)。标本W5:3,夹云母红褐陶,内、外壁通体皆呈红褐色,局部黑色或有黑色斑驳。敛口,圆唇,窄折沿,沿面微内弧,内沿呈凸棱状,微鼓腹。沿下至上腹部施弦纹,其下施竖向绳纹,纹饰因磨光不清晰。口径28.72、沿宽12.24、残高13.8厘米(图四七,4)。

W6　位于Ⅲ区T3北部。开口于第②层下。东南—西北向,北偏东约140°。墓圹遭后期破坏严重。墓葬东西长0.8、南北宽0.5、残深约0.1米(图四八,1)。葬具为陶釜2件和陶盆1件(图四八,

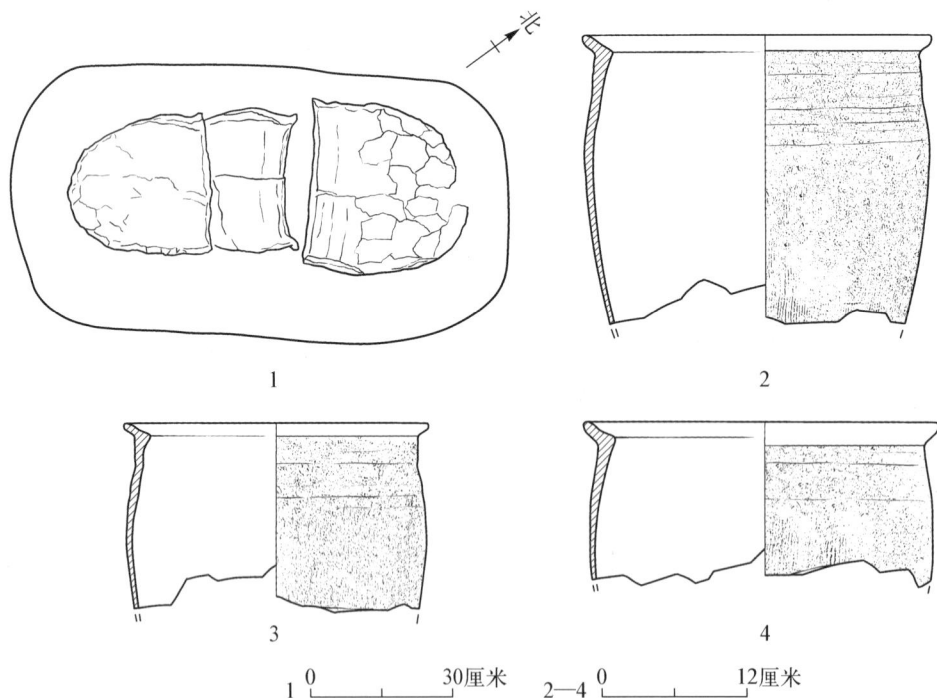

图四七　W5平面图及葬具

1.W5平面图　2—4.陶釜(W5:1、W5:2、W5:3)

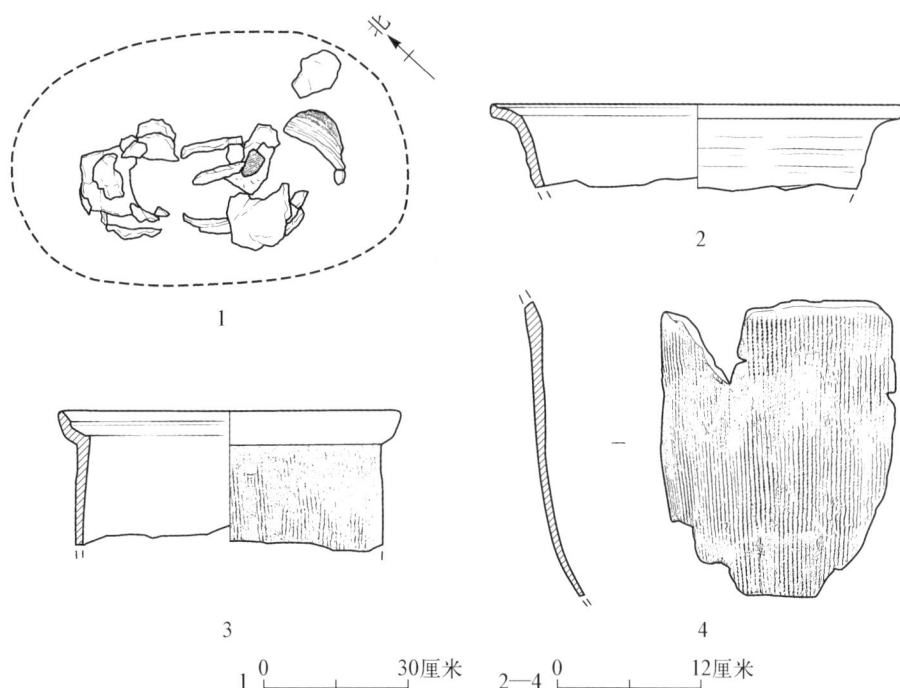

图四八 W6平面图及葬具

1. W6平面图　2. 陶盆（W6∶1）　3、4. 陶釜（W6∶2、W6∶3）

2—4），自东向西由釜（W6∶3）—釜（W6∶2）—盆（W6∶1）组合而成。因破坏严重，套接方式不明。

陶盆　1件。标本W6∶1，泥质灰陶，内壁黄褐色，外壁灰褐色。敞口，卷沿，方唇，唇面有一周凹棱。外腹部施凸弦纹。口径33.68、沿宽1.72、残高6.76厘米（图四八，2）。

陶釜　2件。标本W6∶2，夹云母红褐陶。侈口，尖圆唇，宽折沿，沿面内凹，沿面有凸棱，内沿呈凸棱状，斜直腹。器表施竖向粗绳纹，局部磨光不清。口径27.76、沿宽1.96、残高10.44厘米（图四八，3）。W6∶3，夹云母红褐陶，内、外壁呈红褐色，外腹中部发黑。侈口，斜直腹。器表施竖向粗绳纹。残高23.6厘米（图四八，4）。

W7　位于Ⅲ区T4中北部。开口于第②层下。西南—东北向，北偏东约33°。椭圆形土坑竖穴墓，墓圹遭后期破坏，墓壁斜直，墓底较平整。墓内填土为灰褐土，土质疏松。墓葬南北长0.9、东西宽0.6米（图四九，1）。葬具为陶釜3件（图四九，2—4），自北向南由釜（W7∶1）—釜（W7∶2）—釜（W7∶3）组合而成，其中釜（W7∶1）口部与釜（W7∶2）口部对接，釜（W7∶3）的口部套接于釜（W7∶2）底部。

陶釜　3件。标本W7∶1，夹云母红褐陶，内、外壁均呈红褐色，外壁有黑色斑驳。敛口，圆唇，窄折沿，沿面微内弧，内沿呈凸棱状，微鼓腹。沿下至上腹部施弦纹，下部纹饰不清晰。口径31.6、沿高2.08、残高14.24厘米（图四九，2）。标本W7∶2，夹云母红褐陶，内、外壁呈红褐色，局部呈黑色或有黑色斑驳。敛口，圆唇，窄折沿，沿面内弧，内沿呈棱状，鼓腹，最大径在腹上部，弧收。器形不甚规整，腹中部凹凸不平。沿下至上腹部施凸弦纹，腹中部施竖向绳纹，纹饰因磨光不清

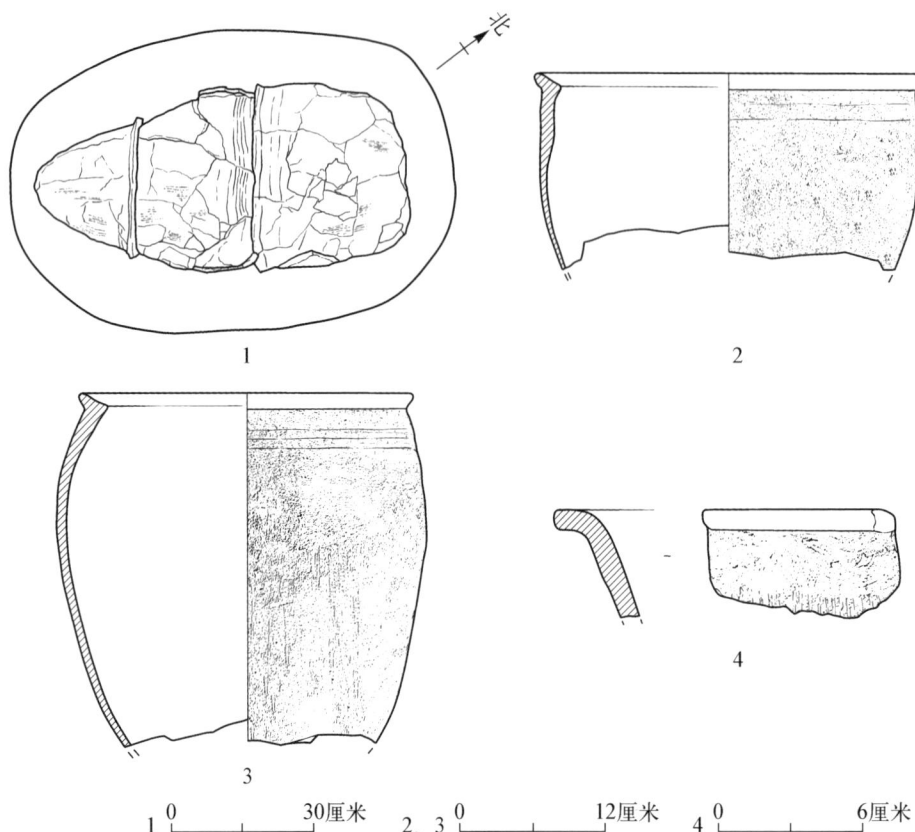

图四九　W7平面图及葬具

1. W7平面图　2—4.陶釜(W7∶1、W7∶2、W7∶3)

晰。口径 27.28、沿宽 2.44、腹径 30.6、残高 27.76 厘米(图四九,3;图版二二,1)。标本 W7∶3,夹云母红褐陶,内壁呈红褐色,外壁红褐色发黑。侈口,平沿,方唇。器表局部可见竖向绳纹,纹饰因磨光不清晰。残高 4.4 厘米(图四九,4)。

　　W8　位于Ⅲ区 T5 南部。开口于第②层下。平面呈圆角长方形,土坑竖穴墓,西南—东北向,北偏东约 40°。墓圹遭后期破坏,墓壁较直,墓底较平整。墓内填土为灰黄土,土质疏松。墓葬南北长 1.04、东西宽 0.62、深约 0.4 米(图五〇,1;图版二,1)。葬具为陶瓮 1 件、陶釜 2 件(图五〇,2—4),自北向南由瓮(W8∶1)—釜(W8∶2)—釜(W8∶3)组合而成,其中瓮(W8∶1)口部与釜(W8∶2)口部对接,釜(W8∶3)的口部套接于釜(W8∶2)的底部。

　　陶瓮　1 件。标本 W8∶1,泥质灰陶,内壁呈灰色,外壁呈灰色,局部呈黄褐色。略侈口,圆唇,短颈,颈部有一周凸棱,溜肩,近球状腹,腹下部弧收,腹底分界不明显,圜底近平。器表肩部近腹部处局部可见"人"字形斜向绳纹,腹下部零星可见竖向绳纹,大部分纹饰因磨光不清晰。口径 19.14、腹径 36.36、高 34.62 厘米(图五〇,2;图版二二,2)。

　　陶釜　2 件。标本 W8∶2,夹云母红褐陶,内壁呈红褐色,外壁呈红褐色,腹下部发黑。敛口,圆唇,窄折沿,沿面内弧,内沿呈凸棱状,微鼓腹。器形不甚规整,腹下部凹凸不平,最大径在腹上

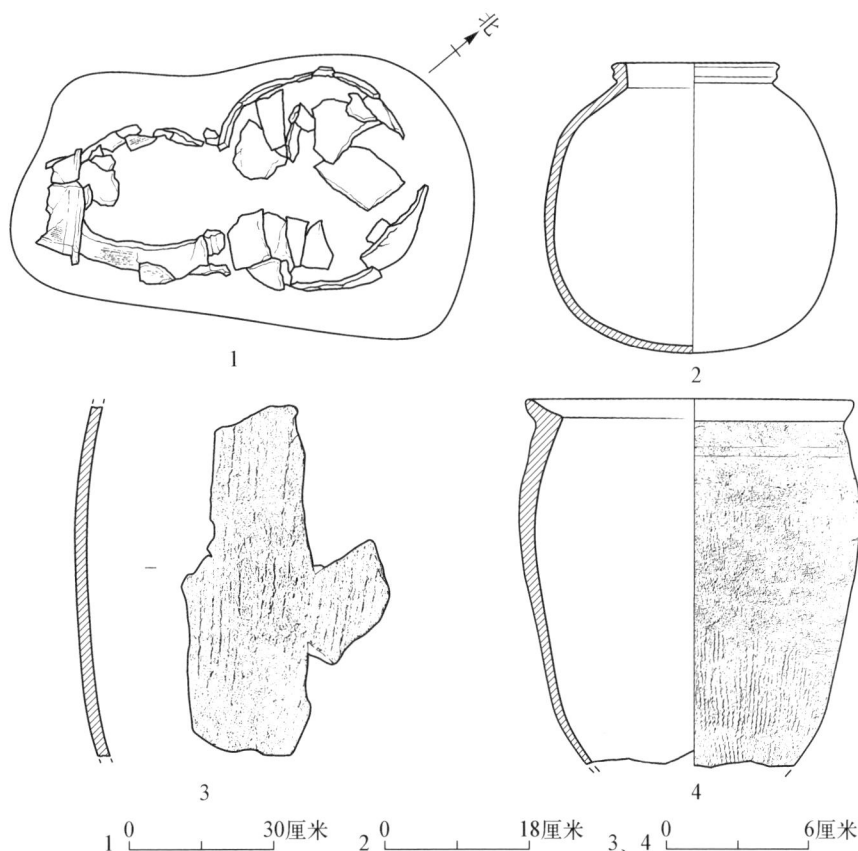

图五〇　W8平面图及葬具

1. W8平面图　2. 陶瓮（W8:1）　3、4. 陶釜（W8:3、W8:2）

部,弧收。腹中部至腹下部施竖向绳纹,纹饰因磨光不清晰。口径13.36、沿宽1.62、腹径14.12、残高14.64厘米(图五〇,4)。标本W8:3,夹云母红褐陶,内壁呈红褐色,外壁红褐色发黑。器表施竖向粗绳纹。残高14厘米(图五〇,3;图版二二,3)。

W9　位于Ⅲ区T5中部。开口于第②层下。圆角长方形土坑竖穴墓,西南—东北向,北偏东约40°。墓圹遭后期破坏,墓壁较直,墓底较平整。墓内填土为灰黄土,土质疏松。墓葬南北长0.8、东西宽0.42、残深约0.09米(图五一,1)。葬具为陶釜2件(图五一,2、3),因W9破损严重,组合关系不明确,仅可知自北向南为釜(W9:1)与釜(W9:2)口部对接而成。

陶釜　2件。标本W9:1,夹云母红褐陶,内、外壁通体呈红褐色,外腹中部局部发黑。敛口,圆唇,窄折沿,沿面微内弧,内沿呈凸棱状,鼓腹,最大径位于腹部。沿下至上腹部施弦纹,腹中上部施竖向绳纹,局部磨光不清。口径24.52、沿宽2.44、腹径27.04、残高16.16厘米(图五一,3)。标本W9:2,夹云母红褐陶,内、外壁呈红褐色,局部发黑。敛口,微鼓腹。沿下至上腹部施弦纹,腹中上部施竖向绳纹,因磨光不清晰。残高18.4厘米(图五一,2)。

W10　位于Ⅲ区T5东北部。开口于第②层下。圆角长方形土坑竖穴墓,西南—东北向,北偏东约35°。墓圹遭后期破坏,墓壁较直,墓底部较平整。墓内填土为灰黄土。墓葬东西

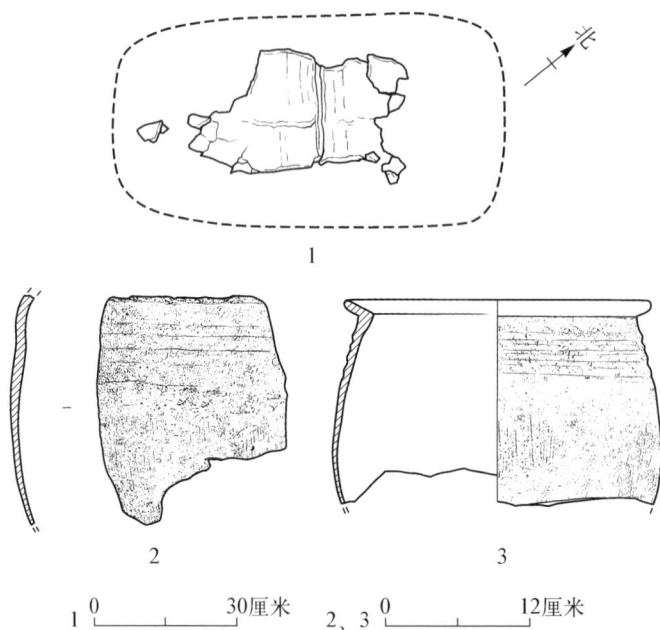

图五一　W9平面图及葬具

1. W9平面图　2、3.陶釜（W9：2、W9：1）

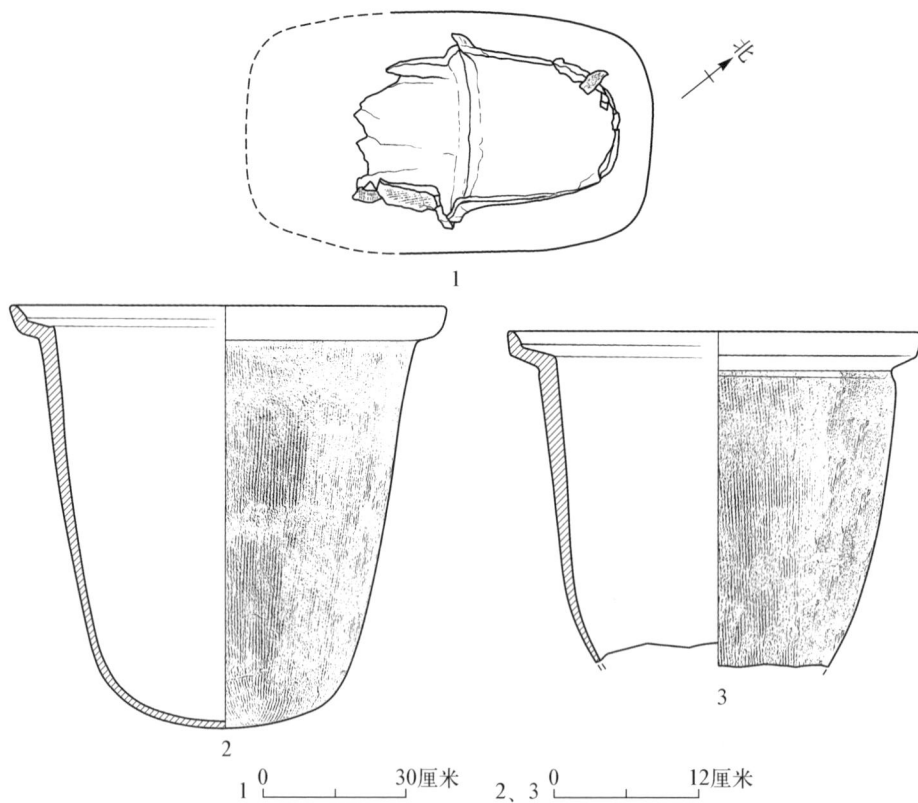

图五二　W10平面图及葬具

1. W10平面图　2、3.陶釜（W10：1、W10：2）

残长0.83、宽约0.48、残深0.17米(图五二,1)。葬具为陶釜2件(图五二,2、3),自北向南为釜(W10∶1)与釜(W10∶2)口部对接而成。

陶釜 2件。标本W10∶1,夹云母黄褐陶,内壁腹部呈黄褐色,底部呈黑色,外壁呈黄褐色,腹中部有黑色带状斑驳,近底部局部发黑。侈口,尖圆唇,宽折沿,沿面内凹成槽,内沿呈凸棱状,斜直腹,腹下部斜弧收,腹底分界不明显,圜底近平。器形较规整。器表通体施竖向细绳纹,局部纹饰因磨光不清晰。口径36、沿宽2.32、高33.52厘米(图五二,2;图版二二,4)。标本W10∶2,夹云母黄褐陶,内、外壁皆呈黄褐色,外壁下部发黑。敛口,束颈,尖圆唇,宽折沿,沿面内凹成槽,内沿呈凸棱状,斜直腹。器外壁通体施细绳纹。口径33.8、沿宽3、残高26.7厘米(图五二,3;图版二二,5)。

W11 位于Ⅲ区T5西北角。开口于第②层下。圆角长方形土坑竖穴墓,西南—东北向,北偏东约36°。墓圹遭后期破坏,墓壁较直,墓底较平整。墓内填土为灰黄土,土质疏松。墓葬南北长0.79、东西宽0.44、残深0.12米(图五三,1)。葬具为陶釜3件(图五三,2—4),自北向南由釜(W11∶1)—釜(W11∶2)—釜(W11∶3)组合而成,其中釜(W11∶1)口部与釜(W11∶2)口部对接,釜(W11∶3)的口部套接于釜(W11∶2)底部。

陶釜 3件。标本W11∶1,夹云母红褐陶,敛口,圆唇,窄折沿,沿面微内弧,内沿呈凸棱状,微鼓腹。沿下近腹上部施弦纹。残高10厘米(图五三,2)。标本W11∶2,夹云母红褐陶,内、外壁呈红褐色,外壁局部呈黑色。敛口,圆唇,窄折沿,沿面微内弧,内沿呈凸棱状,微鼓腹,最大径近腹中部。沿下近腹上部施弦纹,下部绳纹不清晰。口径29.76、沿宽2.36、腹径30.76、残高13.04

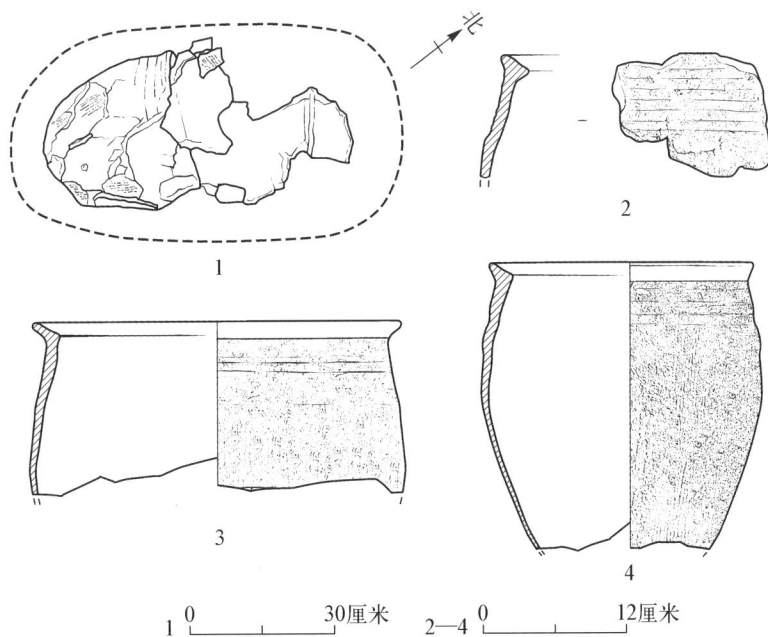

图五三 W11平面图及葬具

1. W11平面图 2—4. 陶釜(W11∶1、W11∶2、W11∶3)

厘米(图五三,3)。标本W11:3,夹云母红褐陶。敛口,圆唇,窄折沿,沿面微内弧,内沿呈凸棱状,微鼓腹。沿下近腹上部施弦纹,腹中下部施绳纹,纹饰因磨光不清晰。口径21.68、腹径23.36、残高22.72厘米(图五三,4)。

　　W12　位于Ⅲ区T82东隔梁内。开口于第②层下。圆角长方形土坑竖穴墓,西南—东北向,北偏东约45°。墓圹遭后期破坏,墓壁较直,墓底较平整。墓内填土为灰黄土,土质疏松。墓葬南北长约1.08、东西宽0.5、残深0.05米(图五四,1)。葬具为陶釜3件、陶盆2件(图五四,2—6),自北向南由盆(W12:1)—釜(W12:2)—盆(W12:3)—釜(W12:4)—釜(W12:5)组合而成,其中盆(W12:1)口部套接于釜(W12:2)口部,盆(W12:3)底部套接于釜(W12:2)腹部,盆(W12:3)口部套接于釜(W12:4)口部,釜(W12:4)底部与釜(W12:5)口部对接。

　　陶盆　2件。标本W12:1,泥质灰陶,胎芯呈黑色,内、外壁皆呈灰色。敞口,卷沿,沿截面呈三角形,方唇。素面。口径38.04、残高4.96厘米(图五四,2)。标本W12:3,泥质黄陶。敞口,卷沿,沿截面呈三角形,圆方唇,斜直腹。素面。口径43.68、残高9.36厘米(图五四,3)。

　　陶釜　3件。标本W12:2,夹云母红褐陶,内壁通体红褐色,外腹上部发黑,腹中部呈红褐色,局部呈黑色。敛口,圆唇,窄折沿,沿面微内弧,内沿呈凸棱状,微鼓腹,腹最大径位于中上部。沿下施弦纹,腹中下部施绳纹,纹饰因磨光不清晰。口径30.04、沿宽2.56、腹径31.2、残高21.76厘米(图五四,4)。标本W12:4,夹云母红褐陶,内壁从口沿到腹中部通体呈黑色,外壁呈红褐色,局部微黑。敛口,圆唇,窄折沿,沿面微内弧,内沿呈凸棱状,微鼓腹。沿下施弦纹,腹中下部

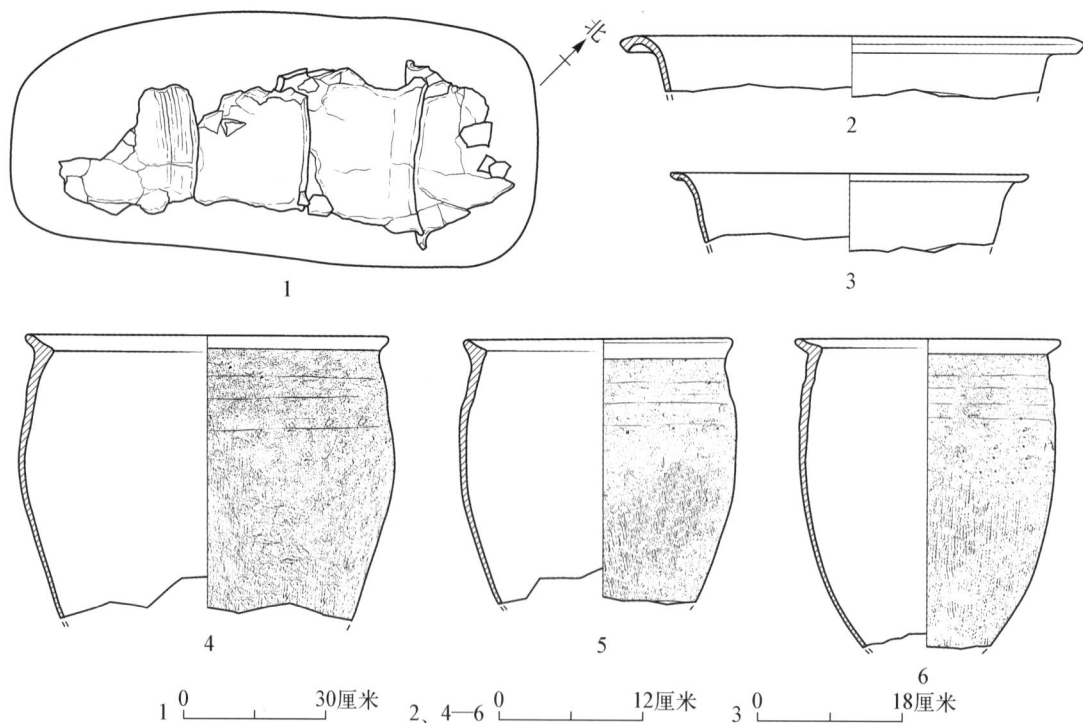

图五四　W12平面图及葬具

1. W12平面图　2、3.陶盆(W12:1、W12:3)　4—6.陶釜(W12:2、W12:4、W12:5)

施绳纹,纹饰因磨光不清晰。口径22.04、沿宽1.96、腹径22.92、残高20.56厘米(图五四,5)。标本W12：5,夹云母红褐陶,内、外壁通体呈红褐色,外壁腹中部至下部呈黑色。敛口,圆唇,窄折沿,沿面微内弧,内沿呈凸棱状,弧腹。沿下施弦纹,腹中下部施绳纹,纹饰因磨光不清晰。口径21.7、沿宽2.12、残高24.56厘米(图五四,6)。

W13　位于Ⅲ区T15北隔梁内,遭后期破坏严重,仅残夹云母红陶釜片,其他情况不明。

W14　位于Ⅲ区T17东南部。开口于第②层下。椭圆形土坑竖穴墓,西南—东北向,北偏东约45°。墓圹遭后期破坏,墓壁较直,墓底较平整。墓内填土为灰褐土,土质疏松。葬具见有保存极差的人骨碎片。墓葬南北长0.85、东西宽0.48、残深约0.3米(图五五,1)。葬具为陶釜2件、陶盆1件(图五五,2—4),自北向南由盆(W14：1)—釜(W14：2)—釜(W14：3)组合而成,其中盆(W14：1)口部套接于釜(W14：2)口部,釜(W14：3)口部套接于釜(W14：2)底部。

陶盆　1件。标本W14：1,泥质灰陶,胎芯黄褐色,器内壁呈黄褐色,外壁呈灰褐色。敞口,卷沿,沿截面呈三角形,方唇,弧腹,腹下部弧收。器表腹上部施凸弦纹,腹下部施斜向绳纹,纹饰因磨光不清晰。口径35.96、残高18.96厘米(图五五,2)。

陶釜　2件。标本W14：2,夹云母红褐陶,内、外壁呈红褐色,腹局部发黑。敛口,圆唇,窄折沿,沿面斜平,内沿呈凸棱状,鼓腹。器形不甚规整,腹中部凹凸不平。沿下施弦纹,腹中下部

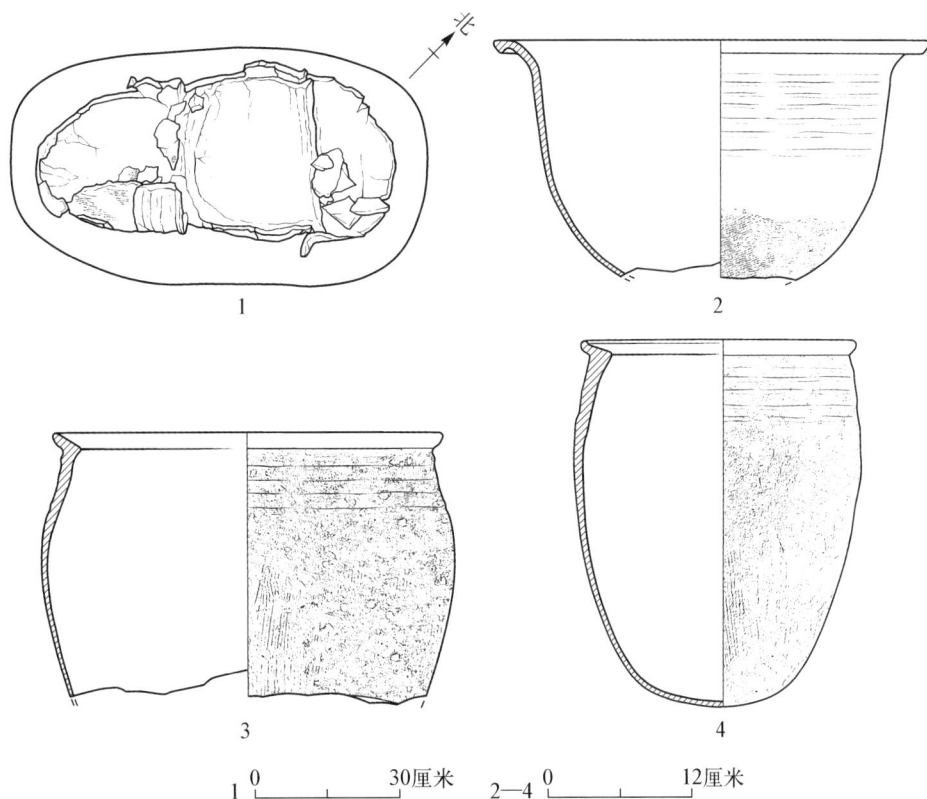

图五五　W14平面图及葬具

1.W14平面图　2.陶盆(W14：1)　3、4.陶釜(W14：2、W14：3)

施绳纹,纹饰因磨光不清晰。口径31.6、沿宽2.64、腹径33.96、残高21.04厘米(图五五,3)。标本W14:3,夹云母黄褐陶,内、外壁通体呈黄褐色,底部黄褐色微发黑。敛口,圆唇,窄折沿,沿面微内弧,近唇部有凹槽,内沿呈凸棱状,弧腹,腹底分界不明显,圜底。器形不甚规整,腹上部凹凸不平。沿下施弦纹,腹中下部施绳纹,纹饰因磨光不清晰。口径22.6、沿宽2.16、腹径23.96、高29.24厘米(图五五,4;图版二二,6)。

W15　位于Ⅲ区T17中部。开口于第②层下。圆角长方形土坑竖穴墓,西南—东北向,北偏东约37°。墓圹遭后期破坏,墓壁较直,墓底较平整。墓内填土为灰黄土,土质疏松。葬具内有保存极差的人骨碎片。墓葬南北长0.85、东西宽0.45、深约0.26米(图五六,1)。葬具为陶釜3件(图五六,2—4),自北向南由釜(W15:1)—釜(W15:2)—釜(W15:3)组合而成,其中釜(W15:1)口部与釜(W15:2)口部对接,釜(W15:2)底部与釜(W15:3)口部对接。

陶釜　3件。标本W15:1,夹云母红褐陶,内、外壁呈红褐色,腹中下部红褐色微发黑。敛口,圆唇,窄折沿,沿面斜平,内沿呈凸棱状,微鼓腹。器形不甚规整,腹中部凹凸不平。沿下施弦纹,腹中下部施绳纹,纹饰因磨光不清晰。口径32.84、沿宽2.24、腹径34.44、残高23.04厘米(图五六,2)。标本W15:2,夹云母红褐陶。敛口,尖圆唇,窄折沿,沿面斜平,内沿呈凸棱状,腹微鼓。沿下施弦纹,腹中下部施绳纹,纹饰因磨光不清晰。残高18.8厘米(图五六,3)。标本W15:3,夹云母红褐陶。敛口,圆唇,窄折沿,沿面微弧,内沿呈凸棱状,弧腹。沿下施弦纹,下部纹饰不清晰。口径23.72、沿宽1.72、腹径24.72、残高10.96厘米(图五六,4)。

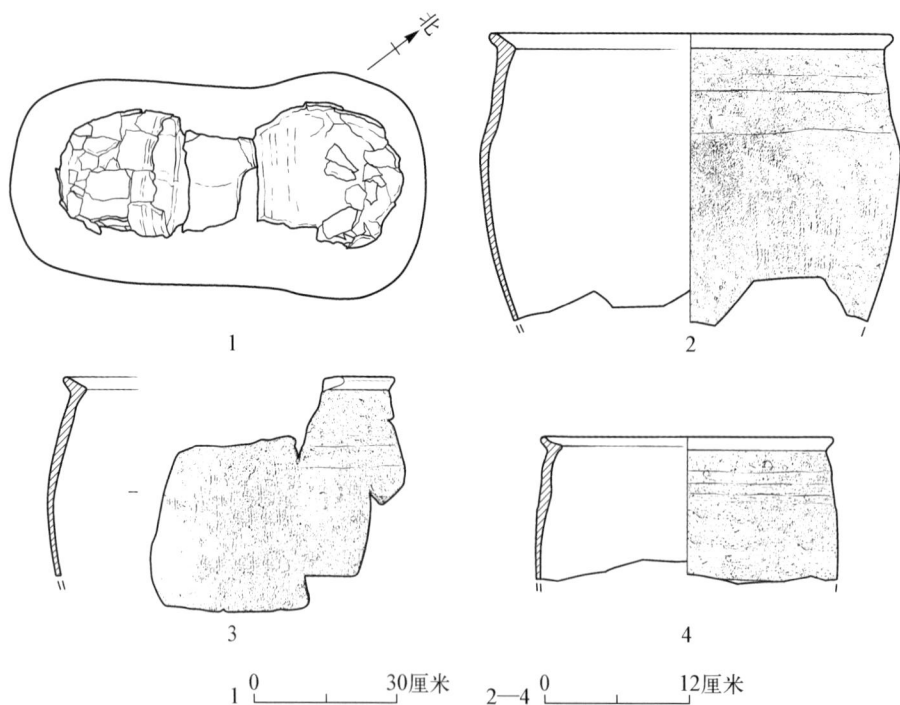

图五六　W15平面图及葬具

1. W15平面图　2—4. 陶釜(W15:1、W15:2、W15:3)

W16 位于Ⅲ区T17中西部。开口于第②层下。圆角长方形土坑竖穴墓，西南—东北向，北偏东约35°。墓圹遭后期扰沟破坏，墓壁较直，墓底较平整。墓内填土为灰黄土。墓葬南北长0.75、东西宽0.4、深0.3米（图五七,1）。因破坏严重，仅见陶釜1件（图五七,2），口向东北，具体组合方式不明。

陶釜 1件。标本W16:1，夹云母红褐陶，内、外壁通体呈红褐色，外壁腹中部发黑。敛口，圆唇，窄折沿，沿面微弧，内沿呈凸棱状，弧腹。腹中部至腹下部施竖向绳纹，纹饰因磨光不清晰。口径24.08、沿宽2.48、腹径23.52、残高20厘米（图五七,2）。

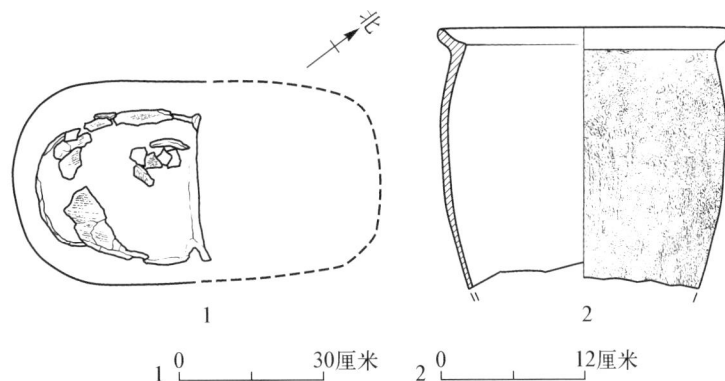

图五七 W16平面图及葬具
1.W16平面图 2.陶釜（W16:1）

W17 位于Ⅲ区T17中北部。开口于第②层下。椭圆形土坑竖穴墓，西南—东北向，北偏东约38°。墓圹遭后期破坏，墓底较平整，墓内填土为灰黄土。墓葬南北长0.93、东西宽0.46、残深0.07米（图五八,1）。葬具为陶釜3件（图五八,2—4），自北向南由釜（W17:1）—釜（W17:2）—釜（W17:3）组合而成，其中釜（W17:1）口部与釜（W17:2）口部对接，釜（W17:2）底部套接于釜（W17:3）口部。

陶釜 3件。标本W17:1，夹云母红褐陶，内壁呈红褐色偏黄，外壁呈红褐色，有黑色斑驳。敛口，圆唇，窄折沿，沿面微弧，内沿呈凸棱状，微鼓腹。腹中下部施竖向绳纹，纹饰因磨光不清晰。口径23.76、沿宽2.4、腹径24.76、残高15.24厘米（图五八,2）。标本W17:2，夹云母红褐陶，内壁呈红褐色，偏灰，外壁呈红褐色，腹上部至中部发黑。敛口，尖圆唇，窄折沿，沿面斜平，内沿呈凸棱状，腹微鼓。腹中下部施竖向绳纹，纹饰因磨光不清晰。口径28.8、沿宽2.68、腹径30.04、残高22.72厘米（图五八,3）。标本W17:3，夹云母红褐陶。敛口，圆唇，窄折沿，沿面微弧，内沿呈凸棱状，腹微鼓。器形不甚规整，腹中部凹凸不平。纹饰因磨光不清晰。口径29.68、沿宽2.8、腹径31.6、残高15.6厘米（图五八,4）。

W18 位于Ⅲ区T7东隔梁内。开口于第②层下。椭圆形土坑竖穴墓，西南—东北向，北偏东约45°。墓底较平整。墓内填土为灰黄土。墓葬南北长1.06、东西宽0.56、深约0.36米（图五九,1；图版二,2）。葬具为陶釜3件、陶罐1件（图五九,2—5），自北向南由釜（W18:1）—釜

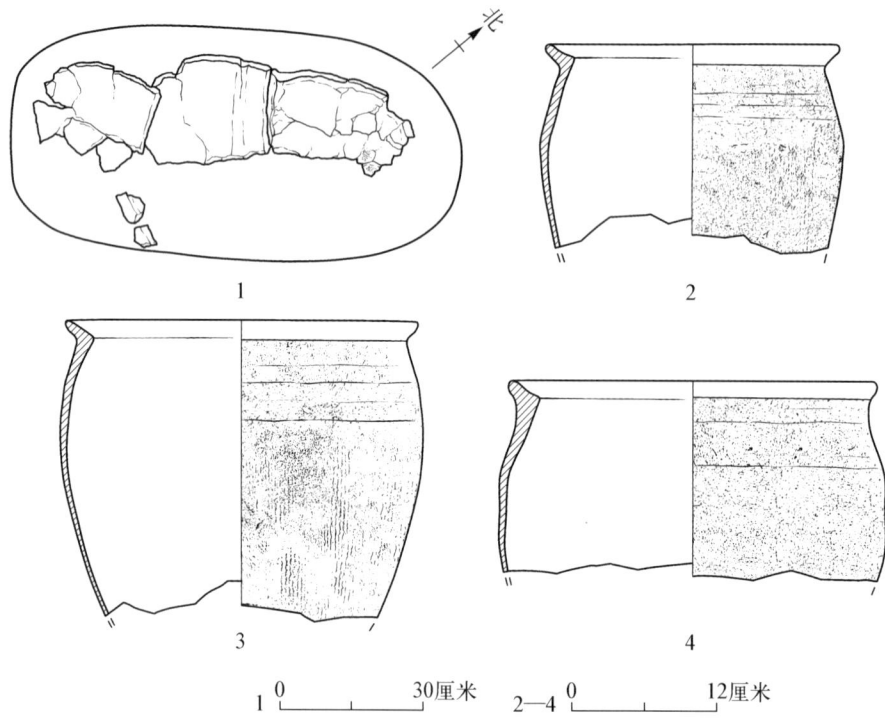

1 ⊢0━━━━━━━30厘米   2—4 ⊢0━━━━━12厘米

图五八　W17平面图及葬具

1.W17平面图　2—4.陶釜（W17：1、W17：2、W17：3）

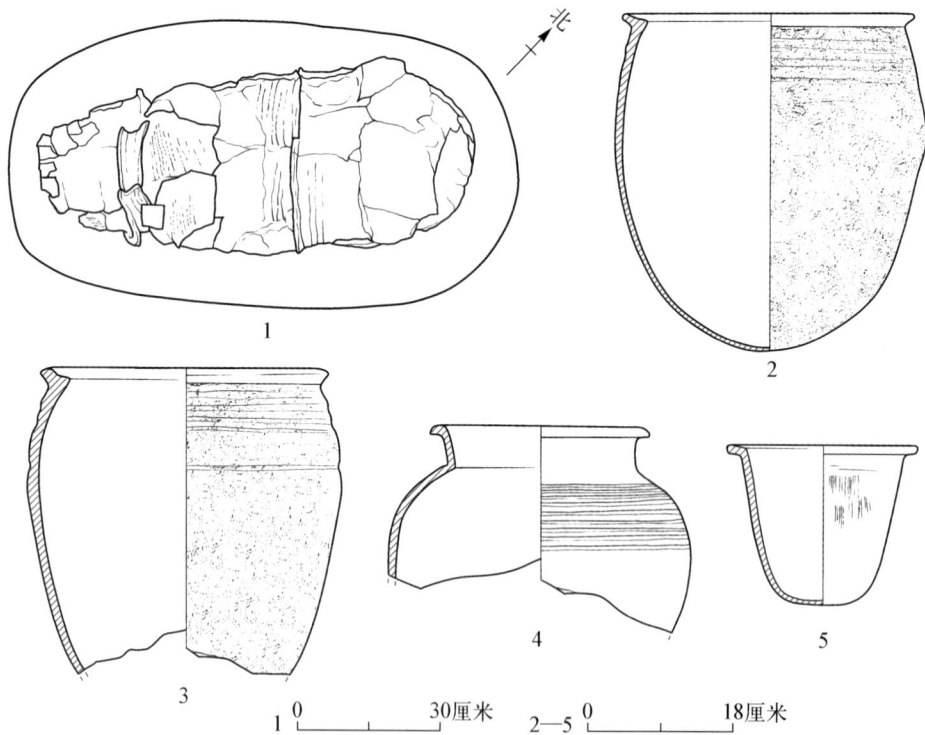

1 ⊢0━━━━━━━30厘米   2—5 ⊢0━━━━━18厘米

图五九　W18平面图及葬具

1.W18平面图　2、3、5.陶釜（W18：1、W18：2、W18：4）　4.陶罐（W18：3）

（W18：2）—罐（W18：2）—釜（W18：4）组合而成，其中釜（W18：1）口部与釜（W18：2）口部对接，罐（W18：3）底部套接于釜（W18：2）底部，罐（W18：3）口部套接于釜（W18：4）口部。

陶釜 3件。标本W18：1，夹云母红褐陶，内、外壁呈红褐色，上部有黑色斑驳。敛口，圆唇，窄折沿，沿面微弧，内沿呈凸棱状，腹微鼓。器形不甚规整，腹中部凹凸不平。沿下施弦纹，腹部纹饰因磨光不清晰。口径35.58、沿宽2.94、高40.26厘米（图五九，2；图版二三，1）。标本W18：2，夹云母红褐陶，内、外壁呈红褐色，外壁下腹部较黑。敛口，圆唇，窄折沿，沿面内弧，内沿呈凸棱状，腹微鼓。沿下施弦纹，腹中下部局部施绳纹，磨光不清。口径35.88、沿宽3.66、残高36.9厘米（图五九，3）。标本W18：4，夹云母红褐陶，内、外壁通体呈红褐色，外壁腹上部有黑色斑驳。侈口，近平沿，方唇，斜直腹，腹下部斜弧收，腹底分界不明显，圜底近平。器表腹中部施绳纹，纹饰因磨光不清晰。口径23.28、沿宽2.46、高19.14厘米（图五九，5；图版二三，3）。

陶罐 1件。标本W18：3，泥质灰陶。敞口，卷沿，尖唇，束颈，鼓肩，鼓腹。颈部至腹上部施凹弦纹。口径27.09、残高24.78厘米（图五九，4；图版二三，2）。

W19 位于Ⅲ区T7南部。开口于第②层下，打破W20。椭圆形土坑竖穴墓，西南—东北向，北偏东约44°。墓圹遭后期破坏，墓底较平整。墓内填土为灰黄土。墓葬南北残长约0.4、东西宽约0.33、深约0.05米（图六〇）。破坏严重，葬具为陶釜3件（图六一，1—3），葬具组合方式不详。

陶釜 3件。标本W19：1，夹云母红褐陶，内、外壁通体呈红褐色，外壁腹上部局部发黑。敛口，尖圆唇，窄折沿，沿面微弧，内沿呈凸棱状，腹微鼓。沿下施弦纹，局部隐约可见竖向绳纹，纹饰因磨光不清晰。口径26.08、沿宽2.68、腹径27.64、残高9.64厘米（图六一，1）。标本W19：2，夹云母红陶。侈口，圆唇，近平沿，斜直腹。素面。残高6.9厘米（图六一，2）。标本W19：3，夹云母红褐陶。敛口，圆唇，窄折沿，沿面斜平。沿下施弦纹。残高9.2厘米（图六一，3）。

W20 位于Ⅲ区T7南部。开口于第②层下，被W19打破。不规则土坑竖穴墓，西南—东北向，北偏东约44°。墓壁较直，墓底平整。墓内填土为灰褐土，土质疏松。墓葬南北长1.36、东西宽0.76、深约0.6米（图六〇；图版二，3）。葬具为陶釜2件、陶瓮1件（图六一，4—6），自北向南由

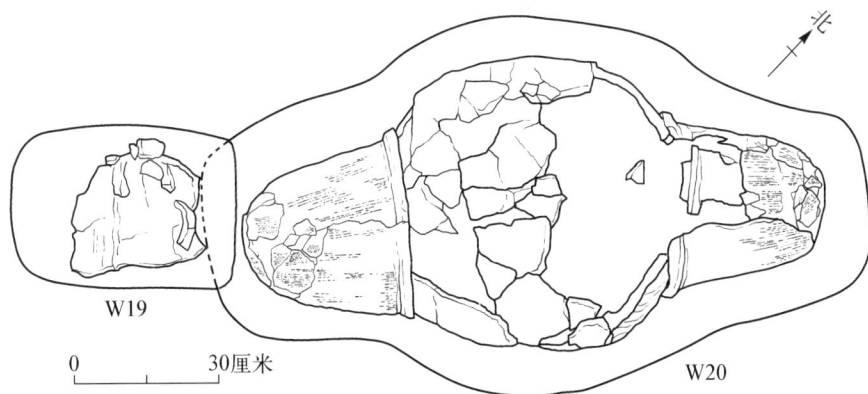

图六〇 W19、W20平面图

0 ____ 30厘米

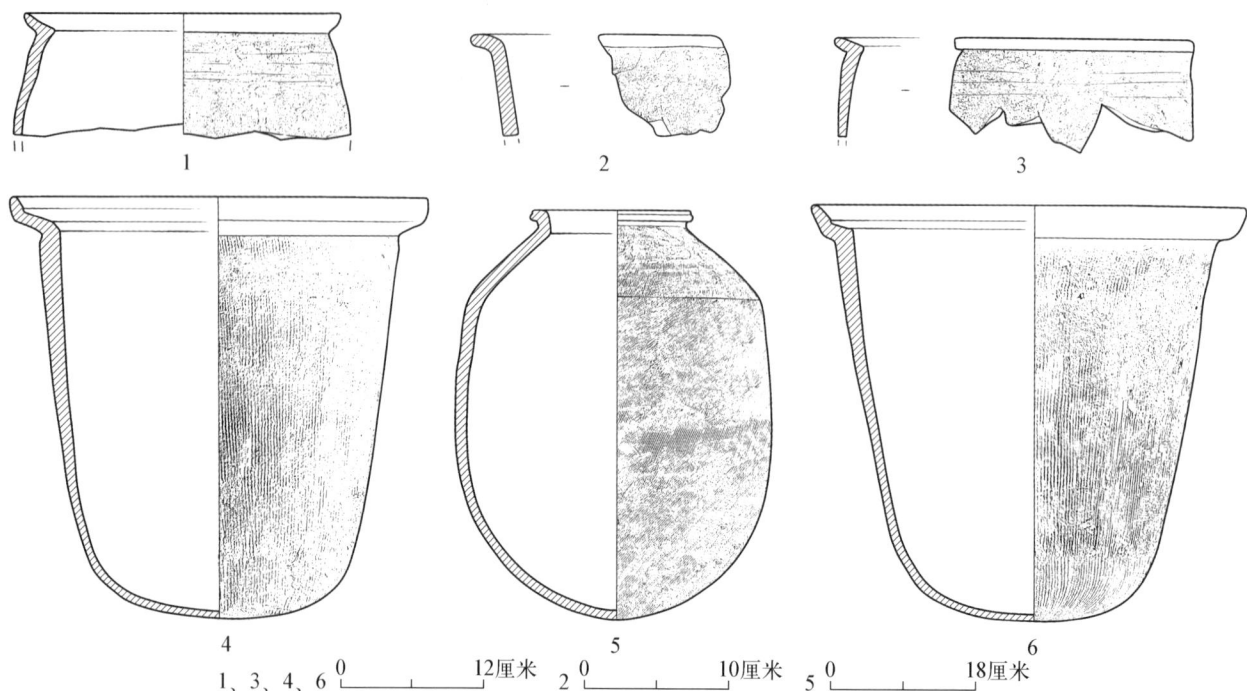

图六一　W19、W20葬具

1—4、6.陶釜（W19∶1、W19∶2、W19∶3、W20∶1、W20∶3）　5.陶瓮（W20∶2）

釜（W20∶1）—瓮（W20∶2）—釜（W20∶3）组合而成，其中釜（W20∶1）口部套接于瓮（W20∶2）口部，釜（W20∶3）口部套接于瓮（W20∶2）底部。

陶釜　2件。标本W20∶1，夹云母黄褐陶，内、外壁呈黄褐色，内腹中下部至底部局部呈黑色，外壁局部有黑色斑驳。侈口，圆唇，宽折沿，沿面内凹成槽，内沿呈凸棱状，斜直腹，腹下部斜弧收，腹底分界不明显，圜底近底。器表通体施细绳纹。口径34.12、沿宽3.6、高33.68厘米（图六一，4；图版二三，4）。标本W20∶3，夹云母红褐陶，内、外壁呈红褐色，腹中下部发黑或有黑色斑驳。侈口，圆唇，宽折沿，沿面内凹成槽，内沿呈凸棱状，斜直腹，腹下部斜弧收，腹底分界不明显，圜底近平。器表通体施细绳纹。口径35.2、沿宽2、高33.04厘米（图六一，6；图版二三，6）。

陶瓮　1件。标本W20∶2，泥质黄褐陶，外壁肩部至腹中部呈黑色，有黄褐色斑驳，腹下部至底部呈黄褐色，局部发黑。敞口，折沿，方唇，束颈，溜肩，深腹，腹下部弧收，圜底。器表施斜向绳纹。口径18.9、腹径39、高48.66厘米（图六一，5；图版二三，5）。

W21　位于T7东部。开口于第②层下。椭圆形土坑竖穴墓，西南—东北向，北偏东约45°。不规则墓壁较斜直，墓底较平整。墓葬南北长1.1、东西宽0.55、深约0.44米（图六二，1；图版三，1）。葬具为陶釜2件、陶罐1件（图六二，2—4），另有陶釜片1件（W21∶4），自北向南由釜（W21∶1）—罐（W21∶2）—釜（W21∶3）组合而成，其中釜（W21∶1）口部套接于罐（W21∶2）底部，罐（W21∶2）口部与釜（W21∶3）口部对接，陶釜片（W21∶4）封堵于釜（W21∶1）的底部。

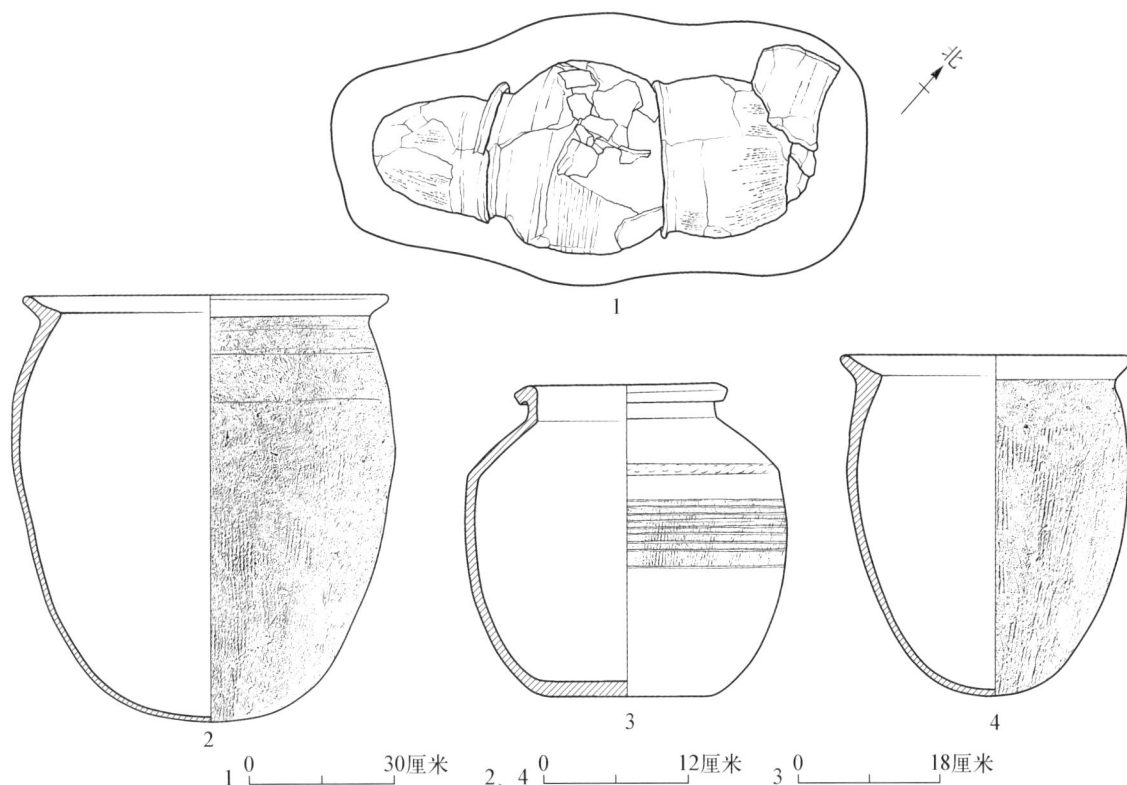

图六二　W21平面图及葬具

1. W21平面图　2、4.陶釜（W21：1、W21：3）　3.陶罐（W21：2）

陶釜　2件。标本W21：1，夹云母红褐陶。敛口，圆唇，窄折沿，沿面微弧，内沿呈凸棱状，腹微鼓。最大径在腹上部，腹下部弧收，腹底分界不明显，圜底。器形不甚规整，腹部凹凸不平。沿下施弦纹，腹中部至底部施竖向绳纹，纹饰因磨光不清晰。口径29.2、沿宽3.12、腹径31、高34厘米（图六二，2；图版二四，1）。W21：3，夹云母红褐陶，内、外壁呈红褐色，外腹下部至底部呈黑色。敛口，圆唇，窄折沿，沿面微弧，内沿呈凸棱状，微鼓腹，腹下部弧收，圜底。器形不甚规整，器内、外壁皆凹凸不平。腹中上部至近底部施竖向绳纹，纹饰因磨光不清晰。口径22.92、沿宽3.36、腹径23.2、高27厘米（图六二，4；图版二四，3）。

陶罐　1件。标本W21：2，泥质灰陶，内壁通体呈灰色，外壁通体呈灰褐色。直口，卷沿，方唇，束颈，折肩，弧腹，腹下部弧收，平底。肩部有一条凸棱，腹中下部施斜向绳纹，纹饰因磨光不清晰，腹中部施弦纹。口径23.28、腹径39.54、底径19.8、高37.02厘米（图六二，3；图版二四，2）。

陶釜片　1件。标本W21：4，夹云母黄褐陶釜片。敛口，圆唇，窄折沿，沿面微弧，内沿呈凸棱状。上部施弦纹，下部施绳纹。残高12.2厘米。

W22　位于Ⅲ区T7东北部。开口于第②层下。椭圆形土坑竖穴墓，西南—东北向，北偏东约45°。墓壁较直，墓底较平整。墓葬南北长1.07、东西宽0.57、深约0.38米（图六三，1）。葬具为陶釜3件、陶罐1件（图六三，2、3、5、6），另发现陶盆片1件（图六三，4），自北向南由釜

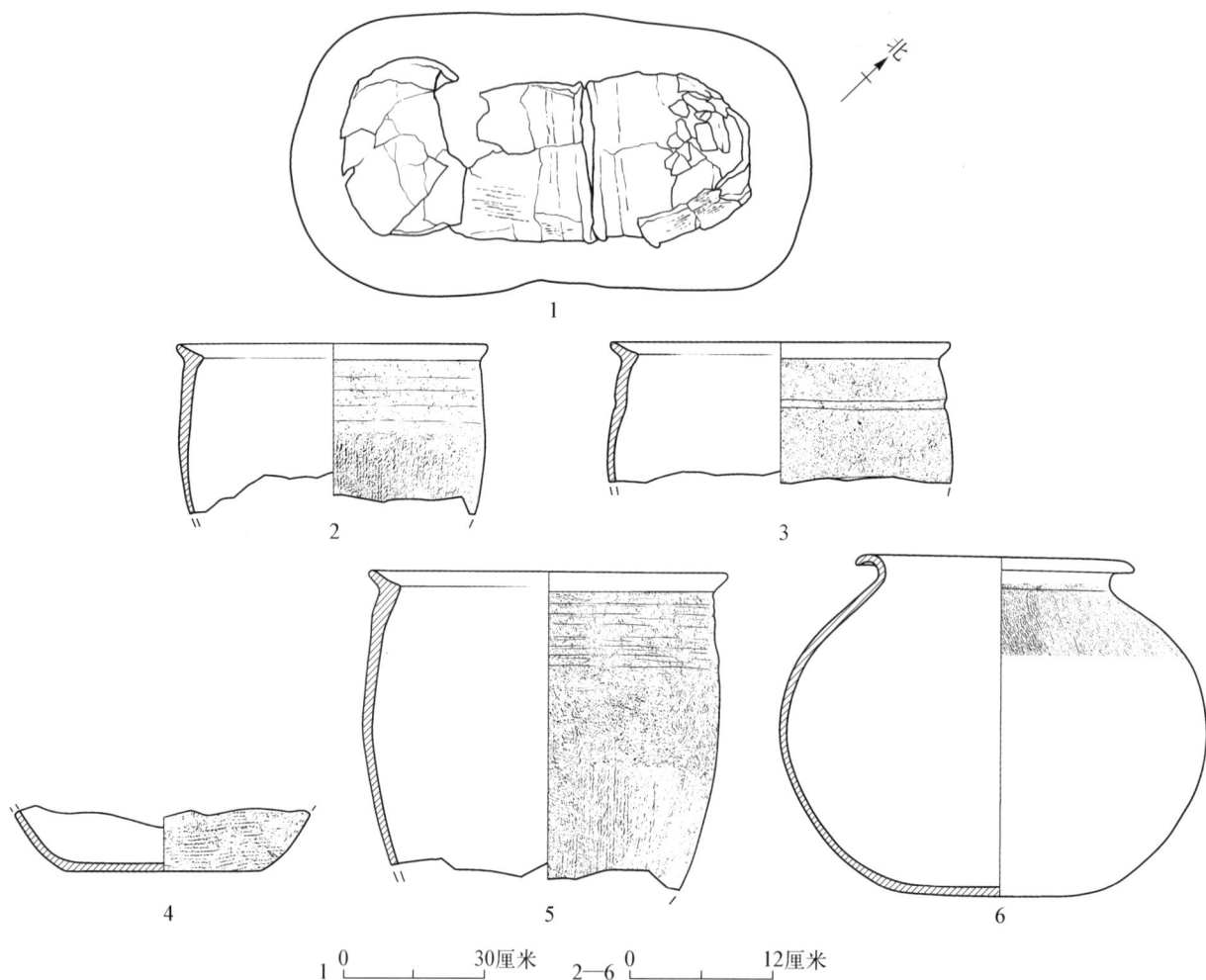

图六三　W22平面图及葬具

1. W22平面图　2、3、5.陶釜（W22：2、W22：3、W22：4）　4.陶盆片（W22：1）　6.陶罐（W22：5）

（W22：2）—釜（W22：3）—釜（W22：4）—罐（W22：5）组合而成，釜（W22：2）口部套接于釜（W22：3）底部，釜（W22：3）口部与釜（W22：4）口部对接，罐（W22：5）口部套接于釜（W22：4）底部，陶盆片（W22：1）用于封堵釜（W22：2）的底部。

陶盆片　1件。标本W22：1，泥质黄陶。弧腹，平底。腹下部施横向绳纹，底部施交错绳纹，纹饰因磨光不清晰，底部疑有刮抹痕。底径16、残高4.4厘米（图六三，4）。

陶釜　3件。标本W22：2，夹云母红褐陶。敛口，尖圆唇，窄折沿，沿面微弧，内沿呈凸棱状，腹微鼓。腹上部施弦纹。口径25.6、沿宽2.32、残高12.2厘米（图六三，2）。标本W22：3，夹云母红褐陶。敛口，尖圆唇，窄折沿，沿面微弧，内沿呈凸棱状，弧腹。沿下施凹弦纹。口径27.6、沿宽2.4、残高11.4厘米（图六三，3）。标本W22：4，夹云母红褐陶，内、外壁呈红褐色，腹上部局部偏黄，下部局部呈黑色。敛口，圆唇，窄折沿，沿面微弧，内沿呈凸棱状，弧腹。器形不甚规整，腹中部凹凸不平。沿下施弦纹，腹下部施竖向绳纹，纹饰因磨光不清晰。口径29.1、沿宽2.8、腹径

29.68、残高24.68厘米(图六三,5;图版二四,4)。

陶罐 1件。标本W22∶5,泥质灰陶,含有少量云母。敞口,卷沿,方唇,束颈,溜肩,扁圆腹,最大径在腹中部,腹下部弧收,腹部与底部分界不明显,平底。器身施细绳纹,纹饰因磨光不清晰。口径21.2、腹径35.28、高27.2厘米(图六三,6;图版二四,5)。

W23 位于Ⅲ区T7北部。开口于第②层下。椭圆形土坑竖穴墓,西南—东北向,北偏东约57°。墓圹遭后期破坏,墓壁较直,墓底较平整。墓葬南北长0.79、东西宽0.46、深约0.29米(图六四,1)。葬具为陶釜2件(图六四,2、3),自北向南为釜(W23∶1)—釜(W23∶2)口部对接而成。

陶釜 2件。标本W23∶1,夹云母红褐陶,内、外壁呈红褐色局部发黑。敛口,圆唇,窄折沿,沿面微弧,内沿呈凸棱状,弧腹。器形不甚规整,腹中部凹凸不平。沿下施弦纹,腹中下部施竖向绳纹,纹饰因磨光不清晰。口径26.92、沿宽2.16、腹径27.12、残高21.12厘米(图六四,2)。标本W23∶2,夹云母红褐陶。敛口,圆唇,窄折沿,沿面微弧,内沿呈凸棱状,弧腹。器形不甚规整,腹中部凹凸不平。沿下施弦纹。口径29.76、沿宽2.6、残高11.28厘米(图六四,3)。

W24 位于Ⅲ区T7北隔梁内。开口于第②层下。不规则椭圆形土坑竖穴墓,西南—东北向,约35°。墓壁较直,墓底较平整。墓内填土为灰褐土,土质较软。葬具内有人骨,保存极差,仅可知头向西南。墓葬南北长0.82、东西宽0.5、残深0.2米(图六五,1)。葬具为陶釜2件、陶盆1件(图六五,2、3),自北向南由盆(W24∶1)—釜(W24∶2)—釜(W24∶3)组合而成,其中盆(W24∶1)口部与釜(W24∶2)口部对接,釜(W24∶3)口部套接于釜(W24∶2)底部。

陶盆 1件。标本W24∶1,泥质灰陶。出土时已破损,仅余碎片。

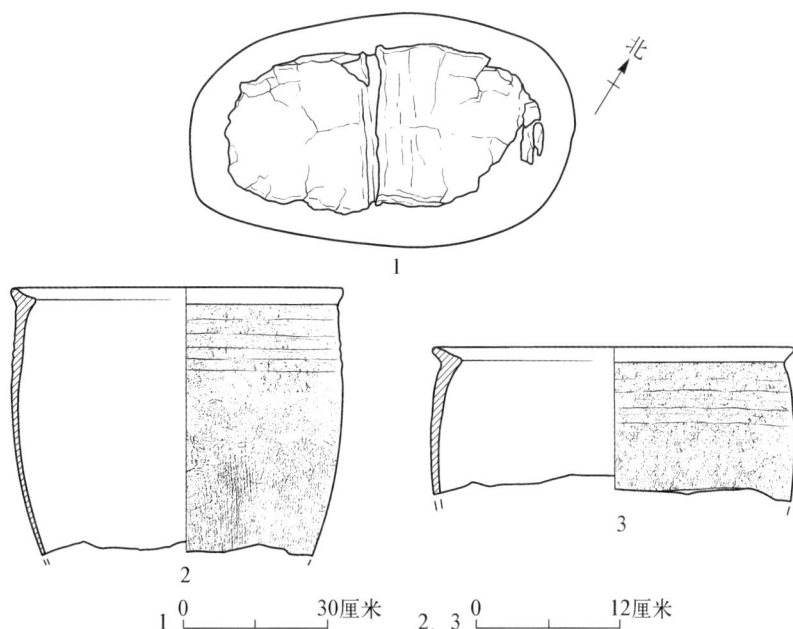

图六四 W23平面图及葬具

1.W23平面图 2、3.陶釜(W23∶1、W23∶2)

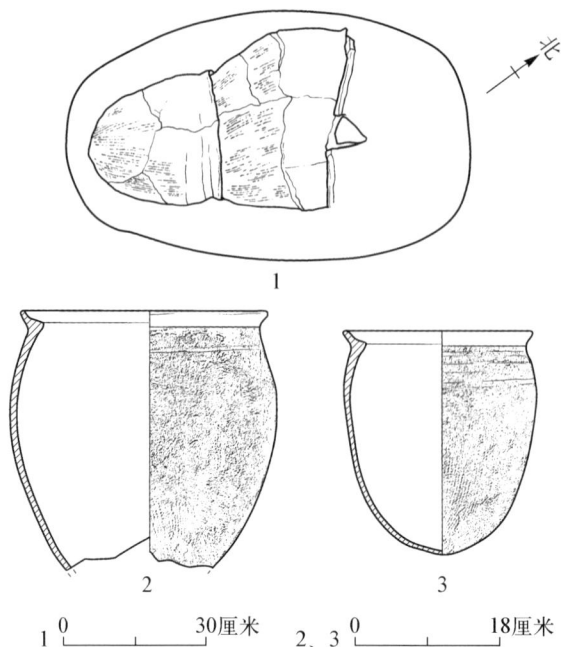

图六五 W24平面图及葬具

1. W24平面图 2、3. 陶釜(W24：2、W24：3)

陶釜 2件。标本W24：2，夹云母红褐陶，内、外壁通体红褐色，外壁局部有黑色斑驳。敛口，尖圆唇，窄折沿，沿面微弧，内沿呈凸棱状，腹微鼓，最大径在腹上部，腹下部弧收。沿下施弦纹，腹中下部施竖向绳纹，纹饰因磨光不清晰。口径30.84、沿宽3.12、残高30.78厘米(图六五，2)。标本W24：3，夹云母黄褐陶，内、外壁呈黄褐色，底部有黑色斑驳。敛口，圆唇，窄折沿，沿面微弧，内沿呈凸棱状，弧腹，最大径在腹上部，腹下部弧收，腹底分界不明显，尖圆底。沿下素面，腹中下部施竖向绳纹，纹饰因磨光不清晰。口径23.34、沿宽3.18、高26.88厘米(图六五，3；图版二四，6)。

W25 位于Ⅲ区T8南部。开口于第②层下。不规则椭圆形土坑竖穴墓，西南—东北向，北偏东约46°。墓圹遭后期破坏，墓壁较直，墓底较平整。墓葬南北长1.06、东西宽0.35—0.64、深约0.3米(图六六，1)。葬具为陶釜3件(图六六，2—4)，自北向南由釜(W25：1)—釜(W25：2)—釜(W25：3)组合而成，其中釜(W25：1)口部与釜(W25：2)口部对接，釜(W25：3)口部套接于釜(W25：2)底部。

陶釜 3件。标本W25：1，夹云母红褐陶，内、外壁呈红褐色，局部呈黑色或有黑色斑驳。敛口，圆唇，窄折沿，沿面微弧，内沿呈凸棱状，腹微鼓。器形不甚规整，腹中部凹凸不平。沿下施弦纹，腹中下部施竖向绳纹，纹饰因磨光不清晰。口径28.04、沿宽2.84、腹径29.76、残高27.48厘米(图六六，2；图版二五，1)。标本W25：2，夹云母红褐陶。敛口，圆唇，窄折沿，沿面微弧，内沿呈凸棱状，腹微鼓。沿下施弦纹。口径27.88、沿宽2.4、残高13.04厘米(图六六，3)。标本W25：3，夹云母黄褐陶。敛口，圆唇，窄折沿，沿面微弧，内沿呈凸棱状，弧腹。器形不甚规整，腹部凹凸不平。沿下施弦纹。口径22.48、沿宽2.72、残高17.8厘米(图六六，4)。

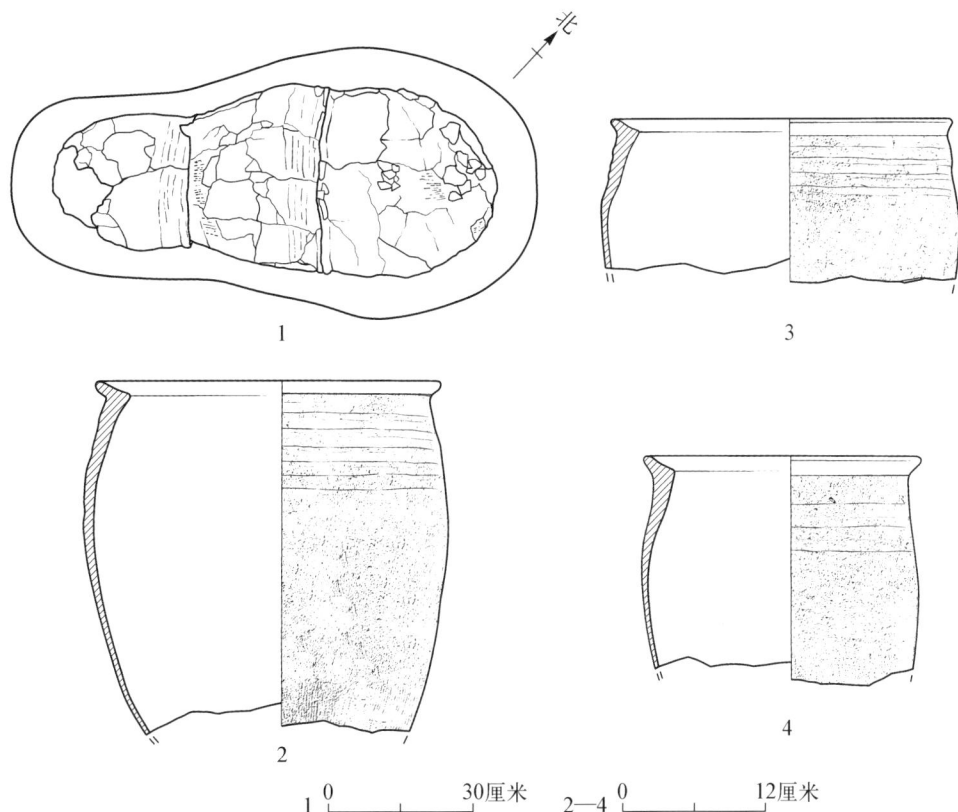

图六六 W25平面图及葬具

1. W25平面图 2—4. 陶釜(W25：1、W25：2、W25：3)

W26 位于Ⅲ区T8南部。开口于第②层下。圆角长方形土坑竖穴墓，西南—东北向，北偏东约45°。墓壁较直，墓底较平整。墓葬南北长0.84、东西宽0.49、残深约0.17米(图六七，1)。葬具为陶釜3件(图六七，2—4)，因W26破损较为严重，组合关系暂不明确，仅可知自北向南由釜(W26：1)—釜(W26：2)—釜(W26：3)组合而成，其中釜(W26：1)口部与釜(W26：2)口部对接，釜(W26：3)口部套接于釜(W26：2)底部。

陶釜 3件。标本W26：1，夹云母黄褐陶，内、外壁呈黄褐色，外腹中上部局部发黑。敛口，圆唇，窄折沿，沿面微弧，内沿呈凸棱状，腹微鼓。纹饰因磨光不清晰。口径25.6、沿宽3.16、残高16.72厘米(图六七，2)。W26：2，夹云母黄褐陶，胎芯红褐色，内壁从沿面至腹中部呈黑灰色，外壁呈黄褐色，局部呈黑色。圆唇，窄折沿，沿面微内凹，敛口，口部有棱状凸起，腹微鼓。纹饰因磨光不清晰。口径27.68、沿宽2.84、残高20.72厘米(图六七，3)。W26：3，夹云母红褐陶，内、外壁呈红褐色，外腹中部微发黑。弧腹。腹部施弦纹和绳纹。残高19.28厘米(图六七，4)。

W27 位于Ⅲ区T8中部偏西南。开口于第②层下。椭圆形土坑竖穴墓，西南—东北向，北偏东约37°。墓圹遭后期破坏，墓壁较直，墓底较平整。墓葬南北长0.77、东西宽0.38、残深0.06米(图六八，1)。葬具为陶釜3件(图六八，2—4)，自北向南由釜(W27：1)—釜(W27：2)—釜(W27：3)组合而成，其中釜(W27：1)口部与釜(W27：2)口部对接，釜(W27：3)口部套接于釜(W27：2)底部。

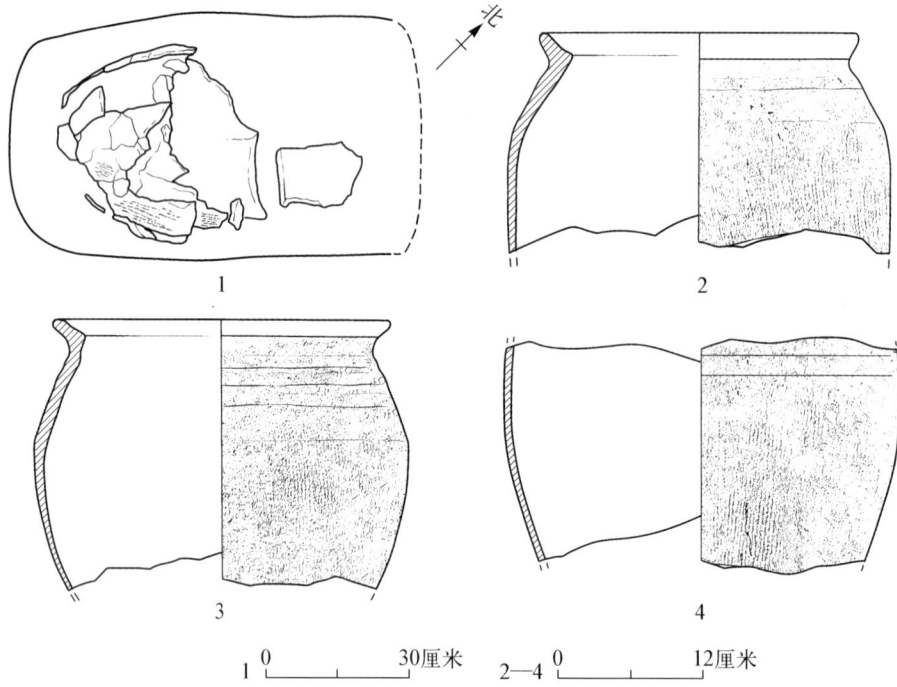

图六七　W26平面图及葬具

1. W26平面图　2—4. 陶釜（W26∶1、W26∶2、W26∶3）

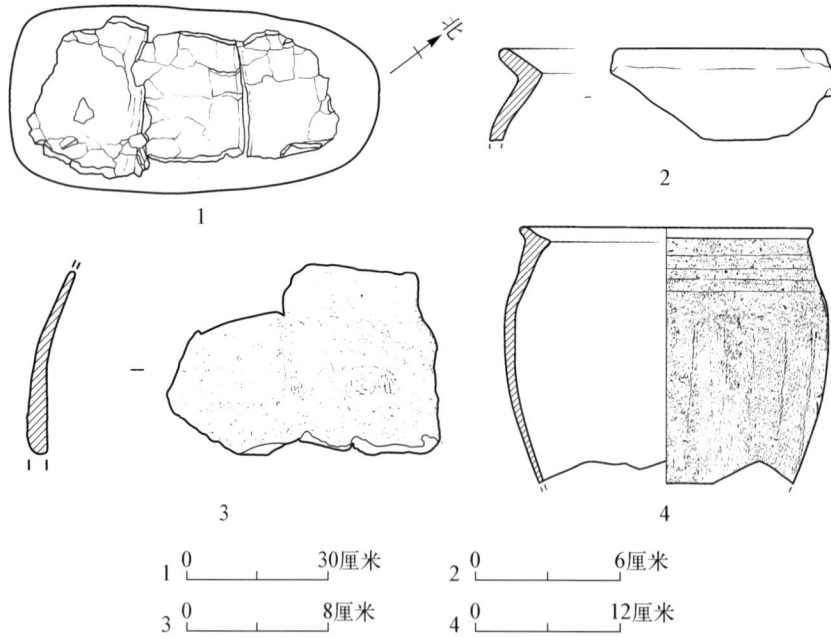

图六八　W27平面图及葬具

1. W27平面图　2—4. 陶釜（W27∶1、W27∶2、W27∶3）

陶釜　3件。标本W27：1，夹云母红褐陶。敛口，圆唇，窄折沿，沿面微弧，内沿呈凸棱状。素面。残高3.8厘米（图六八，2）。标本W27：2，夹云母红褐陶，内、外壁皆呈红褐色。通体磨光，器表施竖向绳纹，纹饰因磨光不清。残高9.7厘米（图六八，3）。标本W27：3，夹云母红褐陶。敛口，圆唇，窄折沿，沿面微弧，内沿呈凸棱状，微鼓腹。器形不甚规整，腹部凹凸不平。沿下施弦纹，腹中下部施竖向绳纹，纹饰因磨光不清晰。口径23.68、沿宽2.68、腹径26.44、残高20.4厘米（图六八，4）。

W28　位于Ⅲ区T8西部。开口于第②层下。椭圆形土坑竖穴墓，西南—东北向，北偏东约45°。墓圹遭后期破坏，墓壁较直，墓底较平整。墓葬南北长0.72、东西宽0.41、深约0.36米（图六九，1）。现存葬具为陶釜2件（图六九，2、3），另有陶罐口沿1件（图六九，4），自北向南由釜（W28：1）—釜（W28：2）组合而成，其中釜（W28：1）口部与釜（W28：2）口部对接。

陶釜　2件。标本W28：1，夹云母红褐陶，内、外壁通体呈红褐色，外壁偏褐色，局部发黑。敛口，圆唇，窄折沿，沿面微弧，内沿呈凸棱状，弧腹。沿下施弦纹，腹中下部施竖向绳纹，纹饰因磨光不清晰。口径23.76、沿宽3.52、腹径24.52、残高23.4厘米（图六九，2）。标本W28：2，夹云母红褐陶。圆唇，窄折沿，沿面微弧，内沿呈凸棱状。沿下施弦纹。残高11厘米（图六九，3）。

陶罐口沿　1件。标本W28：3，夹细砂黄褐陶。方唇，窄折沿，短直颈。素面。残高3.4厘米（图六九，4）。

W29　位于Ⅲ区T7东北角。开口于第②层下。西南—东北向，北偏东约40°。椭圆形土坑竖穴墓，墓圹遭后期破坏，墓壁较直，墓底较平整。墓葬南北长约0.99、东西宽约0.52、深约0.37

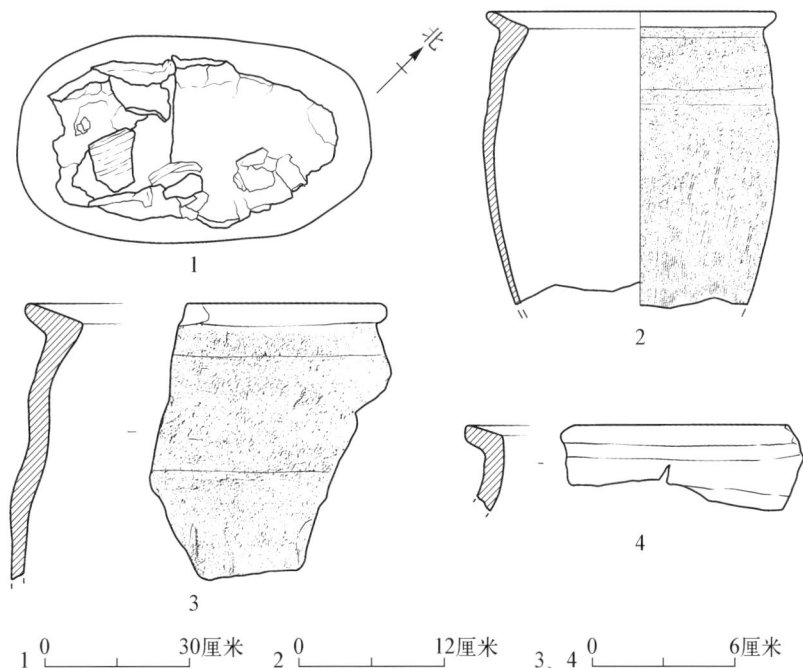

图六九　W28平面图及葬具

1. W28平面图　2、3.陶釜（W28：1、W28：2）　4.陶罐口沿（W28：3）

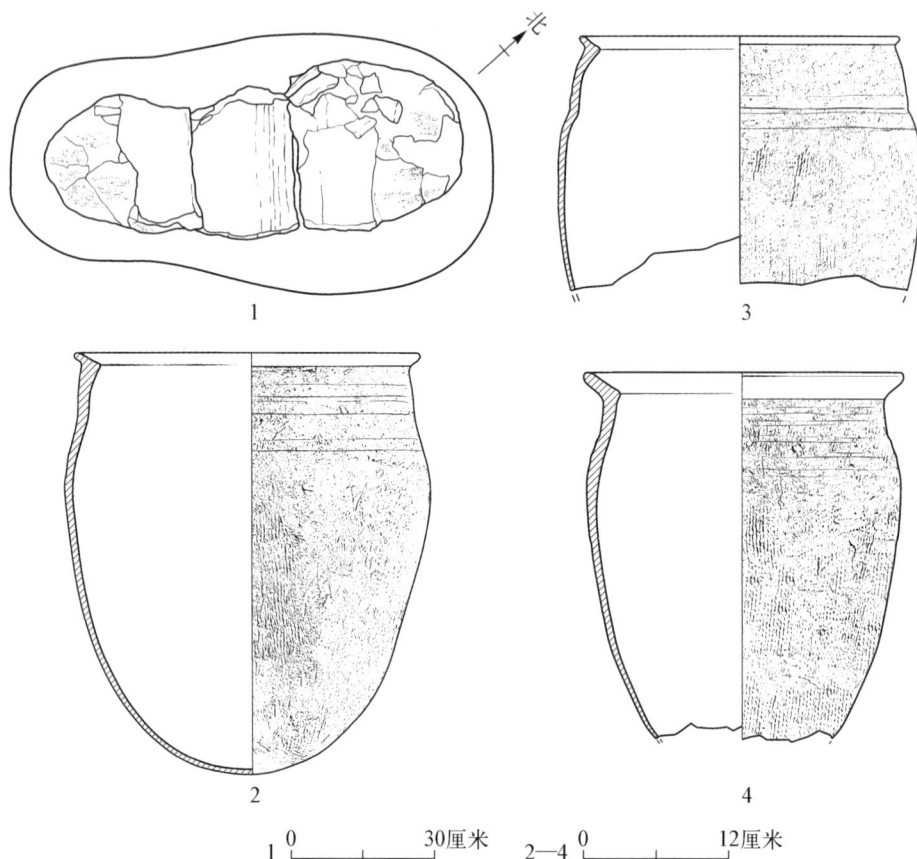

图七〇　W29平面图及葬具

1. W29平面图　2—4. 陶釜（W29：1、W29：2、W29：3）

米（图七〇，1）。葬具为陶釜3件（图七〇，2—4），自北向南依釜（W29：1）—釜（W29：2）—釜
（W29：3）形式组合而成，其中釜（W29：1）口部与釜（W29：2）口部对接，釜（W29：3）口部套接
于釜（W29：2）底部。

　　陶釜　3件。标本W29：1，夹云母红褐陶，内、外壁呈红褐色，局部呈黑色。敛
口，圆唇，窄折沿，沿面微弧，内沿呈凸棱状，腹微鼓，圜底。器形不甚规整，腹中部凹凸不平，沿下施弦纹，腹中
下部施竖向绳纹，纹饰因磨光不清晰。口径28.24、沿宽2.28、腹径30.2、残高33.48厘米（图七〇，
2；图版二五，2）。标本W29：2，夹云母红褐陶，内、外壁皆呈红褐色，外腹中部局部微发黑。敛
口，圆唇，窄折沿，沿面微弧，内沿呈凸棱状，腹微鼓。器形不甚规整，腹中部凹凸不平，沿下施弦
纹，腹中下部施竖向绳纹，纹饰因磨光不清晰。口径26、沿宽2、残高19.8厘米（图七〇，3）。标本
W29：3，夹云母红褐陶。敛口，圆唇，折沿，沿面微弧，内沿呈凸棱状，斜弧腹。器形不甚规整，腹
中部凹凸不平，沿下施弦纹，腹中下部施竖向绳纹，纹饰因磨光不清晰。口径25.84、沿宽3.32、腹
径25.56、残高29.24厘米（图七〇，4）。

　　W30　位于Ⅲ区T17西北角。开口于第①层下。不规则椭圆形土坑竖穴墓，西南—东北向，
北偏东约46°。墓圹遭后期破坏，墓壁较直，墓底较平整。墓内填土为灰黄土，随葬陶碗1件。墓

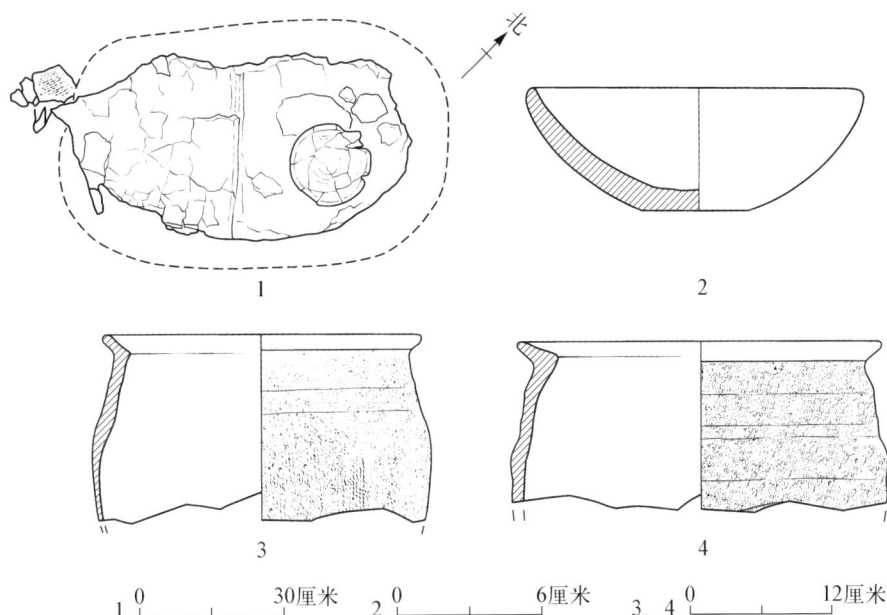

图七一 W30平面图及葬具、随葬品

1. W30平面图 2. 陶碗（W30∶3） 3、4. 陶釜（W30∶1、W30∶2）

葬南北长0.78、东西宽0.49、深约0.05米（图七一，1）。葬具为陶釜2件（图七一，3、4），因W30破坏较为严重，组合关系暂不明确，仅可知自北向南由釜（W30∶1）—釜（W30∶2）对接而成。

　　陶釜　2件。标本W30∶1，夹云母红褐陶，内、外壁皆呈红褐色，外腹中部局部发黑。敛口，圆唇，窄折沿，沿面微弧，内沿呈凸棱状，腹微鼓。沿下施弦纹，腹中下部施竖向绳纹，纹饰因磨光不清晰。口径25.64、沿宽2.56、残高14.8厘米（图七一，3）。标本W30∶2，夹云母红褐陶，内、外壁皆呈红褐色，外壁红褐色偏黄。敛口，圆唇，窄折沿，沿面微弧，内沿呈凸棱状，腹微鼓。器形不甚规整，腹中部凹凸不平。沿下施弦纹。口径29.68、沿宽3.48、残高13.44厘米（图七一，4）。

　　陶碗　1件。标本W30∶3，位于标本W30∶2内，泥质灰陶。敛口，方圆唇，弧壁，腹部与底部分界不明显，小平底。器表通体磨光，器形较规整。素面。口径13.6、高5.24厘米（图七一，2；图版二五，3）。

　　W31　位于Ⅲ区T18中部偏南。开口于第②层下。圆角三角形土坑竖穴墓，西南—东北向，北偏东约54°。墓圹遭后期破坏，墓底较平整。墓葬南北长1、东西宽0.87、残深约0.65米（图七二，1）。现存葬具为陶瓮1件、陶釜1件（图七二，2、3），因W31后期被扰，破损较为严重，葬具组合方式不明，仅可知自北向南瓮（W31∶1）口部与釜（W31∶2）口部对接。

　　陶瓮　1件。标本W31∶1，泥质灰褐陶。敞口，圆方唇，矮束颈，折肩。外壁肩上部施均匀的弦断绳纹，肩下部施细绳纹。口径27.72、残高20.46厘米（图七二，2）。

　　陶釜　1件。标本W31∶2，夹云母红褐陶，内、外壁皆呈黄褐色，外腹中部有黑色斑驳。侈口，圆唇，宽折沿，沿面内凹成槽，内沿呈凸棱状，斜直腹。施竖向绳纹，局部纹饰因磨光不清晰。口径35.2、沿宽2.88、残高22.8厘米（图七二，3）。

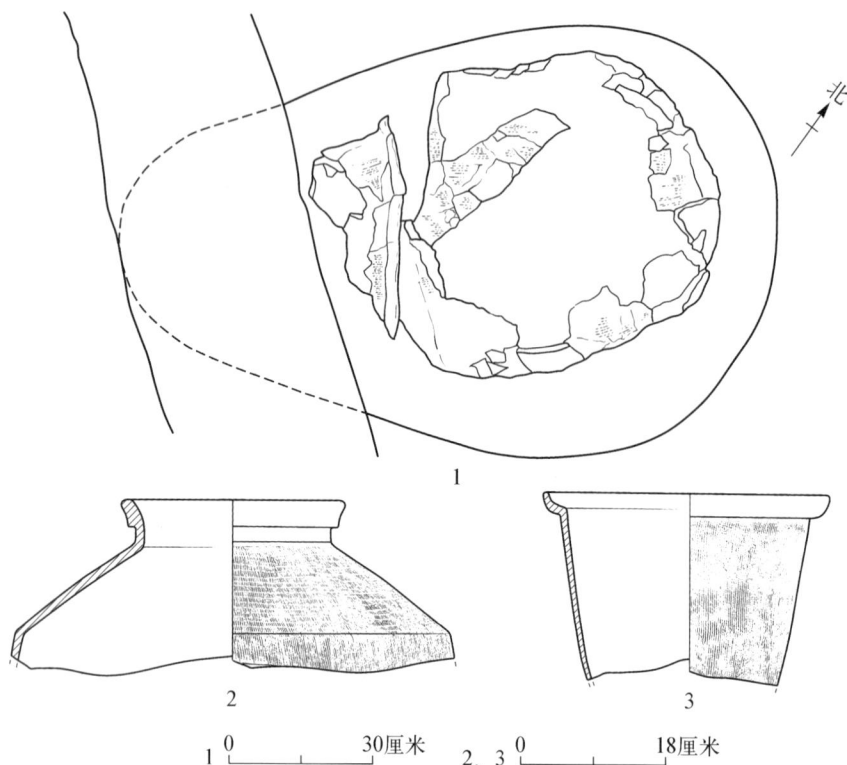

图七二 W31 平面图及葬具

1. W31 平面图 2. 陶瓮（W31：1） 3. 陶釜（W31：2）

W32 位于Ⅲ区T8东隔梁内。开口于第②层下。椭圆形土坑竖穴墓，西南—东北向，北偏东约43°。墓壁较直，墓底较平整。墓内填土为灰褐土，土质疏松。墓葬南北长约1、东西宽0.57、深约0.39米（图七三，1）。葬具为陶釜3件（图七三，2—4），自北向南由釜（W32：1）—釜（W32：2）—釜（W32：3）组合而成，其中釜（W32：1）口部与釜（W32：2）口部对接，釜（W32：3）口部套接于釜（W32：2）底部。

陶釜 3件。标本W32：1，夹云母红褐陶，内、外壁呈红褐色，局部发黑。敛口，圆唇，窄折沿，沿面微弧，内沿呈凸棱状，弧腹。沿下施弦纹，腹中下部施竖向绳纹，纹饰因磨光不清晰。残高17.2厘米（图七三，2）。标本W32：2，夹云母红褐陶，内、外壁通体呈红褐色，内壁局部有黑色斑驳，外壁偏黄，腹中部局部发黑。敛口，圆唇，窄折沿，沿面微弧，内沿呈凸棱状，腹微鼓。沿下施弦纹，腹中下部施竖向绳纹，纹饰因磨光不清晰。口径28.84、沿宽2.44、腹径30.4、残高22.76厘米（图七三，3；图版二五，4）。标本W32：3，夹云母红褐陶，内、外呈红褐色，内壁局部斑驳，外壁中部发黑。侈口，方唇，窄折沿，斜直腹，尖圜底。沿下施弦纹，器表局部施竖向绳纹，纹饰因磨光不清晰。口径21.84、沿宽2.08、高22.8厘米（图七三，4；图版二五，5）。

W33 位于Ⅲ区T18西部。开口于第②层下。土坑竖穴墓，西南—东北向，北偏东约60°。墓圹遭后期破坏，墓底较平整。墓葬长宽不明，残深0.04米（图七四，1）。现存葬具为陶釜2件（图七四，2、3），因W33后期被扰，破损严重，葬具组合方式不明，仅可知自北向南釜（W33：1）口

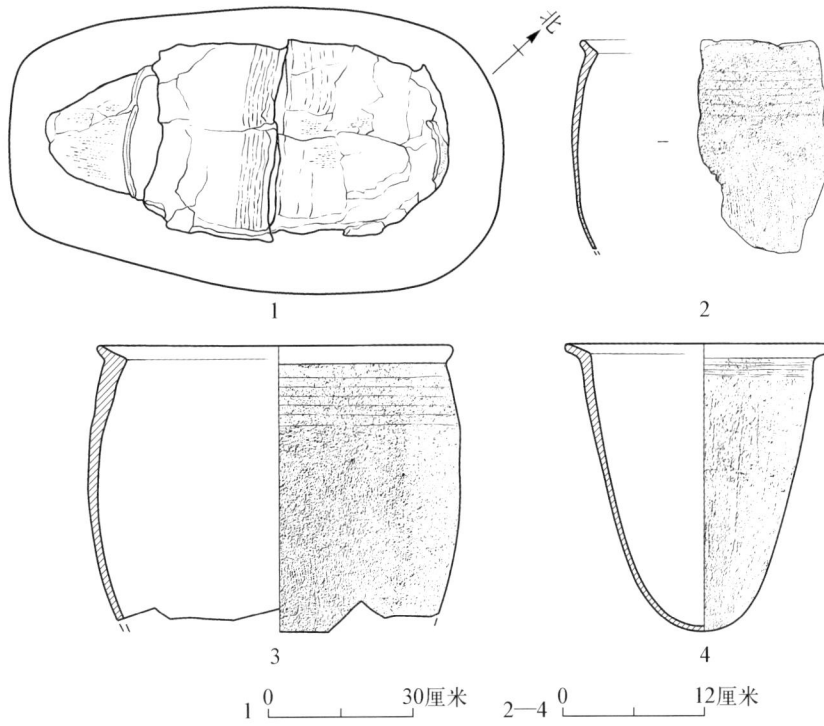

图七三　W32平面图及葬具

1. W32平面图　2—4.陶釜（W32：1、W32：2、W32：3）

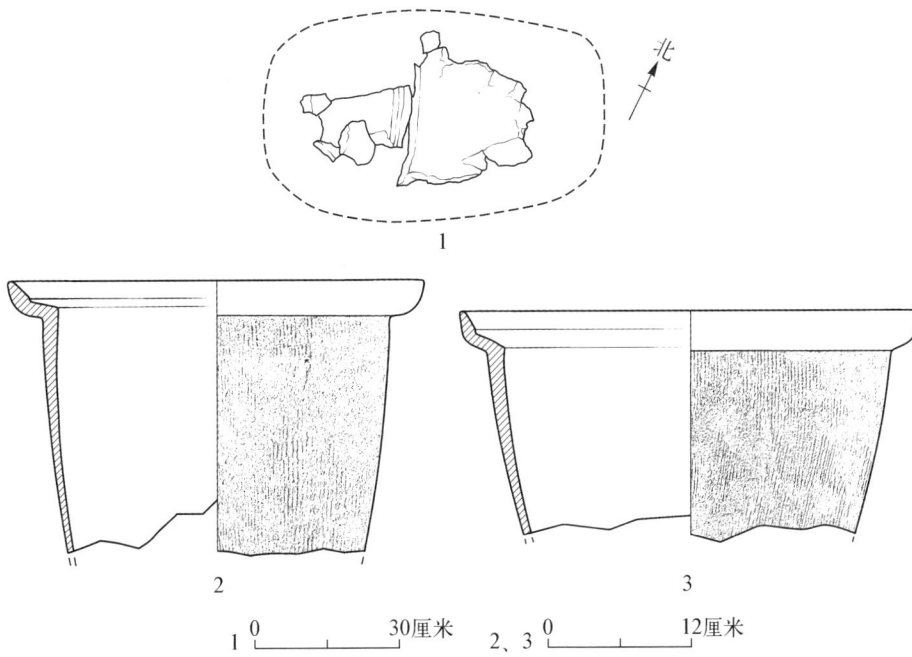

图七四　W33平面图及葬具

1. W33平面图　2、3.陶釜（W33：1、W33：2）

部与釜（W33：2）口部对接而成。

　　陶釜　2件。标本W33：1，夹云母红褐陶。侈口，尖圆唇，宽折沿，沿面内凹成槽，沿面下部略平，内沿呈凸棱状，斜直腹。器表通体施竖向绳纹。口径34、沿宽2.48、残高21.64厘米（图七四，2）。标本W33：2，夹云母红褐陶，内、外壁呈红褐色，外腹中部呈黑色。侈口，尖圆唇，宽折沿，沿面内凹成槽，内沿呈凸棱状，斜直腹。器表通体施竖向绳纹。口径38.04、沿宽2.8、残高17.88厘米（图七四，3）。

　　W34　位于Ⅲ区T18西北部。开口于第①层下。后期破坏严重，仅见有夹云母红陶釜片，其他情况不明。

　　W35　位于Ⅲ区T8东北部。不规则土坑竖穴墓，开口于第②层下。西南—东北向，北偏东约56°。墓壁较直，墓底较平整。墓葬南北长1.01、东西宽0.53、残深0.09米（图七五，1；图版三，2）。葬具为陶釜2件、陶罐1件（图七五，3—5），自北向南由釜（W35：1）—罐（W35：2）—釜（W35：3）组合而成，其中釜（W35：1）口部与罐（W35：2）口部对接，罐（W35：2）底部与釜（W35：3）口部对接。

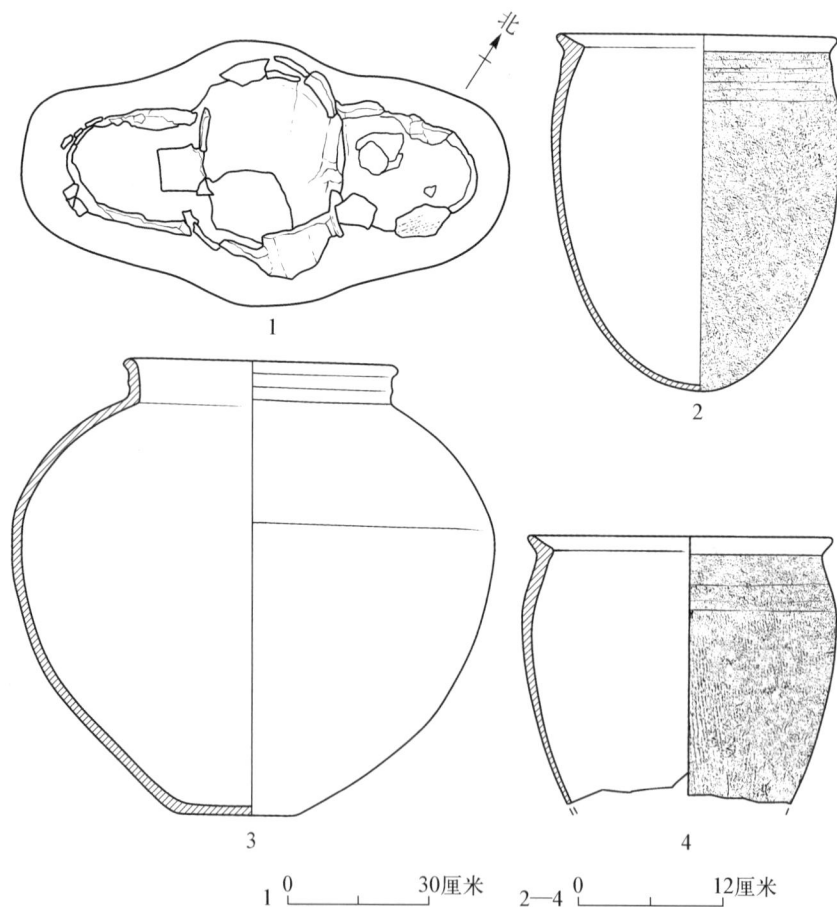

图七五　W35平面图及葬具

1. W35平面图　2、4.陶釜（W35：1、W35：3）　3.陶罐（W35：2）

陶釜 2件。标本W35∶1,夹云母红褐陶,内壁中上部呈黑色,腹下部呈红褐色,外壁整体呈红褐色,腹中下部发黑。敛口,圆唇,窄折沿,沿面略弧,内沿呈凸棱状,弧腹,腹下部弧收,腹底分界不明显,尖圜底。器形不甚规整,腹中部凹凸不平。纹饰因磨光不清晰。口径22.6、沿宽2.44、腹径23.72、高28.24厘米(图七五,2;图版二五,6)。标本W35∶3,夹云母红褐陶,内、外壁呈红褐色,外壁有黑色斑驳。敛口,圆唇,窄折沿,沿面微弧,内沿呈凸棱状,腹微鼓。器形不规整,腹中部凹凸不平。纹饰因磨光不清晰。口径24.56、沿宽2.36、腹径25.8、残高20.56厘米(图七五,4)。

陶罐 1件。标本W35∶2,泥质灰陶,内、外壁皆呈灰色,局部呈黄褐色。直口,圆唇,颈部有凸棱,溜肩,斜弧腹,最大径在腹上部,腹下部弧收,腹部与底部分界不明显,平底。腹下部施横向绳纹与竖向绳纹,纹饰因磨光不清晰。口径22.68、腹径39.92、底径9.64、高36.2厘米(图七五,3;图版二六,1)。

W36 位于Ⅲ区T8北部偏东。开口于第②层下。因后期破坏严重,仅见有夹云母红陶釜片,其他情况不明。

W37 位于Ⅲ区T8北隔梁内。开口于第②层下。椭圆形土坑竖穴墓,西南—东北向,北偏东约34°。墓圹遭后期破坏,墓壁较直,墓底较平整。墓葬南北残长0.69、东西宽0.45、残深0.09米(图七六,1)。葬具为陶釜3件(图七六,2—4),另有陶盆片1件(W37∶1)。因W37破损严重,组合关系暂不明确,仅可知自北向南由釜(W37∶2)—釜(W37∶3)—釜(W37∶4)组合而成,其中釜(W37∶2)口部与釜(W37∶3)口部对接,釜(W37∶4)口部对接釜(W37∶3)底部。

陶盆片 1件。标本W37∶1,泥质灰陶。出土时已破损,仅余碎片。残高3.2厘米。

陶釜 3件。标本W37∶2,夹云母红褐陶,内、外壁腹上部皆呈红褐色,腹中上部皆发黑。敛口,圆唇,窄折沿,沿面微弧,内沿呈凸棱状,腹微鼓。沿下施弦纹。口径33.6、沿宽2.36、腹径

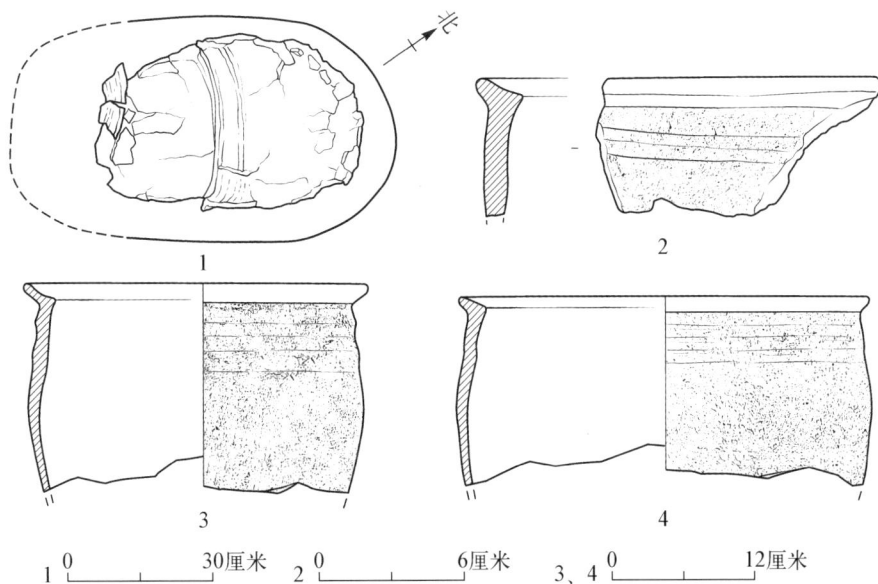

图七六 W37平面图及葬具

1. W37平面图 2—4. 陶釜(W37∶4、W37∶3、W37∶2)

34.56、残高 14 厘米(图七六,4)。标本 W37:3,夹云母黄褐陶,含少量云母。圆唇,窄折沿,沿面微弧,内沿呈凸棱状,腹微鼓。器形不甚规整,腹中部凹凸不平。沿下施弦纹,腹中下部施竖向绳纹,纹饰因磨光不清晰。口径 27.72、沿宽 2.8、腹径 27.48、残高 16.08 厘米(图七六,3)。标本 W37:4,夹云母红褐陶,内壁呈红褐色,外壁红褐色微发黑。圆唇,窄折沿,沿面微弧,内沿呈凸棱状。沿下施弦纹。残高 5.6 厘米(图七六,2)。

W38 位于Ⅲ区 T9 西南部。开口于第②层下。圆角长方形土坑竖穴墓,西南—东北向,北偏东约 45°。墓圹遭后期破坏,墓底较平整。墓葬南北长 0.9、东西宽 0.52、残深约 0.1 米(图七七,1)。因 W38 破坏严重,葬具仅可知陶釜 1 件(图七七,2),口部向西南。

陶釜 1 件。标本 W38:1,夹云母红陶,内、外壁皆呈红褐色,外壁下腹部有黑色斑驳。敛口,圆唇,窄折沿,沿面微弧,内沿呈凸棱状,腹微鼓。器形不规整,腹中部凹凸不平。沿下施弦纹,腹中下部绳纹极不清晰。口径 27.76、沿宽 2.04、腹径 28.92、残高 24.28 厘米(图七七,2)。

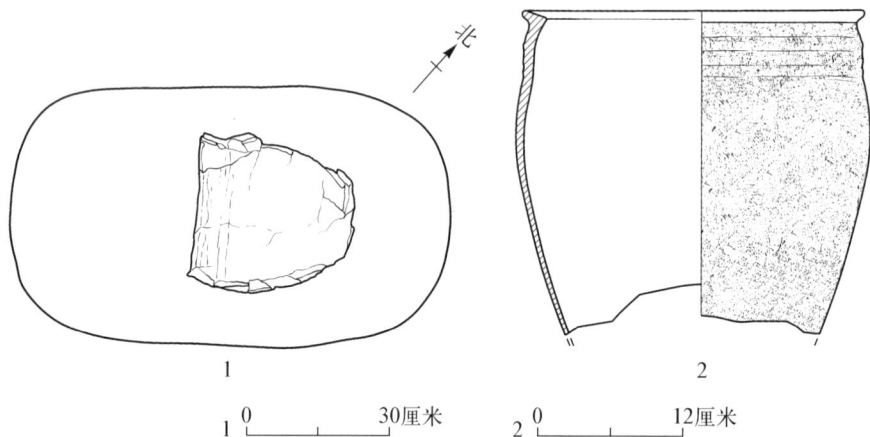

图七七 W38 平面图及葬具

1. W38 平面图 2. 陶釜(W38:1)

W39 位于Ⅲ区 T9 东南角。开口于第②层下。椭圆形土坑竖穴墓,西南—东北向,北偏东约 57°。墓圹遭后期破坏,墓底较平整。墓葬南北长 0.89、东西宽 0.49、残深约 0.1 米(图七八,1)。葬具为陶釜 2 件、陶罐 1 件(图七八,2—4),因 W39 破坏严重,葬具釜(W39:3)与罐(W39:2)的组合方式不明,仅可知自北向南由釜(W39:3)—罐(W39:2)—釜(W39:1)组合而成,釜(W39:1)口部套接于罐(W39:2)底部。

陶釜 2 件。标本 W39:1,夹云母红褐陶,内、外壁呈红褐色,腹中部微发黑。敛口,圆唇,窄折沿,沿面微弧,内沿呈凸棱状,鼓腹。器形不甚规整,腹中部凹凸不平。沿下施弦纹,腹中下部施竖向绳纹,纹饰因磨光不清晰。口径 29.4、沿宽 2.4、腹径 33.64、残高 22.48 厘米(图七八,2)。标本 W39:3,夹云母红褐陶,略发黑。现存腹片。器表施竖向绳纹。残高 7.2 厘米(图七八,4)。

陶罐 1 件。标本 W39:2,泥质灰陶,有黄褐色斑驳。直口,束颈,尖圆唇。颈部施弦纹,肩部施竖向细绳纹。残高 5.2 厘米(图七八,3)。

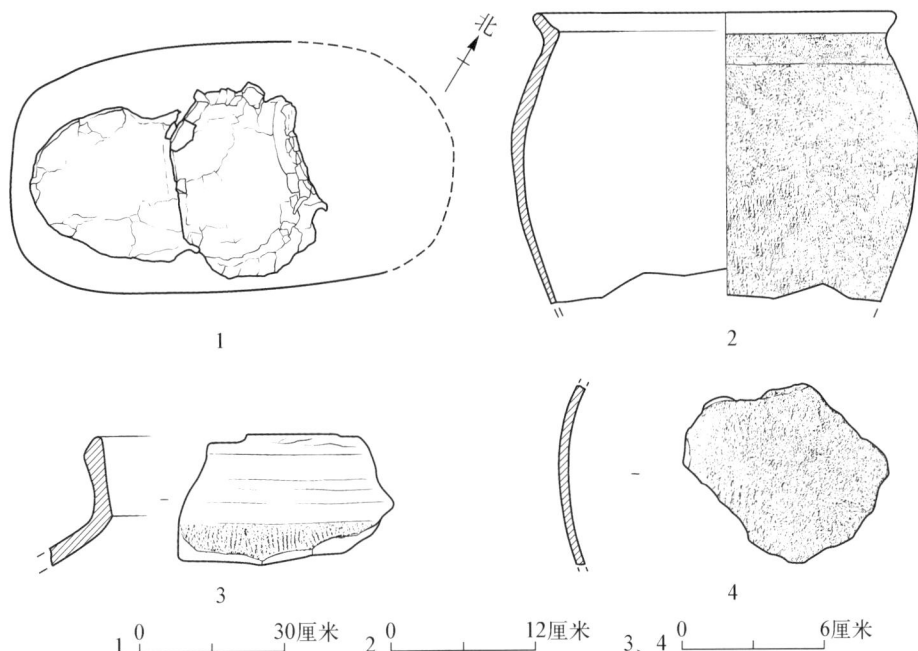

图七八 W39平面图及葬具

1. W39平面图 2、4. 陶釜（W39：1、W39：3） 3. 陶罐（W39：2）

W40 位于Ⅲ区T9南部。开口于第②层下。椭圆形土坑竖穴墓，西南—东北向，北偏东约60°。墓圹遭后期破坏，墓底较平整。墓葬南北长0.81、东西宽0.53、残深0.19米（图七九，1）。葬具为陶釜1件、陶罐1件、陶钵1件（图七九，2—4），自北向南由釜（W40：1）—罐（W40：2）—钵（W40：3）相扣而成，其中釜（W40：1）口部套接于罐（W40：2）底部，罐（W40：2）口部与钵（W40：3）口部对接。

陶釜 1件。标本W40：1，夹云母红褐陶，内、外壁通体呈红褐色，外腹下部局部发黑。敛口，圆唇，窄折沿，沿面略弧，内沿呈凸棱状，鼓腹。器形不甚规整，腹中部凹凸不平。沿下施弦纹，腹中下部施竖向绳纹，纹饰因磨光不清晰。口径27.64、沿宽2.32、腹径30.52、残高28.76厘米（图七九，2）。

陶罐 1件。标本W40：2，泥质灰陶，内、外壁皆呈灰色。直口，卷沿，圆方唇，短颈，溜肩。肩部施竖向细绳纹，有弦断现象。口径29.6、残高11.52厘米（图七九，3）。

陶钵 1件。标本W40：3，泥质黄褐陶。方唇，敞口，弧壁。沿下施弦纹。残高5.6厘米（图七九，4）。

W41 位于Ⅲ区T9中部偏东。开口于第②层下。不规则土坑竖穴墓，西南—东北向，北偏东约38°。墓圹后期遭破坏，墓壁较直，墓底较平整。墓内填土为灰褐土。墓葬南北长1.3、东西宽0.45—0.61、深0.45米（图八〇，1；图版三，3）。葬具为陶罐2件、陶釜2件（图八〇，2—5），自北向南由罐（W41：1）—罐（W41：2）—釜（W41：3）—釜（W41：4）组合而成，因受破坏，罐（W41：1）与罐（W41：2）的组合不确定，推测罐（W41：1）可能与罐（W41：2）底部套接，罐

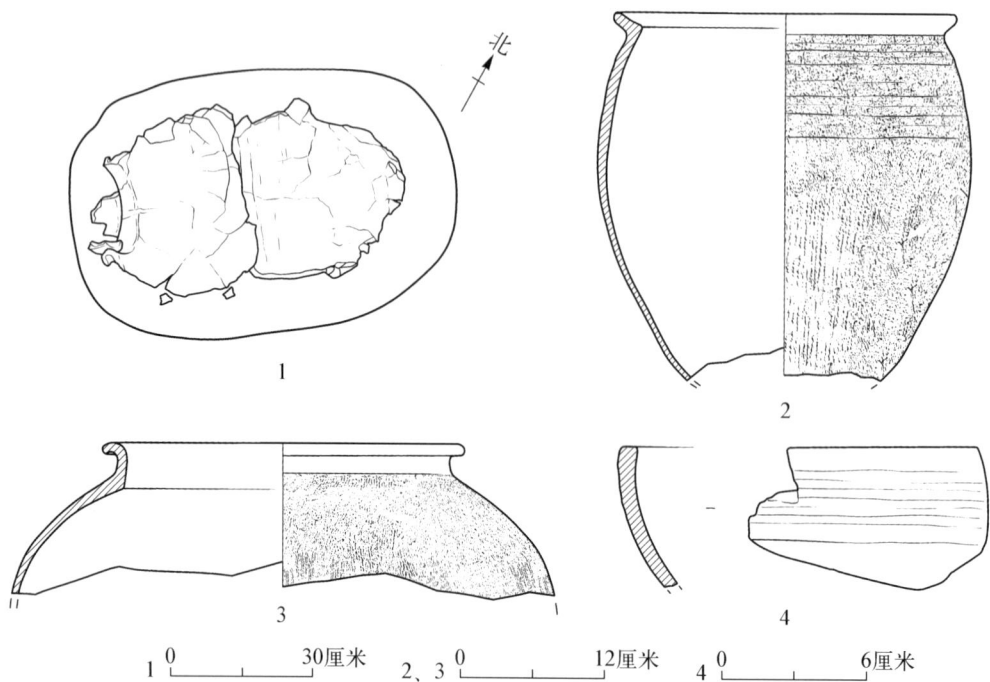

1 ⊢0————30厘米⊣ 2、3 ⊢0————12厘米⊣ 4 ⊢0————6厘米⊣

图七九　W40平面图及葬具

1. W40平面图　2. 陶釜（W40∶1）　3. 陶罐（W40∶2）　4. 陶钵（W40∶3）

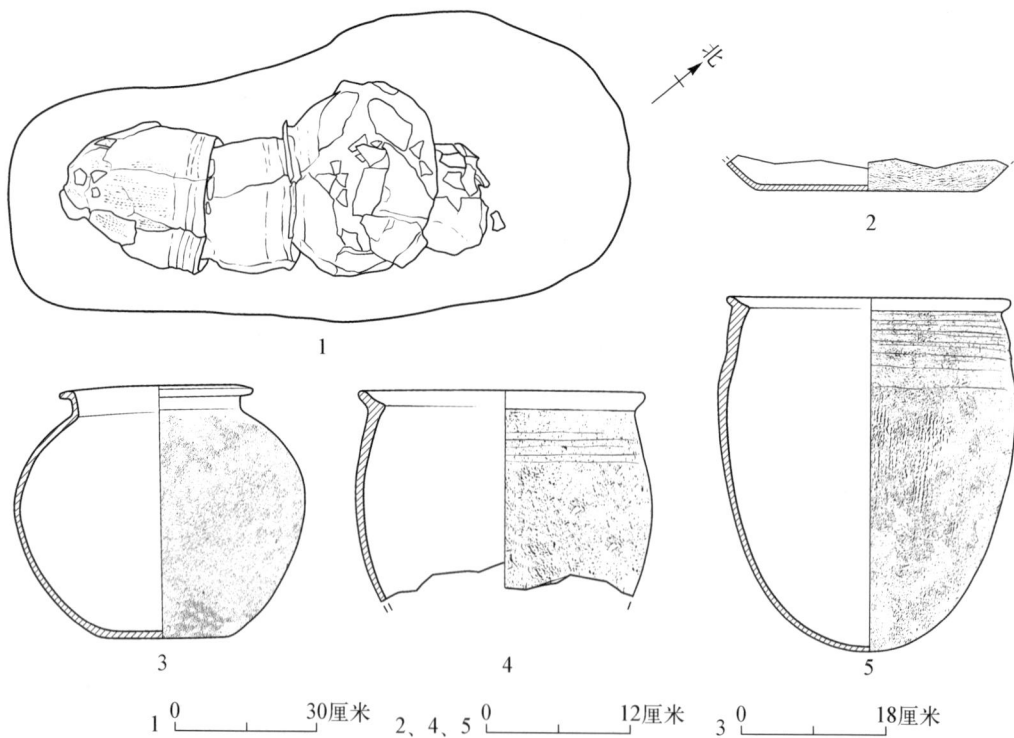

1 ⊢0————30厘米⊣ 2、4、5 ⊢0————12厘米⊣ 3 ⊢0————18厘米⊣

图八〇　W41平面图及葬具

1. W41平面图　2、3. 陶罐（W41∶1、W41∶2）　4、5. 陶釜（W41∶3、W41∶4）

（W41：2）口部与釜（W41：3）口部对接，釜（W41：4）口部套接于釜（W41：3）底部。

陶罐 2件。标本W41：1，泥质灰陶，内壁呈灰色，外壁略呈灰褐色。腹下部弧收，平底。腹下部及底部施绳纹。底径17.85、残高2.25厘米（图八〇，2）。标本W41：2，泥质灰陶。侈口，折沿，方圆唇，短直颈，鼓腹，腹下部弧收，腹部与底部分界不明显，平底。器表施斜向细绳纹，纹饰因磨光不清晰。口径23.88、腹径36.04、高30.36厘米（图八〇，3；图版二六，2）。

陶釜 2件。标本W41：3，夹云母黄褐陶，内、外壁皆呈黄褐色，器外壁有黑色斑驳。敛口，圆唇，窄折沿，沿面微弧，内沿呈凸棱状，腹微鼓。沿下施弦纹。口径23.36、沿宽2.36、腹径24.44、残高15.64厘米（图八〇，4；图版二六，3）。标本W41：4，夹云母红褐陶，内、外壁通体呈红褐色，腹中部红褐色局部发黑。敛口，圆唇，窄折沿，沿面微弧，内沿呈凸棱状，腹微鼓，最大径在腹上部，腹下部弧收，腹底分界不明显，尖圆底。沿下施弦纹，腹中下部施竖向绳纹，纹饰因磨光不清晰。口径23、沿宽2、腹径24.36、高28.2厘米（图八〇，5；图版二六，4）。

W42 位于Ⅲ区T9东隔梁内。开口于第②层下。椭圆形土坑竖穴墓，西南—东北向，北偏东约50°。墓圹后期被破坏，墓壁较直，墓底较平整。墓葬南北长0.75、东西宽0.41、残深0.19米（图八一，1）。葬具为陶釜2件（图八一，2、3），自北向南为釜（W42：1）与釜（W42：2）口部对接而成。

陶釜 2件。标本W42：1，夹云母红褐陶，内壁呈红褐色，外壁发黑。侈口，尖圆唇，折沿，斜直腹。口径21.96、残高5.96厘米（图八一，2）。标本W42：2，夹云母红褐陶。圆唇，窄折沿，沿面略弧，内沿呈凸棱状。残高6.4厘米（图八一，3）。

W43 位于Ⅲ区T19中部偏西。开口于第②层下。椭圆形土坑竖穴墓，西南—东北向，北偏东约52°。墓圹后期被破坏，墓壁较直，墓底较平整。墓内填土为灰褐土，土质疏松。墓葬南北长0.89、东西宽0.55、深约0.38米（图八二，1；图版四，1）。葬具为陶釜2件、陶盆1件（图八二，3—

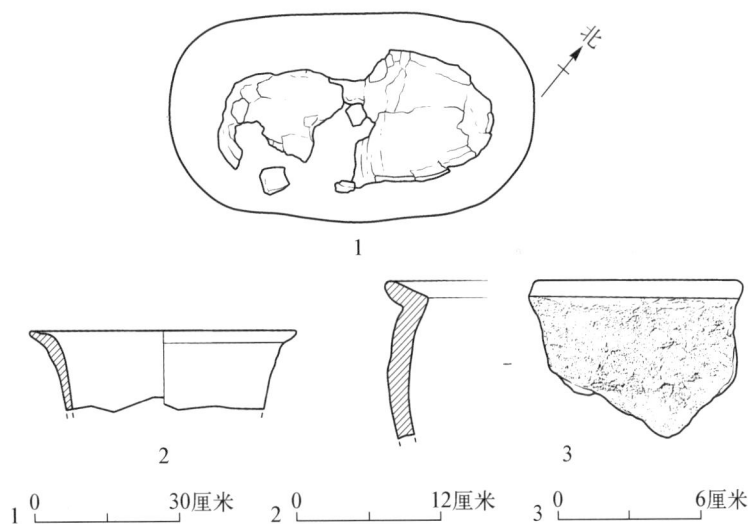

图八一 W42平面图及葬具

1. W42平面图 2、3. 陶釜（W42：1、W42：2）

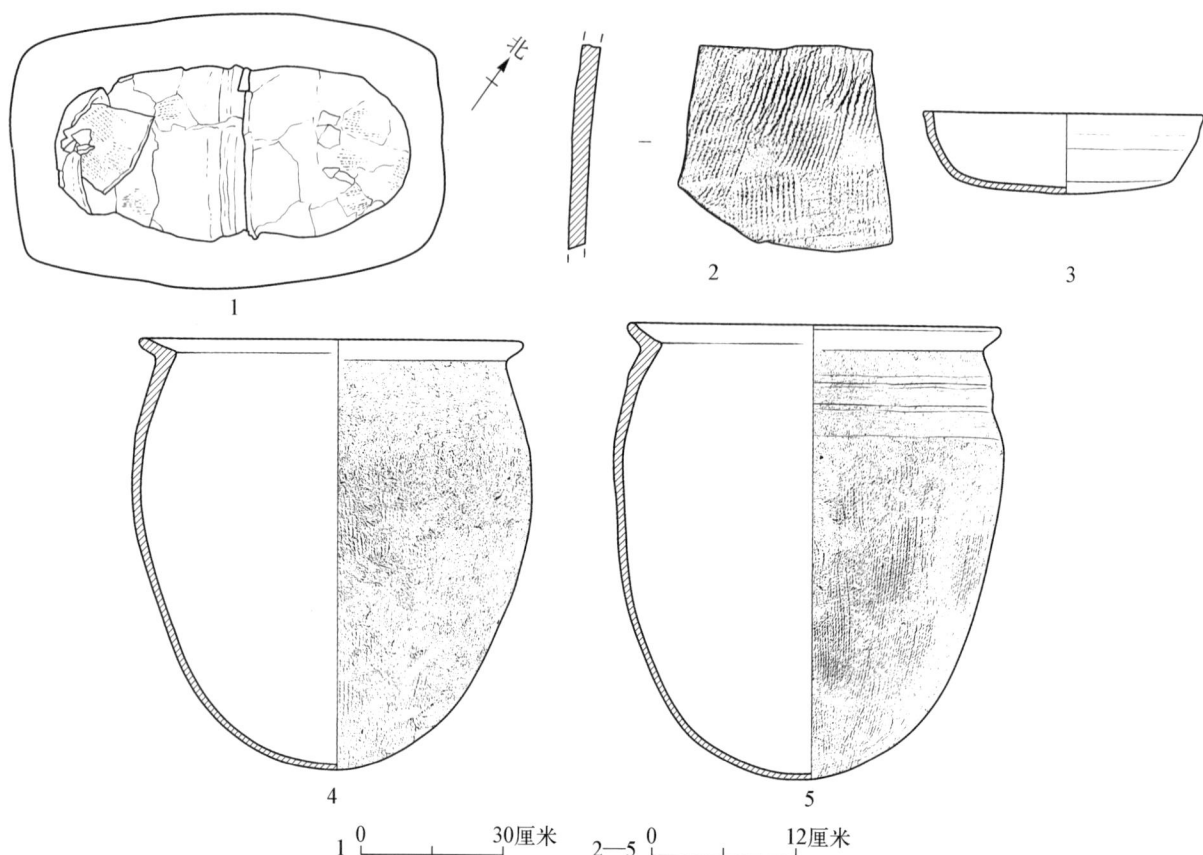

图八二 W43平面图及葬具

1.W43平面图 2.陶瓦片（W43：4） 3.陶盆（W43：3） 4、5.陶釜（W43：1、W43：2）

5），另发现残瓦片1件（图八二，2），自北向南由釜（W43：1）—釜（W43：2）—盆（W43：3）组合而成，其中釜（W43：1）口部与釜（W43：2）口部对接，盆（W43：3）口部套接于釜（W43：2）底部，瓦（W43：4）贴于釜（W43：2）腹部。

陶釜　2件。标本W43：1，夹云母红褐陶，内、外壁呈红褐色，腹中部至底部红褐色微发黑。敛口，圆唇，窄折沿，沿面微弧，内沿呈凸棱状，鼓腹，圜底。腹中下部施竖向绳纹，纹饰因磨光不清晰。口径31.4、沿宽3.04、腹径33.08、高34.16厘米（图八二，4；图版二六，5）。标本W43：2，夹云母红褐陶，内、外壁通体呈红褐色，外腹中部发黑。敛口，圆唇，窄折沿，沿面微弧，内沿呈凸棱状，微鼓腹，圜底。器形不甚规整，腹中部凹凸不平。沿下施弦纹，腹中下部施竖向绳纹，纹饰因磨光不清晰。口径30.12、沿宽3.04、腹径32、高36厘米（图八二，5；图版二六，6）。

陶盆　1件。标本W43：3，泥质灰陶。敞口，浅腹，斜弧收，腹底分界不明显，近平底。素面。口径22.76、高6.4厘米（图八二，3；图版二七，1）。

陶瓦片　1件。标本W43：4，泥质灰陶。内壁施横向绳纹，外壁施弦断绳纹。残高16.8厘米（图八二，2）。

W44　位于Ⅲ区T19西南部。开口于第②层下。椭圆形土坑竖穴墓，西南—东北向，北偏东

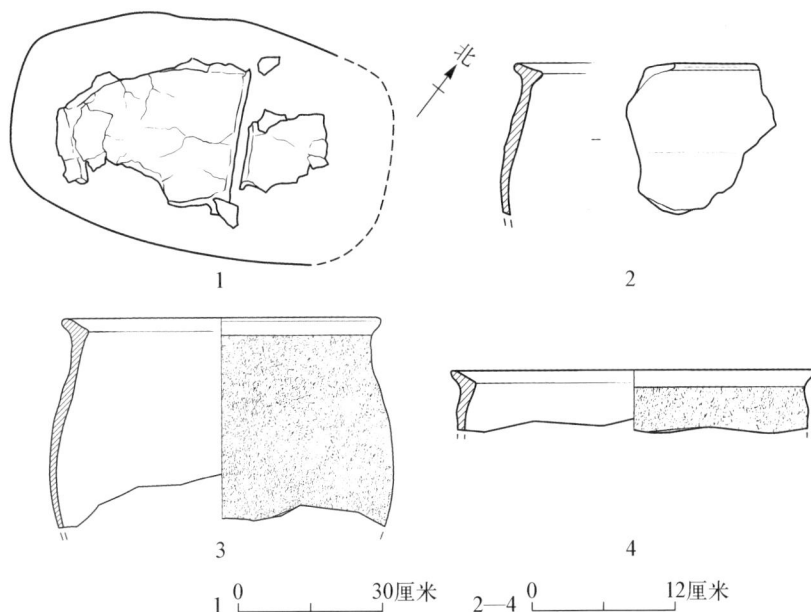

图八三　W44平面图及葬具
1. W44平面图　2—4. 陶釜（W44：1、W44：2、W44：3）

约54°。墓圹后期被破坏，墓底较平整。墓内填土为灰黄土。墓葬南北长0.76、东西宽0.47、残深0.09米（图八三，1）。葬具为陶釜3件（图八三，2—4），自北向南由釜（W44：1）—釜（W44：2）—釜（W44：3）组合而成，其中釜（W44：1）口部与釜（W43：2）口部对接，釜（W44：2）底部与釜（W44：3）口部对接。

　　陶釜　3件。标本W44：1，夹云母红褐陶。敛口，圆唇，窄折沿，微弧，内沿呈凸棱状。残高12.4厘米（图八三，2）。标本W44：2，夹云母红褐陶。敛口，圆唇，窄折沿，沿面微弧，内沿呈凸棱状，腹微鼓。素面。口径25.59、沿宽2.07、腹径28.2、残高16.02厘米（图八三，3）。标本W44：3，夹云母红褐陶。敛口，圆唇，窄折沿，沿面斜平，内沿呈凸棱状。口径30.04、残高4.72厘米（图八三，4）。

　　W45　位于Ⅲ区T19中部偏北。开口于第②层下。椭圆形土坑竖穴墓，西南—东北向，北偏东约46°。墓圹后期被破坏，墓底较平整。墓内填土为灰黄土。墓葬南北长0.78、东西宽0.45、残深0.25米（图八四，1）。葬具为陶釜3件、陶钵1件（图八四，2—5），自北向南由釜（W45：1）—釜（W45：2）—釜（W45：3）—钵（W45：4）组合而成，其中釜（W45：1）口部套接于釜（W45：2）口部，釜（W45：2）底部套接于釜（W45：3）口部，釜（W45：3）与钵（W45：4）组合方式不明。

　　陶釜　3件。标本W45：1，夹云母红褐陶，内壁呈红褐色，外壁以红褐色为主，腹中上部局部发黑。敛口，圆唇，窄折沿，沿面微弧，内沿呈凸棱状，腹微鼓。器形不甚规整，腹中部凹凸不平。沿下施弦纹，腹中下部施竖向绳纹，纹饰因磨光不清晰。口径31.44、沿宽4.26、腹径31.5、残高17.1厘米（图八四，3）。标本W45：2，夹云母红褐陶，内壁腹上部以黑色为主，腹中部呈红褐色，外壁红褐色发黑。敛口，圆唇，窄折沿，沿面微弧，内沿呈凸棱状，腹微鼓。器形不甚规整，腹中部

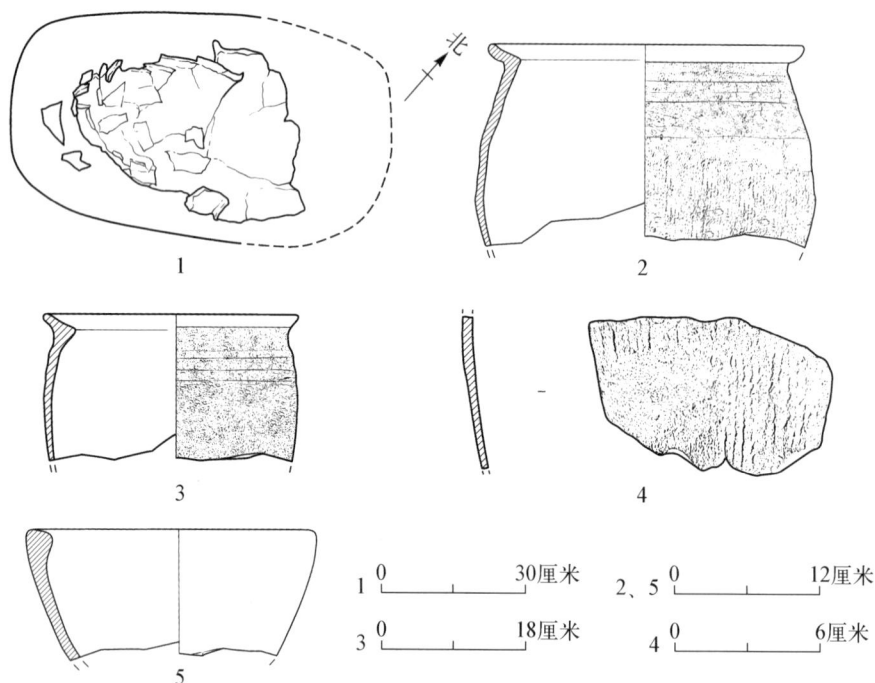

图八四 W45平面图及葬具

1. W45平面图 2—4.陶釜(W45：2、W45：1、W45：3) 5.陶钵(W45：4)

凹凸不平。沿下施弦纹，腹中下部施竖向绳纹，纹饰因磨光不清晰。口径25.47、沿宽2.76、腹径27.84、残高15.12厘米(图八四,2)。标本W45：3，夹云母红褐陶。仅存腹部，器表施竖向绳纹。残高6.4厘米(图八四,4)。

陶钵 1件。标本W45：4，泥质灰陶，内、外壁皆呈灰色。敛口，圆唇，斜壁。口径23.7、残高9.9厘米(图八四,5)。

W46 位于Ⅲ区T20南部。开口于第②层下，被W47打破。椭圆形土坑竖穴墓，西南—东北向，约60°。墓圹后期遭破坏，墓壁较直，墓底较平整。墓内填土为灰褐土，土质较软，葬具内有一具人骨，头向西南。墓葬南北长1.46、东西宽0.96、残深0.25米(图八五；图版四,2)。葬具为陶瓮1件、陶盆1件、陶釜1件(图八六,1—3)，自北向南由瓮(W46：1)—盆(W46：2)—釜(W46：3)组合而成，其中盆(W46：2)口部套接于瓮(W46：1)口部，釜(W46：3)口部套接于盆(W46：2)底部。

陶瓮 1件。标本W46：1，泥质灰陶。敞口，方唇，鼓肩，弧腹，腹下部弧收，圜底。器外壁肩部施一周回形几何纹，纹饰呈条带状。腹部通体施斜向绳纹，纹饰因磨光不清晰。口径35.68、腹径68.64、高64.88厘米(图八六,1；图版二七,2)。

陶盆 1件。标本W46：2，泥质黄褐陶，器内、外壁皆呈黄褐色，局部有黑色斑驳。敞口，方唇，卷沿，弧腹，弧收，底部缺失。器形较规整。器表布满弦纹，腹下部素面。口径47.16、残高25.32厘米(图八六,2；图版二七,3)。

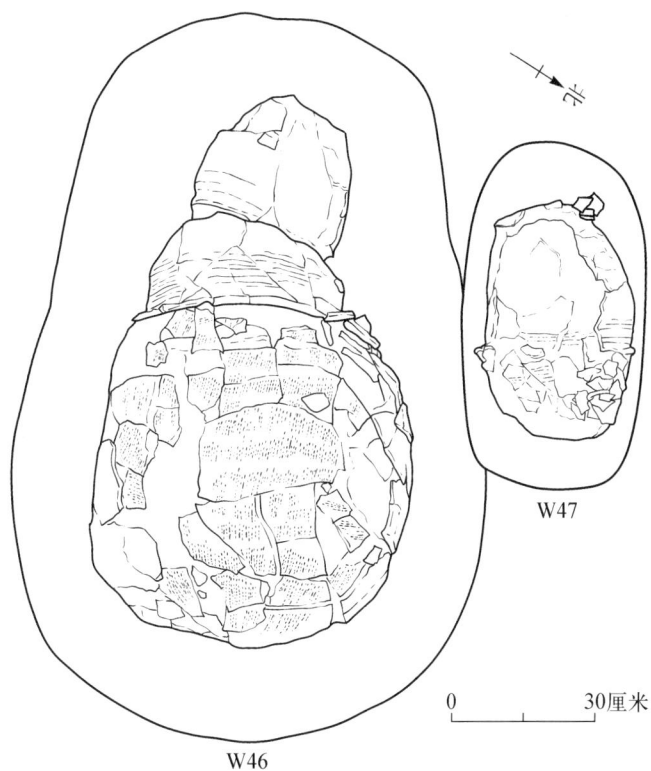

图八五 W46、W47平面图

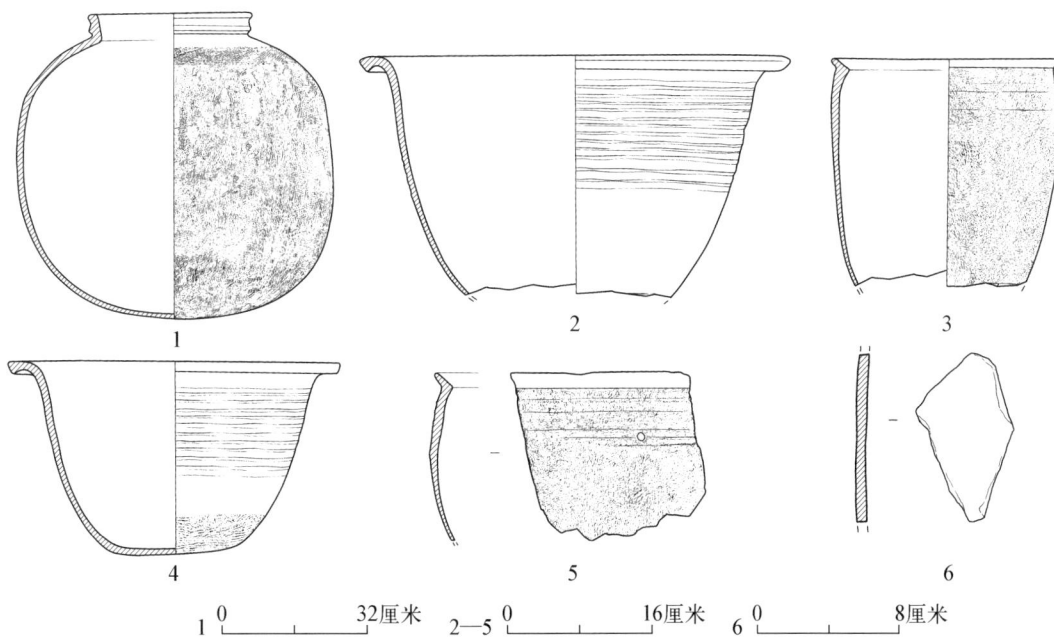

图八六 W46、W47葬具

1.陶瓮（W46：1） 2、4.陶盆（W46：2、W47：1） 3、5.陶釜（W46：3、W47：2） 6.陶甑片（W47：3）

陶釜 1件。标本W46：3，夹云母红褐陶，器内壁呈红褐色，器外壁腹上部呈红褐色，腹中部以红褐色为主，有黑色斑驳，腹下部局部呈黑色。敛口，圆唇，窄折沿，沿面微内弧，内沿呈凸棱状，微鼓腹。器形不甚规整，腹部凹凸不平。沿下施弦纹，腹中下部施竖向绳纹，纹饰因磨光不清晰。口径24.96、沿宽2.2、腹径25.2、残高24.08厘米（图八六，3；图版二七，4）。

W47 位于Ⅲ区T20南部。开口于第②层下，打破W46。土坑竖穴墓，西南—东北向，北偏东约60°。墓圹遭后期破坏，墓底较平整。墓葬南北长0.7、东西宽0.38、残深0.25米（图八五；图版四，2）。葬具为盆1件、釜1件（图八六，4、5），另有一片甑片（图八六，6），自北向南为盆（W47：1）口部与釜（W47：2）口部对接，用甑片（W47：3）封堵釜（W47：2）底部。

陶盆 1件。标本W47：1，泥质灰陶。敞口，方唇，卷沿，斜弧腹，腹底分界不明显，平底。器形较规整。器表大部分素面，腹下部至底部施绳纹，腹下部零星施有斜向绳纹，底部施横向绳纹，纹饰因磨光不清晰。口径36.16、底径12.64、高20.44厘米（图八六，4；图版二七，5）。

陶釜 1件。标本W47：2，夹云母红陶。敛口，尖唇，折沿，沿面微弧，内沿呈凸棱状，弧腹。腹上部有一规则的圆形穿孔，器外壁腹上部呈不规则的瓦棱状突起，腹上部隐约可见细绳纹，纹饰因磨光不清晰。残高18厘米（图八六，5）。

陶甑片 1件。标本W47：3，泥质灰陶，器内壁呈灰褐色，器外壁呈黄褐色。素面。残高8.8厘米（图八六，6）。

W48 位于Ⅲ区T17西南部。开口于第①层下，打破生土层。墓圹遭后期破坏，西南—东北向，北偏东约45°。墓葬规模不明，推测葬具为釜—瓮—釜组合（图八七）。

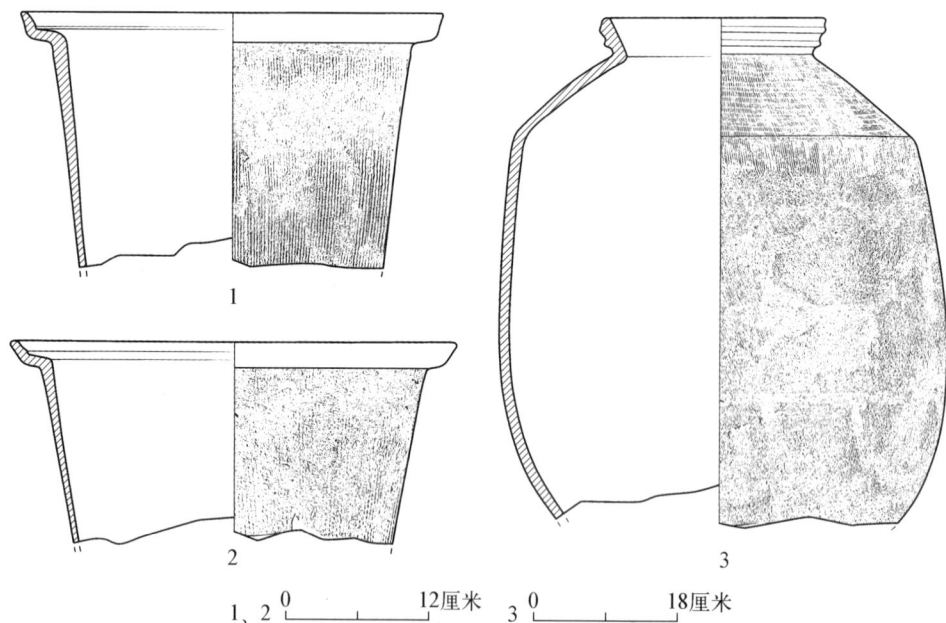

图八七 W48葬具

1、2.陶釜（W48：1、W48：2） 3.陶瓮（W48：3）

陶釜 2件。标本W48:1，夹云母红褐陶，器内壁呈灰褐色，近口部局部发黑。器外壁红褐色偏黄，腹中部发黑。侈口，圆唇，宽折沿，沿面内凹成槽，内沿呈凸棱状，斜直腹。器形较规整。器表施竖向绳纹，局部磨光不清。口径34.84、沿宽2.32、残高19.64厘米（图八七，1）。W48:2，夹砂黄褐陶，含极少量云母，器内壁呈灰褐色，近口部局部发黑，器外壁红褐色偏黄，腹中部发黑。侈口，圆唇，宽折沿，沿面内凹成槽，内沿呈凸棱状，斜直腹。器形较规整。器表施竖向绳纹，纹饰因磨光不清晰。口径37、沿宽2、残高15.16厘米（图八七，2）。

陶瓮 1件。W48:3，泥质灰陶。敞口，方唇，唇部有一周凹棱，唇下部有一周尖棱，束颈，颈部有折棱，折肩，深垂腹，最大径在腹下部，腹下部弧收。器形较规整。器外壁肩部施规整的弦断绳纹，腹部施斜向绳纹，纹饰因磨光不清晰。口径27.12、腹径54.6、残高65.42厘米（图八七，3；图版二七，6）。

W49 位于Ⅲ区T15东隔梁内。开口于第②层下，打破生土层。不规则椭圆形土坑竖穴墓，西南—东北向，北偏东约30°。墓圹后期遭破坏，墓壁较直，墓底较平整。墓葬南北长0.99、东西宽0.48、残深0.13米（图八八，1）。葬具为陶釜3件（图八八，2—4），自北向南由釜（W49:1）—釜（W49:2）—釜（W49:3）相扣而成，其中釜（W49:1）口部与釜（W49:2）口部对接，釜（W49:3）口部套接于釜（W49:2）底部。

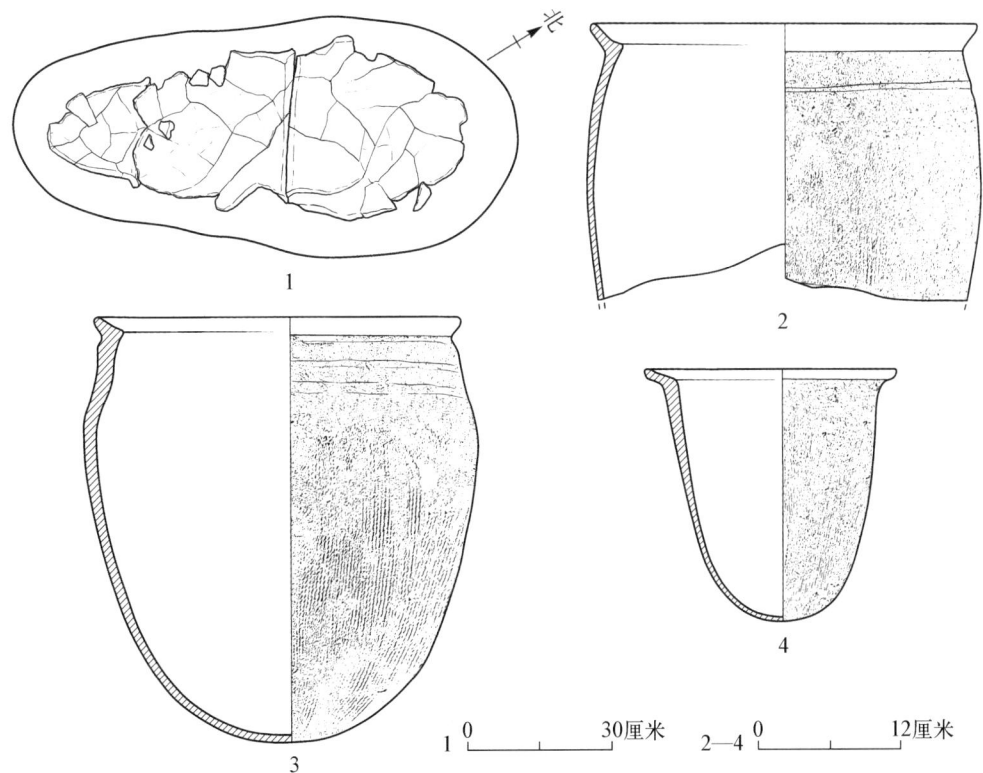

图八八 W49平面图及葬具

1. W49平面图 2—4.陶釜（W49:2、W49:1、W49:3）

陶釜　3件。标本W49：1，夹云母红陶，器内、外壁皆呈红褐色，腹下部及底部红褐色发黑。敛口，尖唇，窄折沿，沿面斜平，内沿呈凸棱状，微鼓腹，腹下部弧收，圜底。器外壁腹上部有数周瓦楞纹，腹中部至底部施粗绳纹。口径29.64、沿宽2.72、腹径32.28、高33.72厘米（图八八，3；图版二八，1）。标本W49：2，夹云母红褐陶，胎芯腹上部呈黑色，器内壁通体呈红褐色，器外壁腹上部呈红褐色，腹中部发黑，有红褐色斑驳。敛口，圆唇，折沿，沿面内凹，微弧，内沿呈凸棱状，腹微鼓。器表腹上部施一周弦纹，腹中部施竖向绳纹，纹饰因磨光不清晰。口径32.08、沿宽3.12、腹径32.44、残高22.32厘米（图八八，2）。标本W49：3，夹云母红褐陶，器内、外壁通体呈橘红色，器外壁局部有黑色斑驳。侈口，方唇，窄折沿，沿面内凹，内沿呈凸棱状，斜直腹，腹下部弧收。器形不甚规整，腹部凹凸不平，器内壁较粗糙，器外壁较光滑。器表隐约可见竖向绳纹，纹饰因磨光不清晰。口径20.76、沿宽2.6、高20.08厘米（图八八，4；图版二八，2）。

W50　位于Ⅲ区T15西北角。开口于第②层下，打破生土层。椭圆形土坑竖穴墓，西南—东北向，北偏东约46°。墓圹后期遭破坏，墓底较平整。墓葬南北长0.78、东西宽0.35—0.4、残深约0.1米（图八九，1）。葬具为瓮1件、釜1件（图八九，2、3），因W50破损严重，组合关系暂不明确，仅可知自北向南为瓮（W50：1）口部套接于釜（W50：2）口部内。

陶瓮　1件。标本W50：1，泥质灰陶，器内、外壁皆呈黄褐色。仅存腹片，器表施竖向绳纹与瓦楞纹，纹饰因磨光不清晰。残高7.2厘米（图八九，2）。

陶釜　1件。标本W50：2，夹云母红褐陶，器内壁呈黄褐色，器外壁红褐色发灰。侈口，圆唇，宽折沿，沿面内凹成槽，内沿呈凸棱状，斜直腹。器表施竖向绳纹，纹饰因磨光不清晰。残高8.1厘米（图八九，3）。

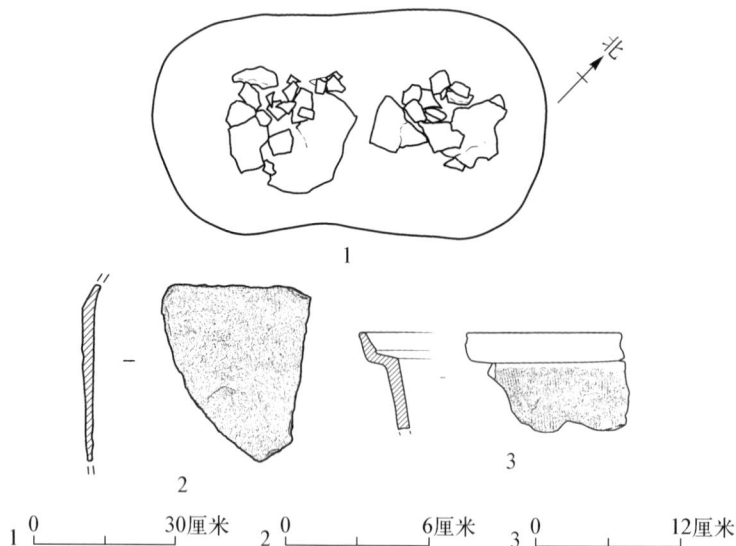

图八九　W50平面图及葬具

1.W50平面图　2.陶瓮（W50：1）　3.陶釜（W50：2）

W51　位于Ⅲ区T6北隔梁内。开口于第②层下，打破生土层。椭圆形土坑竖穴墓，西南—东北向，北偏东约55°。墓圹后期遭破坏，墓底较平整。墓葬南北长0.85、东西宽0.45、残深0.25米（图九〇，1）。葬具为陶釜2件、陶罐1件（图九〇，2—4），自北向南由釜（W51∶1）—釜（W51∶2）—罐（W51∶3）组合而成，其中釜（W51∶1）口部与釜（W51∶2）口部对接，罐（W51∶3）套接于釜（W51∶2）腹部。

陶釜　2件。标本W51∶1，夹云母红褐陶，器内壁呈红褐色，器外壁橘红色微发黑。敛口，圆唇，窄折沿。内、外壁皆较粗糙。素面。残高9.6厘米（图九〇，2）。标本W51∶2，夹云母黄褐陶，胎芯黄褐色。器内、外壁腹上部及腹中部呈黄褐色，腹下部微发黑。侈口，圆唇，宽折沿，沿面内凹，内沿呈凸棱状，斜直腹。器表通体施竖向绳纹，局部磨光不清。口径40.08、沿宽1.44、残高20.94厘米（图九〇，3）。

陶罐　1件。标本W51∶3，泥质黄褐陶，器内壁呈黄褐色，器外壁呈灰褐色。仅余腹片，器表施斜向细绳纹与竖向细绳纹，局部构成交错绳纹，纹样近方格状。残高9.2厘米（图九〇，4）。

W52　位于Ⅲ区T6北隔梁西部。开口于第②层下，打破生土层。圆角长方形土坑竖穴墓，西南—东北向，北偏东约36°。墓圹后期遭破坏，墓底较平整。墓葬南北长0.98、东西宽0.46、残深0.23米（图九一，1）。葬具为陶釜3件（图九一，2—4），自北向南由釜（W52∶1）—釜（W52∶2）—釜（W52∶3）组合而成，其中釜（W52∶1）口部与釜（W52∶2）口部对接，釜（W52∶2）底部与釜（W52∶3）口部对接。

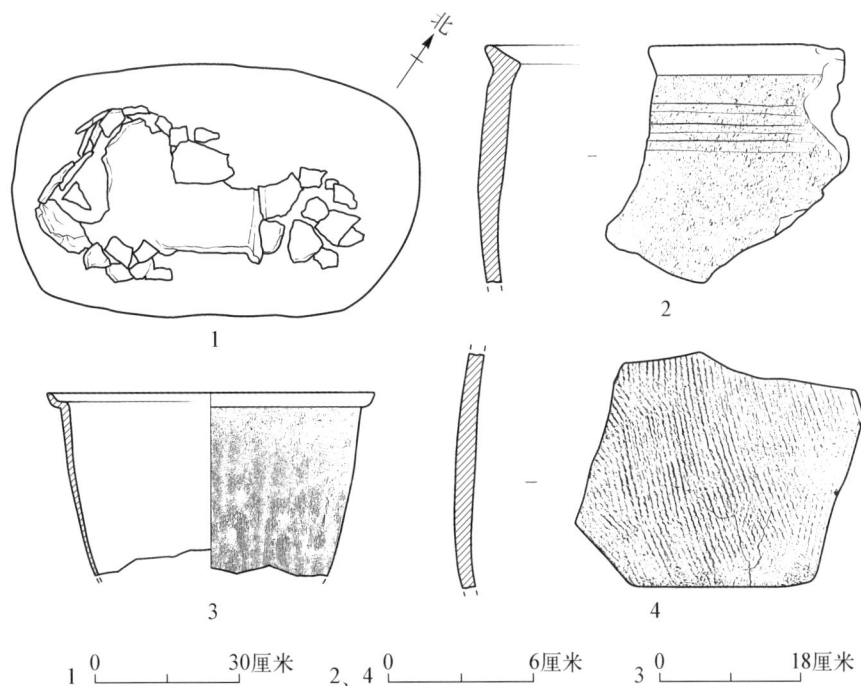

图九〇　W51平面图及葬具

1. W51平面图　2、3.陶釜（W51∶1、W51∶2）　4.陶罐（W51∶3）

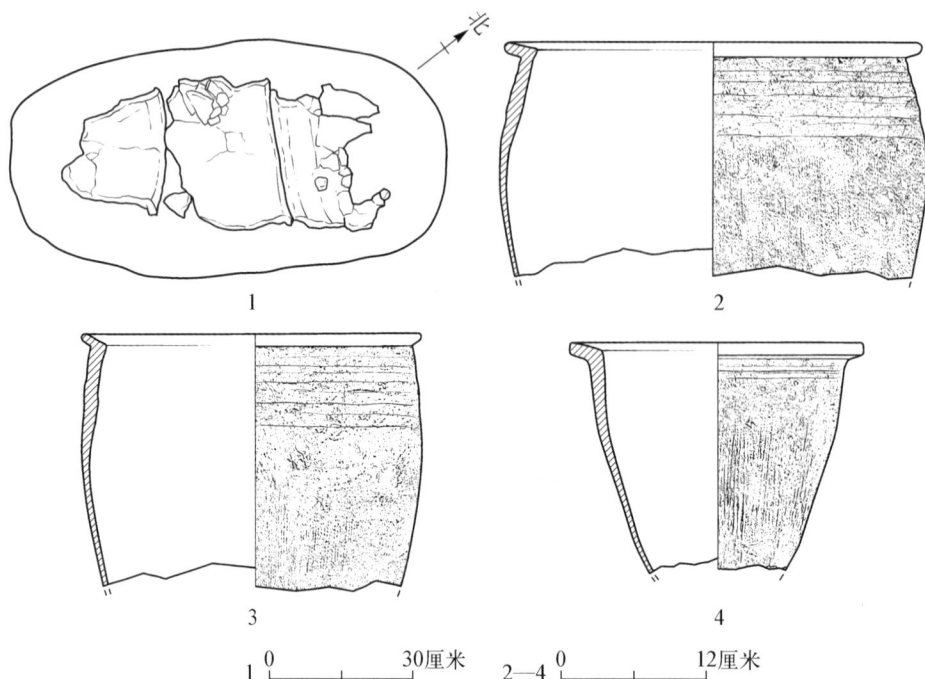

图九一　W52平面图及葬具

1. W52平面图　2—4. 陶釜（W52：1、W52：2、W52：3）

陶釜　3件。标本W52：1，夹云母红褐陶，器内壁腹上部呈红褐色，腹中部发黑，器外壁从唇部至腹中部呈黑色，沿下近腹上部呈红褐色，腹中下部有红褐色斑驳。敛口，圆唇，折沿，沿面斜平，内沿呈凸棱状，腹微鼓。器内、外壁皆较粗糙。器表上部素面，腹中部施竖向绳纹，局部纹饰近方格状，纹饰因磨光不清晰。口径33.56、沿宽2.4、腹径34.8、残高18.64厘米（图九一，2）。标本W52：2，夹云母红褐陶，器内壁通体呈红褐色，局部有黑色斑驳，器外壁腹上部呈黄褐色，局部呈红褐色，腹中部呈红褐色，局部呈黑色。敛口，圆唇，窄折沿，沿面微弧，内沿呈凸棱状，腹微鼓。器内、外壁皆较粗糙。器表素面，纹饰因磨光不清晰。口径27.76、沿宽2、腹径28.16、残高20.16厘米（图九一，3）。标本W52：3，夹云母红褐陶，器内壁通体呈红褐色，腹中部有黑色斑驳，器外壁沿下近腹上部呈红褐色，腹上部至腹中部红褐色发黑，局部呈黑色。侈口，方唇，窄折沿，沿面微内弧，腹微鼓。器表施竖向绳纹，纹饰因磨光不清晰。口径23.68、沿宽2.52、残高18.12厘米（图九一，4）。

W53　位于T16东南部。开口于第①层扰沟下，打破生土层。西南—东北向，北偏东约42°。土坑竖穴墓，墓圹遭扰沟破坏，墓底较平整。墓葬南北长0.15、东西宽0.4、残深0.1米（图九二，1）。破坏严重，仅存葬具陶釜1件（图九二，2），另有陶片1件（图九二，3）。

陶釜　1件。标本W53：1，夹云母红褐陶，器内壁呈黄褐色，器外壁呈红褐色。器表施竖向绳纹，纹饰因磨光不清晰。残高10厘米（图九二，2）。

陶片　1件。标本W53：2，泥质灰陶。内、外壁皆光滑。素面。残高5.2厘米（图九二，3）。

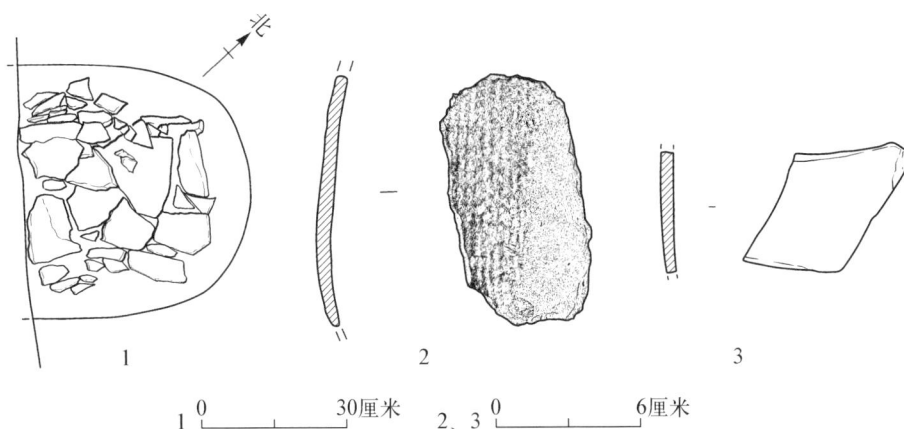

图九二 W53平面图及葬具

1. W53平面图 2. 陶釜（W53∶1） 3. 陶片（W53∶2）

W54 位于Ⅲ区T20东南角。开口于第①层下，打破生土层。椭圆形土坑竖穴墓，西南—东北向，北偏东约42°。墓圹后期遭破坏，墓底较平整。墓葬南北长约0.8、东西宽0.5、残深0.25米（图九三，1）。葬具为陶釜2件（图九三，2、3），另有陶片1件（图九三，4），自北向南为釜（W54∶1）口部与釜（W54∶2）口部对接，陶片（W54∶3）贴于釜（W54∶2）底部。

陶釜 2件。标本W54∶1，夹云母红褐陶，器内壁腹上部至腹下部呈红褐色，腹中上部局部呈黑色，底部呈黑色，器外壁腹中下部局部呈红褐色。敛口，圆唇，沿面微弧，内沿呈凸棱状，腹微鼓，最大径在腹上部，腹下部弧收，腹底分界不明显，圜底。器形不甚规整，器表凹凸不平。沿下施弦纹，腹中部至底部施竖向绳纹，纹饰因磨光不清晰。口径29.16、沿宽3.08、腹径30.92、高35.36厘米（图九三，2；图版二八，3）。标本W54∶2，夹云母红褐陶，器内、外壁腹上部呈红褐色，腹中下部红褐色局部发黑。敛口，圆唇，窄折沿，沿面微弧，内沿呈凸棱状，腹微鼓，最大径在腹上部，腹下部斜弧收，底部缺失。器形较规整。器表施竖向绳纹，局部纹饰因磨光不清晰。口径23.92、沿宽1.68、腹径26.32、残高26.16厘米（图九三，3）。

陶片 1件。标本W54∶3，泥质灰陶。素面，器内、外壁皆光滑。残高10厘米（图九三，4）。

W55 位于Ⅲ区T4东部偏南。开口于第②层下。椭圆形土坑竖穴墓，西南—东北向，北偏东约62°。墓圹后期遭破坏，墓底较平整。墓葬南北长0.7、东西宽0.4、残深0.25米（图九四，1）。葬具为陶釜2件、陶盆1件（图九四，2—4），自北向南由釜（W55∶1）—釜（W55∶2）—盆（W55∶3）组合而成，其中釜（W55∶1）口部与釜（W55∶2）口部对接，盆（W55∶3）口部套接于釜（W55∶2）底部。

陶釜 2件。标本W55∶1，夹云母红褐陶，器内、外壁通体呈黄褐色，腹中部微发黑。侈口，圆唇，折沿，沿面内凹成槽，内沿呈凸棱状，斜直腹。器表施竖向粗绳纹，局部纹饰因磨光不清晰。口径31.88、沿宽3.12、残高19.04厘米（图九四，2）。标本W55∶2，夹云母红褐陶，器内、外壁通体皆呈红褐色，腹中部局部发黑。侈口，圆唇，折沿，沿面内凹，内沿呈凸棱状，斜直腹，腹下部斜弧收，腹底分界不明显，圜底。器形较规整。器表通体施竖向绳纹，腹下部纹样近方格状，底部施交

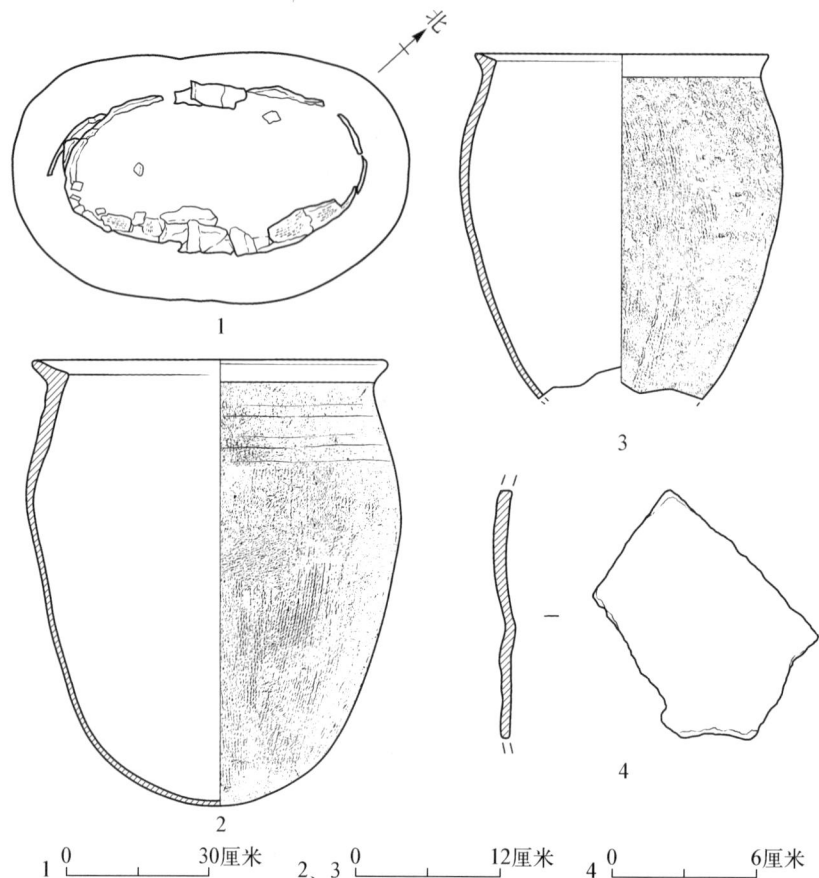

1　0　　　　　　30厘米　　2、3　0　　　　　12厘米　　4　0　　　　6厘米

图九三　W54平面图及葬具

1. W54平面图　2、3.陶釜（W54：1、W54：2）　4.陶片（W54：3）

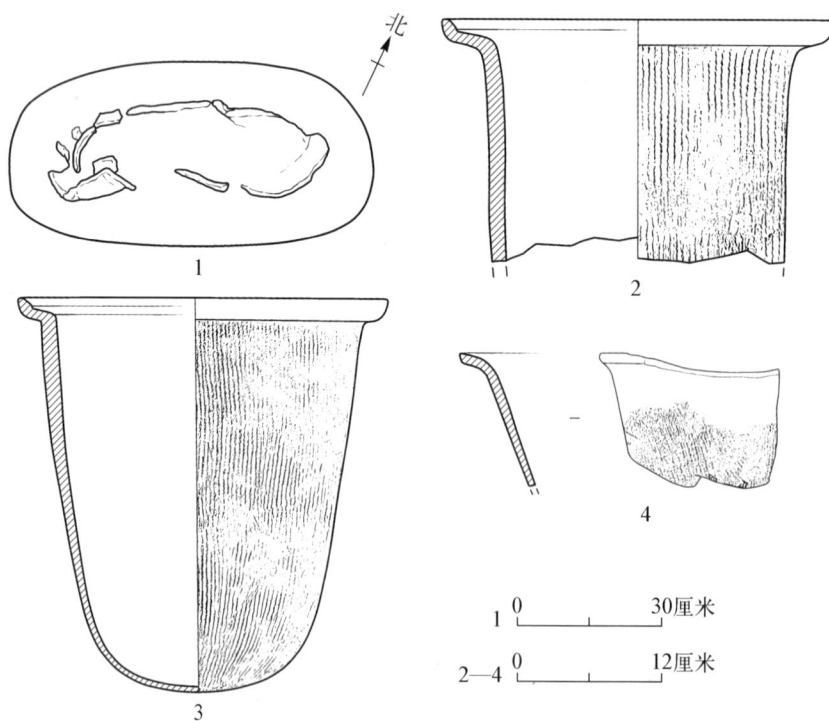

1　0　　　　　　30厘米

2—4　0　　　　　12厘米

图九四　W55平面图及葬具

1. W55平面图　2、3.陶釜（W55：1、W55：2）　4.陶盆（W55：3）

错绳纹,局部磨光不清。口径30.4、沿宽1.92、高31.32厘米(图九四,3;图版二八,4)。

陶盆　1件。标本W55:3,泥质灰陶。敞口,方唇,宽折沿,沿面有棱状凸起。器内、外壁皆较光滑。器表纹饰因磨光不清晰,隐约可见斜向绳纹。残高10.8厘米(图九四,4)。

W56　位于Ⅲ区T26东北角。开口于第②层下。椭圆形土坑竖穴墓,西南—东北向,北偏东约30°。墓圹遭后期破坏,墓壁较直,墓底较平整。墓内填土为灰黄土。墓葬南北长0.86、东西宽0.52、残深约0.14米(图九五,1)。葬具为陶釜2件(图九五,2、3),另有陶片2件(图九五,4、5),自北向南为釜(W56:1)口部与釜(W56:2)口部对接,陶片(W56:3)用于封堵釜(W56:1)的底部,陶片(W56:4)用于封堵釜的(W56:2)底部。

陶釜　2件。标本W56:1,夹云母红褐陶,器内、外壁通体呈红褐色,局部有黑色斑驳。敛口,圆唇,窄折沿,沿面微弧,内沿呈凸棱状,腹微鼓。沿下素面,腹中上部局部施竖向绳纹,纹饰因磨光不清晰。口径27.6、沿宽2.6、腹径29.48、残高16.56厘米(图九五,2)。标本W56:2,夹云母红褐陶,器内、外壁通体呈红褐色,微发黑,器外壁局部有黑色斑驳。敛口,圆唇,窄折沿,沿面微弧,内沿呈凸棱状,腹微鼓,弧收,底部缺失。器形不甚规整,腹中部凹凸不平。沿下施弦纹,腹中部至腹下部施竖向绳纹,纹饰因磨光不清晰。口径28.4、沿宽2.6、腹径30.2、残高29.2厘米(图九五,3;图版二八,5)。

陶片　2件。标本W56:3,泥质灰陶,内壁呈灰褐色,外壁呈黄褐色。器表隐约可见竖向绳纹,纹饰因磨光不清晰。残高9.6厘米(图九五,4)。标本W56:4,泥质灰陶,偏灰褐色。素面,器

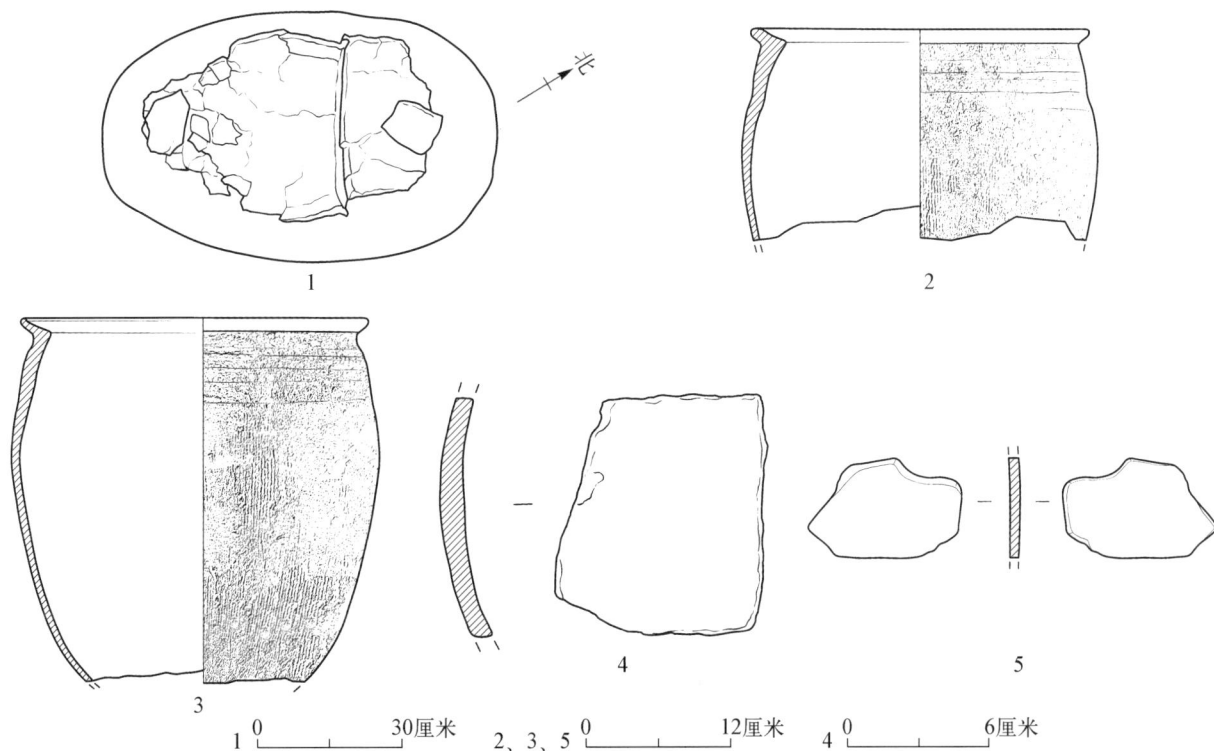

图九五　W56平面图及葬具

1. W56平面图　2、3. 陶釜(W56:1、W56:2)　4、5. 陶片(W56:3、W56:4)

内、外壁皆光滑。残高8.1厘米(图九五,5)。

　　W57 位于Ⅲ区T27东南角。开口于第②层下。圆角长方形土坑竖穴墓,西南—东北向,北偏东约40°。墓圹遭后期破坏,墓壁较直,墓底较平整。墓葬南北长0.94、东西宽0.42、残深约0.19米(图九六,1)。葬具为陶釜2件(图九六,2、3),自北向南为釜(W57:1)口部与釜(W57:2)口部对接。

　　陶釜 2件。标本W57:1,夹云母红褐陶,器内壁通体呈黄褐色,器外壁腹上部红褐色偏黄,腹中上部至腹下部微发黑,局部呈黄褐色。侈口,圆唇,宽折沿,沿面内凹成槽,内沿呈凸棱状,斜直腹,底部缺失。器形不甚规整,腹上部凹凸不平,内壁较光滑,外壁较粗糙。器表通体施竖向粗绳纹,局部纹饰因磨光不清晰。口径29.6、沿宽2.24、残高25.92厘米(图九六,2;图版二八,6)。标本W57:2,夹云母红褐陶,器内壁腹上部至腹中部呈红褐色,局部微发黑,腹下部至近底部以红褐色为主,局部有黑色斑驳,底部红褐色,外壁腹上部至腹中部发黑,局部呈红褐色,腹下部至底部发黑,有红褐色斑驳。侈口,方唇,宽折沿,沿面内凹,内沿呈凸棱状,斜直腹,腹下部斜弧收,腹底分界不明显,圜底。器形较规整,内壁较光滑,外壁较粗糙。器表通体施绳纹,腹上部施竖向绳纹,零星可见拍印纹,腹中部至近底部施横向绳纹,局部磨光不清,底部施横向绳纹。口径31.6、沿宽2.8、高30.88厘米(图九六,3;图版二九,1)。

　　W58 位于Ⅲ区T38南部偏东。开口于第②层下。土坑竖穴墓,南北向。墓圹后期遭破坏,墓底较平整。墓内填土为灰褐土,土质较软。墓葬南北长0.9、东西宽约0.5、深0.2米(图九七,

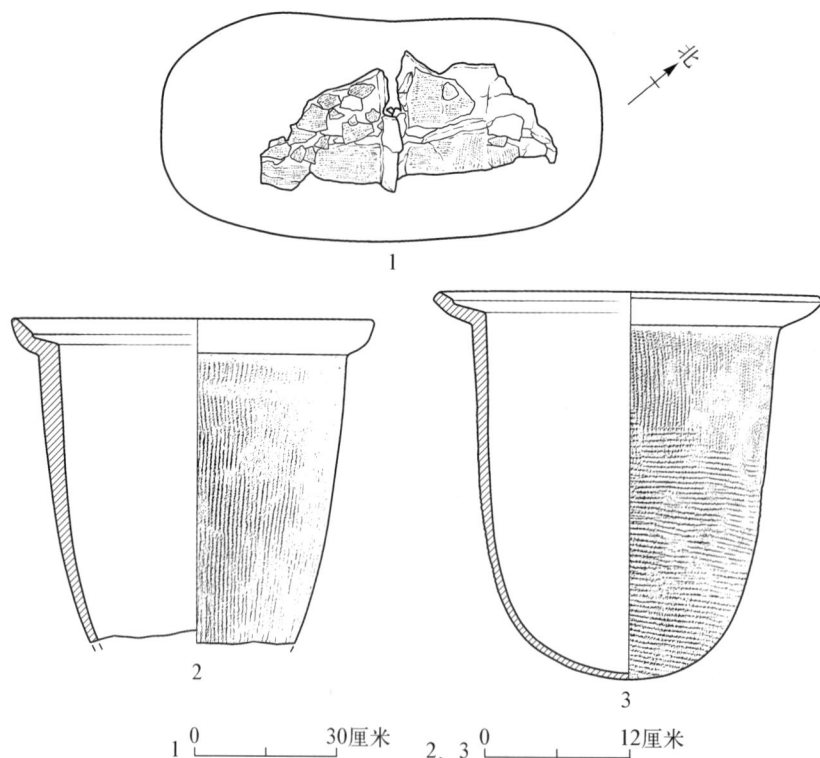

图九六　W57平面图及葬具

1. W57平面图　2、3.陶釜(W57:1、W57:2)

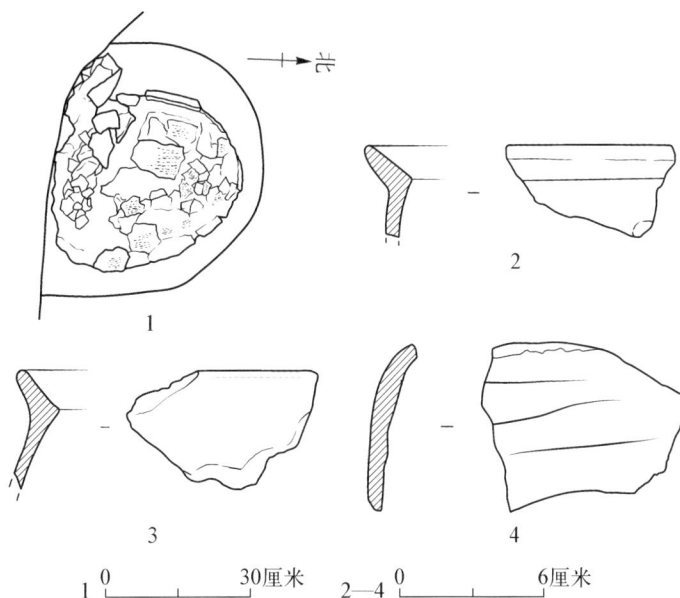

图九七 W58平面图及葬具

1. W58平面图 2、3.陶釜(W58：1、W58：2) 4.陶盆(W58：3)

1)。葬具为陶釜2件、陶盆1件(图九七,2—4),因W58破损严重,盆(W58：3)与釜(W58：2)具体组合方式不明,仅可知自北向南由釜(W58：1)—釜(W58：2)—盆(W58：3)组合而成,其中釜(W58：1)口部与釜(W58：2)口部对接。

陶釜 2件。标本W58：1,夹云母红褐陶,内、外壁皆呈橘红色。圆唇,窄折沿,沿面略弧,内沿呈凸棱状。内、外壁较光滑。素面。残高3.8厘米(图九七,2)。标本W58：2,夹云母红褐陶,内、外壁皆呈红褐色。圆唇,折沿,沿面斜平,内沿呈凸棱状。内、外壁皆较光滑。素面。残高4.8厘米(图九七,3)。

陶盆 1件。标本W58：3,泥质灰陶。仅余口沿残片,口沿下施瓦楞纹,内、外壁光滑。残高6.7厘米(图九七,4)。

W59 位于Ⅲ区T38东部。开口于第②层下,打破生土层。椭圆形土坑竖穴墓,西南—东北向,北偏东约57°。墓圹被扰沟破坏,墓底较平整。墓内填土为灰黄土,土质较软。墓葬南北长0.87、东西宽0.54、残深0.12米(图九八,1)。葬具为陶釜2件、陶盆1件(图九八,2—4),自北向南由釜(W59：1)—釜(W59：2)—盆(W59：3)组合而成,其中釜(W59：1)口部套接于釜(W59：2)底部,釜(W59：2)口部与盆(W59：3)口部对接。

陶釜 2件。标本W59：1,夹云母红褐陶。侈口,圆唇,宽折沿,沿面内凹成槽,内沿呈凸棱状,斜直腹。内、外壁皆较粗糙。器表局部隐约可见竖向绳纹,纹饰因磨光不清晰。口径31.72、沿宽1.76、残高19.36厘米(图九八,2)。标本W59：2,夹云母红褐陶,器内、外壁皆呈红褐色,略偏黄,器外壁腹下部微发黑。侈口,圆唇,宽折沿,沿面内凹成槽,内沿呈凸棱状,斜直腹。器表施竖向绳纹,纹饰因磨光不清晰。口径33.6、沿宽1.44、残高28.52厘米(图九八,3)。

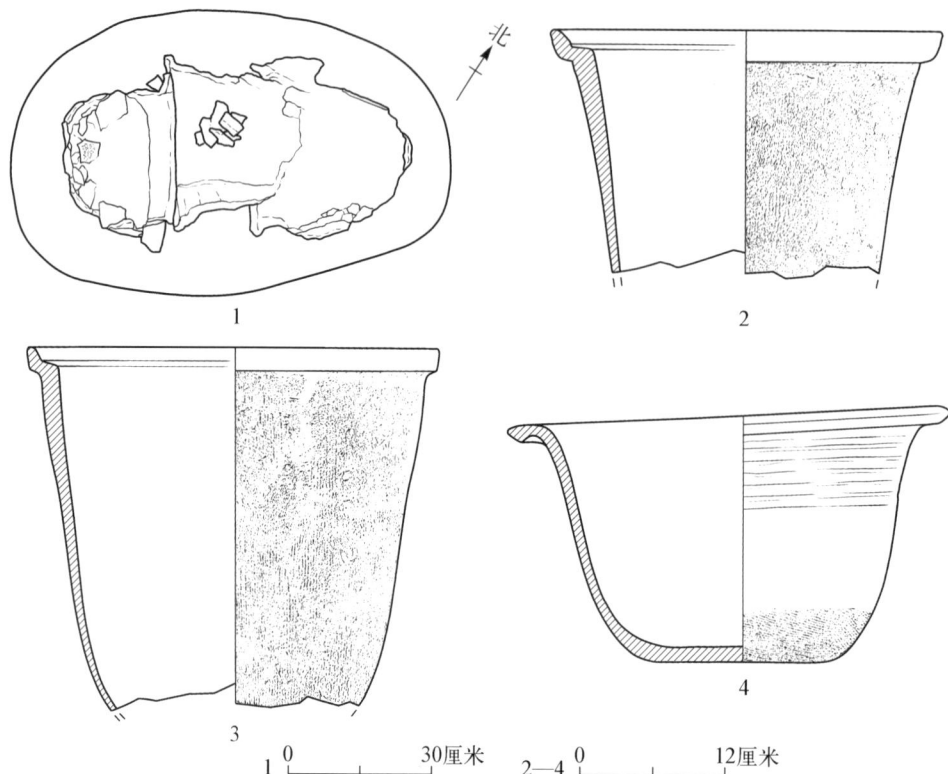

图九八　W59平面图及葬具

1. W59平面图　2、3.陶釜（W59：1、W59：2）　4.陶盆（W59：3）

　　陶盆　1件。标本W59：3，泥质灰陶，器内、外壁皆呈灰色，略偏黄。敞口，方唇，卷沿，微鼓腹，弧收，腹底分界不明显，平底。器形较规整。腹下部施横向细绳纹，底部隐约可见交错绳纹，纹样近方格状，局部磨光不清。口径36.2、底径14.16、高19.6厘米（图九八，4；图版二九，2）。

　　W60　位于Ⅲ区T42南部。开口于第②层下，打破生土层。椭圆形土坑竖穴墓，西南—东北向，北偏东约30°。墓圹被扰沟破坏，墓底较平整。墓葬南北长0.98、东西宽0.45、深0.35米（图九九，1）。葬具为陶罐2件、陶釜1件（图九九，2—4），自北向南由罐（W60：1）—釜（W60：2）—罐（W60：3）组合而成，其中釜（W60：2）口部套接于罐（W60：1）底部，罐（W60：3）口部套接于釜（W60：2）底部。

　　陶罐　2件。标本W60：1，泥质黄褐陶。器表施弦纹与竖向绳纹，呈条带状。残高9厘米（图九九，2）。标本W60：3，泥质灰陶，器内壁通体呈黄褐色，器外壁以灰色为主，肩部及腹部发黑，腹下部黄褐色微发黑。溜肩，弧腹。器表肩部施斜向绳纹、竖向绳纹与弦纹，腹部施横向绳纹与斜向绳纹，腹上部纹饰多呈交错状，局部纹饰因磨光不清晰。残高22.4厘米（图九九，4）。

　　陶釜　1件。标本W60：2，夹云母红褐陶，内、外壁腹上部呈红褐色，腹中部发黑，有红褐色斑驳。侈口，圆唇，宽折沿，沿面内凹成槽，内沿呈凸棱状，斜直腹，斜弧收。内、外壁皆较粗糙。器表施竖向粗绳纹，局部磨光不清。残高28.4厘米（图九九，3）。

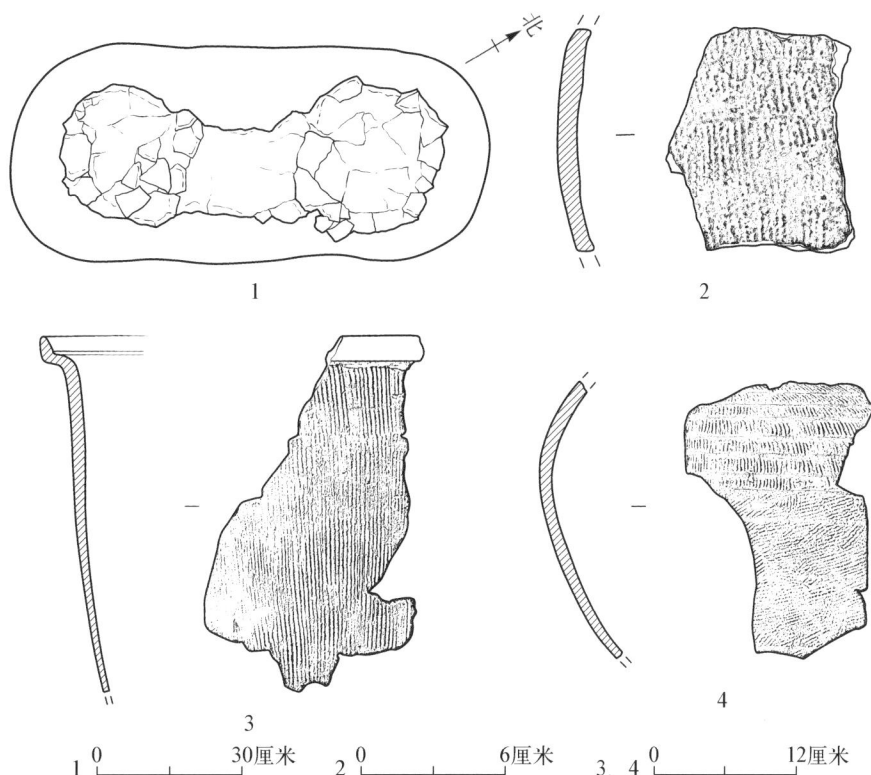

图九九　W60平面图及葬具

1. W60平面图　2、4. 陶罐（W60：1、W60：3）　3. 陶釜（W60：2）

W61　位于Ⅲ区T42北隔梁内。开口于第②层下，打破生土层。椭圆形土坑竖穴墓，南北向，北偏东约10°。墓壁较直，墓底较平整。墓内填土为灰褐土，土质疏松。墓葬南北长1.13、东西宽0.48、深约0.36米（图一〇〇，1）。葬具为陶釜3件（图一〇〇，2—4），自北向南由釜（W61：1）—釜（W61：2）—釜（W61：3）组合而成，其中釜（W61：1）底部与釜（W61：2）口部对接，釜（W61：3）口部套接于釜（W61：2）底部。葬具内有人骨，保存较差，头向北，近口部现零星牙齿，年龄约为7—8岁。

陶釜　3件。标本W61：1，夹云母红褐陶，内壁通体呈红褐色，腹下部红褐色微发黑，器外壁腹上部呈红褐色，腹中上部呈红褐色，微发黄，腹中下部呈黑色，腹下部呈红褐色。侈口，尖圆唇，宽折沿，沿面内凹成槽，内沿呈凸棱状，斜直腹，底部缺失。器表通体施竖向粗绳纹，局部纹饰因磨光不清晰。口径34.64、沿宽2.72、残高28厘米（图一〇〇，2；图版二九，3）。标本W61：2，夹云母红褐陶，内壁以红褐色为主，腹中下部局部发黑，器外壁腹中上部局部红褐色偏黄，腹中下部发黑，腹下部呈红褐色。侈口，圆唇，宽折沿，沿面内凹成槽，内沿呈凸棱状，斜直腹，斜弧收，底部缺失。器内壁较光滑，器外壁较粗糙。器表通体施绳纹，局部磨光不清。口径33.64、沿宽2.28、残高28.64厘米（图一〇〇，3；图版二九，4）。标本W61：3，夹云母红褐陶，内、外壁皆呈红褐色，外壁腹中部有黑色斑驳。侈口，尖圆唇，宽折沿，斜直腹，腹下部弧收。器形不甚规整，器外壁通体部

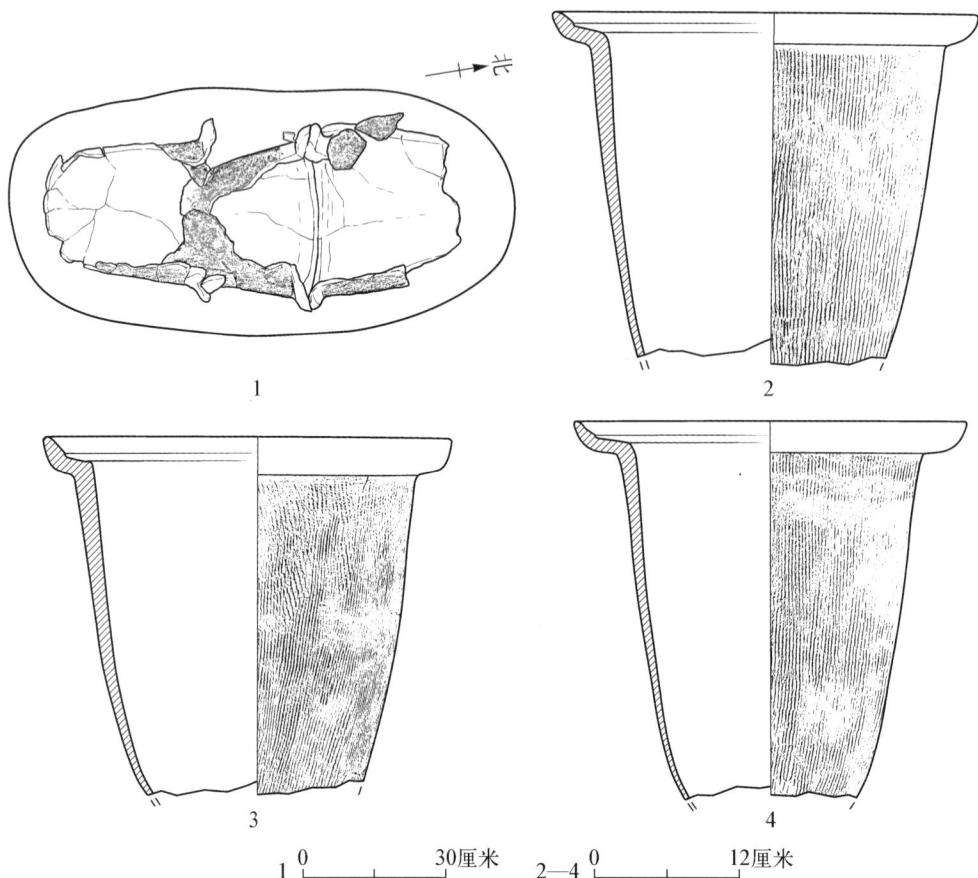

图一〇〇　W61平面图及葬具

1. W61平面图　2—4. 陶釜（W61：1、W61：2、W61：3）

施粗绳纹。口径32.16、沿宽2.88、残高29.76厘米（图一〇〇，4）。

　　W62　位于Ⅲ区T44东北关键柱内。开口于第②层下，打破生土层。椭圆形土坑竖穴墓，西南—东北向，北偏东约20°。墓壁较直，墓底较平整。墓葬南北长0.88、东西宽0.5、深约0.1米（图一〇一，1）。葬具为陶罐1件、陶釜2件（图一〇一，2—4），自北向南由罐（W62：1）—釜（W62：2）—釜（W62：3）组合而成，其中釜（W62：2）底部套接于罐（W62：1）口部，釜（W62：2）口部与釜（W62：3）口部对接。

　　陶罐　1件。标本W62：1，泥质灰陶，器内、外壁皆呈灰色，器外壁上部有黑色斑驳。弧腹，平底。器表腹部施斜向绳纹与横向绳纹，局部纹饰呈交错状，底部施交错绳纹。腹径34.2、底径19.8、残高25.84厘米（图一〇一，2）。

　　陶釜　2件。标本W62：2，夹云母黄褐陶，器内壁呈红褐色，腹中下部局部呈黑色，器外壁通体呈黄褐色。侈口，圆唇，宽折沿，沿面内凹成槽，内沿呈凸棱状，斜直腹，底部缺失。器表通体施竖向粗绳纹，局部纹饰因磨光不清晰。口径30.4、沿宽2.36、残高23厘米（图一〇一，3；图版二九，5）。标本W62：3，夹云母红褐陶。侈口，尖圆唇，宽折沿，沿面内凹成槽，内沿呈凸棱状，斜直腹。

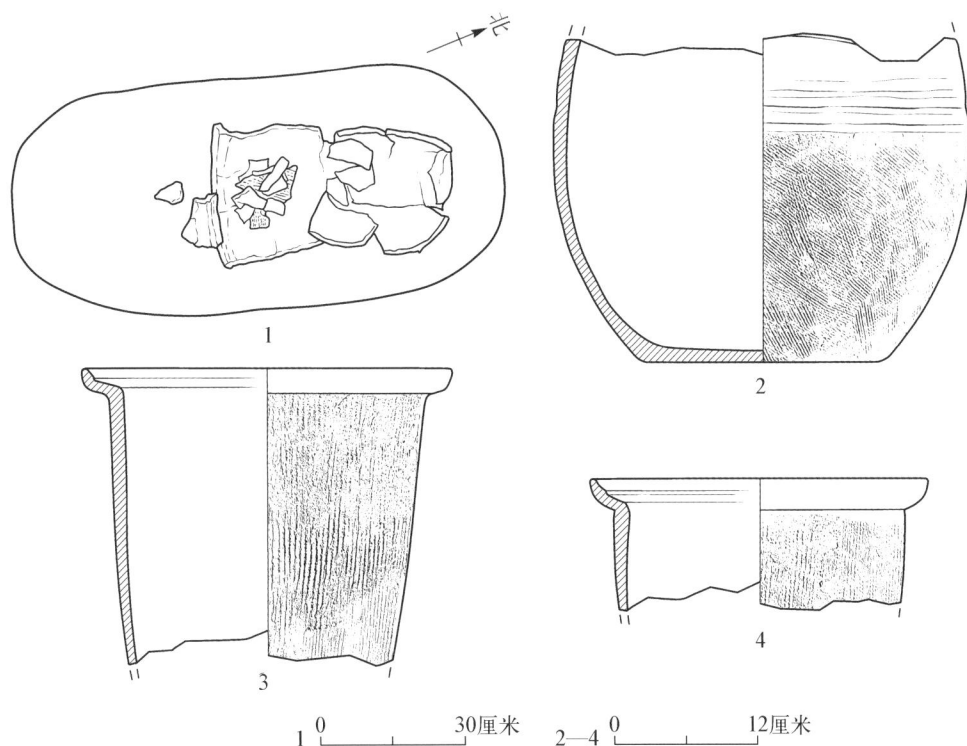

图一〇一　W62平面图及葬具

1. W62平面图　2. 陶罐（W62：1）　3、4. 陶釜（W62：2、W62：3）

器表施竖向绳纹,纹饰因磨光不清晰。口径27.72、沿宽1.84、残高9.92厘米（图一〇一,4）。

　　W63　位于Ⅲ区T48东北部。开口于第②层下。椭圆形土坑竖穴墓,西南—东北向,北偏东约37°。墓圹遭后期破坏,墓壁较直,墓底较平整。墓葬南北长0.8、东西宽0.41、残深0.09米（图一〇二,1）。葬具为陶釜3件（图一〇二,2—4）,自北向南由釜（W63：1）—釜（W63：2）—釜（W63：3）组合而成,其中釜（W63：1）口部与釜（W63：2）口部对接,釜（W63：3）口部套接于釜（W63：2）底部。

　　陶釜　3件。标本W63：1,夹云母红褐陶。敛口,圆唇,窄折沿,腹微鼓。内、外壁皆较粗糙。素面。残高10.4厘米（图一〇二,2）。标本W63：2,夹云母红褐陶。敛口,圆唇,窄折沿。内、外壁皆较光滑。素面。残高3.8厘米（图一〇二,3）。标本W63：3,夹云母红褐陶。敛口,窄折沿。内、外壁皆较光滑。素面。残高6.8厘米（图一〇二,4）。

　　W64　位于Ⅲ区T49北部。开口于第②层下,被W65打破,打破生土层。椭圆形土坑竖穴墓,西南—东北向,北偏东约26°。墓圹后期遭破坏,墓壁较直,墓底较平整。墓葬南北长0.8、东西宽0.54、深约0.18米（图一〇三）。葬具为陶釜1件、陶罐1件（图一〇四,1、2）,自北向南为釜（W64：1）—罐（W64：2）,釜（W64：1）口部套接于罐（W64：2）口部。葬具内有人骨,为婴儿。

　　陶釜　1件。标本W64：1,夹云母红褐陶,器内壁通体呈红褐色,腹下部发黑,外壁腹上部呈红褐色,腹中部局部呈黑色,腹下部呈红褐色。敛口,圆唇,窄折沿,沿面斜平,内沿呈凸棱状,腹

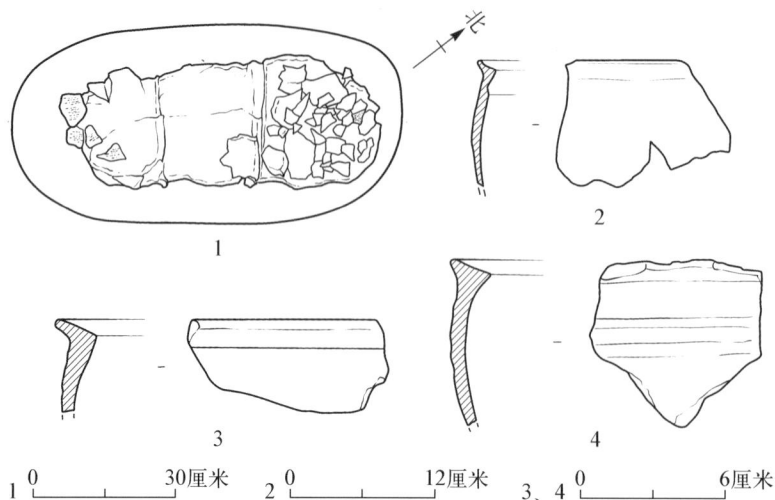

图一〇二　W63平面图及葬具
1. W63平面图　2—4.陶釜(W63：1、W63：2、W63：3)

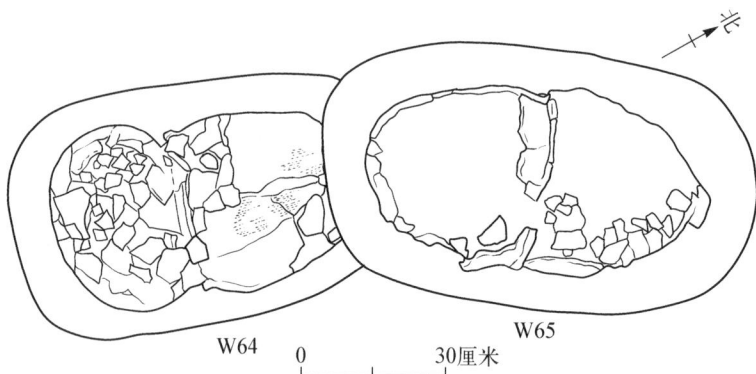

图一〇三　W64、W65平面图

微鼓。器表沿下近腹上部施弦纹,腹中部施竖向绳纹,纹饰因磨光不清晰。口径27.84、沿宽3、腹径30.8、残高19.52厘米(图一〇四,1)。

陶罐　1件。标本W64：2,泥质灰褐陶。直口,方唇,折沿,束颈,鼓肩,弧腹。内、外壁光滑。器外壁腹部施细绳纹,纹饰因磨光不清晰。口径25.86、沿宽3.3、腹径40.02、残高27.24厘米(图一〇四,2;图版二九,6)。

W65　位于Ⅲ区T48北隔梁内。开口于第②层下,打破W64。椭圆形土坑竖穴墓,西南—东北向,北偏东约26°。墓圹后期遭破坏,墓壁较直,墓底较平整。墓内填土为灰褐土,土质较软。墓葬南北长0.86、东西宽0.53、残深0.09米(图一〇三)。葬具为陶釜2件(图一〇四,3、4),另发现陶片2件(图一〇四,5、6),自北向南为釜(W65：1)口部与釜(W65：2)口部对接,陶片分别封堵W65北端底部、W65南端底部。葬具釜(W65：1)内有人骨痕迹,推测为婴儿。

陶釜　2件。标本W65：1,夹云母红褐陶,器内壁通体呈红褐色,腹下部局部发黑,外壁腹上部呈红褐色,腹中部至腹下部呈黑色,有红褐色斑驳。敛口,腹微鼓,弧收。器表腹上部素面,

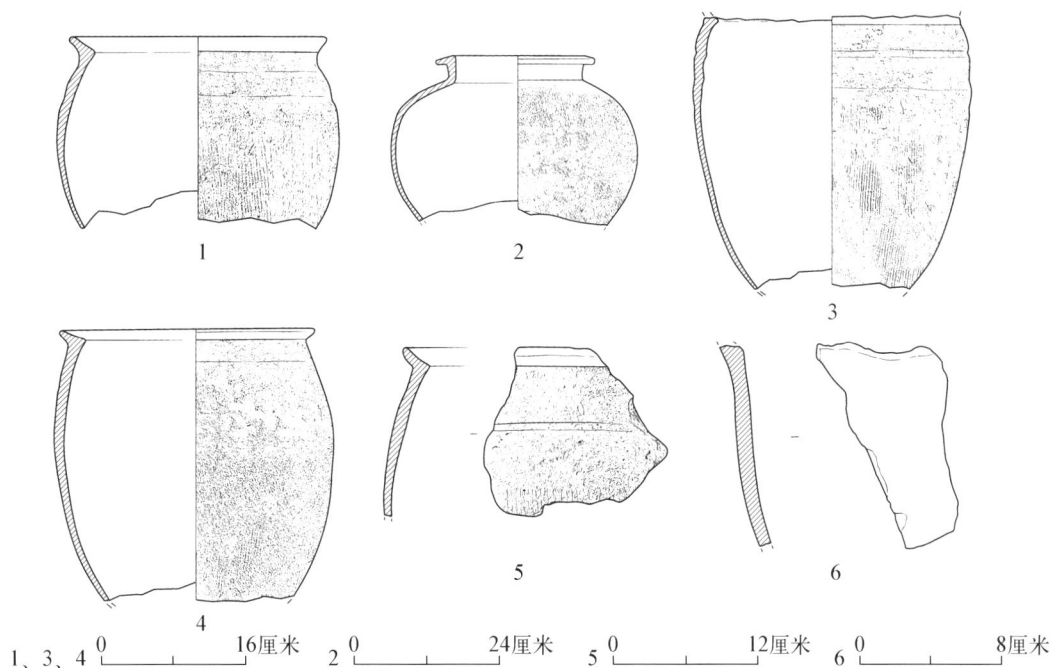

图一〇四 W64、W65葬具

1、3、4.陶釜（W64：1、W65：1、W65：2） 2.陶罐（W64：2） 5、6.陶片（W65北端、W65南端）

腹中部至腹下部施竖向绳纹，纹饰因磨光不清晰。腹径30.84、残高28.48厘米（图一〇四，3）。标本W65：2，夹云母黄褐陶，胎芯红褐色，器内壁通体呈红褐色，局部微发黑，外壁腹中上部呈黄褐色，腹中下部发黑，腹下部呈黄褐色。敛口，圆唇，窄折沿，沿面微弧，内沿呈凸棱状，微鼓腹，最大径在腹上部，弧收，底部缺失。器形较规整。器表腹上部素面，腹中下部施竖向绳纹，纹饰因磨光不清晰。口径27.68、沿宽2.8、腹径30.52、残高28.84厘米（图一〇四，4；图版三〇，1）。

　　陶片 2件。标本W65北端，夹云母红褐陶，器内、外壁皆呈橘红色。敛口，圆唇，窄折沿，沿面微弧，内沿呈凸棱状，腹微鼓。器表局部可见竖向绳纹，纹饰因磨光不清晰。残高13.5厘米（图一〇四，5）。标本W65南端，夹云母红褐陶。内壁较光滑，基本为素面，纹饰因磨光不清晰。残高11厘米（图一〇四，6）。

　　W66 位于Ⅲ区T49东南部。开口于第②层下，打破生土层。不规则椭圆形土坑竖穴墓，西南—东北向，北偏东约45°。墓圹遭后期破坏，墓壁较直，墓底较平整。墓葬南北长1.07、东西宽0.55、深0.22米（图一〇五，1）。葬具为陶釜3件（图一〇五，2—4），自北向南由釜（W66：1）—釜（W66：2）—釜（W66：3）组合而成，其中釜（W66：1）口部与釜（W66：2）口部对接，釜（W66：3）口部套接于釜（W66：2）底部。

　　陶釜 3件。标本W66：1，夹云母红褐陶，内、外壁呈红褐色，局部微发黑。敛口，圆唇，窄折沿，沿面微弧，内沿呈凸棱状，腹微鼓。口沿下施弦纹，中上部隐约可见竖向绳纹，纹饰因磨光不清晰。口径28.04、沿宽3.04、腹径29.76、残高13.92厘米（图一〇五，2）。标本W66：2，夹云母黄褐陶，器内壁呈黄褐色，局部发黑，外壁通体呈黑色，有黄褐色斑驳。敛口，圆唇，窄折

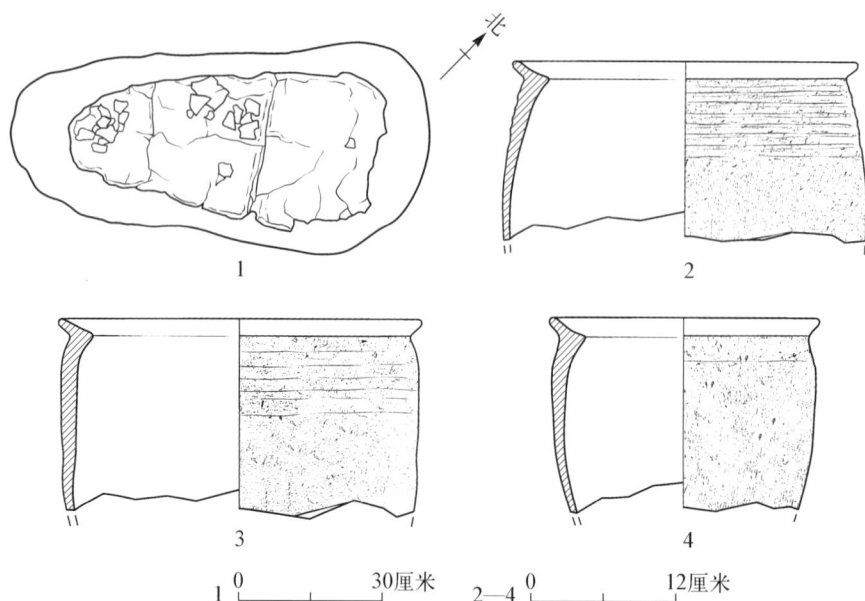

图一〇五　W66平面图及葬具

1. W66平面图　2—4.陶釜（W66：1、W66：2、W66：3）

沿，沿面微弧，内沿呈凸棱状，腹微鼓。口沿下近腹上部施弦纹，腹中部施竖向细绳纹，纹饰因磨光不清晰。口径29.6、沿宽2.96、残高15.36厘米（图一〇五，3）。标本W66：3，夹云母红褐陶，内壁腹上部呈红褐色，腹中上部呈灰色，外壁腹上部呈红褐色，有黑色斑驳。敛口，圆唇，窄折沿，沿面内弧，内沿呈凸棱状，腹微鼓。内、外壁较光滑。器表纹饰因磨光不清晰。口径21.76、沿宽3.04、残高15.2厘米（图一〇五，4）。

W67　位于Ⅲ区T49南部偏西。开口于第②层下，打破第③层。椭圆形土坑竖穴墓，西南—东北向，北偏东约35°。墓圹后期遭破坏，墓壁较直，墓底较平整。墓内填土为灰褐土，土质疏松。墓葬南北长0.9、东西宽0.5、深0.15米（图一〇六，1）。葬具为陶盆1件、陶釜2件（图一〇六，2—4），自北向南由盆（W67：1）—釜（W67：2）—釜（W67：3）组合而成，其中盆（W67：1）口部套接于釜（W67：2）底部，釜（W67：2）口部套接于釜（W67：3）口部。葬具内有人骨痕迹，推测为婴儿。

陶盆　1件。标本W67：1，泥质灰陶，内、外壁呈灰色，外壁腹中部发黑。斜直腹，平底。器表腹部素面，近底部施横向绳纹与斜向绳纹，纹饰因磨光不清晰，底部施交错绳纹，纹饰因磨光不清晰。底径13.52、残高17.6厘米（图一〇六，2）。

陶釜　2件。标本W67：2，夹云母红褐陶。敛口，圆唇，折沿，沿面斜平，内沿呈凸棱状，腹微鼓。内、外壁较粗糙，器表纹饰因磨光不清晰。口径31.76、沿宽2.96、残高10.52厘米（图一〇六，3）。标本W67：3，夹云母红褐陶，内壁红褐色，局部呈黄褐色，外壁红褐色，腹中上部局部发黑。敛口，圆唇，窄折沿，沿面略弧，内沿呈凸棱状，腹微鼓。内、外壁较粗糙。器表腹上部素面，腹中部施竖向绳纹，纹饰因磨光不清晰。口径29.6、沿宽2.56、残高18.2厘米（图一〇七，4）。

W68　位于Ⅲ区T49东部偏南。开口于第②层下，打破第③层。椭圆形土坑竖穴墓，西南—东北向，北偏东约40°。墓圹后期遭破坏，墓壁较直，墓底较平整。墓葬南北长0.95、东西宽0.55、

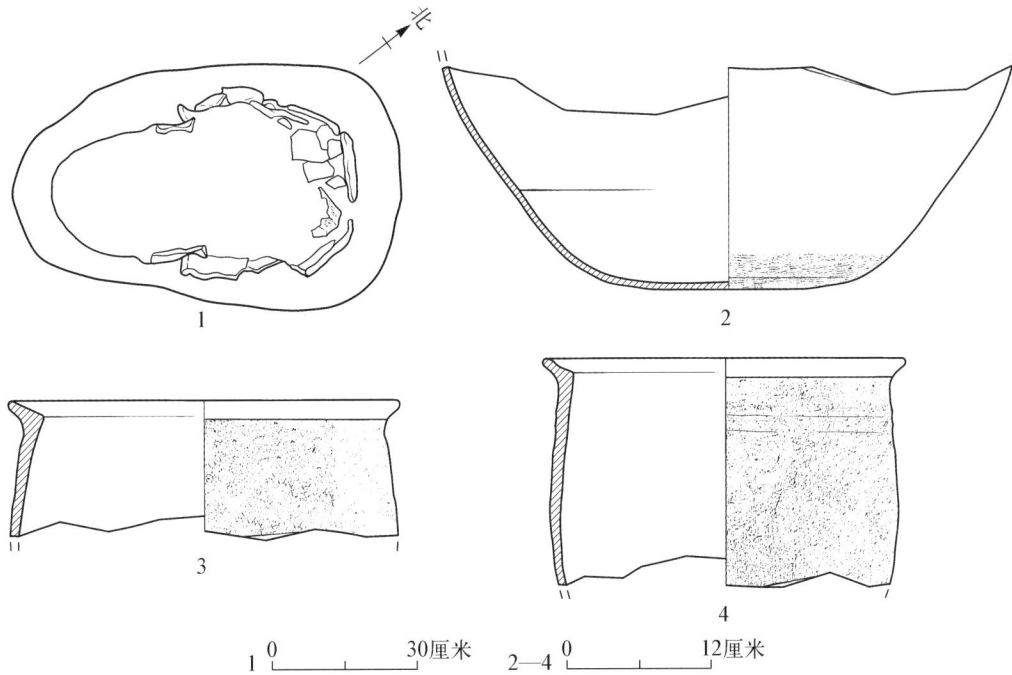

1 0 ____ 30厘米   2—4 0 ____ 12厘米

图一〇六　W67平面图及葬具

1.W67平面图　2.陶盆（W67：1）　3、4.陶釜（W67：2、W67：3）

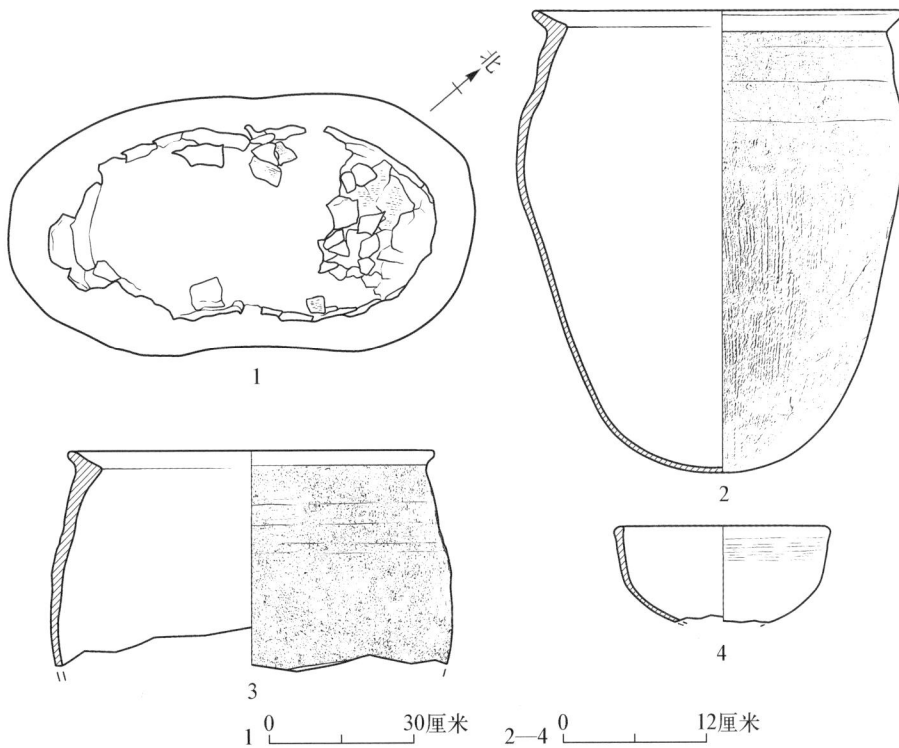

1 0 ____ 30厘米   2—4 0 ____ 12厘米

图一〇七　W68平面图及葬具

1.W68平面图　2、3.陶釜（W68：1、W68：2）　4.陶钵（W68：3）

深0.2米(图一〇七,1)。葬具为陶釜2件、陶钵1件(图一〇七,2—4),自北向南由釜(W68:1)—釜(W68:2)—钵(W68:3)组合而成,其中釜(W68:1)口部与釜(W68:2)口部对接,钵(W68:3)口部套接于釜(W68:2)底部。

陶釜　2件。标本W68:1,夹云母红褐陶,内、外壁通体呈红褐色,腹中部局部呈黑色。敛口,圆唇,窄折沿,沿面微弧,内沿呈凸棱状,腹微鼓,最大径在腹上部,腹下部斜弧收,腹底分界不明显。器形不甚规整,腹下部凹凸不平,内、外壁较光滑。口沿下施弦纹,腹中部至近底部施竖向绳纹,局部纹饰因磨光不清晰。口径30.2、沿宽2.96、腹径31.84、高36.72厘米(图一〇七,2;图版三〇,2)。标本W68:2,夹云母红褐陶。敛口,圆唇,窄折沿,沿面微弧,内沿呈凸棱状,腹微鼓。内壁较粗糙,外壁较光滑。口沿下施弦纹,腹中部施竖向绳纹,纹饰因磨光不清晰。口径29.84、沿宽2.76、腹径32.84、残高17.08厘米(图一〇七,3)。

陶钵　1件。标本W68:3,泥质灰陶,内、外壁呈灰色,有黄褐色斑驳。直口,方唇,折腹,腹下部弧收。内、外壁光滑。器表腹上部施弦纹。口径17.44、残高7.6厘米(图一〇七,4)。

W69　位于Ⅲ区T49东北部。开口于第②层下,被W70打破,打破生土层。椭圆形土坑竖穴墓,南北向。墓圹遭后期破坏,墓壁较直,墓底较平整。墓内填土为灰黄土。墓葬南北长1.05、东西宽0.55、深0.1米(图一〇八)。葬具为陶釜3件(图一〇九,1—3),自北向南由釜(W69:1)—釜(W69:2)—釜(W69:3)组合而成,其中釜(W69:1)口部与釜(W69:2)口部对接,釜(W69:3)口部套接于釜(W69:2)底部。

陶釜　3件。标本W69:1,夹云母红褐陶,器内壁腹上部呈红褐色,腹中部至腹下部呈红褐色,微发黑,器外壁腹上部呈红褐色,腹中部呈黑色,局部呈红褐色,腹下部呈红褐色,局部发黑。敛口,圆唇,折沿,沿面斜平,内沿呈凸棱状,斜弧腹,弧收。口沿下施弦纹,腹中部至腹下部施竖向绳纹,纹饰因磨光不清晰。口径27.76、沿宽2.4、残高29.08厘米(图一〇九,1)。标本W69:2,夹云母红褐陶,内、外壁呈红褐色,外壁腹中部局部微发黑。敛口,圆唇,折沿,沿面微弧,内沿呈凸棱状,腹微鼓。口沿下施弦纹,腹下部施竖向绳纹,纹饰因磨光不清晰。口径27.8、沿宽3.16、残高23.88厘米(图一〇九,2)。标本W69:3,夹云母红褐陶。器内、外壁皆较粗糙。素面。残高5.6厘米(图一〇九,3)。

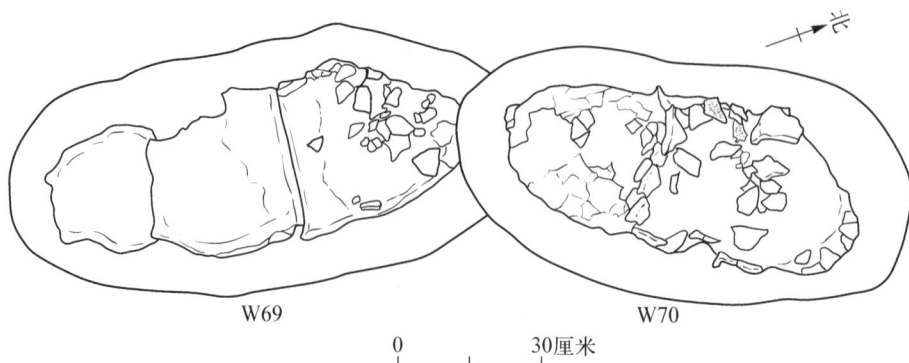

图一〇八　W69、W70平面图

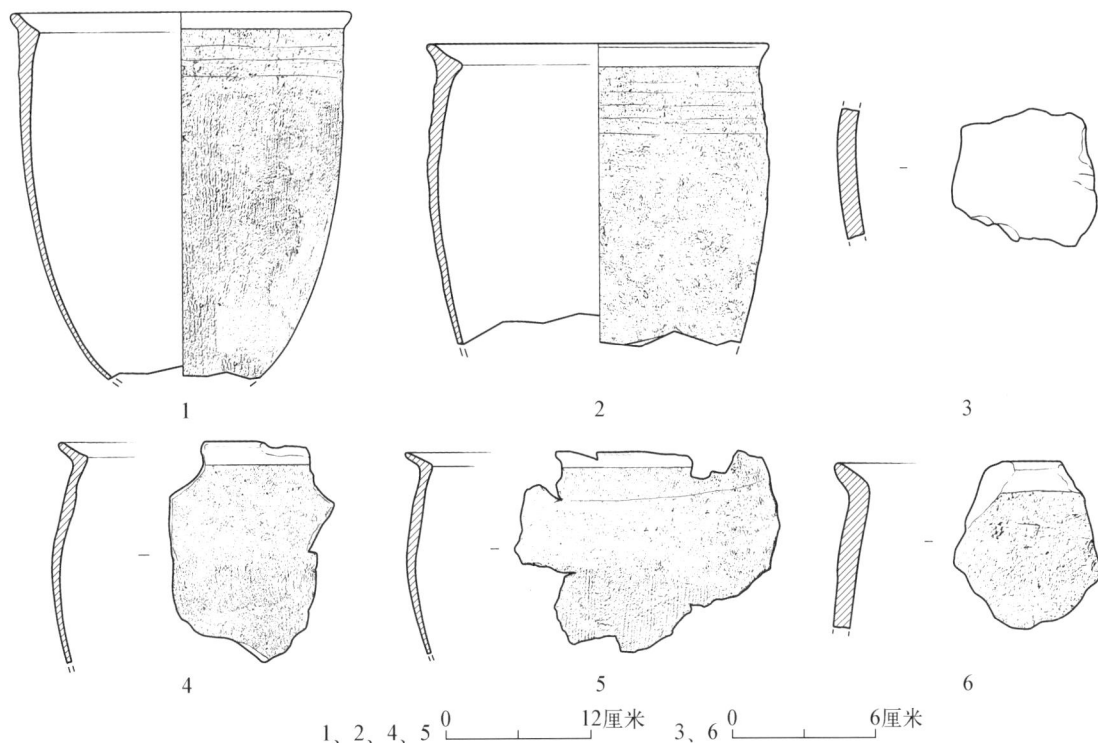

图一〇九 W69、W70葬具

1—6.陶釜（W69：1、W69：2、W69：3、W70：1、W70：2、W70：3）

W70 位于Ⅲ区T49东北关键柱内。开口于第②层下，打破W69。椭圆形土坑竖穴墓，南北向，北偏东约15°。墓圹后期遭破坏，墓壁较直，墓底较平整。墓葬南北长0.9、东西宽0.5、深0.34米（图一〇八）。葬具为陶釜3件（图一〇九，4—6），自北向南由釜（W70：1）—釜（W70：2）—釜（W70：3）组合而成，其中釜（W70：1）口部套接于釜（W70：2）底部，釜（W70：2）口部与釜（W70：3）口部对接。

陶釜 3件。标本W70：1，夹云母红褐陶，内壁呈黄褐色偏灰，外壁呈红褐色。敛口，圆唇，窄折沿，沿面微弧，微鼓腹。内、外壁光滑。器表腹上部素面，腹中部隐约可见竖向绳纹，纹饰因磨光不清晰。残高17.6厘米（图一〇九，4）。标本W70：2，夹云母红褐陶，器内壁呈黄褐色，略偏灰，器外壁呈红褐色。敛口，圆唇，窄折沿，微鼓腹。器内、外壁皆较光滑。器表腹上部素面，腹中部局部隐约可见竖向绳纹，纹饰因磨光不清晰。残高16厘米（图一〇九，5）。标本W70：3，夹云母红褐陶。窄折沿。内壁较光滑，外壁较粗糙。素面。残高6.8厘米（图一〇九，6）。

W71 位于Ⅲ区T55北部。开口于第②层下，打破生土层。椭圆形土坑竖穴墓，西南—东北向，北偏东约46°。墓壁较直，墓底较平整。墓葬南北长0.88、东西宽0.41、深0.12米（图一一〇，1）。葬具为陶釜3件（图一一〇，2—4），自北向南由釜（W71：1）—釜（W71：2）—釜（W71：3）组合而成，其中釜（W71：1）口部与釜（W71：2）口部对接，釜（W71：3）口部套接于釜（W71：2）底部。

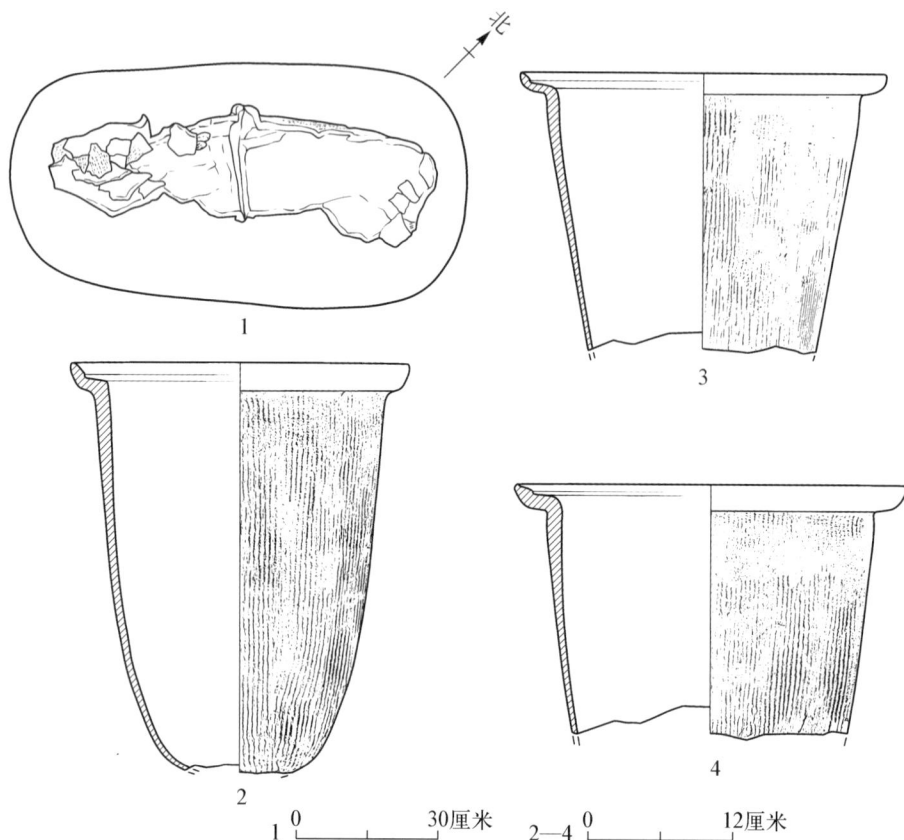

图一一〇 W71平面图及葬具

1. W71平面图 2—4.陶釜（W71∶1、W71∶2、W71∶3）

陶釜　3件。标本W71∶1，夹云母黄褐陶，内、外壁通体呈红褐色，外壁腹中部至近底部微发黑。侈口，圆唇，宽折沿，沿面内凹成槽，内沿呈凸棱状，斜直腹，弧收。器表通体施竖向粗绳纹，腹中部至腹下部局部纹样近方格状。口径27.76、沿宽1.88、残高32.56厘米（图一一〇，2）。标本W71∶2，夹云母红褐陶，内壁呈红褐色，外壁腹上部呈黄褐色，腹中部局部发黑，或呈红褐色。侈口，圆唇，宽折沿，沿面内凹成槽，内沿呈凸棱状，斜直腹。器表通体施竖向粗绳纹，局部纹饰因磨光不清晰，内、外壁皆较光滑。口径29.88、沿宽2.2、残高21.92厘米（图一一〇，3）。标本W71∶3，夹云母黄褐陶，胎芯呈红褐色，内、外壁皆呈黄褐色。侈口，圆唇，宽折沿，沿面内凹，内沿呈凸棱状，斜直腹。器表施竖向粗绳纹，腹上部纹饰因磨光不清晰，内、外壁较光滑。口径31.76、沿宽1.76、残高19.92厘米（图一一〇，4）。

W72　位于T56东南部。开口于第②层下，打破第③层。椭圆形土坑竖穴墓，西南—东北向，北偏东约28°。墓圹后期遭破坏，墓壁较直，墓底较平整。墓内填土为灰黄土。墓葬南北长0.82、东西宽0.44、深0.07米（图一一一，1）。葬具为陶釜2件（图一一一，2、3），自北向南为釜（W72∶1）口部与釜（W72∶2）口部对接而成。

陶釜　2件。标本W72∶1，夹云母红褐陶，器内、外壁通体呈红褐色，器外壁微发黑。侈

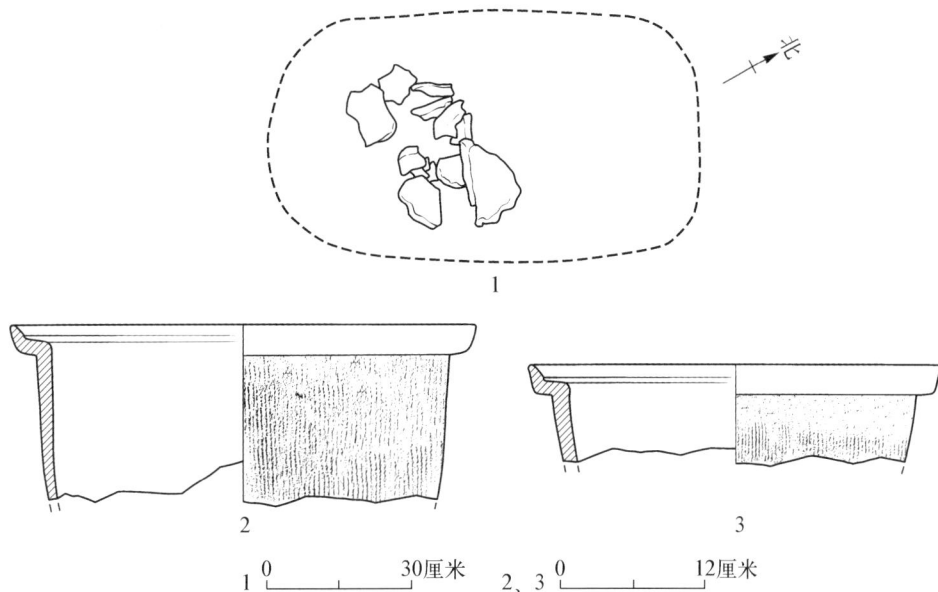

图一一一 W72平面图及葬具

1. W72平面图 2、3. 陶釜（W72：1、W72：2）

口,圆唇,宽折沿,沿面内凹成槽,内沿呈凸棱状,斜直腹。内壁较光滑,外壁较粗糙。器表施竖向绳纹,腹上部纹饰因磨光不清晰。口径38.04、沿宽2.04、残高14.08厘米（图一一一,2）。标本W72：2,夹云母红褐陶,器内、外壁皆呈红褐色,略偏黄。侈口,圆唇,宽折沿,沿面内凹成槽,内沿呈凸棱状。内、外壁较光滑。器表施竖向绳纹,纹饰因磨光不清晰。口径33.84、沿宽1.92、残高7.88厘米（图一一一,3）。

W73 位于Ⅲ区T58东北部。开口于第②层下。椭圆形土坑竖穴墓,西南—东北向,北偏东约50°。墓圹后期遭破坏,墓壁较直,墓底较平整。墓内填土为灰黄土。墓葬南北长0.53、东西宽0.42、残深0.05米（图一一二,1）。葬具为陶釜2件（图一一二,2、3）,自北向南为釜（W73：1）口部与釜（W73：2）口部对接而成。

陶釜 2件。标本W73：1,夹云母红褐陶。侈口,圆唇,宽折沿,沿面内凹,内沿呈凸棱状,斜直腹。内、外壁皆较光滑。器表施竖向绳纹,纹饰因磨光不清晰。口径33.52、沿宽3.56、残高8.88厘米（图一一二,2）。标本W73：2,夹云母红褐陶,内、外壁腹上部呈红褐色,腹中部微发黑。侈口,圆唇,宽折沿,沿面内凹成槽,内沿呈凸棱状,斜直腹。内壁较光滑,外壁较粗糙。器表通体施竖向绳纹,纹饰因磨光不清晰。口径29.84、沿宽1.84、残高18.96厘米（图一一二,3）。

W74 位于Ⅲ区T58东隔梁内。开口于第②层下,打破第③层。椭圆形土坑竖穴墓,西南—东北向,北偏东约55°。墓圹后期遭破坏,墓壁较直,墓底较平整。墓内填土东部为灰黄土,西部为灰褐土,土质较软,包含物有石子、木炭及残骨等。墓葬南北长1.35、东西宽0.8、深0.62米（图一一三,1）。葬具为陶釜2件、陶瓮1件（图一一三,2—4）,自北向南由釜（W74：1）—瓮（W74：2）—釜（W74：3）组合而成,其中釜（W74：1）口部与瓮（W74：2）口部对接,釜（W74：3）

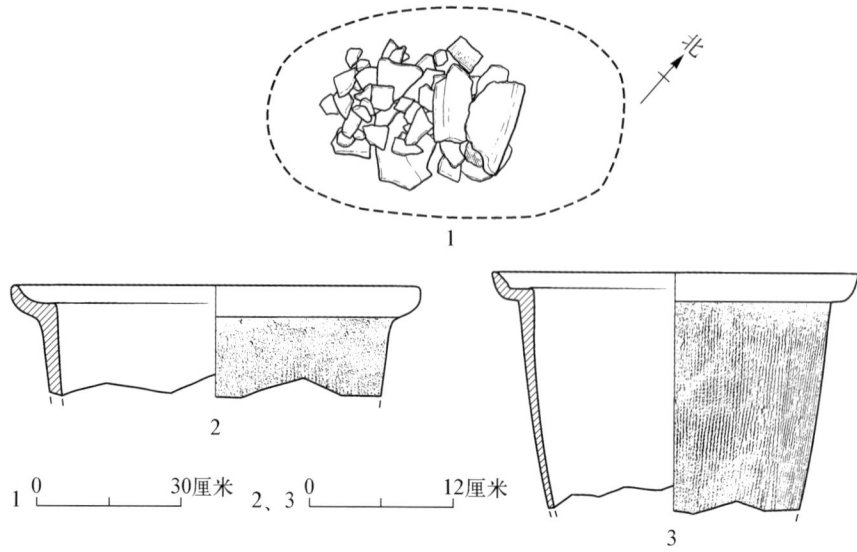

图一一二　W73平面图及葬具

1. W73平面图　2、3.陶釜（W73：1、W73：2）

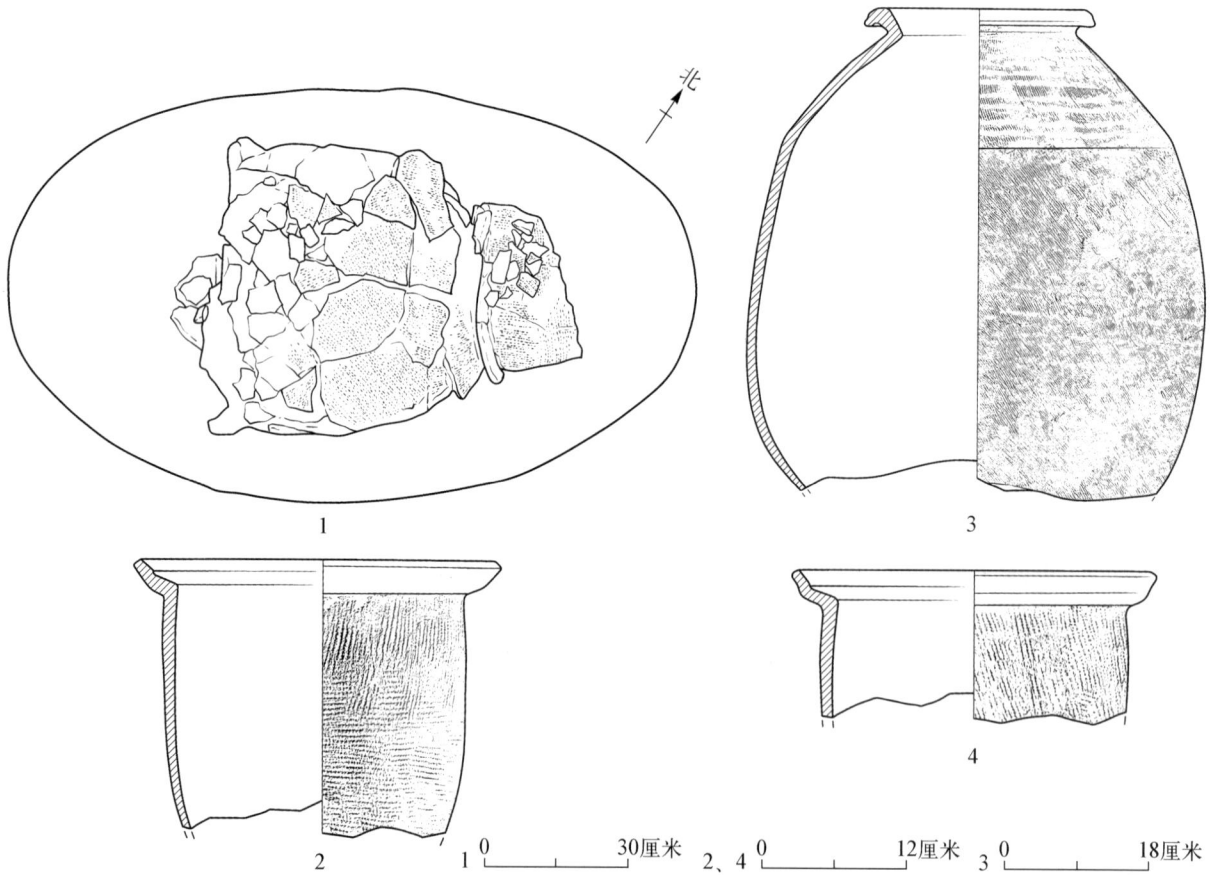

图一一三　W74平面图及葬具

1. W74平面图　2、4.陶釜（W74：1、W74：3）　3.陶瓮（W74：2）

口部套接于瓮（W74：2）底部。葬具内有人骨，头骨位于瓮（W74：2）内，头向西南，推测为婴儿。

陶釜　2件。标本W74：1，夹云母黄褐陶，器内壁通体呈红褐色，有黑色斑驳，器外壁通体呈红褐色，略偏黄，局部发黑。侈口，方唇，宽折沿，沿面内凹成槽，内沿呈凸棱状，斜直腹。内壁较光滑，外壁较粗糙。口沿下施竖向粗绳纹，腹中上部为弦纹与绳纹交错形成的方格状，腹中部施弦纹。口径29.32、沿宽2.28、残高21.84厘米（图一一三，2；图版三〇，3）。标本W74：3，夹云母红褐陶，器内、外壁皆呈红褐色。侈口，方唇，宽折沿，沿面内凹成槽，内沿呈凸棱状，腹上部斜直。内壁较光滑，外壁较粗糙。口沿下施竖向粗绳纹，腹上部局部施竖向绳纹与斜向绳纹。口径28.72、沿宽2.4、残高11.8厘米（图一一三，4）。

陶瓮　1件。标本W74：2，夹云母红褐陶，胎芯含砂，内壁呈红褐色，有黑色斑驳，外壁通体呈黑色，露胎处呈红褐色。敛口，圆唇，卷沿，束颈，鼓肩，深垂腹，最大径在腹中部，底部缺失。器形不甚规整，内、外壁皆较光滑。器表肩部施条带状细绳纹，腹部施斜向细绳纹。口径28.26、腹径55.98、残高58.32厘米（图一一三，3；图版三〇，4）。

W75　位于Ⅲ区T59东部。开口于第②层下，打破第③层。椭圆形土坑竖穴墓，西南—东北向，北偏东约42°。墓圹后期遭破坏，墓壁较直，墓底较平整。墓内填土为灰褐土，土质疏松。墓葬南北长0.95、东西宽0.53、深0.35米（图一一四，1）。葬具为陶釜3件（图一一四，2—4），自北向南由釜（W75：1）—釜（W75：2）—釜（W75：3）组合而成，其中釜（W75：1）口部与釜（W75：2）

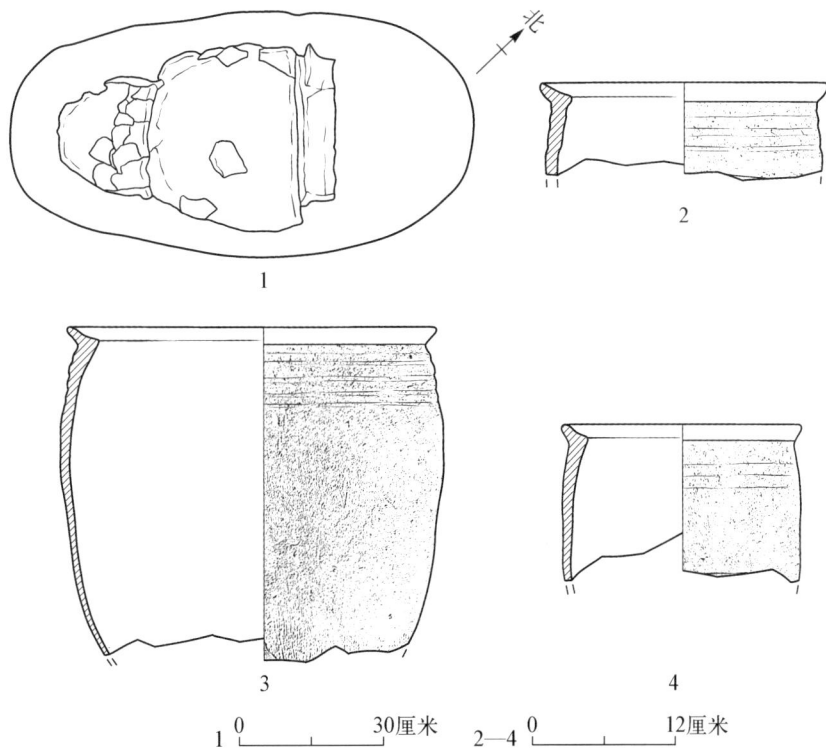

图一一四　W75平面图及葬具

1. W75平面图　2—4. 陶釜（W75：1、W75：2、W75：3）

口部对接,釜(W75:3)口部套接于釜(W75:2)底部。

　　陶釜　3件。标本W75:1,夹云母黄褐陶,器内、外壁皆呈黄褐色,略偏灰。敛口,圆唇,折沿,沿面微弧,内沿呈凸棱状。器内、外壁皆较光滑。器表沿下近腹上部施弦纹。口径23.6、沿宽2.6、残高7.2厘米(图一一四,2)。标本W75:2,夹云母红褐陶,器内壁腹上部呈红褐色,腹中部呈黄褐色,局部发黑,器外壁腹上部呈至腹中部呈红褐色,局部发黑,腹下部呈黑色。敛口,圆唇,折沿,沿面内弧,内沿呈凸棱状,微鼓腹,最大径在腹上部,腹下部斜弧收。器形较规整,器内、外壁皆较光滑。口沿下施弦纹,腹下部施竖向绳纹,纹饰因磨光不清晰。口径29.84、沿宽2.68、腹径31.24、残高26.56厘米(图一一四,3;图版三〇,5)。标本W75:3,夹云母黄褐陶。敛口,圆唇,窄折沿,沿面内弧,内沿呈凸棱状,腹微鼓。口沿下施弦纹,纹饰因磨光不清晰。口径19.72、沿宽2.2、残高11.64厘米(图一一四,4)。

　　W76　位于T59东隔梁内。开口于第②层下,打破第③层。西南—东北向,北偏东约30°。椭圆形土坑竖穴墓,墓圹遭后期破坏,墓壁较直,墓底较平整。墓内填土为灰黄土。墓葬南北长约0.94、东西宽约0.52、残深约0.16米(图一一五,1)。葬具为陶釜2件(图一一五,2、3),自北向南为釜(W76:1)口部与釜(W76:2)口部对接而成。

　　陶釜　2件。标本W76:1,夹云母红褐陶。敛口,圆唇,窄折沿,沿面内弧,内沿呈凸棱状,腹微鼓。内壁较粗糙,外壁较光滑。口沿下施弦纹,腹部纹饰因磨光不清晰。口径29.72、沿宽2.44、

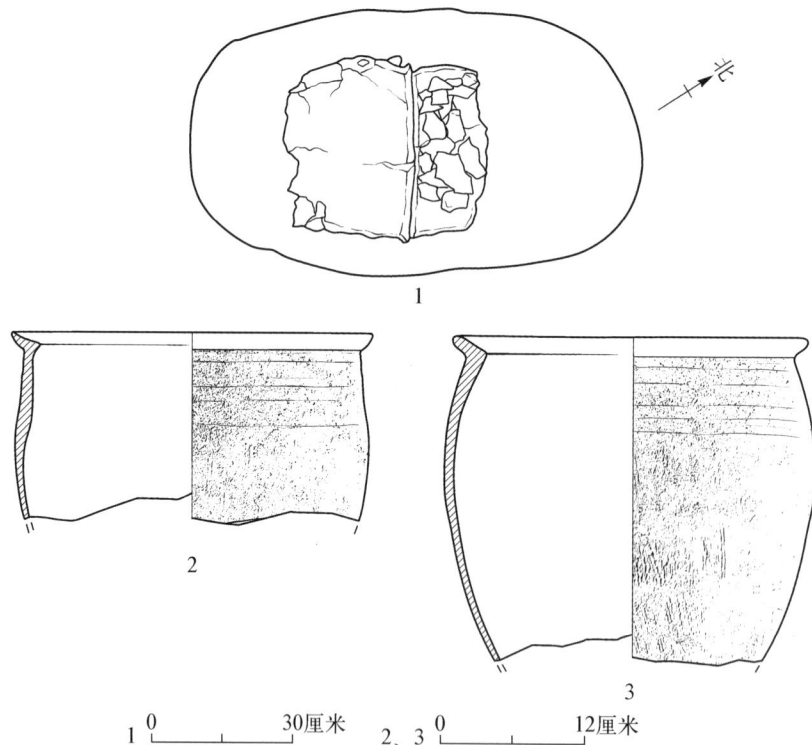

图一一五　W76平面图及葬具

1. W76平面图　2、3.陶釜(W76:1、W76:2)

残高14.88厘米(图一一五,2)。标本W76:2,夹云母红褐陶,器内壁通体呈红褐色,微发黄,外壁腹上部呈红褐色,局部发黑,腹中部发黑,局部呈灰褐色。敛口,圆唇,窄折沿,沿面微弧,内沿呈凸棱状,腹微鼓,最大径在腹上部,底部缺失。器形不甚规整,腹中部凹凸不平,内、外壁较光滑。口沿下施弦纹,腹中部施竖向绳纹,纹饰因磨光不清晰。口径28.6、沿宽2.8、腹径30.32、残高25.6厘米(图一一五,3;图版三〇,6)。

W77 位于Ⅲ区T60西部。开口于第②层下,打破第③层。不规则椭圆形土坑竖穴墓,西南—东北向,北偏东约50°。墓圹后期遭破坏,墓壁较直,墓底较平整。墓葬南北长0.92、东西宽0.44、残深0.09米(图一一六,1)。葬具为陶盆1件、陶釜2件(图一一六,2—4),自北向南由盆(W77:1)—釜(W77:2)—釜(W77:3)组合而成,其中盆(W77:1)口部与釜(W77:2)口部对接,釜(W77:3)口部套接于釜(W77:2)底部。

陶盆 1件。标本W77:1,泥质灰陶。器内、外壁皆光滑。器表施斜向绳纹与竖向绳纹。残高5.6厘米(图一一六,2)。

陶釜 2件。标本W77:2,夹云母红褐陶,内、外壁通体皆呈红褐色,外壁微发黑。圆唇,敛口,窄折沿,沿面微弧,内沿呈凸棱状。素面。口径27.32、沿宽2、残高8.68厘米(图一一六,3)。标本W77:3,夹云母红褐陶,器内壁呈红褐色,略偏黄,有黑色斑驳,器外壁以红褐色为主,有黑色斑驳。敛口,圆唇,窄折沿,沿面微弧,内沿呈凸棱状,微鼓腹。内、外壁较光滑。器表纹饰因磨光不清晰。口径21.68、沿宽2.72、腹径22.44、残高11.2厘米(图一一六,4)。

W78 位于Ⅲ区T60中部。开口于第②层下,打破第③层。椭圆形土坑竖穴墓,西南—东北向,北偏东约42°。墓圹后期遭破坏,墓壁较直,墓底较平整。墓葬南北长0.75、东西宽0.5、深0.13米(图一一七,1)。葬具为陶釜2件(图一一七,3、4),另发现陶盆片1件(图一一七,2),自北向南由釜(W78:1)—釜(W78:2)组合而成,其中釜(W78:1)口部与釜(W78:2)口部对接,盆片(W78:3)用于封堵釜(W78:2)的底部。

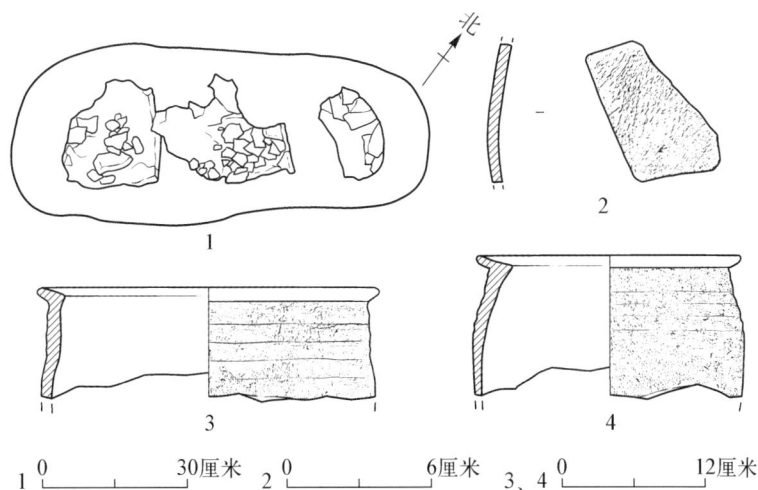

图一一六 W77平面图及葬具

1.W77平面图 2.陶盆(W77:1) 3、4.陶釜(W77:2、W77:3)

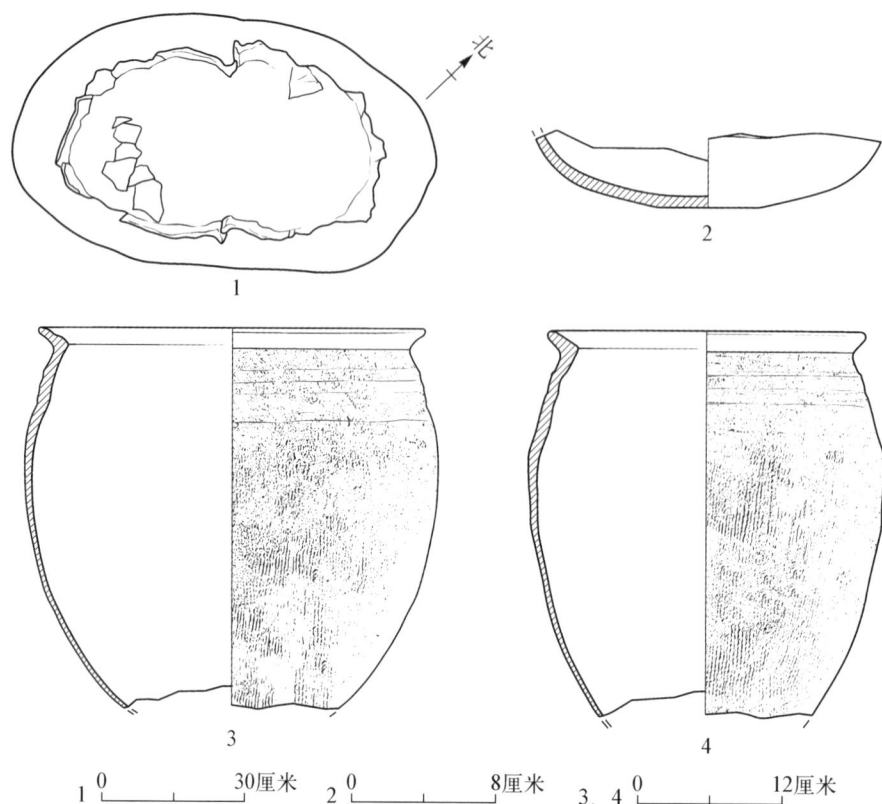

图一一七　W78平面图及葬具
1. W78平面图　2. 陶盆片（W78∶3）　3、4. 陶釜（W78∶1、W78∶2）

　　陶釜　2件。标本W78∶1，夹云母红褐陶，内壁腹上部呈红褐色，腹中部红褐色偏黄，外壁腹上部呈红褐色，腹中部至腹下部发黑，有红褐色斑驳。敛口，圆唇，窄折沿，沿面微内弧，内沿呈凸棱状，微鼓腹，弧收。器内、外壁皆较光滑。口沿下施弦纹，腹中部至腹下部施竖向绳纹，纹饰因磨光不清晰。口径31.88、沿宽2.64、腹径34.08、残高30.08厘米（图一一七，3）。标本W78∶2，夹云母红褐陶，内壁腹上部呈红褐色，微发黄，腹中部至腹下部微发黑，外壁腹上部呈红褐色，略偏黄，腹中下部发黑，腹下部黄褐色。敛口，圆唇，窄折沿，沿面微弧，内沿呈凸棱状，腹微鼓，弧收。内、外壁较光滑。口沿下施弦纹，腹中部至腹下部施竖向绳纹，纹饰因磨光不清晰。口径25.6、沿宽2.68、腹径29、残高30.52厘米（图一一七，4）。

　　陶盆片　1件。标本W78∶3，泥质灰陶。圜底。内、外壁皆光滑。素面。残高4.1厘米（图一一七，2）。

　　W79　位于Ⅲ区T60西北部。开口于第②层下，打破第③层。椭圆形土坑竖穴墓，南北向，北偏东约6°。墓圹后期遭破坏，墓壁较直，墓底较平整。墓葬南北长1、东西宽0.5、深0.12米（图一一八，1）。葬具为陶釜3件（图一一八，2—4），自北向南由釜（W79∶1）—釜（W79∶2）—釜（W79∶3）组合而成，其中釜（W79∶1）口部与釜（W79∶2）口部对接，釜（W79∶3）口部套接于釜（W79∶2）底部。

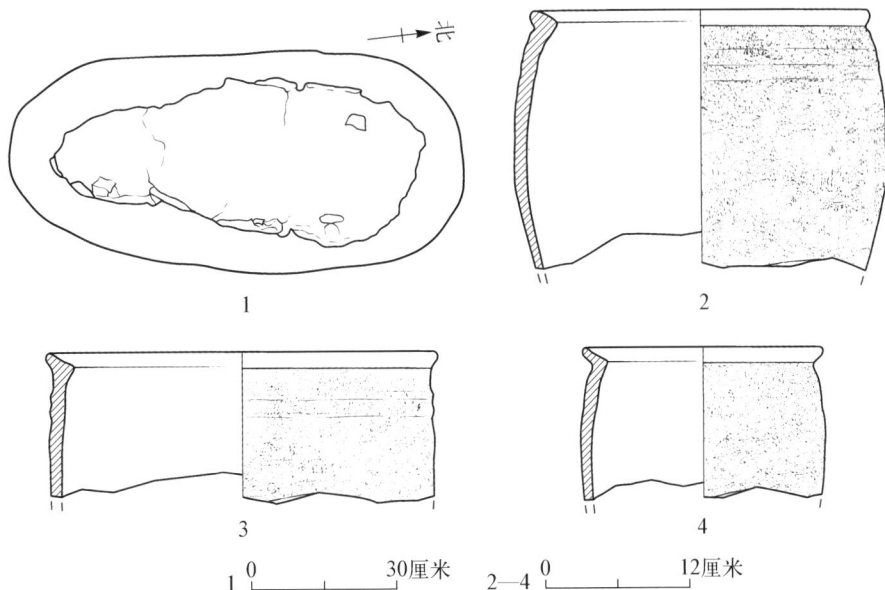

图一一八　W79平面图及葬具

1. W79平面图　2—4. 陶釜（W79：1、W79：2、W79：3）

陶釜　3件。标本W79：1，夹云母红褐陶，内、外壁皆呈红褐色，外壁局部发黑。敛口，窄折沿，沿面微弧，内沿呈凸棱状，微鼓腹。器表纹饰因磨光不清晰，内、外壁皆较光滑。口径27.52、腹径30.8、残高20.08厘米（图一一八，2）。标本W79：2，夹云母红褐陶，内、外壁呈红褐色，外壁有黑色斑驳。圆唇，敛口，折沿，沿面内弧，内沿呈凸棱状。内、外壁皆较光滑。器表纹饰因磨光不清晰。口径31.4、沿宽2.4、残高11.6厘米（图一一八，3）。标本W79：3，夹云母红褐陶。敛口，圆唇，折沿，沿面微弧，内沿呈凸棱状，微鼓腹。内、外壁较光滑。器表纹饰因磨光不清晰。口径19.76、沿宽2.04、残高12.04厘米（图一一八，4）。

W80　位于Ⅲ区T60西北角。层位关系不明。圆角长方形土坑竖穴墓，西南—东北向，北偏东约43°。墓壁较直，墓底较平整。墓葬南北长1.1、东西宽0.51、深0.35米（图一一九，1）。葬具为陶釜3件（图一一九，2—4），自北向南由釜（W80：1）—釜（W80：2）—釜（W80：3）组合而成，其中釜（W80：2）口部套接于釜（W80：1）口部，釜（W80：3）口部套接于釜（W80：2）底部。

陶釜　3件。标本W80：1，夹云母红褐陶，器内、外壁呈红褐色，腹中下部局部呈黑色。敛口，圆唇，窄折沿，沿面微弧，内沿呈凸棱状，微鼓腹，最大径在腹上部，弧收，底部缺失。器形不甚规整，腹部凹凸不平。口沿下施弦纹，腹中部至腹下部施竖向绳纹，纹饰因磨光不清晰，内、外壁皆较光滑。口径30.16、沿宽2.6、腹径31.48、残高30.48厘米（图一一九，3；图版三一，1）。标本W80：2，夹云母红褐陶。敛口，圆唇，窄折沿，沿面微弧，内沿呈凸棱状，微鼓腹。器表纹饰因磨光不清晰，内、外壁较光滑。口径29.48、沿宽2.6、腹径31.32、残高12.24厘米（图一一九，2）。标本W80：3，夹云母红褐陶，内壁通体呈黄褐色，近口部呈红褐色，底部黄褐色微发黑，外壁沿下近腹上部呈红褐色，局部微发黑，腹中上部至腹中下部为黑色，局部呈红褐色，腹下部至近底部呈

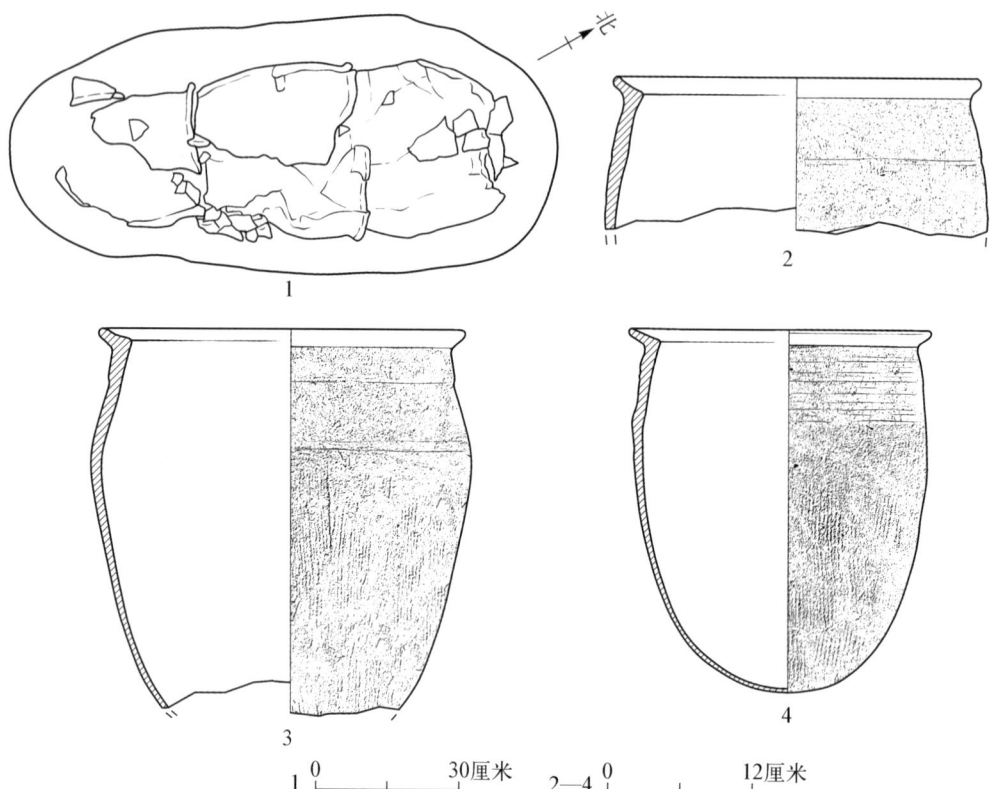

图一一九 W80平面图及葬具

1.W80平面图 2—4.陶釜(W80：2、W80：1、W80：3)

红褐色,微发黑。敛口,圆唇,折沿,沿面微弧,内沿呈凸棱状,微鼓腹,腹下部弧收,腹底分界不明显。器形不甚规整,腹中部凹凸不平,内、外壁皆较光滑。口沿下施弦纹,腹中部至腹下部施竖向绳纹,纹饰因磨光不清晰,绳纹纹样近方格状。口径24.4、沿宽2.64、腹径23.96、高28.76厘米(图一一九,4;图版三一,2)。

W81 位于Ⅲ区T60北隔梁内。开口于第②层下,打破第③层。不规则椭圆形土坑竖穴墓,西南—东北向,北偏东约51°。墓圹后期遭破坏,墓壁较直,墓底较平整。墓葬南北长0.93、东西宽0.5、残深0.12米(图一二○,1)。葬具为陶釜3件(图一二○,2—4),自北向南由釜(W81：1)—釜(W81：2)—釜(W81：3)组合而成,其中釜(W81：1)口部与釜(W81：2)口部对接,釜(W81：3)口部套接于釜(W81：2)底部。

陶釜 3件。标本W81：1,夹云母黄褐陶,内壁红褐色,外壁黄褐色,胎芯红褐色。敛口,圆唇,折沿,沿面微弧,内沿呈凸棱状,腹微鼓。内、外壁较光滑。口沿下施弦纹,腹中部局部可见竖向绳纹,纹饰因磨光不清晰。口径31.76、沿宽2.56、腹径32.72、残高20.12厘米(图一二○,2)。标本W81：2,夹云母红褐陶,器内、外壁通体皆呈红褐色,腹下部微发黑。敛口,圆唇,折沿,沿面斜平,内沿呈凸棱状,微鼓腹,弧收。器形不甚规整,腹中部凹凸不平,口沿下施弦纹,腹中部至腹下部施竖向细绳纹,局部磨光不清,内、外壁较光滑。口径31.72、沿宽2.56、腹径30.92、残高29.68厘

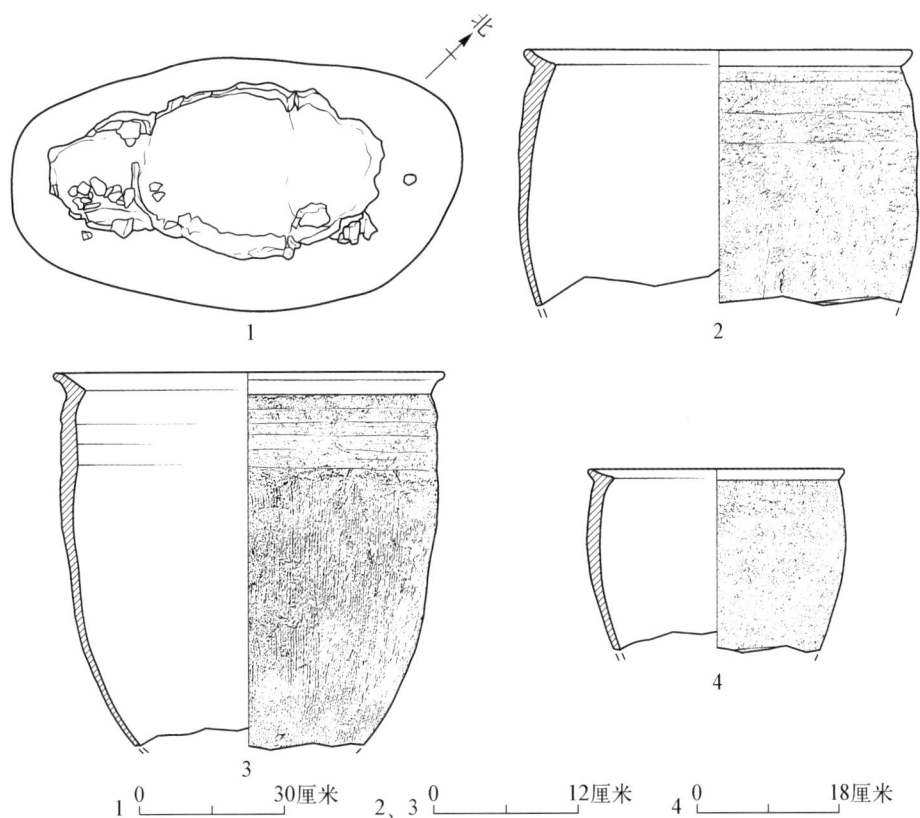

图一二〇 W81平面图及葬具

1.W81平面图 2—4.陶釜(W81:1、W81:2、W81:3)

米(图一二〇,3)。标本W81:3,夹云母红褐陶,内壁通体呈红褐色,外壁黄褐色发黑,腹上部局部呈红褐色。敛口,圆唇,窄折沿,沿面微弧,内沿呈凸棱状,腹微鼓。内、外壁较光滑。器表纹饰因磨光不清晰。口径31.5、沿宽3.18、腹径32.04、残高21.36厘米(图一二〇,4)。

W82 位于Ⅲ区T61中部偏南。开口于第②层下,打破第③层。不规则椭圆形土坑竖穴墓,西南—东北向,北偏东约25°。墓壁较直,墓底较平整。墓内填土为灰褐土,土质较软。墓葬南北长1.05、东西宽0.5、深0.35米(图一二一,1)。葬具为陶釜3件(图一二一,2—4),自北向南由釜(W82:1)—釜(W82:2)—釜(W82:3)组合而成,其中釜(W82:1)口部与釜(W82:2)口部对接,釜(W82:3)口部套接于釜(W82:2)底部。

陶釜 3件。标本W82:1,夹云母红褐陶,内壁以红褐色为主,腹部局部呈黑色,底部呈黑色,外壁腹上部呈红褐色,腹中部至腹下部红褐色发黑,局部呈红褐色,底部呈黄褐色。敛口,圆唇,折沿,沿面微弧,内沿呈凸棱状,腹微鼓,最大径在腹上部,腹下部弧收,腹底分界不明显,圜底。器形不规整,腹上部凹陷,内、外壁皆较光滑。口沿下施弦纹,腹中部至底部施竖向绳纹,纹饰因磨光不清晰,底部隐约可见交错绳纹。口径31.72、沿宽2.72、腹径32.44、残高33.72厘米(图一二一,2;图版三一,3)。标本W82:2,夹云母红褐陶。圆唇,折沿,沿面内弧。素面,内、外壁较光滑。残高4.6厘米(图一二一,3)。标本W82:3,夹云母红褐陶。方圆唇,窄折沿,沿面微弧,内

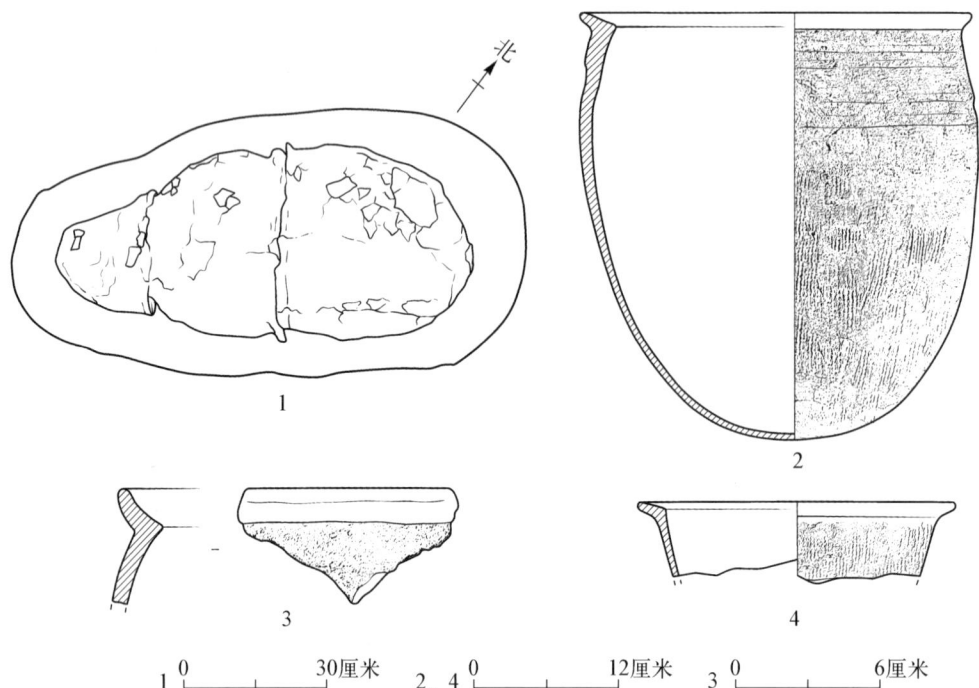

图一二一　W82平面图及葬具

1. W82平面图　2—4. 陶釜（W82：1、W82：2、W82：3）

沿呈凸棱状。内、外壁较光滑。器表施竖向绳纹，纹饰因磨光不清晰。口径25.8、残高5.96厘米（图一二一，4）。

W83　位于Ⅲ区T61西南部。开口于第②层下，被扰沟打破，打破第③层。椭圆形土坑竖穴墓，西南—东北向，北偏东约25°。墓圹遭后期破坏，墓底较平整。墓内填土为灰褐土，土质较软。墓葬平面规模不明，深约0.23米（图一二二，1）。葬具为陶罐1件、陶釜2件（图一二二，2—4），另发现陶片1件（图一二二，5），自北向南由罐（W83：1）—釜（W83：2）—釜（W83：3）组合而成，其中罐（W83：1）口部与釜（W83：2）口部对接，釜（W83：3）口部套接釜（W83：2）底部。葬具内有人骨，头骨位于罐（W83：1）内，头向北。陶片（W83：4）用于封堵釜（W83：3）的底部。

陶罐　1件。标本W83：1，泥质黄褐陶，内壁口部呈黑色，腹部呈黄褐色，外壁通体呈黑色，露胎处呈黄褐色。侈口微敛，圆唇，束颈，鼓肩，弧腹，腹下部弧收，底部缺失。器形较规整，内、外壁较光滑。器表肩部施带状方格纹，腹部施斜向细绳纹，腹中部局部形成交错绳纹，纹饰因磨光不清晰。口径28.98、腹径42.48、残高33.22厘米（图一二二，2；图版三一，4）。

陶釜　2件。标本W83：2，夹云母红褐陶，器内、外壁皆呈红褐色，略发黑。敛口，圆唇，窄折沿，沿面微内弧。器表纹饰因磨光不清晰，内、外壁较光滑。残高7厘米（图一二二，3）。W83：3，夹云母红褐陶。敛口，圆唇，窄折沿，沿面斜平。内、外壁皆粗糙。器表纹饰因磨光不清晰。残高10.8厘米（图一二二，4）。

陶片　1件。标本W83：4，泥质灰陶，器内壁呈灰褐色，器外壁呈灰色。内、外壁光滑。器表

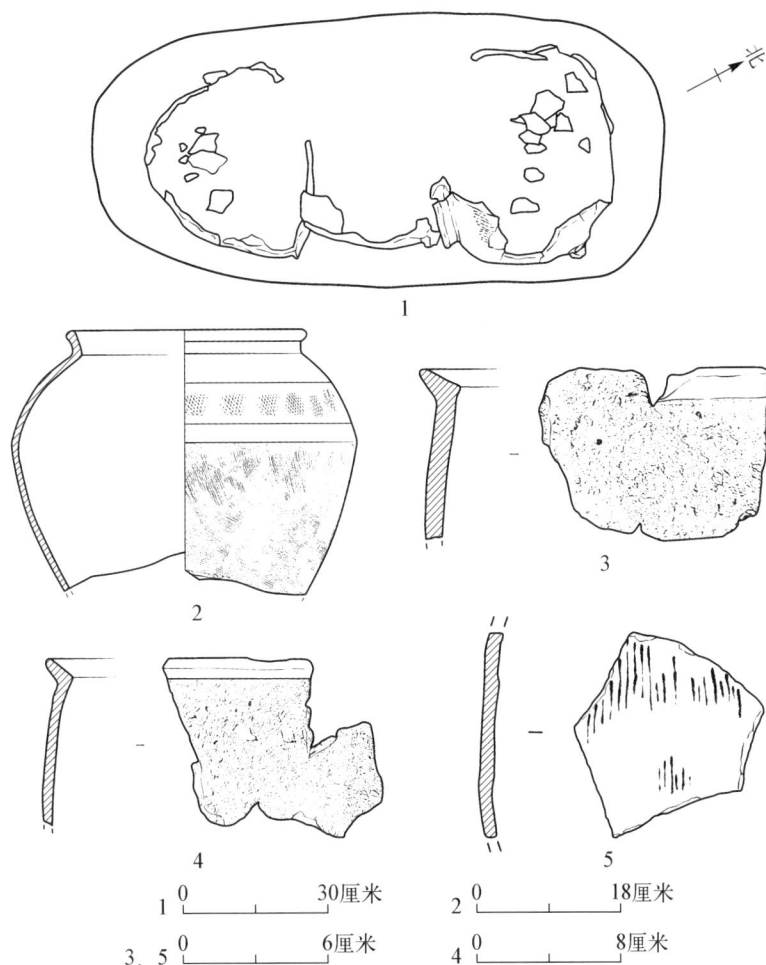

图一二二 W83平面图及葬具

1. W83平面图   2.陶罐（W83∶1）   3、4.陶釜（W83∶2、W83∶3）   5.陶片（W83∶4）

施竖向绳纹,纹饰因磨光不清晰。残高8.2厘米（图一二二,5）。

W84   位于Ⅲ区T61西部。开口于第②层下,打破第③层。圆角长方形土坑竖穴墓,西南—东北向,北偏东约25°。墓壁较直,墓底较平整。墓葬南北长1.2、东西宽0.5、深0.31米（图一二三,1）。葬具为陶釜4件（图一二三,3—6）,另发现瓦片1件（图一二三,2）,自北向南由釜（W84∶1）—釜（W84∶2）—釜（W84∶3）—釜（W84∶4）组合而成,其中釜（W84∶1）口部套接于釜（W84∶2）底部,釜（W84∶2）口部与釜（W84∶3）口部对接,釜（W84∶4）口部套接于釜（W84∶3）底部,瓦片（W84北端）用于封堵釜（W84∶1）的底部。

陶釜   4件。标本W84∶1,夹云母红褐陶,内壁通体呈红褐色,外壁以红褐色为主,局部发黑。敛口,圆唇,窄折沿,沿面微弧,内沿呈凸棱状。内、外壁较粗糙。器表纹饰因磨光不清晰。口径23.88、沿宽2.56、残高14.72厘米（图一二三,3）。标本W84∶2,夹云母红褐陶。敛口,圆唇,窄折沿,沿面微弧,内沿呈凸棱状,腹微鼓。内、外壁较粗糙。口沿下施弦纹,纹饰因磨光不清晰。

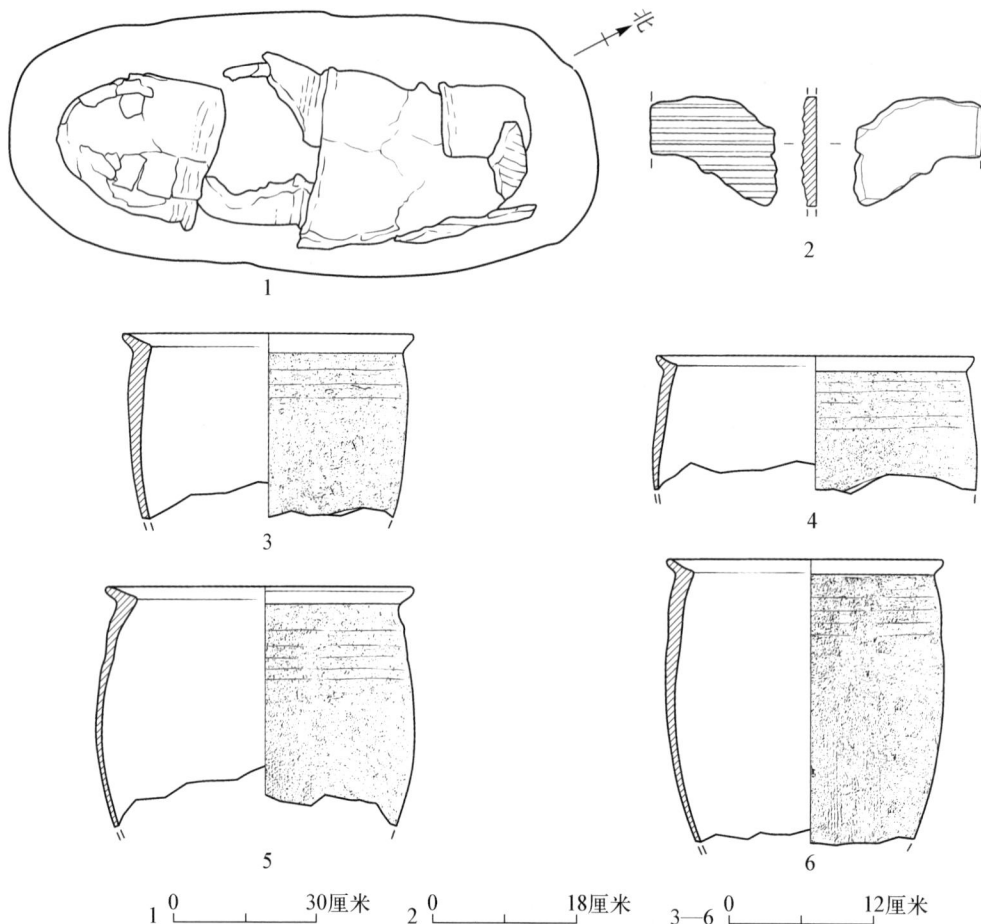

图一二三　W84平面图及葬具

1. W84平面图　2. 陶瓦片（W84北端）　3—6. 陶釜（W84：1、W84：2、W84：3、W84：4）

口径25.84、沿宽1.76、腹径26.44、残高10.6厘米（图一二三，4）。标本W84：3，夹云母红褐陶，器内壁腹上部呈红褐色，腹中上部呈黄褐色，略偏灰，器外壁腹上部呈红褐色，腹中部发黑。敛口，圆唇，窄折沿，沿面微弧，内沿呈凸棱状，微鼓腹，最大径在腹上部。内、外壁较粗糙。口沿下施弦纹，腹中部施竖向绳纹，纹饰因磨光不清晰。口径25.36、沿宽2.48、腹径26.44、残高16.56厘米（图一二三，5；图版三一，5）。标本W84：4，夹云母红褐陶，内、外壁通体皆呈红褐色，外壁腹中部发黑。敛口，圆唇，窄折沿，沿面微弧，内沿呈凸棱状，腹微鼓，最大径在腹上部，弧收，底部缺失。内、外壁较光滑。口沿下施弦纹，腹中部施竖向绳纹，纹饰因磨光不清晰。口径22.56、沿宽2.16、残高22.68厘米（图一二三，6；图版三一，6）。

陶瓦片　1件。标本W84北端，泥质黄灰陶，内外侧均呈黄灰色。器表呈瓦楞状凸起。残宽15.5、残高13.2厘米（图一二三，2）。

W85　位于Ⅲ区T51东隔梁北部。开口于第②层下，打破生土层。椭圆形土坑竖穴墓，东西向，北偏东约80°。墓圹后期遭破坏，墓壁较直，墓底较平整。墓内填土为灰黄土。墓葬南北

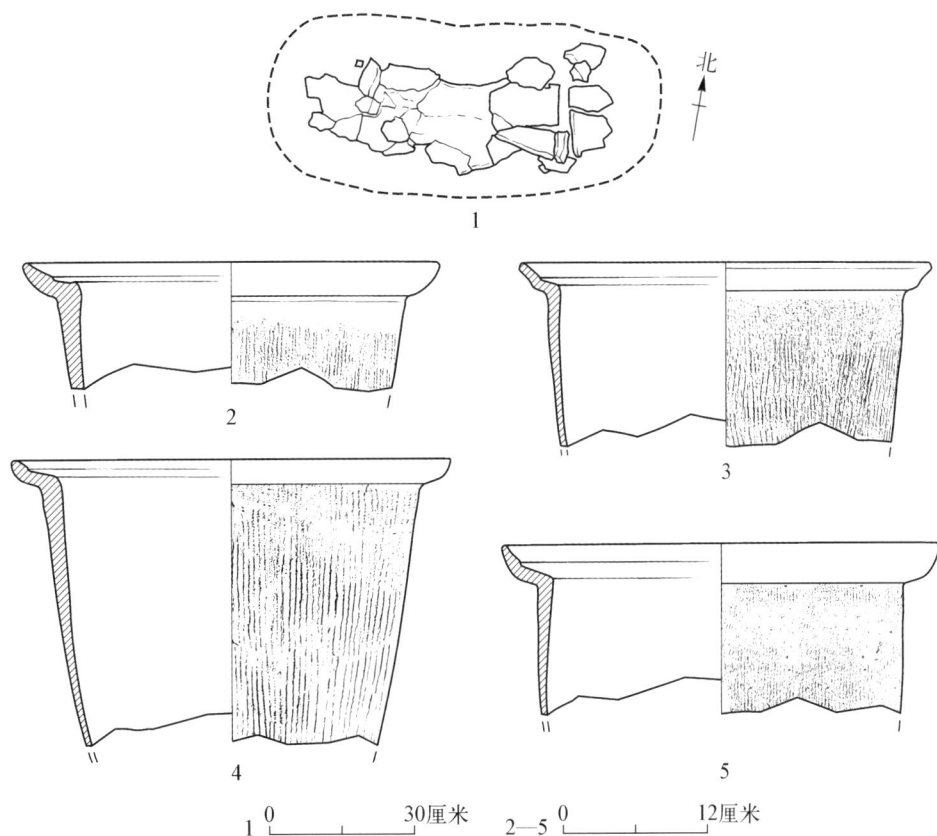

图一二四 W85平面图及葬具

1. W85平面图 2—5. 陶釜（W85：1、W85：2、W85：3、W85：4）

长0.92、东西宽0.5、深0.05米（图一二四，1）。葬具为陶釜4件（图一二四，2—5），自北向南由釜（W85：1）—釜（W85：2）—釜（W85：3）—釜（W85：4）组合而成，其中釜（W85：1）口部与釜（W85：2）口部对接，釜（W85：3）口部套接于釜（W85：2）底部，釜（W85：4）口部套接于釜（W85：3）底部。

陶釜　4件。标本W85：1，夹云母黄褐陶，内、外壁呈黄褐色，胎芯红褐色。侈口，圆唇，宽折沿，沿面内凹成槽，内沿呈凸棱状，斜直腹。内壁较光滑，外壁较粗糙。器表施竖向绳纹，纹饰因磨光不清晰。口径33.56、沿宽2.08、残高9.6厘米（图一二四，2）。标本W85：2，夹云母红褐陶。侈口，尖圆唇，宽折沿，沿面内凹成槽，内沿呈凸棱状，斜直腹。内、外壁较光滑。器表通体施竖向粗绳纹，纹饰因磨光不清晰。口径33.64、沿宽1.64、残高14.56厘米（图一二四，3）。标本W85：3，夹云母红褐陶，器内壁呈红褐色，器外壁呈黄褐色，腹下部局部微发黑。侈口，圆唇，宽折沿，沿面内凹成槽，内沿呈凸棱状，斜直腹。内、外壁较光滑。器表通体施竖向粗绳纹，腹上部纹饰因磨光不清晰。口径35.72、沿宽2.4、残高22.44厘米（图一二四，4）。标本W85：4，夹云母黄褐陶。侈口，圆唇，宽折沿，沿面内凹成槽，内沿呈凸棱状，斜直腹。内壁较光滑，外壁较粗糙。器表施竖向粗绳纹，纹饰因磨光不清晰。口径35.92、沿宽3、残高13.56厘米（图一二四，5）。

W86 位于Ⅲ区T66中部。开口于第②层下，打破生土层。西南—东北向，圆角长方形土坑竖穴墓，北偏东约44°。墓圹后期遭破坏，墓壁较直，墓底较平整，墓内填土为灰黄土。墓葬南北长1.05、东西宽0.51、残深0.09米（图一二五，1）。葬具为陶釜3件（图一二五，2—4），因W86破损严重，组合关系暂不明确，仅可知自北向南由釜（W86：1）—釜（W86：2）—釜（W86：3）组合而成。

　　陶釜　3件。标本W86：1，夹云母黄褐陶，内、外壁通体皆呈黄褐色，外壁腹下部局部发黑。侈口，圆唇，宽折沿，沿面内凹成槽，槽部不明显，内沿呈凸棱状，斜直腹，腹下部斜弧收，腹底分界不明显，圜底。器形不甚规整，腹部凹凸不平。器表通体施竖向绳纹，纹饰因磨光不清晰，内、外壁较光滑。口径35.72、沿宽2.44、高35.88厘米（图一二五，2；图版三二，1）。标本W86：2，夹云母红褐陶。圆唇，宽折沿，沿面内弧，内沿呈凸棱状。器形不甚规整，沿下有凹陷，内、外壁较光滑。器表施竖向绳纹，纹饰因磨光不清晰。残高5.6厘米（图一二五，3）。标本W86：3，夹云母红褐陶，含云母量极少，内、外壁呈红褐色。方唇，窄折沿，沿面斜平。内、外壁较光滑。残高3.2厘米（图一二五，4）。

　　W87　位于Ⅲ区T66东北部。开口于第②层下，打破生土层。椭圆形土坑竖穴墓，东南—西北向，约135°。墓圹后期遭破坏，墓壁较直，墓底较平整。墓葬南北长0.75、东西宽0.45、残深0.07米（图一二六，1）。葬具为陶釜2件、陶罐1件（图一二六，2、3），因W87破损严重，组合关系暂不明确，仅可知自北向南釜（W87：1）底部套接于罐（W87：2）口部内。另有一件陶釜残破严重，仅余残片，出土位置不明。

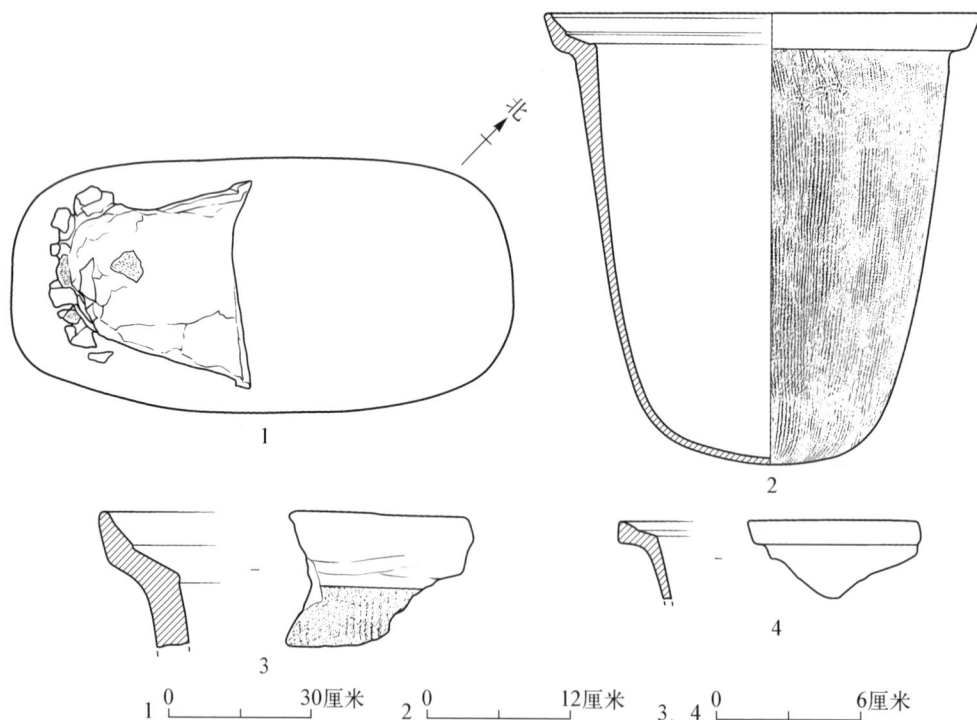

图一二五　W86平面图及葬具

1. W86平面图　2—4. 陶釜（W86：1、W86：2、W86：3）

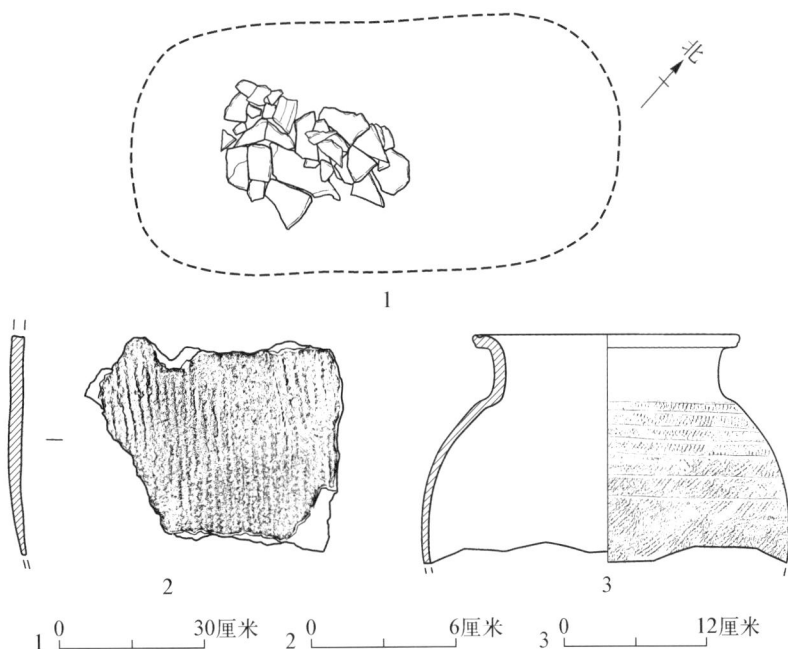

图一二六 W87平面图及葬具

1. W87平面图 2. 陶釜（W87:1） 3. 陶罐（W87:2）

陶釜 2件。标本W87:1，夹云母红褐陶，内壁呈红褐色，外壁发黑。内、外壁较光滑。器表施竖向粗绳纹。残高8.6厘米（图一二六，2）。

陶罐 1件。标本W87:2，泥质灰陶。侈口，方唇，卷沿，短直颈，溜肩，鼓腹。内、外壁较光滑。器表颈部施弦纹，腹部施拍印斜向绳纹与弦纹，局部纹饰因磨光不清晰。口径21.72、腹径30.52、残高18.04厘米（图一二六，3）。

W88 位于Ⅲ区T67北部。开口于第②层下，打破生土层。椭圆形土坑竖穴墓，西南—东北向，北偏东约30°。墓壁较直，墓底较平整。墓葬南北长0.84、东西宽0.5米，深度不明（图一二七，1；图版四，3）。葬具为陶釜2件、豆盘1件（图一二七，2—4），自北向南由釜（W88:1）—釜（W88:2）—豆盘（W88:3）组合而成，其中釜（W88:1）口部与釜（W88:2）口部对接，豆盘（W88:3）封堵釜（W88:2）底部。

陶釜 2件。标本W88:1，夹云母红褐陶。侈口，圆唇，宽折沿，沿面内凹成槽，内沿呈凸棱状，斜直腹，腹下部斜弧收，腹底分界不明显，圜底。器形不甚规整，腹下部凹凸不平，内、外壁较光滑。器表通体施竖向绳纹，底部施交错绳纹，局部纹饰因磨光不清晰。口径29.84、沿宽1.96、高31.36厘米（图一二七，3；图版三二，2）。标本W88:2，夹云母红褐陶，内壁腹上部呈红褐色，腹中部发黑，腹下部红褐色偏黄，外壁通体红褐色偏黄，腹中部至腹下部局部有黑色斑驳。侈口，圆唇，宽折沿，沿面内凹成槽，内沿呈凸棱状，斜直腹，斜弧收，底部缺失。内壁较光滑，外壁较粗糙。器表通体施竖向粗绳纹，局部纹饰因磨光不清晰。口径30.64、沿宽2.12、残高30厘米（图一二七，4；图版三二，3）。

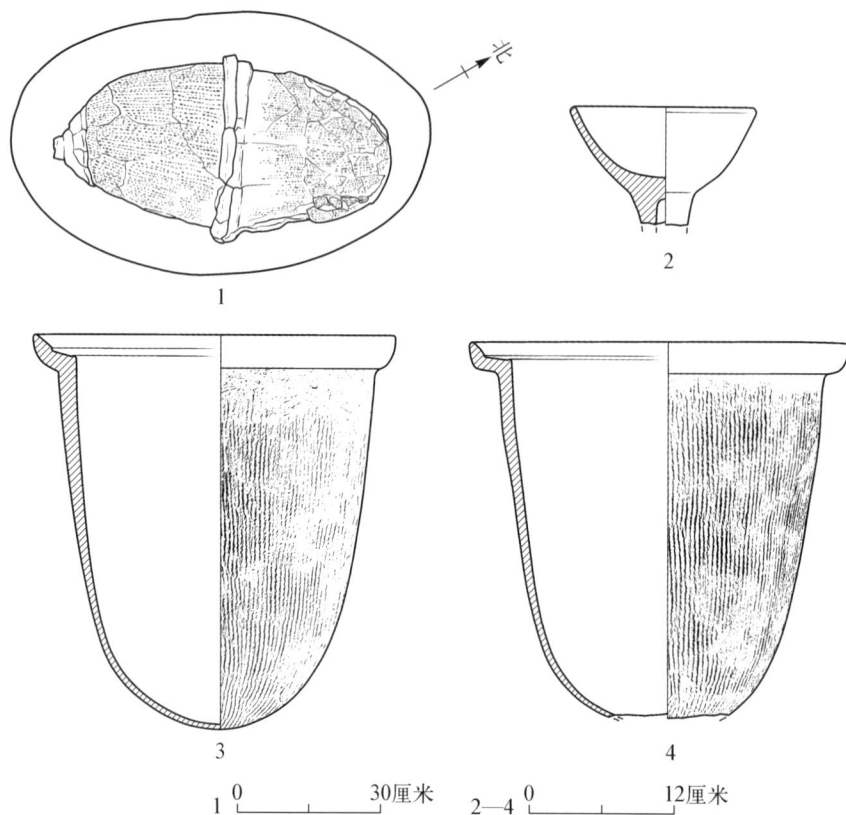

图一二七　W88平面图及葬具

1.W88平面图　2.陶豆盘(W88:3)　3、4.陶釜(W88:1、W88:2)

　　陶豆盘　1件。标本W88:3,泥质灰陶。敞口,方圆唇,深盘,弧腹,腹部与底部分界明显,圈足。器形较规整,内、外壁较光滑。素面。口径14.84、残高9.52厘米(图一二七,2;图版三二,4)。

　　W89　位于Ⅲ区T67东北部。开口于第②层下,打破生土层。椭圆形土坑竖穴墓,西南—东北向,北偏东约55°。墓圹后期遭破坏,墓壁较直,墓底较平整。墓葬南北长0.84、东西宽0.5、深0.3米(图一二八,1)。葬具为陶釜2件(图一二八,2、3),因W89破损严重,组合关系暂不明确,仅可知自北向南釜(W89:1)口部与釜(W89:2)口部对接而成。

　　陶釜　2件。标本W89:1,夹云母红褐陶。圆唇,宽折沿,沿面微弧,内沿呈凸棱状。器表施竖向粗绳纹。残高5.2厘米(图一二八,2)。标本W89:2,夹云母红褐陶,内壁呈红褐色,外壁红褐色发黑。器表施竖向绳纹,纹样近方格状。残高17.2厘米(图一二八,3)。

　　W90　位于Ⅲ区T69中部偏西。开口于第②层下,打破生土层。椭圆形土坑竖穴墓,西南—东北向,北偏东约55°。墓圹后期遭破坏,墓壁较直,墓底较平整。墓内填土为灰褐土,土质较软。墓葬南北长1.2、东西宽0.54、深0.38米(图一二九,1)。葬具为陶釜2件、陶罐1件(图一二九,2—4),自北向南由釜(W90:1)—釜(W90:2)—罐(W90:3)组合而成,其中釜(W90:1)口部与釜(W90:2)口部对接,因有扰沟,釜(W90:2)与罐(W90:3)组合方式不明。葬具内有人骨,头骨位于釜(W90:1)内。

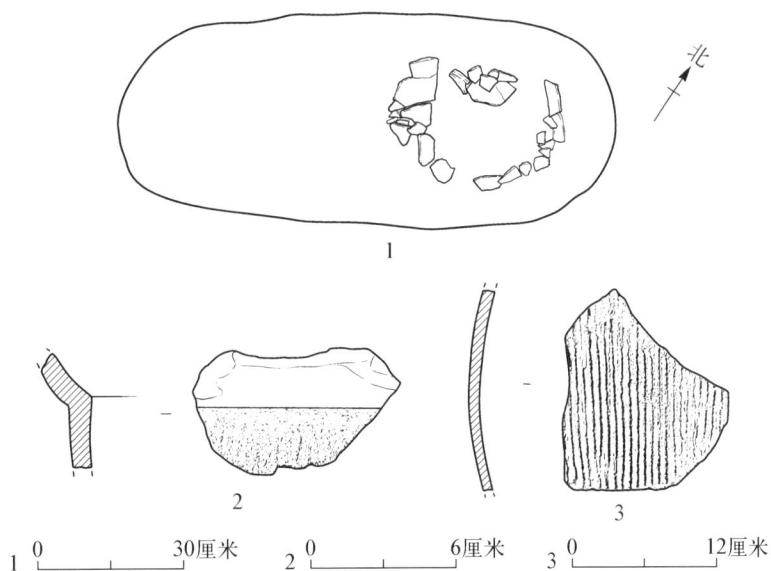

图一二八 W89平面图及葬具

1. W89平面图 2、3. 陶釜(W89：1、W89：2)

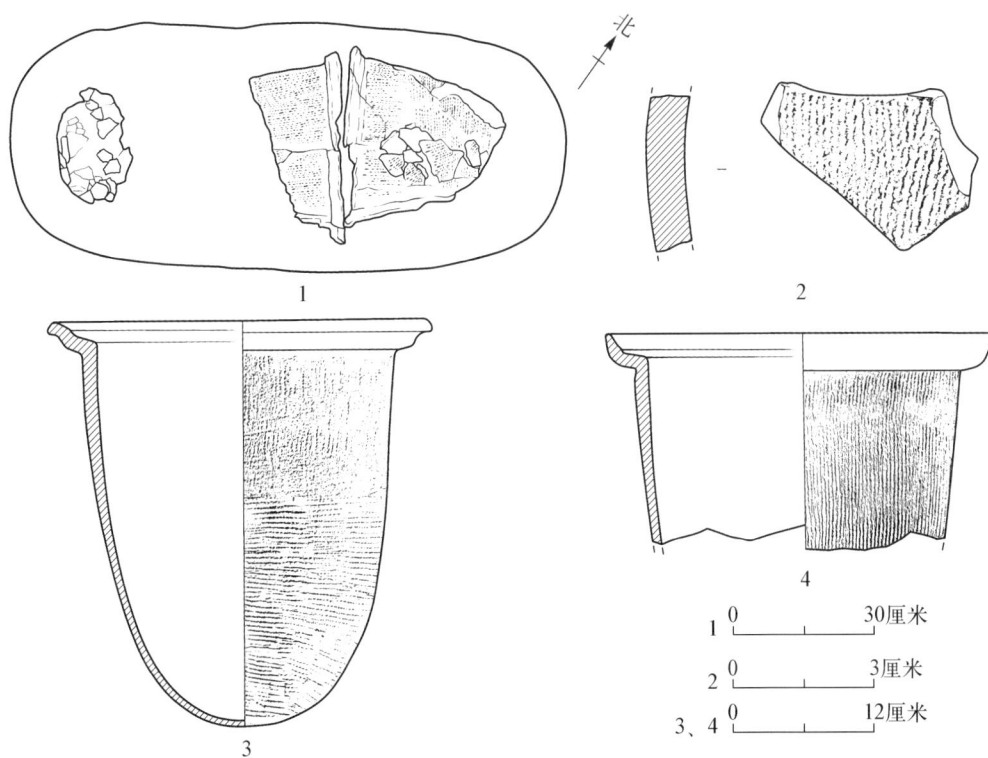

图一二九 W90平面图及葬具

1. W90平面图 2. 陶罐(W90：3) 3、4. 陶釜(W90：1、W90：2)

陶釜　2件。标本W90：1，夹云母红褐陶，内、外壁腹上部呈红褐色，腹中部至腹下部微发黑，外壁腹下部发黑，有红褐色斑驳。侈口，方唇，宽折沿，沿面内凹成槽，内沿呈凸棱状，斜直腹，腹下部斜弧收，腹底分界不明显。器形较规整，内壁较光滑。器表腹上部施竖向粗绳纹，纹饰因磨光不清晰，局部绳纹与弦纹相交错，腹中上部至近底部施横向绳纹。口径30.84、沿宽2.28、高32.28厘米（图一二九，3；图版三二，5）。标本W90：2，夹云母黄褐陶，内、外壁呈黄褐色，外壁腹中部局部发黑。侈口，尖唇，宽折沿，沿面内凹成槽，内沿呈凸棱状，斜直腹。内、外壁较光滑。器表通体施竖向绳纹，局部纹饰因磨光不清晰。口径32.2、沿宽2.2、残高17.24厘米（图一二九，4；图版三二，6）。

陶罐　1件。标本W90：3，夹云母红褐陶，含云母量极少，内壁呈红褐色，外壁呈黑色。器表施竖向细绳纹。残高3.4厘米（图一二九，2）。

W91　位于Ⅲ区T69东隔梁北部。开口于第②层下，打破生土层。椭圆形土坑竖穴墓，西南—东北向，北偏东约30°。墓圹后期遭破坏，墓壁较直，墓底较平整。墓葬南北长0.8、东西宽0.48、残深0.07米（图一三〇，1）。葬具为陶釜2件（图一三〇，2、3），因W91破损严重，组合关系暂不明确，仅可知自北向南为釜（W91：1）口部与釜（W91：2）口部对接而成。

陶釜　2件。标本W91：1，夹云母红褐陶。器表腹上部局部可见竖向绳纹。残高8.4厘米（图一三〇，2）。标本W91：2，夹云母红褐陶，内、外壁呈红褐色，局部发黑。敛口，腹微鼓。内、外壁皆较光滑。器表腹上部施弦纹，腹中上部施竖向绳纹，纹饰因磨光不清晰。腹径32.04、残高14.68厘米（图一三〇，3）。

W92　位于Ⅲ区T70东隔梁北部。开口于第②层下，打破生土层。土坑竖穴墓，西南—东北向，北偏东约55°。墓圹遭后期破坏，墓壁较直，墓底较平整。墓葬南北长1.01、东西宽0.5、

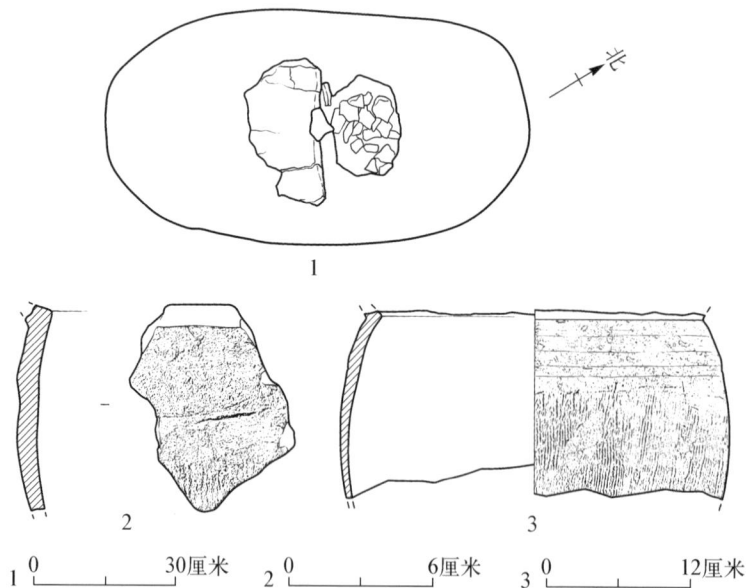

图一三〇　W91平面图及葬具

1. W91平面图　2、3. 陶釜（W91：1、W91：2）

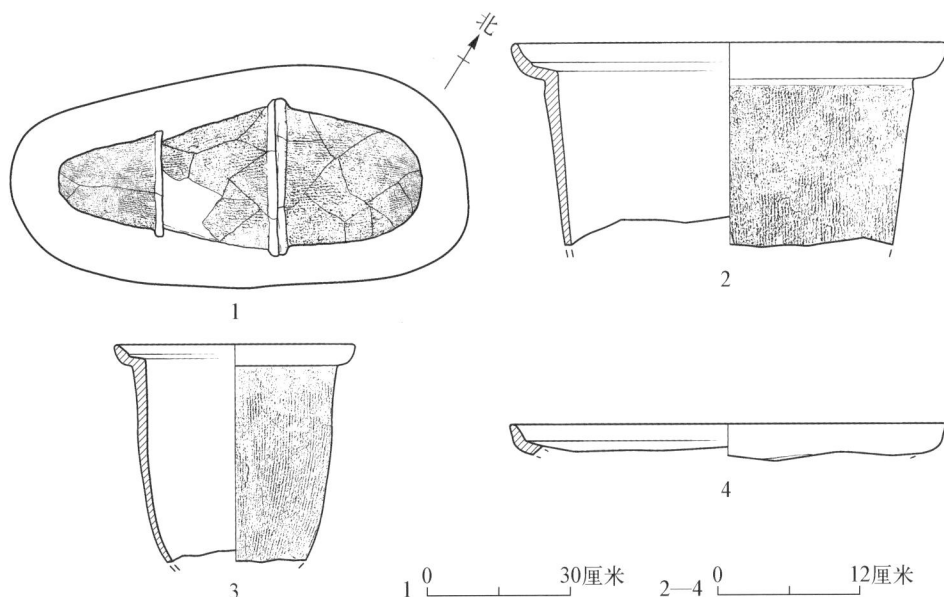

图一三一　W92平面图及葬具

1. W92平面图　2—4.陶釜(W92∶2、W92∶1、W92∶3)

残深0.1米(图一三一,1)。葬具为陶釜3件(图一三一,2—4),自北向南由釜(W92∶1)—釜(W92∶2)—釜(W92∶3)组合而成,其中釜(W92∶1)口部与釜(W92∶2)口部对接,釜(W92∶3)口部套接于釜(W92∶2)底部。

　　陶釜　3件。标本W92∶1,夹云母红褐陶,内、外壁呈红褐色,外壁局部发黑。侈口,圆唇,宽折沿,沿面内凹成槽,内沿呈凸棱状,斜直腹。内壁较光滑,外壁较粗糙。器表施竖向细绳纹,纹饰因磨光不清晰。口径19.8、沿宽1.36、残高17.28厘米(图一三一,3)。标本W92∶2,夹云母红褐陶。侈口,圆唇,宽折沿,沿面内凹成槽,内沿呈凸棱状,斜直腹。内、外壁较光滑。器表通体施竖向绳纹,纹饰因磨光不清晰。口径36.04、沿宽2.2、残高16.08厘米(图一三一,2)。标本W92∶3,夹云母红褐陶。残存口部,圆唇,宽折沿,沿面内凹。内、外壁较光滑。口沿以下施斜向绳纹,纹饰因磨光不清晰。口径35.92、残高2.52厘米(图一三一,4)。

　　W93　位于Ⅲ区T70东北角。开口于第②层下,打破生土层。椭圆形土坑竖穴墓,东西向,北偏东约78°。墓圹后期遭破坏,墓壁较直,墓底较平整。墓葬南北长0.9、东西宽0.53、残深0.18米(图一三二,1)。葬具为陶釜2件(图一三二,3、4),另有陶罐片1件(图一三二,2),因W93破损严重,组合关系暂不明确,仅可知自东向西由釜(W93∶1)—釜(W93∶2)组合而成,其中釜(W93∶1)口部与釜(W93∶2)口部对接。

　　陶釜　2件。标本W93∶1,夹云母红褐陶,内壁腹上部至腹中部呈橘红色,腹下部局部呈黑色,外壁腹上部以红褐色为主,局部呈黑色,腹中部至腹下部局部呈红褐色,略发黑。敛口,方圆唇,宽折沿,沿面内凹,内沿呈凸棱状,斜直腹。内壁较光滑,外壁较粗糙。器表通体施竖向绳纹,腹上部局部纹饰因磨光不清晰。口径30.6、沿宽1.92、高31.4厘米(图一三二,3;图版三三,1)。

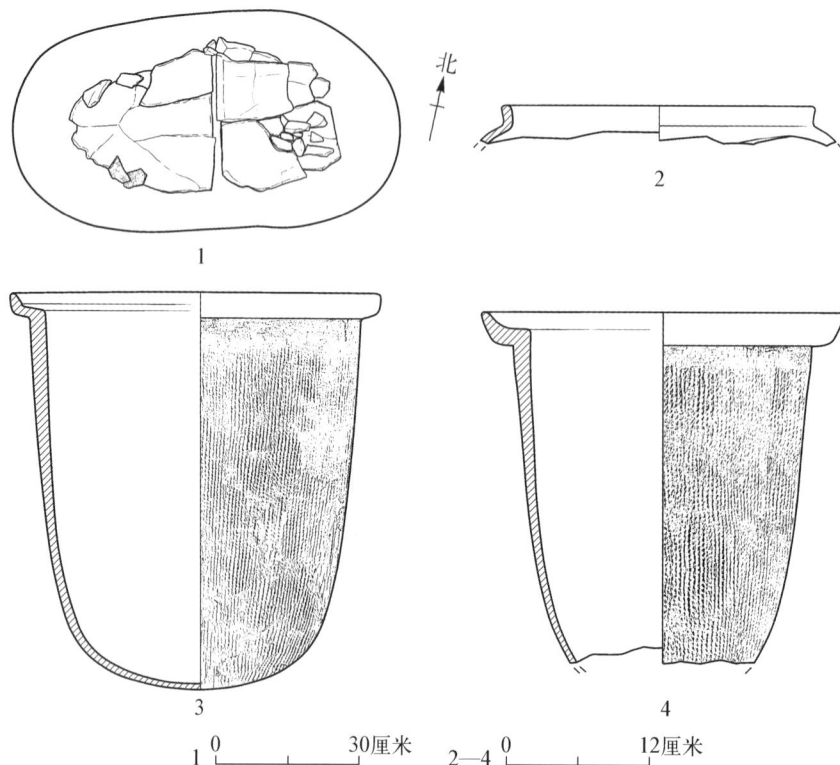

图一三二　W93 平面图及葬具

1. W93 平面图　2. 陶罐片（W93∶3）　3、4. 陶釜（W93∶1、W93∶2）

标本 W93∶2，夹云母红褐陶，内壁呈红褐色，局部微发黑，外壁腹上部至腹中部局部呈黑色，有红褐色斑驳，腹下部至底部呈红褐色，有黑色斑驳。侈口，圆唇，宽折沿，沿面内凹，内沿呈凸棱状，斜直腹，腹下部斜弧收，腹底分界不明显。器形较规整，内壁较光滑，外壁较粗糙。器表通体施竖向绳纹，纹饰因磨光不清晰。口径 29.8、沿宽 4.16、残高 27.88 厘米（图一三二，4）。

陶罐片　1 件。标本 W93∶3，泥质灰陶。方唇，卷沿。内、外壁较光滑。素面。口径 26、残高 2.84 厘米（图一三二，2）。

W94　位于Ⅲ区 T70 北隔梁内。开口于第②层下，打破生土层。椭圆形土坑竖穴墓，西南—东北向，北偏东约 51°。墓圹后期遭破坏，墓壁较直，墓底较平整。墓内填土为灰褐土，土质较软，包含物有石子等。墓葬南北长 0.8、东西宽 0.5、深 0.33 米（图一三三，1）。葬具为陶罐 1 件、陶釜 1 件（图一三三，2、3），自北向南罐（W94∶1）底部套接于釜（W94∶2）口部内。

陶罐　1 件。标本 W94∶1，泥质灰陶，胎芯呈黑色，外壁有黑色斑驳。内、外壁较光滑。器表通体拍印细绳纹，纹饰因磨光不清晰。残高 9.6 厘米（图一三三，2）。

陶釜　1 件。标本 W94∶2，夹云母红褐陶，通体呈红褐色，外壁近底部有黑色斑驳。侈口，圆唇，宽折沿，沿面内凹，内沿呈凸棱状，斜直腹，腹下部斜弧收，腹底分界不明显，圜底。器形不甚规整，腹下部凹凸不平，内壁较光滑，外壁较粗糙。器表通体施竖向绳纹，局部纹饰因磨光不清晰。口径 32.94、沿宽 2.76、高 31.16 厘米（图一三三，3；图版三三，2）。

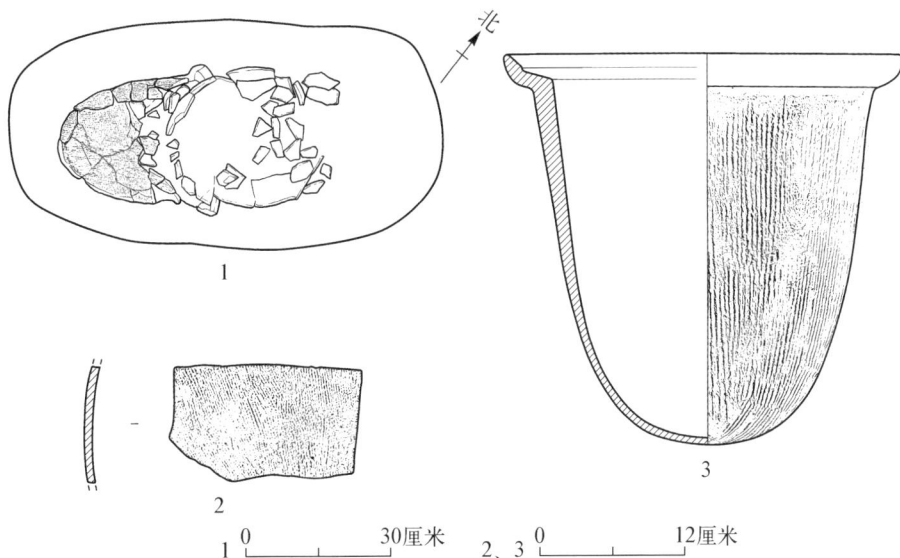

图一三三　W94平面图及葬具

1. W94平面图　2. 陶罐（W94∶1）　3. 陶釜（W94∶2）

W95　位于Ⅲ区T71西北部。开口于第②层下，打破生土层。椭圆形土坑竖穴墓，西南—东北向，北偏东约60°。墓圹后期遭破坏，墓壁较直，墓底较平整。墓葬南北长0.85、东西宽0.51、残深0.1米（图一三四，1）。葬具为陶釜2件（图一三四，2、3），因W95破损严重，组合关系暂不明确，仅可知自北向南为釜（W95∶1）口部与釜（W95∶2）口部对接而成。

　　陶釜　2件。标本W95∶1，夹云母红褐陶，内壁呈红褐色，腹中部有黑色斑驳，外壁腹上部呈红褐色，腹中部呈黑色，有红褐色斑驳。侈口，宽折沿，沿面内凹成槽，内沿呈凸棱状，斜直腹。内壁较光滑，外壁较粗糙。器表施竖向绳纹，纹饰因磨光不清晰。口径30.16、沿宽2.24、残高17.92厘米（图一三四，2）。标本W95∶2，夹云母红褐陶，整体呈红褐色，略偏黄。侈口，圆唇，宽折沿，沿面内凹成槽，内沿呈凸棱状，斜直腹。内、外壁皆较粗糙。器表施竖向绳纹，纹饰因磨光不清晰。口径36.2、沿宽1.96、残高23.28厘米（图一三四，3）。

　　W96　位于Ⅲ区T72北部。开口于第②层下，打破生土层。椭圆形土坑竖穴墓，东西向，北偏东约80°。墓圹后期遭破坏，墓壁较直，墓底较平整。墓葬南北长0.8、东西宽0.5米，深度不明（图一三五，1）。葬具为陶釜2件（图一三五，2、3），因W96破损严重，组合关系暂不明确，仅可知自东向西为釜（W96∶1）口部与釜（W96∶2）口部对接而成。

　　陶釜　2件。标本W96∶1，夹云母红褐陶。侈口，尖圆唇，宽折沿，沿面内凹成槽，内沿呈凸棱状。残高3.9厘米（图一三五，2）。标本W96∶2，夹云母红褐陶。敛口，圆唇，折沿。内、外壁较光滑。素面。残高7.2厘米（图一三五，3）。

　　W97　位于Ⅲ区T72北隔梁东部。开口于第②层下，打破第③层。椭圆形土坑竖穴墓，西南—东北向，北偏东约40°。墓圹后期遭破坏，墓壁较直，墓底较平整。墓葬南北长1.01、东西宽0.54、深0.35米（图一三六，1）。葬具为陶罐1件、陶釜1件、陶盆1件（图一三六，2—4），自北向南

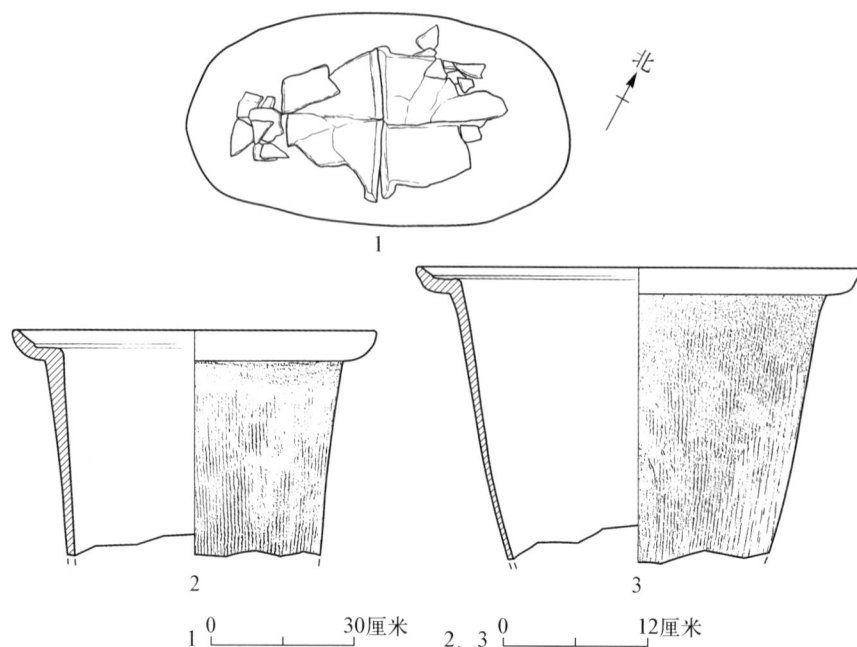

图一三四　W95平面图及葬具

1. W95平面图　2、3. 陶釜（W95：1、W95：2）

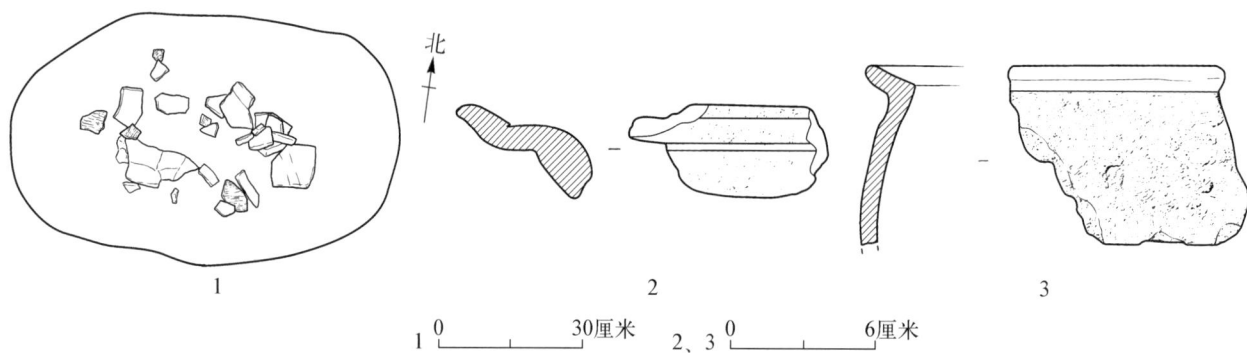

图一三五　W96平面图及葬具

1. W96平面图　2、3. 陶釜（W96：1、W96：2）

由罐（W97：1）—釜（W97：2）—盆（W97：3）组合而成，其中罐（W97：1）口部与釜（W97：2）口部对接，盆（W97：3）口部套接于釜（W97：2）底部。

　　陶罐　1件。标本W97：1，泥质黄褐陶，内壁呈黄褐色，外壁呈黑色，局部呈黄褐色。内、外壁较光滑。器表施竖向绳纹，纹饰因磨光不清晰。残高8.8厘米（图一三六，2）。

　　陶釜　1件。标本W97：2，夹云母红褐陶，内壁呈红褐色，微发黄，外壁呈红褐色，略发黑。内、外壁较光滑。器表施竖向绳纹，纹饰因磨光不清晰。残高15.2厘米（图一三六，3）。

　　陶盆　1件。标本W97：3，泥质灰陶。敞口，方唇，卷沿，腹微鼓，弧收，平底。器形较规整，内、外壁较光滑。口沿下施弦纹，腹下部零星可见绳纹，纹饰因磨光不清晰。口径38.96、底径

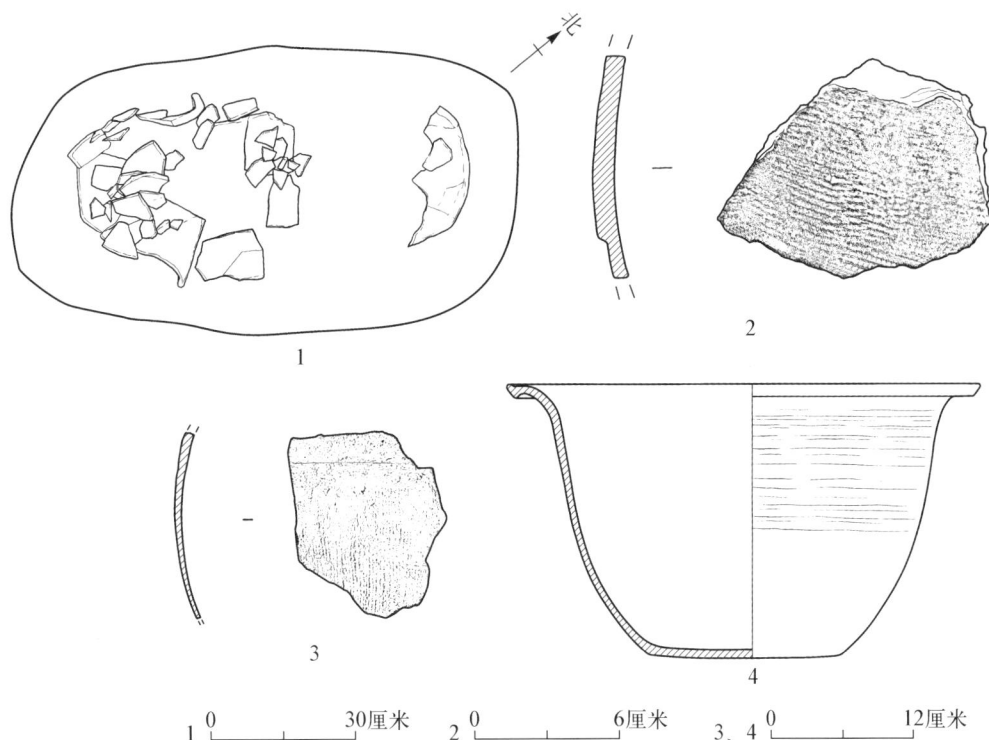

图一三六 W97平面图及葬具

1. W97平面图 2. 陶罐（W97：1） 3. 陶釜（W97：2） 4. 陶盆（W97：3）

15.92、高21.64厘米（图一三六，4；图版三三，3）。

W98 位于Ⅲ区T72东北部。开口于第②层下，打破第③层。椭圆形土坑竖穴墓，西南—东北向，北偏东约55°。墓圹后期遭破坏，墓壁较直，墓底较平整。墓葬南北残长约0.63、东西宽0.45、残深约0.15米（图一三七，1）。葬具为陶釜2件（图一三七，2、3），因W98破损严重，组合关系暂不明确，仅可知自北向南为釜（W98：1）口部与釜（W98：2）口部对接而成。

陶釜 2件。标本W98：1，夹云母红褐陶，内、外壁腹上部呈红褐色，局部发黑，腹中部至腹下部呈黑色，局部呈红褐色。敛口，圆唇，窄折沿，沿面微弧，内沿呈凸棱状，腹微鼓，弧收。内、外壁较光滑。口沿下施弦纹，腹中部至腹下部施竖向细绳纹，纹饰因磨光不清晰。口径25.92、沿宽2、残高25.68厘米（图一三七，2）。标本W98：2，夹云母红褐陶，内壁腹上部呈红褐色，腹中部呈黑色，有红褐色斑驳，外壁呈红褐色，略偏黄，腹中部微发黑。敛口，圆唇，窄折沿，沿面微弧，内沿呈凸棱状，腹微鼓。内、外壁较光滑。口沿以下为素面，腹中部施竖向绳纹，纹饰因磨光不清晰，口径28、沿宽2.76、残高18.32厘米（图一三七，3）。

W99 位于T72东隔梁北部。开口于第②层下，打破第③层。西南—东北向，北偏东约70°。土坑竖穴墓，墓圹遭后期破坏，墓壁较直，墓底较平整。墓葬南北残长约0.67、东西宽约0.5、残深约0.1米（图一三八，1）。葬具为陶釜3件（图一三八，2—4），自北向南依釜（W99：1）—釜（W99：2）—釜（W99：3）形式组合而成，其中釜（W99：1）口部与釜（W99：2）口部对接，釜（W99：3）口部套接于釜（W99：2）底部。

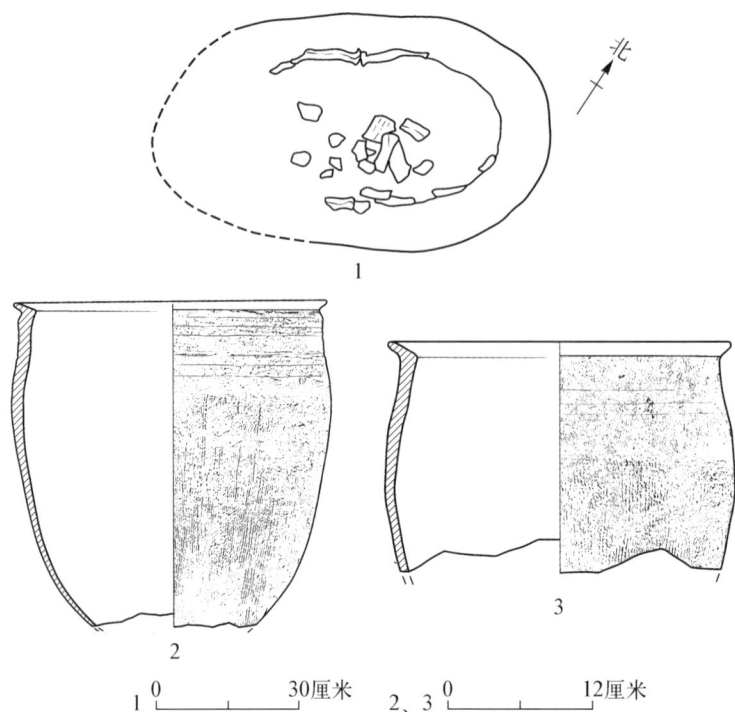

1 ⊢————————⊣ 0   30厘米   2、3 ⊢————————⊣ 0   12厘米

图一三七　W98平面图及葬具

1.W98平面图　2、3.陶釜(W98：1、W98：2)

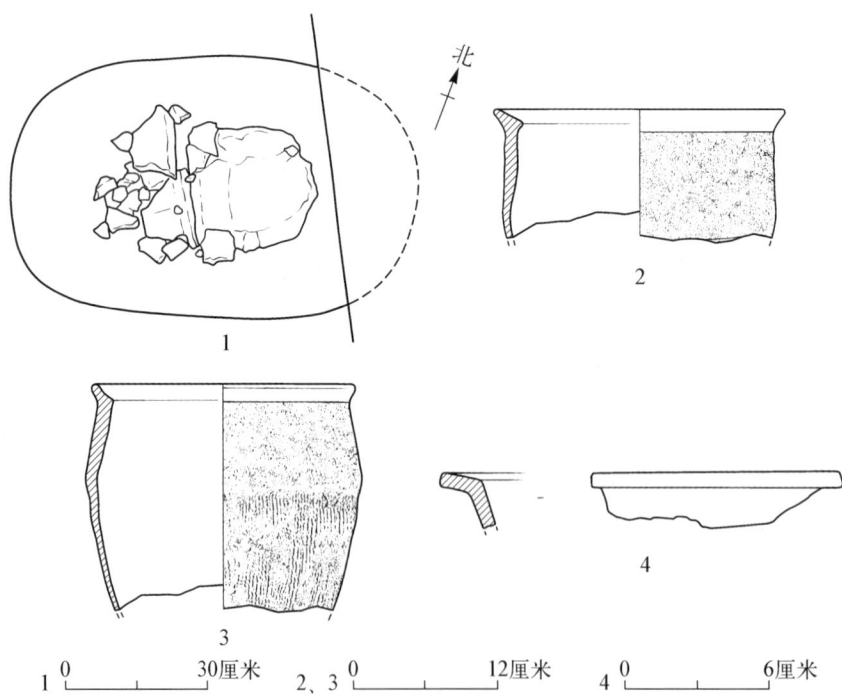

1 ⊢————————⊣ 0   30厘米   2、3 ⊢————————⊣ 0   12厘米   4 ⊢————————⊣ 0   6厘米

图一三八　W99平面图及葬具

1.W99平面图　2—4.陶釜(W99：1、W99：2、W99：3)

陶釜　3件。标本W99：1，夹云母红褐陶。敛口，圆唇，窄折沿，沿面微弧，内沿呈凸棱状。内、外壁较光滑。器表局部隐约可见竖向绳纹，纹饰因磨光不清晰。口径23.84、沿宽2.72、残高10.32厘米（图一三八，2）。标本W99：2，夹云母红褐陶，内壁微发黑，外壁腹中上部微发黑。敛口，圆唇，窄折沿，沿面斜平，内沿呈凸棱状，腹微鼓，弧收。内、外壁较光滑。口沿下为素面，腹中上部施竖向绳纹，纹饰因磨光不清晰。口径21.92、沿宽2.16、残高18.04厘米（图一三八，3）。标本W99：3，夹云母红褐陶，整体呈红褐色，略偏黄。方唇，窄折沿。内、外壁较光滑。残高2.2厘米（图一三八，4）。

W100　位于Ⅲ区T73东部。开口于第②层下，打破第③层。椭圆形土坑竖穴墓，东西向，北偏东约68°。墓壁较直，墓底较平整。墓葬东西长1.1、南北宽0.54、深0.35米（图一三九，1）。葬具为陶釜3件（图一三九，2—4），自东向西由釜（W100：1）—釜（W100：2）—釜（W100：3）组合而成，其中釜（W100：1）口部与釜（W100：2）口部对接，釜（W100：3）口部套接于釜（W100：2）底部。

陶釜　3件。标本W100：1，夹云母红褐陶，内壁口部呈红褐色，腹上部红褐色发黑，外壁呈黑色，有红褐色斑驳。敛口，圆唇，折沿，沿面内弧，内沿呈凸棱状，腹微鼓，最大径在腹上部，斜弧收，底部缺失。器形不甚规整，腹中部凹凸不平，内、外壁较粗糙。口沿下施弦纹，腹中部施竖向绳纹，局部磨光不清。口径31.64、沿宽3.32、残高24.32厘米（图一三九，2；图版三三，4）。标本W100：2，夹云母红褐陶，内壁腹上部呈红褐色，腹中部发黑，局部红褐色，外壁通体呈红褐色，

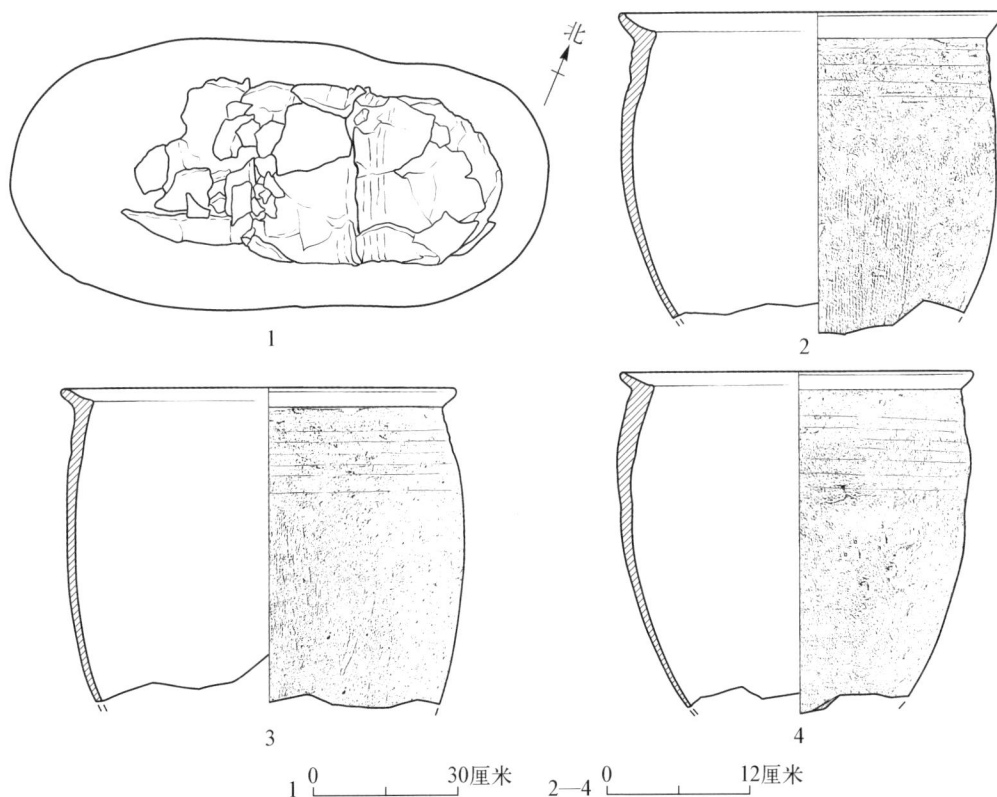

图一三九　W100平面图及葬具

1. W100平面图　2—4. 陶釜（W100：1、W100：2、W100：3）

局部发黑。敛口,圆唇,窄折沿,沿面微弧,内沿呈凸棱状,腹微鼓,底部缺失。器形不甚规整,腹上部凹凸不平。口沿下施弦纹,局部零星施竖向绳纹。口径32.2、沿宽2.72、残高24.88厘米(图一三九,3;图版三三,5)。标本W100:3,夹云母黄褐陶,含云母量极少,通体呈红褐色,略偏黄,胎芯呈红褐色,内壁口部局部发黑,外壁腹上部至腹中部呈黄褐色,有黑色斑驳,腹下部呈红褐色,局部发黑。敛口,圆唇,窄折沿,沿面微弧,内沿呈凸棱状,腹微鼓,最大径在腹中部,斜弧收,底部缺失。器形不甚规整,腹部凹凸不平,内、外壁较光滑。口沿下施弦纹,腹中部至腹下部施竖向绳纹,纹饰局部磨光不清。口径29.2、沿宽2.92、残高26.76厘米(图一三九,4;图版三三,6)。

W101　位于Ⅲ区T74中部偏西。开口于第②层下,打破第③层。椭圆形土坑竖穴墓,西南—东北向,北偏东约60°。墓圹后期遭破坏,墓壁较直,墓底较平整。墓内填土为灰褐土。墓葬南北长0.8、东西宽0.56、深0.34米(图一四〇,1)。葬具为陶釜2件(图一四〇,2、3),另发现陶瓮片1件(图一四〇,4),自北向南为釜(W101:1)口部与釜(W101:2)口部对接,瓮片(W101:3)用于封堵釜(W101:2)的底部。

陶釜　2件。标本W101:1,夹云母红褐陶,内壁呈红褐色,局部呈黄褐色,外壁腹上部至腹中部呈灰褐色,局部呈红褐色,有黑色斑驳,腹下部至底部发黑。敛口,圆唇,窄折沿,沿面内弧,内沿呈凸棱状,微鼓腹,最大径在腹上部,腹下部弧收,腹底分界不清,圜底。器形不甚规整,器表

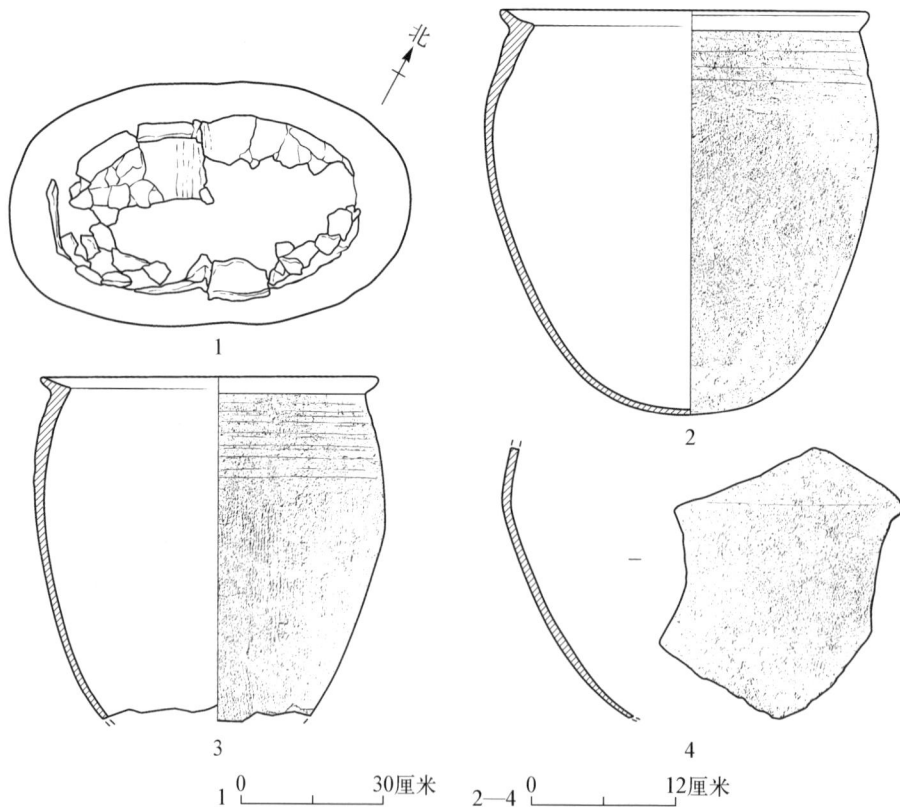

图一四〇　W101平面图及葬具

1. W101平面图　2、3. 陶釜(W101:1、W101:2)　4. 陶瓮(W101:3)

凹凸不平,内壁较光滑,外壁较粗糙。器表沿下近腹上部施弦纹,腹中部零星可见竖向细绳纹,纹饰因磨光不清晰。口径30.12、沿宽2.92、腹径32.08、高32.2厘米(图一四〇,2;图版三四,1)。标本W101:2,夹云母红褐陶,内壁通体呈红褐色,有黑色斑驳,外壁腹上部局部呈红褐色,有黑色斑驳,腹中部至腹下部发黑,局部有红褐色斑驳。敛口,圆唇,窄折沿,沿面微弧,内沿呈凸棱状,口部有棱状凸起,腹微鼓,最大径在腹上部,腹下部斜弧收,底部缺失。器形不甚规整,腹部凹凸不平,内、外壁较光滑。器表沿下近腹上部施弦纹,腹中部至腹下部施竖向绳纹,局部纹饰因磨光不清晰。口径27.88、沿宽2.52、腹径29.12、残高27.2厘米(图一四〇,3;图版三四,2)。

陶瓮　1件。标本W101:3,泥质灰陶,内壁呈灰色,外壁呈灰褐色。腹底分界不明显,平底。内、外壁较光滑。素面。残高21.6厘米(图一四〇,4)。

W102　位于Ⅲ区T64东隔梁南部。开口于第②层下,打破生土层。圆角三角形土坑竖穴墓,西南—东北向,北偏东约45°。墓圹后期遭破坏,墓壁较直,墓底较平整。墓葬南北长1.33、

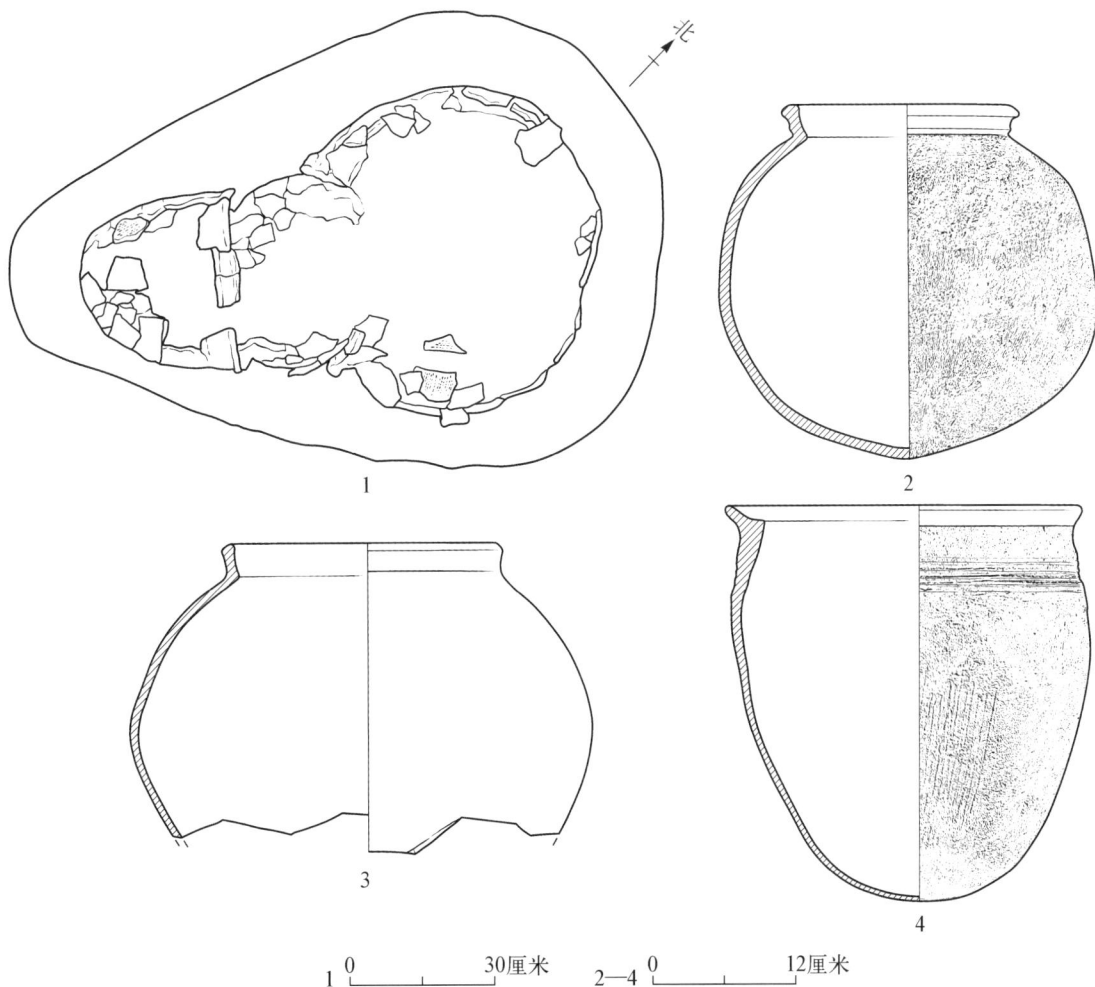

图一四一　W102平面图及葬具

1.W102平面图　2.陶瓮(W102:1)　3.陶罐(W102:2)　4.陶釜(W102:3)

东西宽 0.62—0.92、深 0.66 米(图一四一,1；图版五,1)。葬具为陶瓮 1 件、陶罐 1 件、陶釜 1 件(图一四一,2—4),自北向南由瓮(W102:1)—罐(W102:2)—釜(W102:3)组合而成,其中瓮(W102:1)口部套接于罐(W102:2)底部,釜(W102:3)口部套接于罐(W102:2)口部。瓮(W102:1)内发现头骨。

陶瓮 1 件。标本 W102:1,泥质黄褐陶,器内、外壁通体皆呈黄褐色,腹下部至底部局部发黑。直口,圆唇,束颈,颈部有一周凸棱,球形腹,腹下部弧收,腹底分界不明显,尖圜底。器形较规整,内、外壁较光滑。器表肩部至底部通体施竖向绳纹,近底部施弦纹与竖向绳纹,绳纹呈条带状,纹饰局部磨光不清。口径 19.56、腹径 31.2、高 28.24 厘米(图一四一,2；图版三四,3)。

陶罐 1 件。标本 W102:2,泥质灰陶,内壁通体呈灰色,外壁通体呈灰色,局部灰褐色。敛口,方唇,短颈,溜肩,鼓腹,底部缺失。器形较规整,内、外壁较光滑。器表通体施弦纹,腹中部可见刮抹痕。口径 21.8、腹径 37.72、残高 23.44 厘米(图一四一,3；图版三四,4)。

陶釜 1 件。标本 W102:3,夹云母红褐陶,内壁通体呈红褐色,局部微发黑,外壁口部近腹上部红褐色偏黄,腹上部至底部微发黑,局部呈橘红色。敛口,圆唇,窄折沿,沿面内弧,内沿呈凸棱状,微鼓腹,最大径在腹上部,腹下部弧收,腹底分界不清,圜底。器形不甚规整,内、外壁较光滑。器表腹上部施四周弦纹,腹中部至底部施竖向绳纹,纹饰因磨光不清晰。口径 29.48、沿宽 3.2、腹径 29.64、高 31.44 厘米(图一四一,4；图版三四,5)。

W103 位于Ⅲ区 T75 北部偏东。开口于第②层下,打破生土层。椭圆形土坑竖穴墓,西南—东北向,北偏东约 40°。墓圹后期遭破坏,墓壁较直,墓底较平整。墓葬南北长 1.04、东西宽 0.54、深约 0.33 米(图一四二,1)。葬具为陶釜 3 件(图一四二,2—4),自北向南由釜(W103:1)—釜(W103:2)—釜(W103:3)组合而成,其中釜(W103:1)口部与釜(W103:2)口部对接,釜(W103:3)口部套接于釜(W103:2)底部。

陶釜 3 件。标本 W103:1,夹云母红褐陶,内壁通体呈红褐色,略偏黄,腹下部有黑色斑驳,外壁唇部近腹上部呈黄褐色,腹上部至腹下部发黑,局部呈黄褐色。敛口,圆唇,窄折沿,沿面微弧,内沿呈凸棱状,腹微鼓,腹下部斜弧收,底部缺失。器形不甚规整,腹上部凹凸不平,内、外壁较光滑。口沿下施弦纹,腹上部至腹下部施竖向细绳纹,纹饰因磨光不清晰。口径 28.4、沿宽 2.68、残高 27.92 厘米(图一四二,3；图版三四,6)。标本 W103:2,夹云母黄褐陶,胎芯红褐色,内壁通体呈黄褐色,局部发黑,外壁腹上部呈黄褐色,局部微发黑,腹中部至腹下部发黑,局部呈黄褐色。敛口,圆唇,窄折沿,沿面内弧,内沿呈凸棱状,腹微鼓,最大径在腹上部,腹下部斜弧收,底部缺失。器形不甚规整,腹中部有凹陷,内、外壁较光滑。口沿下施弦纹,局部施竖向绳纹,纹饰因磨光不清晰。口径 29.68、沿宽 2.48、残高 26.68 厘米(图一四二,4；图版三五,1)。标本 W103:3,夹云母红褐陶,内壁红色发黑,外壁呈黑色,局部红褐色。侈口,窄折沿,沿面近平,斜直腹。器形不甚规整,腹中部局部凹陷,内、外壁较光滑。腹上部施三周凸弦纹,器表施竖向绳纹,纹饰因磨光不清晰。口径 19.92、残高 21.64 厘米(图一四二,2)。

W104 位于Ⅲ区 T77 中部偏东。开口于第②层下,打破生土层。椭圆形土坑竖穴墓,南北向,北偏东约 12°。墓圹后期遭破坏,墓壁较直,墓底较平整。墓葬南北长 0.9、东西宽 0.5、深 0.4

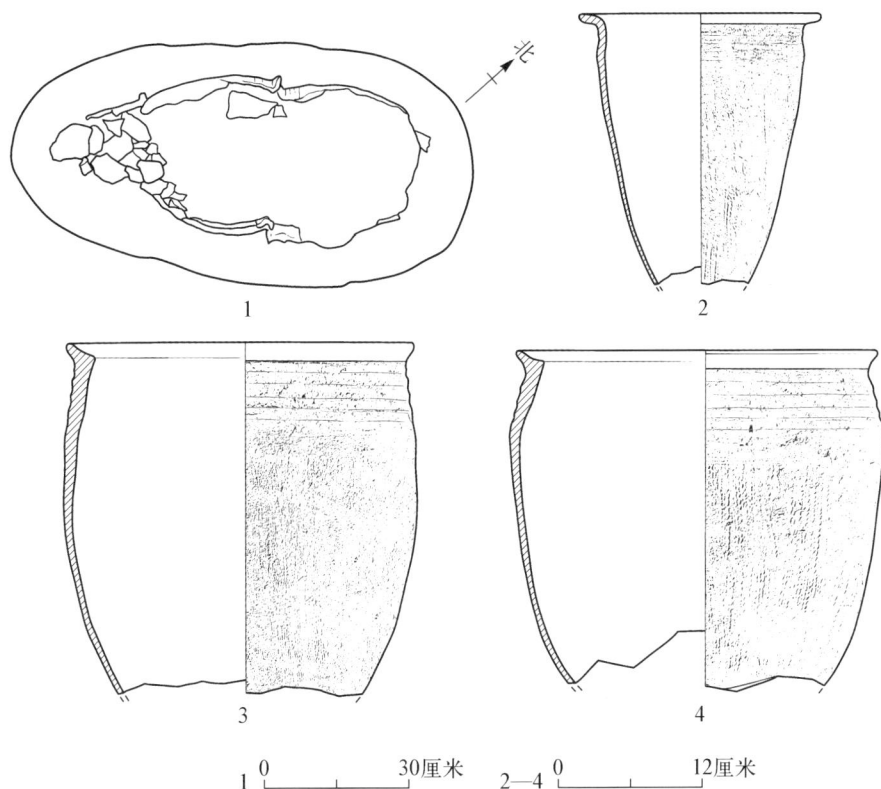

图一四二 W103平面图及葬具
1. W103平面图 2—4. 陶釜（W103∶3、W103∶1、W103∶2）

米（图一四三,1;图版五,2）。葬具为陶釜3件（图一四三,2—4）,自北向南由釜（W104∶1）—釜（W104∶2）—釜（W104∶3）组合而成,其中釜（W104∶1）口部与釜（W104∶2）口部对接,釜（W104∶3）口部套接于釜（W104∶2）底部。葬具内有人骨,保存较差,仰身直肢葬,头骨位于釜（W104∶1）内。

陶釜 3件。标本W104∶1,夹云母黄褐陶,通体黄褐色,局部发黑。侈口,圆唇,宽折沿,沿面内凹成槽,槽部不明显,内沿呈凸棱状,斜直腹,腹下部斜弧收,腹底分界不明显,圜底。器形较规整,内、外壁较光滑。通体施竖向绳纹,底部施交错绳纹,局部磨光不清。口径34.72、沿宽2.6、高33.8厘米（图一四三,2;图版三五,2）。标本W104∶2,夹云母红褐陶,含云母量极少。通体呈红褐色,腹下部局部发黑。侈口,圆唇,宽折沿,沿面内凹成槽,内沿呈凸棱状,斜直腹,斜弧收。器形不甚规整,腹中部凹陷,内、外壁较光滑。通体施竖向细绳纹,局部纹饰因磨光不清晰。口径27.84、沿宽2.72、残高27.8厘米（图一四三,3）。标本W104∶3,夹云母红褐陶,内、外壁腹上部呈红褐色,腹中部发黑,腹中下部至底部呈红褐色,有黑色斑驳,局部为黄褐色。侈口,圆唇,宽折沿,沿面内凹成槽,内沿呈凸棱状,斜直腹,腹下部斜弧收,腹底分界不明显,圜底。器形较规整,内、外壁较光滑。通体施竖向绳纹,局部磨光不清。口径31.68、沿宽2.28、高31.52厘米（图一四三,4;图版三五,3）。

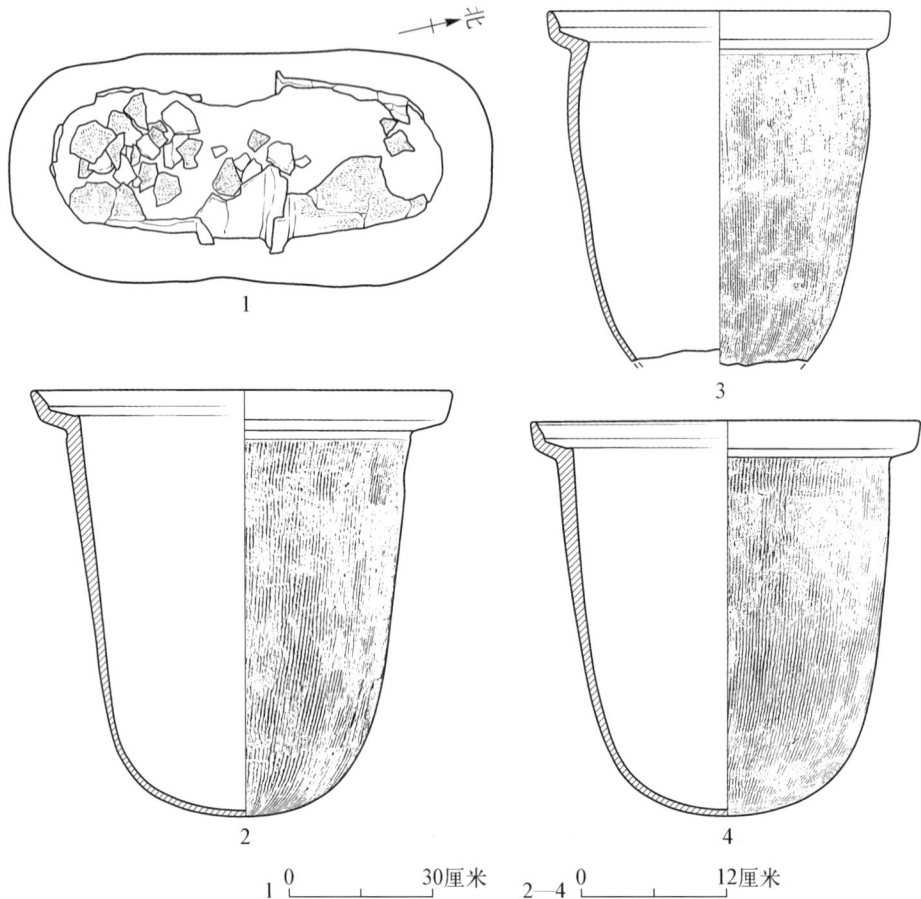

图一四三　W104平面图及葬具

1. W104平面图　2—4. 陶釜（W104：1、W104：2、W104：3）

W105　位于Ⅲ区T77东隔梁内。开口于第②层下，打破W106。椭圆形土坑竖穴墓，西南—东北向，北偏东约36°。墓圹后期遭破坏，墓壁较直，墓底较平整。墓葬南北长0.95、东西宽0.5、深0.32米（图一四四，1；图版五，3）。葬具为陶釜3件（图一四五，1—3），自北向南由釜（W105：1）—釜（W105：2）—釜（W105：3）组合而成，其中釜（W105：1）口部与釜（W105：2）口部对接，釜（W105：3）口部套接于釜（W105：2）底部。

陶釜　3件。标本W105：1，夹云母红褐陶。侈口，尖圆唇，宽折沿，沿面内凹成槽，内沿呈凸棱状，斜直腹，腹下部斜弧收，腹底分界不明显，圜底。器形较规整，内壁较光滑，外壁较粗糙。通体施竖向绳纹，底部施交错绳纹，局部磨光不清。口径32.64、沿宽2.76、高32.2厘米（图一四五，1；图版三五，4）。W105：2，夹云母红褐陶，基本为红褐色，外壁腹下部有大片的黑色斑驳。直口，尖唇，宽折沿，沿面内凹成槽，内沿呈凸棱状，斜直腹，腹下部弧收。器形较规整。通体施斜向绳纹。口径35.68、沿宽2.76、残高28.84厘米（图一四五，2；图版三五，5）。W105：3，夹云母红褐陶，内壁红褐色，腹部局部发黑，底部呈黑色，外壁腹上部呈黄褐色，腹中部至底部红褐色发黑，局部红褐色。直口，圆唇，宽折沿，沿面内凹成槽，内沿呈凸棱状，斜直腹，腹下部斜弧收，腹底分界

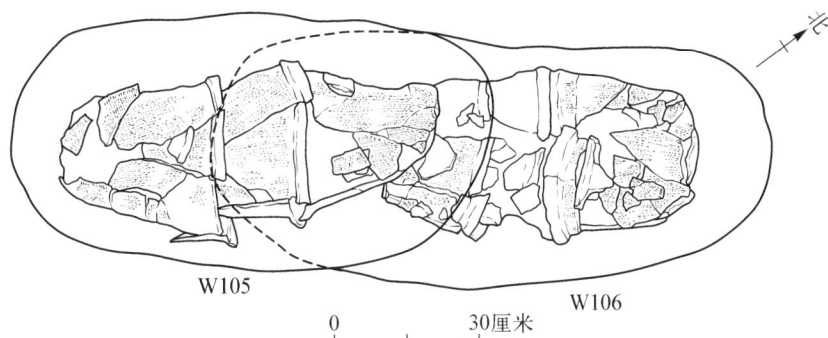

图一四四　W105、W106平面图

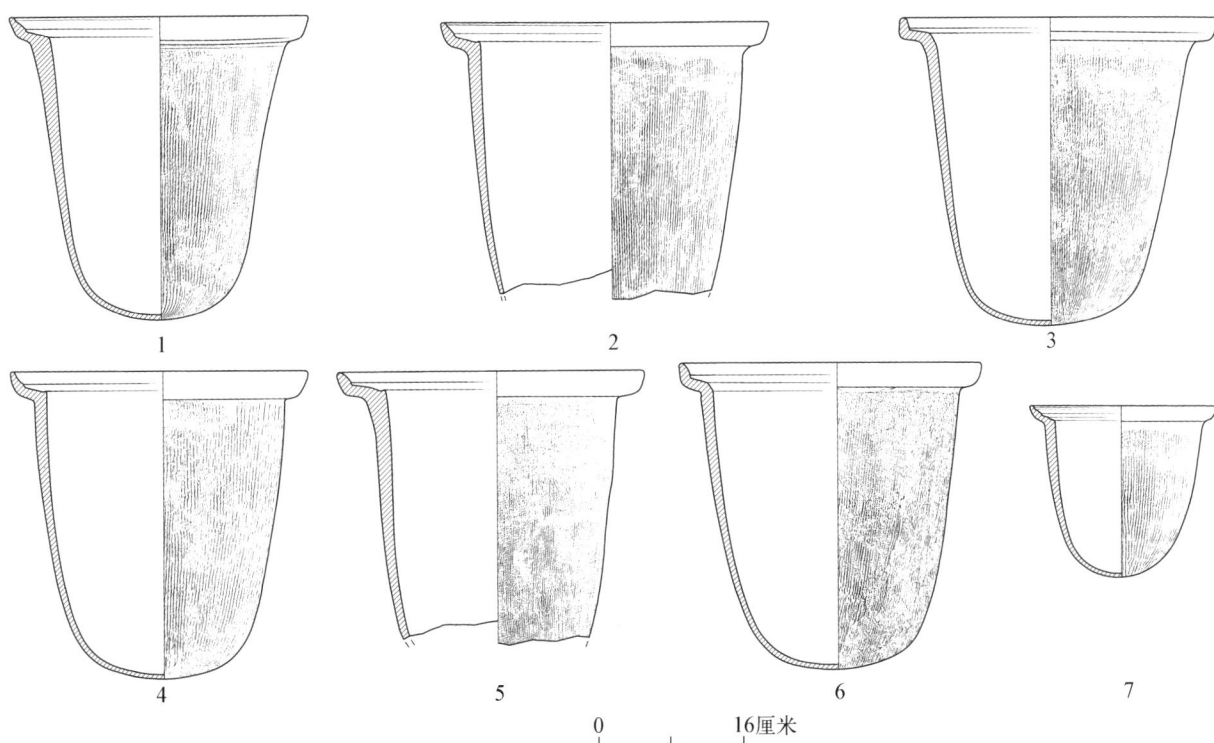

图一四五　W105、W106葬具

1—7. 陶釜（W105：1、W105：2、W105：3、W106：1、W106：2、W106：3、W106：4）

不明显，圜底。器形较规整，内、外壁较光滑。器表通体施竖向绳纹，底部施交错绳纹，局部磨光不清。口径34.64、沿宽2.32、高32.64厘米（图一四五，3；图版三五，6）。

W106　位于Ⅲ区T1西北角，Ⅲ区T88西北伸入Ⅲ区T77东隔梁处。开口于第②层下，被W105打破，打破生土层。椭圆形土坑竖穴墓，西南—东北向，北偏东约36°。墓圹后期遭破坏，墓壁较直，墓底较平整。墓葬南北长0.9、东西宽0.48、深0.36米（图一四四，1；图版五，3）。葬具为陶釜4件（图一四五，4—7），自北向南由釜（W106：1）—釜（W106：2）—釜（W106：3）—釜（W106：4）组合而成，其中釜（W106：1）口部与釜（W106：2）口部对接，釜（W106：3）口部套接于釜(W106∶2)底部,釜(W106∶4)口部套接于釜(W106∶3)底部。葬具内有人骨,保存较差,仰身直肢葬,头骨位于釜(W106∶1)内。

陶釜 4件。标本W106∶1,夹云母红褐陶,通体呈黄褐色,外壁局部红褐色,底部局部发黑。侈口,圆唇,宽折沿,沿面内凹成槽,内沿呈凸棱状,斜直腹,腹下部斜弧收,腹底分界不明显,圜底。器形不甚规整,腹部凹凸不平,内、外壁较光滑。器表通体施竖向绳纹,底部隐约可见交错绳纹,局部因磨光不清晰。口径32.52、沿宽2.62、高32.6厘米(图一四五,4;图版三六,1)。标本W106∶2,夹云母红褐陶,内、外壁腹部呈红褐色,中下部有黑色斑驳,下部局部黄褐色。侈口,圆唇,宽折沿,沿面内凹成槽,沿面斜弧,内沿呈凸棱状,斜直腹,底部缺失。器形较规整,内壁较光滑,器外壁较粗糙。器表通体施竖向细绳纹,腹下部绳纹近方格状,腹上部纹饰因磨光不清晰。口径33.44、沿宽3.6、残高28.4厘米(图一四五,5;图版三六,2)。标本W106∶3,夹云母红褐陶,器内壁通体红褐色,底部微发黑,器外壁腹上部红褐色偏黄,腹中下部呈黑色,有红褐色斑驳,底部呈黄褐色。侈口,圆唇,宽折沿,沿面内凹成槽,内沿呈凸棱状,斜直腹,腹下部斜弧收,腹底分界不明显,圜底。器形较规整,内、外壁较光滑。通体施竖向绳纹,局部纹饰因磨光不清晰。口径33.28、沿宽2.04、高32.56厘米(图一四五,6;图版三六,3)。标本W106∶4,夹云母红褐陶,含云母量极少,通体红褐色,外壁局部有黑色斑驳。侈口,圆唇,宽折沿,沿面内凹成槽,内沿呈凸棱状,斜直腹,腹下部斜弧收,腹底分界不明显,圜底。器形不甚规整,腹下部有凹陷。通体施竖向绳纹,底部隐约可见交错绳纹,局部磨光不清。口径20.4、沿宽1.68、高18.24厘米(图一四五,7;图版三六,4)。

W107 位于Ⅲ区T2西南部和Ⅲ区T89西南部。开口于第②层下,打破生土层。椭圆形土坑竖穴墓,西南—东北向,北偏东约17°。墓圹遭后期破坏,墓壁较直,墓底较平整。墓葬南北长约1、东西宽约0.5、深约0.31米(图一四六,1)。葬具为陶釜3件(图一四六,2—4),自北向南由釜(W107∶1)—釜(W107∶2)—釜(W107∶3)组合而成,其中釜(W107∶1)口部与釜(W107∶2)口部对接,釜(W107∶3)口部套接于釜(W107∶2)底部。釜(W107∶1)内有人骨,保存较差,仰身葬,头向北。

陶釜 3件。标本W107∶1,夹云母红褐陶,内壁沿面发黑,腹上部至底部红褐色发黄,外壁腹上部至腹中部呈红褐色,局部发黑,腹下部至底部呈灰褐色。侈口,圆唇,宽折沿,沿面内凹成槽,槽部不明显,内沿呈凸棱状,斜直腹,腹下部斜弧收,腹底分界不明显,圜底。器形不甚规整,底部倾斜,内壁较光滑,外壁较粗糙。通体施竖向绳纹,底部施交错绳纹,腹上部纹饰因磨光不清晰。口径33.6、沿宽2.6、高31.32厘米(图一四六,2;图版三六,5)。标本W107∶2,夹云母红褐陶,含云母量极少,腹上部呈红褐色,腹中下部呈黑色,局部红褐色。侈口,尖圆唇,宽折沿,沿面内凹成槽,内沿呈凸棱状,斜直腹,斜弧收,底部缺失。器形不甚规整,腹中部凹凸不平,内壁光滑,外壁较光滑。通体施竖向绳纹,纹饰因磨光不清晰。口径31、沿宽1.96、残高26.4厘米(图一四六,3;图版三六,6)。标本W107∶3,夹云母红褐陶,内壁通体红褐色,近底部局部发黑,外壁腹上部呈红褐色,腹中下部至底部发黑。侈口,圆唇,宽折沿,沿面内凹成槽,内沿呈凸棱状,斜直腹,腹下部斜弧收,腹底分界不明显,圜底。器形较规整,内壁较光滑,外壁较粗糙。器表通

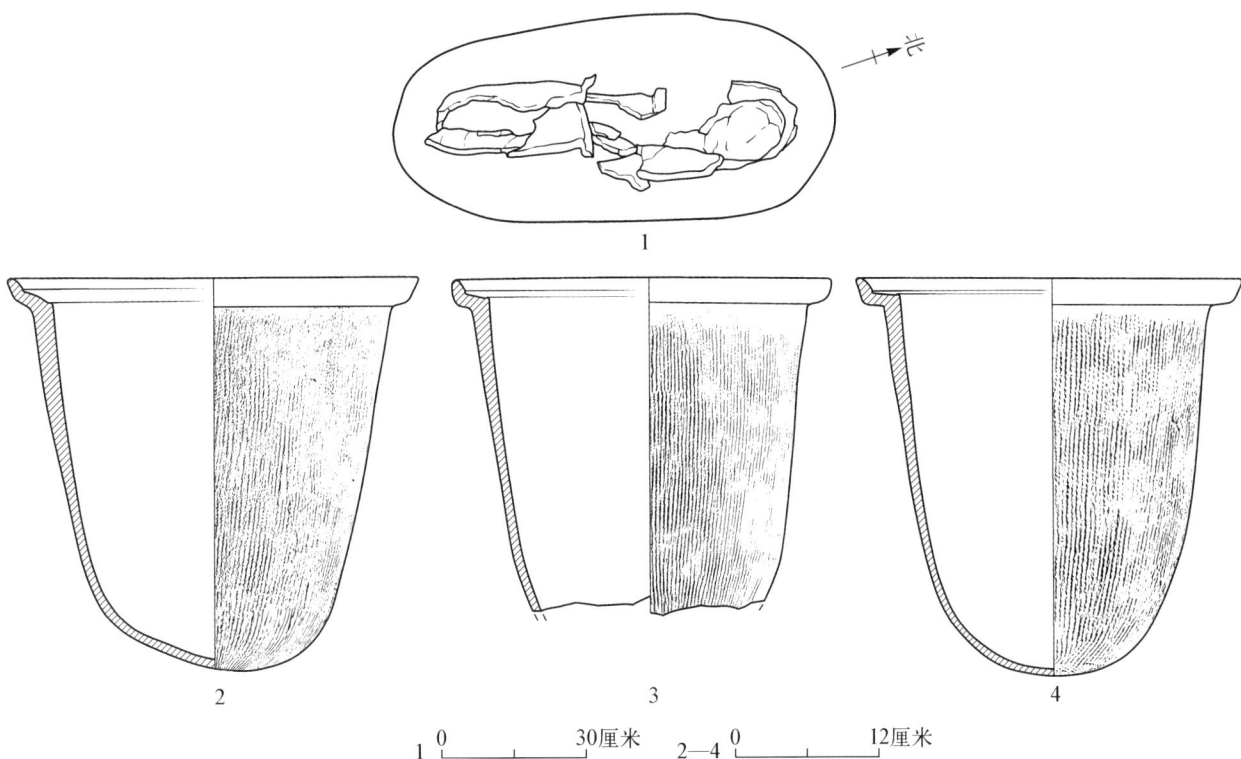

图一四六　W107平面图及葬具

1. W107平面图　2—4. 陶釜（W107：1、W107：2、W107：3）

体施竖向粗绳纹,底部隐约可见交错绳纹,局部磨光不清。口径31.84、沿宽22、高31.64厘米（图一四六,4;图版三七,1）。

W108　位于Ⅲ区T78中部偏南。开口于第②层下。圆角长方形土坑竖穴墓,西南—东北向,北偏东20°。墓圹后期遭破坏,墓壁较直,墓底较平整。墓葬南北长1.01、东西宽0.46、深0.34米（图一四七,1）。葬具为陶釜3件（图一四七,2—4）,自北向南由釜（W108：1）—釜（W108：2）—釜（W108：3）组合而成,其中釜（W108：1）口部与釜（W108：2）口部对接,釜（W108：3）口部套接于釜（W108：2）底部。釜（W108：1）内有人骨,保存较差,仰身葬,头向北。

陶釜　3件。标本W108：1,夹云母红褐陶,内壁通体呈红褐色,底部呈黄褐色,外壁腹中上部呈红褐色,腹中下部至底部呈黑色,局部呈红褐色。侈口,圆唇,宽折沿,沿面内凹成槽,内沿呈凸棱状,斜直腹,腹下部斜弧收,腹底分界不明显,圜底。器形不甚规整,腹下部凹凸不平,内、外壁较光滑。通体施竖向绳纹,底部隐约可见交错绳纹,局部磨光不清。口径29.48、沿宽1.8、高30.88厘米（图一四七,2;图版三七,2）。标本W108：2,夹云母红褐陶,外壁腹中部至腹下部呈黑色。直口,尖圆唇,宽折沿,沿面内凹成槽,槽部不明显,内沿呈凸棱状,斜直腹,腹下部弧收。器形较规整,内、外壁较光滑。外壁腹中部施竖向粗绳纹。口径31.76、沿宽2、残高30厘米（图一四七,3;图版三七,3）。标本W108：3,夹云母黄褐陶,侈口,尖圆唇,宽折沿,沿面内凹成槽,内沿呈凸棱状,斜直腹,斜弧收,底部缺失。器形不甚规整,腹下部凹凸不平,内、外壁较光滑。通

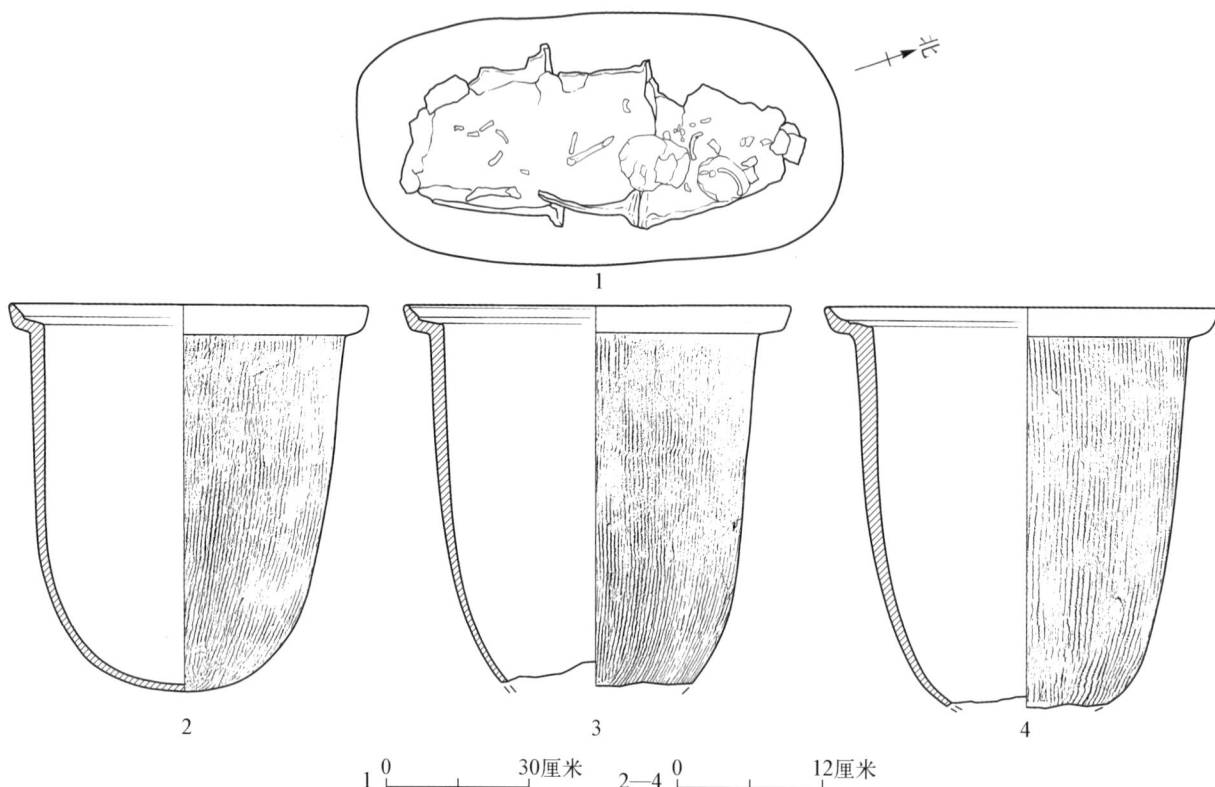

图一四七　W108平面图及葬具

1. W108平面图　2—4. 陶釜（W108：1、W108：2、W108：3）

体施竖向粗绳纹，局部纹饰因磨光不清晰。口径32.08、沿宽2.04、残高31.7厘米（图一四七，4；图版三七，4）。

　　W109　位于Ⅲ区T78东北关键柱内。开口于第②层下。不规则椭圆形土坑竖穴墓，西南—东北向，北偏东约43°。墓壁较直，墓底较平整。墓内填土为灰褐土，土质较软，出土有残缺牙齿等。墓葬南北长0.92、东西宽0.52、深约0.45米（图一四八，1；图版六，1）。葬具为陶盆1件、陶釜2件（图一四八，2—4），自北向南由盆（W109：1）—釜（W109：2）—釜（W109：3）组合而成，其中盆（W109：1）口部与釜（W109：2）口部对接，釜（W109：3）口部套接于釜（W109：2）底部。出土有人骨，保存较差，年龄约为4—5岁。

　　陶盆　1件。标本W109：1，泥质灰陶。敞口，近方唇，卷沿，微鼓腹，弧收，平底。器形较规整，内、外壁较光滑。腹上部施弦纹，纹饰因磨光不清晰。口径36.4、底径16.12、高23厘米（图一四八，2；图版三七，5）。

　　陶釜　2件。标本W109：2，夹云母红褐陶，通体呈红褐色，腹中部局部微发黑。侈口，尖圆唇，宽折沿，沿面内凹成槽，内沿呈凸棱状，斜直腹，斜弧收，底部缺失。器形不甚规整，腹中部凹凸不平，内壁较光滑，外壁较粗糙。通体施竖向绳纹，腹上部纹饰因磨光不清晰。口径30.3、沿宽1.8、残高30厘米（图一四八，3；图版三七，6）。标本W109：3，夹云母红褐陶，内壁呈红褐色，底部

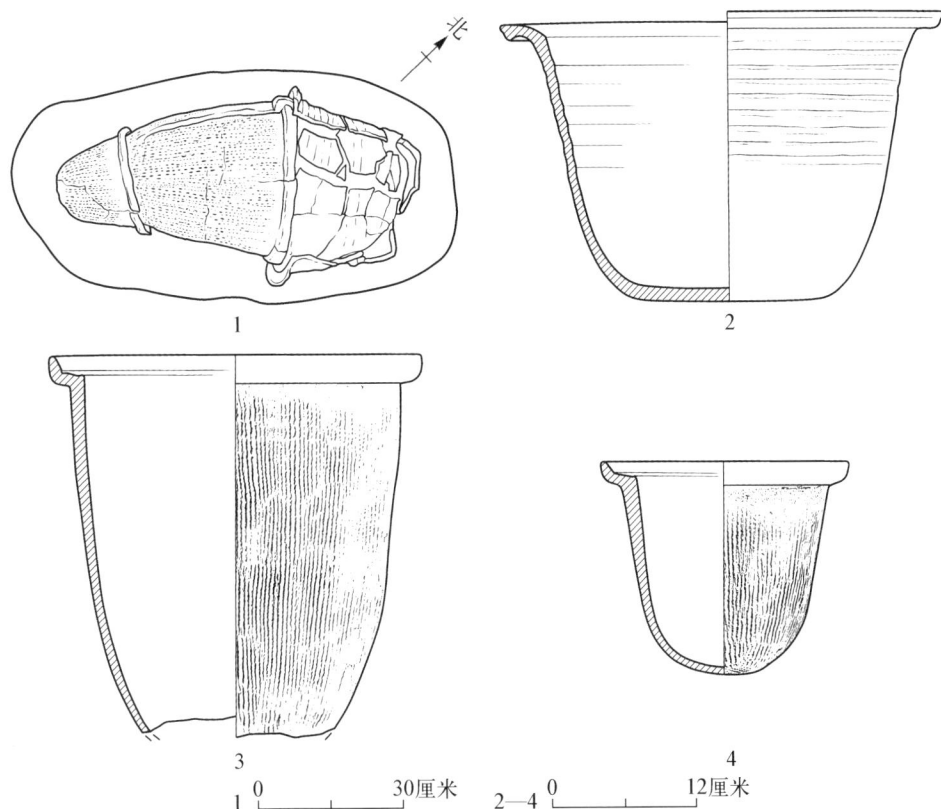

图一四八　W109平面图及葬具

1. W109平面图　2. 陶盆（W109∶1）　3、4. 陶釜（W109∶2、W109∶3）

有黑色斑驳,外壁腹上部以红褐色为主,局部呈黑色,腹下部至底部发黑,局部呈红褐色。侈口,尖圆唇,宽折沿,沿面内凹成槽,内沿呈凸棱状,斜直腹,腹下部斜弧收,腹底分界不明显,圜底近平。器形较规整,内、外壁较光滑。通体施竖向绳纹,底部局部施交错绳纹,近腹上部纹饰因磨光不清晰。口径20.5、沿宽1.8、高17厘米(图一四八,4;图版三八,1)。

　　W110　位于Ⅲ区T79东部。开口于第②层下,打破生土层。椭圆形土坑竖穴墓,东西向,北偏东约96°。墓圹后期遭破坏,墓壁较直,墓底较平整。墓葬东西长1.1、南北宽0.5—0.65、深0.2米(图一四九,1)。葬具为陶盆4件、陶釜1件(图一四九,2—6),自东向西由盆(W110∶1)—盆(W110∶2)—釜(W110∶3)—盆(W110∶4)—盆(W110∶5)组合而成,其中盆(W110∶1)口部与盆(W110∶2)口部对接,釜(W110∶3)口部套接于盆(W110∶2)底部,盆(W110∶4)底部套接于釜(W110∶3)底部,盆(W110∶4)口部与盆(W110∶5)口部对接。

　　陶盆　4件。标本W110∶1,泥质灰陶,通体呈灰色,外壁腹上部有黑色斑驳。敞口,方唇,卷沿,腹微鼓,弧收,腹底分界不明显,平底。器形较规整,内、外壁较光滑。器表基本素面,局部可见绳纹,纹饰因磨光不清晰。口径40.5、底径13.68、高25.4厘米(图一四九,2;图版三八,2)。标本W110∶2,泥质灰陶。敞口,方唇,卷沿,腹微鼓,最大径在腹中部,弧收,底部缺失。器形较规整,内、外壁较光滑。腹中下部施斜向细绳纹,局部纹饰因磨光不清晰。口径39.6、沿宽2.2、残高

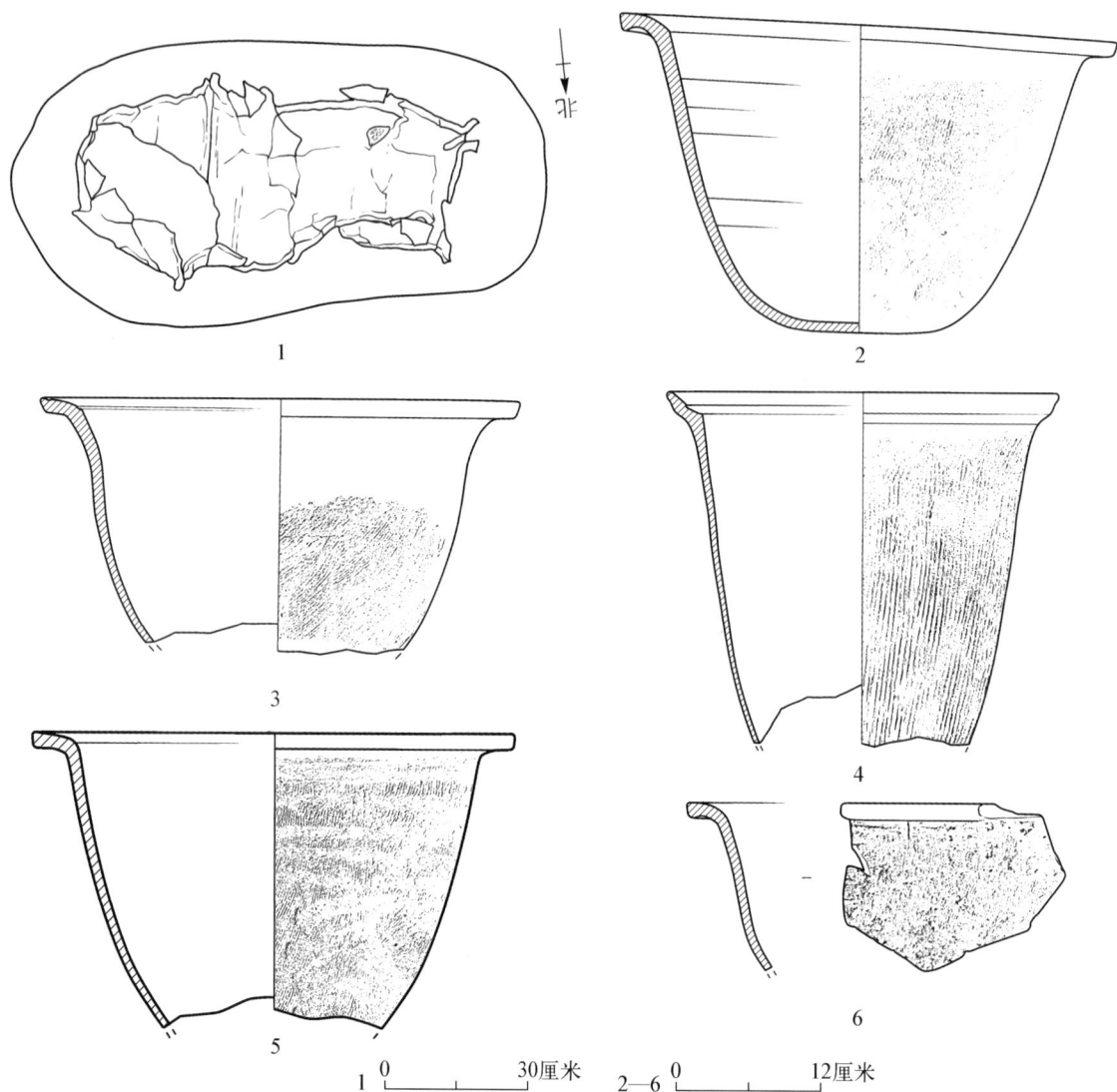

图一四九　W110平面图及葬具

1. W110平面图　2、3、5、6. 陶盆（W110∶1、W110∶2、W110∶4、W110∶5）　4. 陶釜（W110∶3）

20厘米（图一四九,3；图版三八,3）。标本W110∶4,泥质灰陶,内壁黄褐色,外壁灰褐色。敞口,方唇,卷沿,弧腹。内、外壁较光滑。腹上部施竖向绳纹,纹样呈条带状,腹下部施竖向绳纹与斜向绳纹,局部构成交错绳纹。口径39.9、残高22.02厘米（图一四九,5）。标本W110∶5,泥质灰陶,通体灰褐色。敞口,方唇,卷沿,斜直壁。内、外壁较光滑。器表隐约可见斜向绳纹与竖向绳纹,纹饰因磨光不清晰。残高14厘米（图一四九,6）。

　　陶釜　1件。标本W110∶3,夹云母黄褐陶,通体呈黄褐色,内壁局部呈红褐色。侈口,圆唇,宽折沿,沿面内凹成槽,内沿呈凸棱状,斜直腹。器形不甚规整,腹上部有凹陷,内壁较光滑,外壁较粗糙。器表腹上部施斜向绳纹与竖向绳纹,局部构成交错绳纹,腹部施竖向细绳纹,腹下部局部纹饰因磨光不清晰。口径32、沿宽1.6、残高28厘米（图一四九,4）。

W111　位于Ⅲ区T79西北部。开口于第②层下，打破生土层。长方形土坑竖穴墓，西南—东北向，北偏东约42°。墓圹后期遭破坏，墓壁较直，墓底较平整。墓葬南北长0.85、东西宽0.46、深约0.28米（图一五〇，1）。因破坏严重，葬具为陶釜1件（图一五〇，2），另有陶罐片1件（图一五〇，3）。

陶釜　1件。标本W111：1，夹云母红褐陶，通体红褐色偏黄。侈口，圆唇，宽折沿，沿面内凹成槽，内沿呈凸棱状，斜直腹，斜弧收。内、外壁较粗糙。器表通体施竖向粗绳纹，局部纹饰因磨光不清晰。口径29、残高20.7厘米（图一五〇，2）。

陶片　1件。标本W111：2，泥质灰陶。内、外壁较粗糙。器表隐约可见竖向绳纹，纹饰因磨光不清晰。残高6.8厘米（图一五〇，3）。

W112　位于Ⅲ区T79北隔梁内。开口于第②层下，打破生土层。不规则椭圆形土坑竖穴墓，西南—东北向，北偏东约44°。墓壁较直，墓底较平整。墓葬南北长0.99、东西宽0.45、深0.35米（图一五一，1）。葬具为陶釜3件（图一五一，2—4），自北向南由釜（W112：1）—釜（W112：2）—釜（W112：3）组合而成，其中釜（W112：1）口部与釜（W112：2）口部对接，釜（W112：3）口部套接于釜（W112：2）底部。

陶釜　3件。标本W112：1，夹云母黄褐陶，胎芯呈红褐色，内壁腹上部呈红褐色，腹中部至腹下部发黑，有黄褐色斑驳，底部呈黄褐色，外壁腹上部呈黄褐色，局部发黑，腹中部至腹下部呈黑色，局部呈黄褐色，底部黄褐色发黑。敛口，圆唇，窄折沿，沿面内弧，内沿呈凸棱状，微鼓腹，最

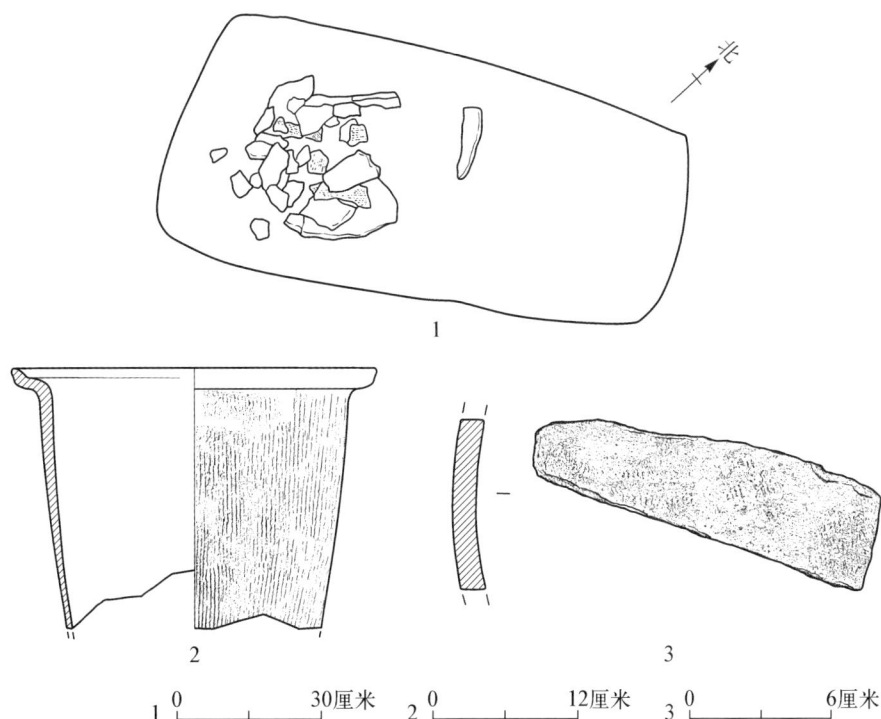

图一五〇　W111平面图及葬具
1. W111平面图　2. 陶釜（W111：1）　3. 陶片（W111：2）

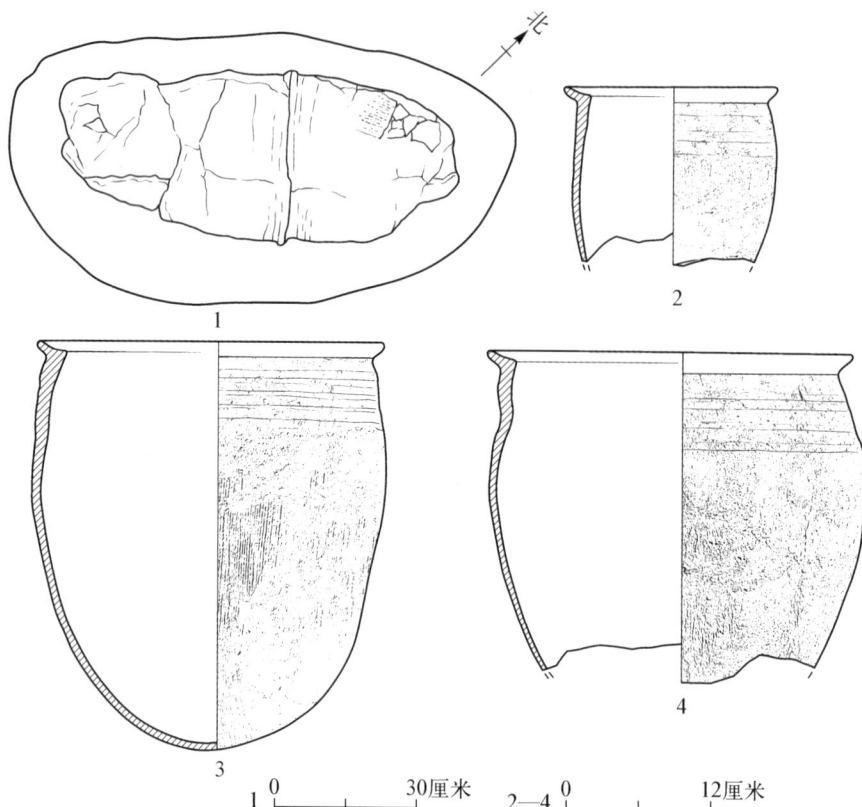

图一五一　W112平面图及葬具

1. W112平面图　2—4. 陶釜（W112：3、W112：1、W112：2）

大径在腹上部，腹下部弧收，腹底分界不明显，圜底。器形不甚规整，腹部凹凸不平，内、外壁较光滑。口沿下施弦纹，腹中部至底部施竖向细绳纹，局部磨光不清。口径28.6、沿宽2.48、腹径29.3、高32.5厘米（图一五一，3；图版三八，4）。标本W112：2，夹云母红褐陶，内壁腹上部呈红褐色，腹中部有黑色斑驳，腹下部红褐色发黑，外壁通体发黑，局部有红褐色斑驳。敛口，圆唇，窄折沿，沿面微弧，内沿呈凸棱状，腹微鼓，最大径在腹上部，弧收，底部缺失。器形不甚规整，腹部凹凸不平，内、外壁较光滑。口沿下施弦纹，腹中下部隐约可见竖向绳纹，磨光不清。口径29.8、沿宽2.5、腹径30.7、残高25.4厘米（图一五一，4；图版三八，5）。标本W112：3，夹云母红褐陶，内壁通体红褐色，腹中部局部发黑，外壁通体红褐色发黑，腹上部局部红褐色。敛口，圆唇，窄折沿，沿面微弧，内沿呈凸棱状，腹微鼓，最大径在腹上部，底部缺失。器形不甚规整，腹上部凹凸不平，内、外壁较粗糙。器表纹饰因磨光不清晰。口径17.4、沿宽2.3、腹径16.7、残高14厘米（图一五一，2；图版三八，6）。

W113　位于Ⅲ区T81东南部。开口于第②层下，打破生土层。椭圆形土坑竖穴墓，西南—东北向，北偏东约33°。墓圹北部被扰沟破坏，墓底较平整。墓葬南北长度不明，东西宽0.35、深0.28米（图一五二，1）。因破坏严重，仅存一块釜片（W113：1），口部向北（图一五二，2）。

陶釜　1件。标本W113：1，夹云母红褐陶。内、外壁较光滑。器表施绳纹。残高7.6厘米（图一五二，2）。

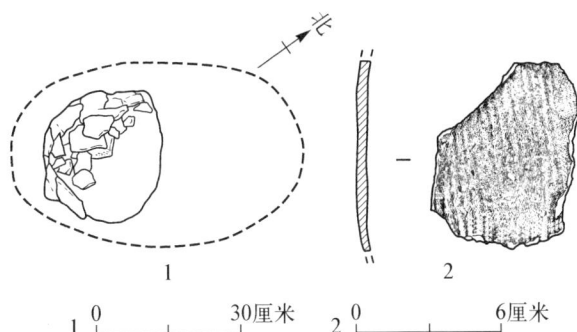

图一五二 W113平面图及葬具
1. W113平面图 2. 陶釜（W113∶1）

W114 位于Ⅲ区T81东隔梁内。开口于第②层下，打破生土层。椭圆形土坑竖穴墓，西南—东北向，北偏东约60°。墓圹后期遭破坏，墓底较平整。墓葬平面规模不明，深约0.05米（图一五三，1）。因破坏严重，仅存一块釜（W114∶1）口沿残片（图一五三，2）。

陶釜 1件。标本W114∶1，夹云母红褐陶。圆唇，折沿。素面。残高3.4厘米（图一五三，2）。

W115 位于Ⅲ区T81西北部隔梁。开口于第②层下，打破生土层。西南—东北向，北偏东约60°。墓圹后期遭破坏，墓底较平整。墓葬规模不明（图一五四，1）。因破坏严重，推测葬具组合为盆（W115∶1）1件、釜（W115∶2）1件，组合方式不明（图一五四，2、3）。

陶盆 1件。标本W115∶1，泥质灰陶。内、外壁较光滑。素面。残高10.6厘米（图一五四，2）。

陶釜 1件。标本W115∶2，夹云母红褐陶，内壁橘红色发黑，外壁发黑。内、外壁较光滑。器表施竖向绳纹，纹饰因磨光不清晰。残高10.4厘米（图一五四，3）。

W116 位于Ⅲ区T81东北关键柱内。开口于第②层下，被W117打破，打破生土层。椭圆形土坑竖穴墓，西南—东北向，北偏东约50°。墓圹后期遭破坏，墓壁较直，墓底较平整。墓葬南北残长0.85、东西宽0.5—0.8、深0.6米（图一五五）。葬具为陶瓮1件、陶釜1件、陶甑1件（图一五六，1—3），自北向南由瓮（W116∶1）—釜（W116∶2）—甑（W116∶3）组合而成，其中釜（W116∶2）口部套接于瓮（W116∶1）口部，甑（W116∶3）口部套接于釜（W116∶2）底部。

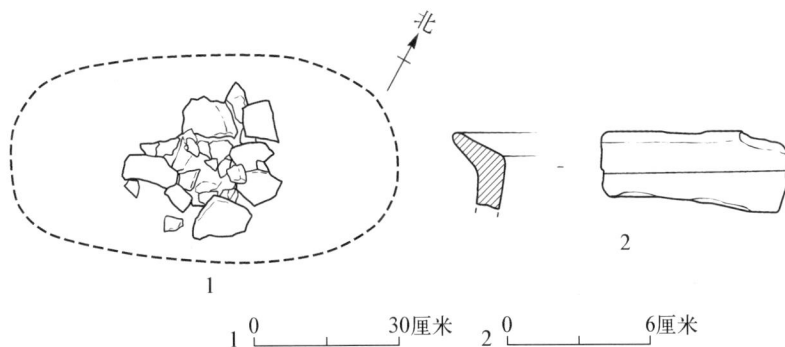

图一五三 W114平面图及葬具
1. W114平面图 2. 陶釜（W114∶1）

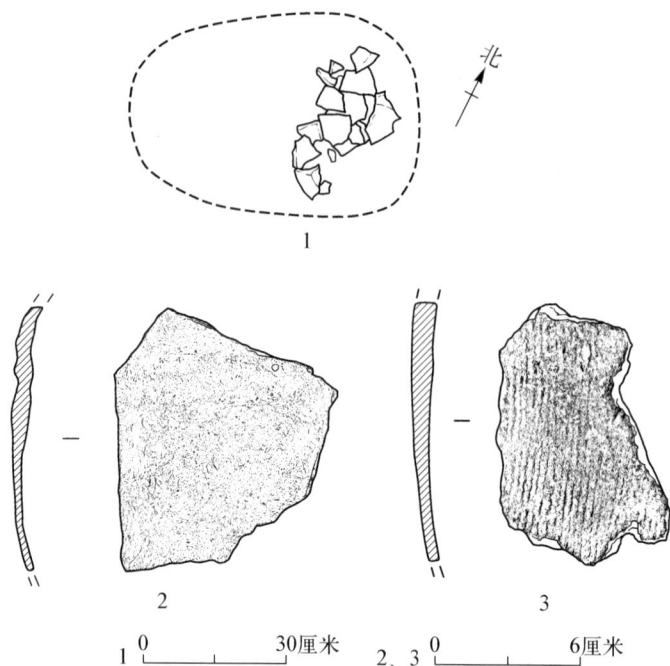

图一五四　W115平面图及葬具

1. W115平面图　2. 陶盆（W115∶1）　3. 陶釜（W115∶2）

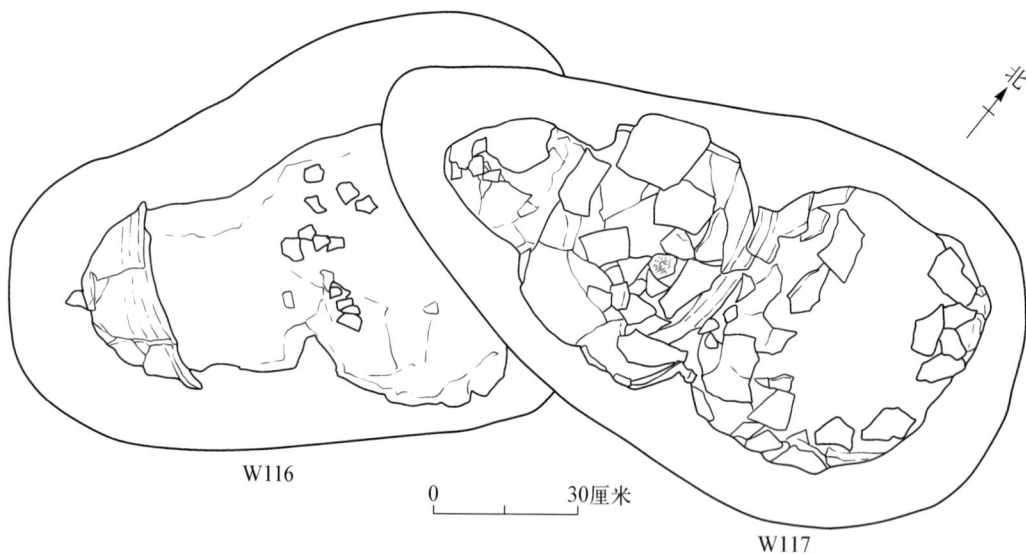

图一五五　W116、W117平面图

　　陶瓮　1件。标本W116∶1，泥质灰陶。内、外壁较光滑。素面。残高8.8厘米（图一五六，1）。

　　陶釜　1件。标本W116∶2，夹云母红褐陶。器表施竖向绳纹，内、外壁较光滑。残高6.6厘米（图一五六，2）。

　　陶甑　1件。标本W116∶3，泥质灰陶。敞口，方唇，卷沿，腹微鼓，最大径在腹中部，弧收，腹底分界不明显，平底，底部有长条状箅孔。器形较规整，内、外壁较光滑。器表基本素面，腹中下

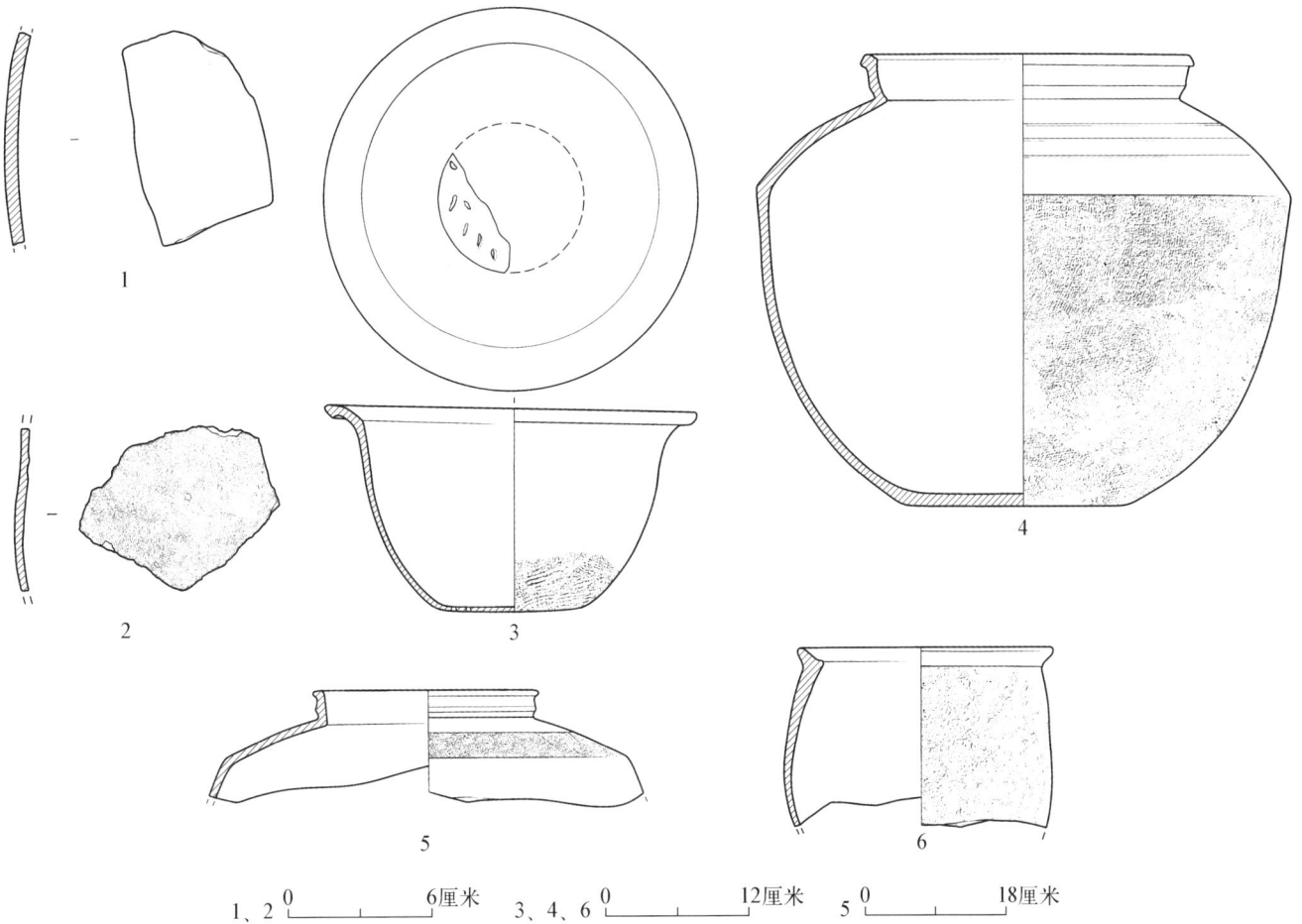

图一五六 W116、W117葬具

1、4、5.陶瓮（W116∶1、W117∶2、W117∶1） 2、6.陶釜（W116∶2、W117∶3） 3.陶甑（W116∶3）

部局部施斜向绳纹。口径30.6、底径11.64、高16.6厘米（图一五六，3；图版三九，1）。

W117 位于Ⅲ区T82东南角。开口于第②层下，打破W116。不规则椭圆形土坑竖穴墓，西南—东北向，北偏东约50°。墓壁后期遭破坏，墓壁较直，墓底较平整。墓葬南北长1.38、东西宽0.5—0.76、深0.65米（图一五五）。葬具为陶瓮2件、陶釜1件（图一五六，4—6），自北向南由瓮（W117∶1）—瓮（W117∶2）—釜（W117∶3）组合而成，其中瓮（W117∶1）口部与瓮（W117∶2）口部对接，釜（W117∶3）口部套接于瓮（W117∶2）底部。

陶瓮 2件。标本W117∶1，泥质灰陶。直口，圆唇，唇下部有一周尖棱凸起，折肩。器形较规整，内、外壁皆光滑。外壁肩部施一周回形纹，纹饰呈条带状。口径27.66、腹径53.4、残高13.92厘米（图一五六，5）。标本W117∶2，泥质灰陶。敛口，方唇，束颈，颈部有一周凸棱，折肩，腹下部弧收，腹部与底部分界不明显，平底。器形较规整，内、外壁较光滑。器表肩部隐约可见三周弦纹，腹上部施竖向细绳纹，腹中部施交错绳纹，腹下部施竖向绳纹与斜向绳纹。口径27、腹径44.3、底径18.44、高36.2厘米（图一五六，4；图版三九，2）。

陶釜 1件。标本W117:3,夹云母红褐陶,外壁腹中上部有黑色斑驳。敛口,圆唇,窄折沿,沿面微弧,内沿呈凸棱状,腹微鼓。器形不规整,腹上部凹凸不平,内、外壁较光滑。器表隐约可见竖向绳纹,纹饰因磨光不清晰。口径21.4、沿宽2.36、腹径22.56、残高14.48厘米(图一五六,6)。

W118 位于Ⅲ区T83中部偏西。开口于②层扰沟下,打破第③层。椭圆形土坑竖穴墓,南北向。墓圹后期遭破坏,墓壁较直,墓底较平整。墓葬南北残长0.38、东西宽0.4、深约0.05米(图一五七,1)。因被扰沟严重破坏,葬具仅存一件陶罐(W118:1;图一五七,2)。

陶罐 1件。标本W118:1,泥质灰陶,内壁呈灰褐色,外壁呈灰色。敞口,圆唇,卷沿,束颈,溜肩,微鼓腹。内、外壁皆光滑。器表腹上部施三周弦纹。口径30.08、腹径42.68、高32.32厘米(图一五七,2)。

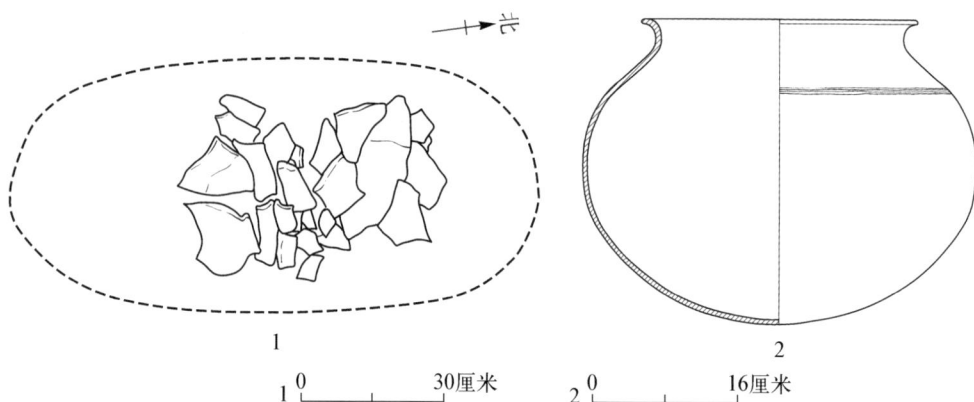

图一五七 W118平面图及葬具

1.W118平面图 2.陶罐(W118:1)

W119 位于Ⅲ区T83西北部。开口于②层扰沟下,打破第③层。椭圆形土坑竖穴墓,西南—东北向,北偏东约40°。墓壁后期遭破坏,墓壁较直,墓底较平整。墓内填土为灰黄土。墓葬南北残长0.75、东西宽0.54、残深0.12米(图一五八,1)。葬具为陶釜2件、陶钵1件(图一五八,2—4),自北向南由釜(W119:1)—釜(W119:2)—钵(W119:3)组合而成,其中釜(W119:1)口部与釜(W119:2)口部对接,用钵(W119:3)封堵釜(W119:2)。

陶釜 2件。标本W119:1,夹云母红褐陶,内壁腹上部呈红褐色,腹中部至下部基本呈红褐色,局部呈黑色,外壁腹上部及中部呈红褐色,有黑色斑驳,腹下部呈黑色,有红褐色斑驳。敛口,圆唇,窄折沿,沿面微弧,内沿呈凸棱状,腹微鼓,弧收。内、外壁较光滑。口沿下施弦纹,腹中部至下部隐约可见竖向细绳纹,腹下部纹样近方格状,纹饰因磨光不清晰。口径32.04、沿宽1.44、腹径32.84、残高34.04厘米(图一五八,2)。标本W119:2,夹云母红褐陶,内壁发黑,外壁腹上部呈红褐色,略偏黄,腹中部发黑。敛口,圆唇,折沿,沿面微弧,内沿呈凸棱状,腹微鼓。内壁较光滑,外壁粗糙。器表施竖向绳纹,纹饰因磨光不清晰。口径21.16、沿宽2.6、腹径21.6、残高16.48厘米(图一五八,3)。

陶钵 1件。标本W119:3,泥质灰陶。敞口,方唇,浅盘,弧壁,腹部与底部分界不明显,近平底。器形不甚规整,底部凹凸不平,内、外壁较光滑。素面。口径33.4、高11.72厘米(图

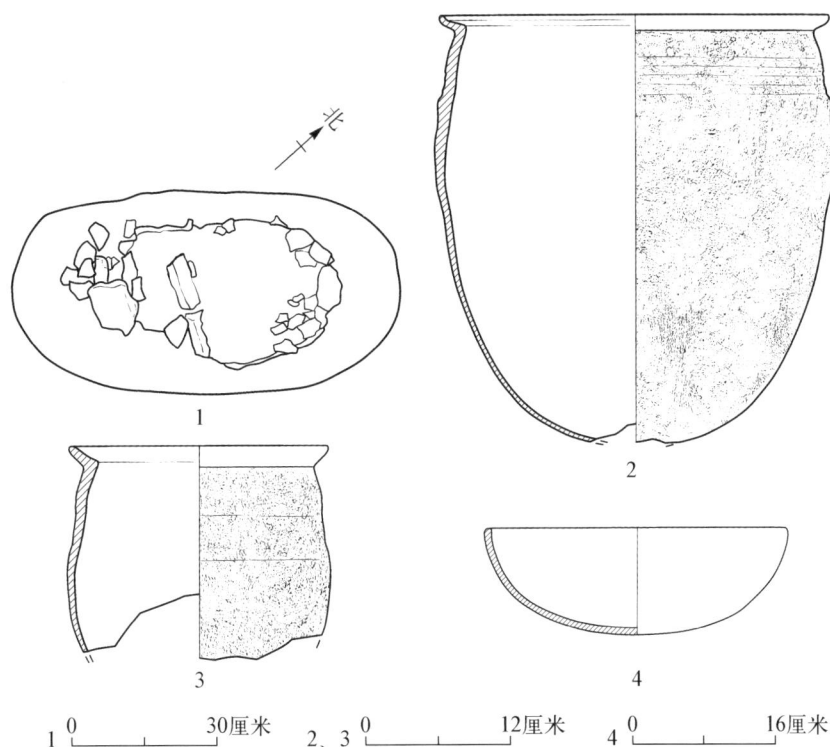

图一五八　W119平面图及葬具

1. W119平面图　2、3. 陶釜（W119：1、W119：2）　4. 陶钵（W119：3）

一五八,4；图版三九,3)。

W120　位于Ⅲ区T83北隔梁内。开口于第②层下,打破生土层。椭圆形土坑竖穴墓,西南—东北向,北偏东47°。墓圹后期遭破坏,墓壁较直,墓底较平整。墓葬南北长1.1、东西宽0.55、残深0.38米(图一五九,1)。葬具为陶釜2件、陶罐1件(图一五九,2—4),自北向南由釜(W120：1)—釜(W120：2)—罐(W120：3)组合而成,其中釜(W120：1)口部与釜(W120：2)口部对接,釜(W120：2)底部套接于罐(W120：3)口部。

陶釜　2件。标本W120：1,夹云母红褐陶,内壁红褐色,外壁腹上部呈红褐色,腹中部至腹下部呈黑色,局部红褐色。敛口,圆唇,窄折沿,沿面微弧,内沿呈凸棱状,微鼓腹,最大径在腹上部。内、外壁较光滑。口沿下施弦纹,腹部施竖向绳纹,纹饰因磨光不清晰。口径29.56、沿宽2.72、腹径33.44、残高24.56厘米(图一五九,2)。标本W120：2,夹云母红褐陶。敛口,圆唇,折沿,沿面微弧,内沿呈凸棱状,腹微鼓。内、外壁较光滑。器表基本素面,腹部局部隐约可见竖向绳纹,纹饰因磨光不清晰。口径31.76、沿宽2.52、腹径33.2、残高15.8厘米(图一五九,3)。

陶罐　1件。标本W120：3,泥质黄褐陶。直口,方唇,窄折沿,短直颈,溜肩。内、外壁较光滑。肩部施竖向细绳纹与弦纹,绳纹纹样呈条带状。口径19.96、残高10.52厘米(图一五九,4)。

W121　位于Ⅲ区T83北隔梁内。开口于第②层下,打破第③层。椭圆形土坑竖穴墓,西南—东北向,北偏东约55°。墓壁后期遭破坏,墓壁较直,墓底较平整。墓葬规模不明(图一六〇,

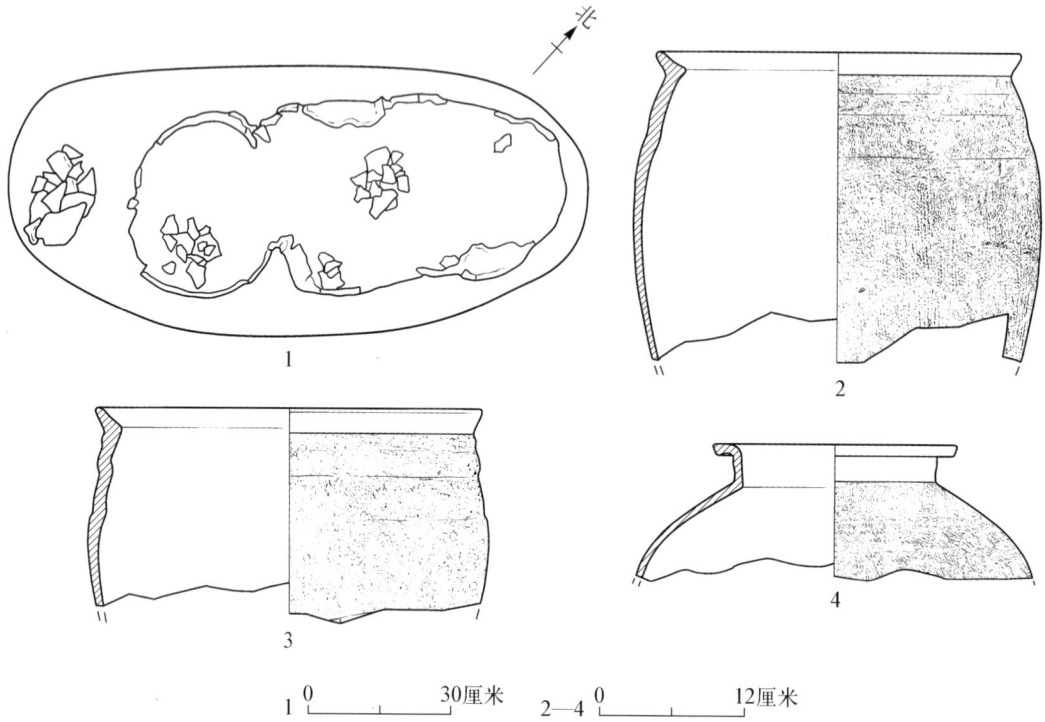

图一五九　W120平面图及葬具

1.W120平面图　2、3.陶釜（W120：1、W120：2）　4.陶罐（W120：3）

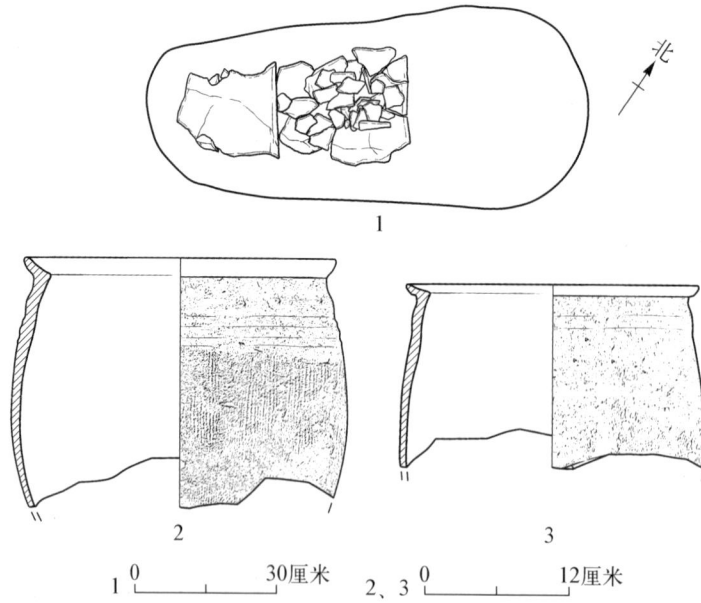

图一六〇　W121平面图及葬具

1.W121平面图　2、3.陶釜（W121：1、W121：2）

1)。葬具为陶釜2件(图一六〇,2、3),因W121破损严重,组合关系暂不明确,仅可知自北向南为釜(W121:1)底部与釜(W121:2)口部对接。

陶釜 2件。标本W121:1,夹云母红褐陶,器内壁呈红褐色,略发黑,外壁呈黄褐色,腹中部黄褐色发黑。敛口,圆唇,窄折沿,沿面内弧,内沿呈凸棱状,腹微鼓。内、外壁较光滑。口沿下施弦纹,腹部施竖向绳纹,纹饰因磨光不清晰。口径25.8、沿宽2.52、腹径28、残高19.88厘米(图一六〇,2)。标本W121:2,夹云母红褐陶,内壁红褐色偏黄,外壁红褐色。敛口,圆唇,窄折沿,沿面微弧,内沿呈凸棱状,腹微鼓。内、外壁较粗糙。素面。口径23.84、沿宽2.08、腹径24.84、残高14.64厘米(图一六〇,3)。

W122 位于Ⅲ区T84南部。开口于②层扰沟下,打破第③层。不规则椭圆形土坑竖穴墓,西南—东北向,北偏东约60°。墓壁后期遭破坏,墓壁较直,墓底较平整,墓内填土为灰黄土。墓葬南北残长0.7、东西宽0.5、深0.35米(图一六一,1)。葬具为陶釜2件(图一六一,3、4),另有陶片1件(图一六一,2),因W122破损严重,组合关系暂不明确,仅可知自北向南为釜(W122:2)底部套接于釜(W122:3)口部内。陶片(W122:1)用于封堵釜(W122:3)的东南侧。

陶釜 2件。标本W122:2,夹云母红褐陶,内壁通体红褐色,腹部发黑。外壁腹上部呈红褐色,腹中部至腹下部呈黑色,有红褐色斑驳。侈口,斜直腹。内、外壁皆光滑。器表通体施竖向绳

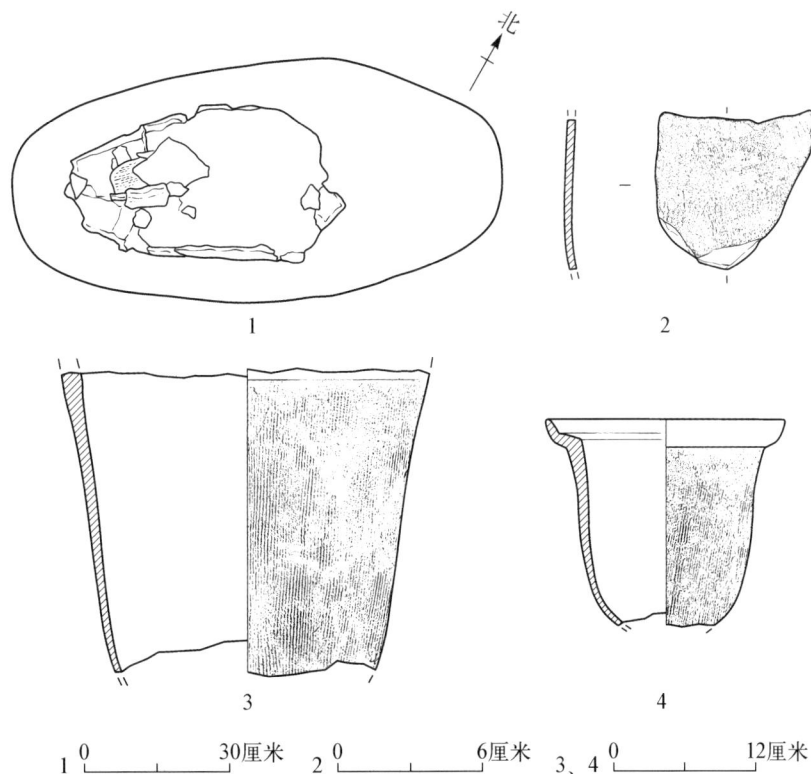

图一六一 W122平面图及葬具

1. W122平面图 2. 陶片(W122:1) 3、4. 陶釜(W122:2、W122:3)

纹,纹饰因磨光不清晰。腹径29.96、残高23.72厘米(图一六一,3)。标本W122:3,夹云母红褐陶,通体呈红褐色,外壁腹上部有黑色斑驳。侈口,圆唇,宽折沿,沿面内凹成槽,内沿呈凸棱状,斜直腹。器内壁较光滑,器外壁较粗糙。器表施竖向细绳纹,纹饰因磨光不清晰。口径19.76、沿宽2、残高16.52厘米(图一六一,4)。

陶片 1件。标本W122:1,夹砂灰褐陶,内壁黄褐色,外壁灰色。内、外壁较光滑。器表施竖向绳纹,纹饰因磨光不清晰。残高6.3厘米(图一六一,2)。

W123 位于Ⅲ区T84西南部。开口于第②层下,打破第③层。椭圆形土坑竖穴墓,西南—东北向,北偏东约50°。墓圹后期遭破坏,墓壁较直,墓底较平整。墓内填土为灰黄土。墓葬南北长0.93、东西宽0.45、深约0.39米(图一六二,1)。葬具为陶釜2件、陶钵1件(图一六二,2—4),自北向南由釜(W123:1)—釜(W123:2)—钵(W123:3)组合而成,其中釜(W123:1)口部与釜(W123:2)口部对接,用钵(W123:3)封堵釜(W123:2)底部。

陶釜 2件。标本W123:1,夹云母红褐陶,内壁腹部呈红褐色,底部有黑色斑驳,外壁腹上部呈红褐色,局部发黑,腹部以下呈黑色,局部有红褐色或黑色斑驳。敛口,圆唇,窄折沿,沿面微弧,内沿呈凸棱状,腹微鼓,最大径在腹上部,腹下部斜直,腹底分界不明显,圜底。器形不甚规整,腹下部凹凸不平,内、外壁较光滑。口沿下施弦纹,腹中部至底部施竖向细绳纹,底部施交错绳纹,纹饰因磨光不清晰。口径30.36、沿宽2.8、腹径32.32、高34.2厘米(图一六二,2;图版三九,4)。标本W123:2,夹云母红褐陶,基本呈红褐色,腹中部局部呈黑色。敛口,尖圆唇,折沿,沿面微弧,内沿呈凸棱状,腹上部微鼓,最大径在腹上部,腹下部斜弧收。口沿下施凸弦纹,其余部位施竖向绳纹。口径29.64、沿宽2.88、腹径30.84、残高27.6厘米(图一六二,3)。

陶钵 1件。标本W123:3,泥质灰陶。微敛口,方圆唇,器外壁腹上部近口部有一周凸棱,浅盘,弧腹,腹部与底部分界不明显,腹下部近底部有五条竖折棱,小平底。器形较规整,内、外壁较光滑。器表基本素面,零星可见细绳纹。口径34.04、底径6.6、高13.96厘米(图一六二,4;图版三九,5)。

W124 位于Ⅲ区T84西部偏南。开口于第②层下,打破第③层。椭圆形土坑竖穴墓,西南—东北向,北偏东约49°。墓圹遭后期破坏,墓壁较直,墓底较平整。墓葬南北长0.9、东西宽0.53、深0.07米(图一六三,1)。葬具为陶釜3件(图一六三,2—4),自北向南由釜(W124:1)—釜(W124:2)—釜(W124:3)组合而成,其中釜(W124:1)口部与釜(W124:2)口部对接,釜(W124:3)口部套接于釜(W124:2)底部。

陶釜 3件。标本W124:1,夹云母红褐陶,通体红褐色发黑。内壁较粗糙,外壁磨光。器表施竖向绳纹,纹饰因磨光不清晰。残高8.2厘米(图一六三,2)。标本W124:2,夹云母红褐陶,通体红褐色,外壁有黑色斑驳。敛口,圆唇,窄折沿,沿面微弧,内沿呈凸棱状,腹微鼓。内、外壁基本光滑。器表纹饰因磨光不清晰。口径27.88、沿宽2.12、腹径29.76、残高19.04厘米(图一六三,3)。标本W124:3,夹云母红褐陶,通体红褐色发黑。内、外壁较粗糙。器表局部施竖向绳纹,纹饰因磨光不清晰。残高7厘米(图一六三,4)。

W125 位于Ⅲ区T84中部。开口于第②层下,打破第③层。椭圆形土坑竖穴墓,西南—

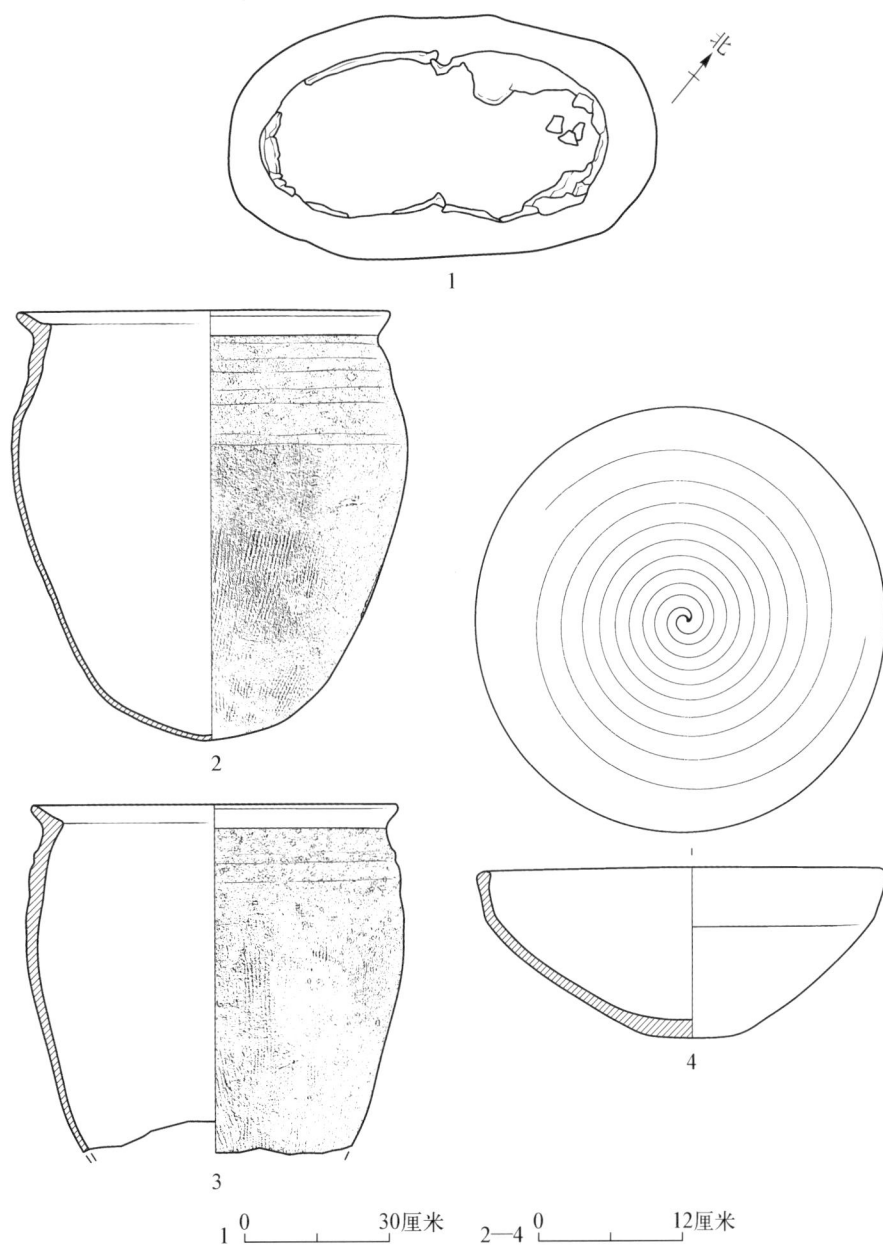

图一六二　W123平面图及葬具

1. W123平面图　2、3. 陶釜（W123∶1、W123∶2）　4. 陶钵（W123∶3）

东北向，北偏东约60°。墓圹较直，墓底较平整。墓葬南北长0.8、东西宽0.55米，深度不明（图一六四，1）。葬具为陶釜2件（图一六四，2、3），自北向南为釜（W125∶1）口部与釜（W125∶2）口部对接而成。

　　陶釜　2件。标本W125∶1，夹云母红褐陶，通体呈红褐色，底部呈黑色，有红褐色斑驳。敛口，圆唇，窄折沿，沿面微弧，内沿呈凸棱状，腹微鼓，最大径在腹上部，腹下部弧收，腹底分界不明显，圜底。器形不甚规整，器表凹凸不平，内、外壁较光滑。口沿下施弦纹，腹中部至底部施

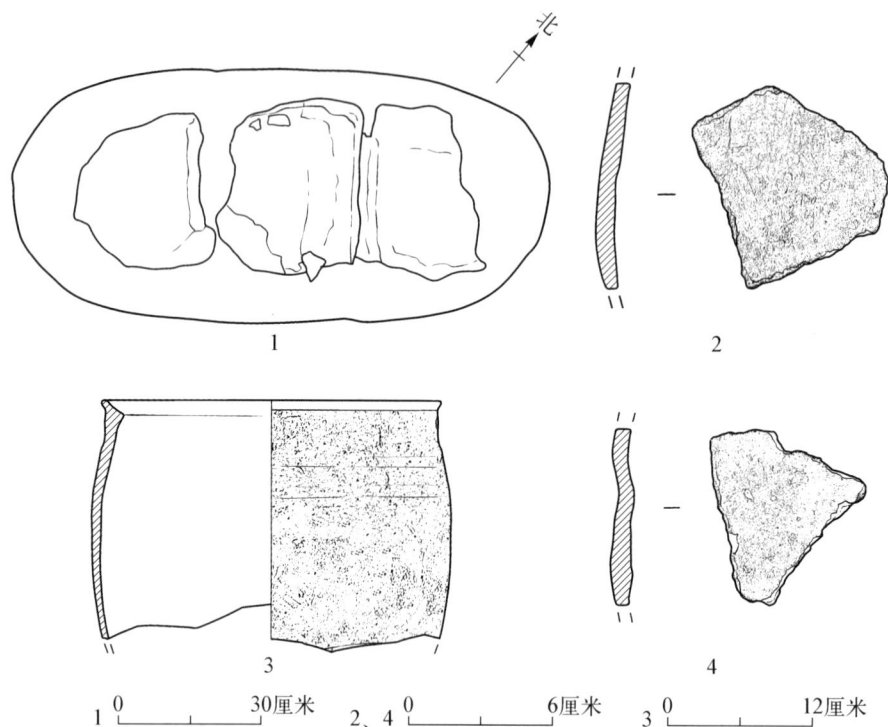

图一六三　W124平面图及葬具

1. W124平面图　2—4.陶釜（W124：1、W124：2、W124：3）

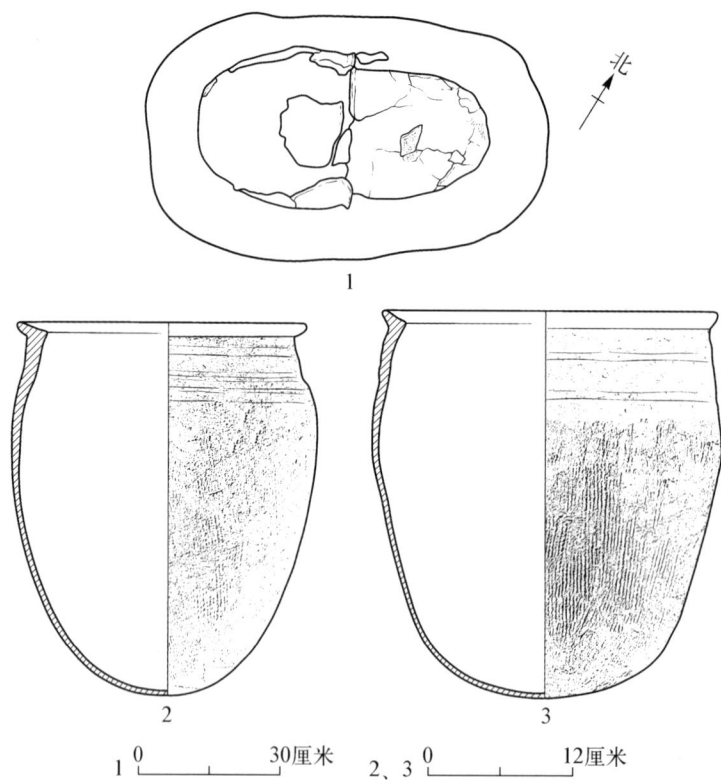

图一六四　W125平面图及葬具

1. W125平面图　2、3.陶釜（W125：1、W125：2）

竖向绳纹,底部施交错绳纹,纹饰因磨光不清晰。口径24、沿宽2.4、腹径25.28、高29.84厘米(图一六四,2;图版三九,6)。标本W125:2,夹云母红褐陶,通体红褐色,外壁腹上部呈红褐色,腹中下部至底部发黑,有红褐色斑驳。敛口,圆唇,窄折沿,沿面微弧,内沿呈凸棱状,腹微鼓,最大径在腹上部,腹下部弧收,腹底分界不明显,圜底。器形不甚规整,腹下部凹凸不平,内、外壁较光滑。口沿下施弦纹,腹中部至底部施竖向绳纹,底部隐约可见交错绳纹,纹饰因磨光不清晰。口径27.24、沿宽2.16、腹径28.52、高30.96厘米(图一六四,3;图版四〇,1)。

W126　位于Ⅲ区T84西北部。开口于第②层下,打破生土层。椭圆形土坑竖穴墓,西南—东北向,北偏东约35°。墓壁较直,墓底较平整。墓葬南北长0.97、东西宽0.51、深0.34米(图一六五,1)。葬具为陶釜3件(图一六五,2—4),另发现陶片1件(图一六五,5),自北向南由釜(W126:1)—釜(W126:2)—釜(W126:3)组合而成,其中釜(W126:1)口部与釜(W126:2)口部对接,釜(W126:3)口部套接于釜(W126:2)底部,陶片(W126:4)用于封堵釜(W126:3)的底部。

陶釜　3件。标本W126:1,夹云母红褐陶,内、外壁通体呈红褐色,有黑褐色斑驳。敛口,圆唇,窄折沿,沿面微弧,内沿呈凸棱状,微鼓腹。内、外壁较粗糙。口沿下施弦纹,腹部隐约可见竖向绳纹,纹饰因磨光不清晰。口径37.16、沿宽1.84、腹径37.52、残高20.28厘米(图一六五,2;图版四〇,2)。W126:2,夹云母黄褐陶,胎芯红褐色,内壁基本呈橘红色,腹中呈带状黑色,外壁通体呈黄褐色,腹部局部发黑。敛口,圆唇,窄折沿,沿面微弧,内沿呈凸棱状,腹微鼓,最大径在

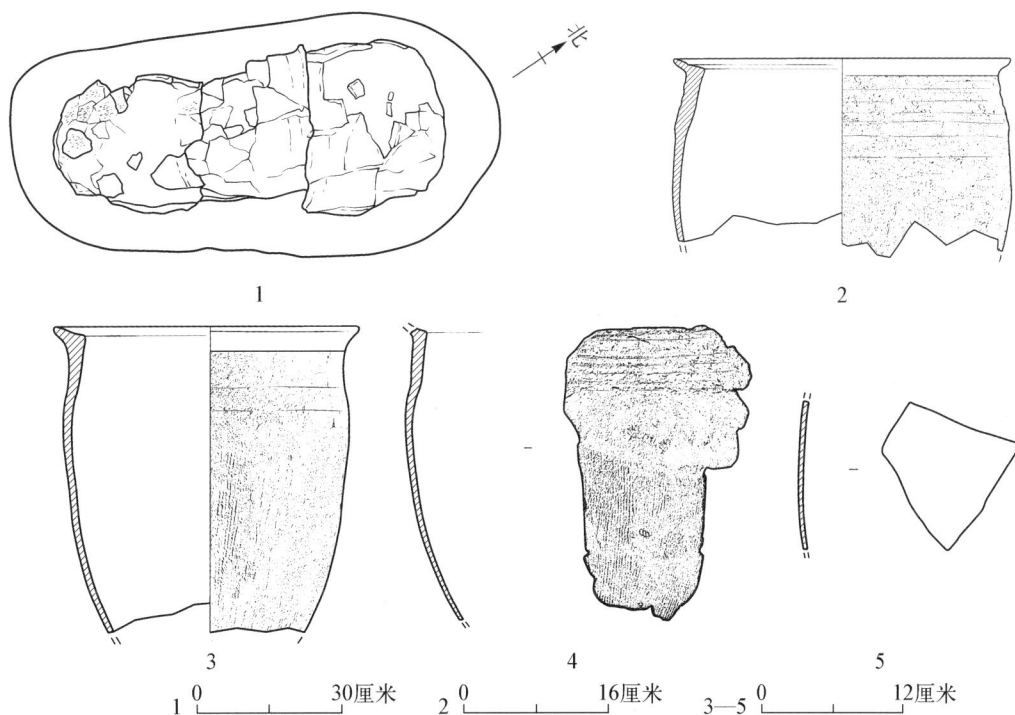

图一六五　W126平面图及葬具

1. W126平面图　2—4.陶釜(W126:1、W126:2、W126:3)　5.陶片(W126:4)

腹上部。器形较规整，内、外壁较光滑。口沿下施弦纹，腹部局部可见竖向绳纹，纹饰因磨光不清晰。口径25.8、沿宽2.6、腹径23.56、高24.44厘米（图一六五，3）。W126：3，夹云母红褐陶，通体红褐色发黑。敛口，微鼓腹。内、外壁较光滑。口沿下施弦纹，腹部施竖向绳纹。残高23.6厘米（图一六五，4）。

陶片　1件。标本W126：4，泥质灰陶。内、外壁较光滑。素面。残高12厘米（图一六五，5）。

W127　位于Ⅲ区T84东北角。开口于第②层下，打破第③层。椭圆形土坑竖穴墓，西南—东北向，北偏东约34°。墓圹后期遭破坏，墓壁较直，墓底较平整。墓葬南北长0.93、东西宽0.5、深约0.34米（图一六六，1）。葬具为陶釜3件（图一六六，2—4），自北向南由釜（W127：1）—釜（W127：2）—釜（W127：3）组合而成，其中釜（W127：2）口部套接于釜（W127：1）口部，釜（W127：3）口部套接于釜（W127：2）底部。

陶釜　3件。标本W127：1，夹云母红褐陶，通体红褐色，腹部有黑色斑驳。敛口，圆唇，窄折沿，沿面内弧，内沿呈凸棱状，腹微鼓，腹下部弧收，腹底分界不明显，圜底。器形较规整，内壁较粗糙，外壁较光滑。器表局部隐约可见竖向绳纹，腹部局部纹样近方格状，纹饰因磨光不清晰。口径25.44、沿宽2.04、腹径26.2、高27.2厘米（图一六六，2；图版四〇，3）。标本W127：2，夹云母红褐陶。敛口，圆唇，折沿，沿面微弧，内沿呈凸棱状，腹微鼓。内、外壁较光滑。口沿下施弦纹，腹部

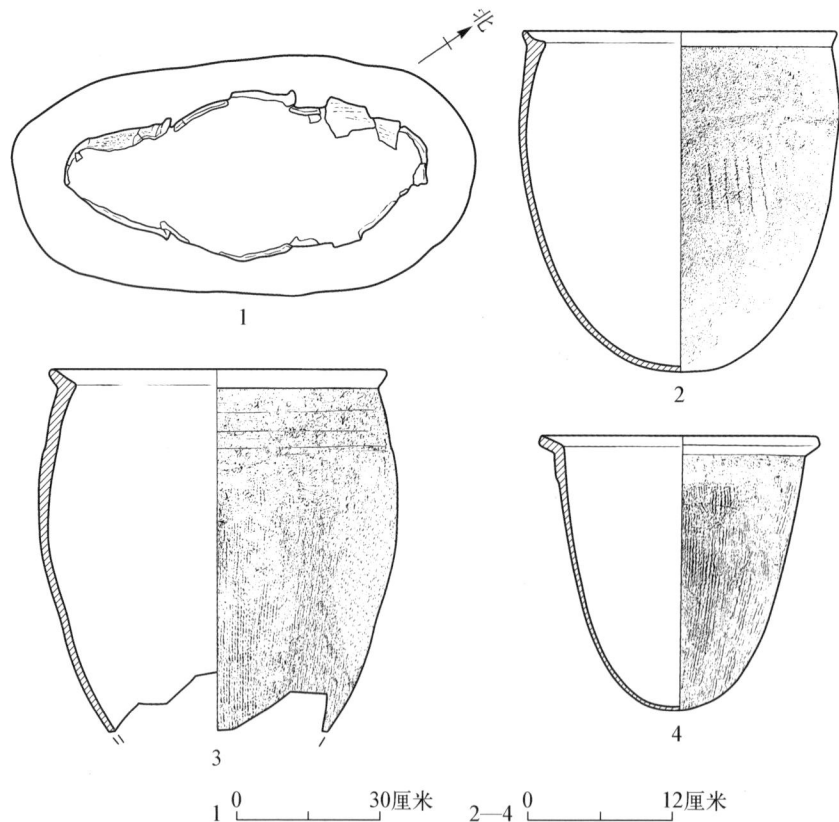

图一六六　W127平面图及葬具
1.W127平面图　2—4.陶釜（W127：1、W127：2、W127：3）

局部隐约可见竖向绳纹。口径27.48、沿宽2.36、腹径29.92、残高28.84厘米(图一六六,3)。标本W127:3,夹云母红褐陶,内壁通体呈红褐色,底部呈黑色,外壁腹上部呈红褐色,腹中部至腹下部发黑,局部呈红褐色,底部红褐色发黑。敛口,方唇,窄折沿,沿面斜平,内沿呈凸棱状,斜直腹,腹下部斜弧收,腹底分界不明显,圜底。器形不甚规整,腹上部凹凸不平,内、外壁较光滑。器表施竖向绳纹,局部磨光不清。口径22.36、沿宽1.88、高21.96厘米(图一六六,4;图版四〇,4)。

W128 位于Ⅲ区T84北隔梁内,开口于第②层下,打破第③层。椭圆形土坑竖穴墓,西南—东北向,北偏东约60°。墓圹较直,墓底较平整。墓葬南北长0.94、东西宽0.57、深0.34米(图一六七,1)。葬具为陶釜2件(图一六七,3、4),另发现陶盆片1件(图一六七,2),自北向南由釜(W128:1)—釜(W128:2)组合而成,其中釜(W128:1)口部与釜(W128:2)口部对接,陶盆片(W128:3)用于封堵釜(W128:2)的底部。

陶釜 2件。标本W128:1,夹云母红褐陶,内壁腹上部呈红褐色,腹中部至底部发黑,底部有红褐色斑驳,外壁腹部呈红褐色,腹下部有黑色斑驳,近底部呈黑色。敛口,圆唇,折沿,沿面微弧,内沿呈凸棱状,腹微鼓,最大径在腹中部,腹下部弧收,腹底分界不明显,圜底。器形较规整,内、外壁较光滑。口沿下施弦纹,腹中部至底部施竖向绳纹,纹饰因磨光不清晰。口径26.92、沿宽2.84、腹径27.76、高30.92厘米(图一六七,3;图版四〇,5)。标本W128:2,夹云母红褐陶,内壁腹部呈红褐色,略发黑,腹下部呈红褐色,外壁腹上部呈黑色,局部呈红褐色,腹中部至底部呈

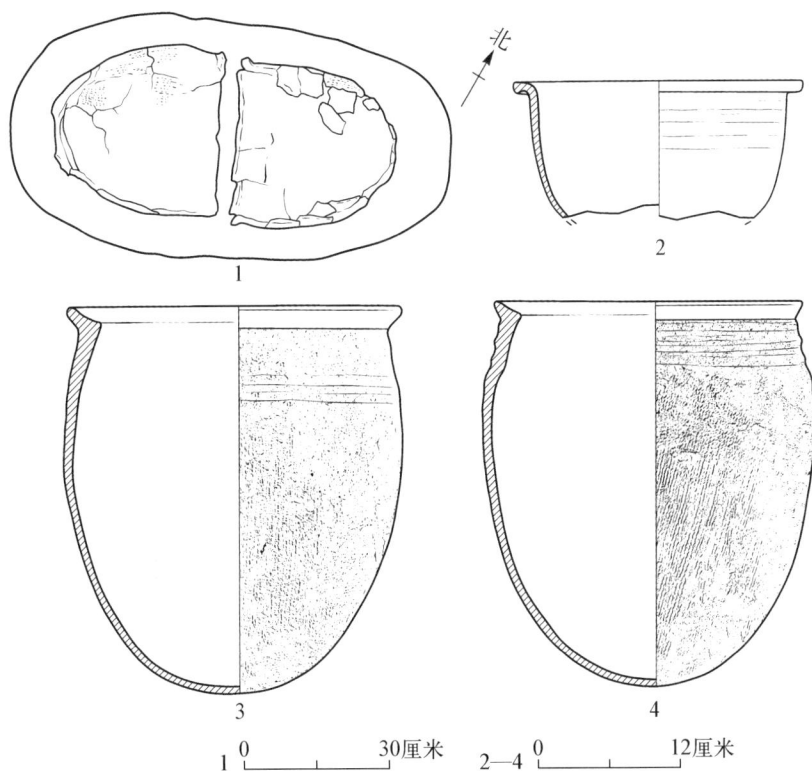

图一六七 W128平面图及葬具

1. W128平面图 2. 陶盆片(W128:3) 3、4. 陶釜(W128:1、W128:2)

红褐色,局部发黑。敛口,圆唇,窄折沿,沿面微弧,内沿呈凸棱状,腹微鼓,最大径在腹上部,腹下部弧收,腹底分界不明显,圜底。器形不甚规整,腹部凹凸不平,内、外壁较光滑。口沿下施弦纹,腹上部至近底部局部可见竖向绳纹,纹饰因磨光不清晰。口径25.24、沿宽2.44、腹径27.48、高30.92厘米(图一六七,4;图版四〇,6)。

陶盆片　1件。标本W128：3,泥质灰陶。敞口,方唇,窄折沿,腹微鼓。内、外壁较光滑。基本素面,腹上部施弦纹。口径23.72、残高10.88厘米(图一六七,2)。

W129　位于Ⅲ区T85北隔梁西部。开口于第②层下,打破生土层。椭圆形土坑竖穴墓,西南—东北向,北偏东约47°。墓圹后期遭破坏,墓壁较直,墓底较平整。墓葬南北长0.95、东西宽0.54、深约0.36米(图一六八,1)。葬具为陶釜3件(图一六八,2—4),另发现陶片1件(图一六八,5),自北向南由釜(W129：1)—釜(W129：2)—釜(W129：3)组合而成,其中釜(W129：1)口部与釜(W129：2)口部对接,釜(W129：3)口部套接于釜(W129：2)底部,陶片(W129：4)用于封堵釜(W129：3)的底部。

陶釜　3件。标本W129：1,夹云母红褐陶,通体呈红褐色,外壁局部呈黑色。敛口,圆唇,窄折沿,沿面内弧,内沿呈凸棱状,腹微鼓。内、外壁较光滑。口沿下施弦纹,腹中部施竖向绳纹,纹饰因磨光不清晰。口径30.16、沿宽2.4、腹径30.68、残高17.12厘米(图一六八,2)。标本W129：2,夹云母红褐陶,内壁通体呈红褐色,腹下部有黑色斑驳,外壁腹上部呈红褐色,局部呈黄褐色,腹中部至腹下部发黑,有红褐色斑驳。敛口,圆唇,折沿,沿面内弧,内沿呈凸棱状,腹微

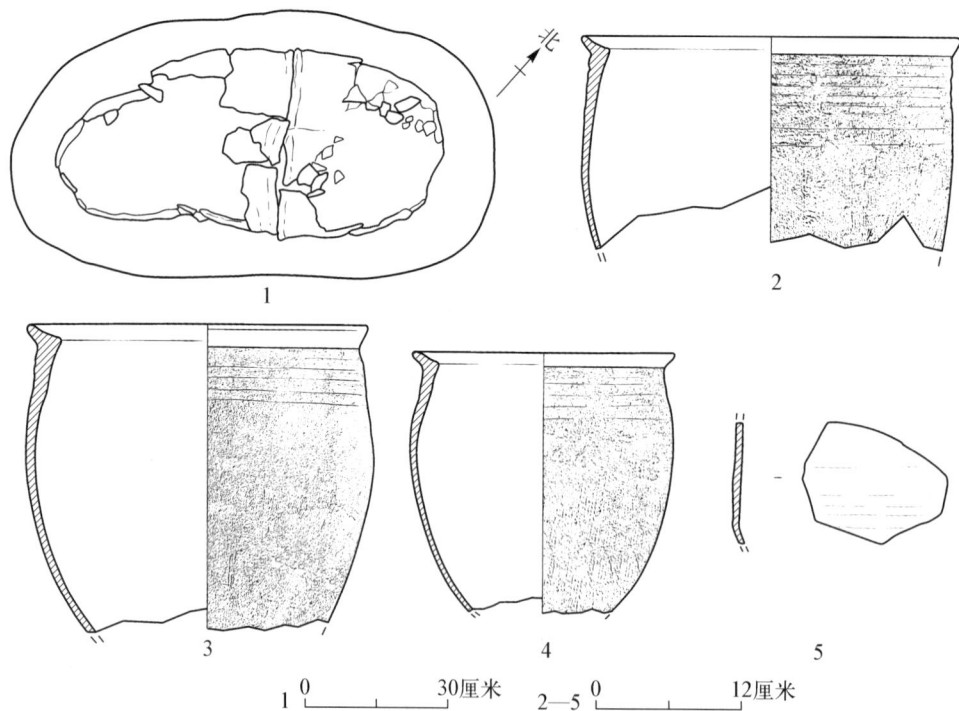

图一六八　W129平面图及葬具

1. W129平面图　2—4. 陶釜(W129：1、W129：2、W129：3)　5. 陶片(W129：4)

鼓,最大径在腹上部,斜弧收,底部缺失。器形不甚规整,腹下部局部凹陷,内、外壁较粗糙。口沿下施弦纹,腹下部局部隐约可见竖向绳纹,纹饰因磨光不清晰晰。口径27.92、沿宽2.88、腹径28.84、残高24.6厘米(图一六八,3;图版四一,1)。标本W129:3,夹云母红褐陶,内壁通体呈红褐色,外壁腹部基本呈红褐色,有黑色斑驳,腹中部至下部呈红褐色,局部黑色。敛口,圆唇,窄折沿,沿面斜平,内沿呈凸棱状,腹微鼓,最大径在腹上部,斜弧收,底部缺失。器形不甚规整,腹中部凹凸不平,内、外壁较粗糙。口沿下施弦纹,腹中部至腹下部施竖向绳纹,纹饰因磨光不清晰。口径21.2、沿宽2.24、腹径21.56、残高20.68厘米(图一六八,4;图版四一,2)。

陶片 1件。标本W129:4,泥质灰陶。整体较光滑。素面。残高9.6厘米(图一六八,5)。

W130 位于Ⅲ区T86中南部。开口于第②层下,打破生土层。圆角长方形土坑竖穴墓,西南—东北向,北偏东约63°。墓圹较直,墓底较平整。墓葬南北长1、东西宽0.53、深0.36米(图一六九,1;图版六,2)。葬具为陶釜3件(图一六九,3—5),另发现陶罐片1件(图一六九,2),自北向南由釜(W130:1)—釜(W130:2)—釜(W130:3)组合而成,其中釜(W130:1)口部与釜(W130:2)口部对接,釜(W130:3)口部套接于釜(W130:2)底部,陶罐片(W130:4)用于封堵釜(W130:3)的底部。

陶釜 3件。标本W130:1,夹云母红褐陶,内壁通体呈黑色,外壁腹上部呈红褐色,局部发黑,腹中部红褐色、黄褐色交错,有黑色斑驳,腹中下部黄褐色发黑,局部呈黑色,底部呈黑色,有红褐色斑驳。敛口,圆唇,窄折沿,沿面微弧,内沿呈凸棱状,腹微鼓,最大径在腹中部,腹下部弧

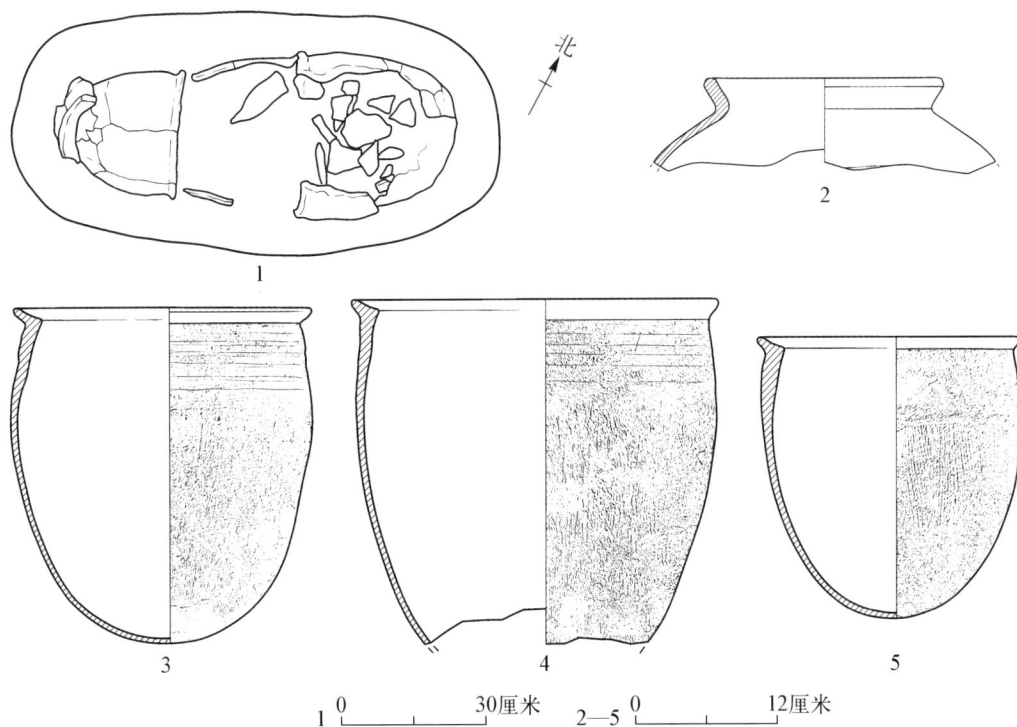

图一六九 W130平面图及葬具
1.W130平面图 2.陶罐片(W130:4) 3—5.陶釜(W130:1、W130:2、W130:3)

收,腹底分界不明显,圜底。器形不甚规整,腹中下部凹凸不平,内、外壁较光滑。口沿下施弦纹,腹中部至底部隐约可见竖向绳纹,纹饰因磨光不清晰。口径24.24、沿宽2.52、腹径24.84、高26.8厘米(图一六九,3;图版四一,3)。标本W130:2,夹云母红褐陶,通体呈红褐色,腹中部有黑色斑驳。敛口,圆唇,窄折沿,沿面内弧,内沿呈凸棱状,腹微鼓,最大径在腹上部,弧收,底部缺失。器形不甚规整,局部凹凸不平,内壁较光滑,局部较粗糙,器外壁较光滑,腹上部较粗糙。口沿下施弦纹,腹部施竖向绳纹,纹饰因磨光不清晰。口径29.72、沿宽2.24、残高27.44厘米(图一六九,4;图版四一,4)。标本W130:3,夹云母黄褐陶,通体呈黄褐色,外壁腹中下部黄褐色发黑。敛口,圆唇,窄折沿,沿面内弧,内沿呈凸棱状,腹微鼓,最大径在腹中部,腹下部弧收,腹底分界不明显。器形较规整,内、外壁较粗糙。器表腹部素面,腹部以下施竖向绳纹,纹饰因磨光不清晰。口径21.48、沿宽2.2、高22.44厘米(图一六九,5;图版四一,5)。

陶罐片　1件。标本W130:4,泥质灰陶,内壁呈黄褐色,外壁呈灰色。侈口,方唇,束颈,溜肩。肩部施瓦楞纹。口径19.68、残高6.57厘米(图一六九,2)。

W131　位于Ⅲ区T91西部偏北。开口于②层冲沟下,打破生土层。土坑竖穴墓,西南—东北向,北偏东约17°。墓圹后期遭破坏,墓壁较直,墓底较平整。墓葬南北残长1.45、东西宽0.65、深0.45米(图一七〇,1)。葬具为陶釜2件、陶盆1件(图一七〇,2—4),因W131被冲沟严重破坏,釜(W131:2)与盆(W131:3)组合方式不明,仅可知自北向南由釜(W131:1)—釜

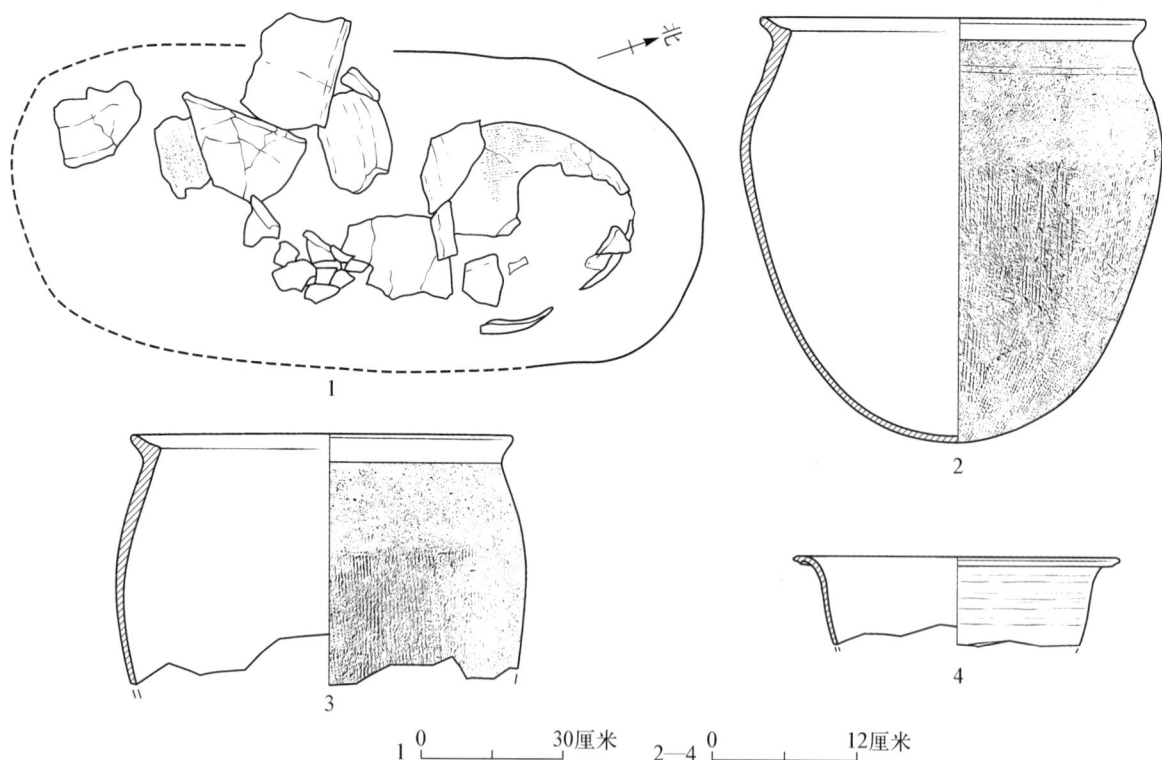

图一七〇　W131平面图及葬具
1.W131平面图　2、3.陶釜(W131:1、W131:2)　4.陶盆(W131:3)

（W131∶2）—盆（W131∶3）组合而成,其中釜（W131∶1）口部与釜（W131∶2）口部对接。

　　陶釜 2件。标本W131∶1,夹云母红褐陶,通体呈红褐色,腹中部局部发黑。敛口,圆唇,窄折沿,沿面内弧,内沿呈凸棱状,腹微鼓,最大径在腹上部,腹下部斜弧收,腹底分界不明显,圜底。器形不甚规整,腹中部凹凸不平,内、外壁较光滑。口沿下施弦纹,腹中部至底部施竖向绳纹,腹部纹饰因磨光不清晰,底部施交错绳纹。口径31.2、沿宽2.6、腹径34.48、高33.72厘米（图一七〇,2；图版四一,6）。标本W131∶2,夹云母红褐陶,内壁通体呈红褐色,外壁腹上部呈红褐色,略偏黄,腹中上部发黑,有红褐色斑驳。敛口,圆唇,折沿,沿面内弧,内沿呈凸棱状,腹微鼓,最大径在腹上部。器形不甚规整,腹中上部凹凸不平,内、外壁较光滑。器表腹上部基本素面,腹中部施竖向绳纹,纹饰因磨光不清晰。口径31、沿宽2.4、腹径34、残高19.96厘米（图一七〇,3）。

　　陶盆 1件。标本W131∶3,泥质灰陶。敞口,尖唇,卷沿,斜直腹。内、外壁较光滑。素面。口径26、残高7厘米（图一七〇,4）。

　　W132 位于Ⅲ区T92中部偏西。开口于第②层下,打破生土层。椭圆形土坑竖穴墓,西南—东北向,北偏东约42°。墓壁较直,墓底较平整。墓葬南北长1.02、东西宽0.55、深0.4米（图一七一,1；图版六,3）。葬具为陶釜2件、陶盆1件（图一七一,2—4）,另发现陶盆片1件（图一七一,5）,自北向南由釜（W132∶1）—釜（W132∶2）—盆（W132∶3）组合而成,釜（W132∶1）口部与釜（W132∶2）口部对接,盆（W132∶3）口部套接于釜（W132∶2）底部,陶盆片（W132∶4）用于封堵釜（W132∶1）的底部。

　　陶釜 2件。标本W132∶1,夹云母红褐陶,内壁通体红褐色,外壁腹上部呈红褐色,略偏黄,腹中部黄褐色发黑,有黑色斑驳,腹下部至底部呈红褐色。敛口,圆唇,窄折沿,沿面内弧,内沿呈凸棱状,腹微鼓,最大径在腹上部,腹下部弧收,腹底分界不明显,圜底。器形较规整,内、外壁较光滑。口沿下施弦纹,腹中部至底部施竖向绳纹,近底部隐约可见交错绳纹,纹饰因磨光不清晰。口径27.52、沿宽2.36、腹径29.16、高32.56厘米（图一七一,2；图版四二,1）。标本W132∶2,夹云母红褐陶。敛口,圆唇,折沿,沿面斜平,内沿呈凸棱状,腹微鼓。内、外壁较粗糙。口沿下施弦纹,腹中部纹饰因磨光不清晰。口径28.32、沿宽2.4、腹径29.12、残高14.44厘米（图一七一,3）。

　　陶盆 1件。标本W132∶3,泥质灰陶。敞口,方唇,卷沿,腹微鼓,弧收,腹底分界不明显,平底。口沿及底部不规整,内、外壁较光滑。基本素面。口径33.52、高18.88厘米（图一七一,4；图版四二,2）。

　　陶盆片 1件。标本W132∶4,泥质灰陶,含极少量云母,通体呈灰色。敞口,方唇,卷沿,弧腹。内壁较光滑。器表腹下部施两周凹弦纹。口径56.04、残高15厘米（图一七一,5）。

　　W133 位于Ⅲ区T14东南角。开口于第②层下,打破生土层。不规则椭圆形土坑竖穴墓,西南—东北向,北偏东约25°。墓圹较直,墓底较平整。墓葬南北长1.05、东西宽0.45—0.6、残深0.5米（图一七二,1；图版七,1）。葬具为陶罐1件、陶釜2件（图一七二,2—4）,自北向南由罐（W133∶1）—釜（W133∶2）—釜（W133∶3）组合而成,其中釜（W133∶2）口部套接于罐（W133∶1）口部,釜（W133∶3）口部套接于釜（W133∶2）底部。罐（W133∶1）内有一具人骨,保存较差,推测为幼儿。

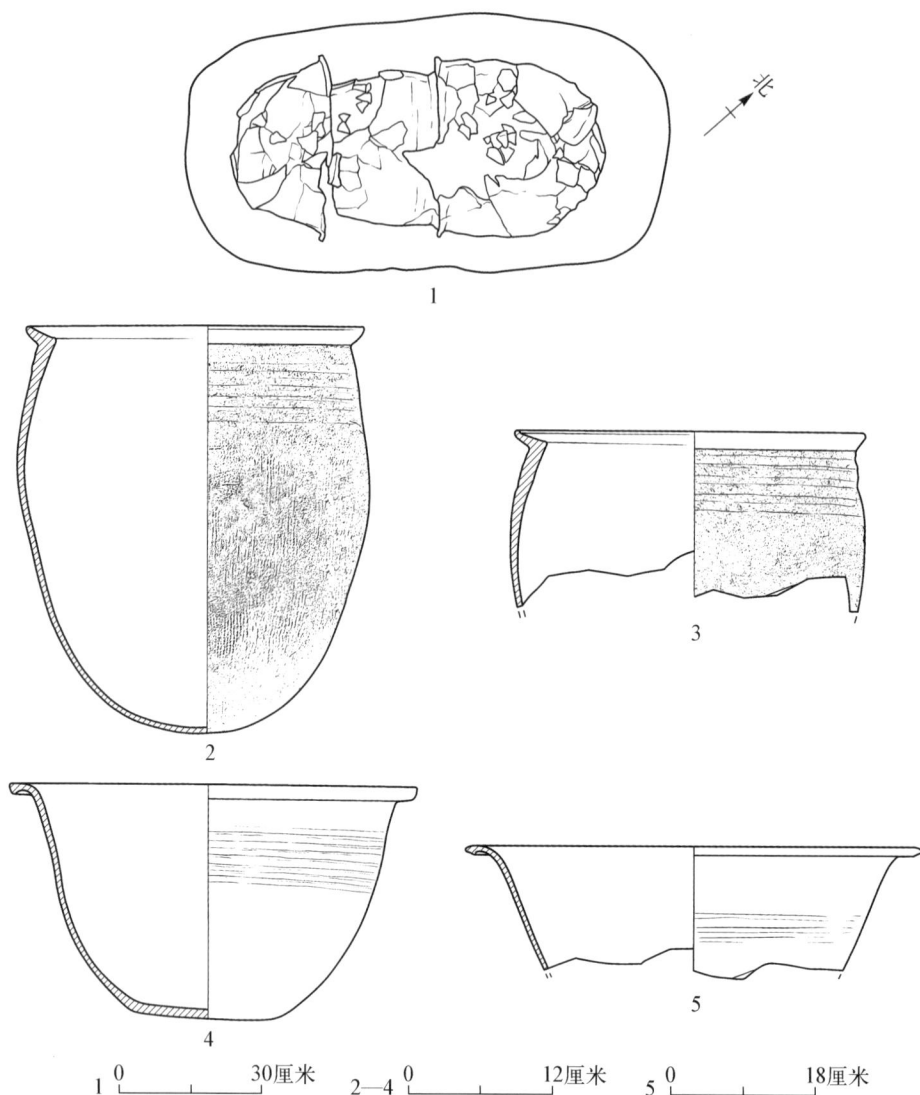

图一七一　W132平面图及葬具

1. W132平面图　2、3.陶釜（W132：1、W132：2）　4.陶盆（W132：3）　5.陶盆片（W132：4）

陶罐　1件。标本W133：1，泥质灰陶，内壁通体呈灰色，外壁局部呈灰褐色。敛口，圆唇，短颈，颈部有一周凸棱，溜肩，浅弧腹，腹下部弧收，平底。器形较规整，内、外壁较光滑。器表肩部素面，腹上部施弦纹，弦纹与绳纹交错呈条带状，腹上部至腹中部施斜向绳纹，腹下部至底部施绳纹，局部呈交错绳纹，部分纹饰因磨光不清晰。口径11.24、腹径22.4、高18.28厘米（图一七二，2；图版四二，3）。

陶釜　2件。标本W133：2，夹云母红褐陶，内壁通体呈红褐色，外壁腹上部至腹中部呈红褐色，腹中部局部微发黑，腹下部呈红褐色，略发黑。敛口，圆唇，窄折沿，沿面斜平，内沿呈凸棱状，微鼓腹，最大径在腹中部，腹下部弧收，底部缺失。器形较规整，内、外壁较粗糙。口沿下施弦纹，腹下部零星可见竖向细绳纹，纹饰因磨光不清晰。口径28.4、沿宽1.88、腹径28.36、残高27.6厘米

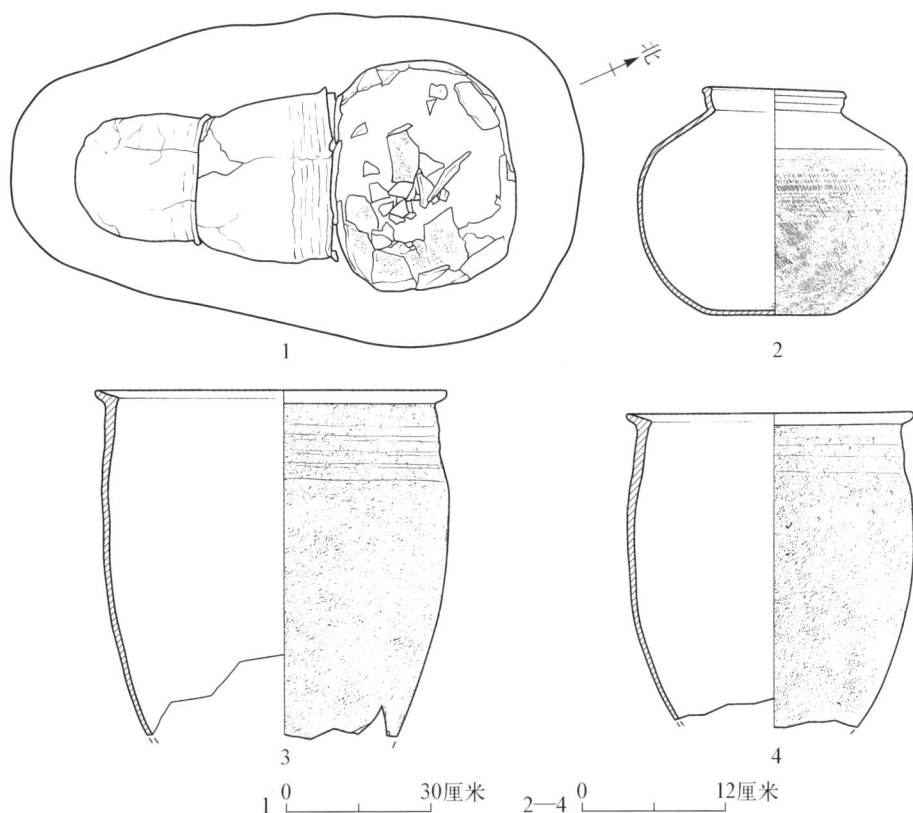

图一七二 W133平面图及葬具

1. W133平面图 2. 陶罐（W133：1） 3、4.陶釜（W133：2、W133：3）

（图一七二，3；图版四二，4）。标本W133：3，夹云母红褐陶，内壁通体呈红褐色，略偏黄，外壁通体呈红褐色。敛口，圆唇，窄折沿，沿面斜平，内沿呈凸棱状，腹微鼓，最大径在腹上部，斜弧收，底部缺失。器形不甚规整，器表凹凸不平，内、外壁较光滑。口沿下施弦纹，纹饰因磨光不清晰。口径23.64、沿宽2.16、腹径24、残高25.2厘米（图一七二，4；图版四二，5）。

W134 位于Ⅲ区T14东隔梁内。开口于第②层下，打破生土层。椭圆形土坑竖穴墓，西南—东北向，北偏东约28°。墓圹后期遭破坏，墓圹较直，墓底较平整。墓葬南北长0.76、东西宽0.5、深0.4米（图一七三，1）。葬具为陶釜1件、陶盆2件（图一七三，2、4、5），另发现陶盆片1件（图一七三，3），自北向南由釜（W134：1）—盆（W134：2）—盆（W134：3）组合而成，其中盆（W134：2）口部套接于釜（W134：1）口部，盆（W134：3）口部套接于盆（W134：2）底部，陶盆片（W134：4）用于封堵盆（W134：3）的底部。

陶釜 1件。标本W134：1，夹云母红褐陶。圆唇，窄折沿。纹饰因磨光不清晰，内、外壁较粗糙。素面。残高13.6厘米（图一七三，2）。

陶盆 2件。标本W134：2，泥质灰陶。敞口，方唇，卷沿，腹微鼓，弧收，腹底分界不明显，平底。器形较规整，内、外壁较光滑。素面。口径40.72、底径14.48、高22.8厘米（图一七三，4；图版四二，6）。标本W134：3，泥质灰陶，胎芯呈黄褐色，内、外壁呈灰褐色。敞口，方唇，卷沿，斜弧

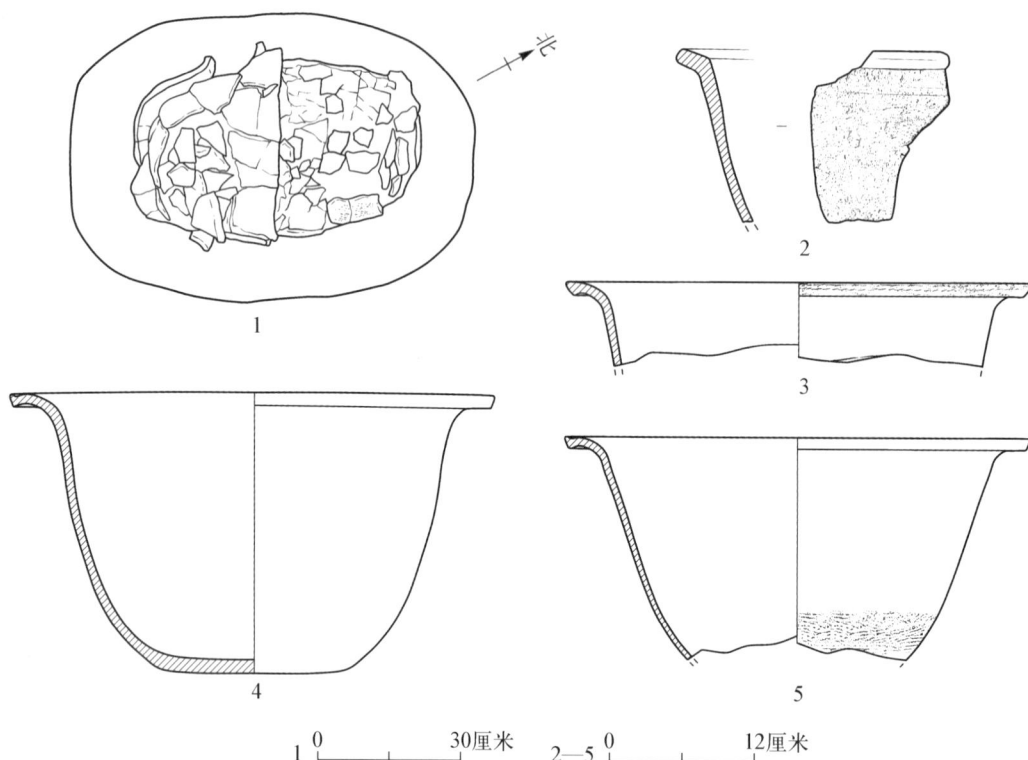

图一七三　W134平面图及葬具

1. W134平面图　2.陶釜（W134:1）　3.陶盆片（W134:4）　4、5.陶盆（W134:2、W134:3）

腹。器形较规整，内、外壁较光滑。外壁腹下部施斜向绳纹，纹饰因磨光不清晰。口径38、残高16.44厘米（图一七三,5）。

　　陶盆片　1件。标本W134:4，泥质灰陶。敞口，方唇，卷沿。内、外壁较光滑。外壁唇部施一周戳印纹。口径37.88、残高6.04厘米（图一七三,3）。

　　W135　位于Ⅲ区T93东南部。开口于第②层下，打破生土层。不规则椭圆形土坑竖穴墓，西南—东北向，北偏东约25°。墓圹后期遭破坏，墓壁较直，墓底较平整。墓葬南北长0.46、东西0.45—0.5、深0.36米（图一七四,1）。葬具为陶釜3件（图一七四,2—4），自北向南由釜（W135:1）—釜（W135:2）—釜（W135:3）组合而成，其中釜（W135:1）口部套接于釜（W135:2）口部，釜（W135:3）口部套接于釜（W135:2）底部。

　　陶釜　3件。标本W135:1，夹云母黄褐陶。敛口，圆唇，窄折沿，沿面斜平，内沿呈凸棱状，腹微鼓，最大径在腹上部，斜弧收，底部缺失。器形不甚规整，腹部凹凸不平，内、外壁较光滑。口沿下施弦纹，腹中部局部隐约可见竖向绳纹。口径22.84、沿宽2.44、腹径23.24、残高25.24厘米（图一七四,2；图版四三,1）。标本W135:2，夹云母红褐陶，内壁通体黄褐色，外壁通体红褐色偏黄，腹中部局部呈黑色。敛口，圆唇，窄折沿，沿面微弧，内沿呈凸棱状，微鼓腹，最大径在腹上部，底部缺失。内、外壁较光滑。口沿下施弦纹，腹中部施竖向绳纹，纹饰局部磨光不清。口径21.28、沿宽2.24、腹径22.72、残高19.28厘米（图一七四,3）。标本W135:3，夹云母红褐陶。敛

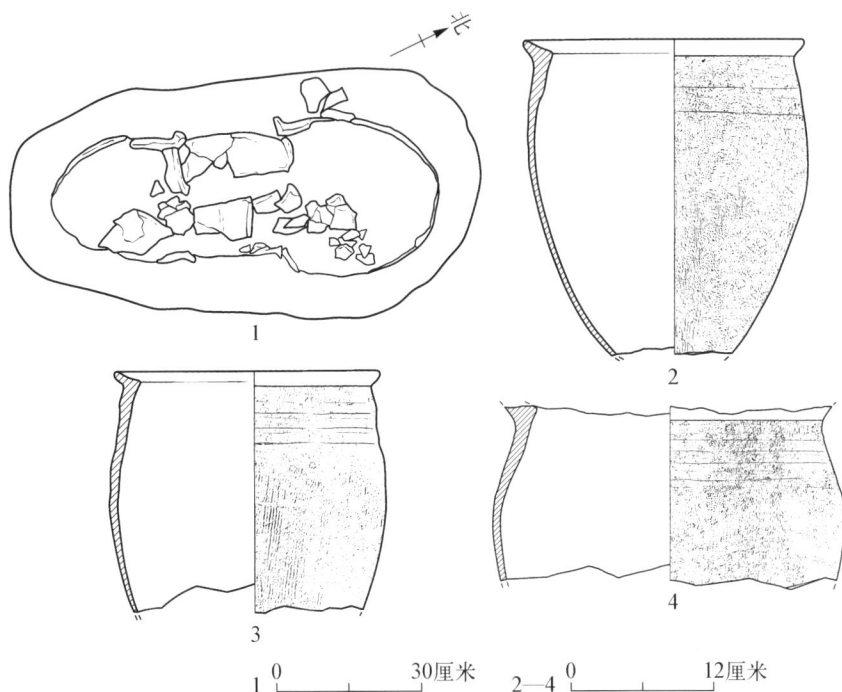

图一七四　W135平面图及葬具

1. W135平面图　2—4. 陶釜（W135∶1、W135∶2、W135∶3）

口，圆唇，折沿，微鼓腹。内、外壁较光滑。口沿下施弦纹，腹部局部隐约可见竖向绳纹。腹径38.8、残高18.48厘米（图一七四，4）。

W136　位于Ⅲ区T93北隔梁内。开口于第②层下，打破生土层。椭圆形土坑竖穴墓，西南—东北向，北偏东约29°。墓壁较直，墓底较平整。墓葬南北长1.1、东西宽0.55、深0.4米（图一七五，1；图版七，2）。葬具为陶釜3件、陶盆1件（图一七五，2—5），自北向南由釜（W136∶1）—釜（W136∶2）—釜（W136∶3）—盆（W136∶4）组合而成，其中釜（W136∶1）口部套接于釜（W136∶2）口部，釜（W136∶3）口部套接于釜（W136∶2）底部，盆（W136∶4）口部套接于釜（W136∶3）底部。

陶釜　3件。标本W136∶1，夹云母红褐陶，基本呈红褐色，局部有黑色斑驳，腹下部至底部呈黑色。敛口，圆唇，窄折沿，沿面微弧，内沿呈凸棱状，腹微鼓，最大径在腹上部，腹下部弧收，腹底分界不明显，圜底。器形不甚规整，腹部凹凸不平，内外皆较光滑。口沿下施弦纹，腹中部至近底部施竖向绳纹，局部磨光不清。口径30.16、沿宽2.44、腹径31.88、残高32.04厘米（图一七五，3；图版四三，2）。标本W136∶2，夹云母黄褐陶，胎芯红褐色，内壁腹上部呈红褐色，腹中部及腹下部呈黄褐色，外壁腹上部及腹中部呈黄褐色，局部发黑，腹下部呈黑色，局部呈红褐色。敛口，圆唇，窄折沿，沿面微弧，内沿呈凸棱状，腹微鼓，最大径在腹上部，底部缺失。器形不甚规整，腹中部凹凸不平，内、外壁较光滑。口沿下施弦纹，腹中部至腹下部施竖向绳纹，局部磨光不清。口径30.84、沿宽2.24、腹径32.44、残高27.08厘米（图一七五，4；图版四三，3）。标本W136∶3，泥质

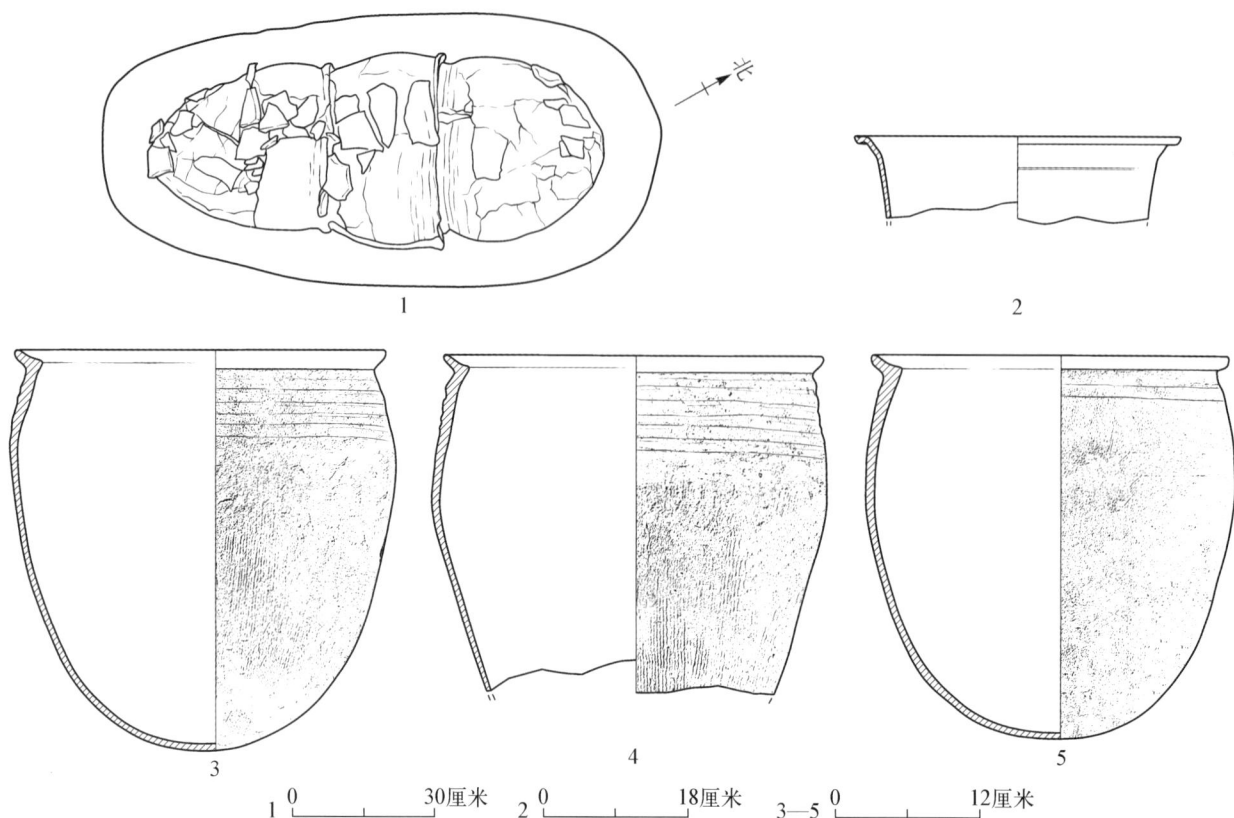

图一七五　W136平面图及葬具

1. W136平面图　2. 陶盆（W136：4）　3—5. 陶釜（W136：1、W136：2、W136：3）

红陶，内、外壁腹中上部呈红褐色，腹中下部至底部呈黑色，有红褐色斑驳。敛口，圆唇，窄折沿，沿面微弧，内沿呈凸棱状，微鼓腹，最大径在腹上部，腹下部弧收，腹底分界不明显，圜底。器形较规整，内、外壁较光滑。素面。口径28.84、沿宽2.56、腹径30.32、高30.6厘米（图一七五，5；图版四三，4）。

陶盆　1件。标本W136：4，泥质黄褐陶，内壁呈灰色，局部呈黄褐色，外壁呈黄褐色。敞口，方唇，唇面有一周凸棱，卷沿。内、外壁较光滑。口沿下施有一周凹弦纹，腹部基本素面。口径39.96、残高9.84厘米（图一七五，2）。

W137　位于Ⅲ区T94中部偏西。开口于第②层下，打破生土层。椭圆形土坑竖穴墓，南北向，北偏东约16°。墓圹后期遭破坏，墓壁较直，墓底较平整。墓葬南北长1.04、东西宽0.5—0.6、深0.45米（图一七六，1）。葬具为陶盆2件、陶釜2件（图一七六，2—5），自北向南由盆（W137：1）—盆（W137：2）—釜（W137：3）—釜（W137：4）组合而成，其中盆（W137：1）与盆（W137：2）底部贴合，盆（W137：2）口部与釜（W137：3）口部对接，釜（W137：4）口部套接于釜（W137：3）底部。

陶盆　2件。标本W137：1，泥质黄褐陶。内、外壁较光滑。器表施弦纹。残高11.1厘米（图一七六，2）。标本W137：2，泥质灰陶。敞口，尖唇，卷沿，腹微鼓，弧收，腹底分界不明显，平底。器形较规整，内、外壁较光滑。器表基本素面，表面有明显的刮抹痕迹。口径40.48、底径13.64、高

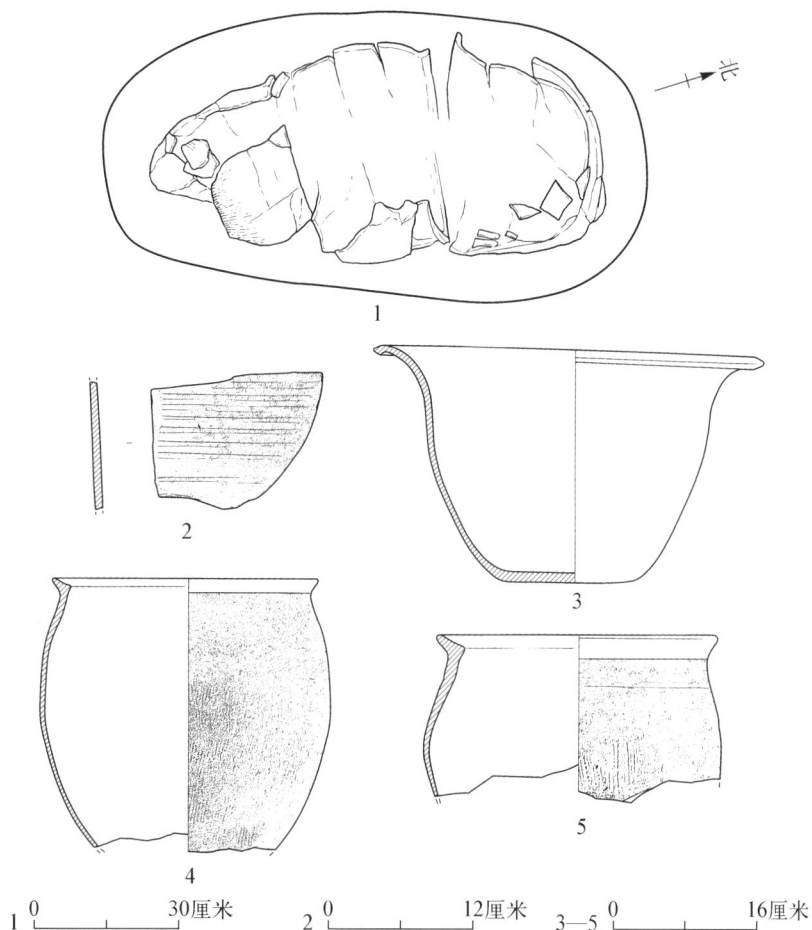

图一七六 W137平面图及葬具

1. W137平面图 2、3.陶盆（W137∶1、W137∶2） 4、5.陶釜（W137∶3、W137∶4）

25.32厘米（图一七六,3;图版四三,5）。

陶釜 2件。标本W137∶3,夹云母红褐陶。敛口,圆唇,窄折沿,沿面微弧,内沿呈凸棱状,腹微鼓,最大径在腹上部,腹下部弧收,底部缺失。器形较规整,内、外壁较粗糙。器表腹上部素面,腹中部至腹下部施竖向绳纹,纹饰因磨光不清晰。口径28.6、沿宽2.08、腹径31.68、残高29.96厘米（图一七六,4;图版四三,6）。标本W137∶4,夹云母红褐陶,内、外壁呈红褐色,腹中部微发黑,外壁腹上部呈红褐色,腹中部局部呈黑色。敛口,圆唇,窄折沿,沿面微弧,内沿呈凸棱状,微鼓腹,最大径在腹上部,底部缺失。内、外壁较光滑。器表腹上部施弦纹,腹中部施竖向绳纹,局部纹饰因磨光不清晰。口径30.2、沿宽3.32、腹径32.6、残高17.28厘米（图一七六,5）。

W138 位于Ⅲ区T94中部偏东。开口于第②层下,打破生土层。椭圆形土坑竖穴墓,西南—东北向,北偏东约25°。墓圹后期遭破坏,墓底较平整。墓葬南北残长0.7、东西宽0.45、残深约0.1米（图一七七,1）。葬具为陶釜2件（图一七七,2、3）,另有陶片1件（图一七七,4）,因W138破损严重,组合关系暂不明确,仅可知自北向南为釜（W138∶1）口部与釜（W138∶2）口部对接。

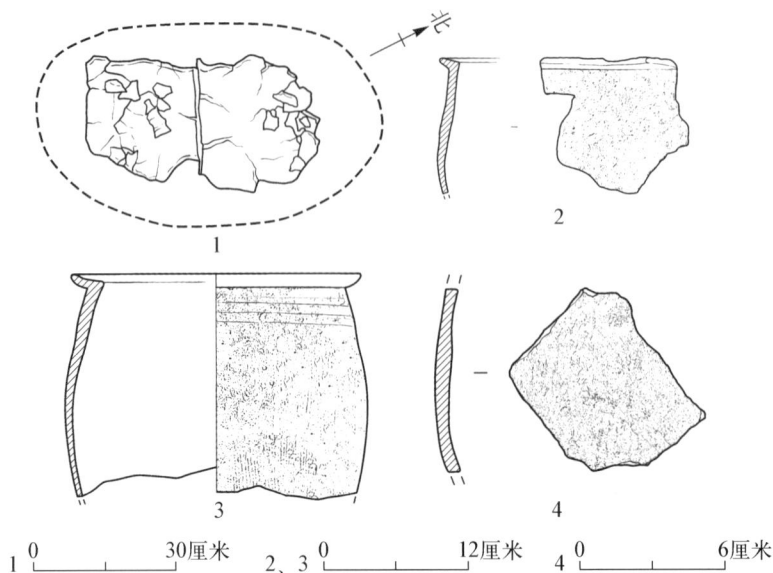

图一七七　W138平面图及葬具

1. W138平面图　2、3.陶釜（W138：1、W138：2）　4.陶片（W138：3）

陶片（W138：3）贴于釜（W138：2）腹部内。

　　陶釜　2件。标本W138：1，夹云母红褐陶。敛口，圆唇，折沿，沿面微弧，内沿呈凸棱状，腹微鼓。内、外壁较粗糙。器表腹上部局部隐约可见竖向绳纹，纹饰因磨光不清晰。残高10.8厘米（图一七七，2）。标本W138：2，夹云母红褐陶，通体红褐色，腹中部局部发黑。敛口，圆唇，窄折沿，沿面微弧，内沿呈凸棱状，腹微鼓。内、外壁较粗糙。腹中部施竖向绳纹，纹饰因磨光不清晰。口径23.8、沿宽2.68、腹径25.12、残高17.84厘米（图一七七，3）。

　　陶片　1件。标本W138：3，泥质黄褐陶，外壁灰褐色。内、外壁较光滑。器表施竖向绳纹与弦纹，纹样呈条带状。残高7.4厘米（图一七七，4）。

　　W139　位于Ⅲ区T94西北部。开口于第②层下，打破生土层。椭圆形土坑竖穴墓，西南—东北向，北偏东约36°。墓圹后期遭破坏，墓壁较直，墓底较平整。墓葬南北长1.15、东西宽0.55、深0.45米（图一七八，1）。葬具为陶瓮1件、陶釜1件、陶罐1件（图一七八，2—4），自北向南由瓮（W139：1）—釜（W139：2）—罐（W139：3）组合而成，其中瓮（W139：1）口部与釜（W139：2）口部对接，釜（W139：2）底部套接于罐（W139：3）口部。

　　陶瓮　1件。标本W139：1，泥质黄褐陶。直口，圆唇，束颈，颈部有一周折棱，折肩，弧腹，腹下部弧收，腹部与底部分界不明显，平底。器形较规整，内、外壁较光滑。肩部压印带状方格纹，腹上部施竖向细绳纹，腹中部至腹下部施斜向细绳纹，纹饰因磨光不清晰。口径25.26、腹径43.68、高33.42厘米（图一七八，2；图版四四，1）。

　　陶釜　1件。标本W139：2，夹云母黄褐陶，内壁通体呈黄褐色，腹中部有黑色斑驳，外壁腹上部呈黄褐色，腹中部至腹下部呈黑色，局部呈黄褐色。敛口，圆唇，窄折沿，沿面微弧，内沿呈凸棱状，腹微鼓，最大径在腹上部，弧收，底部缺失。器形不甚规整，腹中部凹凸不平，内、外壁较

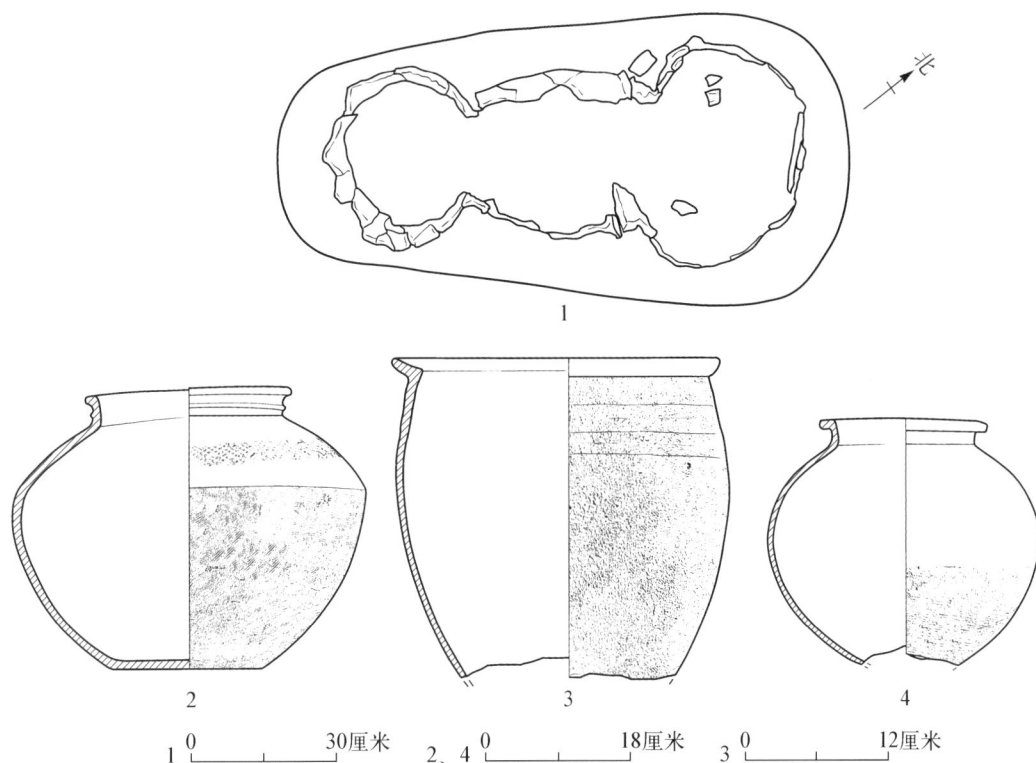

图一七八　W139平面图及葬具

1. W139平面图　2. 陶瓮（W139：1）　3. 陶釜（W139：2）　4. 陶罐（W139：3）

光滑。口沿下施弦纹，腹中部至腹下部局部可见竖向绳纹，纹饰因磨光不清晰。口径26.36、沿宽2.6、腹径27.32、残高25.56厘米（图一七八，3；图版四四，2）。

陶罐　1件。标本W139：3，泥质灰陶。侈口，方唇，窄折沿，束颈，溜肩，鼓腹，最大径在腹中部，腹下部弧收，底部缺失。器形不甚规整，腹中部凹凸不平，内、外壁较光滑。器表腹下部施斜向绳纹，纹饰因磨光不清晰。口径20.7、腹径33.66、残高29.34厘米（图一七八，4；图版四四，3）。

W140　位于Ⅲ区T94北隔梁西部。开口于第②层下，打破生土层。椭圆形土坑竖穴墓，南北向，北偏东约8°。墓壁较直，墓底较平整。墓葬南北长1.24、东西宽0.57、深0.41米（图一七九，1；图版七，3）。葬具为陶釜4件（图一七九，2—5），自北向南由釜（W140：1）—釜（W140：2）—釜（W140：3）—釜（W140：4）组合而成，其中釜（W140：1）口部与釜（W140：2）口部对接，釜（W140：3）口部套接于釜（W140：2）底部，釜（W140：4）口部套接于釜（W140：3）底部。釜（W140：1）内有一具人骨，保存极差，头向东北。推测为幼儿。

陶釜　4件。标本W140：1，夹云母黄褐陶，胎芯呈红褐色，器内壁腹上部呈黄褐色，腹中部至底部发黑，器外壁腹上部呈黄褐色，腹中部至腹下部以黄褐色为主，有黑色斑驳，底部呈黄褐色。侈口，圆唇，宽折沿，沿面内凹成槽，内沿呈凸棱状，斜直腹，腹下部斜弧收，腹底分界不明显，圜底。器形较规整，内、外壁较光滑。器表通体施竖向绳纹，底部呈交错绳纹，纹样近菱形，腹上部纹饰局部磨光不清。口径34.04、沿宽2.68、高36.16厘米（图一七九，2；图版四四，4）。标本W140：2，夹

图一七九　W140平面图及葬具

1.W140平面图　2—5.陶釜（W140：1、W140：2、W140：3、W140：4）

云母红褐陶，通体呈红褐色，有黑色斑驳，腹中部及腹下部发黑，腹中部局部呈红褐色。侈口，圆唇，宽折沿，沿面内凹成槽，内沿呈凸棱状，斜直腹。器形较规整，内、外壁较光滑。通体施竖向绳纹，腹上部纹饰因磨光不清晰。口径32.88、沿宽2.8、残高26.32厘米（图一七九，3；图版四四，5）。标本W140：3，夹云母红褐陶，内壁腹部呈黑色，局部呈红褐色，外壁通体呈红褐色，腹中下部有黑色斑驳。侈口,尖圆唇,宽折沿,沿面内凹成槽,槽部不明显,内沿呈凸棱状,斜直腹,斜弧收,底部缺失。器形较规整,内壁较光滑,外壁较粗糙。器表通体施竖向绳纹。口径30.32、沿宽2.16、残高28.24厘米(图一七九,4;图版四四,6)。标本W140:4,夹云母红褐陶,内壁基本呈黑色,局部呈红褐色,外壁腹上部及腹中部以红褐色为主,局部发黑,腹中下部至底部黄褐色与黑色不规则分布。侈口,圆唇,宽折沿,沿面内凹成槽,内沿呈凸棱状,斜直腹,斜弧收,底部缺失。器形不甚规整,腹下部凹凸不平,内壁较光滑,外壁较粗糙。通体施竖向绳纹,纹样近方格状,腹上部纹饰因磨光不清晰。口径31.24、沿宽2.28、残高31.6厘米(图一七九,5;图版四五,1)。

W141　位于Ⅲ区T94东北关键柱内。开口于第②层下,打破生土层。圆角长方形土坑竖穴墓,南北向,北偏东约15°。墓圹被破坏,墓壁较直,墓底较平整。墓葬南北长1.07、东西宽0.5、深0.4米(图一八〇,1)。葬具为陶釜3件(图一八〇,2—4),另发现陶片2件(图一八〇,5、6),自北向南由釜(W141:1)—釜(W141:2)—釜(W141:4)组合而成,其中釜(W141:1)口部与釜(W141:2)口部对接,釜(W141:4)口部套接于釜(W141:2)底部,陶片(W141:3)贴于釜

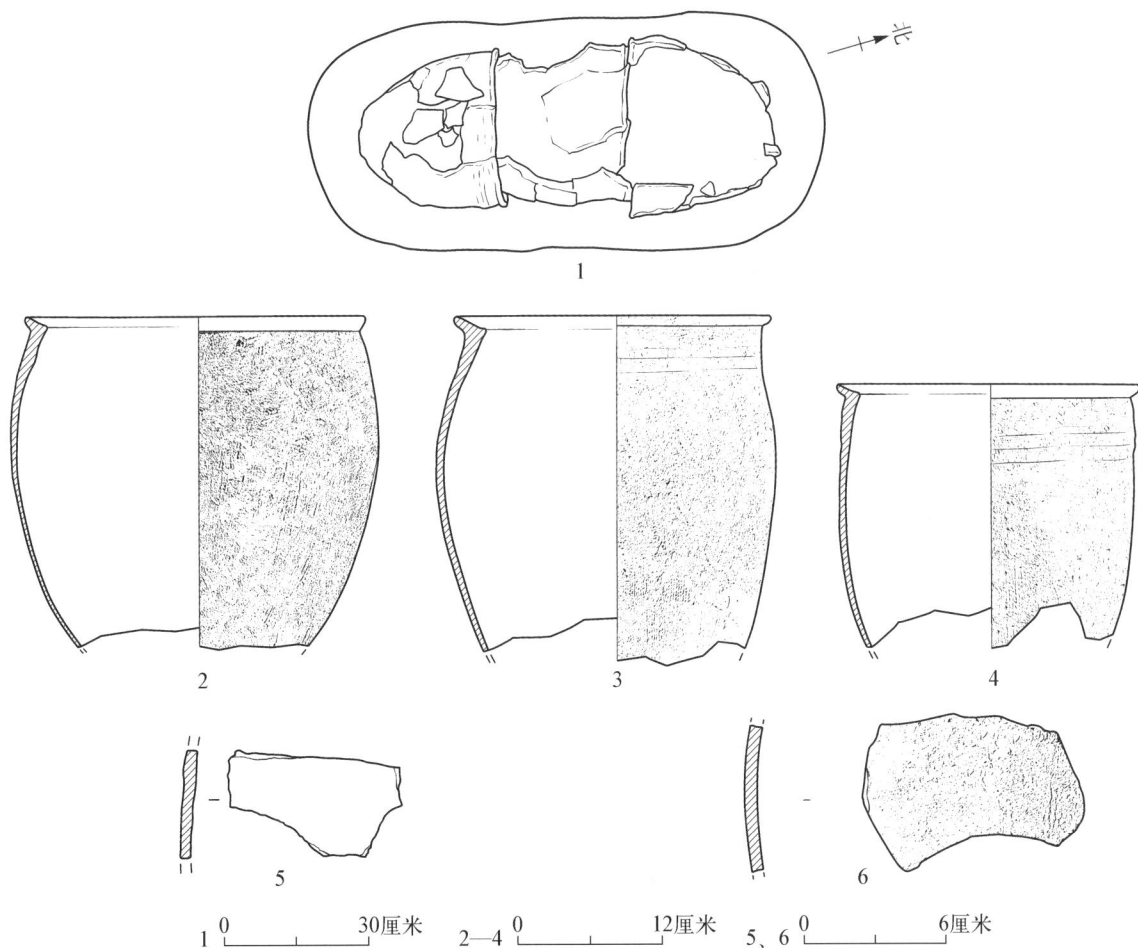

图一八〇　W141平面图及葬具

1. W141平面图　2—4.陶釜(W141:1、W141:2、W141:4)　5、6.陶片(W141:3、W141:5)

（W141：2）腹部,陶片（W141：5）用于封堵釜（W141：4）的底部。

陶釜 3件。标本W141：1,夹云母红褐陶,内壁腹部呈红褐色,下部呈黑色,外壁腹上部呈红褐色,腹中部至下部呈黑色,局部有红褐色斑驳。敛口,圆唇,窄折沿,沿面斜平,内沿呈凸棱状,微鼓腹,最大径在腹上部,弧收,底部缺失。器形不甚规整,腹上部凹凸不平,内、外壁较光滑。通体施竖向绳纹,纹饰磨光清晰。口径27.56、沿宽1.88、腹径30.28、残高26.6厘米（图一八○,2；图版四五,2）。标本W141：2,夹云母红褐陶,内壁通体红褐色偏黄,外壁腹下部有黑色斑驳。敛口,圆唇,窄折沿,沿面斜平,内沿呈凸棱状,腹微鼓,最大径在腹上部,底部缺失。器形不规整,器表凹凸不平,内、外壁较光滑。口沿下施弦纹,腹下部施竖向细绳纹,纹饰因磨光不清晰。口径25.6、沿宽2.64、腹径28、残高26.8厘米（图一八○,3；图版四五,3）。标本W141：4,夹云母红褐陶,内壁呈黄褐色,局部发黑,外壁腹部呈红褐色,有黑色斑驳。敛口,圆唇,窄折沿,沿面斜平,内沿呈凸棱状,微鼓腹,弧收,底部缺失。器形较规整,内、外壁较光滑。口沿下施弦纹,腹中部隐约可见竖向绳纹,纹饰因磨光不清晰。口径24.84、沿宽2.04、残高21.04厘米（图一八○,4；图版四五,4）。

陶片 2件。标本W141：3,泥质黄褐陶。素面,表面光滑。残高4.4厘米（图一八○,5）。标本W141：5,泥质灰陶,胎芯呈黄褐色,整体呈灰褐色。表面较光滑。器表施竖向绳纹,纹饰因磨光不清晰。残高6.4厘米（图一八○,6）。

W142 位于Ⅲ区T95东南部（西部）。与W143为同一墓穴,并排摆放,W142略靠南部。开口于第②层下,打破生土层。不规则平行四边形土坑竖穴墓,西南—东北向,北偏东约34°。墓圹较直,墓底较平整。墓葬南北长0.9、东西宽0.9、深0.38米（图一八一）。葬具为陶釜3件（图一八二,1—3）,自北向南由釜（W142：1）—釜（W142：2）—釜（W142：3）组合而成,其中釜（W142：1）口部套接于釜（W142：2）底部,釜（W142：2）口部与釜（W142：3）口部对接。

陶釜 3件。标本W142：1,夹云母红褐陶,通体呈红褐色,外壁有黑色斑驳。敛口,圆唇,窄折沿,沿面微弧,内沿呈凸棱状,腹微鼓。内、外壁较光滑。口沿下施弦纹,局部隐约可见竖向绳纹,纹饰因磨光不清晰。口径27.56、沿宽2.28、腹径30.56、残高11.64厘米（图一八二,4）。标

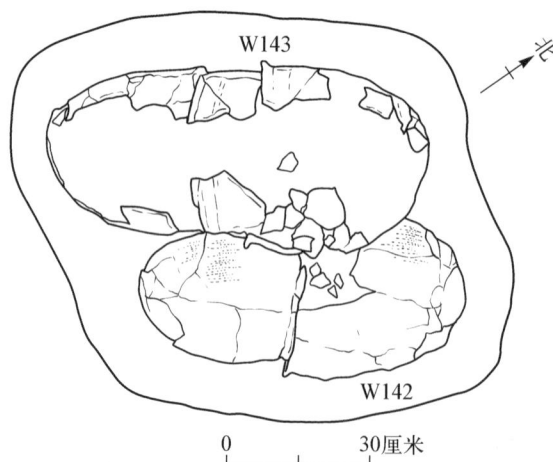

图一八一 W142、W143平面图

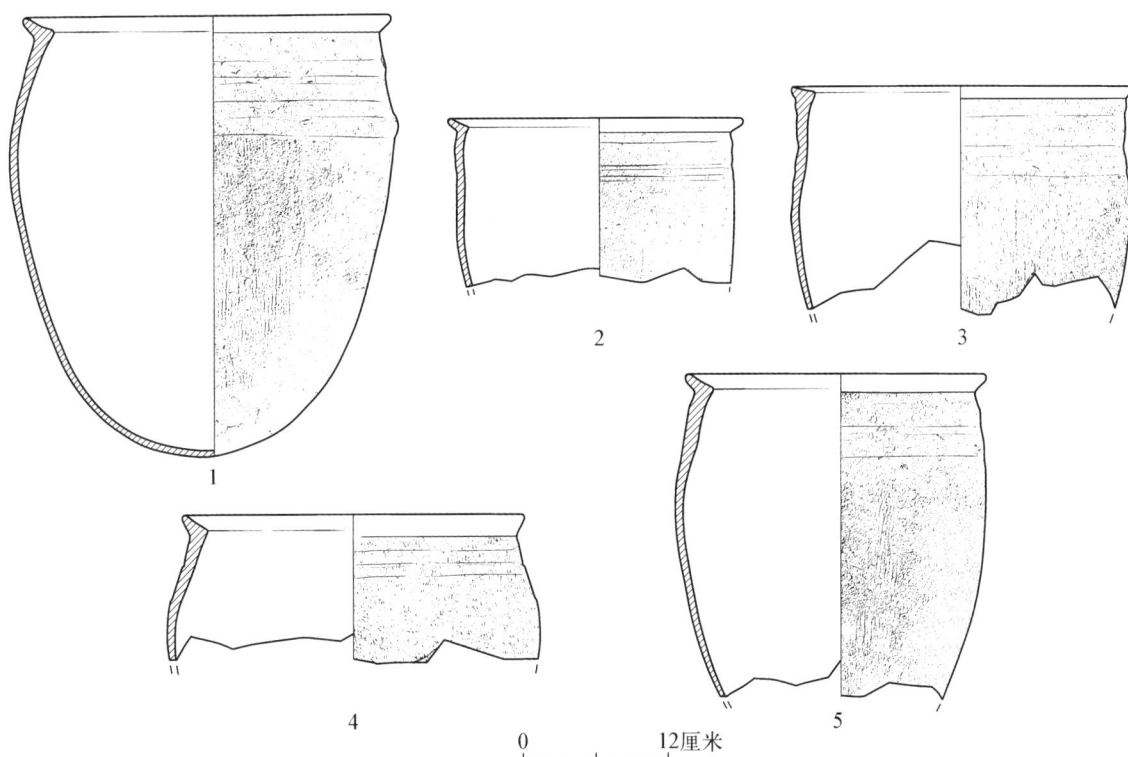

图一八二　W142、W143葬具

1—5.陶釜（W143：1、W142：2、W142：3、W142：1、W143：2）

本W142：2，夹云母黄褐陶。敛口，圆唇，窄折沿，沿面微弧，内沿呈凸棱状，腹微鼓。内、外壁较光滑。口沿下施弦纹，局部隐约可见竖向绳纹，纹饰因磨光不清晰。口径24.04、沿宽1.72、残高12.56厘米（图一八二，2）。标本W142：3，夹云母红褐陶，通体呈红褐色，外壁发黄，腹中部局部发黑。敛口，圆唇，窄折沿，沿面斜平，内沿呈凸棱状，腹微鼓。内壁较粗糙，外壁较光滑。口沿下施弦纹，腹上部施竖向绳纹，纹饰因磨光不清晰。口径27.68、沿宽1.88、腹径28.24、残高17.8厘米（图一八二，3）。

W143　位于Ⅲ区T95东南部（东部）。与W142为同一墓穴，并排摆放，W143略靠北部。开口于第②层下，打破生土层。不规则平行四边形土坑竖穴墓，西南—东北向，北偏东约34°。墓圹较直，墓底较平整。墓葬南北长0.9、东西宽0.9、深0.38米（图一八一）。葬具为陶釜2件（图一八二，4、5），自北向南为釜（W143：1）口部与釜（W143：2）口部对接而成。

陶釜　2件。标本W143：1，夹云母红褐陶，通体呈红褐色，腹中部局部发黑，底部呈黑色，外壁腹下部及底部呈红褐色，有黑色斑驳。敛口，圆唇，窄折沿，沿面微弧，内沿呈凸棱状，微鼓腹，最大径在腹上部，腹下部弧收，腹底分界不明显，圜底。器形不甚规整，腹部凹凸不平，内、外壁较光滑。口沿下施弦纹，腹中部至底部施竖向绳纹，纹饰因磨光不清晰。口径29.56、沿宽2.56、腹径31.8、高35.44厘米（图一八二，1；图版四五，5）。标本W143：2，夹云母红褐陶，通体呈红褐色，腹下部局部发黑。敛口，圆唇，窄折沿，沿面微弧，内沿呈凸棱状，微鼓腹，最大径在腹上部,弧收,底部缺失。器形不甚规整,腹部凹凸不平,内、外壁较光滑。口沿下施弦纹,腹中部至腹下部隐约可见竖向绳纹,纹饰因磨光不清晰。口径24.32、沿宽2.44、腹径25.84、残高26.12厘米(图一八二,5;图版四五,6)。

W144 位于Ⅲ区T95西南部。开口于第②层下,打破生土层。椭圆形土坑竖穴墓,西南—东北向,北偏东约35°。墓圹后期遭破坏,墓壁较直,墓底较平整。墓葬南北长1.14、东西宽0.52、深0.39米(图一八三,1;图版八,1)。葬具为陶釜3件(图一八三,2—4),自北向南由釜(W144:3)—釜(W144:2)—釜(W144:1)组合而成,其中釜(W144:3)口部与釜(W144:2)口部对接,釜(W144:1)口部套接于釜(W144:2)底部。釜(W144:3)内有一具人骨,保存较差,头向东北,疑为幼儿。

陶釜 3件。标本W144:1,夹云母红褐陶,内壁通体呈红褐色,底部呈黑色,外壁通体呈红褐色,有黑色斑驳。敛口,圆唇,窄折沿,沿面微弧,内沿呈凸棱状,腹微鼓,腹下部斜弧收,腹底分界不明显,圜底。器形不规整,腹部凹凸不平,内、外壁较光滑。器表上部素面,腹中部施竖向绳纹,底部局部施横向绳纹,纹饰局部磨光不清。口径21.48、沿宽2.32、腹径22.04、高24.68厘米(图一八三,2;图版四六,1)。标本W144:2,夹云母红褐陶,内壁通体呈红褐色,外壁腹上部呈红褐色,腹中下部发黑。敛口,圆唇,窄折沿,沿面微弧,内沿呈凸棱状,腹微鼓,最大径在腹上部,斜弧

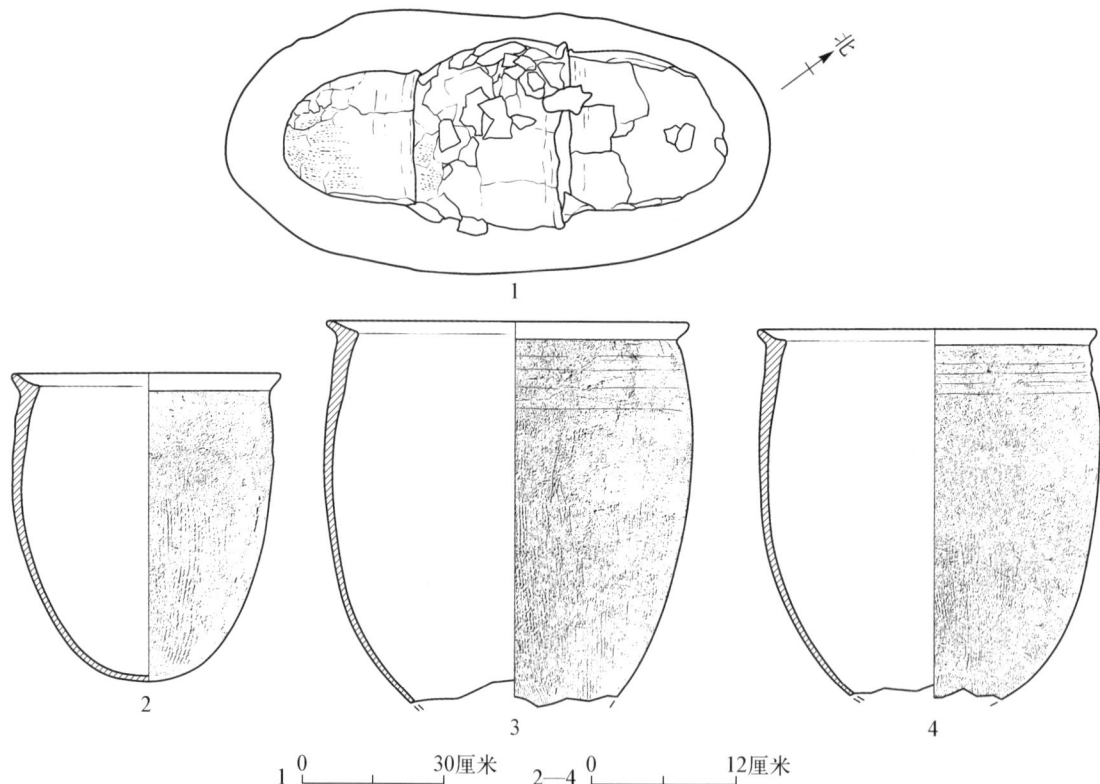

图一八三 W144平面图及葬具

1.W144平面图 2—4.陶釜(W144:1、W144:2、W144:3)

收,底部缺失。器形不甚规整,腹部凹凸不平,内、外壁较光滑。口沿下施弦纹,腹中部至腹下部施竖向绳纹,纹饰因磨光不清晰。口径29.52、沿宽2.68、腹径30.52、残高30.44厘米(图一八三,3;图版四六,2)。标本W144:3,夹云母红褐陶,通体呈红褐色,外壁腹中下部发黑。敛口,圆唇,窄折沿,沿面微弧,内沿呈凸棱状,腹微鼓,斜弧收,底部缺失。器形不甚规整,腹上部凹凸不平,内、外壁较粗糙。口沿下施弦纹,腹部施竖向绳纹,纹饰因磨光不清晰。口径27.48、沿宽2.36、腹径27.88、残高29.56厘米(图一八三,4;图版四六,3)。

W145 位于Ⅲ区T95中西部。开口于第②层下,打破生土层。圆角长方形土坑竖穴墓,西南—东北向,北偏东约30°。墓圹后期遭破坏,墓壁较直,墓底较平整。墓葬南北长1.09、东西宽0.53、深0.41米(图一八四,1)。葬具为陶釜3件(图一八四,2—4),自北向南由釜(W145:1)—釜(W145:2)—釜(W145:3)组合而成,其中釜(W145:1)口部与釜(W145:2)口部对接,釜(W145:3)口部套接于釜(W145:2)底部。

陶釜 3件。标本W145:1,夹云母红褐陶,内壁通体呈红褐色,底部呈黑色,外壁腹中上部呈红褐色,有黑色斑驳,腹下部至底部发黑,有红褐色斑驳。微敛口,圆唇,窄折沿,沿面微弧,内沿呈凸棱状,腹微鼓,最大径在腹上部,腹下部斜弧收,腹底分界不明显,圜底。器形不规整,腹部凹凸不平,内、外壁较光滑。口沿下施弦纹,腹中部至底部施竖向细绳纹,底部隐约可见交错绳纹,纹饰因磨光不清晰。口径30.36、沿宽3.04、腹径30、高33.08厘米(图一八四,2;图版四六,4)。

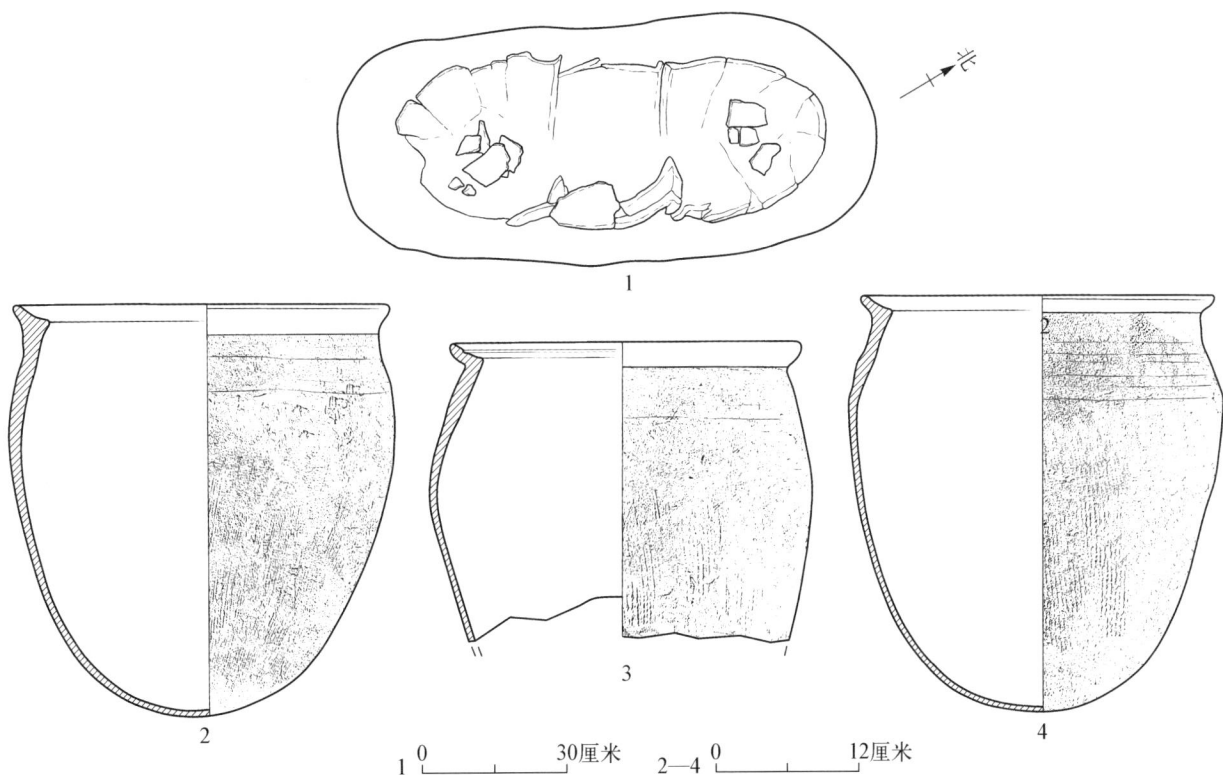

图一八四 W145平面图及葬具

1.W145平面图 2—4.陶釜(W145:1、W145:2、W145:3)

标本W145：2，夹云母红褐陶，内壁通体呈红褐色，外壁腹上部红褐色偏黄，腹中部黄褐色微发黑。敛口，圆唇，窄折沿，沿面内凹成槽，内沿呈凸棱状，腹微鼓，最大径在腹上部，斜弧收，底部缺失。器形不甚规整，腹中部凹凸不平，内、外壁较光滑。器表基本素面，腹中部施竖向绳纹，局部纹饰因磨光不清晰。口径28.16、沿宽1.72、腹径31.48、残高23.88厘米（图一八四，3；图版四六，5）。标本W145：3，夹云母红褐陶，内壁呈红褐色，底部呈黑色，外壁腹上部呈红褐色，腹中部至近底部发黑，局部有红褐色斑驳。敛口，圆唇，窄折沿，沿面内弧，内沿呈凸棱状，腹微鼓，最大径在腹上部，腹下部弧收。器形不规整，腹部凹凸不平，内、外壁较光滑。口沿下施弦纹，腹中部至近底部施竖向粗绳纹，纹饰因磨光不清晰。口径28.88、沿宽2.64、腹径31.16、高33.32厘米（图一八四，4；图版四六，6）。

　　W146　位于Ⅲ区T95东隔梁内，开口于第②层下，打破生土层。椭圆形土坑竖穴墓，西南—东北向，北偏东约33°。墓圹后期遭破坏，墓壁较直，墓底较平整。墓葬南北长0.85、东西宽0.51、残深0.19米（图一八五，1）。葬具为陶釜2件（图一八五，3、4），另发现陶盆片1件（图一八五，2），自北向南依为釜（W146：2）口部与釜（W146：3）口部对接，陶盆片（W146：1）用于封堵釜（W146：2）的底部。

　　陶盆片　1件。标本W146：1，泥质灰陶。素面，整体较光滑。残高18.6厘米（图一八五，2）。

　　陶釜　2件。标本W146：2，夹云母红褐陶。敛口，圆唇，窄折沿，沿面微弧，内沿呈凸棱状，腹微鼓。内、外壁较光滑。口沿下施弦纹，腹中上部隐约可见竖向绳纹，纹饰因磨光不清晰。口径21.76、沿宽2.28、腹径22.92、残高16.24厘米（图一八五，3）。标本W146：3，夹云母红褐陶，通体呈红褐色，外壁腹下部微发黑。敛口，圆唇，折沿，沿面微弧，内沿呈凸棱状，腹微鼓，腹下部斜

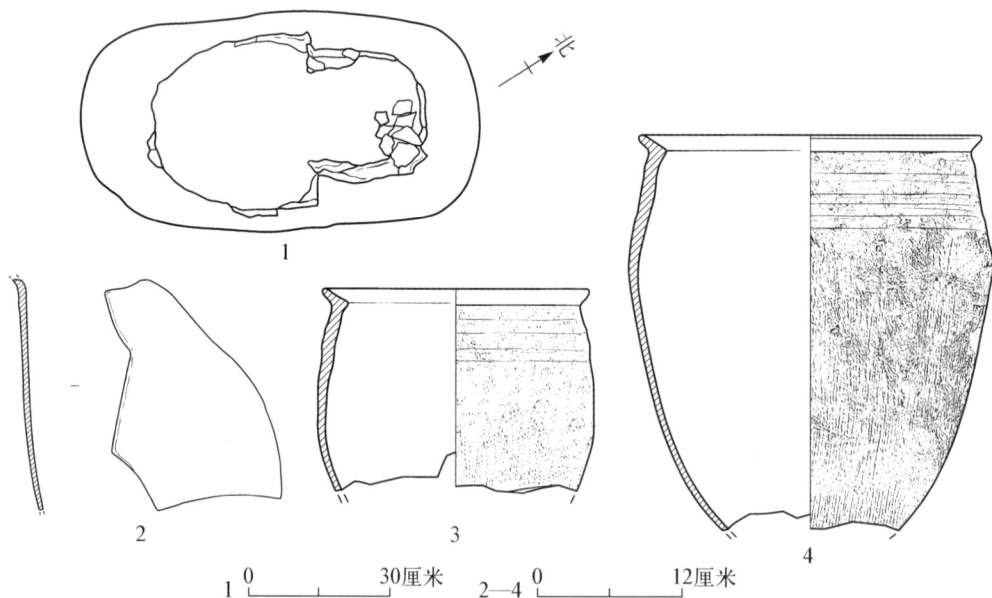

图一八五　W146平面图及葬具

1.W146平面图　2.陶盆片（W146：1）　3、4.陶釜（W146：2、W146：3）

弧收。内、外壁较光滑。口沿下施弦纹,腹上部至腹下部施竖向绳纹,纹饰因磨光不清晰。口径27.6、沿宽2.32、腹径29.92、残高31.48厘米(图一八五,4)。

W147 位于Ⅲ区T95东北部。开口于第②层下,打破生土层。不规则椭圆形土坑竖穴墓,西南—东北向,北偏东约43°。墓圹后期遭破坏,墓壁较直,墓底较平整。墓葬南北长0.99、东西宽0.4—0.5、残深0.38米(图一八六,1)。葬具为陶釜3件(图一八六,3—5),另发现陶片1件(图一八六,2),自北向南由釜(W147:2)—釜(W147:3)—釜(W147:4)组合而成,其中釜(W147:2)口部与釜(W147:3)口部对接,釜(W147:4)口部套接于釜(W147:3)底部,陶片(W147:1)位于釜(W147:2)北侧。

陶片 1件。标本W147:1,泥质黄褐陶。整体较光滑。器表施竖向绳纹与斜向绳纹,局部构成交错绳纹,纹饰因磨光不清晰。残高8厘米(图一八六,2)。

陶釜 3件。标本W147:2,夹云母红褐陶,通体呈红褐色,腹部局部发黑。敛口,圆唇,窄折沿,沿面微内弧,内沿呈凸棱状,腹微鼓,底部缺失。器形不甚规整,器表凹凸不平,内、外壁较光滑。器表素面,腹部可见竖向绳纹,纹饰因磨光不清晰。口径29.26、沿宽2.64、腹径31.52、残高21.56厘米(图一八六,3)。标本W147:3,夹云母黄褐陶。敛口,圆唇,窄折沿,沿面斜平,内沿呈凸棱状,腹微鼓。内、外壁较粗糙。口沿下施弦纹,腹中部隐约可见竖向绳纹,纹饰因磨光不清晰。口径27.56、沿宽2.28、腹径29.04、残高15.68厘米(图一八六,4)。标本W147:4,夹云

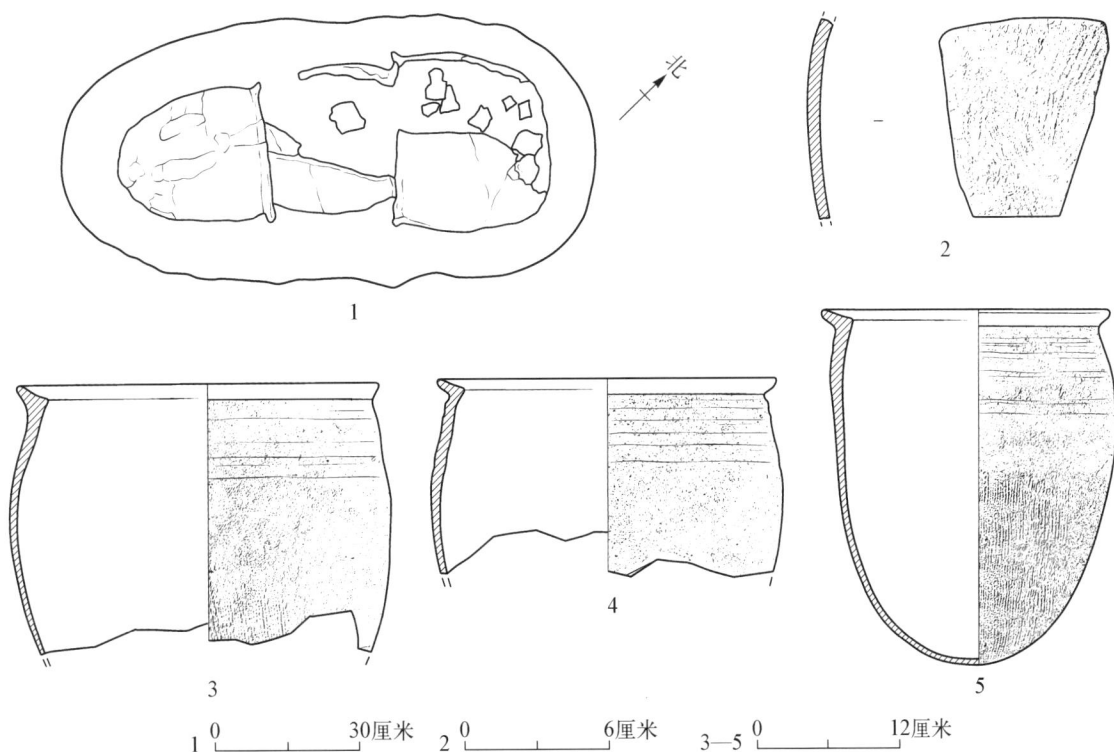

图一八六 W147平面图及葬具

1.W147平面图 2.陶片(W147:1) 3—5.陶釜(W147:2、W147:3、W147:4)

母红褐陶,内壁通体呈红褐色,腹下部发黑,底部呈黑色,外壁腹中上部呈红褐色,腹中下部呈黑色,底部红褐色发黑。敛口,圆唇,窄折沿,沿面斜平,内沿呈凸棱状,腹微鼓,腹下部斜弧收,腹底分界不明显,圜底。器形不规整,鼓腹程度不一,器表凹凸不平,内、外壁较光滑。器表素面,腹部以下施竖向绳纹,纹饰因磨光不清晰。口径23.32、沿宽2.48、腹径23.72、高28.52厘米(图一八六,5;图版四七,1)。

W148　位于Ⅲ区T95西北角。开口于第②层下。圆角长方形土坑竖穴墓,西南—东北向,北偏东约52°。墓圹后期遭破坏,墓壁较直,墓底较平整。墓葬南北长1.06、东西宽0.48、深0.38米(图一八七,1;图版八,2)。葬具为陶釜3件(图一八七,2—4),自北向南由釜(W148:1)—釜(W148:2)—釜(W148:3)组合而成,其中釜(W148:1)口部套接于釜(W148:2)口部,釜(W148:3)口部套接于釜(W148:2)底部。

陶釜　3件。标本W148:1,夹云母红褐陶,内壁通体呈红褐色,底部呈黑色,外壁腹中上部呈红褐色,腹中下部局部呈黑色,底部红褐色发黑。敛口,圆唇,窄折沿,沿面微弧,内沿呈凸棱状,腹微鼓,最大径在腹上部,腹下部斜弧收,腹底分界不明显,圜底。器形较规整,内、外壁较光滑。口沿下施弦纹,腹中部至底部施竖向绳纹,纹饰因磨光不清晰。口径28.48、沿宽2.76、腹径30.76、高33厘米(图一八七,2;图版四七,2)。标本W148:2,夹云母红褐陶,内壁通体呈红褐色,

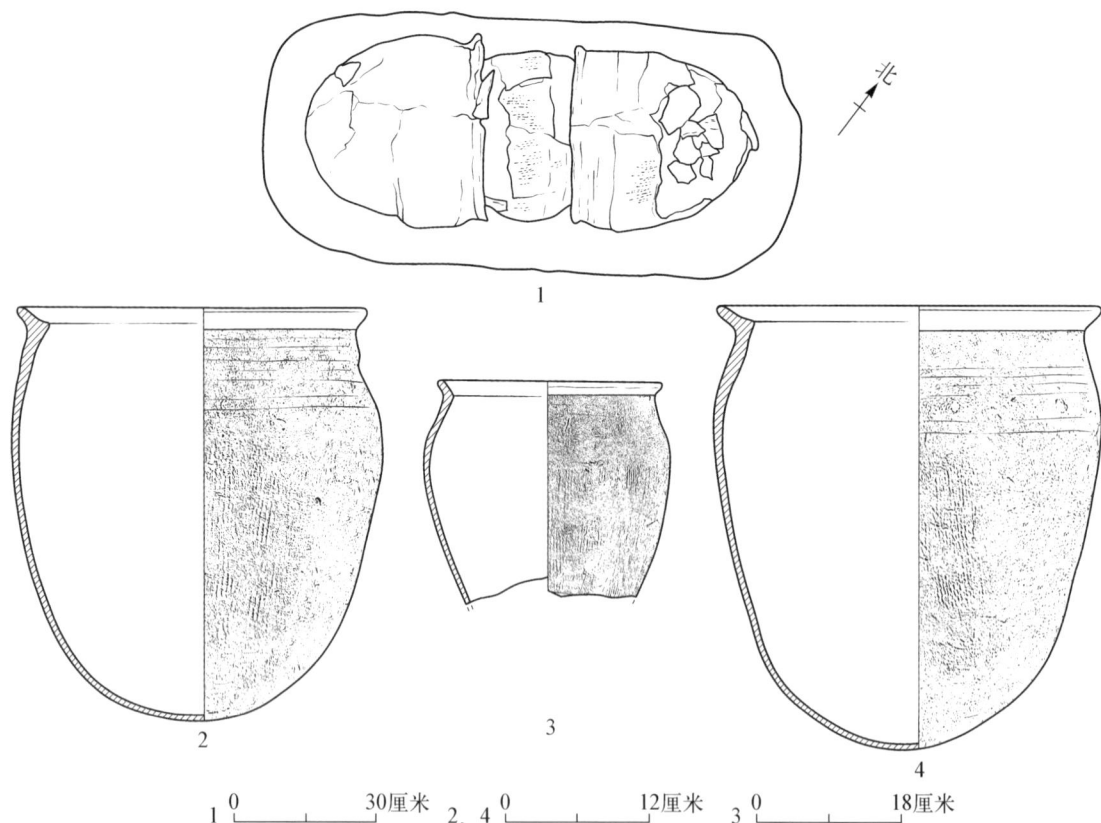

图一八七　W148平面图及葬具

1.W148平面图　2—4.陶釜(W148:1、W148:2、W148:3)

腹下部有黑色斑驳,外壁腹上部呈红褐色,腹中部红褐色发黑,有黑色斑驳,腹下部呈黑色,有红褐色斑驳。敛口,圆唇,窄折沿,沿面斜平,内沿呈凸棱状,腹微鼓,最大径在腹上部,斜弧收,底部缺失。器形不甚规整,腹下部凹凸不平,内、外壁较光滑。通体施竖向粗绳纹,纹饰因磨光不清晰。口径27.54、腹径30.6、残高26.88厘米(图一八七,3;图版四七,3)。标本W148:3,夹云母红褐陶,通体呈红褐色,腹中部有黑色斑驳,底部呈黑色。敛口,圆唇,窄折沿,沿面微弧,内沿呈凸棱状,腹微鼓,最大径在腹上部,腹下部斜弧收,腹底分界不明显,圜底。器形不甚规整,腹部凹凸不平,内、外壁较光滑。口沿下施弦纹,腹中部至底部隐约可见竖向绳纹,纹饰因磨光不清晰。口径31、沿宽3.12、腹径31.88、高35.36厘米(图一八七,4;图版四七,4)。

W149 位于Ⅲ区T95北部靠近北隔梁处。开口于第②层下,打破生土层。椭圆形土坑竖穴墓,西南—东北向,北偏东约40°。墓圹后期遭破坏,墓壁较直,墓底较平整。墓葬南北残长0.75、东西宽0.5、深0.35米(图一八八,1;图版八,3)。葬具为陶釜2件(图一八八,3、4),另发现陶盆片1件(图一八八,2),自北向南由釜(W149:1)—釜(W149:2)组合而成,其中釜(W149:1)口部与釜(W149:2)口部对接,陶盆片(W149:3)用于封堵釜(W149:2)的底部。

陶釜 2件。标本W149:1,夹云母红褐陶,器内、外壁以红褐色为主,腹中部发黑。微敛口,圆唇,窄折沿,沿面微弧,内沿呈凸棱状,微鼓腹,腹下部弧收,腹底分界不明显,圜底。器形较规

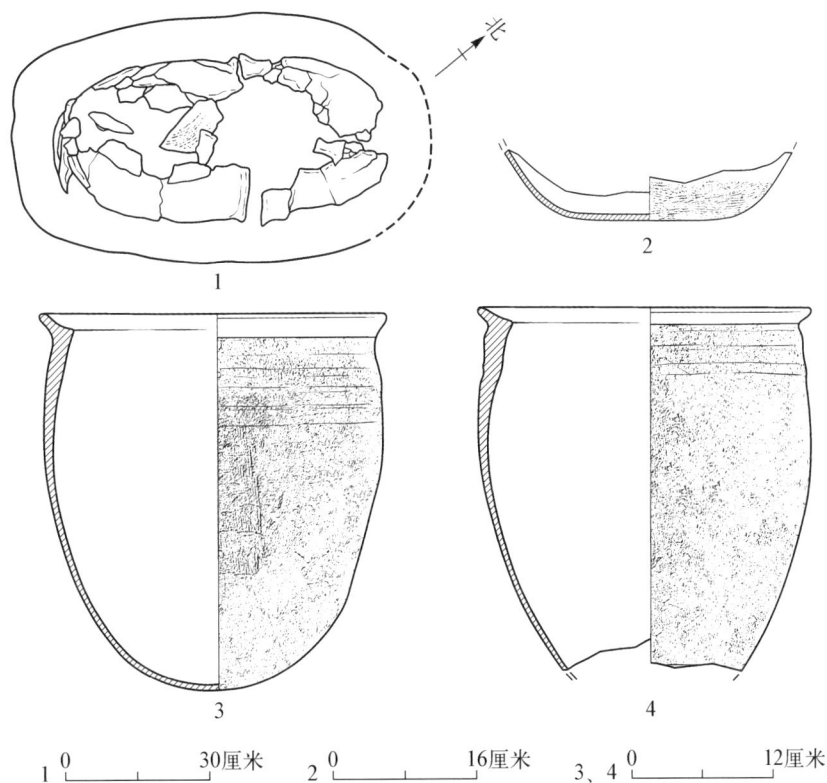

图一八八　W149平面图及葬具

1. W149平面图　2. 陶盆片(W149:3)　3、4. 陶釜(W149:1、W149:2)

整,内、外壁较光滑。口沿下施弦纹,腹中部局部隐约可见竖向绳纹,纹饰因磨光不清晰。口径27.56、沿宽2.88、腹径27.96、高30.32厘米(图一八八,3;图版四七,5)。标本W149：2,夹云母红褐陶,通体呈红褐色,外壁腹中下部有黑色斑驳。敛口,圆唇,窄折沿,沿面微弧,内沿呈凸棱状,腹微鼓,最大径在腹上部,腹下部斜弧收,底部缺失。器形不规整,腹中部凹凸不平,内、外壁较粗糙。器表素面,腹部局部隐约可见竖向细绳纹,纹饰因磨光不清晰。口径27.24、沿宽2.92、腹径27.8、残高29.28厘米(图一八八,4;图版四七,6)。

陶盆片 1件。标本W149：3,泥质灰陶。弧腹,平底。内、外壁较光滑。腹下部施横向绳纹,局部施竖向绳纹。底径17.76、残高7.72厘米(图一八八,2)。

W150 位于Ⅲ区T95东北关键柱内。开口于第②层下,打破生土层。椭圆形土坑竖穴墓,西南—东北向,北偏东约48°。墓圹后期遭破坏,墓壁较直,墓底较平整。墓葬南北长1.02、东西宽0.56、深0.41米(图一八九,1;图版九,1)。葬具为陶甑1件、陶釜2件(图一八九,2—4),自北向南由甑(W150：1)—釜(W150：2)—釜(W150：3)组合而成,其中甑(W150：1)口部套接于

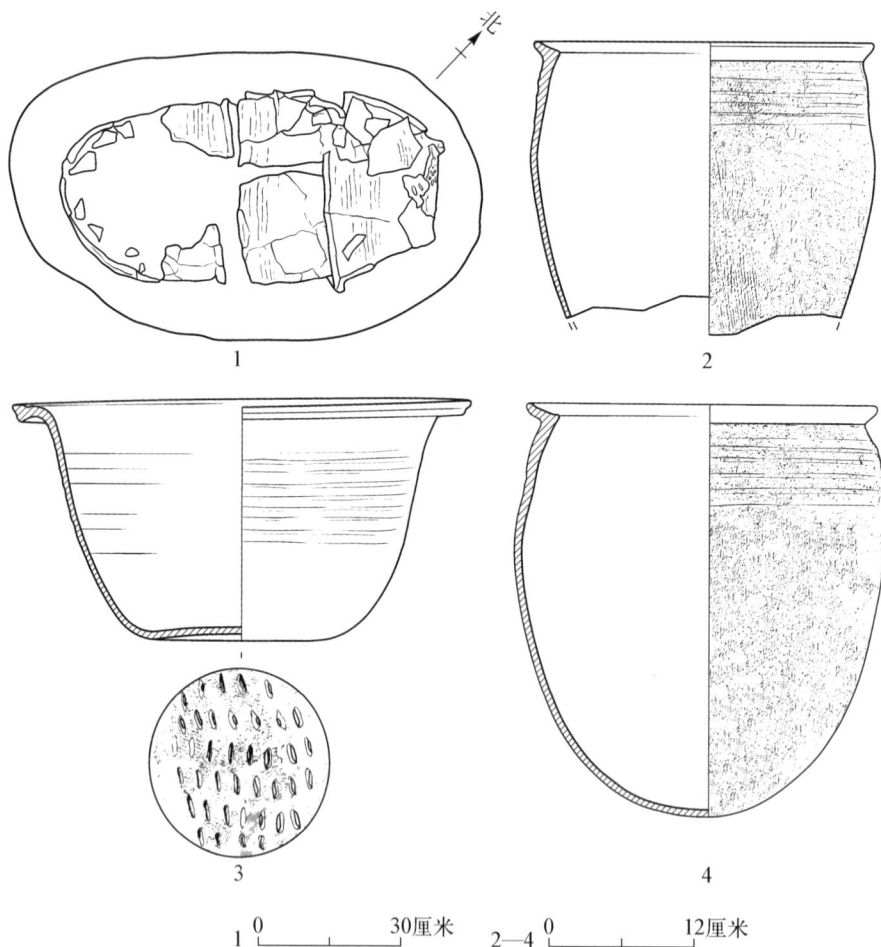

图一八九 W150平面图及葬具

1.W150平面图 2、4.陶釜(W150：2、W150：3) 3.陶甑(W150：1)

釜（W150∶2）腹部，釜（W150∶2）口部与釜（W150∶3）口部对接。

陶甑 1件。标本W150∶1，泥质灰陶。敞口，方唇，卷沿，斜弧腹，平底内凹，底部均匀分布椭圆形箅孔。器形较规整，内、外壁较光滑。器外壁唇部有一周凹棱，腹部施数周瓦楞纹。口径37.92、底径14.4、高19.56厘米（图一八九，3；图版四八，1）。

陶釜 2件。标本W150∶2，夹云母红褐陶，通体呈红褐色，局部发黑。敛口，圆唇，窄折沿，沿面斜平，内沿呈凸棱状，腹微鼓，最大径在腹中部，底部缺失。器形不甚规整，腹中部凹凸不平，内、外壁较光滑。口沿下施弦纹，腹中部施竖向绳纹，纹饰因磨光不清晰。口径27.4、沿宽2.28、腹径28.24、残高22.2厘米（图一八九，2；图版四八，2）。标本W150∶3，夹云母红褐陶，内壁通体呈红褐色，外壁腹部呈红褐色，局部发黑，腹下部局部呈黑色，底部呈红褐色，微发黑。敛口，圆唇，窄折沿，沿面微弧，内沿呈凸棱状，腹微鼓，腹下部斜弧收，腹底分界不明显，圜底。器形不甚规整，腹上部凹凸不平，内、外壁较光滑。口沿下施弦纹，腹部隐约可见竖向绳纹，纹饰因磨光不清晰。口径28.16、沿宽2.68、腹径30.36、高33.08厘米（图一八九，4；图版四八，3）。

W151 位于Ⅲ区T97西南角。开口于第②层下，打破生土层。土坑竖穴墓，西南—东北向，北偏东约63°。墓圹后期遭破坏，墓底较平整。墓葬规模不明（图一九〇，1）。因破坏严重，仅可知葬具为瓮（W151∶1）1件（图一九〇，2）。

陶瓮 1件。标本W151∶1，泥质灰陶，内壁通体呈灰色，外壁通体呈灰褐色，局部呈黄褐色。敞口，方唇，宽折沿，沿面内凹，沿下有一周凸棱，束颈，溜肩，鼓腹，最大径在腹上部，腹下部弧收。器形较规整，内、外壁较光滑。肩部近腹上部施云雷纹，腹部素面。残高33.6厘米（图一九〇，2）。

W152 位于Ⅲ区T98中部。开口于第②层下，打破生土层。椭圆形土坑竖穴墓，西南—东北向，北偏东约42°。墓圹较直，墓底较平整。墓葬南北长1.1、东西宽0.56、深0.43米（图一九一，1；图版九，2）。葬具为陶釜2件、陶罐1件（图一九一，2—4），自北向南由釜（W152∶1）—罐（W152∶2）—釜（W152∶3）组合而成，其中釜（W152∶1）口部套接于罐（W152∶2）底部，罐（W152∶2）口部与釜（W152∶3）口部对接。

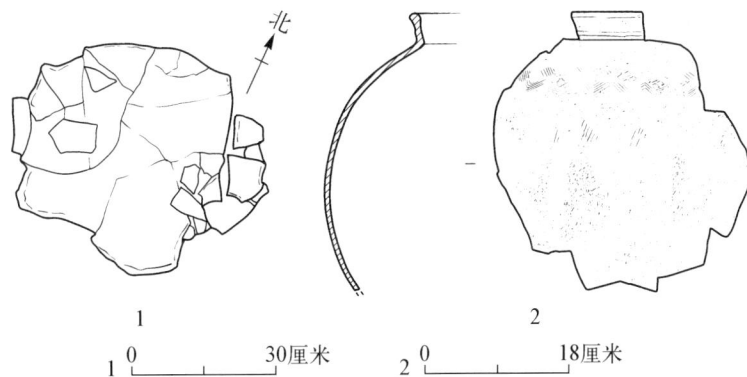

图一九〇 W151平面图及葬具

1. W151平面图 2. 陶瓮（W151∶1）

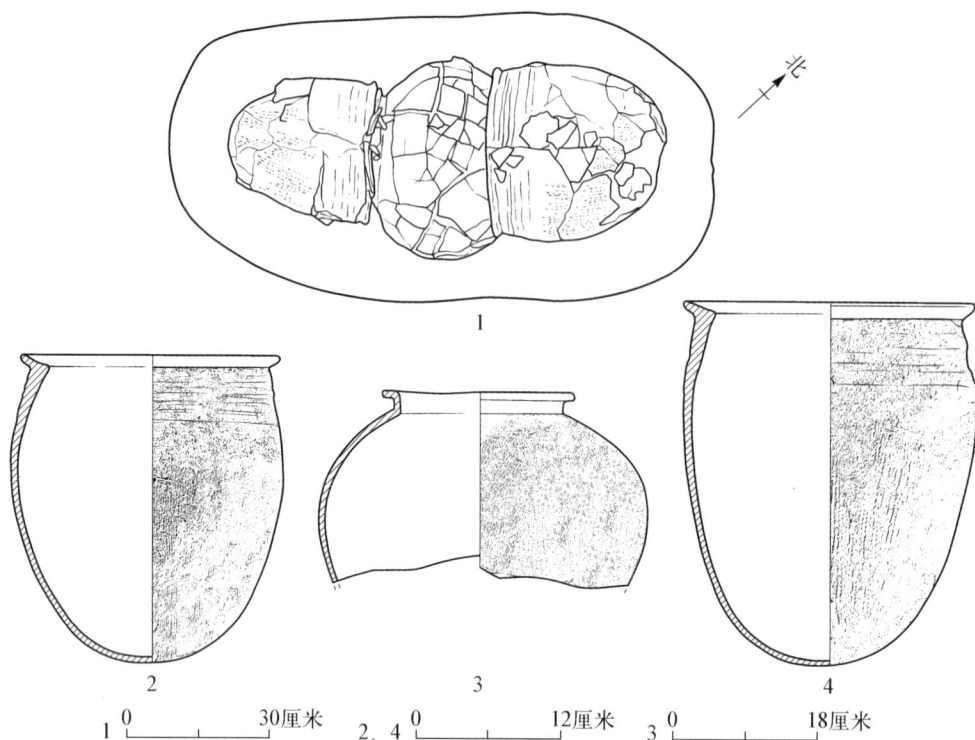

图一九一　W152平面图及葬具
1. W152平面图　2、4. 陶釜（W152：1、W152：3）　3. 陶罐（W152：2）

　　陶釜　2件。标本W152：1，夹云母红褐陶，内壁通体呈红褐色，腹中下部局部发黑，底部呈黑色，外壁腹部呈红褐色，局部发黑。敛口，圆唇，窄折沿，沿面微弧，内沿呈凸棱状，微鼓腹，最大径在腹中部，腹下部斜弧收，腹底分界不明显，圜底。器形不甚规整，腹中部凹凸不平，内、外壁较光滑。口沿下施弦纹，腹中部至底部施竖向绳纹，底部隐约可见交错绳纹，纹饰因磨光不清晰。口径21.36、沿宽2.56、腹径22.68、高24.8厘米（图一九一，2；图版四八，4）。标本W152：3，夹云母红褐陶，通体呈红褐色，外壁腹中部有黑色斑驳。敛口，圆唇，窄折沿，沿面斜平，内沿呈凸棱状，微鼓腹，最大径在腹上部，腹下部斜弧收，腹底分界不明显，圜底。器形不甚规整，腹部凹凸不平，内、外壁较光滑。口沿下施弦纹，腹中部至底部施竖向绳纹，纹饰因磨光不清晰。口径23.84、沿宽2.6、腹径24.12、高29.16厘米（图一九一，4；图版四八，6）。

　　陶罐　1件。标本W152：2，泥质灰褐陶。微敞口，方唇，卷沿，短束颈，溜肩，斜弧腹。器形较规整，内、外壁较光滑。外壁腹部施斜向绳纹，纹饰因磨光不清晰。口径23.46、腹径40.56、残高23.16厘米（图一九一，3；图版四八，5）。

　　W153　位于Ⅲ区T98东隔梁内。开口于第②层下，打破生土层。椭圆形土坑竖穴墓，南北向。墓圹后期遭破坏，墓壁较直，墓底较平整。墓葬南北长0.75、东西宽0.45、残深0.15米（图一九二，1）。葬具为陶釜3件（图一九二，2—4），因W153破损严重，组合关系暂不明确，仅可知自北向南由釜（W153：1）—釜（W153：2）—釜（W153：3）组合而成，其中釜（W153：1）口部套接

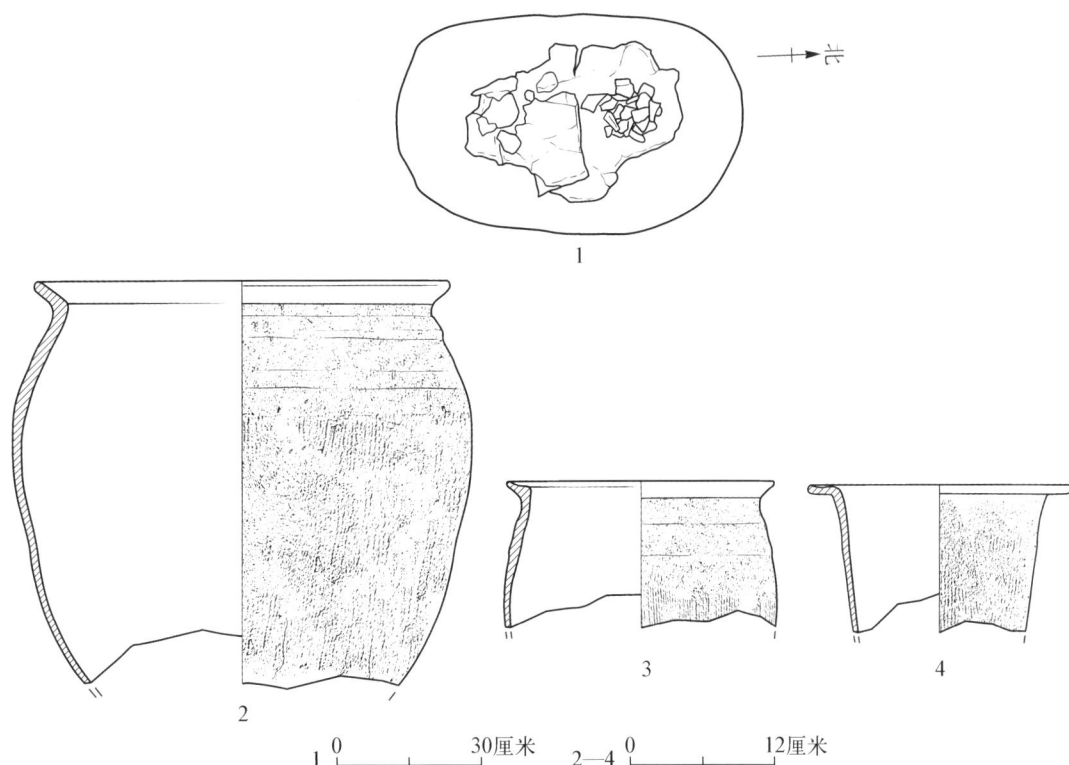

图一九二　W153平面图及葬具

1. W153平面图　2—4. 陶釜（W153：1、W153：2、W153：3）

于釜（W153：2）口部，釜（W153：3）口部套接于釜（W153：2）底部。

陶釜　3件。标本W153：1，夹云母红褐陶，通体呈红褐色，外壁腹下部有黑色斑驳。敛口，圆唇，窄折沿，沿面斜平，内沿呈凸棱状，鼓腹，弧收。内、外壁较光滑。口沿下施弦纹，腹部施竖向绳纹，纹饰因磨光不清晰。口径34、沿宽3.12、腹径37.64、残高32.28厘米（图一九二，2）。标本W153：2，夹云母红褐陶，内壁呈红褐色，外壁呈黄褐色。敛口，圆唇，窄折沿，沿面微弧，内沿呈凸棱状，腹微鼓。内壁较粗糙，外壁较光滑。口沿下施弦纹，腹部施竖向绳纹，纹饰因磨光不清晰。口径21.92、沿宽2、腹径22.48、残高11.8厘米（图一九二，3）。标本W153：3，夹云母灰褐陶。侈口，圆唇，平折沿，沿面内凹成槽，内沿呈凸棱状。内、外壁较光滑。器表腹上部隐约可见竖向绳纹，纹饰因磨光不清晰。口径21.96、残高11.96厘米（图一九二，4）。

W154　位于Ⅲ区T98东北角。开口于第②层下，打破生土层。椭圆形土坑竖穴墓，西南—东北向，北偏东约45°。墓圹后期遭破坏，墓壁较直，墓底较平整。墓葬南北长0.7、东西宽0.44、深0.31米（图一九三，1）。葬具为陶釜2件、陶盆1件（图一九三，2—4），自北向南由釜（W154：1）—盆（W154：2）—釜（W154：3）组合而成，其中釜（W154：1）口部与盆（W154：2）口部对接，釜（W154：3）口部套接于盆（W154：2）腹部。

陶釜　2件。标本W154：1，夹云母红褐陶，内壁腹上部呈红褐色，腹下部发黑，外壁通体呈红褐色，底部发黑。侈口，尖唇，窄折沿，内沿斜平，微鼓腹，尖圜底，底部有三个圆形小孔。内、外

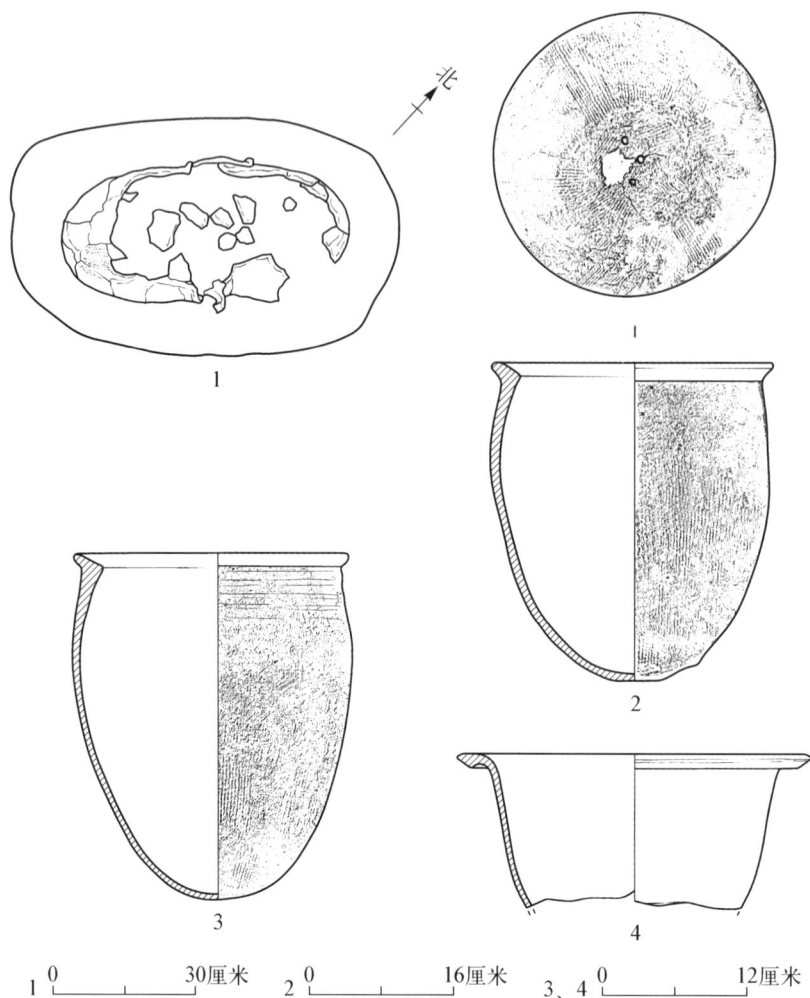

图一九三　W154平面图及葬具

1. W154平面图　　2、3. 陶釜（W154∶1、W154∶3）　4. 陶盆（W154∶2）

壁较光滑。口沿下素面,腹部以下施竖向绳纹,局部纹饰因磨光不清晰。口径30.04、沿宽3.04、腹径30.92、高34.4厘米(图一九三,2)。标本W154∶3,泥质灰陶。侈口,方唇,窄折沿,沿面斜平,内沿呈凸棱状,腹微鼓,最大径在腹上部,腹下部弧收。器形较规整,内、外壁较光滑。口沿下施弦纹,腹部施竖向细绳纹,纹饰局部模糊不清。口径22.88、沿宽2.48、腹径23.36、高27.76厘米(图一九三,3;图版四九,1)。

陶盆　1件。标本W154∶2,泥质灰陶,内壁呈黄褐色,局部发黑,外壁呈黑色,局部呈黄褐色。敞口,方唇,唇面有两周凹棱,卷沿,弧腹。内、外壁较光滑。外壁腹部可见瓦楞纹,腹下部可见拍印斜向绳纹,纹饰因磨光不清晰。口径28.96、残高11.72厘米(图一九三,4)。

W155　位于Ⅲ区T98北部靠近北隔梁处。开口于第②层下,打破生土层。圆角长方形土坑竖穴墓,西南—东北向,北偏东约50°。墓壁较直,墓底较平整。墓葬南北长0.98、东西宽0.55、深0.38米(图一九四,1;图版九,3)。葬具为陶釜3件(图一九四,2—4),自北向南由釜

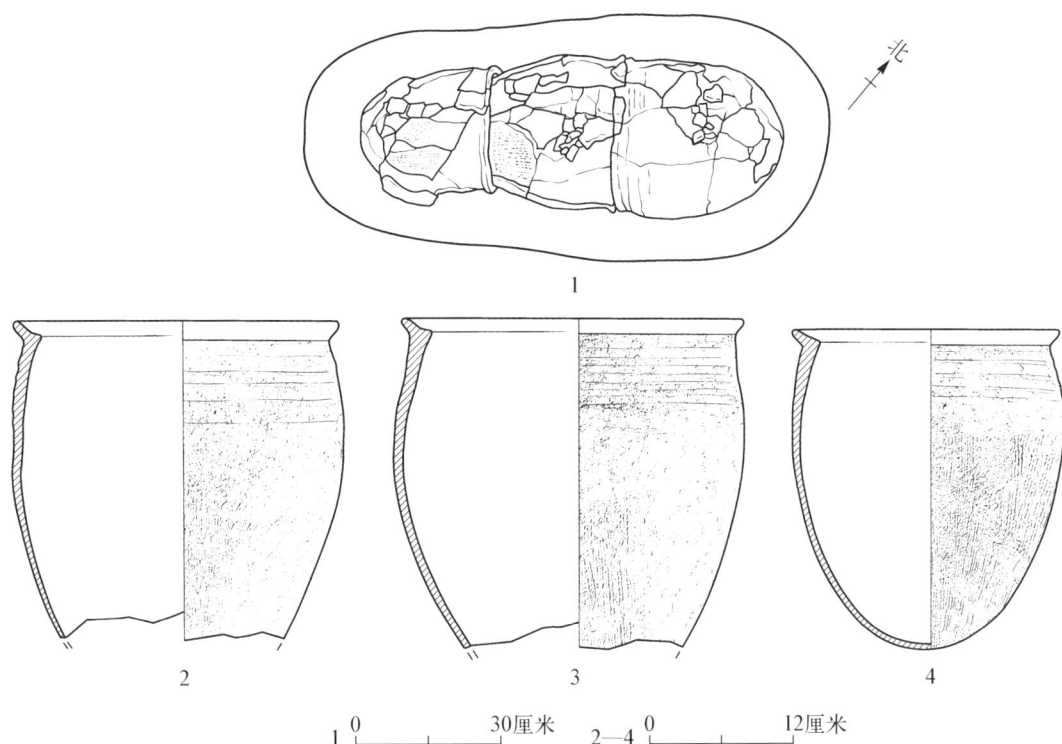

图一九四 W155平面图及葬具

1.W155平面图 2—4.陶釜（W155：1、W155：2、W155：3）

（W155：1）—釜（W155：2）—釜（W155：3）组合而成，其中釜（W155：1）口部与釜（W155：2）口部对接，釜（W155：3）口部套接于釜（W155：2）底部。

陶釜 3件。标本W155：1，夹云母红褐陶，内、外壁腹上部呈红褐色，腹中部呈黄褐色，腹中下部呈黄褐色，局部呈黑色。敛口，圆唇，窄折沿，沿面微弧，内沿呈凸棱状，腹微鼓，最大径在腹中部，斜弧收，底部缺失。器形不甚规整，腹中部凹凸不平，内、外壁较光滑。口沿下施弦纹，腹部施竖向绳纹，纹饰因磨光不清晰。口径26.76、沿宽2.4、腹径27.28、残高25.52厘米（图一九四，2；图版四九，2）。W155：2，夹云母红褐陶，通体呈红褐色，外壁腹部呈黑色，有红褐色斑驳。敛口，圆唇，窄折沿，沿面微弧，内沿呈凸棱状，微鼓腹，最大径在腹上部，斜弧收，底部缺失。器形不甚规整，鼓腹程度不一，内、外壁较光滑。口沿下施弦纹，腹部施竖向绳纹，纹饰因磨光不清晰。口径28.12、沿宽2.52、腹径28.84、残高26.36厘米（图一九四，3；图版四九，3）。W155：3，夹云母红褐陶，内壁通体呈红褐色，底部呈黑色，外壁腹中上部呈红褐色，腹中下部呈黑色，局部红褐色，底部发黑。敛口，圆唇，窄折沿，沿面微弧，内沿呈凸棱状，腹微鼓，腹下部弧收，腹底分界不明显，圜底。器形较规整，内壁较光滑，外壁较粗糙。口沿下施弦纹，腹部为素面，下部隐约可见竖向绳纹与斜向绳纹。口径22.24、沿宽2.4、腹径22.68、高25.76厘米（图一九四，4；图版四九，4）。

W156 位于Ⅲ区T99西南部。开口于②层扰沟下，打破生土层。圆角长方形土坑竖穴墓，西南—东北向，北偏东约50°。墓圹后期遭破坏，墓壁较直，墓底较平整。墓葬南北残长

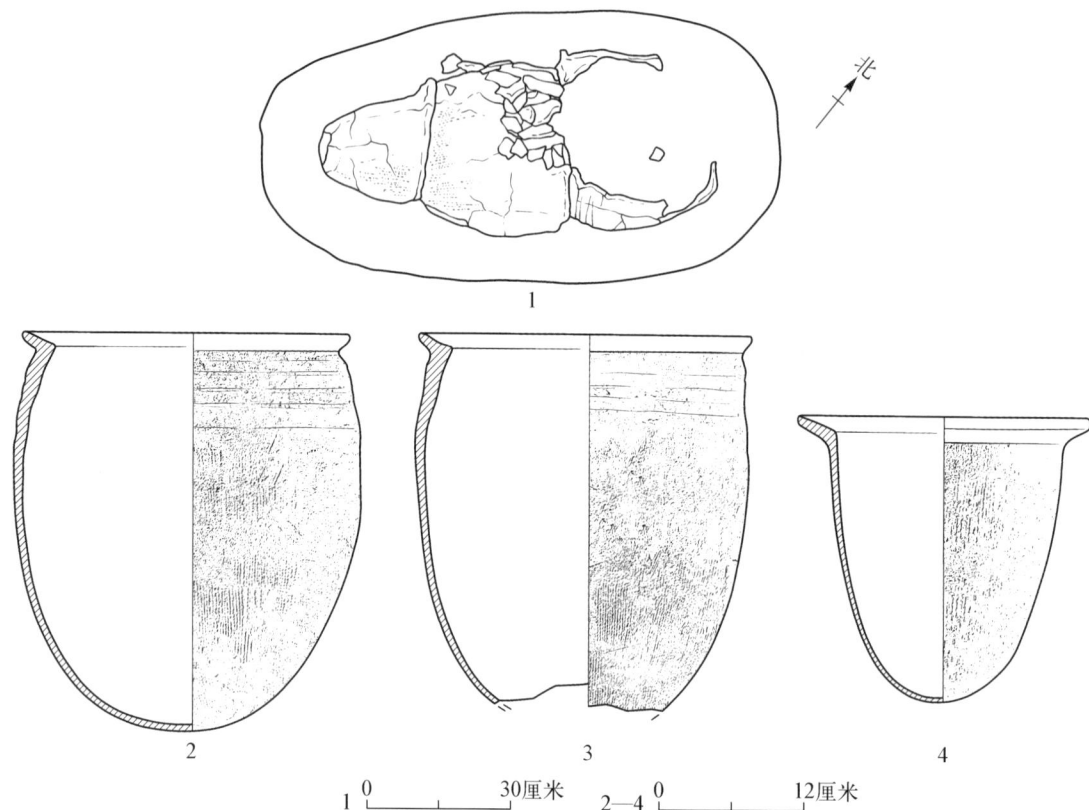

图一九五　W156平面图及葬具

1. W156平面图　2—4. 陶釜（W156∶1、W156∶2、W156∶3）

0.95、东西宽0.5、残深0.35米（图一九五,1）。葬具为陶釜3件（图一九五,2—4）,自北向南由釜（W156∶1）—釜（W156∶2）—釜（W156∶3）组合而成,其中釜（W156∶1）口部与釜（W156∶2）口部对接,釜（W156∶3）口部套接于釜（W156∶2）底部。

　　陶釜　3件。标本W156∶1,夹云母红褐陶,内壁通体呈红褐色,底部呈黑色,外壁腹上部呈红褐色,腹中部至腹下部呈黑色,局部呈红褐色,底部发黑。敛口,圆唇,窄折沿,沿面微弧,内沿呈凸棱状,微鼓腹,最大径在腹中部,腹下部斜弧收,腹底分界不明显,圜底。器形不甚规整,腹中部凹凸不平,内、外壁较光滑。口沿下施弦纹,腹中部至底部施竖向绳纹,局部可见小方格纹,纹饰因磨光不清晰。口径27.16、沿宽2.8、腹径28.84、高31.96厘米（图一九五,2;图版四九,5）。标本W156∶2,夹云母红褐陶,内壁通体呈黄褐色,外壁通体呈黄褐色,略发灰,腹中上部局部呈红褐色,腹下部呈灰色。敛口,圆唇,折沿,沿面微弧,内沿呈凸棱状,腹微鼓,最大径在腹上部,斜弧收,底部缺失。器形不甚规整,腹部凹凸不平,内、外壁较光滑。口沿下施弦纹,腹部施竖向绳纹,纹饰因磨光不清晰。口径27.44、沿宽2.92、腹径27.6、残高30.08厘米（图一九五,3;图版四九,6）。标本W156∶3,夹云母红褐陶,器内、外壁腹中上部微发黑,腹下部至底部呈红褐色。敛口,圆唇,窄折沿,沿面斜平,内沿呈凸棱状,斜直腹,腹下部斜弧收,腹底分界不明显,圜底。器形不甚规整,腹上部凹凸不平,内、外壁皆较光滑。器表隐约可见竖向绳纹,但纹饰因磨光不清晰。口径24、沿宽3.16、高22.6厘米（图一九五,4;图版五〇,1）。

　　W157　位于T99南部。开口于②层扰沟下,打破W158。西南—东北向,北偏东约50°。椭圆形土坑竖穴墓,墓圹遭后期破坏,墓壁较直,墓底较平整。墓葬南北长0.7、东西宽0.45、深0.35米（图一九六）。葬具为陶釜3件（图一九七,1—3）,自北向南依釜（W157:1）—釜（W157:2）—釜（W157:3）形式组合而成,其中釜（W157:1）口部与釜（W157:2）口部对接,釜（W157:3）口部套接于釜（W157:2）底部。

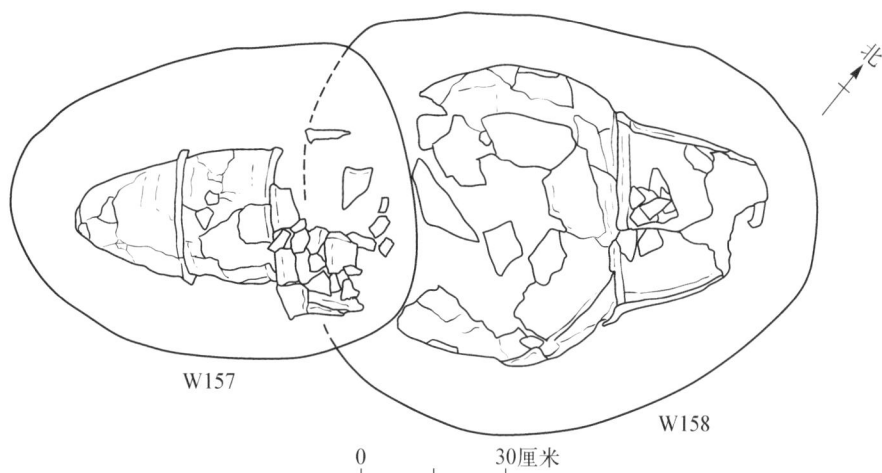

图一九六　W157、W158平面图

　　陶釜　3件。标本W157:1,夹云母红褐陶,内壁呈红褐色,有黑色斑驳。外壁呈黑色,局部呈红褐色。敛口,圆唇,平折沿,斜直腹,圜底。内、外壁较光滑。器表基本素面,隐约可见竖向绳纹,纹饰因磨光不清晰。口径21.76、高21.6厘米（图一九七,1;图版五〇,2）。标本W157:2,夹云母红褐陶,通体红褐色偏黄,局部有黑色斑驳。敛口,圆唇内收,窄折沿,沿面微弧,内沿呈凸棱状,腹微鼓,斜弧收,底部缺失。器形不甚规整,腹中部有凹陷,内、外壁皆较光滑。口沿下施弦纹,零星可见竖向绳纹,纹饰因磨光不清晰。口径22.04、沿宽2.2、腹径21.84、残高20.28厘米（图一九七,2;图版五〇,3）。标本W157:3,夹云母黄褐陶,通体呈黄褐色,内壁腹上部发灰,外壁有黑色斑驳。敛口,方唇,窄折沿,沿面微弧,内沿呈凸棱状,腹微鼓,腹下部斜弧收,腹底分界不明显,圜底。器形不甚规整,鼓腹程度不一,内、外壁较光滑。口沿下施弦纹,腹部局部施竖向绳纹,纹饰因磨光不清晰。口径28、沿宽2.2、腹径28.84、残高16.64厘米（图一九七,3）。

　　W158　位于Ⅲ区T99东南部。开口于第②层下,被W157打破,打破生土层。圆角梯形土坑竖穴墓,西南—东北向,北偏东约50°。墓圹后期遭破坏,墓壁较直,墓底较平整。墓葬南北长1.8、东西宽0.55—0.8、深0.6米（图一九六）。葬具为陶釜2件、陶瓮1件（图一九七,4—6）,自北向南由釜（W158:1）—瓮（W158:2）—釜（W158:3）组合而成,其中釜（W158:1）口部套接于瓮（W158:2）底部,釜（W158:3）口部套接于瓮（W158:2）口部。

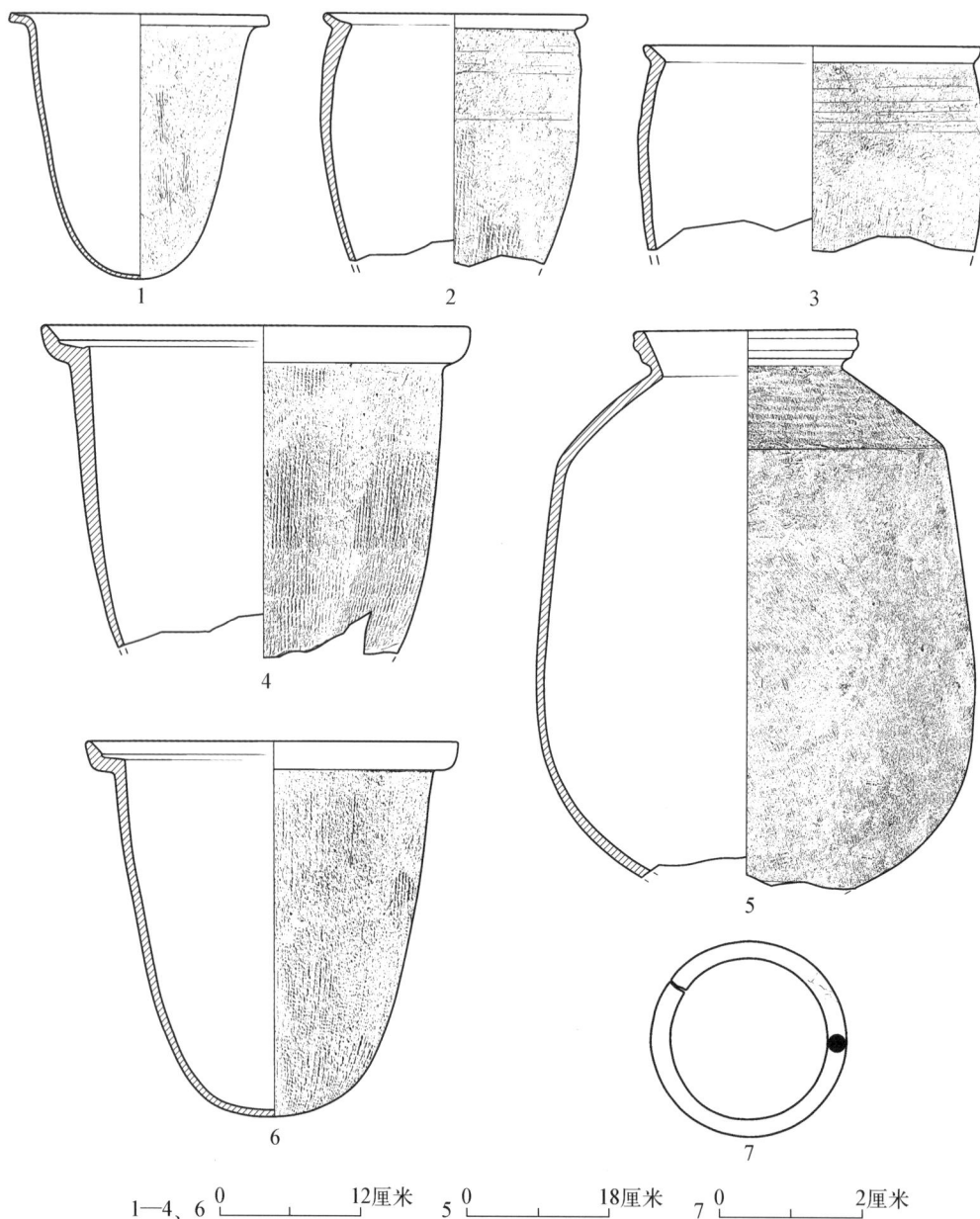

图一九七　W157、W158葬具及随葬品

1—4、6.陶釜（W157：1、W157：2、W157：3、W158：1、W158：3）　5.陶瓮（W158：2）　7.石环（W158：4）

　　陶釜　2件。标本W158：1，夹云母红褐陶，通体呈红褐色，外壁腹下部呈黑色。侈口，圆唇，宽折沿，沿面内凹成槽，内沿呈凸棱状，斜直腹，底部缺失。器形较规整，内、外壁较粗糙。通体施竖向绳纹，纹饰因磨光不清晰。口径35.96、沿宽2.6、残高26.88厘米（图一九七，4；图版五〇，4）。W158：3，夹云母红褐陶，通体呈红褐色，腹中部呈黑色，腹下部至底部红褐色发黑。侈口，尖唇，宽折沿，沿面内凹成槽，内沿呈凸棱状，斜直腹，腹下部斜弧收，腹底分界不明显，圜底。器形较规整，腹下部凹凸不平，内、外壁较粗糙。器表腹部隐约可见竖向绳纹，腹下部施交错绳纹，纹饰因

磨光不清晰。口径31.36、沿宽2.08、高30.44厘米(图一九七,6;图版五〇,6)。

陶瓮 1件。标本W158:2,夹云母黄褐陶,通体呈黄褐色,外壁腹部局部呈黑色。侈口,圆方唇,束颈,颈部有两周折棱,折肩,深垂腹,最大径在腹下部,腹下部弧收,底部缺失。器形不甚规整,内、外壁较光滑。肩部施条带状竖向细绳纹,腹上部施断续斜向细绳纹,腹中部至腹下部施斜向细绳纹,局部纹饰因磨光不清晰。口径27.6、腹径54.54、残高68.1厘米(图一九七,5;图版五〇,5)。

石环 1件。标本W158:4,出土于W158:2瓮内。石质。平面呈圆环状。素面。外径2.7、内径2.15厘米(图一九七,7;图版五一,1)。

W159 位于Ⅲ区T99中部偏西。开口于第②层扰沟下,打破生土层。椭圆形土坑竖穴墓,西南—东北向,北偏东约51°。墓圹南部被扰沟破坏,墓壁较直,墓底较平整。墓葬南北长0.7、东西宽0.5、深0.3米(图一九八,1)。葬具为陶釜3件(图一九八,2—4),自北向南由釜(W159:1)—釜(W159:2)—釜(W159:3)组合而成,其中釜(W159:2)腹部套接于釜(W159:1)口部,釜(W159:2)口部与釜(W159:3)口部对接。

陶釜 3件。标本W159:1,夹云母红褐陶,内壁通体呈红褐色,底部呈黑色,外壁腹部发黑,其余部分呈红褐色。侈口,方唇,窄折沿,内沿呈凸棱状,斜直腹,腹底分界不明显,圜底。器形较规整,内、外壁较光滑。器表通体施竖向绳纹,纹饰因磨光不清晰。口径22.25、沿宽2.12、高20.84厘米(图一九八,2;图版五一,2)。标本W159:2,夹云母红褐陶,内壁呈红褐色,外壁腹上部呈红褐色,腹中上部局部呈黑色。敛口,圆唇,窄折沿,沿面斜平,内沿呈凸棱状,腹微鼓。内、外壁较粗糙。器表腹部施竖向绳纹,纹饰因磨光不清晰。口径24.04、沿宽2.28、残高10.68厘米(图

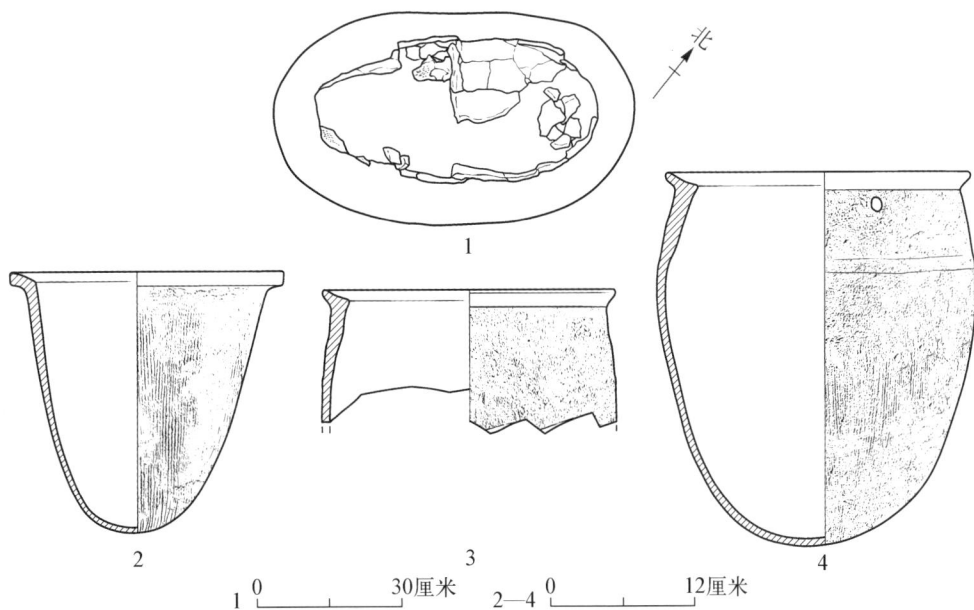

图一九八 W159平面图及葬具

1.W159平面图 2—4.陶釜(W159:1、W159:2、W159:3)

一九八，3）。标本W159：3，夹云母红褐陶，内壁通体呈红褐色，底部呈黑色，外壁大部分呈红褐色，腹中部至底部呈黑色。敛口，圆唇，窄折沿，沿面微弧，内沿呈凸棱状，腹微鼓，最大径在腹上部，腹下部弧收，腹底分界不明显，圜底。器形不甚规整，腹上部凹凸不平，内、外壁较光滑。沿上有一个小圆孔，器表腹上部素面，腹中部至底部施竖向细绳纹，纹饰因磨光不清晰。口径25.44、沿宽2.72、腹径26.6、高30厘米（图一九八，4；图版五一，3）。

W160　位于Ⅲ区T101中部偏东。开口于第②层扰沟下，打破生土层。墓葬经破坏，仅余部分葬具残片，形制不明。南北向，北偏东约18°。墓底较平整，墓葬规模不明（图一九九，1）。葬具为陶釜1件、陶罐1件（图一九九，2、3），因W160破损严重，组合关系暂不明确，仅可知自北向南为釜（W160：1）口部与罐（W160：2）口部对接而成。

陶釜　1件。标本W160：1，夹云母红褐陶，通体呈红褐色，外壁发黑。内壁较光滑，外壁较粗糙。器表施拍印斜向粗绳纹。残高6厘米（图一九九，2）。

陶罐　1件。标本W160：2，泥质灰陶，内壁呈灰褐色，外壁呈灰色。内、外壁较光滑。器表施竖向绳纹，纹饰因磨光不清晰。残高10.2厘米（图一九九，3）。

W161　位于Ⅲ区T103西南部。开口于第②层下，打破生土层（图二○○，1）。椭圆形土坑竖穴墓，南北向，北偏东约20°。墓壁较直，墓底较平整。墓葬南北长0.85、东西宽0.45、深0.3米。葬具为陶釜2件（图二○○，2、3），另发现陶片1件（图二○○，4），自北向南为釜（W161：1）口部套接于釜（W161：2）口部，陶片（W161：3）用于封堵釜（W161：2）的底部。

陶釜　2件。标本W161：1，夹云母红褐陶，通体呈红褐色，外壁局部发黑。敛口，圆唇，折沿，沿面微弧，内沿呈凸棱状，腹微鼓。内壁较光滑，外壁较粗糙。口沿下施弦纹，纹饰因磨光不清晰。口径29.8、沿宽3.16、腹径30.24、残高17.16厘米（图二○○，2）。标本W161：2，夹云母红

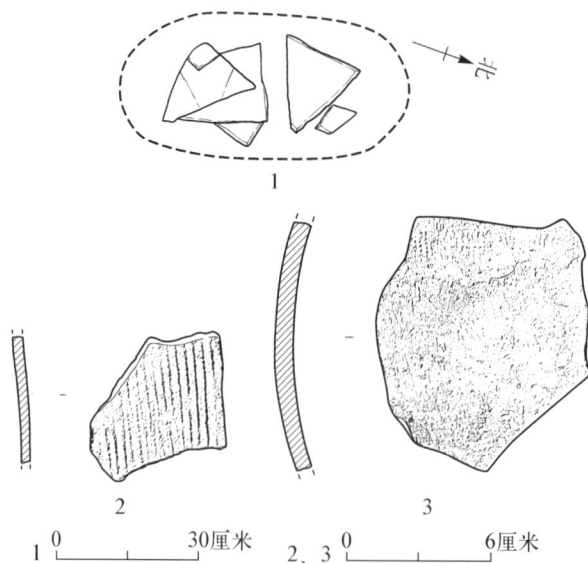

图一九九　W160平面图及葬具

1. W160平面图　2. 陶釜（W160：1）　3. 陶罐（W160：2）

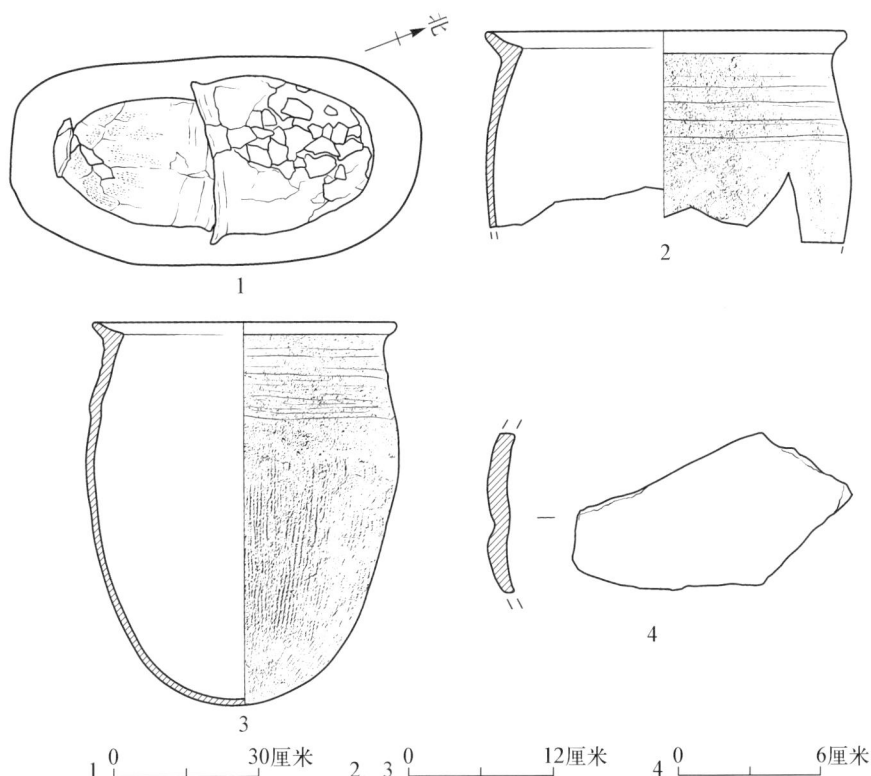

图二〇〇 W161平面图及葬具

1. W161平面图 2、3.陶釜（W161：1、W161：2） 4.陶片（W161：3）

褐陶,通体基本呈红褐色,腹中部呈黑色。敛口,圆唇,折沿,沿面微弧,内沿呈凸棱状,腹微鼓,腹下部斜弧收,腹底分界不明显,圜底。器形不甚规整,腹中部凹凸不平,内、外壁较光滑。口沿下施弦纹,腹中部至底部施竖向粗绳纹,局部磨光不清。口径24.84、沿宽2.64、腹径25.56、高30.68厘米(图二〇〇,3;图版五一,4)。

陶片 1件。标本W161：3,泥质灰褐陶。器表施绳纹,纹饰因磨光不清晰。残高6厘米(图二〇〇,4)。

W162 位于Ⅲ区T105东南部。开口于第②层下,打破生土层。圆角长方形土坑竖穴墓,西南—东北向,北偏东约40°。墓壁较直,墓底较平整。墓葬南北长1.6、东西宽0.75、深0.52米(图二〇一,1;图版一〇,1)。葬具为陶釜1件、陶瓮2件(图二〇一,2—4),自北向南由釜(W162：1)—瓮(W162：2)—瓮(W162：3)组合而成,其中釜(W162：1)口部套接于瓮(W162：2)底部,瓮(W162：2)口部套接于瓮(W162：3)口部。

陶釜 1件。标本W162：1,夹云母红褐陶,通体呈红褐色,腹下部局部呈黑色。侈口,圆唇,宽折沿,沿面内凹成槽,内沿呈凸棱状,斜直腹,腹下部斜弧收,腹底分界不明显,圜底。器形较规整,内、外壁较光滑。器表通体施竖向绳纹,底部局部施交错绳纹,纹饰局部磨光不清。口径36.2、沿宽2.44、高34.68厘米(图二〇一,2;图版五一,5)。

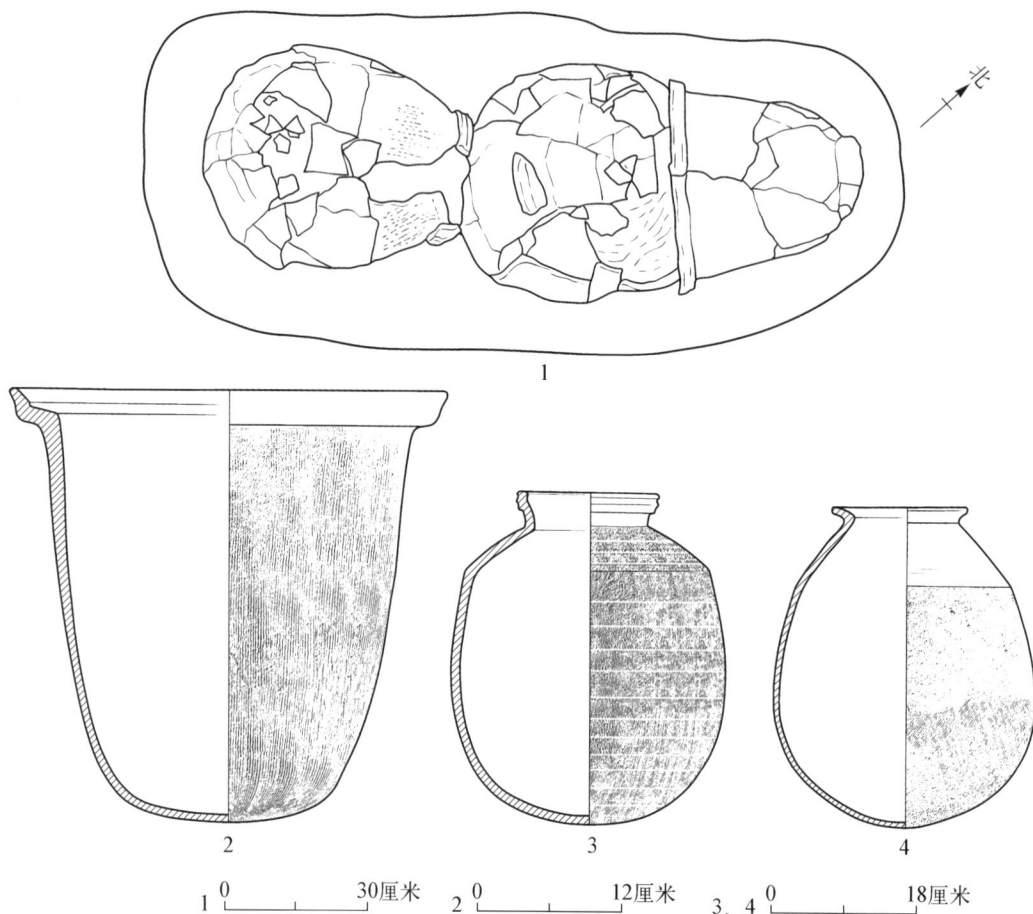

图二○一　W162平面图及葬具

1. W162平面图　2. 陶釜（W162：1）　3、4. 陶瓮（W162：2、W162：3）

陶瓮　2件。标本W162：2，泥质灰陶，内壁通体呈灰色，外壁呈黄褐色，局部偏灰。敞口，圆唇，束颈，颈部有两周凸棱，折肩，深腹，腹下部弧收，腹底分界不明显。器形较规整，内、外壁较光滑。肩部至腹下部施竖向绳纹与弦纹，绳纹交错呈条带状，纹饰疏密程度不一，颈部密，腹部疏。口径16.86、腹径33.84、高40.08厘米（图二○一，3；图版五一，6）。标本W162：3，夹云母黄褐陶，通体呈黄褐色，外壁底部呈灰色。敛口，厚圆唇，卷沿，束颈，溜肩，垂腹，最大径在腹下部，腹下部弧收，腹底分界不明显，圜底。器形不甚规整，内、外壁较粗糙。器表腹下部施斜向细绳纹，纹饰因磨光不清晰。口径16.8、腹径32.22、高38.58厘米（图二○一，4；图版五二，1）。

W163　位于Ⅲ区T105东部。开口于第②层下，打破生土层。土坑竖穴墓，南北向。墓圹后期遭破坏，墓底较平整。墓葬规模不明（图二○二，1）。因破坏严重，仅可知葬具为1件釜（W163：1；图二○二，2）。

陶釜　1件。标本W163：1，夹云母红褐陶，通体呈红褐色，外壁腹中部局部呈黑色。侈口，尖圆唇，宽折沿，沿面内凹成槽，内沿呈凸棱状，斜直腹。内、外壁较光滑。器表通体施竖向粗绳纹，纹样近方格状，纹饰因磨光不清晰。口径32.04、沿宽2.04、残高13.56厘米（图二○二，2）。

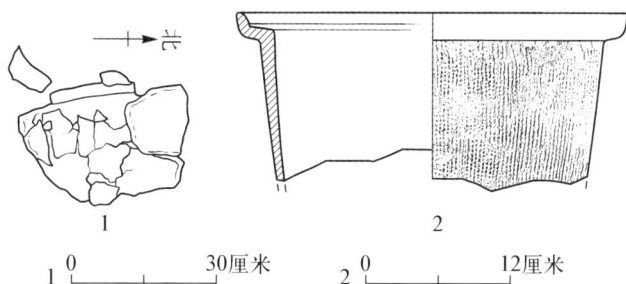

图二○二 W163平面图及葬具

1. W163平面图 2. 陶釜（W163:1）

W164 位于Ⅲ区T106东部。开口于第②层下，打破生土层。椭圆形土坑竖穴墓，西南—东北向，北偏东约35°。墓圹后期遭破坏，墓壁较直，墓底较平整。墓葬南北长1.01、东西宽0.55、残深0.15米（图二○三，1）。葬具为陶釜2件、陶罐1件（图二○三，2—4），自北向南由釜（W164:1）—釜（W164:2）—罐（W164:3）组合而成，其中釜（W164:1）口部与釜（W164:2）口部对接，釜（W164:2）底部套接于罐（W164:3）口部。

陶釜 2件。标本W164:1，夹云母红褐陶，内、外壁腹上部呈红褐色，腹中部至底部呈黑色。敛口，圆唇，窄折沿，沿面微弧，内沿呈凸棱状，腹微鼓，腹下部弧收，腹底分界不明显，圜底。器

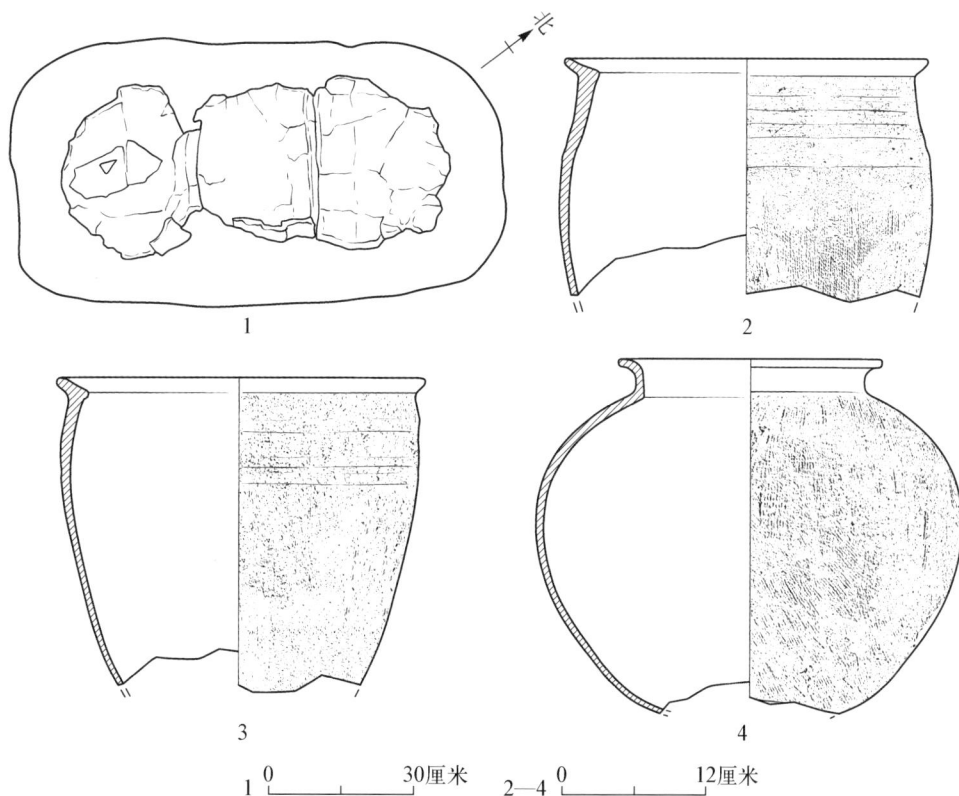

图二○三 W164平面图及葬具

1. W164平面图 2、3. 陶釜（W164:1、W164:2） 4. 陶罐（W164:3）

形不甚规整,器表凹凸不平,内壁腹上部较粗糙,腹中部至底部较光滑,外壁较粗糙。口沿下施弦纹,腹中部至底部施竖向绳纹,底部局部隐约可见斜向绳纹,纹饰因磨光不清晰。口径30.04、沿宽3.04、腹径30.92、残高18.96厘米(图二○三,2)。标本W164:2,夹云母红褐陶,通体呈红褐色,外壁腹下部发黑。敛口,圆唇,窄折沿,沿面斜平,内沿呈凸棱状,腹上部微外鼓。内、外壁较光滑。口沿下施弦纹,腹下部隐约可见竖向绳纹,纹饰因磨光不清晰。口径30.24、沿宽2.72、腹径29.52、残高24.64厘米(图二○三,3)。

陶罐 1件。标本W164:3,泥质灰陶。侈口,方唇,窄折沿,束颈,溜肩,鼓腹,最大径在腹上部,腹下部弧收。器形较规整,内、外壁较光滑。肩部至腹下部施竖向细绳纹,肩部近腹上部隐约可见弦纹,腹下部施竖向绳纹与斜向绳纹,构成交错绳纹,纹饰局部模糊不清。口径21.76、腹径35.28、残高27厘米(图二○三,4;图版五二,2)。

W165 位于Ⅲ区T107西南部。开口于第②层下,打破生土层。椭圆形土坑竖穴墓,西南—东北向,北偏东约43°。墓壁较直,墓底较平整。墓葬南北长0.98、东西宽0.45、深0.36米(图二○四,1;图版一○,2)。葬具为陶釜3件(图二○四,2—4),自北向南由釜(W165:1)—釜(W165:2)—釜(W165:3)组合而成,其中釜(W165:1)口部与釜(W165:2)口部对接,釜(W165:3)口部套接于釜(W165:2)底部。

陶釜 3件。标本W165:1,夹云母红褐陶,通体上部呈红褐色,腹部以下略发黑,斑驳不一。敛

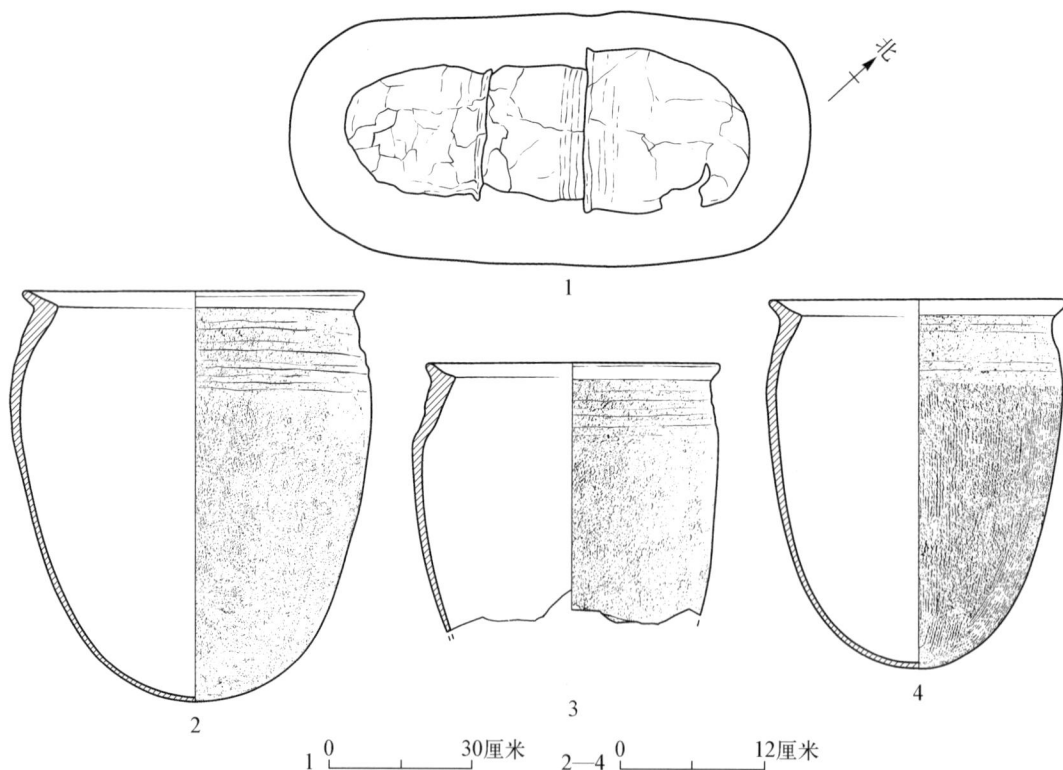

图二○四 W165平面图及葬具

1. W165平面图 2—4.陶釜(W165:1、W165:2、W165:3)

口,圆唇,窄折沿,沿面微弧,内沿呈凸棱状,腹中上部微外鼓,腹中下部斜弧收,圜底。内壁粗糙,外壁较光滑。口沿下施弦纹,中部局部施竖向细绳纹,纹饰因磨光不清晰。口径28.44、沿宽2.8、腹径30.04、高32.84厘米(图二〇四,2;图版五二,3)。标本W165:2,夹云母红褐陶,内壁上部呈红色,中部红色偏黄,夹杂黑色斑驳,外壁红色偏黄或红褐色微发黑,器身含云母程度不同,上部较多,中部较少。敛口,圆唇,窄折沿,沿面微弧,内沿呈凸棱状,腹中上部微外鼓,鼓腹程度不一,壁斜弧,底部缺失。内壁粗糙,外壁上部较粗糙,中部较光滑。口沿下施弦纹,中部局部施竖向细绳纹,纹饰因磨光不清晰。口径24.24、沿宽2.48、腹径25.28、残高21.6厘米(图二〇四,3;图版五二,4)。标本W165:3,夹云母黄褐陶,内壁通体发黄,外壁腹中下部局部发黑。敛口,圆唇,窄折沿,沿面微弧,内沿呈凸棱状,微鼓腹,腹下部斜弧收。腹下部有半周凹陷,外壁较粗糙,内壁下部较光滑。外壁以竖向绳纹为主,局部素面。口径24.4、沿宽2.72、腹径24.4、高29.68厘米(图二〇四,4;图版五二,5)。

　　W166　位于Ⅲ区T108西南角。开口于第②层下,打破生土层。椭圆形土坑竖穴墓,西南—东北向,北偏东约35°。墓壁较直,墓底较平整。墓葬南北长1.01、东西宽0.52、深0.38米(图二〇五,1;图版一〇,3)。葬具为陶釜2件、陶盆1件(图二〇五,2—4),自北向南由釜

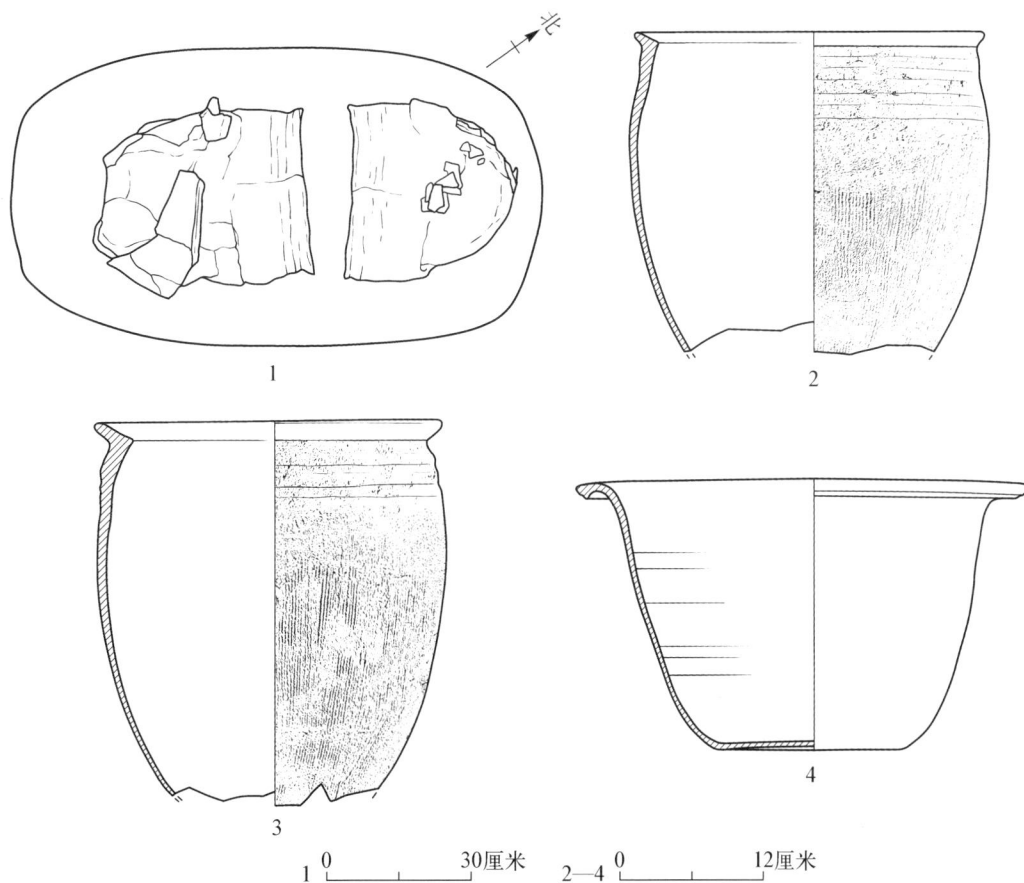

图二〇五　W166平面图及葬具

1. W166平面图　2、3.陶釜(W166:1、W166:2)　4.陶盆(W166:3)

（W166：1）—釜（W166：2）—盆（W166：3）组合而成，其中釜（W166：1）口部与釜（W166：2）口部对接，相隔一段距离，盆（W166：3）口部套接于釜（W166：2）底部。

陶釜　2件。标本W166：1，夹云母红褐陶，内壁基本呈红褐色，腹中部局部发黑，外壁腹上部红褐色偏黄，局部微发黑，腹部以下黑色，局部黄褐色。敛口，圆唇，窄折沿，沿面微弧，内沿呈凸棱状，腹微鼓，最大径在腹上部。器形不甚规整，腹中部有凹陷，内、外壁较光滑。口沿下施弦纹，腹部局部施竖向绳纹，纹饰因磨光不清晰。口径28.96、沿宽1.92、腹径29.84、残高25.68厘米（图二〇五，2；图版五二，6）。标本W166：2，夹云母黄褐陶，通体发黄，外壁腹中下部局部发黑。敛口，圆唇，窄折沿，沿面微内弧，内沿呈凸棱状，腹微鼓，腹下部斜弧收，有半周凹陷。外壁粗糙，内壁下部较光滑。口沿下施弦纹，腹部以下施竖向细绳纹，纹饰因磨光不清晰。口径28.56、沿宽3.04、腹径28.76、残高30.16厘米（图二〇五，3；图版五三，1）。

陶盆　1件。标本W166：3，泥质灰陶，通体灰色，局部发红。敞口，方圆唇，卷沿，沿下有一周尖凸棱，斜弧腹，腹中部微外鼓，腹下部斜弧收，腹底分界不明显，平底，底部明显内凹。器身整体比较规整，腹中部可见凹坑，内、外壁较光滑。基本素面，腹下部及底部隐约可见绳纹。口径37.76、底径15.68、高22.12厘米（图二〇五，4；图版五三，2）。

W167　位于Ⅲ区T108西南部。开口于第②层下，打破生土层。椭圆形土坑竖穴墓，西南—东北向，北偏东约47°。墓壁较直，墓底较平整。墓葬南北长1、东西宽0.47、深0.33米（图

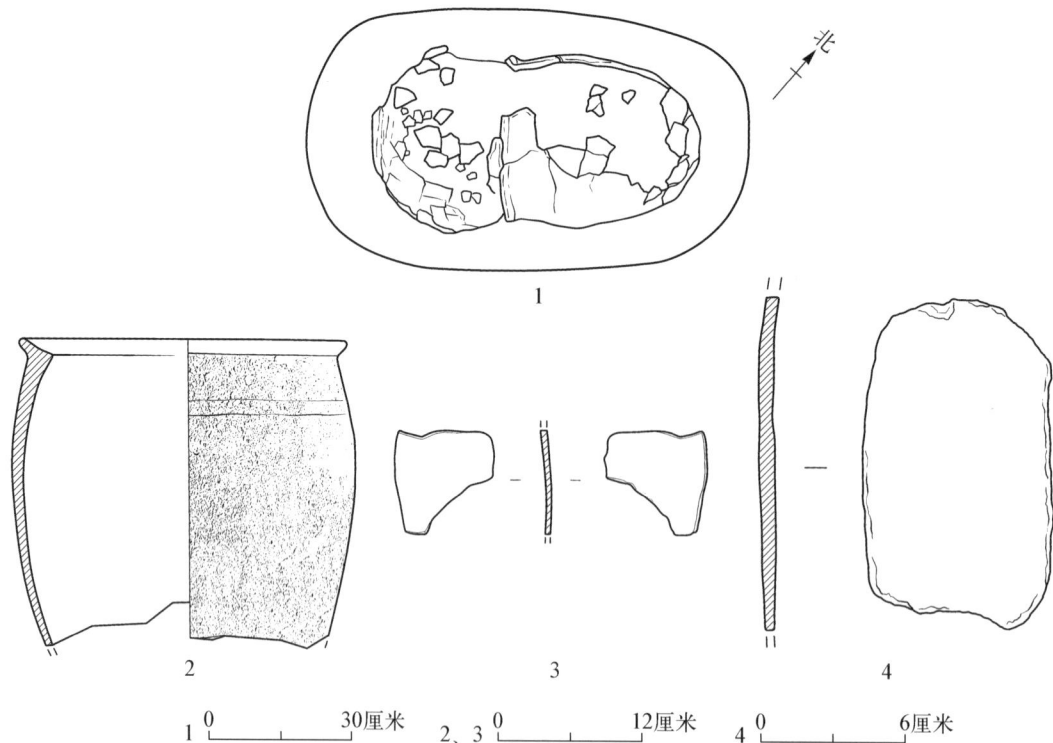

图二〇六　W167平面图及葬具

1. W167平面图　2.陶釜（W167：1）　3.陶罐（W167：2）　4.陶片（W167：3）

二〇六,1)。葬具为陶釜1件、陶罐1件(二〇六,2、3),另发现陶片1件(图二〇六,4),自北向南釜(W167:1)口部套接于罐(W167:2)口部。陶片(W167:3)用于封堵釜(W167:1)的底部。

　　陶釜　1件。标本W167:1,夹云母红褐陶,通体红褐色。敛口,圆唇,窄折沿,沿面微弧,内沿呈凸棱状,腹微鼓。整体较规整,内、外壁较粗糙。口沿下施弦纹,中下部施细绳纹,纹饰因磨光不清晰。口径27.2、沿宽2.84、腹径28.52、残高24.64厘米(图二〇六,2)。

　　陶罐　1件。标本W167:2,泥质灰陶,陶质较细腻。出土时破损严重,仅余部分腹片。整体较光滑。素面。残高8.3厘米(图二〇六,3)。

　　陶片　1件。标本W167:3。泥质灰陶,呈灰褐色。器表外壁素面,通体磨光,内壁施瓦楞纹。残高13.2厘米(图二〇六,4)。

　　W168　位于Ⅲ区T108中部偏西。开口于第②层下,打破生土层。椭圆形土坑竖穴墓,西南—东北向,北偏东约55°。墓壁较直,墓底较平整。墓内填土为灰土,土质较硬。墓葬南北长0.87、东西宽0.53、深0.4米(图二〇七,1;图版一一,1)。葬具为陶釜2件、陶盆1件(图二〇七,2—4),自北向南由釜(W168:1)—釜(W168:2)—盆(W168:3)组合而成,其中釜(W168:1)口部与釜(W168:2)口部对接,盆(W168:3)口部套接于釜(W168:2)底部。

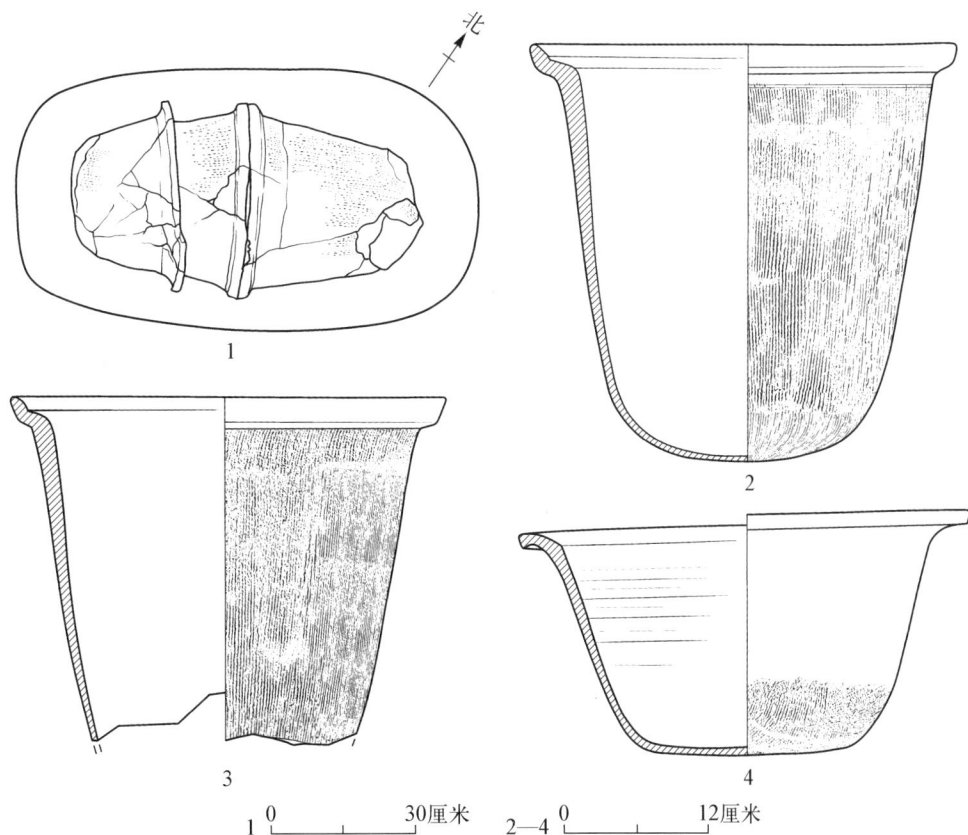

图二〇七　W168平面图及葬具

1. W168平面图　2、3.陶釜(W168:1、W168:2)　4.陶盆(W168:3)

陶釜　2件。标本 W168：1，夹云母黄褐陶，内壁腹上部呈黄褐色，腹中部有黑色斑驳，底部呈黑色，外壁底部呈红褐色。侈口，圆唇，窄折沿，沿面内凹成槽，内沿呈凸棱状，斜直腹，腹下部斜弧收，腹下部与底部分界不明显，圜底。内壁较粗糙，外壁较光滑。通体施竖向绳纹，口沿下施半周明显的弦纹，沿下至底部由竖向绳纹相接而成，底部零星可见交错绳纹。口径35.32、沿宽2.4、高33.44厘米（图二〇七，2；图版五三，3）。标本 W168：2，夹云母红褐陶，通体呈红褐色，外壁腹部有黑色斑驳。侈口，尖圆唇，窄折沿，沿面内凹成槽，内沿呈凸棱状，斜直腹，腹中下部斜弧收，腹下部与底部分界不明显，圜底。内、外壁较粗糙。通体施竖向粗绳纹，底部绳纹模糊不清。口径35.76、沿宽1.64、残高27.56厘米（图二〇七，3；图版五三，4）。

陶盆　1件。标本 W168：3，泥质灰陶。敞口，口沿一圈有尖状凸棱，方唇，卷沿，宽折沿，斜弧腹，腹下部斜弧收，腹底分界不明显，平底。通体比较规整，内、外壁较光滑。器表基本素面，腹下部拍印斜向绳纹，底部边缘施横向绳纹与竖向绳纹形成的交错绳纹，底部拍印横向绳纹。口径37.4、底径18.36、高19.56厘米（图二〇七，4；图版五三，5）。

W169　位于Ⅲ区T108西北部。开口于第②层下，打破生土层。椭圆形土坑竖穴墓，西南—东北向，北偏东约60°。墓圹后期遭破坏，墓壁较直，墓底较平整。墓葬南北长0.8、东西宽0.4—0.45、深0.33米（图二〇八，1）。葬具为陶釜2件、陶盆1件（图二〇八，2—4），自北向南由釜（W169：1）—釜（W169：2）—盆（W169：3）组合而成，其中釜（W169：1）口部与釜（W169：2）口部对接，釜（W169：2）下部与盆（W169：3）贴合。

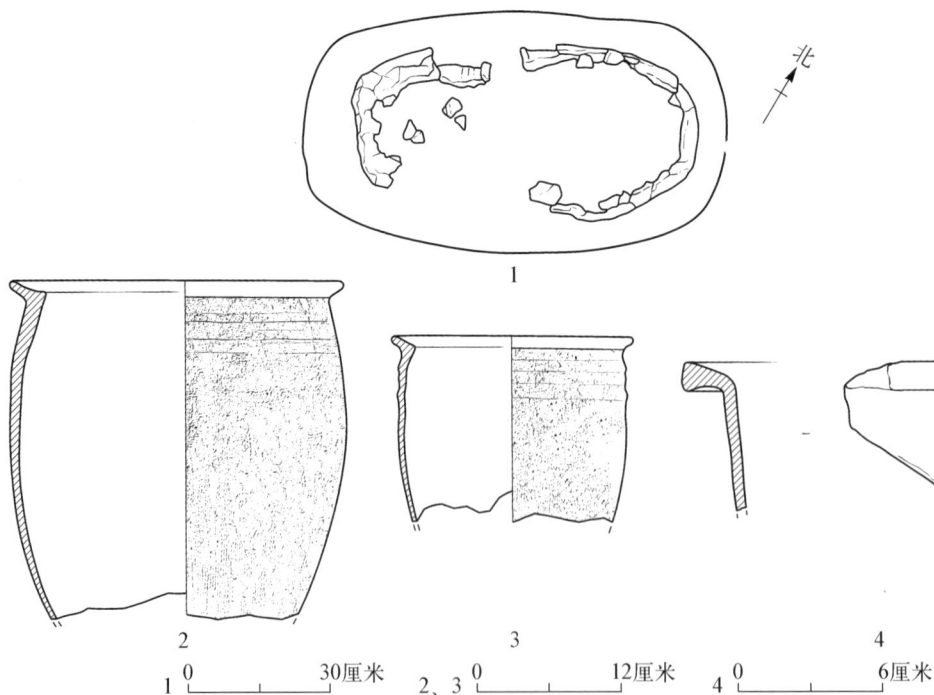

图二〇八　W169平面图及葬具

1. W169平面图　2、3.陶釜（W169：1、W169：2）　4.陶盆（W169：3）

陶釜　2件。标本W169：1，夹云母红褐陶。敛口，圆唇，折沿，沿面微弧，内沿呈凸棱状，微鼓腹。内、外壁较光滑。口沿下施弦纹，中下部施竖向细绳纹，纹饰因磨光不清晰。口径27.72、沿宽2.96、腹径27.2、残高27.92厘米（图二〇八，2；图版五三，6）。标本W169：2，夹云母红褐陶。敛口，圆唇，窄折沿，沿面斜平，内沿呈凸棱状。内、外壁较粗糙。基本素面，纹饰因磨光不清晰。口径20.08、沿宽1.8、腹径19、残高15.08厘米（图二〇八，3）。

陶盆　1件。标本W169：3，泥质黄褐陶，内壁呈黄褐色，外壁呈黑色。方唇，窄折沿。内、外壁较光滑。素面。残高6厘米（图二〇八，4）。

W170　位于Ⅲ区T109西南部。开口于第②层下，打破生土层。圆角长方形土坑竖穴墓，西南—东北向，北偏东约42°。墓圹后期遭破坏，墓壁较直，墓底较平整。墓葬南北长1、东西宽0.5、深0.34米（图二〇九，1）。葬具为陶釜3件（图二〇九，2—4），自北向南由釜（W170：1）—釜（W170：2）—釜（W170：3）组合而成，其中釜（W170：1）口部套接于釜（W170：2）口部，釜（W170：3）口部套接于釜（W170：2）底部。

陶釜　3件。标本W170：1，夹云母红褐陶，内壁腹部呈红褐色，腹下部局部有黑色斑驳，外壁基本为红褐色，腹中部及下部呈黑色。敛口，圆唇，窄折沿，沿面微弧，内沿呈凸棱状，腹微鼓，腹中下部斜弧收，圜底。器壁不甚规整，内壁较粗糙，腹上部局部光滑，外壁较光滑。口沿下素面，中下部施竖向细绳纹，纹饰因磨光不清晰。口径26.8、沿宽2.96、腹径28.44、高30.08厘米（图

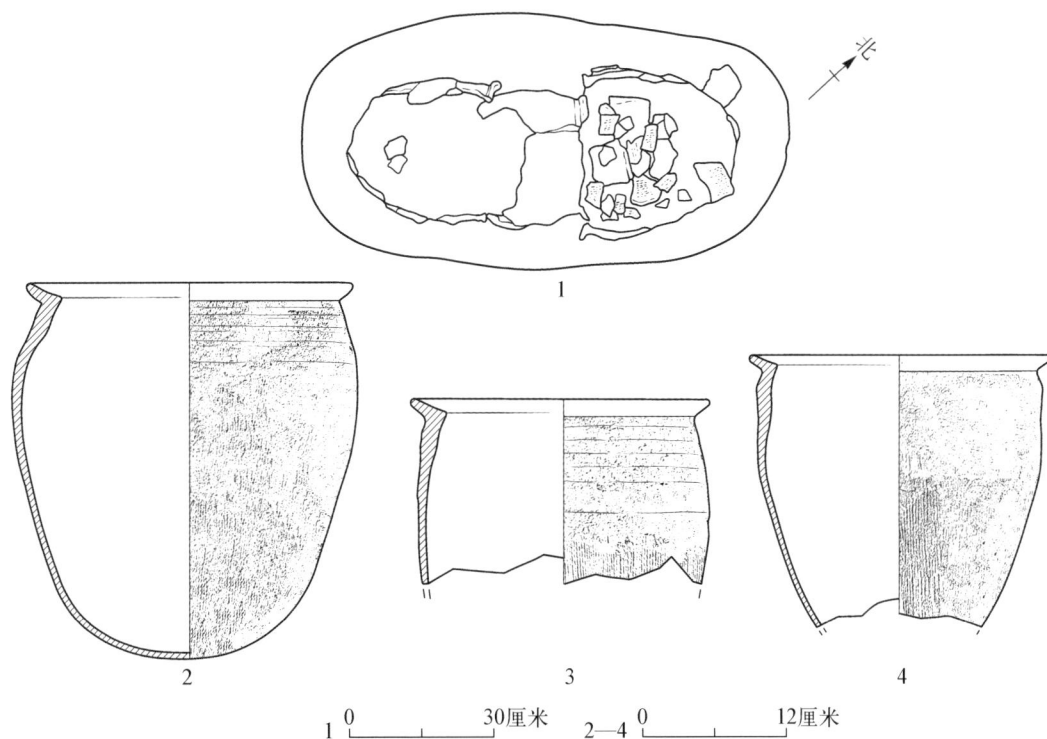

图二〇九　W170平面图及葬具

1. W170平面图　2—4. 陶釜（W170：1、W170：2、W170：3）

二〇九,2;图版五四,1)。标本W170:2,夹云母红褐陶。圆唇,窄折沿,沿面斜平,内沿呈凸棱状,敛口,口部有棱状凸起,腹微鼓。内、外壁较光滑。口沿下施弦纹,腹部局部可见竖向绳纹,纹饰因磨光不清晰。口径24.6、沿宽2.8、腹径24.08、残高14.96厘米(图二〇九,3)。标本W170:3,夹云母红褐陶,通体呈红褐色,局部发黑。敛口,圆唇,窄折沿,沿面斜平,内沿呈凸棱状,腹微鼓。器形不甚规整,腹上部凹凸不平,内、外壁较光滑。器表基本素面,腹中部施竖向绳纹,局部纹饰因磨光不清晰。口径24.8、沿宽2.08、残高20.6厘米(图二〇九,4)。

W171 位于Ⅲ区T109北隔梁内。开口于第②层下,打破生土层。椭圆形土坑竖穴墓,西南—东北向,北偏东约50°。墓圹南部被扰沟破坏,墓壁较直,墓底较平整。墓葬南北残长0.84、东西宽0.5、深0.34米(图二一〇,1;图版一一,2)。葬具为陶釜3件(图二一〇,2—4),自北向南由釜(W171:1)—釜(W171:2)—釜(W171:3)组合而成,其中釜(W171:1)口部与釜(W171:2)口部对接,釜(W171:3)口部套接于釜(W171:2)底部。

陶釜 3件。标本W171:1,夹云母红褐陶,器内、外壁通体呈橘红色,器外壁局部发黑。敛口,圆唇,窄折沿,沿面微弧,内沿呈凸棱状,微鼓腹,最大径在腹上部,腹下部斜弧收,底部缺失。器形不甚规整,腹上部凹凸不平。口沿下施弦纹,腹中部施竖向绳纹,纹饰因磨光不清晰。口径26.8、沿宽2.44、腹径27.12、残高26.44厘米(图二一〇,2;图版五四,2)。标本W171:2,夹云母红褐陶,通体呈红褐色,腹上部发黑。敛口,圆唇,窄折沿,沿面内弧,内沿呈凸棱状,微鼓腹,最大

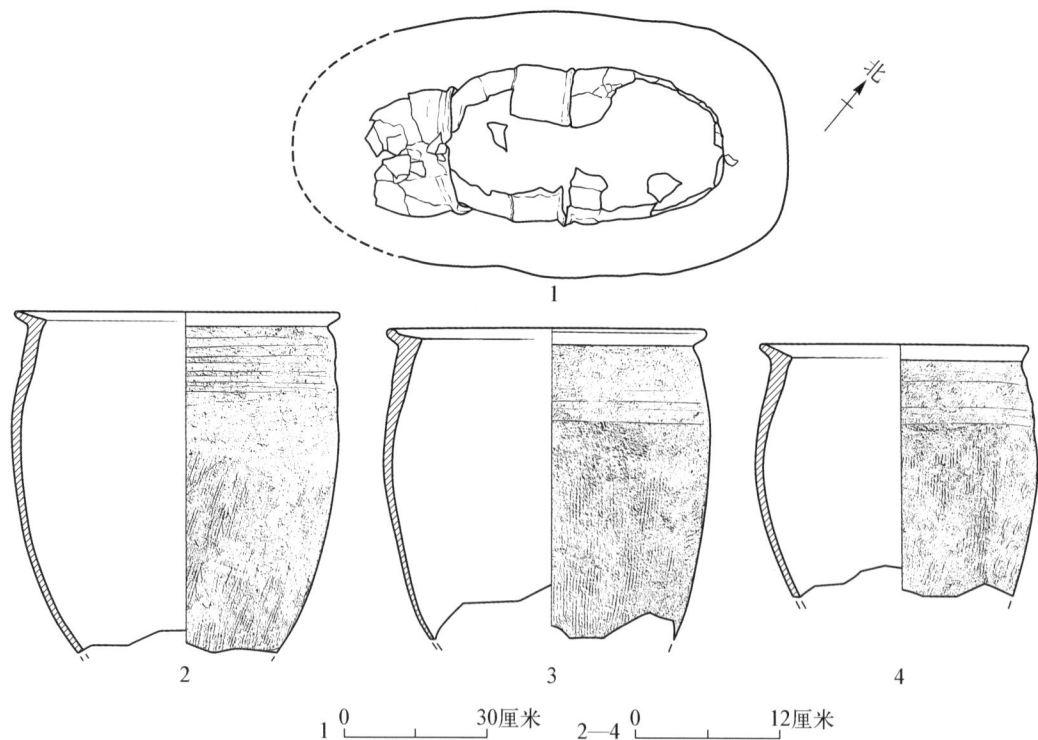

图二一〇 W171平面图及葬具

1. W171平面图 2—4. 陶釜(W171:1、W171:2、W171:3)

径在腹上部。器形较规整，内、外壁较光滑。口沿下施弦纹，腹部施竖向细绳纹，纹饰因磨光不清晰。口径26.32、沿宽2.48、腹径27、残高24.96厘米（图二一〇，3；图版五四，3）。标本W171：3，夹云母红褐陶，通体呈红褐色，腹下部局部呈黑色。敛口，圆唇，窄折沿，沿面微弧，内沿呈凸棱状，腹微鼓，斜弧收，底部缺失。内壁腹上部局部光滑。口沿下施弦纹，腹部施竖向绳纹，内、外壁相对粗糙。口径22.08、沿宽2.8、腹径23.28、残高20.36厘米（图二一〇，4；图版五四，4）。

W172　位于Ⅲ区T109西北角。开口于第②层下，打破生土层。椭圆形土坑竖穴墓，西南—东北向，北偏东约45°。墓圹南部被扰沟破坏，墓壁较直，墓底较平整。墓葬南北残长0.72、东西宽0.53、深0.33米（图二一一，1）。葬具为陶罐1件、陶釜2件（图二一一，2—4），自北向南由罐（W172：1）—釜（W172：2）—釜（W172：3）组合而成，其中釜（W172：2）口部套接于罐（W172：1）口部，釜（W172：3）口部套接于釜（W172：2）底部。

陶罐　1件。标本W172：1，泥质黄褐陶。直口，方唇，唇面有一周凹槽，卷沿，沿面近唇部有一圈凹槽，矮直颈，溜肩，腹微鼓，腹下部斜弧收，腹底分界不明显，平底，底部内凹。器体较为规整，内、外壁较粗糙。腹下部多拍印有斜向绳纹，局部可见横向绳纹，零星有交错绳纹，腹底部拍印有横向绳纹。口径19.04、腹径27.52、底径14.24、高23.16厘米（图二一一，2；图版五四，5）。

陶釜　2件。标本W172：2，夹云母红褐陶，通体呈红褐色，腹下部近底部呈黑色，底部发黑，斑驳不一。敛口，圆唇，窄折沿，沿面微弧，内沿呈凸棱状，沿面内凹，腹微鼓，腹中下部斜弧收，腹下部与底部分界不清，圜底。器形不规整，内、外壁粗相对糙。器表腹上部素面，腹中部施绳纹，

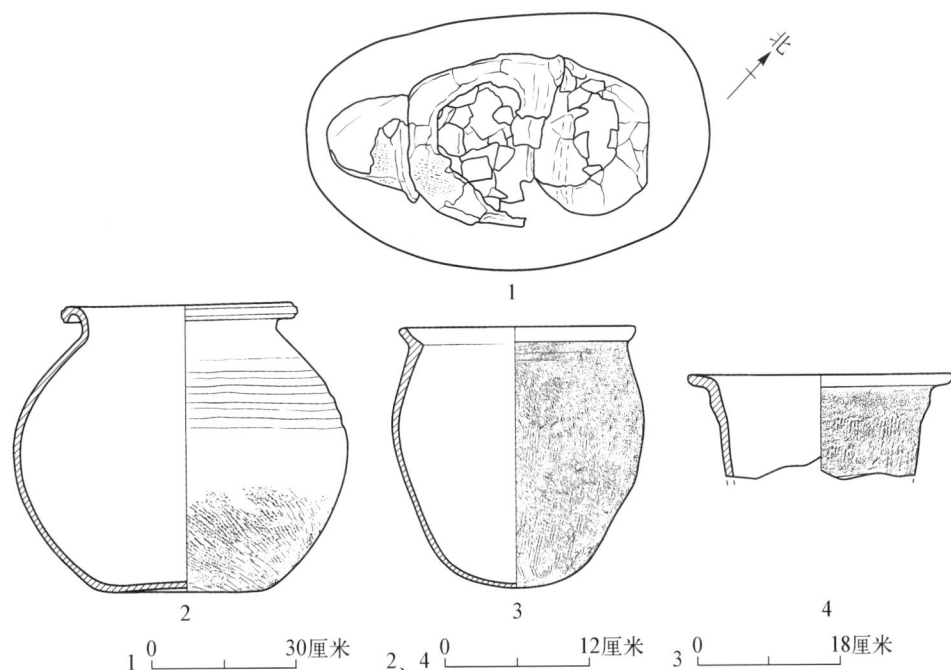

图二一一　W172平面图及葬具

1. W172平面图 2. 陶罐（W172：1） 3、4. 陶釜（W172：2、W172：3）

局部模糊难辨,腹中部及下部局部施竖向粗绳纹,底部中心施交错绳纹,模糊不清。口径28.86、沿宽3.36、腹径30.96、高31.32厘米(图二一一,3;图版五四,6)。标本W172:3,夹云母红褐陶,内壁呈黑色,外壁呈红褐色。敛口,方唇,窄折沿,沿面微内弧,斜直腹。内、外壁较光滑。器表施竖向粗绳纹,纹饰因磨光不清晰。口径21.92、残高7.72厘米(图二一一,4)。

W173　位于Ⅲ区T109北隔梁西部。开口于第②层下,打破生土层。椭圆形土坑竖穴墓,西南—东北向,北偏东约50°。墓圹后期遭破坏,墓壁较直,墓底较平整。墓葬南北长0.95、东西宽0.51、残深0.35米(图二一二,1)。葬具为陶釜2件(图二一二,2、3),另有陶片1件(图二一二,4),因W173破损严重,组合关系暂不明确,仅可知自北向南为釜(W173:1)口部与釜(W173:2)口部对接而成。

陶釜　2件。标本W173:1,夹云母红褐陶。微敛口,圆唇,窄折沿,沿面微弧,内沿呈凸棱状,腹微鼓。内、外壁相对粗糙,外壁腹部局部光滑。口沿下施弦纹,腹上部隐约可见竖向绳纹,腹中部局部拍印竖向绳纹。口径31.24、沿宽3.2、腹径32、残高21.8厘米(图二一二,2)。标本W173:2,夹云母红褐陶,含云母量较多,通体红褐色发黑。敛口,尖圆唇,窄折沿,沿面斜平,内沿呈凸棱状,弧腹。内、外壁较粗糙。外壁腹上部施数周瓦楞纹。口径30.12、沿宽2.48、腹径32.48、残高12.92厘米(图二一二,3)。

陶片　1件。标本W173:3,夹云母红褐陶。尖圆唇,窄折沿,沿面有一周凹棱,沿下有一周凸棱,侈口,斜直腹。器内、外壁皆较光滑。器表施竖向粗绳纹,每平方厘米内四条。残高14.厘米(图二一二,4)。

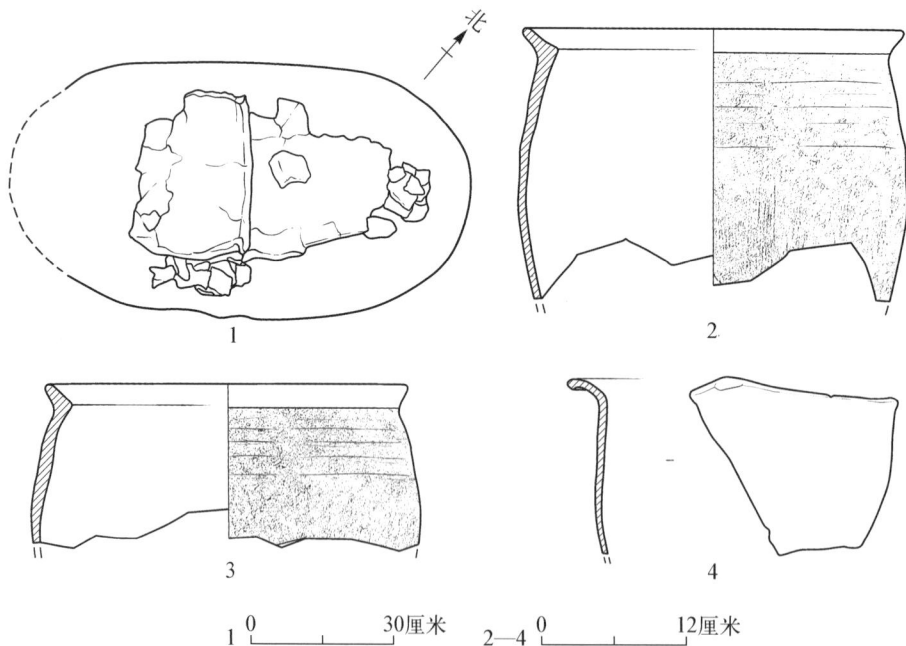

图二一二　W173平面图及葬具

1.W173平面图　2、3.陶釜(W173:1、W173:2)　4.陶片(W173:3)

W174　位于Ⅲ区T110中部偏东。开口于第②层下，打破生土层。不规则圆角长方形土坑竖穴墓，西南—东北向，北偏东约30°。墓圹后期遭破坏，墓壁较直，墓底较平整。墓葬南北长1.06、东西宽0.53、深0.21米（图二一三，1）。葬具为陶釜2件、陶罐1件（图二一三，2—4），自北向南由釜（W174：3）—釜（W174：2）—罐（W174：1）组合而成，其中釜（W174：3）口部与釜（W174：2）口部对接，相距0.07米，罐（W174：1）口部套接于釜（W174：2）底部。

陶罐　1件。标本W174：1，泥质灰陶，内壁呈黄褐色，外壁呈灰褐色。直口，方唇，束颈，溜肩。通体较光滑。器表肩部隐约可见弦纹，纹饰因磨光不清晰。口径25.6、残高12.6厘米（图二一三，2）。

陶釜　2件。标本W174：2，夹云母红褐陶，通体呈红褐色，腹下部局部呈黑色，底部红褐色偏黑。敛口，圆唇，窄折沿，沿面微弧，内沿呈凸棱状，腹微鼓，腹下部斜弧收，圜底。内壁较粗糙，外壁较光滑。口沿下施弦纹，腹部施竖向绳纹，底部施粗绳纹，下部及底部纹饰依稀可见。口径28.68、沿宽2.84、腹径29.64、高33.6厘米（图二一三，3；图版五五，1）。标本W174：3，夹云母红褐陶，腹上部呈红褐色，腹中部及下部呈黑色。敛口，尖圆唇，窄折沿，沿面斜平，内沿呈凸棱状，腹微鼓，腹中下部斜弧收。内壁较粗糙，外壁较光滑。口沿下施弦纹，腹部局部施竖向绳纹，但不明

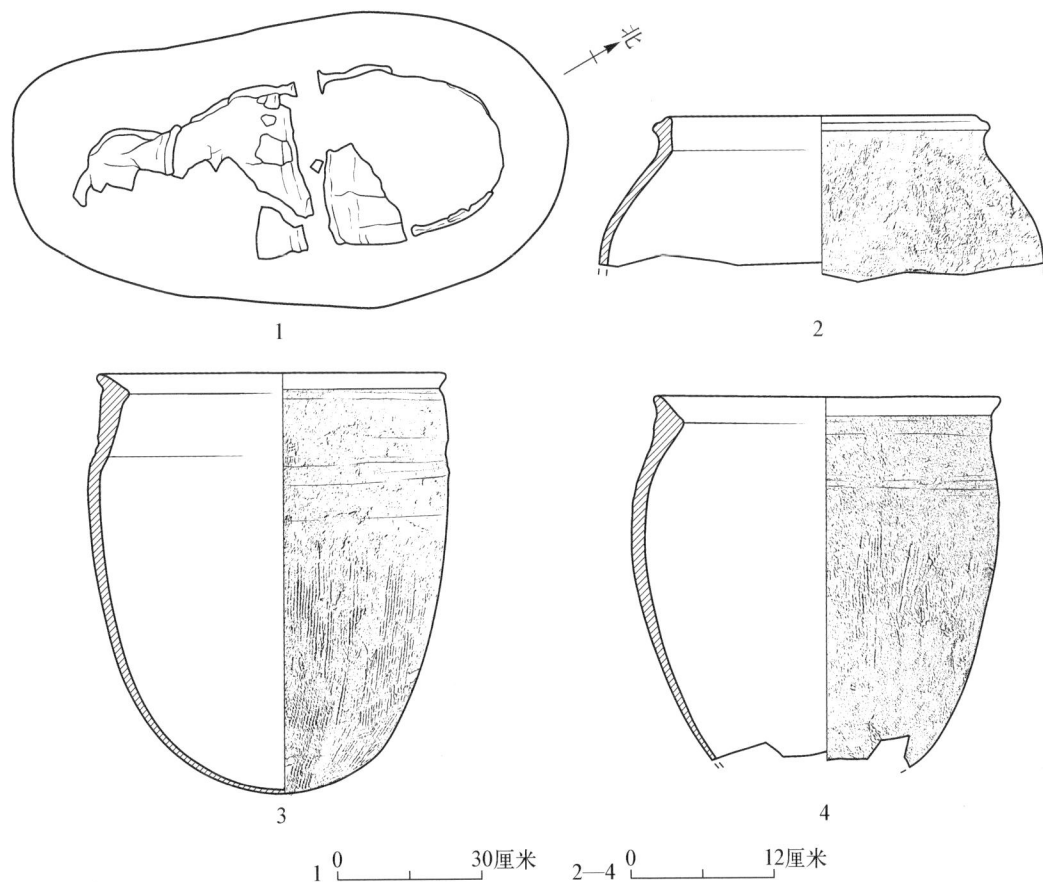

图二一三　W174平面图及葬具

1. W174平面图　2. 陶罐（W174：1）　3、4. 陶釜（W174：2、W174：3）

显。口径29.92、沿宽3.08、腹径30.68、残高29.8厘米（图二一三,4;图版五五,2）。

　　W175　位于Ⅲ区T114东隔梁南部。开口于第②层下,打破生土层。不规则椭圆形土坑竖穴墓,东南—西北向,北偏东160°。墓圹后期遭破坏,墓壁较直,墓底较平整。墓葬南北长1.6、东西宽0.75、深0.7米（图二一四,1;图版一一,3）。葬具为陶瓮2件、陶盆1件（图二一四,2—4）,自北向南由瓮（W175∶1）—盆（W175∶2）—瓮（W175∶3）组合而成,其中盆（W175∶2）口部套接于瓮（W175∶1）口部,盆（W175∶2）与瓮（W175∶3）组合方式不明。

　　陶瓮　2件。标本W175∶1,泥质灰陶。内、外壁较光滑。外壁通体施斜向绳纹,纹饰因磨光不清晰。腹径44.52、残高35.1厘米（图二一四,2;图版五五,3）。标本W175∶3,泥质灰黄褐陶,通体呈黑色,腹部有黄褐色斑驳。敛口,方唇,卷沿,束颈,折肩,深腹,腹下部圆鼓,腹底分界不明显,圜底近平底。器形较规整,内、外壁较光滑。器表肩部施弦纹与绳纹,纹饰交错呈条带状,腹部至底部施斜向绳纹,底部局部纹饰因磨光不清晰。口径13.04、腹径22.68、高33.92厘米（图二一四,4;图版五五,5）。

　　陶盆　1件。标本W175∶2,泥质黄褐陶,胎芯呈黄褐色,器内、外壁皆呈黄褐色。敞口,口部有一周凸棱,方唇,唇面有一周凹棱,卷沿,弧腹。器形较规整,内、外壁较光滑。器表基本素面,

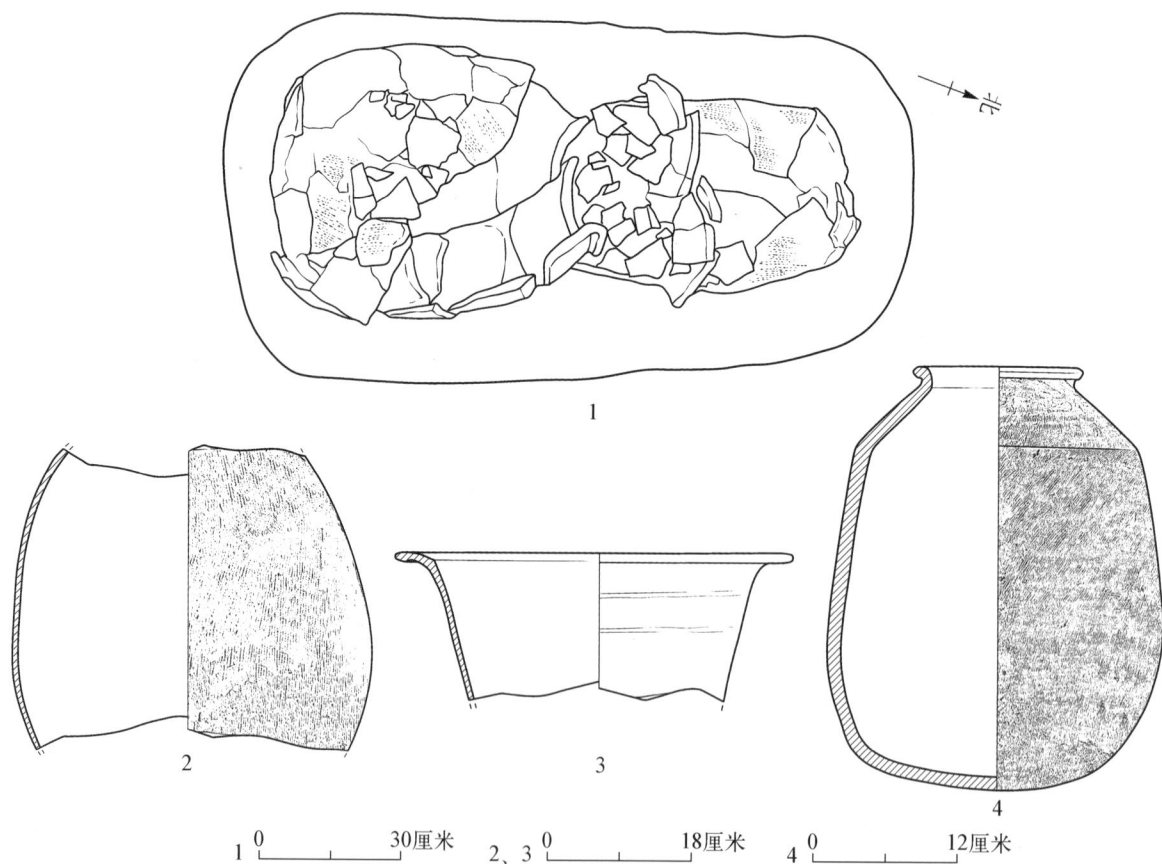

图二一四　W175平面图及葬具

1. W175平面图　2、4.陶瓮（W175∶1、W175∶3）　3.陶盆（W175∶2）

腹上部有弦纹。口径49.2、残高17.64厘米（图二一四,3;图版五五,4）。

W176 位于Ⅲ区T114南部。开口于第②层下,打破生土层。不规则椭圆形土坑竖穴墓,南北向,北偏东约20°。墓壁较直,墓底较平整。墓葬南北长0.96、东西宽0.6、深0.55米（图二一五,1;图版一二,1）。葬具为陶釜3件（图二一五,2—4）,自北向南由釜（W176:1）—釜（W176:2）—釜（W176:3）组合而成,其中釜（W176:1）口部与釜（W176:2）口部对接,釜（W176:3）口部套接于釜（W176:2）底部。

陶釜 3件。标本W176:1,夹云母红褐陶,内壁腹部呈红褐色,底部呈黑色,外壁腹中下部局部呈黑色,局部呈红褐色。侈口,圆唇,折沿,沿面内凹成槽,内沿呈凸棱状,斜直腹,腹下部斜弧收,腹下部与底部分界不明显,圜底。器身不甚规整,器内壁较粗糙,器外壁较光滑。通体以竖向绳纹为主,底部为交错绳纹,腹部纹饰因磨光不清晰。口径34.8、沿宽2.72、高32.96厘米（图二一五,2;图版五五,6）。标本W176:2,夹云母红褐陶,器内壁腹部呈红褐色,底部呈黑色。器外壁腹中下部局部呈黑色,局部呈红褐色。侈口,圆唇,折沿,沿面内凹成槽,内沿呈凸棱状,斜直腹,腹下部斜弧收,腹下部与底部分界不明显,圜底。器内壁较粗糙,器外壁较光滑。通体以竖向绳纹为主,腹中上部纹饰因磨光不清,底部是由竖向绳纹相交而成的交错绳纹。口径34.56、沿

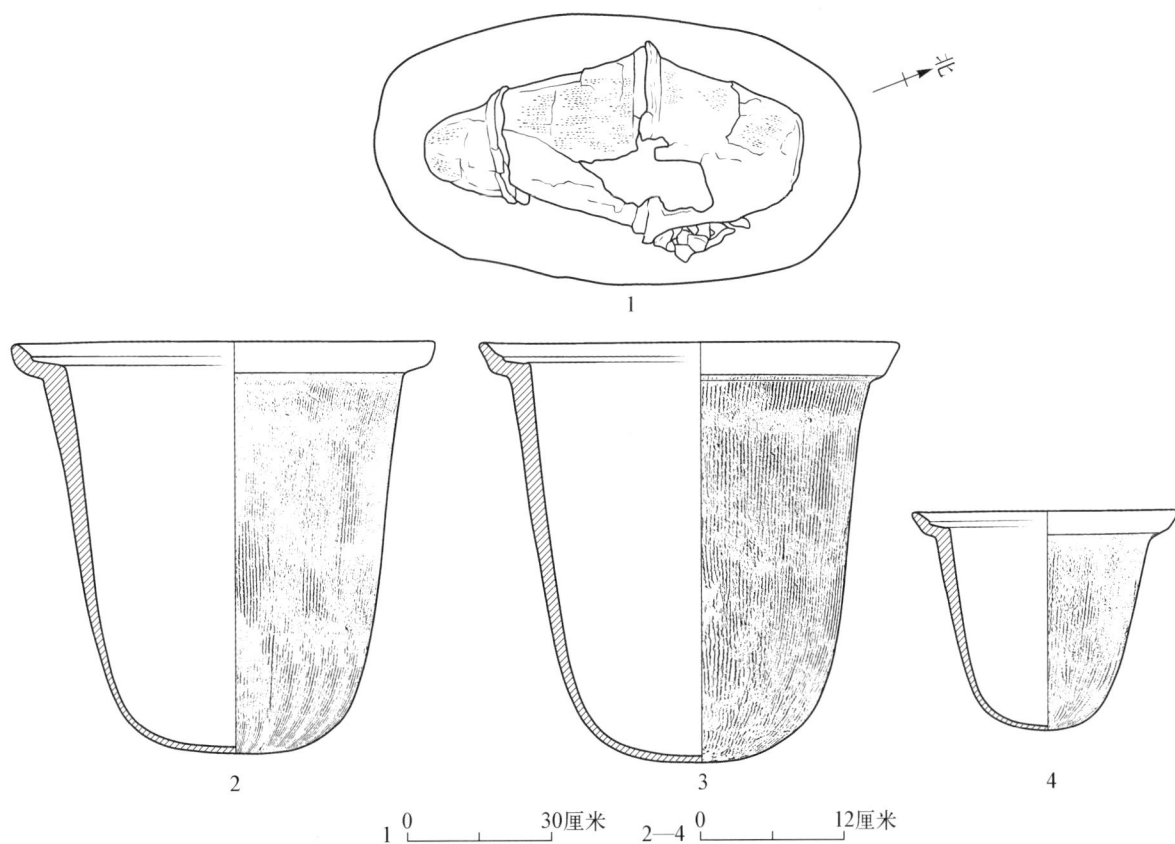

图二一五 W176平面图及葬具

1.W176平面图 2—4.陶釜（W176:1、W176:2、W176:3）

宽2.2、高33.72厘米(图二一五,3;图版五六,1)。标本W176:3,夹云母红褐陶,通体呈红褐色,外壁腹部有黑色斑驳。侈口,尖圆唇,窄折沿,沿面内凹成槽,内沿呈凸棱状,斜直腹,腹中下部斜弧收,腹下部与底部分界不明显,圜底。内、外壁较粗糙。器表通体施竖向绳纹,底部绳纹模糊不清。口径22、沿宽1.72、高17.72厘米(图二一五,4;图版五六,2)。

　　W177　位于Ⅲ区T114中部偏南。开口于第②层下,打破生土层。椭圆形土坑竖穴墓,南北向。墓圹后期遭破坏,墓壁较直,墓底较平整。墓葬南北长0.93、东西宽0.52、残深0.25米(图二一六,1)。葬具为陶釜2件(图二一六,3、4),另发现陶豆盘1件(图二一六,2),自北向南由釜(W177:1)—釜(W177:2)组合而成,其中釜(W177:1)口部与釜(W177:2)口部对接,陶豆盘(W177:3)用于封堵釜的(W177:2)底部。

　　陶釜　2件。标本W177:1,夹云母红褐陶,内壁通体红褐色偏黄,外壁基本呈红褐色,腹中部至底部呈黑色。侈口,圆唇,宽折沿,沿面内凹成槽,内沿呈凸棱状,斜直腹,腹下部斜弧收,腹部与底部分界不清,圜底。器形较规整,内壁较光滑,外壁较粗糙。器表通体施竖向粗绳纹,底部中心有交错绳纹。口径35、沿宽2.4、高34.96厘米(图二一六,3;图版五六,3)。标本W177:2,夹云母红褐陶,腹部红褐色偏黄,底部发黑。直口,尖唇,宽折沿,沿面内凹成槽,内沿呈凸棱状,斜

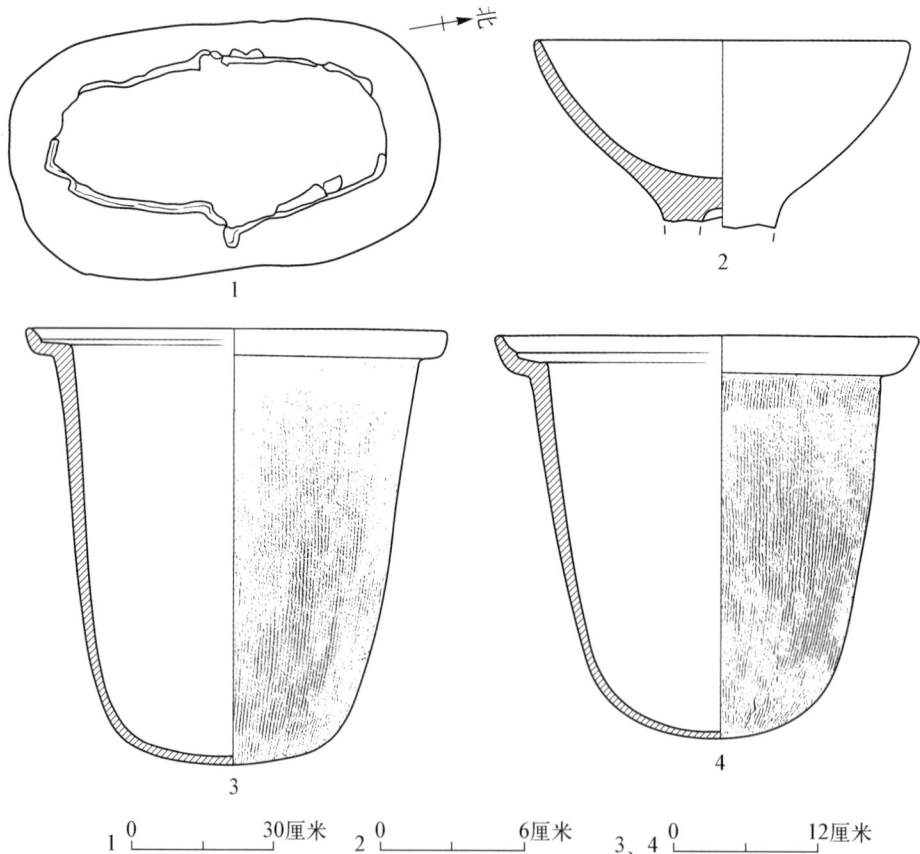

图二一六　W177平面图及葬具

1.W177平面图　2.陶豆盘(W177:3)　3、4.陶釜(W177:1、W177:2)

直腹,腹下部斜弧收,腹下部与底部分界不明显,圜底。通体较粗糙。通体施竖向绳纹,腹上部局部纹饰因磨光不清晰。口径32.72、沿宽2.48、高32.16厘米(图二一六,4;图版五六,4)。

　　陶豆盘　1件。标本W177：3,泥质灰陶,内壁呈黄褐色,外壁呈灰褐色。敞口,方唇,深盘,弧腹,腹部与底部分界明显,矮圈足。器形较规整,内、外壁较光滑。素面。口径15.42、残高7.54厘米(图二一六,2;图版五六,5)。

　　W178　位于Ⅲ区T114西南角。开口于第②层下,打破生土层。圆角长方形土坑竖穴墓,南北向,北偏东约18°。墓圹后期遭破坏,墓壁较直,墓底较平整。墓葬南北长0.92、东西宽0.5、残深0.1米(图二一七,1)。葬具为陶釜2件(图二一七,2、3),因W178破损严重,组合关系暂不明确,仅可知自北向南为釜(W178：1)口部与釜(W178：2)口部对接。

　　陶釜　2件。标本W178：1,夹云母红褐陶,通体红褐色偏黄,腹中部发黑。侈口,圆唇,窄折沿,沿面内凹成槽,内沿呈凸棱状,斜直腹。内、外壁较光滑。器表施竖向绳纹。口径36.04、沿宽1.44、残高27.84厘米(图二一七,2)。W178：2,夹云母红褐陶,通体呈红褐色,腹中部发黑。直口,圆唇,窄折沿,沿面内凹成槽,内沿呈凸棱状,斜直腹。内、外壁较光滑。器表施竖向绳纹。残高20.8厘米(图二一七,3)。

　　W179　位于Ⅲ区T116南部。开口于第②层下,打破生土层(图二一八,1;图版一二,2)。圆角长方形土坑竖穴墓,南北向。墓壁较直,墓底较平整。墓葬南北长1.35、东西宽0.65米,深

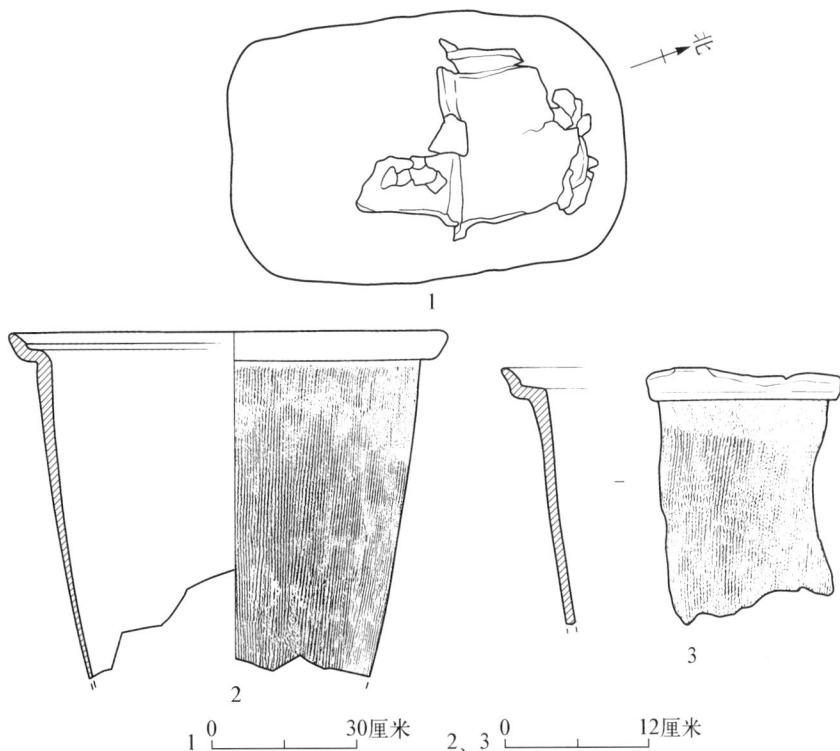

图二一七　W178平面图及葬具

1. W178平面图　2、3. 陶釜(W178：1、W178：2)

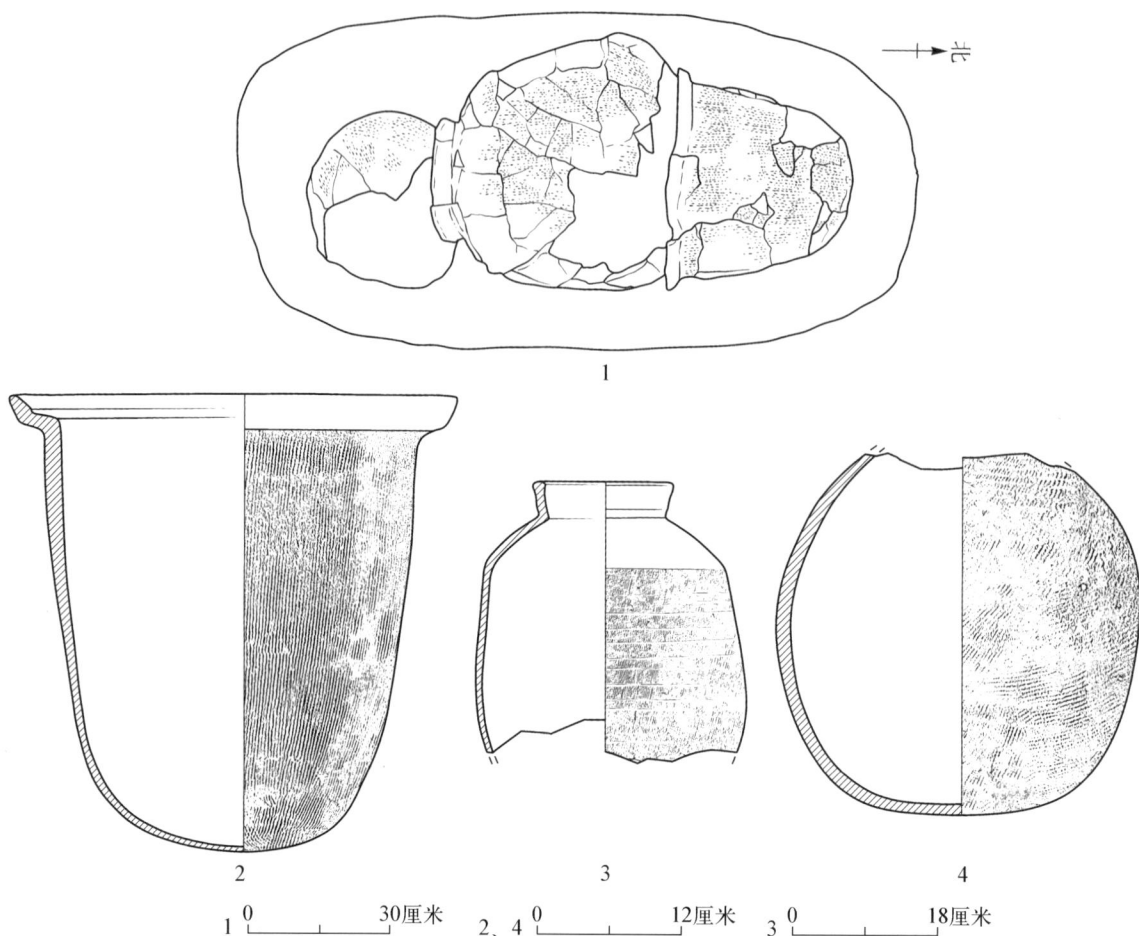

图二一八 W179平面图及葬具

1. W179平面图 2. 陶釜（W179∶1） 3. 陶瓮（W179∶2） 4. 陶罐（W179∶3）

度不明。葬具为陶釜1件、陶瓮1件、陶罐1件（图二一八，2—4），自北向南由釜（W179∶1）—瓮（W179∶2）—罐（W179∶3）组合而成，其中釜（W179∶1）口部套接于瓮（W179∶2）底部，瓮（W179∶2）口部与罐（W179∶3）口部对接。

　　陶釜 1件。标本W179∶1，夹云母红褐陶，腹上部呈红褐色，腹中部一周明显发黑，腹下部至底部呈黑色。侈口，圆唇，局部尖圆唇，宽折沿，沿面内凹成槽，内沿呈凸棱状，斜直腹，腹下部斜弧收，腹下部与底部分界不明显，圜底。内、外壁较光滑。通体施竖向绳纹，底部局部形成交错绳纹。口径36.8、沿宽2.24、高36.4厘米（图二一八，2；图版五六，6）。

　　陶瓮 1件。标本W179∶2，泥质黄褐陶，通体呈黄褐色，外壁局部呈灰褐色。敞口，圆唇，内斜颈，折肩，垂腹，底部缺失。器形较规整，内、外壁皆光滑。器表通体施弦纹与竖向绳纹，纹样呈条带状，局部纹饰因磨光不清晰。口径17.4、高32.4厘米（图二一八，3；图版五七，1）。

　　陶罐 1件。标本W179∶3，泥质灰陶。近球状，唇、沿、口部缺失，溜肩，鼓腹，腹下部与底部分界不明显，近平底。器形相对规整，内、外壁较光滑。器表肩部及腹上部施弦纹与斜向绳纹，腹部施斜向绳纹,与腹下部局部的横向绳纹形成交错绳纹,局部纹饰因磨光不清晰。腹径30、底径9.6、残高29.2厘米(图二一八,4;图版五七,2)。

W180 位于Ⅲ区T116东部偏中。开口于第②层下,打破生土层。椭圆形土坑竖穴墓,南北向,北偏东约20°。墓圹后期遭破坏,墓壁较直,墓底较平整。墓葬南北长1.05、东西宽0.49、残深0.3米(图二一九,1)。葬具为陶釜3件(图二一九,2—4),自北向南由釜(W180:1)—釜(W180:2)—釜(W180:3)组合而成,其中釜(W180:1)口部与釜(W180:2)口部对接,釜(W180:2)与釜(W180:3)组合方式不明。

陶釜 3件。标本W180:1,夹云母红褐陶,通体红褐色发黄。微侈口,尖唇,宽折沿,沿面内凹成槽,内沿呈凸棱状,斜直腹。内、外壁较粗糙。口沿下近腹上部施竖向绳纹,纹饰因磨光不清晰。口径32、残高15.2厘米(图二一九,2)。标本W180:2,夹云母红褐陶,内壁腹上部红褐色发黄,腹部以下发黑,外壁腹上部呈红褐色,腹中部有黑色斑驳,腹下部发黑。侈口,圆唇,窄折沿,沿面内凹成槽,内沿呈凸棱状,斜直腹。内壁较粗糙,外壁较光滑。器表施竖向绳纹,局部纹饰因磨光不清晰。口径36、沿宽1.8、残高28.8厘米(图二一九,3)。标本W180:3,夹云母红褐陶,通体红褐色发黄。侈口,方唇,折沿,沿面内凹成槽,内沿呈凸棱状,斜直腹。内、外壁较粗糙。器表腹上部施竖向粗绳纹。口径22、沿宽1.76、残高8.4厘米(图二一九,4)。

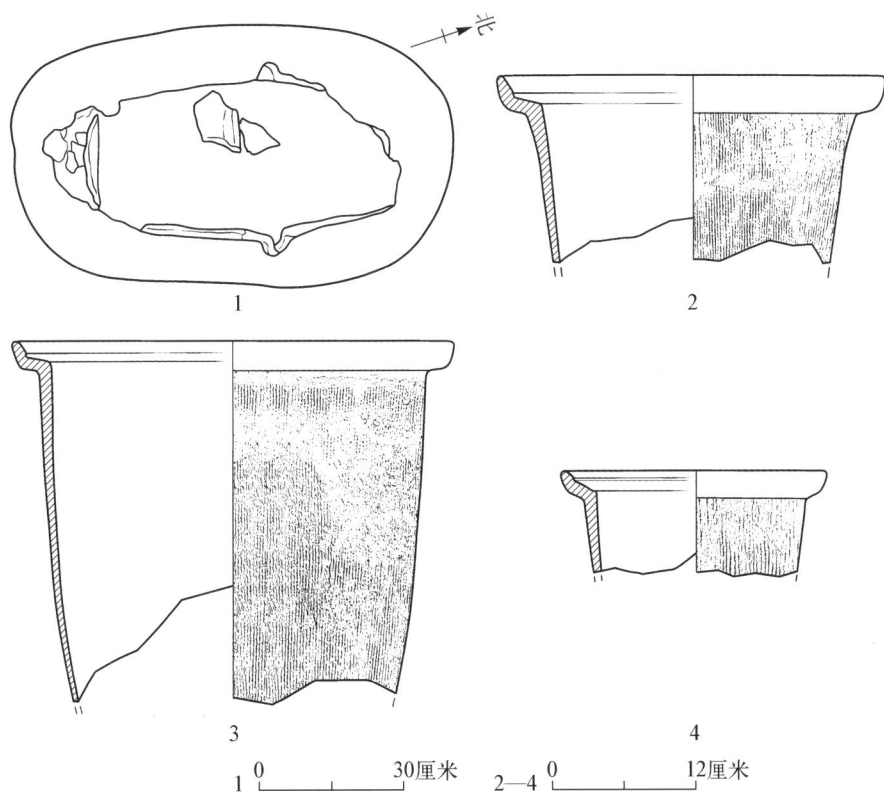

图二一九 W180平面图及葬具

1.W180平面图 2—4.陶釜(W180:1、W180:2、W180:3)

W181 位于Ⅲ区T117北隔梁东部。开口于第②层下,打破生土层。圆角长方形土坑竖穴墓,西南—东北向,北偏东约40°。墓壁较直,墓底较平整。墓葬南北长1.04、东西宽0.6、深0.5米(图二二〇,1;图版一二,3)。葬具为陶釜3件(图二二〇,2—4),自北向南由釜(W181:1)—釜(W181:2)—釜(W181:3)组合而成,其中釜(W181:1)口部套接于釜(W181:2)口部,釜(W181:3)口部套接于釜(W181:2)底部。

陶釜 3件。标本W181:1,夹云母红褐陶,腹上部呈红褐色,腹中部及上部局部发黑,腹下部及底部局部发黄,腹上部含云母量大于腹下部。敛口,圆唇,窄折沿,沿面斜平,内沿呈凸棱状,微鼓腹,腹中下部斜弧收,腹下部与底部分界不明显,圜底。整体上部光滑,下部粗糙。口沿下施弦纹,腹中部至底部施竖向绳纹,但局部纹饰因磨光不清晰。口径27.6、沿宽2.52、腹径28.8、高31.6厘米(图二二〇,2;图版五七,3)。标本W181:2,夹云母红(黄)褐陶,通体红褐色偏黄,腹上部含云母量大于腹下部。敛口,圆唇,窄折沿,沿面斜平,内沿呈凸棱状,微鼓腹,腹中下部斜弧收,底部缺失。器身不规整,腹部凹凸不平,通体腹上部较粗糙,腹中较光滑。腹上部局部有明显凹棱,腹中下部施竖向绳纹。口径22.8、沿宽2.04、腹径23.2、残高24厘米(图二二〇,3;图版五七,4)。标本W181:3,夹云母红褐陶,通体红褐色偏黄,局部有黑色斑驳,不甚明显。敛口,圆唇,窄折沿,沿面微弧,内沿呈凸棱状,腹微鼓,腹中下部斜弧收,腹下部与底部

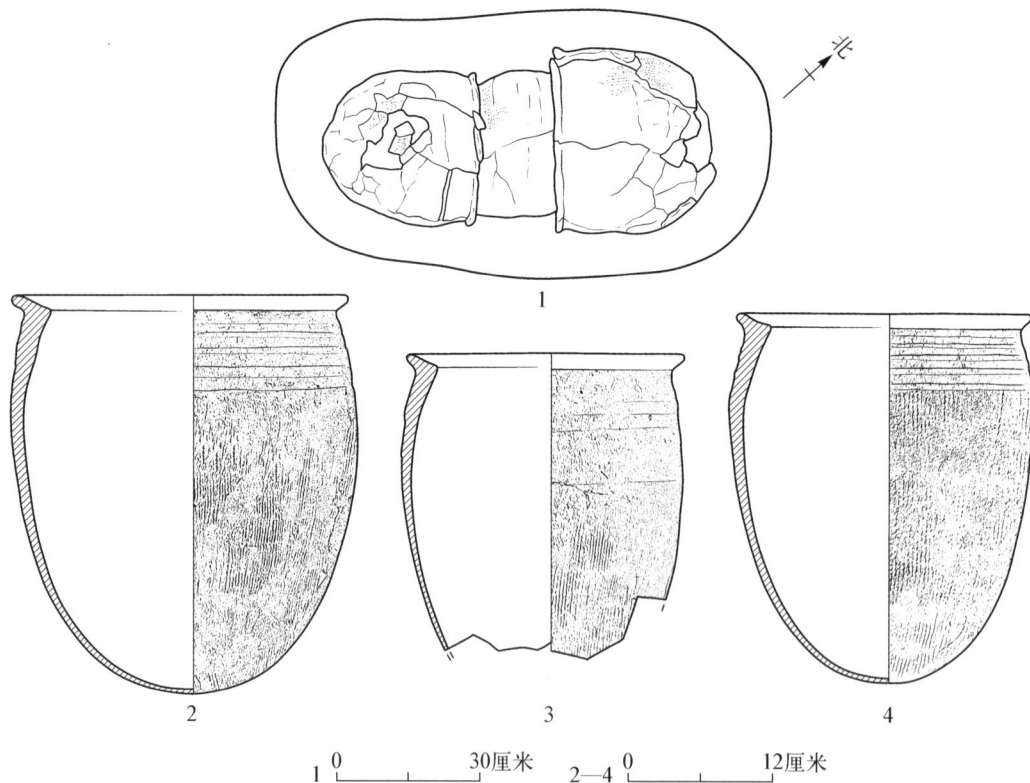

图二二〇 W181平面图及葬具

1.W181平面图 2—4.陶釜(W181:1、W181:2、W181:3)

分界不明显，圜底。内壁较光滑，腹上部局部相对粗糙，外壁腹上部较粗糙，腹中部较光滑。口沿下施弦纹，腹部至底部施竖向绳纹，纹饰局部磨光不清。口径24、沿宽2.28、腹径24.8、高29.2厘米（图二二〇，4；图版五七，5）。

W182 位于Ⅲ区T117北隔梁中部。开口于第②层下，打破生土层。椭圆形土坑竖穴墓，西南—东北向，北偏东约50°。墓圹后期遭破坏，墓壁较直，墓底较平整。墓葬南北长0.92、东西宽0.54、深0.54米（图二二一，1；图版一三，1）。葬具为陶釜3件（图二二一，2—4），自北向南由釜（W182：1）—釜（W182：2）—釜（W182：3）组合而成，其中釜（W182：1）口部与釜（W182：2）口部对接，釜（W182：3）口部套接于釜（W182：2）底部。

陶釜 3件。标本W182：1，夹云母红褐陶，器内、外壁通体呈红褐色。器外壁腹上部及中部局部发黑。敛口，圆唇，窄折沿，沿面微弧，内沿呈凸棱状，微鼓腹，腹中下部斜弧收，腹下部与底部分界不明显，圜底。器身不规整，通体较粗糙，外壁腹中部局部较光滑。器表腹上部素面，腹部以下施竖向绳纹，纹饰局部磨光不清。口径23.2、沿宽2.24、腹径23.6、高27.2厘米（图二二一，2；图版五七，6）。标本W182：2，夹云母红褐陶，通体呈红褐色，外壁局部发黑。敛口，圆唇，窄折沿，沿面微弧，内沿呈凸棱状，微鼓腹，腹中部斜弧收，底部缺失。器身不甚规整，表面凹凸不平，内、外壁较粗糙。口沿下施弦纹，腹中部施竖向绳纹，纹饰因磨光不清晰。口径27.2、沿宽2、腹径30、残高20.8厘米（图二二一，3；图版五八，1）。标本W182：3，夹云母红褐陶，通体呈红褐色，腹

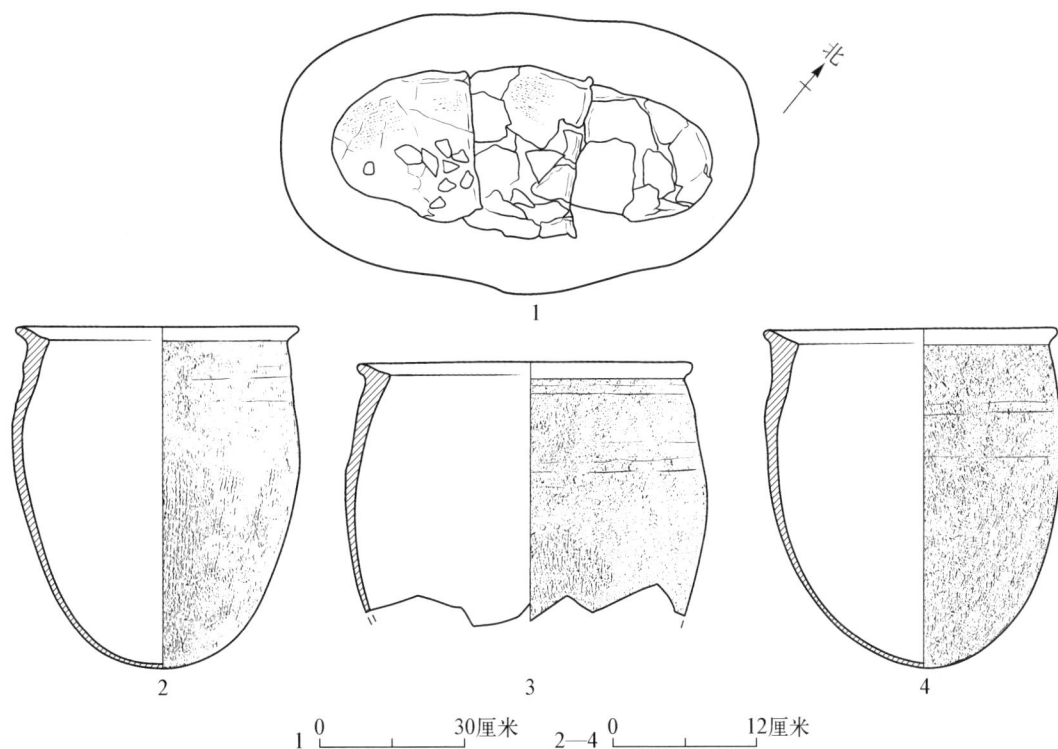

图二二一 W182平面图及葬具

1. W182平面图 2. 陶釜（W182：1、W182：2、W182：3）

中部至底部呈黑色。敛口，圆唇，窄折沿，沿面微弧，内沿呈凸棱状，腹微鼓，腹中下部斜弧收，腹下部与底部分界不明显，圜底。器身不规整，通体较粗糙，外壁腹中部至底部较光滑。口沿下施弦纹，腹部及底部施竖向绳纹，纹饰因磨光不清晰。口径24.4、沿宽2.6、腹径24.8、高26.8厘米（图二二一，4；图版五八，2）。

W183 位于Ⅲ区T118东隔梁南部。开口于第②层下，打破生土层。椭圆形土坑竖穴墓，西南—东北向，北偏东约58°。墓壁较直，墓底较平整。墓葬南北长1.14、东西宽0.55、深0.35米（图二二二，1；图版一三，2）。葬具为陶釜3件（图二二二，3—5），另发现陶釜片1件（图二二二，2），自北向南由釜（W183：1）—釜（W183：2）—釜（W183：3）组合而成，其中釜（W183：1）口部与釜（W183：2）口部对接，釜（W183：3）口部套接于釜（W183：2）底部，釜（W183：3）腹部与陶釜片（W183南端）相贴。

陶釜 3件。标本W183：1，夹云母红褐陶，通体红褐色偏黄，外壁腹中部发黑，敛口，圆唇，窄折沿，沿面内弧，内沿呈凸棱状，腹微鼓，腹中部斜弧收，底部缺失。整体相对规整，口沿下施弦纹，腹中部局部可见竖向绳纹，内、外壁较粗糙。口径28.8、沿宽2.12、腹径30.8、高34.4厘米（图二二二，3；图版五八，3）。标本W183：2，夹云母红褐陶，通体红褐色偏黄，外壁腹中部发黑，敛口，圆唇，窄折沿，沿面斜平，内沿呈凸棱状，腹微鼓，腹中部斜弧收，底部缺失。器身相对规整，口

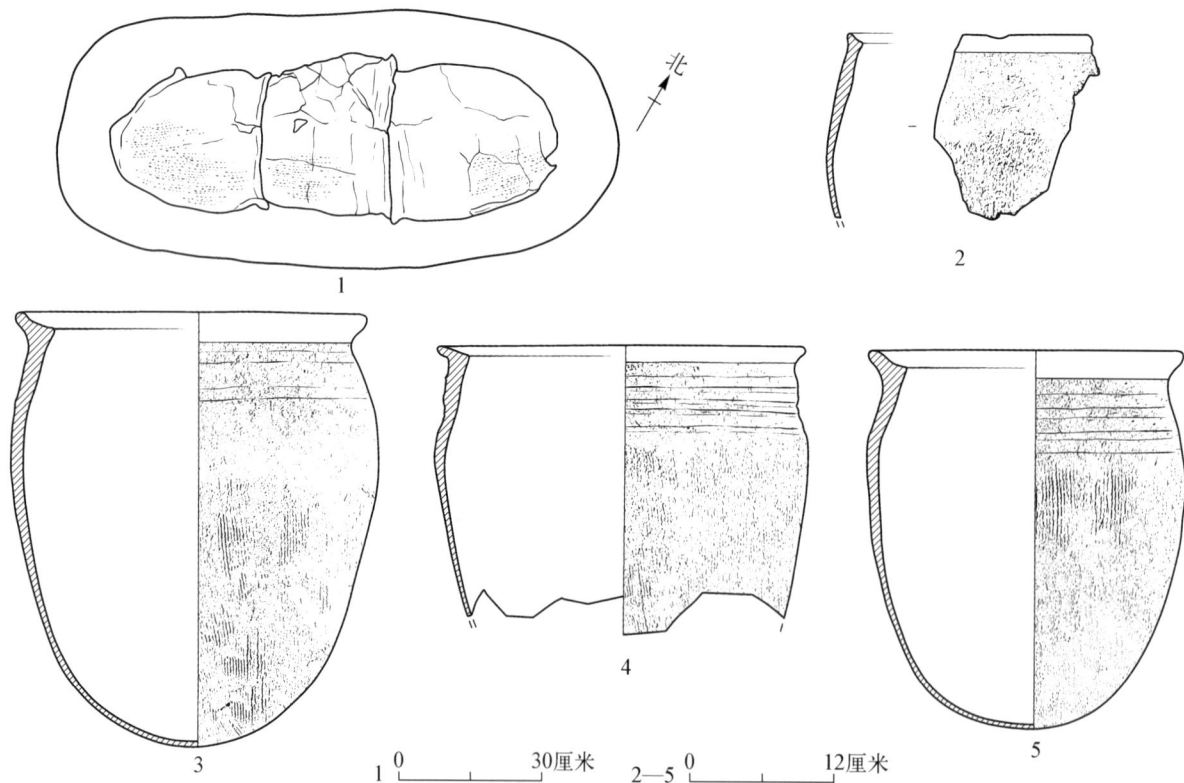

图二二二 W183平面图及葬具

1. W183平面图 2. 陶釜片（W183南端） 3—5. 陶釜（W183：1、W183：2、W183：3）

沿下施弦纹,腹中部局部可见竖向绳纹,内、外壁较粗糙。口径30.4、沿宽2.4、腹径30.8、残高22.8厘米(图二二二,4)。标本W183：3,夹云母红褐陶,通体腹部红褐色,局部发黑。敛口,圆唇,窄折沿,沿面内弧,内沿呈凸棱状,腹微鼓,腹中下部斜弧收,腹下部与底部分界不明显,底部缺失。器身不规整,通体较粗糙,外壁腹中部至下部较光滑。口沿下施弦纹,腹中部至下部施竖向绳纹,腹下部零星可见斜向绳纹,纹饰因磨光不清晰。口径26、腹径26.4、高30厘米(图二二二,5;图版五八,4)。

陶釜片 1件。标本W183南端,夹云母红褐陶。敛口,尖唇,窄折沿。器形不甚规整,内、外壁较粗糙。纹饰因磨光不清晰,素面。残高15.2厘米(图二二二,2)。

W184 位于Ⅲ区T118东隔梁中部。开口于第②层下,打破生土层。椭圆形土坑竖穴墓,西南—东北向,北偏东约38°。墓圹上部后期遭破坏,墓壁较直,墓底较平整。墓葬南北长0.97、东西宽0.58、深0.39米(图二二三,1;图版一三,2)。葬具为陶釜3件(图二二三,2—4),自北向南由釜(W184：1)—釜(W184：2)—釜(W184：3)组合而成,其中釜(W184：1)口部与釜(W184：2)口部对接,釜(W184：3)口部套接于釜(W184：2)底部。

陶釜 3件。标本W184：1,夹云母黄褐陶,通体呈黄褐色,外壁腹中部至底部黄褐色偏灰。侈口,方唇,宽折沿,沿面内凹成槽,内沿呈凸棱状,斜直腹,腹下部斜弧收,腹下部与底部分界不

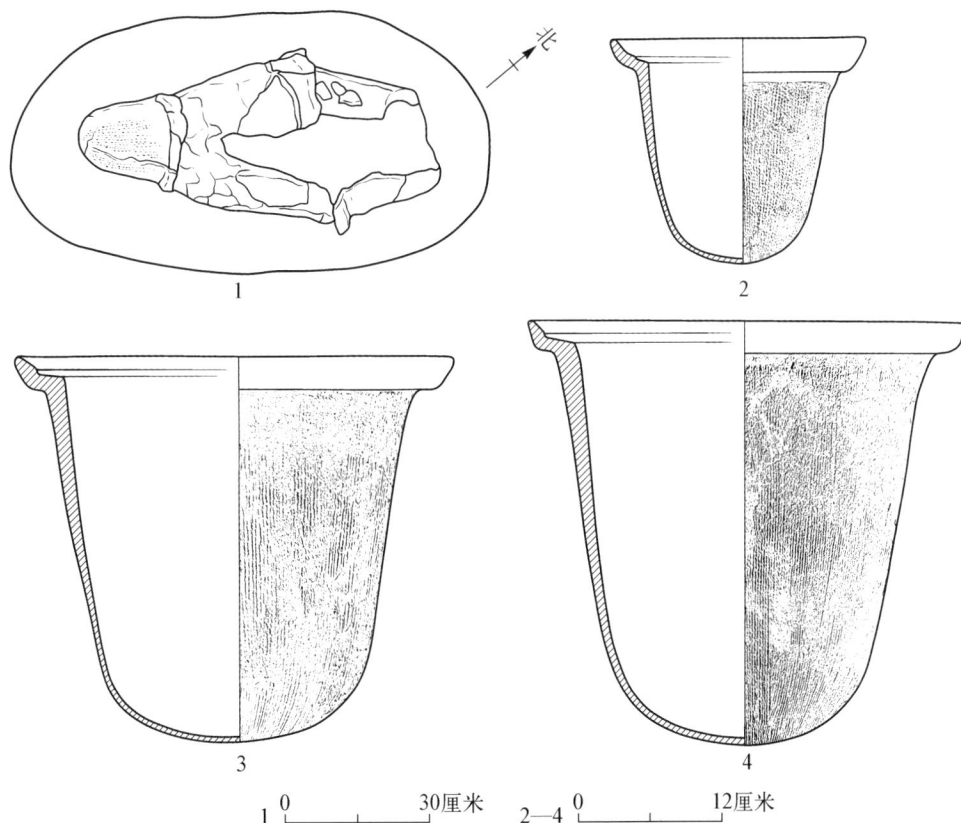

图二二三 W184平面图及葬具

1. W184平面图 2—4. 陶釜(W184：3、W184：1、W184：2)

明显，圜底。器形较规整，内、外壁较粗糙。器身通体施竖向粗绳纹，底部局部可见交错绳纹，纹饰因磨光不清晰。口径36、沿宽2.04、高30.8厘米（图二二三，3；图版五八，5）。标本W184：2，夹云母红褐陶。侈口，圆唇，宽折沿，沿面内凹成槽，内沿呈凸棱状，斜直腹。内壁较光滑，外壁较粗糙。器表通体施竖向绳纹，纹饰因磨光不清晰。口径36、沿宽2.4、高34厘米（图二二三，4；图版五八，6）。标本W184：3，夹云母红褐陶，通体红褐色偏黄。侈口，圆唇，宽折沿，沿面内凹成槽，内沿呈凸棱状，斜直腹，腹下部斜弧收，腹下部与底部分界不明显，圜底。器物整体不甚规整，腹部有不同程度凹陷，内、外壁较粗糙。器身通体施竖向粗绳纹，零星可见交错绳纹，底部纹饰磨光，局部模糊不清。口径21.2、沿宽1.08、高18厘米（图二二三，2；图版五九，1）。

W185 位于Ⅲ区T118西北角。开口于第②层下，打破生土层。椭圆形土坑竖穴墓，西南—东北向，北偏东约40°。墓圹后期遭破坏，墓壁较直，墓底较平整。墓葬南北长0.9、东西宽0.5、深0.25米（图二二四，1）。葬具为陶釜2件、陶罐1件（图二二四，2—4），自北向南由釜（W185：1）—釜（W185：2）—罐（W185：3）组合而成，其中釜（W185：1）口部套接于釜（W185：2）口部，釜（W185：2）与罐（W185：3）组合方式不明。

陶釜 2件。标本W185：1，夹云母黄褐陶，腹上部含云母量大于中部。敛口，圆唇，窄折沿，沿面微弧，内沿呈凸棱状，腹微鼓。内、外壁腹上部较粗糙，腹中部较光滑。素面。口径27.2、腹径26.8、残高23.6厘米（图二二四，2）。W185：2，夹云母黄褐陶，内壁呈灰褐色，外壁呈黄褐色，局部呈灰褐色。敛口，圆唇，窄折沿，沿面微弧，内沿呈凸棱状。内、外壁较光滑。口沿下施弦纹，纹

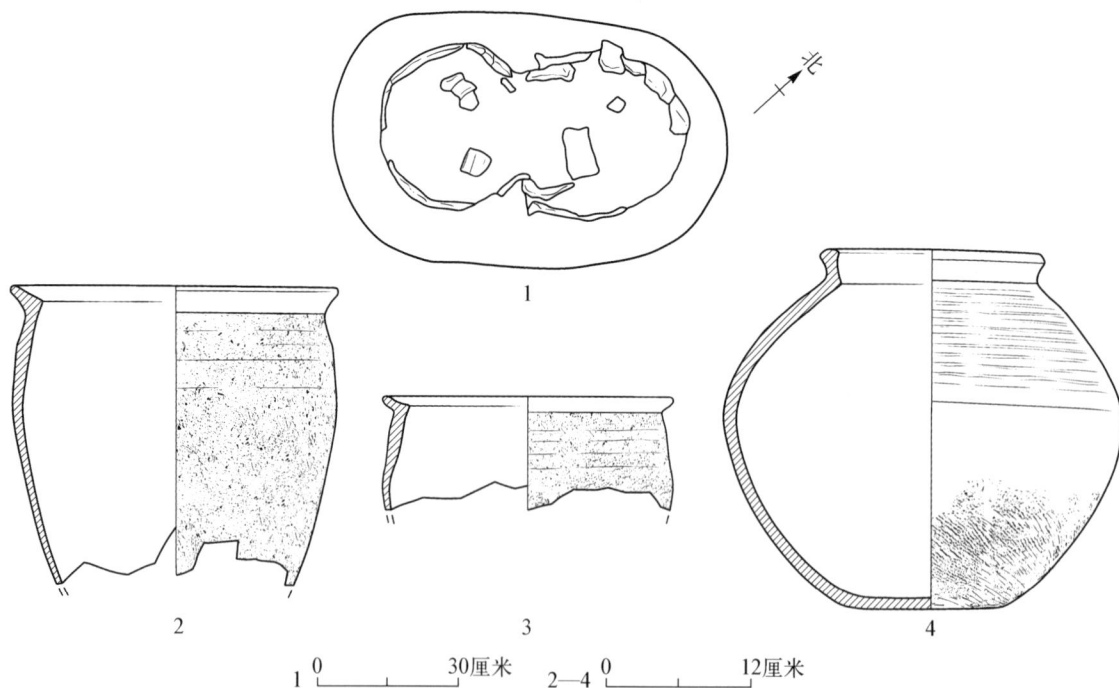

图二二四　W185平面图及葬具

1. W185平面图　2、3. 陶釜（W185：1、W185：2）　4. 陶罐（W185：3）

饰因磨光不清晰。口径24、腹径24、残高9.2厘米(图二二四,3)。

陶罐　1件。标本W185:3,泥质黄褐陶。侈口,圆唇,束颈,溜肩,鼓腹,最大径在腹上部,腹下部弧收,腹部与底部分界不明显,平底。内、外壁较光滑。器表肩部满施弦纹,腹下部至底部施绳纹,腹下部施斜向绳纹,底部施竖向绳纹,纹饰因磨光不清晰。口径18.4、腹径32.4、底径11.2、高28.8厘米(图二二四,4;图版五九,2)。

W186　位于Ⅲ区T118北部。开口于第②层下,打破生土层。椭圆形土坑竖穴墓,西南—东北向,北偏东约34°。墓壁较直,墓底较平整。墓葬南北长1.06、东西宽0.53米,深度不明(图二二五,1)。葬具为陶釜3件(图二二五,2—4),自北向南由釜(W186:1)—釜(W186:2)—釜(W186:3)组合而成,其中釜(W186:1)口部与釜(W186:2)口部对接,釜(W186:3)口部套接于釜(W186:2)底部。

陶釜　3件。标本W186:1,夹云母黄褐陶,通体呈黄褐色,腹中部局部发黑,敛口,圆唇,窄折沿,沿面内弧,内沿呈凸棱状,腹微鼓,底部缺失。器表不规整,腹中部局部凹陷,内、外壁较粗糙。口沿下素面,腹中部施竖向绳纹,但模糊不清晰。口径25.6、沿宽2.96、腹径26、残高22.4厘米(图二二五,2;图版五九,3)。标本W186:2,夹云母红褐陶,内壁呈红褐色,外壁红褐色偏黄,腹中上部局部发黑。敛口,圆唇,窄折沿,沿面微弧,内沿呈凸棱状,腹微鼓。内、外壁较粗糙。口沿下施弦纹,腹中部局部有竖向绳纹痕迹。口径28、沿宽2.96、腹径30.4、残高18厘米(图二二五,3;图版五九,4)。标本W186:3,夹云母红褐陶,通体呈红褐色,外壁腹上部及中部局部发黑。敛

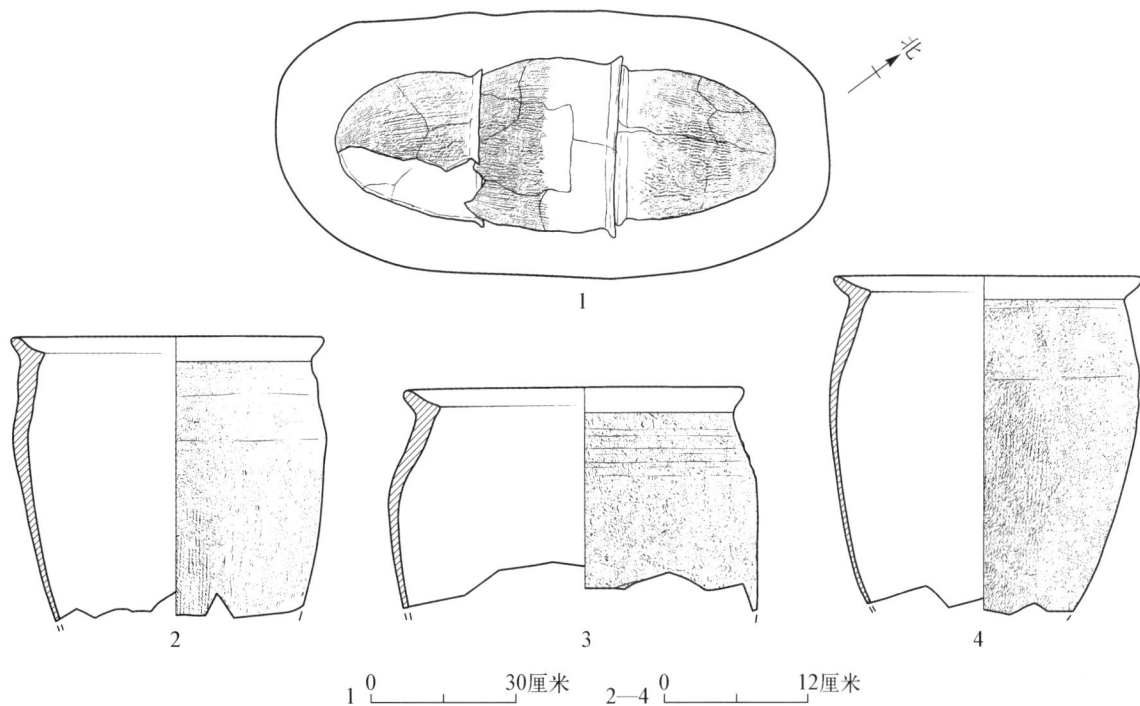

图二二五　W186平面图及葬具

1. W186平面图　2—4.陶釜(W186:1、W186:2、W186:3)

口,圆唇,窄折沿,沿面微弧,内沿呈凸棱状,腹微鼓,腹下部斜弧收,底部缺失。内、外壁较粗糙。器表腹上部素面,腹中部施竖向绳纹,但模糊不清。口径25.6、沿宽3.28、腹径26、残高26.8厘米(图二二五,4;图版五九,5)。

W187 位于Ⅲ区T118北隔梁西部。开口于第②层下,打破生土层。圆角长方形土坑竖穴墓,西南—东北向,北偏东约45°。墓壁较直,墓底较平整。墓葬南北长1.2、东西宽0.55、深0.36米(图二二六,1)。葬具为陶釜3件(图二二六,2—4),自北向南由釜(W187:1)—釜(W187:2)—釜(W187:3)而成,其中釜(W187:1)口部与釜(W187:2)口部对合,釜(W187:3)口部套接于釜(W187:2)底部。

陶釜 3件。标本W187:1,夹云母红陶。敛口,尖唇,窄折沿,沿面斜平,内沿呈凸棱状,腹微鼓。器形较规整,内、外壁较粗糙。口沿下施弦纹,腹中部至底部隐约可见竖向绳纹,但模糊不清。口径29.2、沿宽2.84、腹径31.2、残高14.4厘米(图二二六,2)。标本W187:2,夹云母黄褐陶,通体呈黄褐色,外壁腹中部有黑色斑驳。敛口,圆唇,窄折沿,沿面内弧,内沿呈凸棱状,腹微鼓,腹下部斜弧收,底部缺失。通体较粗糙,外壁腹中部较光滑。口沿下施弦纹,腹中部至下部施竖向绳纹,局部模糊不清。口径28.8、沿宽2.96、腹径31.2、残高29.6厘米(图二二六,3;图版五九,6)。标本W187:3,夹云母红褐陶,通体呈红褐色,外壁腹中部红褐色偏黄,腹下部及底部呈黑

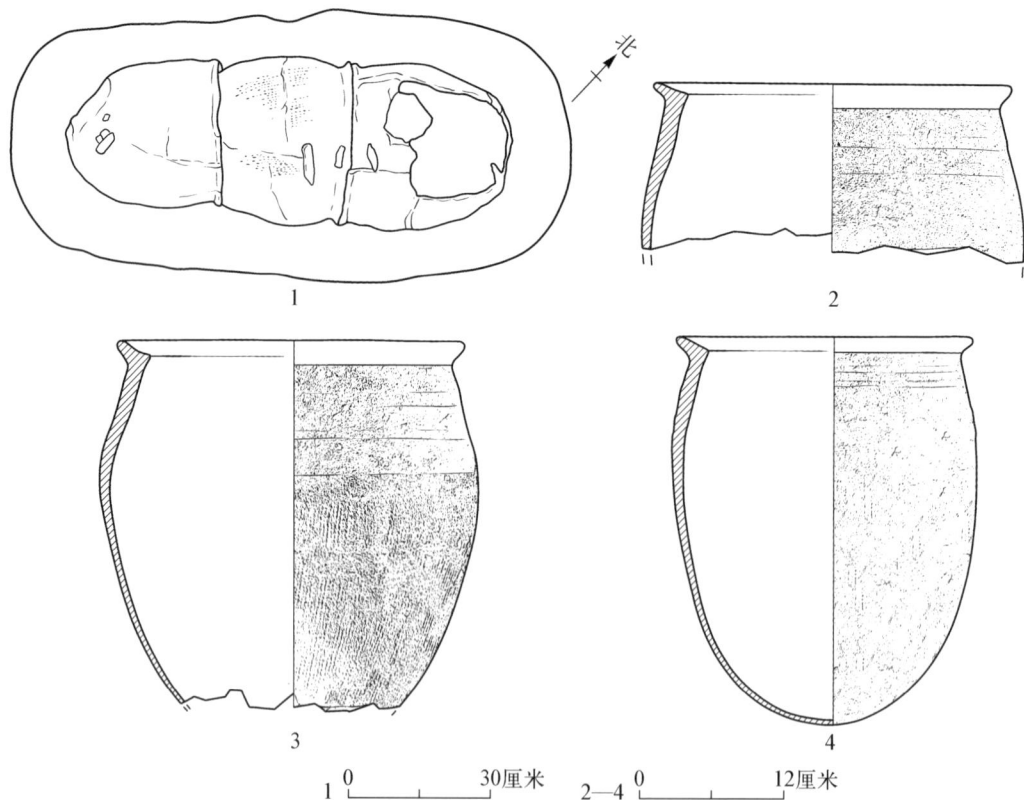

图二二六 W187平面图及葬具

1.W187平面图 2—4.陶釜(W187:1、W187:2、W187:3)

色。敛口,圆唇,窄折沿,沿面微弧,内沿呈凸棱状,腹微鼓,腹下部斜弧收,腹下部与底部分界不明显,圜底。内壁较光滑。口沿下施弦纹,腹中部至底部隐约可见竖向绳纹,但模糊不清。口径24、沿宽2.76、腹径24.8、高30.8厘米(图二二六,4;图版六〇,1)。

W188　　位于Ⅲ区T119西南角。开口于第②层下,打破生土层。椭圆形土坑竖穴墓,西南—东北向,北偏东约61°。墓壁较直,墓底较平整。墓葬南北长1、东西宽0.46米,深度不明(图二二七,1)。葬具为陶釜3件(图二二七,2—4),另发现陶片1件(图二二七,5),自北向南由釜(W188:1)—釜(W188:2)—釜(W188:3)组合而成,其中釜(W188:1)口部套接于釜(W188:2)底部,釜(W188:3)口部套接于釜(W188:2)口部,陶片(W188:4)用于封堵釜(W188:3)的底部。

陶釜　　3件。标本W188:1,夹云母红褐陶,通体呈红褐色,外壁腹中部局部呈黑色,腹下部发黑,局部呈红褐色。敛口,圆唇,窄折沿,沿面微弧,内沿呈凸棱状,腹微鼓,腹中部为最大径,腹下部斜弧收,底部缺失。内壁粗糙,外壁腹部以下较光滑。口沿下施弦纹,腹中部零星可见竖向绳纹,纹饰模糊不清。口径22、沿宽2.36、腹径22、残高22.4厘米(图二二七,2;图版六〇,2)。标本W188:2,夹云母红褐陶,通体红褐色发黑。敛口,腹微鼓。内、外壁较光滑。器表腹上部素面,腹中部施竖向绳纹,纹饰因磨光不清晰。残高24厘米(图二二七,3)。标本W188:3,夹云母红褐陶,通体呈红褐色,外壁腹中部至下部发黑。敛口,圆唇,窄折沿,沿面微弧,内沿呈凸棱状,腹微鼓,器表上部直腹,腹下部斜弧收,圜底。通体较粗糙,外壁近底部较光滑。口沿下施弦纹,

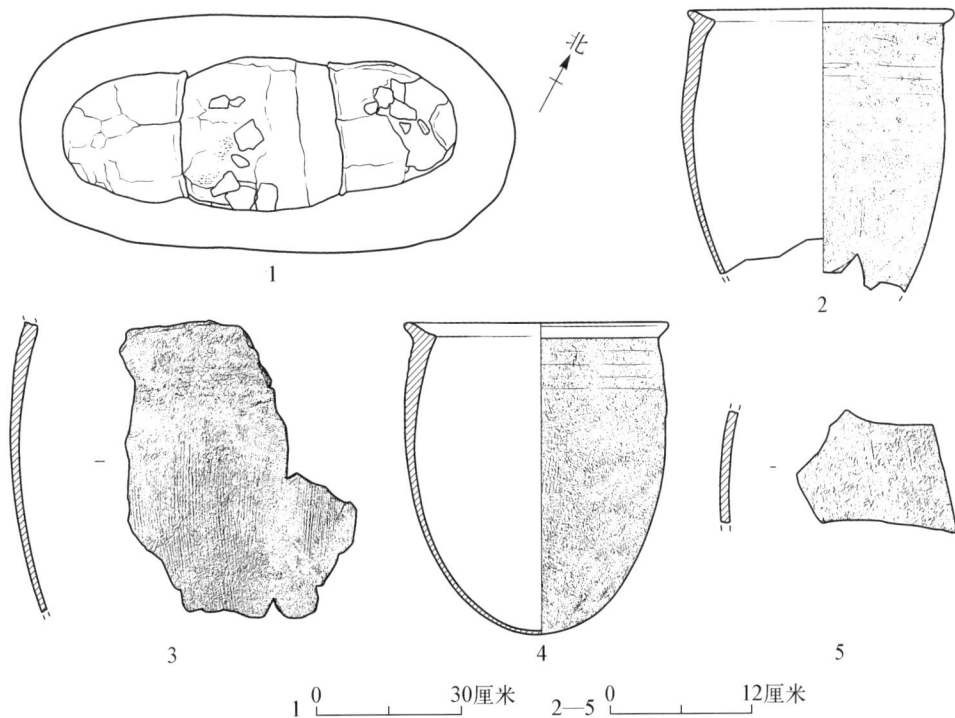

图二二七　W188平面图及葬具

1.W188平面图　2—4.陶釜(W188:1、W188:2、W188:3)　5.陶片(W188:4)

腹中部至底部施竖向绳纹,纹饰因磨光不清晰。口径21.6、沿宽2.76、腹径21.2、高24.8厘米(图二二七,4;图版六〇,3)。

陶片　1件。标本W188:4,泥质灰陶。通体较光滑。器表隐约可见绳纹。残高10厘米(图二二七,5)。

W189　位于Ⅲ区T121西南部。开口于②层扰层下,打破生土层。不规则椭圆形土坑竖穴墓,西南—东北向,北偏东约50°。墓壁较直,墓底较平整。墓葬南北长1.2、东西宽0.55、深0.36米(图二二八,1)。葬具为陶釜3件(图二二八,2—4),另发现陶片1件(图二二八,5),自北向南由釜(W189:1)—釜(W189:2)—釜(W189:3)组合而成,其中釜(W189:1)口部与釜(W189:2)口部对接,釜(W189:3)口部套接于釜(W189:2)底部,陶片(W189:4)用于封堵釜(W189:3)的底部。

陶釜　3件。标本W189:1,夹云母红褐陶(偏黑)。敛口,圆唇,窄折沿,沿面微弧,内沿呈凸棱状,腹微鼓。器表凹凸不平,腹上部较粗糙,腹中部局部相对光滑。素面。口径28、沿宽2.52、腹径31.2、残高14.4厘米(图二二八,2)。标本W189:2,夹云母红褐陶。敛口,圆唇,窄折沿,沿面微弧,内沿呈凸棱状,腹微鼓,底部缺失。通体较粗糙。口沿下施弦纹,腹中部隐约可见竖向绳纹。口径28、沿宽2.88、腹径30.4、残高18.8厘米(图二二八,3)。标本W189:3,夹云母红褐陶,通体基本呈红褐色,腹上部及中部局部呈黑色。敛口,圆唇,窄折沿,沿面微弧,内沿呈凸棱状,腹

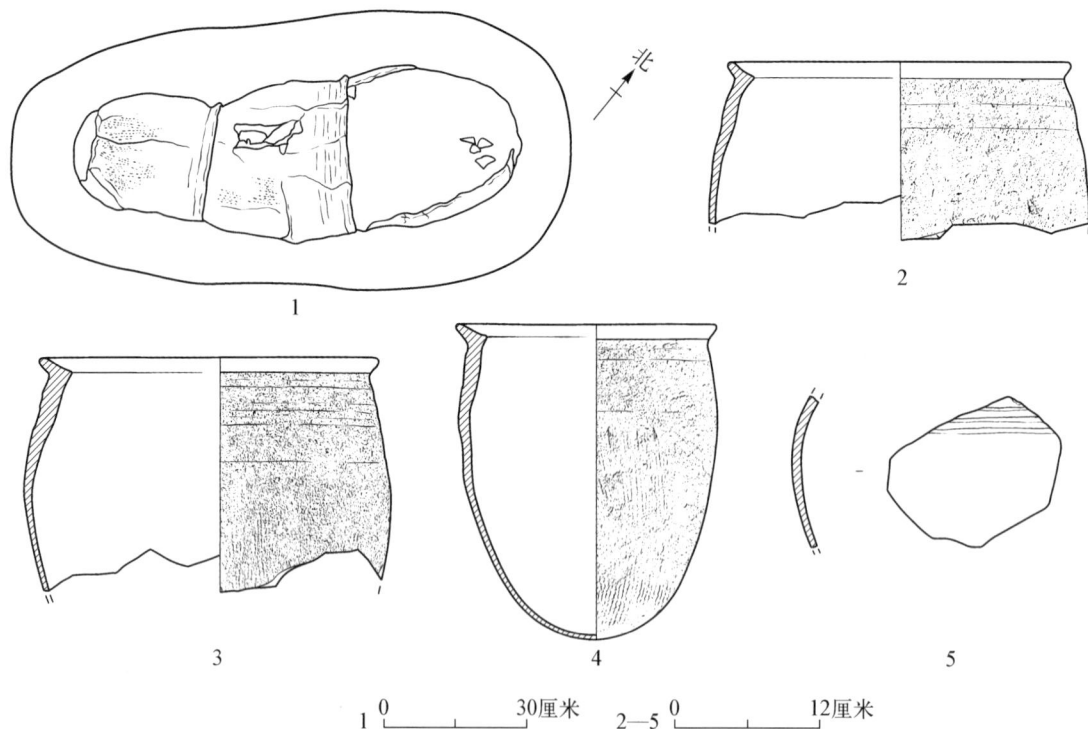

图二二八　W189平面图及葬具

1. W189平面图　2—4.陶釜(W189:1、W189:2、W189:3)　5.陶片(W189:4)

微鼓,腹下部斜弧收,腹部与底部分界不明显,圜底。器形不甚规整,内壁较光滑,外壁粗糙。口沿下施弦纹,腹中部至底部施竖向粗绳纹,底部零星可见斜向绳纹。口径21.2、沿宽2.56、腹径21.6、高25.2厘米(图二二八,4;图版六〇,4)。

陶片 1件。标本W189:4,泥质灰陶。整体较光滑。素面。残高12.4厘米(图二二八,5)。

W190 位于Ⅲ区T121东南部。开口于②层扰土下,打破生土层。椭圆形土坑竖穴墓,西南—东北向,北偏东约25°。墓圹遭后期破坏,墓壁较直,墓底较平整。墓葬南北长1.05、东西宽0.42、深0.15米(图二二九,1;图版一三,3)。葬具为陶釜3件(图二二九,2—4),自北向南由釜(W190:1)—釜(W190:2)—釜(W190:3)组合而成,其中釜(W190:1)口部与釜(W190:2)口部对接,釜(W190:3)口部套接于釜(W190:2)底部。

陶釜 3件。标本W190:1,夹云母红褐陶,器内、外壁通体呈红褐色,器内壁腹上部局部呈黑色。敛口,圆唇,窄折沿,沿面微弧,内沿呈凸棱状,微鼓腹,最大径在腹上部,腹下部弧收,腹底分界不明显,圜底。器形不甚规整,腹下部凹凸不平,内、外壁较光滑。口沿下施弦纹,腹中下部施竖向绳纹,底部局部施交错绳纹,纹饰因磨光不清晰。口径30.8、沿宽2.6、腹径32.4、高34厘米(图二二九,2;图版六〇,5)。标本W190:2,夹云母红褐陶,通体呈红褐色,内壁腹上部局部发黑。敛口,尖圆唇,窄折沿,沿面微弧,内沿呈凸棱状,腹微鼓,最大径在腹上部,腹下部斜弧收,底部缺失。

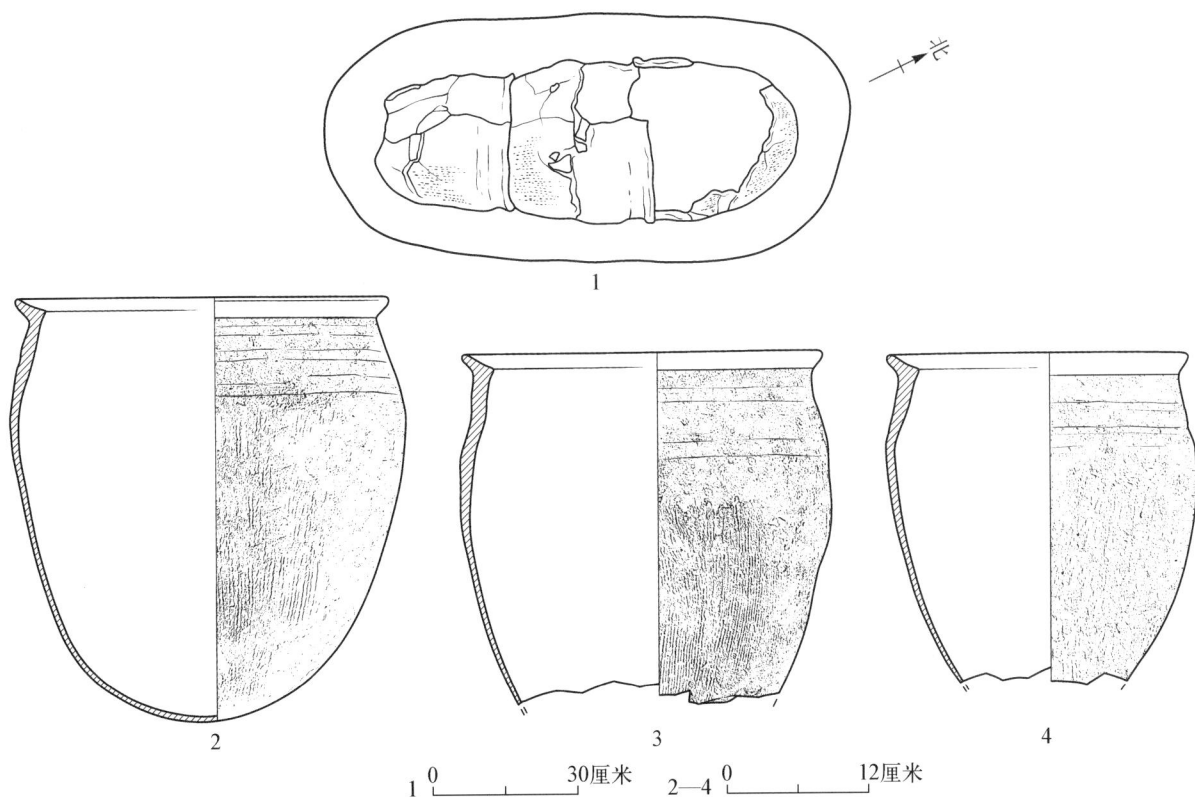

图二二九 W190平面图及葬具

1.W190平面图 2.陶釜(W190:1、W190:2、W190:3)

器形不规整,腹下部局部凹陷,内、外壁较光滑。口沿下施弦纹,腹中部至下部隐约可见竖向绳纹,腹下部局部可见交错绳纹,纹饰因磨光不清晰。口径29.6、沿宽2.88、腹径30.4、残高28厘米(图二二九,3;图版六〇,6)。标本W190∶3,夹云母红褐陶,内壁通体发灰,外壁整体偏黄。敛口,圆唇,窄折沿,沿面微弧,内沿呈凸棱状,腹微鼓,最大径在腹上部,腹下部斜弧收,底部缺失。器形不规整,器表凹凸不平,通体较光滑,外壁腹上部较粗糙。口沿下施弦纹,腹中下部施竖向绳纹,纹饰因磨光不清晰。口径24.8、沿宽2.84、腹径25.6、残高26.4厘米(图二二九,4;图版六一,1)。

W191　位于Ⅲ区T121中部偏北。开口于第②层下。西南—东北向,北偏东约40°。椭圆形土坑竖穴墓,墓圹后期遭破坏,墓壁较直,墓底较平整。墓葬南北长0.88、东西宽0.56、深0.14米(图二三〇,1)。葬具为陶釜2件(图二三〇,2、3),另发现陶釜片1件(图二三〇,4),自北向南依次为釜(W191∶1)口部与釜(W191∶2)口部对接,陶釜片(W191∶3)用于封堵釜(W191∶2)的底部。

陶釜　2件。标本W191∶1,夹云母红褐陶,通体呈红褐色,外壁腹中下部红褐色偏黄。敛口,圆唇,窄折沿,沿面微弧,内沿呈凸棱状。通体较粗糙。口沿下施弦纹,腹中部施竖向绳纹,纹饰因磨光不清晰。口径26、沿宽2.44、腹径26.8、残高19.2厘米(图二三〇,2)。标本W191∶2,夹云母红褐陶。敛口,圆唇,窄折沿,沿面内弧,内沿呈凸棱状。器表施竖向绳纹,纹饰因磨光不清晰,通体较粗糙。口径24.8、沿宽2.52、腹径26.4、残高10.8厘米(图二三〇,3)。

陶釜片　1件。标本W191∶3,夹云母红褐陶。敛口,圆唇,窄折沿,沿面内弧,内沿呈凸棱状。整体较光滑。素面。残高7.6厘米(图二三〇,4)。

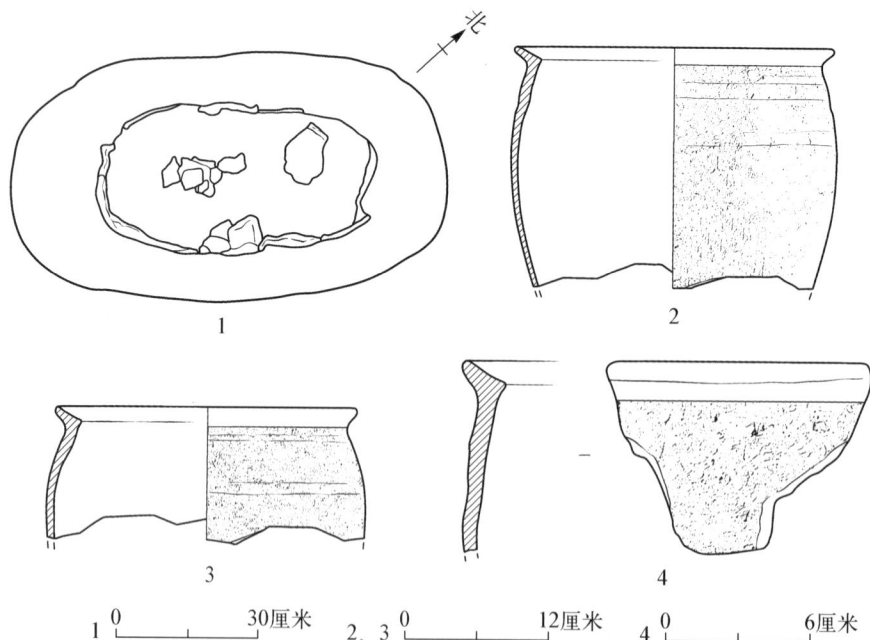

图二三〇　W191平面图及葬具

1.W191平面图　2、3.陶釜(W191∶1、W191∶2)　4.陶釜片(W191∶3)

W192　位于Ⅲ区T121西北部。开口于第②层下。椭圆形土坑竖穴墓，西南—东北向，北偏东约30°。墓壁较直，墓底较平整。墓葬南北长0.98、东西宽0.23—0.36、深0.11米（图二三一，1；图版一四，1）。葬具为陶釜3件（图二三一，2—4），自北向南依次由釜（W192∶1）—釜（W192∶2）—釜（W192∶3）组合而成，其中釜（W192∶1）口部与釜（W192∶2）口部对接，釜（W192∶3）口部套接于釜（W192∶2）底部。

　　陶釜　3件。标本W192∶1，夹云母红褐陶，通体呈红褐色，外壁腹中部至下部红褐色偏黄，且局部发黑。敛口，尖圆唇，窄折沿，沿面微弧，内沿呈凸棱状，腹微鼓，最大径在腹上部，腹下部斜弧收，腹下部与底部分界不明显。器形不甚规整，器表凹凸不平，通体较粗糙，外壁腹部以下较光滑。口沿下施弦纹，腹部以下施竖向绳纹，纹饰因磨光不清晰。口径26.4、沿宽2.84、腹径28.4、高32.8厘米（图二三一，2；图版六一，2）。标本W192∶2，夹云母红褐陶，通体呈红褐色，外壁腹中部局部发黑。敛口，尖圆唇，窄折沿，沿面微弧，内沿呈凸棱状，腹微鼓，最大径在腹上部，腹下部斜弧收，底部缺失。整体较粗糙，外壁腹部以下较光滑。口沿下施弦纹，腹中部至下部施竖向绳纹，纹饰因磨光不清晰。口径27.2、沿宽2.6、腹径28.4、残高28.8厘米（图二三一，3；图版六一，3）。标本W192∶3，夹云母红（黄）褐陶，陶色分布不均，内壁腹部呈黄褐色，腹上部局部发黑，底部呈黄褐色，外壁腹上部有红色斑驳，腹中部近底部发黑，底部中心呈红褐色。侈口，方唇，窄折

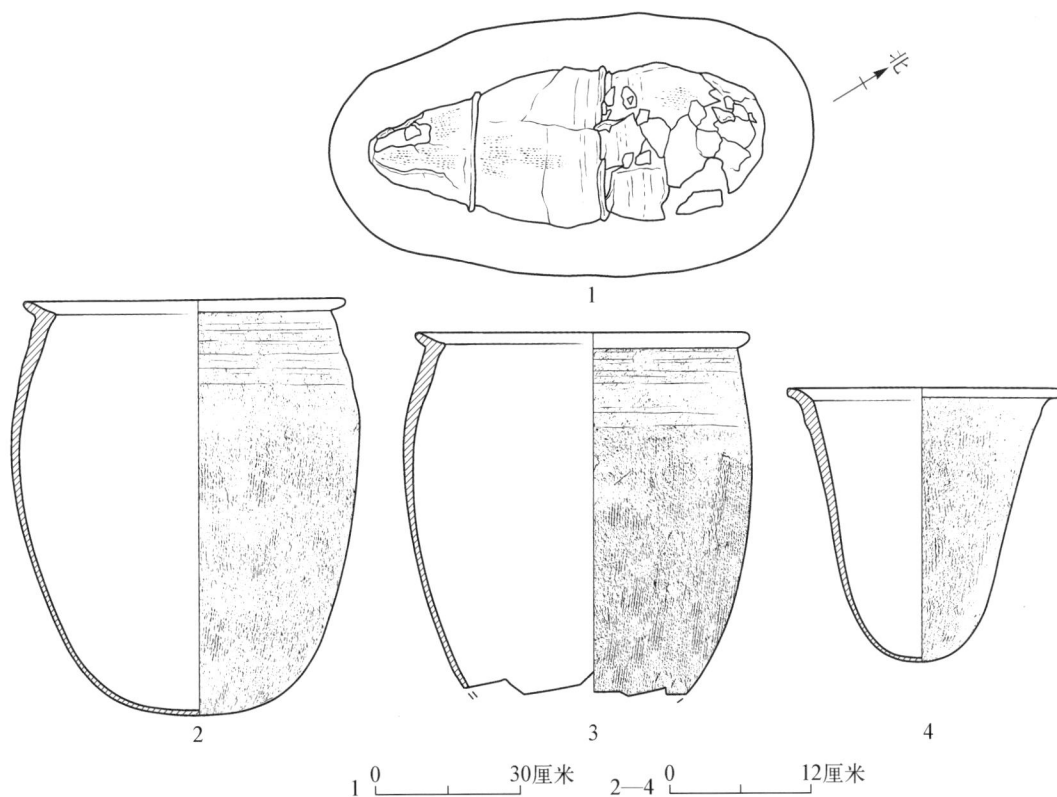

图二三一　W192平面图及葬具

1. W192平面图　2—4. 陶釜（W192∶1、W192∶2、W192∶3）

沿,沿面斜弧,内沿呈凸棱状,斜直腹,沿下近腹上部有一周凸棱,腹下部斜弧收,腹下部与底部分界不明显,圜底。通体较粗糙。通体施竖向粗绳纹,口沿下绳纹模糊不清,底部呈交错绳纹。口径22.8、沿宽2.48、高21.6厘米(图二三一,4;图版六一,4)。

W193 位于Ⅲ区T126西南部。开口于第②层下,打破生土层。椭圆形土坑竖穴墓,西南—东北向,北偏东约60°。墓壁较直,墓底较平整。墓葬南北长0.8、东西宽0.5、深0.45米(图二三二,1;图版一四,2)。葬具为陶釜2件、陶钵1件(图二三二,2—4),自北向南依次由釜(W193:1)—釜(W193:2)—钵(W193:3)组合而成,其中釜(W193:1)口部套接于釜(W193:2)口部,釜(W193:2)底部用钵(W193:3)封堵。

陶釜 2件。标本W193:1,夹云母红褐陶,通体呈红褐色,腹中部局部发黑,近底部呈黑色。侈口,圆唇,宽折沿,沿面内凹成槽,内沿呈凸棱状,斜直腹,腹下部斜弧收,腹底分界不明显,圜底。器形较规整,内、外壁较光滑。通体施竖向绳纹,局部纹饰因磨光不清晰。口径36.8、沿宽2.6、高35.2厘米(图二三二,3;图版六一,5)。标本W193:2,夹云母红褐陶,内壁腹上部呈红褐色,腹中部及下部呈黑色,外壁腹中部呈黑色,腹下部呈红褐色,局部发黑。侈口,尖圆唇,宽折

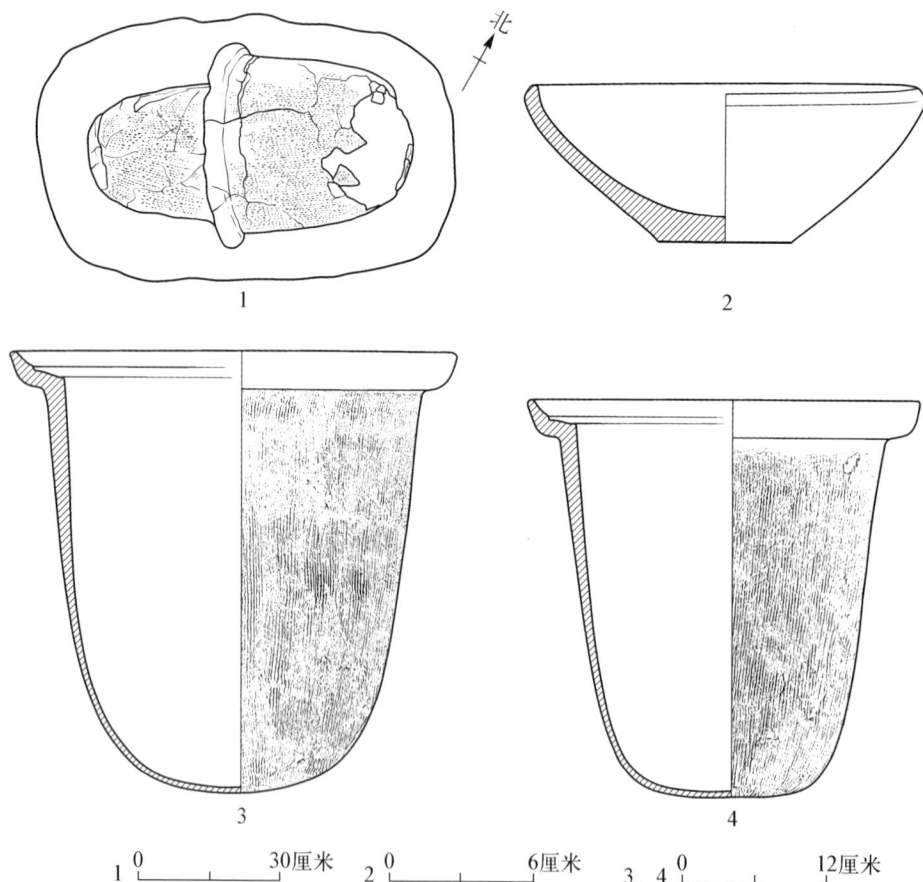

图二三二 W193平面图及葬具

1. W193平面图 2.陶钵(W193:3) 3、4.陶釜(W193:1、W193:2)

沿,沿面内凹成槽,槽部不明显,内沿呈凸棱状,斜直腹,腹下部斜弧收,腹下部与底部分界不明显,底部缺失。通体较光滑,外壁腹中部不甚规整且内凹。通体施竖向绳纹,腹下部绳纹有磨光痕迹。口径32、沿宽2.24、高31.6厘米(图二三二,4;图版六一,6)。

陶钵 1件。标本W193:3,泥质灰陶,通体呈灰色,内壁底部发黄,外壁局部发黑。敞口,方唇,浅盘,弧腹斜内收,腹部与底部分界较明显,平底。器身较规整,通体较光滑。素面。口径15.6、底径5.2、高6.4厘米(图二三二,2;图版六二,1)。

W194 位于Ⅲ区T126东隔梁内。开口于第②层下,打破生土层。圆角长方形土坑竖穴墓,西南—东北向,北偏东约20°。墓壁较直,墓底较平整。墓葬南北长1.01、东西宽0.58、深0.45米(图二三三,1;图版一四,3)。葬具为陶盆1件、陶釜1件、陶罐1件(图二三三,2—4),自北向南依次由盆(W194:1)—釜(W194:2)—罐(W194:3)组合而成,其中盆(W194:1)口部与釜(W194:2)口部对接,罐(W194:3)口部套接于釜(W194:2)底部。

陶盆 1件。标本W194:1,泥质灰陶,通体呈黄褐色。敞口,尖唇,卷沿,宽折沿,口部有一周凸棱,沿下部有一周凸棱,斜弧腹,腹下部斜弧收,腹底分界不明显,平底。器身整体比较规整,通体较光滑,腹上部局部粗糙。外壁腹上部施弦纹,腹下部近底部以拍印横向绳纹为主,零星可

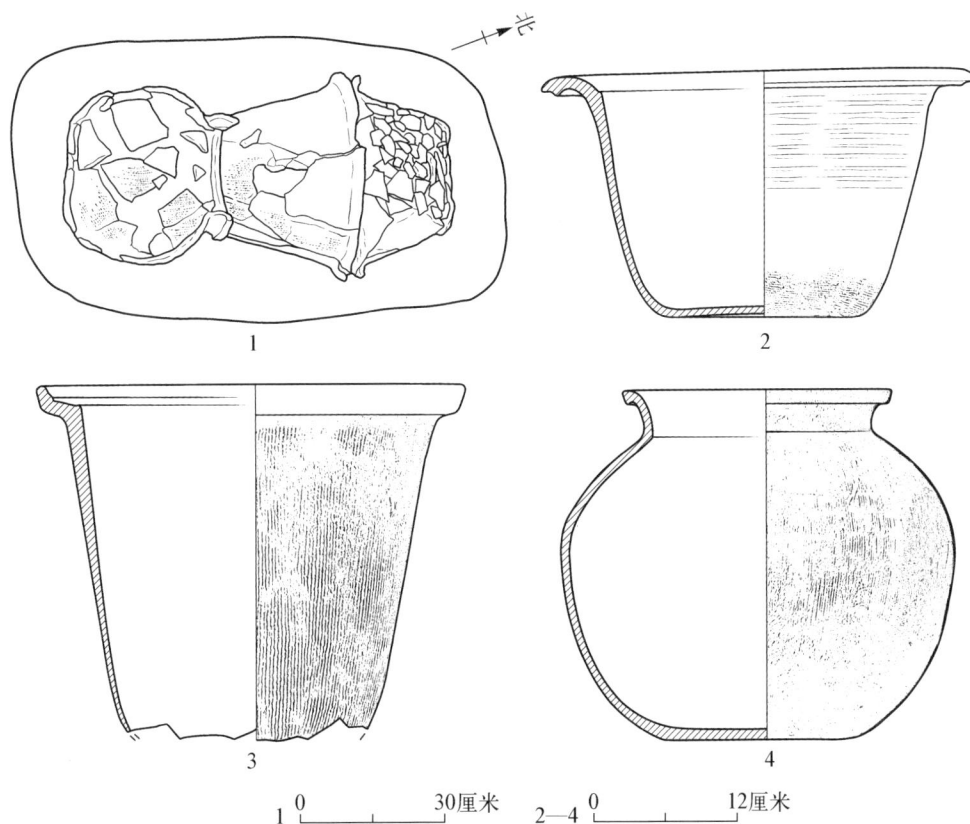

图二三三 W194平面图及葬具

1.W194平面图 2.陶盆(W194:1) 3.陶釜(W194:2) 4.陶罐(W194:3)

见斜向绳纹,底部以拍印横向绳纹为主,局部有交错绳纹。口径35.6、底径16、高19.6厘米(图二三三,2;图版六二,2)。

陶釜 1件。标本W194:2,夹云母黄褐陶,胎芯呈红褐色,通体呈黄褐色,局部呈红褐色。侈口,方唇,宽折沿,沿面内凹成槽,内沿呈凸棱状,斜直腹,底部缺失。器形较规整,较光滑。器表通体施竖向粗绳纹。口径34.8、沿宽2.12、残高28.4厘米(图二三三,3;图版六二,3)。

陶罐 1件。标本W194:3,泥质灰陶。敞口,方唇,卷沿,束颈,溜肩,鼓腹,最大径在腹上部,腹下部弧收,腹部与底部分界不明显,平底。器形较规整,内、外壁较光滑。口沿里侧有零星斜向绳纹,器表通体拍印绳纹,局部纹饰因磨光不清晰。口径22.4、腹径32.8、底径15.2、高28厘米(图二三三,4;图版六二,4)。

W195 位于Ⅲ区T127中部偏南。开口于第②层下,打破生土层。椭圆形土坑竖穴墓,南北向,北偏东约8°。墓圹遭后期破坏,墓壁较直,墓底较平整。墓葬南北长1、东西宽0.64、深约0.5米(图二三四,1;图版一五,1)。葬具为陶釜3件(图二三四,2—4),自北向南依次由釜(W195:1)—釜(W195:2)—釜(W195:3)组合而成,其中釜(W195:1)口部套接于釜(W195:2)底部,釜(W195:2)口部与釜(W195:3)口部对接。

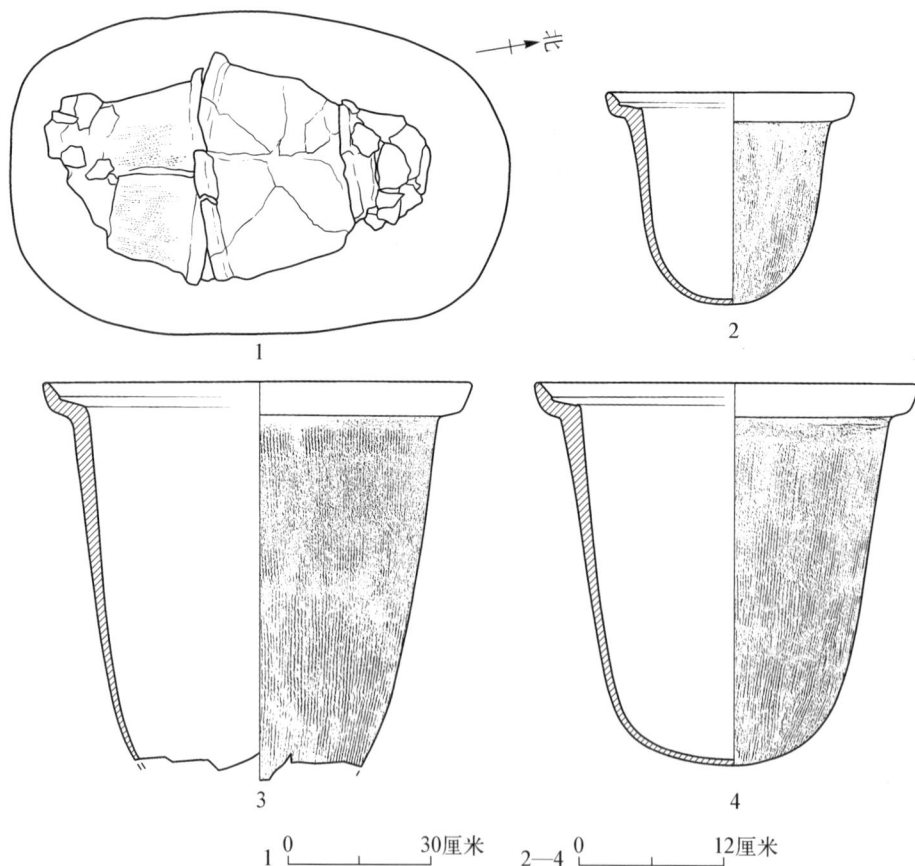

图二三四 W195平面图及葬具

1.W195平面图 2—4.陶釜(W195:1、W195:2、W195:3)

陶釜 3件。标本W195：1，夹云母红褐陶，内壁通体呈红褐色，底部呈黑色，外壁通体呈红褐色，局部呈黑色。侈口，尖圆唇，宽折沿，沿面内凹成槽，槽部不明显，内沿呈凸棱状，斜直腹，腹部与底部分界不明显，圜底。器形较规整，内、外壁较光滑。外壁腹上部较粗糙，通体施竖向绳纹，腹上部纹饰磨光清晰，底部施交错绳纹。口径20.4、沿宽1.76、高16.8厘米（图二三四，2；图版六二，5）。标本W195：2，夹云母红褐陶，通体呈红褐色，外壁腹部以下局部呈黑色。侈口，圆唇，宽折沿，沿面内凹成槽，内沿呈凸棱状，斜直腹。器形较规整，通体腹上部较粗糙，腹下部较光滑。通体施竖向绳纹，纹饰因磨光不清晰。口径35.6、沿宽2.12、残高32厘米（图二三四，3；图版六二，6）。标本W195：3，夹云母红褐陶，含云母量较少，通体呈红褐色，腹部呈黑色。侈口，尖圆唇，宽折沿，沿面内凹成槽，槽部不明显，内沿呈凸棱状，斜直腹，腹部与底部分界不明显，圜底。器形较规整，整体较粗糙，内壁腹部以下较光滑。通体施竖向绳纹，底部隐约可见交错绳纹。口径31.2、沿宽2.2、高30.4厘米（图二三四，4；图版六三，1）。

W196 位于Ⅲ区T128中部偏西。开口于第②层下，打破生土层。圆角长方形土坑竖穴墓，西南—东北向，北偏东约30°。墓壁较直，墓底较平整。墓葬南北长1.3、东西宽0.5—0.65、深0.1米（图二三五，1；图版一五，2）。葬具为陶罐1件、陶釜3件（图二三五，2—5），另发现陶片1件（图二三五，6），自北向南由罐（W196：1）—釜（W196：2）—釜（W196：3）—釜（W196：4）组合而成，其中罐（W196：1）口部套接于釜（W196：2）口部，釜（W196：3）口部套接于釜（W196：2）腹部，釜（W196：4）口部套接于釜（W196：3）底部，陶片（W196：5）用于封堵釜（W196：4）的底部。

陶罐 1件。标本W196：1，泥质灰陶，内壁呈黄褐色，外壁呈灰褐色。敛口，圆唇，短颈，颈部有一周凸棱，溜肩，球腹，腹底分界不明显，平底。器形较规整，内、外壁较光滑。器表肩部素面，腹上部施弦纹，腹上部至腹中部施斜向绳纹，腹下部施斜向细绳纹，弦纹与绳纹交错呈条带状，局部纹饰因磨光不清晰。口径19.8、腹径34.2、底径14.4、高27厘米（图二三五，2；图版六三，2）。

陶釜 3件。标本W196：2，夹云母红褐陶。敛口，圆唇，窄折沿，沿面微弧，内沿呈凸棱状，微鼓腹，最大径在腹上部，底部缺失。器形不甚规整，通体较光滑。口沿下施弦纹，腹中部施竖向绳纹，纹饰因磨光不清晰。口径26、沿宽2.48、腹径27.6、残高26.8厘米（图二三五，3；图版六三，3）。标本W196：3，夹云母红褐陶，通体呈红褐色，外壁腹上部有黑色斑驳。敛口，圆唇，窄折沿，沿面微弧，内沿呈凸棱状，腹微鼓，底部缺失。器形不甚规整，腹上部凹凸不平，通体较粗糙。口沿下施弦纹，腹中部施绳纹，纹饰因磨光不清晰。口径28、沿宽2.8、腹径28.8、残高26厘米（图二三五，4；图版六三，4）。标本W196：4，夹云母黄褐陶，胎芯呈红褐色，内壁呈红褐色，外壁呈黄褐色，沿下至腹中部局部呈黑色。敛口，圆唇，窄折沿，沿面微弧，内沿呈凸棱状，腹微鼓，最大径在腹中部，底部缺失。器形不规整，腹中部局部凹陷，通体较光滑。口沿下施弦纹，腹中部施竖向绳纹，纹饰因磨光不清晰。口径22.8、沿宽2.28、腹径22.8、残高21.6厘米（图二三五，5；图版六三，5）。

陶片 1件。标本W196：5，泥质灰陶，内壁呈黄褐色，外壁呈灰褐色。通体较光滑。器表施竖向细绳纹，纹饰因磨光不清晰。残高7.6厘米（图二三五，6）。

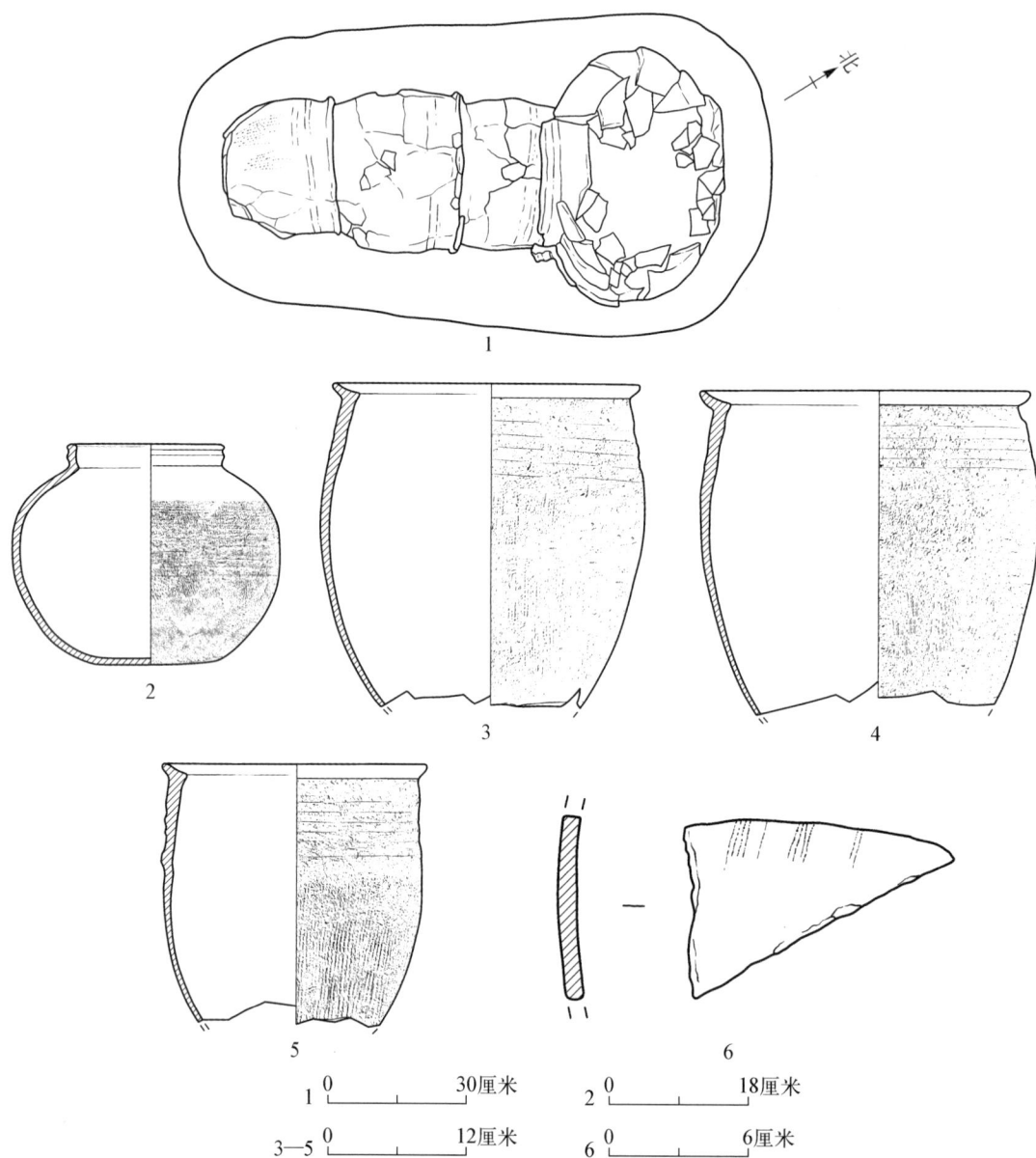

图二三五　W196平面图及葬具

1.W196平面图　2.陶罐（W196：1）　3—5.陶釜（W196：2、W196：3、W196：4）　6.陶片（W196：5）

W197　位于Ⅲ区T128西部。开口于第②层下，打破生土层。椭圆形土坑竖穴墓，西南—东北向，北偏东约31°。墓壁较直，墓底较平整。墓葬南北长1.05、东西宽0.65、深0.5米（图二三六，1）。葬具为陶盆1件、陶瓮1件、陶釜1件（图二三六，2—4），自北向南由盆（W197：1）—瓮（W197：2）—釜（W197：3）组合而成，其中盆（W197：1）口部套接于瓮（W197：2）底部，瓮（W197：2）口部套接于釜（W197：3）口部。

陶盆　1件。标本W197：1，泥质灰陶，通体呈灰褐色。敞口，方唇，唇面有一周凹槽，卷沿，沿面有一周凹棱，深弧腹弧收，腹底分界不明显，平底。器形较规整，通体较光滑。器表基本素

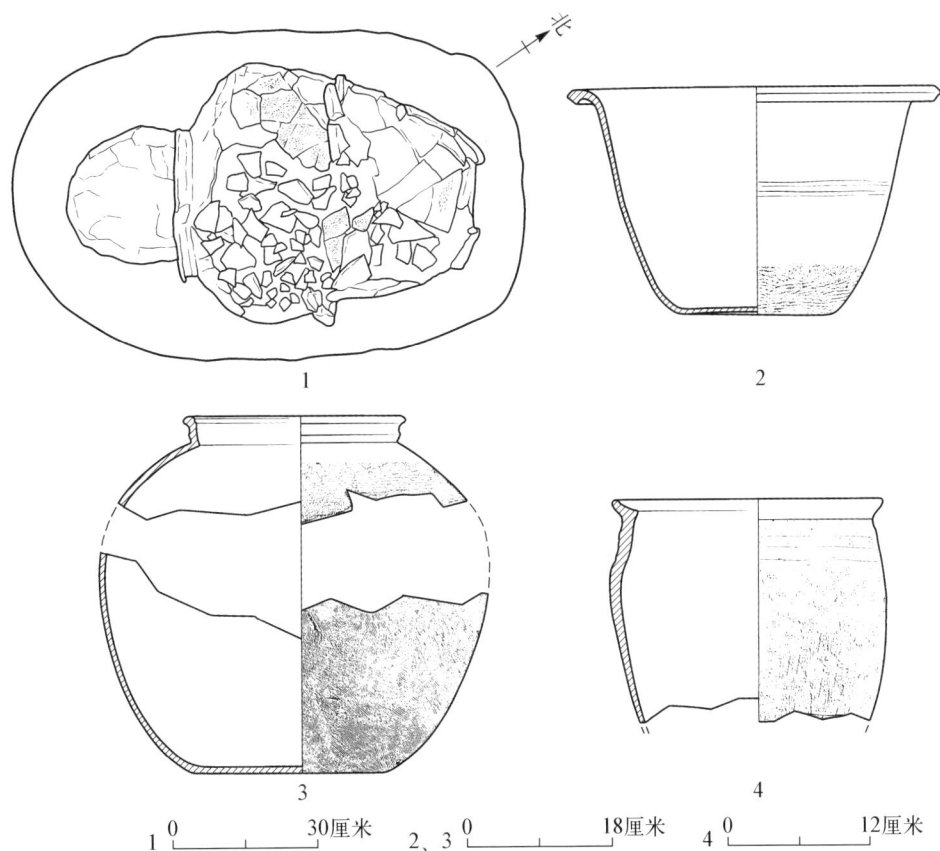

图二三六　W197平面图及葬具

1. W197平面图　2. 陶盆（W197∶1）　3. 陶瓮（W197∶2）　4. 陶釜（W197∶3）

面，口沿下局部可见三周弦纹，腹下部至底部施粗绳纹，纹饰因磨光不清晰。口径46.32、底径18.12、高27.18厘米（图二三六，2；图版六三，6）。

　　陶瓮　1件。标本W197∶2，泥质灰陶，胎芯呈黄褐色，内壁通体呈黄褐色，外壁通体呈灰褐色，局部呈黄褐色或发黑。敞口，圆唇，束颈，颈部有凸棱，溜肩，腹下部弧收，腹底分界不明显。器形较规整，通体较光滑。器表肩部施弦纹，腹中部施弦纹与竖向绳纹，绳纹呈条带状，腹下部拍印斜向绳纹，构成交错绳纹，局部纹饰因磨光不清晰。口径27.3、腹径48、底径24、高42.9厘米（图二三六，3）。

　　陶釜　1件。标本W197∶3，夹云母红褐陶，通体红褐色偏黄，外壁腹中部局部呈黑色。敛口，圆唇，窄折沿，沿面内弧，内沿呈凸棱状，微鼓腹，最大径在腹上部，底部缺失。器形不甚规整，器表凹凸不平，较粗糙。通体基本素面，局部可见弦纹和竖向绳纹，但刮抹不清。口径22.4、沿宽2.32、腹径22.8、残高18厘米（图二三六，4；图版六四，1）。

　　W198　位于Ⅲ区T128东北部。开口于第②层下，打破生土层。椭圆形土坑竖穴墓，西南—东北向，北偏东约30°。墓壁较直，墓底较平整。墓葬南北长0.99、东西宽0.5、深0.44米（图二三七，1；图版一五，3）。葬具为陶釜3件（图二三七，2—4），自北向南由釜（W198∶1）—

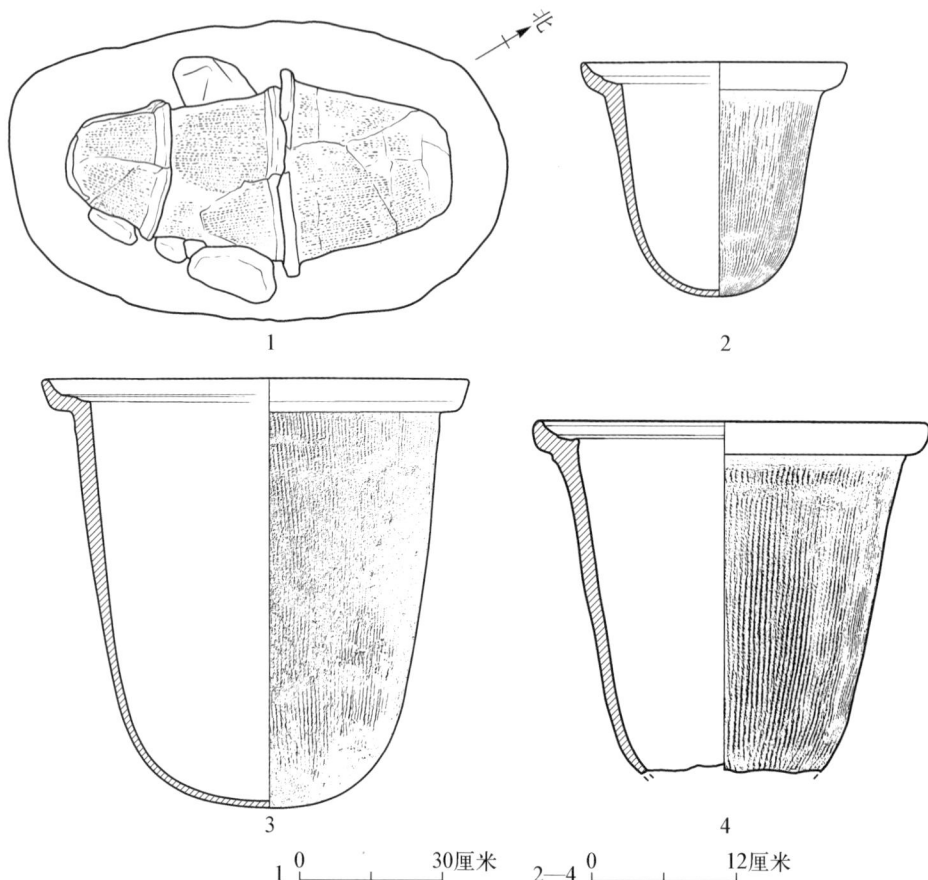

图二三七　W198平面图及葬具

1.W198平面图　2—4.陶釜(W198∶3、W198∶1、W198∶2)

釜(W198∶2)—釜(W198∶3)组合而成,其中釜(W198∶1)口部与釜(W198∶2)口部对接,釜(W198∶3)口部套接于釜(W198∶2)底部。

陶釜　3件。标本W198∶1,夹云母红褐陶,内壁通体呈红褐色,底部发黑,外壁腹上部呈红褐色,腹中部至底部发黑,局部可见红褐色斑驳。侈口,方唇,宽折沿,沿面内凹成槽,内沿呈凸棱状,斜直腹,腹下部斜弧收,腹部与底部分界不清,圜底。器形不甚规整,腹下部凹凸不平,整体腹上部较粗糙,下部较光滑。器表通体施竖向粗绳纹,底部隐约可见交错绳纹。口径35.2、沿宽2.36、高34厘米(图二三七,3;图版六四,2)。标本W198∶2,夹云母黄褐陶,含云母量较少。内壁通体呈黄褐色,腹下部有黑色斑驳,外壁腹部以下发黑,局部呈黄褐色。侈口,圆唇(唇部内凹),宽折沿,沿面内凹成槽,内沿呈凸棱状,斜直腹,腹下部斜弧收,底部缺失。器形较规整,内壁较光滑,外壁粗糙。器表通体施竖向粗绳纹。口径32.4、沿宽1.72、残高28.4厘米(图二三七,4;图版六四,3)。标本W198∶3,夹云母红褐陶,含云母量较少,通体呈红褐色,外壁腹部发黑,局部呈红褐色。侈口,尖圆唇,宽折沿,沿面微内凹,内沿呈凸棱状,斜直腹,腹下部斜弧收,腹部与底部分界不清,圜底。器形较规整,内壁较光滑,外壁较粗糙。器表通体施竖向粗绳纹,局部纹样近方格状。口径21.6、沿宽1.68、高18.8厘米(图二三七,2;图版六四,4)。

W199 位于Ⅲ区T128北隔梁中部。开口于第②层下,打破生土层。圆角长方形土坑竖穴墓,西南—东北向,北偏东约18°。墓壁较直,墓底较平整。墓葬南北长1.1、东西宽0.58、深0.45米(图二三八,1;图版一五,3;图版一六,1)。葬具为陶釜3件(图二三八,2—4),自北向南由釜(W199:1)—釜(W199:2)—釜(W199:3)组合而成,其中釜(W199:1)口部与釜(W199:2)口部对接,釜(W199:3)口部套接于釜(W199:2)腹部。

陶釜 3件。标本W199:1,夹云母黄褐陶,通体呈黄褐色,局部有黑色斑驳,底部微呈黑色。侈口,方唇,宽折沿,沿面内凹成槽,内沿呈凸棱状,斜直腹,腹下部斜弧收,腹部与底部分界不清,圜底。器形较规整,通体较光滑,局部较粗糙。器表通体施竖向绳纹,底部隐约可见交错绳纹。口径36.4、沿宽2.16、高34厘米(图二三八,2;图版六四,5)。标本W199:2,夹云母红褐陶,通体呈红褐色,腹下部有黑色斑驳。侈口,圆唇,宽折沿,沿面内凹成槽,内沿

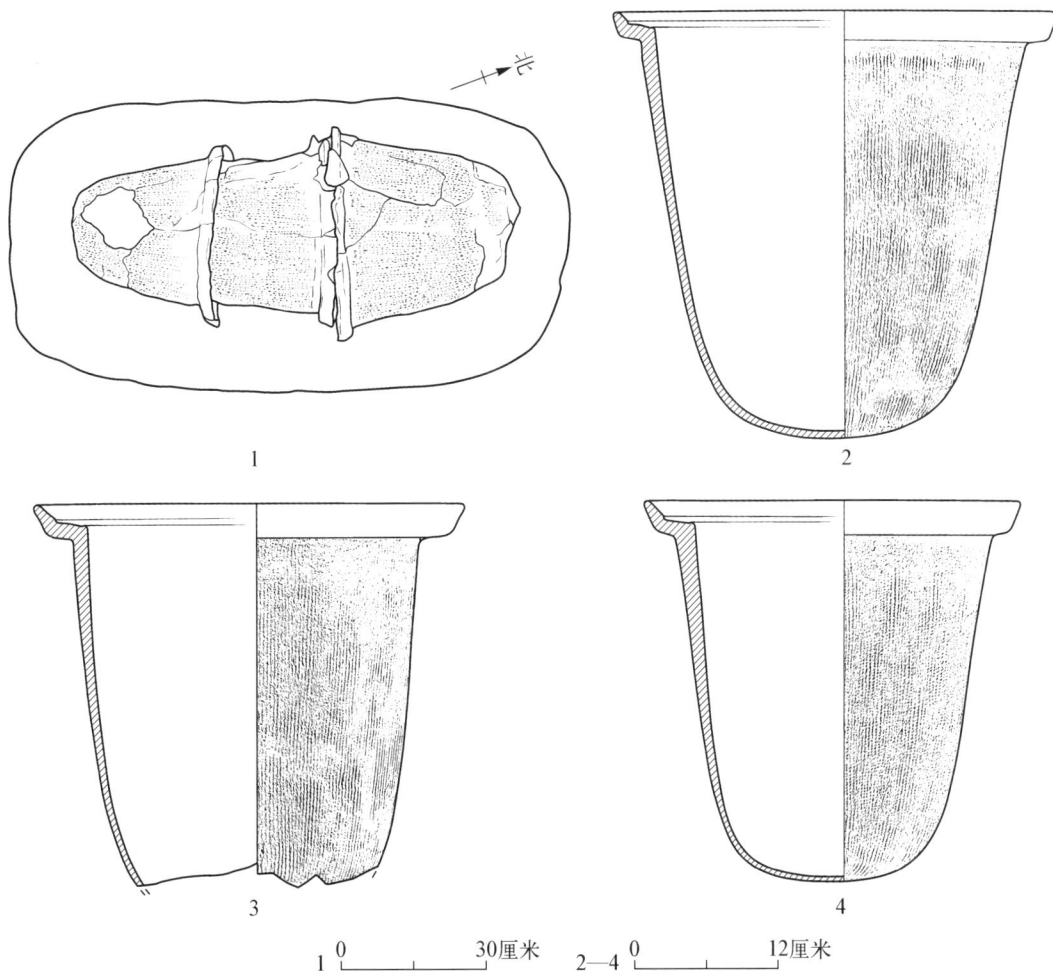

图二三八 W199平面图及葬具

1.W199平面图 2—4.陶釜(W199:1、W199:2、W199:3)

呈凸棱状,斜直腹,腹下部斜弧收,底部缺失。器形较规整,内壁较光滑,外壁较粗糙。通体施竖向绳纹。口径35.2、沿宽2.48、残高30.4厘米(图二三八,3;图版六四,6)。标本W199:3,夹云母红褐陶,含云母量较少,内壁通体呈红褐色,底部发黑,外壁腹上部呈红褐色,腹部以下有黑色斑驳,底部呈红褐色。侈口,圆唇,宽折沿,沿面内凹成槽,内沿呈凸棱状,斜直腹,腹下部斜弧收,腹部与底部分界不清,圜底。器形较规整,通体较粗糙,内壁局部较光滑。器表通体施竖向粗绳纹,局部纹样近方格状。口径31.2、沿宽2.36、高30.4厘米(图二三八,4;图版六五,1)。

W200 位于Ⅲ区T129东南角。开口于第②层下,打破生土层。椭圆形土坑竖穴墓,西南—东北向,北偏东约23°。墓圹后期遭破坏,墓壁较直,墓底较平整。墓葬南北长0.9、东西宽0.7、深0.14米(图二三九,1)。葬具为陶釜1件、陶瓮1件(图二三九,2、3),自北向南由釜(W200:1)—瓮(W200:2)组合而成,但因破坏严重,组合方式不明。

陶釜 1件。标本W200:1,夹云母红褐陶,含云母量极少。通体呈橘红色。侈口,圆唇,平折沿。通体较光滑。器表施竖向绳纹,纹饰因磨光不清晰。口径20.28、残高5.44厘米(图二三九,2)。

陶瓮 1件。标本W200:2,泥质灰陶。直口,方唇,矮束颈,折肩,深垂腹,腹下部弧收,圜底。器形较规整,通体较光滑。外壁颈部隐约可见绳纹,肩部施数周弦纹,肩下部至底部施弦断绳纹。口径22.74、腹径44.1、高47.52厘米(图二三九,3;图版六五,2)。

W201 位于Ⅲ区T129东南部。开口于第②层下,打破生土层。椭圆形土坑竖穴墓,西南—东北向,北偏东约30°。墓圹上部后期遭破坏,墓壁较直,墓底较平整。墓葬南北长0.93、东西宽0.52、深约0.13米(图二四〇,1)。葬具为陶釜2件(图二四〇,2、3),另发现陶釜片1件(图二四〇,4),自北向南由釜(W201:1)—釜(W201:2)组合而成,其中釜(W201:1)口部与釜(W201:2)口部对接。

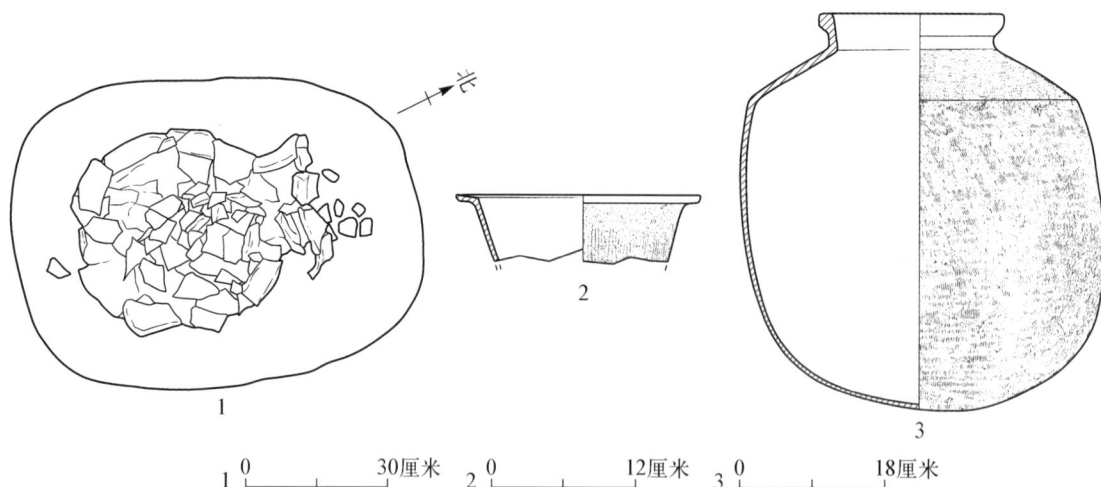

图二三九 W200平面图及葬具

1. W200平面图 2. 陶釜(W200:1) 3. 陶瓮(W200:2)

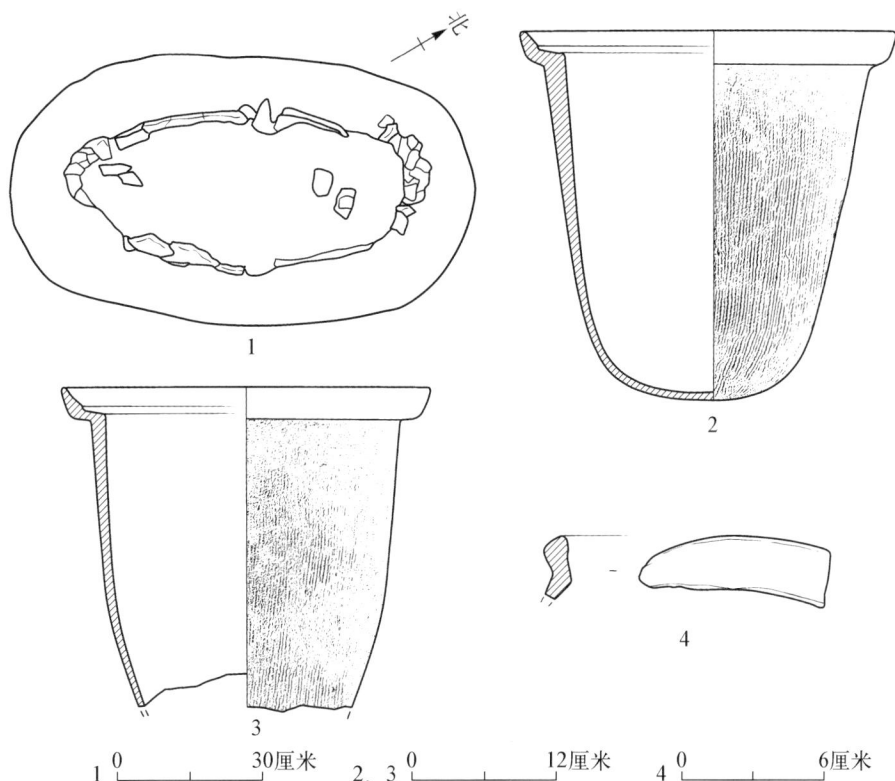

图二四〇 W201平面图及葬具

1. W201平面图 2、3. 陶釜（W201：1、W201：2） 4. 陶釜片（W201：3）

　　陶釜 2件。标本W201：1，夹云母红褐陶，含云母量极少，通体呈红褐色。侈口，方唇，宽折沿，沿面内凹成槽，槽部不明显，内沿呈凸棱状，斜直腹，腹下部斜弧收，腹部与底部分界不清，圜底。器形不甚规整，腹下部凹凸不平，内壁较光滑，外壁较粗糙。器表通体施竖向粗绳纹，纹样近方格状，底部局部隐约可见交错绳纹，局部纹饰因磨光不清晰。口径30.8、沿宽1.96、高29.6厘米（图二四〇，2；图版六五，3）。标本W201：2，夹云母红褐陶，含云母量较少，通体呈红褐色，腹中部局部发黑。侈口，圆唇，宽折沿，沿面内凹成槽，内沿呈凸棱状，斜直腹，腹下部斜弧收。内壁较光滑，外壁较粗糙。器表通体施竖向绳纹，局部纹饰因磨光不清晰。口径30、沿宽1.88、残高25.6厘米（图二四〇，3）。

　　陶釜片 1件。标本W201：3，夹云母红褐陶，通体呈红褐色。方唇，窄折沿，沿面微内弧。通体较光滑。素面。残高3厘米（图二四〇，4）。

　　W202 位于Ⅲ区T129南部偏西。开口于第②层下，打破生土层。椭圆形土坑竖穴墓，西南—东北向，北偏东约30°。墓圹上部遭后期破坏，墓壁较直，墓底较平整。墓葬南北长1.48、东西宽1、深0.52米（图二四一，1）。葬具为陶盆2件、陶瓮1件（图二四一，2—4），自北向南由盆（W202：1）—瓮（W202：2）—盆（W202：3）组合而成，其中盆（W202：1）口部套接于瓮（W202：2）底部，盆（W202：3）口部套接于瓮（W202：2）口部。

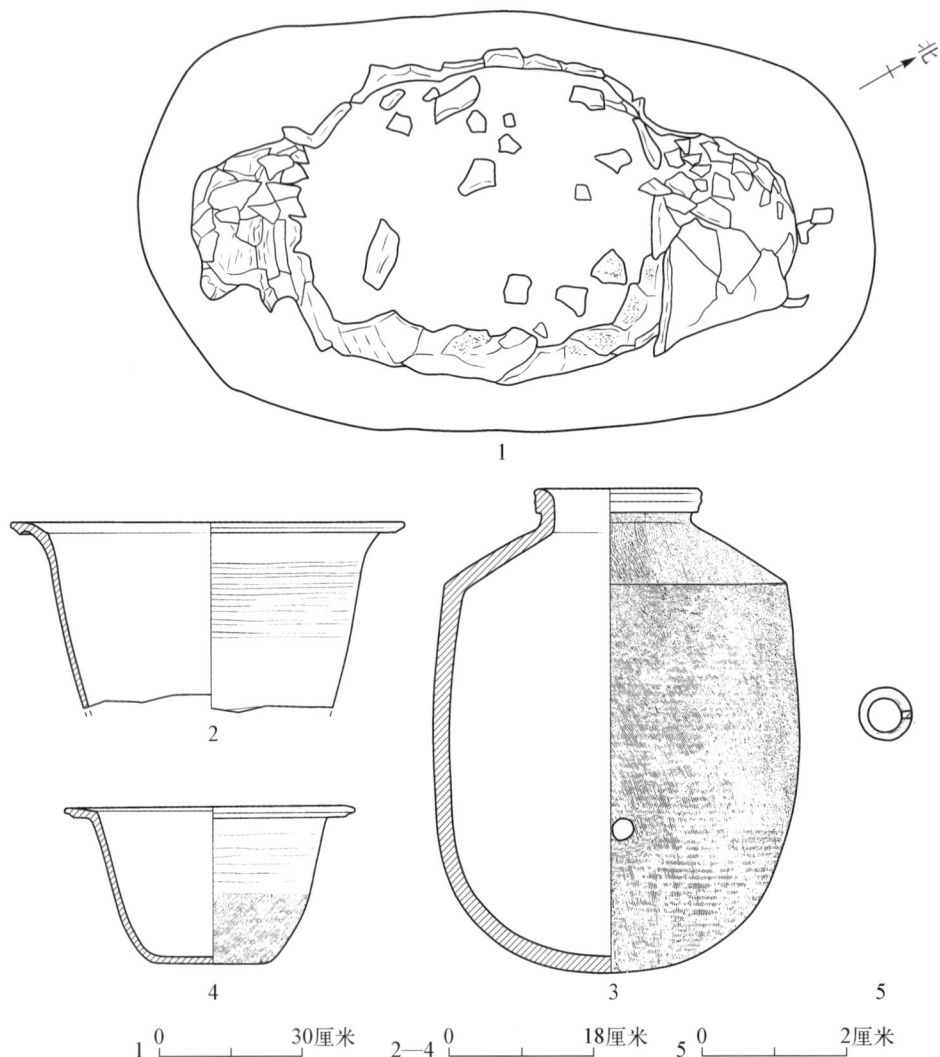

图二四一　W202平面图及葬具、随葬品

1. W202平面图　2、4. 陶盆（W202：1、W202：3）　3. 陶瓮（W202：2）　5. 琉璃环（W202：4）

　　陶盆　2件。标本W202：1，泥质灰陶。敞口，方唇，卷沿，口部有一周凸棱，斜直腹。通体较光滑。腹上部施弦纹。口径49.02、残高22.26厘米（图二四一，2；图版六五，4）。标本W202：3，泥质黄褐陶。敞口，方唇，宽沿，沿下有一周凸棱，口部有棱状凸起，深弧腹，腹下部弧收，腹底分界不明显，平底。通体较光滑。器表腹上部施弦纹，腹部施竖向细绳纹，底部施绳纹，纹饰因磨光不清晰。口径36.06、高18.9厘米（图二四一，4；图版六五，6）。

　　陶瓮　1件。标本W202：2，泥质灰陶，通体呈灰色，肩部及腹下部局部呈黄褐色。侈口，方唇，唇面有一周凸棱，短直颈，折肩，深垂腹微外鼓，腹下部弧收，腹底分界不明显。器形较规整，通体较光滑。肩部施弦纹，腹上部至近底部施竖向绳纹，绳纹呈条带状，纹饰局部磨光不清，下腹部有一圆孔。口径20.4、腹径44.4、高57.6厘米（图二四一，3；图版六五，5）。

　　琉璃环　1件。标本W202：4，位于W202：2瓮内，琉璃质。绿色。圆环状。素面。外径

0.7、内径0.45厘米(图二四一,5;图版六六,1)。

　　W203　位于Ⅲ区T129西部偏南。开口于第②层下,打破生土层。椭圆形土坑竖穴墓,西南—东北向,北偏东约30°。墓圹上部后期遭破坏,墓壁较直,墓底较平整。墓葬南北长1、东西宽0.42—0.54、深0.15米(图二四二,1)。葬具为陶釜2件、陶盆1件(图二四二,2—4),自北向南由釜(W203:1)—釜(W203:2)—盆(W203:3)组合而成,其中釜(W203:1)口部与釜(W203:2)口部对接,盆(W203:3)口部套接于釜(W203:2)底部。

　　陶釜　2件。标本W203:1,夹云母红褐陶,通体呈红褐色,内壁腹中部有黑色斑驳。侈口、尖圆唇,宽折沿,沿面内凹成槽,内沿呈凸棱状,斜直腹。通体较粗糙。通体施竖向粗绳纹,纹饰因磨光不清晰。口径34、沿宽1.84、残高24厘米(图二四二,2)。标本W203:2,夹云母黄褐陶,内壁腹中部黄褐色发黑,外壁腹中部有明显黑色斑驳,腹下部黄褐色发黑。侈口,尖圆唇,宽折沿,沿面内凹成槽,内沿呈凸棱状,斜直腹,底部缺失。整体较光滑。器表通体施竖向细绳纹。口径35.6、沿宽2.16、残高32厘米(图二四二,3;图版六六,2)。

　　陶盆　1件。标本W203:3,泥质灰陶。敞口,方唇,折沿,口部有一周棱状凸起,斜弧腹,腹下部斜弧收,腹底分界不明显,平底。通体较光滑,器形较规整。口沿下施瓦楞纹。口径33.2、底

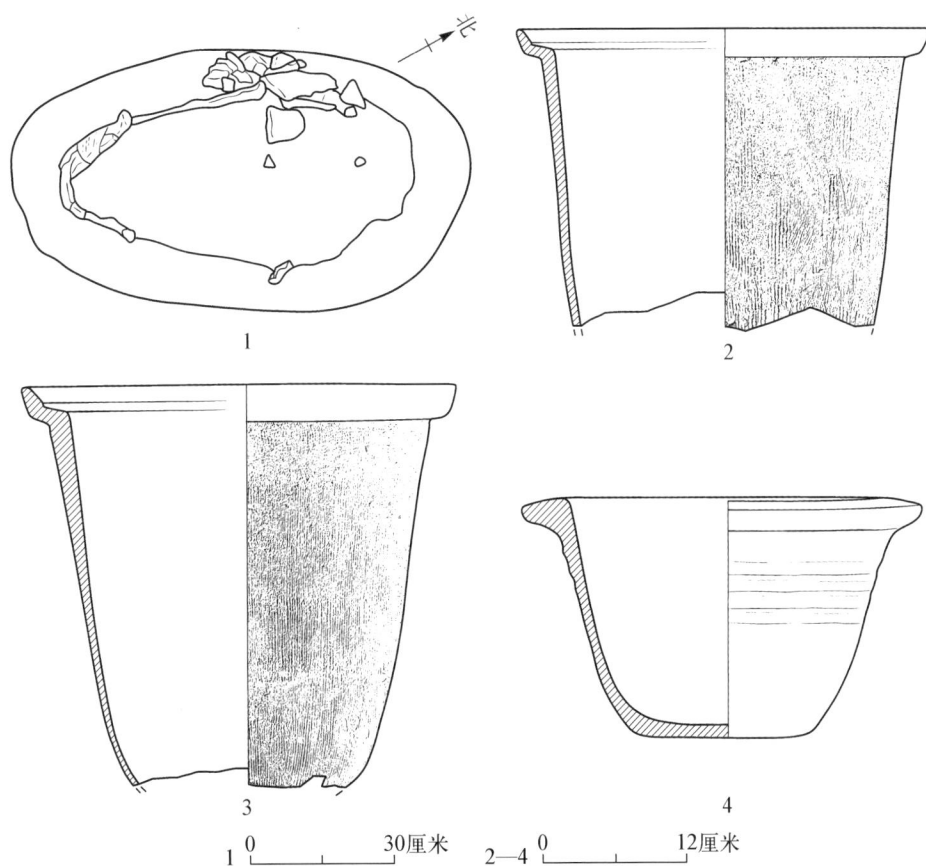

图二四二　W203平面图及葬具

1. W203平面图　2、3.陶釜(W203:1、W203:2)　4.陶盆(W203:3)

径12、高18.8厘米(图二四二,4;图版六六,3)。

W204 位于Ⅲ区T129北部偏中。开口于第②层下,打破生土层。椭圆形土坑竖穴墓,南北向,北偏东约14°。墓圹后期遭破坏,墓壁较直,墓底较平整。墓葬南北长1、东西宽0.62、深0.16米(图二四三,1;图版一六,2)。葬具为陶釜3件(图二四三,2—4),自北向南由釜(W204:1)—釜(W204:2)—釜(W204:3)组合而成,其中釜(W204:1)口部与釜(W204:2)口部对接,釜(W204:3)口部套接于釜(W204:2)底部。

陶釜 3件。标本W204:1,夹云母红褐陶,基本呈红褐色,腹中部发黑。侈口,圆唇,宽折沿,沿面内凹成槽,内沿呈凸棱状,斜直腹,腹下部斜弧收,底部缺失。内壁较光滑,外壁较粗糙。通体施竖向绳纹,腹上部纹饰局部不清。口径34.76、沿宽2、残高33厘米(图二四三,3;图版六六,4)。标本W204:2,夹云母红褐陶,腹上部呈红褐色,腹中下部发黑。侈口,圆唇,唇部凸起程度不一,宽折沿,沿面内凹成槽,内沿呈凸棱状,斜直腹,底部缺失。器形不甚规整,通体较光滑。器表施竖向粗绳纹。口径23.52、沿宽1.52、残高19.8厘米(图二四三,2;图版六六,5)。W204:3,夹云母红褐陶,含云母量极少,器内、外壁通体呈红褐色。侈口,圆唇,宽折沿,沿面内凹成槽,内沿呈凸棱状,斜直腹,腹下部斜弧收,腹底分界不明显,圜底。器形不甚规整,腹下部

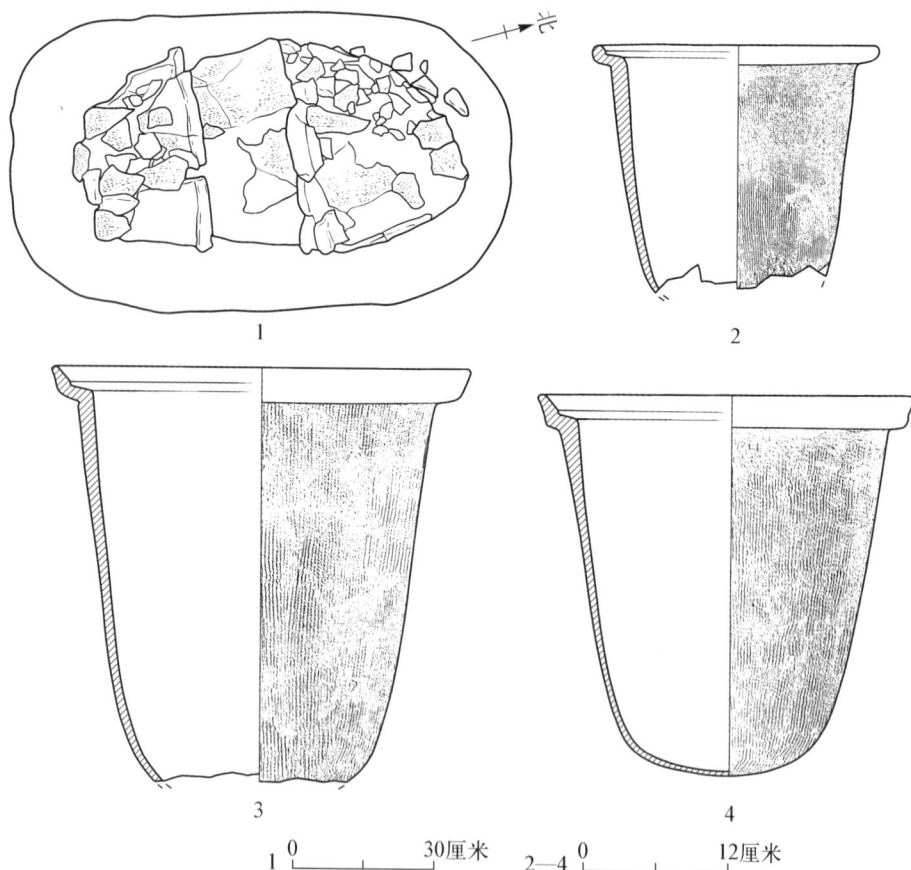

图二四三 W204平面图及葬具

1.W204平面图 2—4.陶釜(W204:2、W204:1、W204:3)

局部有凹陷,内壁光滑,外壁较粗糙。器表通体施竖向粗绳纹,底部施交错绳纹。口径30.8、沿宽1.72、高30.44厘米(图二四三,4;图版六六,6)。

　　W205 位于T131西北部。开口于第②层下,打破生土层。椭圆形土坑竖穴墓,西南一东北向,北偏东约40°。墓圹后期遭破坏,墓壁较直,墓底较平整。墓葬南北长1.05、东西宽0.58、深0.4米(图二四四,1;图版一六,3)。葬具为陶釜2件、陶盆1件(图二四四,2—4),另发现陶片2件(图二四四,5、6),自北向南由釜(W205∶1)—盆(W205∶2)—釜(W205∶3)组合而成,其中釜(W205∶1)口部与盆(W205∶2)口部对接,釜(W205∶3)口部套接于盆(W205∶2)底部,釜(W205∶3)腹部与陶片(W205∶5)相贴,陶片(W205∶4)用于封堵釜(W205∶3)的底部。

　　陶釜 2件。标本W205∶1,夹云母红褐陶,内壁通体红褐色偏黄,腹下部黄褐色微发黑,外壁通体呈红褐色,腹下部发黑。敛口,圆唇,窄折沿,沿面微弧,内沿呈凸棱状,微鼓腹,腹下部弧

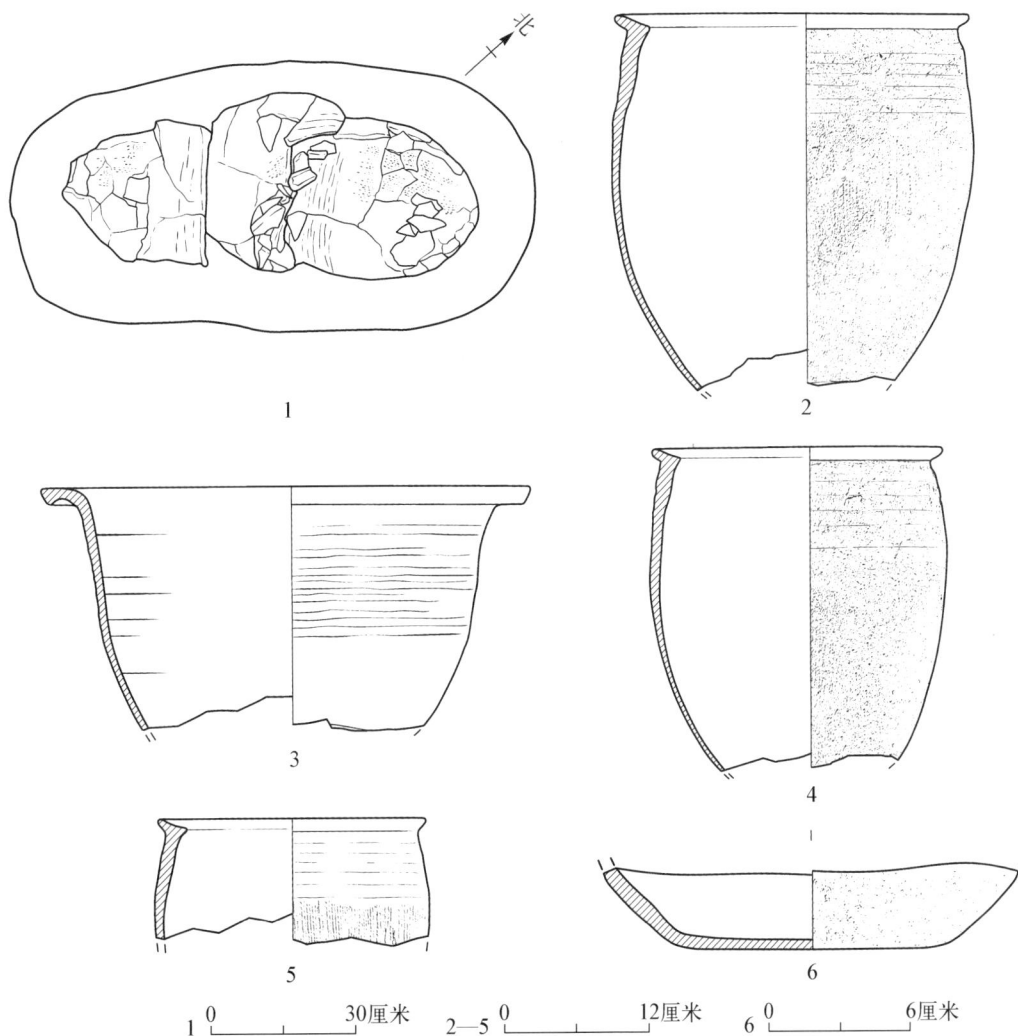

图二四四 W205平面图及葬具

1. W205平面图　2、4.陶釜(W205∶1、W205∶3)　3.陶盆(W205∶2)　5、6.陶片(W205∶4、W205∶5)

收,底部缺失。整体较光滑,外壁腹上部较粗糙。口沿下施弦纹,腹部隐约可见竖向绳纹,纹饰因磨光不清晰。口径29.36、沿宽2.68、腹径30.04、残高30.08厘米(图二四四,2;图版六七,1)。标本W205:3,夹云母红褐陶,通体红褐色偏黄,外壁腹中下部局部发黑。敛口,圆唇,窄折沿,沿面微弧,内沿呈凸棱状,腹微鼓,底部缺失。整体较粗糙,内壁腹下部较光滑。口沿下施弦纹,腹中部局部零星可见竖向绳纹,纹饰因磨光不清晰。口径24.28、腹径24.92、残高25.96厘米(图二四四,4;图版六七,3)。

陶盆 1件。标本W205:2,泥质灰陶。敞口,尖唇,唇下有一周棱状凸起,卷沿,微鼓腹,底部缺失。器身较规整,通体较光滑。素面。口径40.12、残高19.36厘米(图二四四,3;图版六七,2)。

陶片 2件。标本W205:4,夹云母红褐陶,通体呈红褐色,内壁腹中上部呈黑色。敛口,圆唇,沿面内凹,窄折沿,沿面微弧,内沿呈凸棱状。通体较光滑。器表基本素面,腹中上部隐约可见竖向绳纹,纹饰因磨光不清晰。口径22、沿宽2.44、腹径22.64、残高9.6厘米(图二四四,5)。标本W205:5,泥质灰陶,偏灰褐色。仅残余器底,平底。素面。底径11.7、残高3.3厘米(图二四四,6)。

W206 位于Ⅲ区T131北隔梁西部。开口于第②层下,打破生土层。不规则椭圆形土坑竖穴墓,西南—东北向,北偏东约50°。墓圹后期遭破坏,墓壁较直,墓底较平整。墓葬南北长0.95、东西宽0.44、深0.35米(图二四五,1)。葬具为陶釜3件(图二四五,2—4),自北向南由釜(W206:1)—釜(W206:2)—釜(W206:3)组合而成,其中釜(W206:1)口部与釜(W206:2)

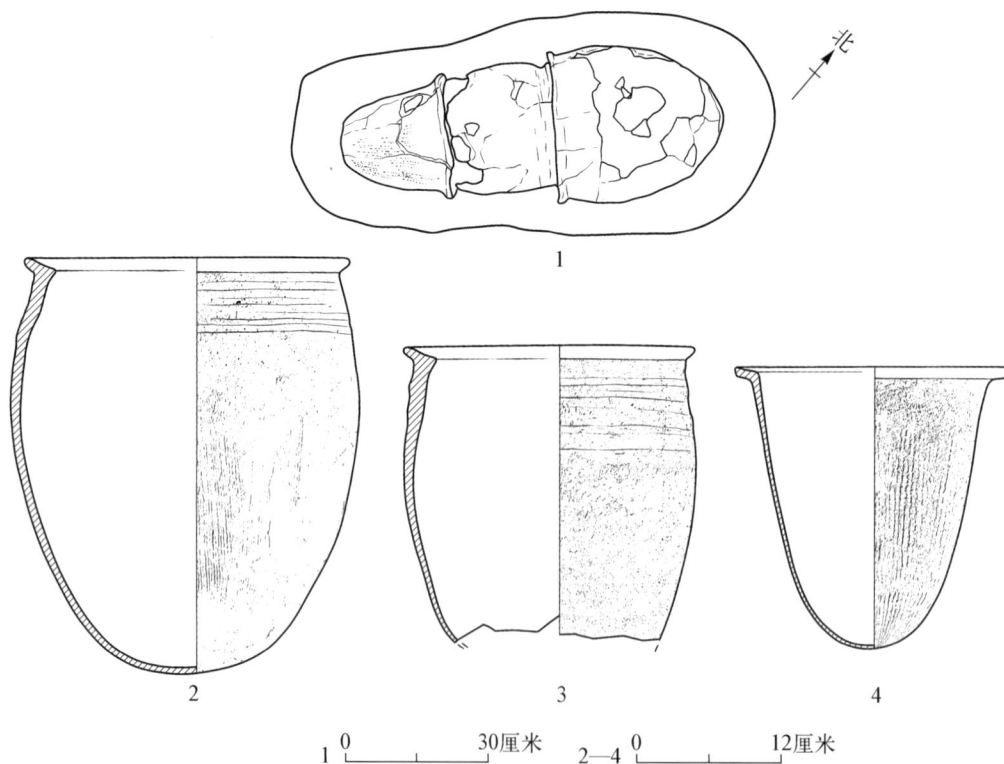

图二四五 W206平面图及葬具

1. W206平面图 2—4. 陶釜(W206:1、W206:2、W206:3)

口部对接，釜（W206：3）口部套接于釜（W206：2）底部。

　　陶釜　3件。标本W206：1，夹云母红褐陶（颜色偏黄），内壁通体呈黄褐色，腹中部局部及底部发黑，外壁腹上部红褐色偏黄，腹中部至底部发黑。敛口，圆唇，唇部内收，窄折沿，沿面微弧，内沿呈凸棱状，腹微鼓，最大径在腹上部，腹下部弧收，腹底分界不明显，圜底。器形不甚规整，腹下部凹凸不平，通体较光滑，外壁腹上部较粗糙。口沿下施弦纹，腹中部至底部施竖向绳纹，底部局部施交错绳纹，纹饰因磨光不清晰。口径27、沿宽2.56、腹径28.96、高33.32厘米（图二四五，2；图版六七，4）。标本W206：2，夹云母红褐陶，通体呈红褐色。敛口，圆唇，窄折沿，沿面微弧，内沿呈凸棱状，腹微鼓，最大径在腹中部，腹下部弧收，底部缺失。通体较光滑，外壁腹上部较粗糙。口沿下施弦纹，腹上部隐约可见竖向绳纹，腹中部局部隐约可见斜向绳纹，纹饰因磨光不清晰。口径23.96、沿宽2.64、腹径25.2、残高23.64厘米（图二四五，3；图版六七，5）。标本W206：3，夹云母红褐陶，通体呈红褐色，腹上部局部呈黄褐色，局部发黑。侈口，方唇，窄折沿，沿面斜平，内沿呈凸棱状，斜直腹，腹下部斜弧收。器形不甚规整，腹上部凹凸不平，通体较光滑。通体施竖向粗绳纹，纹饰局部磨光不清。口径22.4、沿宽1.84、高22.64厘米（图二四五，4；图版六七，6）。

　　W207　位于Ⅲ区T132南部。开口于第②层下。西南—东北向，北偏东约44°。椭圆形土坑竖穴墓，墓壁较直，墓底较平整。墓内填土为灰褐土，土质较软。墓葬南北长0.9、东西宽0.53、深0.23米（图二四六，1）。葬具为陶釜2件、陶罐1件（图二四六，2—4），因W207破损严重，组合关系暂不明确，仅可知自北向南由釜（W207：1）—釜（W207：2）—罐（W207：3）组合而成，其中釜（W207：1）口部套接于釜（W207：2）口部，罐（W207：3）口部套接于釜（W207：2）底部。

　　陶釜　2件。标本W207：1，夹云母红褐陶，内壁腹部红褐色偏黄，底部略发黑，外壁腹上部呈红褐色，腹中部及下部局部发黑，底部呈黑色。敛口，圆唇，窄折沿，沿面微弧，内沿呈凸棱状，腹微鼓，最大径在腹上部，腹下部弧收，腹底分界不明显，圜底。器形不甚规整，通体较粗糙，腹中部至底部较光滑。口沿下施弦纹，腹中下部施竖向绳纹，纹饰因磨光不清晰。口径30.84、沿宽2、腹径32.4、高34.44厘米（图二四六，3；图版六八，1）。标本W207：2，夹云母红褐陶，通体以红褐色为主，腹中部及下部局部呈黑色。敛口，圆唇，窄折沿，沿面微弧，内沿呈凸棱状，腹微鼓，最大径在腹上部，腹下部弧收，底部缺失。内壁较光滑，腹中部局部较粗糙，外壁较粗糙，腹下部较光滑。器表腹上部素面，腹部以下施竖向粗绳纹，腹下部绳纹纹样呈菱形，纹饰因磨光不清晰。口径29.4、沿宽2.56、腹径31.72、残高31.6厘米（图二四六，4；图版六八，2）。

　　陶罐　1件。标本W207：3，泥质灰陶，内壁呈黄褐色，外壁呈灰褐色。通体光滑。基本素面，局部隐约可见竖向细绳纹，纹饰因磨光不清晰。残高7.6厘米（图二四六，2）。

　　W208　位于Ⅲ区T132西部偏南。开口于②层灰黄扰层下。椭圆形土坑竖穴墓，西南—东北向，北偏东约30°。墓壁较直，墓底较平整。墓葬南北长0.98、东西宽0.3—0.5、深0.2米（图二四七，1；图版一七，1）。葬具为陶瓮1件、陶釜1件、陶盆1件（图二四七，2—4），自北向南由瓮（W208：1）—釜（W208：2）—盆（W208：3）组合而成，其中瓮（W208：1）口部与釜（W208：2）口部对接，盆（W208：3）口部套接于釜（W208：2）底部。

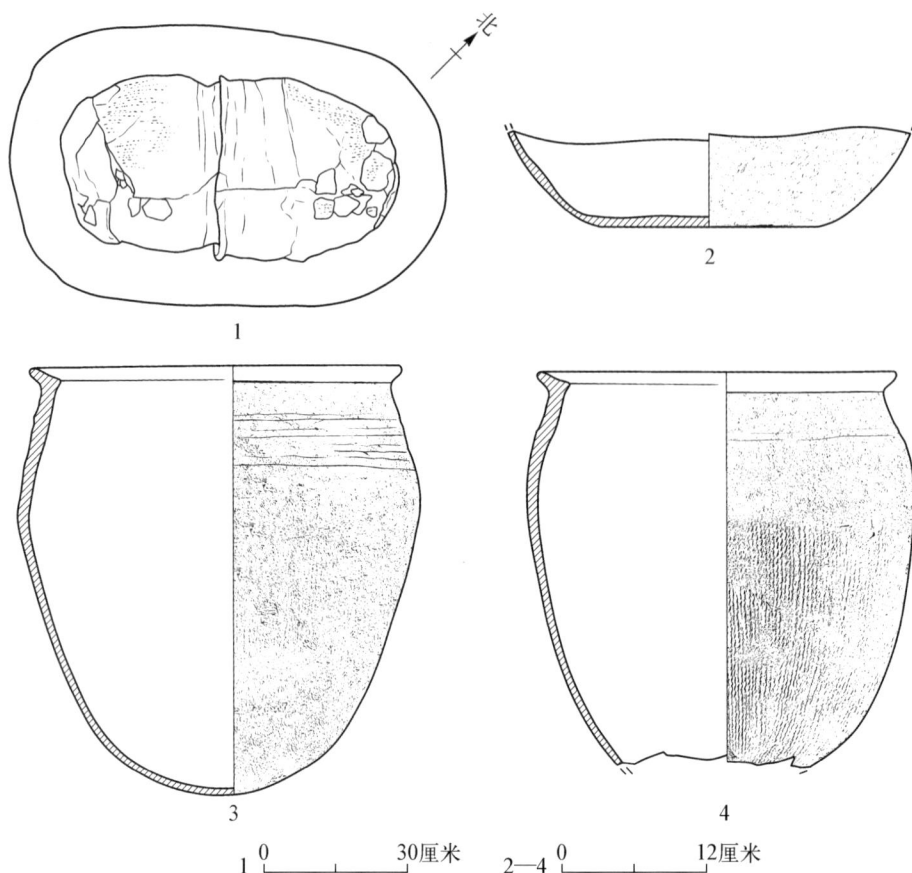

图二四六　W207平面图及葬具

1.W207平面图　2.陶罐（W207∶3）　3、4.陶釜（W207∶1、W207∶2）

陶瓮　1件。标本W208∶1，泥质灰陶。直口微敛，圆唇，束颈，颈部有一周凸棱，折肩，弧腹微鼓，腹下部弧收，腹底分界明显，平底。器形较规整，通体较光滑。外壁腹上部为素面，腹中下部通体施斜向绳纹，纹饰因磨光不清晰。口径23.16、腹径42.96、底径18.8、高36.64厘米（图二四七,3；图版六八,3）。

陶釜　1件。标本W208∶2，夹云母红褐陶，腹上部呈红褐色，腹中部呈黑色，腹下部呈红褐色。敛口，圆唇，窄折沿，沿面微弧，内沿呈凸棱状，腹微鼓，最大径在腹上部，腹下部弧收，底部缺失。器形不甚规整，腹上部凹凸不平，整体较光滑，外壁腹上部较粗糙。口沿下施弦纹，腹中下部施竖向绳纹，纹饰因磨光不清晰。口径28.44、沿宽2.52、腹径29.56、残高31.32厘米（图二四七,4；图版六八,4）。

陶盆　1件。标本W208∶3，泥质灰陶，内壁灰色偏黄，外壁呈灰色。敞口，方唇，卷沿，斜直腹，腹下部弧收，腹底分界不明显，平底。整体比较规整，通体较光滑。外壁基本素面，腹下部施斜向绳纹。底部施绳纹。口径33.16、底径14.96、高17.12厘米（图二四七,2；图版六八,5）。

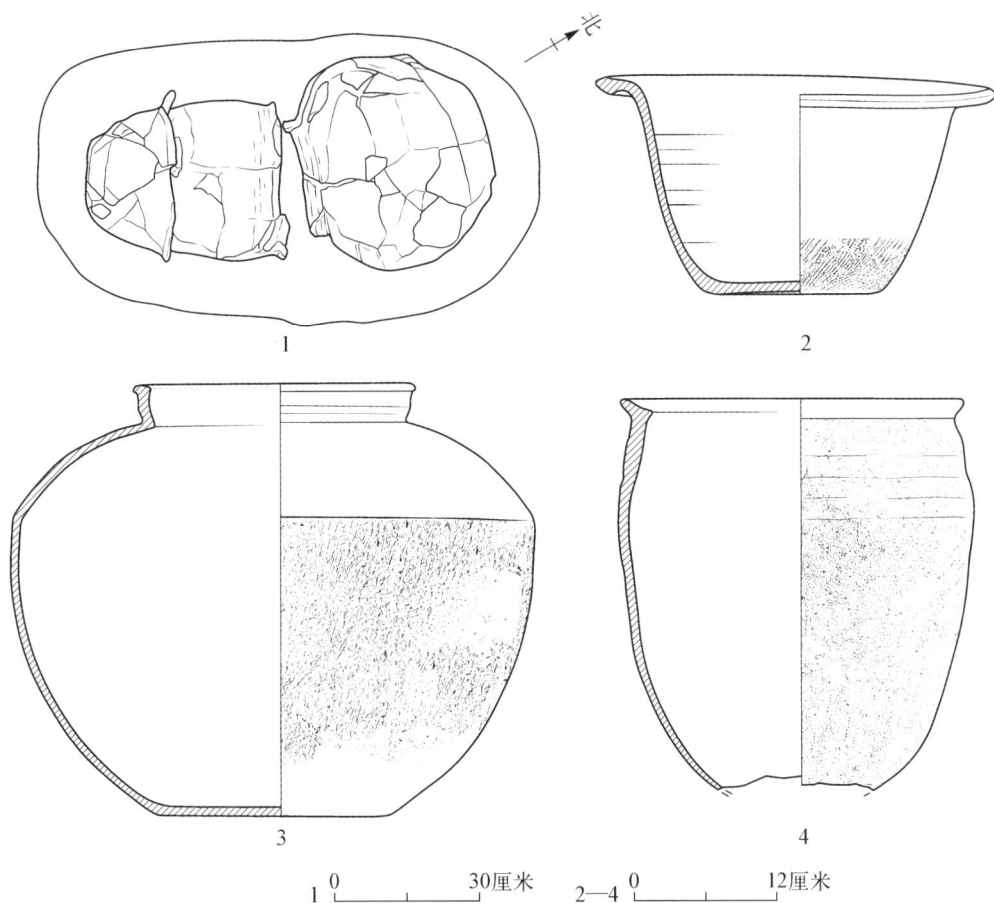

图二四七 W208平面图及葬具

1. W208平面图 2. 陶盆（W208:3） 3. 陶瓮（W208:1） 4. 陶釜（W208:2）

W209 位于Ⅲ区T132北部。开口于②层灰黄扰层下。椭圆形土坑竖穴墓，西南—东北向，北偏东约50°。墓壁较直，墓底平整。墓葬南北长1.04、东西宽0.3—0.52米，深度不明（图二四八，1）。葬具为陶釜3件（图二四八，2—4），自北向南由釜（W209:1）—釜（W209:2）—釜（W209:3）组合而成，其中釜（W209:1）与釜（W209:2）组合方式不明，釜（W209:3）口部套接于釜（W209:2）底部。

陶釜 3件。标本W209:1，夹云母红褐陶，通体呈橘红色。整体较光滑。器表局部施竖向细绳纹，纹饰因磨光不清晰。残高7.6厘米（图二四八，2）。标本W209:2，夹云母红褐陶，腹上部呈红褐色，腹中部呈黑色，腹下部红褐色发黑。唇、沿缺失，敛口，内沿呈凸棱状，腹微鼓，最大径在腹上部，腹下部弧收，底部缺失。器形不甚规整，腹上部凹凸不平，鼓腹程度不一，整体较光滑，外壁腹上部较粗糙。器表腹上部基本素面，腹中部至下部施竖向粗绳纹，腹下部竖向绳纹与斜向绳纹形成交错绳纹。口径26.8、沿宽1.92、腹径29.32、残高30.72厘米（图二四八，3；图版六八，6）。标本W209:3，夹云母红褐陶，内壁腹上部呈黄褐色，腹中部至底部呈黑色，有红褐色斑驳，

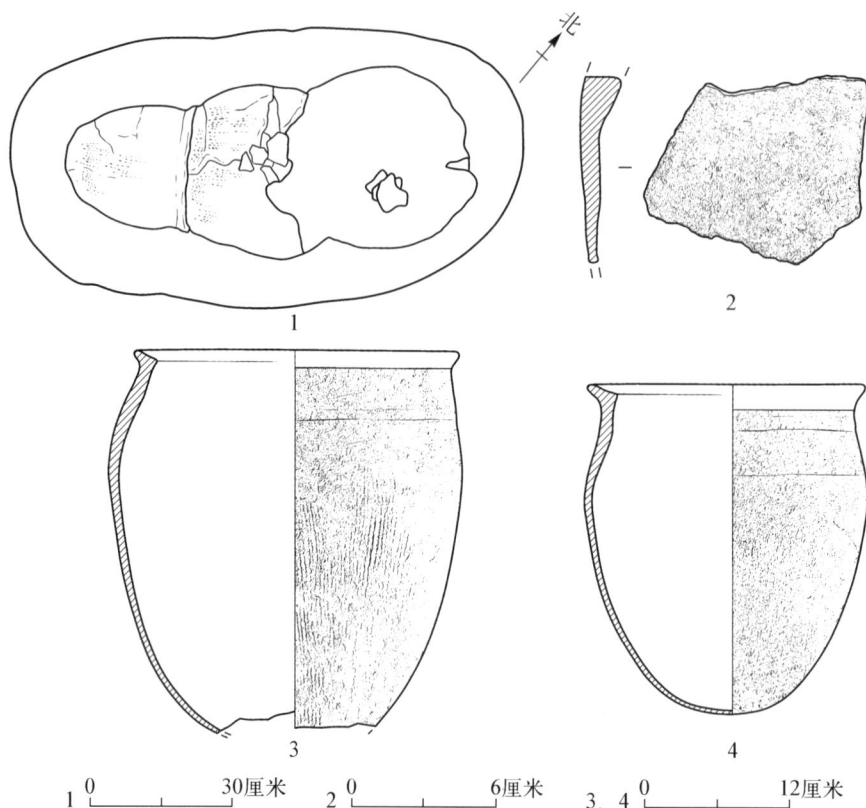

图二四八 W209平面图及葬具

1. W209平面图 2—4.陶釜（W209：1、W209：2、W209：3）

外壁腹上部呈红褐色，腹中部红褐色偏黄，局部微发黑，腹下部近底部呈黑色，底部中心呈红褐色。敛口，圆唇，窄折沿，沿面斜平，内沿呈凸棱状，腹微鼓，最大径在腹上部，腹下部弧收，腹底分界不清，圜底。器形不甚规整，器表凹凸不平，鼓腹程度不一，腹下部有不规整凸起，器内壁较光滑，器外壁较粗糙。器表基本素面，腹下部局部隐约可见竖向绳纹，纹饰因磨光不清晰。口径22.84、沿宽2.4、腹径23.28、高26.44厘米（图二四八，4；图版六九，1）。

W210 位于Ⅲ区T137北隔梁内。开口于第②层下，打破生土层。椭圆形土坑竖穴墓，西南—东北向，北偏东约26°。墓圹后期遭破坏，墓壁较直，墓底较平整。墓葬南北长0.8、东西宽0.5米，深度不明（图二四九，1）。葬具为陶釜2件（图二四九，2、3），自北向南由釜（W210：1）口部与釜（W210：2）口部对接而成。

陶釜 2件。标本W210：1，夹云母红褐陶，内壁通体呈红褐色，底部发黑，外壁腹上部呈红褐色，局部发黑，腹中上部至底部红褐色发黑，有红褐色斑驳。侈口，尖圆唇，宽折沿，沿面内凹成槽，内沿呈凸棱状，斜直腹，腹下部斜弧收，腹部与底部分界不清，圜底。器形较规整，内壁较光滑，外壁较粗糙。器表通体施竖向绳纹，底部施交错绳纹。口径33.6、沿宽2.08、高32.72厘米（图二四九，2；图版六九，2）。标本W210：2，夹云母红褐陶，腹部红褐色偏黄，外壁腹下部局部发黑。侈口，尖唇，宽折沿，沿面内凹成槽，内沿呈凸棱状，斜直腹，腹部斜弧收。通体较粗糙，内壁腹部

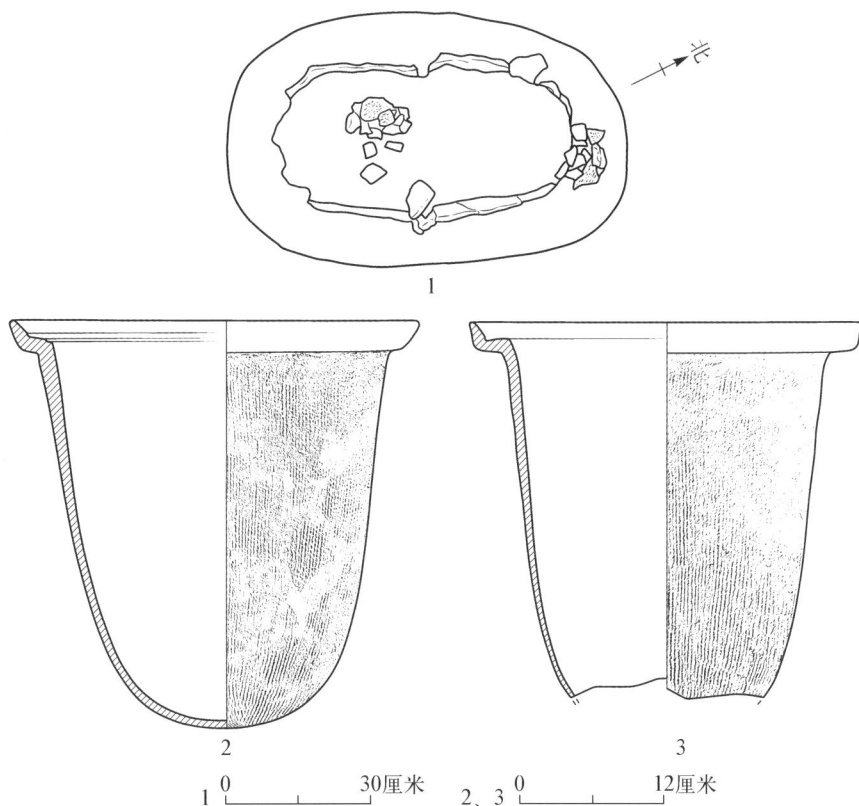

图二四九　W210平面图及葬具

1. W210平面图　2、3. 陶釜（W210：1、W210：2）

以下较光滑。器表通体施竖向粗绳纹。口径32.48、沿宽2.04、残高29.92厘米（图二四九,3;图版六九,3）。

　　W211　位于Ⅲ区T138东南部。开口于②层扰土下。圆角长方形土坑竖穴墓,南北向。墓圹后期遭破坏,墓壁较直,墓底较平整。墓内填土为灰褐土,土质较软,包含物有石子、粟等。墓葬南北长1.1、东西宽0.46—0.54、深约0.2米（图二五〇,1）。葬具为陶釜1件、陶罐2件（图二五〇,2—4）,自北向南由釜（W211：1）—罐（W211：2）—罐（W211：3）组合而成,其中釜（W211：1）口部套接于罐（W211：2）口部,罐（W211：2）底部套接于罐（W211：3）口部。釜（W211：1）内中部有零星人骨,保存极差,头向180°,初步判断为婴儿。

　　陶釜　1件。标本W211：1,夹云母红褐陶,器内壁通体呈红褐色,底部呈黑色。器外壁腹上部呈红褐色,腹中部至底部呈黑色,局部红褐色偏黄。侈口,圆唇,宽折沿,沿面内凹成槽,内沿呈凸棱状,斜直腹,腹下部斜弧收,腹部与底部分界不清,圜底。器形不甚规整,腹下部凹凸不平,整体较光滑。器表通体施竖向绳纹,底部局部施交错绳纹。口径33.2、沿宽2.44、高31.2厘米（图二五〇,2;图版六九,4）。

　　陶罐　2件。标本W211：2,泥质黄褐陶,内壁呈黄褐色,外壁呈灰色。通体较光滑。器表施竖向细绳纹与弦纹,绳纹纹样呈条带状,纹饰因磨光不清晰。残高9.2厘米（图二五〇,3）。标本

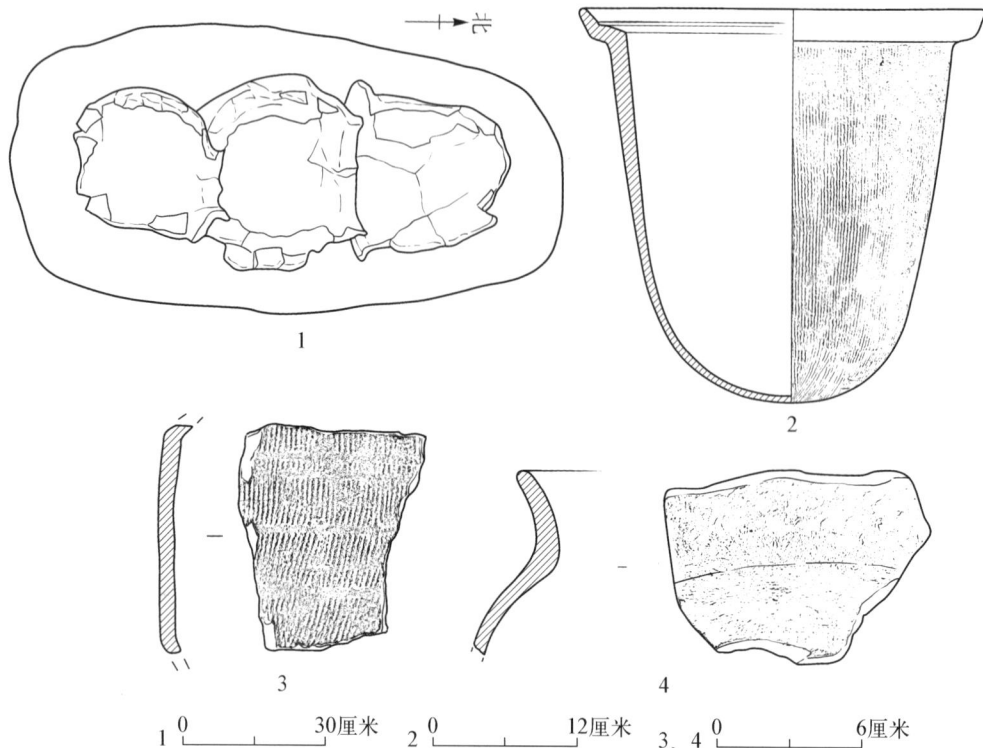

图二五〇　W211平面图及葬具

1. W211平面图　2. 陶釜（W211：1）　3、4. 陶罐（W211：2、W211：3）

W211：3，泥质灰陶。敛口，束颈，溜肩。通体较光滑。器表肩部施竖向绳纹与弦纹，绳纹呈条带状。残高7.8厘米（图二五〇，4）。

W212　位于Ⅲ区T126东北关键柱内。开口于第②层下，打破生土层。不规则椭圆形土坑竖穴墓，南北向，北偏东约10°。墓壁较直，墓底较平整。墓葬南北长1.45、东西宽0.8、深0.75米（图二五一，1）。葬具为陶釜2件、陶瓮1件（图二五一，2—4），自北向南由釜（W212：1）—瓮（W212：2）—釜（W212：3）组合而成，其中釜（W211：1）口部套接于瓮（W212：2）底部，瓮（W212：2）口部套接于釜（W212：3）口部。

陶釜　2件。标本W212：1，夹云母红褐陶，通体呈红褐色，外壁腹部局部发黑。侈口，方唇，宽折沿，沿面内凹，内沿呈凸棱状，斜直腹。通体较粗糙。器表施竖向粗绳纹。残高17.6厘米（图二五一，2）。标本W212：3，夹云母黄褐陶，胎芯呈红褐色，通体呈黄褐色，含云母量极少。侈口，方唇，平折沿，内沿呈凸棱状，斜直腹，腹下部斜弧收，腹底分界不清，圜底。器形较规整，通体较光滑。口沿下施凸弦纹，腹中部施竖向绳纹，纹饰因磨光不清晰，底部隐约可见交错绳纹。口径20.92、沿宽2.08、高16.4厘米（图二五一，4；图版六九，5）。

陶瓮　1件。标本W212：2，泥质灰陶。敞口，尖圆唇，卷沿，折肩，腹部外撇。通体较光滑。外壁肩部施弦断绳纹，纹饰因磨光不清晰。口径25.74、腹径47.1、残高20.28厘米（图二五一，3）。

W213　位于Ⅲ区T143中部偏南。开口于第②层下，打破生土层。圆角长方形土坑竖

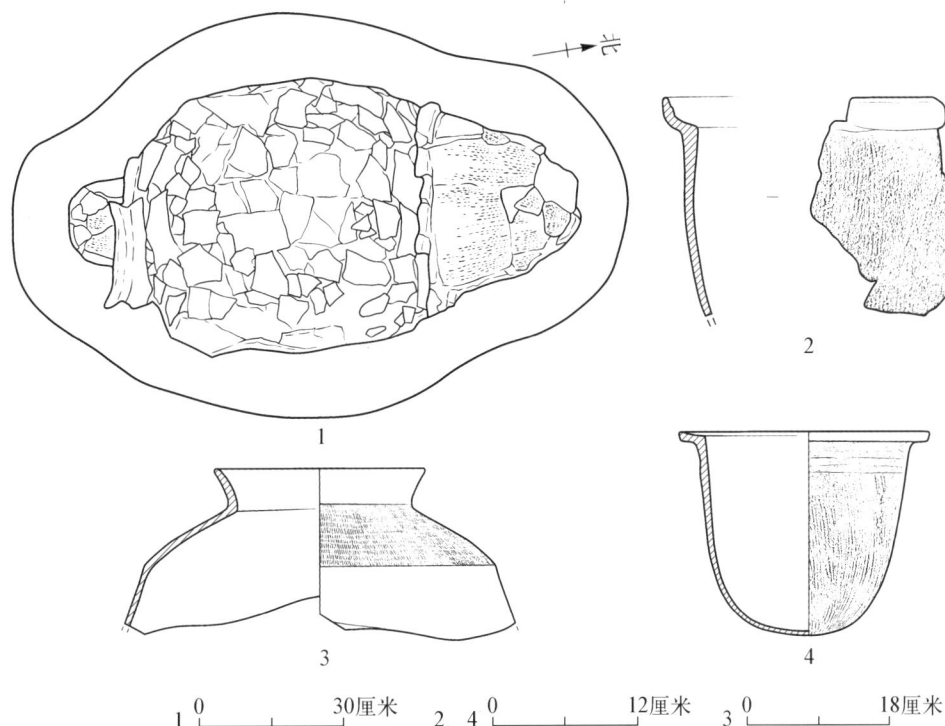

图二五一 W212平面图及葬具

1. W212平面图　2、4. 陶釜(W212：1、W212：3)　3. 陶瓮(W212：2)

墓,南北向,北偏东约10°。墓壁较直,墓底较平整。墓葬南北长1.2、东西宽0.6、深0.5米(图二五二,1)。葬具为陶釜3件(图二五二,4—6),另发现陶片2件(图二五二,2、3),自北向南由釜(W213：1)—釜(W213：2)—釜(W213：3)组合而成,其中釜(W213：1)口部与釜(W213：2)口部对合,釜(W213：3)口部套接于釜(W213：2)底部,陶片(W213：4)与釜(W213：2)腹部相贴,陶片(W213：5)用于封堵釜(W213：3)的底部。

陶釜　3件。标本W213：1,夹云母红褐陶,通体呈红褐色,腹中部有黑色斑驳。敛口,圆唇,窄折沿,沿面内弧,内沿呈凸棱状,腹微鼓,最大径在腹上部,斜弧收,底部缺失。器形不甚规整,腹上部凹凸不平,通体较粗糙。口沿下施弦纹,腹下部隐约可见竖向绳纹,纹饰因磨光不清晰。口径28.36、沿宽2.56、腹径28.6、残高27.28厘米(图二五二,4;图版六九,6)。标本W213：2,夹云母红黄陶,内壁通体呈红褐色,外壁腹上部呈黄褐色,腹中部至下部发黑,局部红褐色偏黄,近底部红褐色偏黄。敛口,圆唇,窄折沿,沿面微弧,内沿呈凸棱状,腹微鼓,腹下部弧收,腹底分界不明显。器形不规整,器表凹凸不平,整体较光滑,外壁腹上部较粗糙。口沿下素面,腹部施竖向绳纹,纹饰因磨光不清晰。口径29、沿宽2.76、腹径28.56、高31.92厘米(图二五二,5;图版七〇,1)。标本W213：3,夹云母红褐陶,内壁沿面至腹上部皆发黑,局部呈红褐色,外壁通体红褐色偏黄,腹上部有黑色斑驳。敛口,圆唇,窄折沿,沿面微弧,内沿呈凸棱状,微鼓腹,最大径在腹上部。通体较粗糙。口沿下施弦纹,腹部零星可见竖向绳纹。口径22.48、沿宽2.08、腹径22.96、残

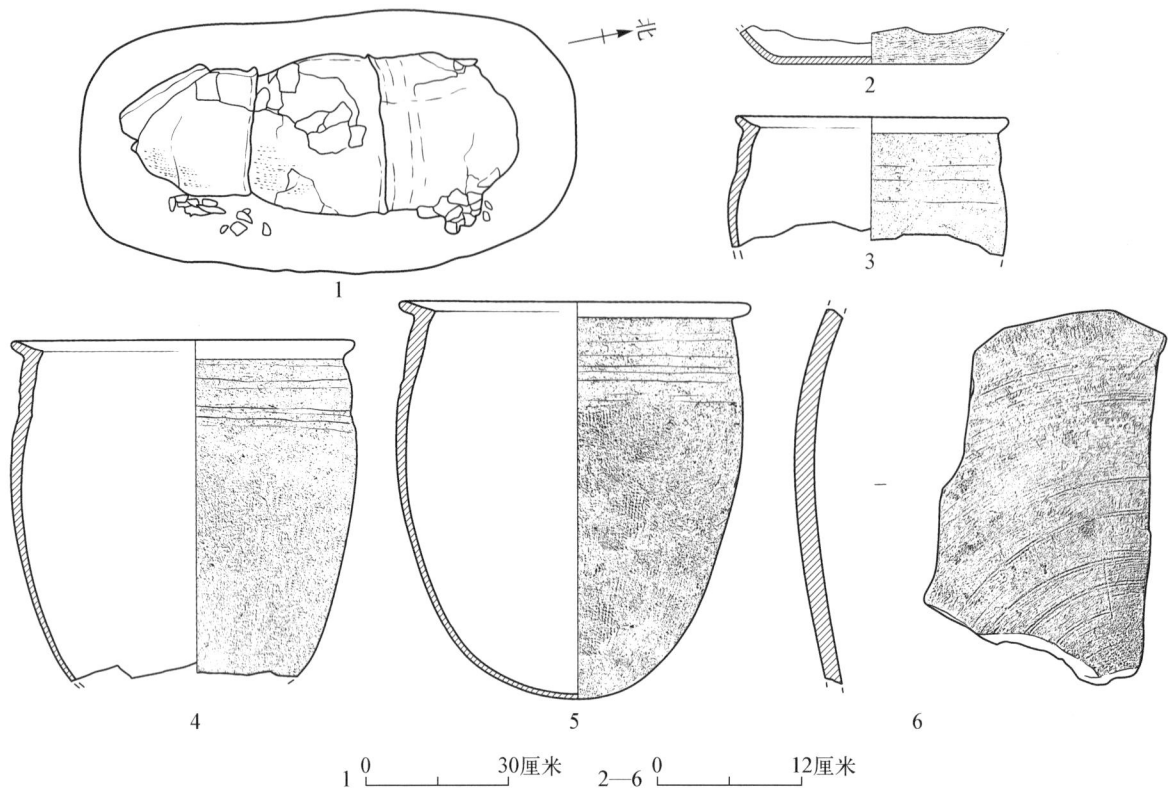

图二五二 W213平面图及葬具

1. W213平面图 2、6.陶片(W213:5、W213:4) 3—5.陶釜(W213:3、W213:1、W213:2)

高11.32厘米(图二五二,3;图版七〇,2)。

陶片 2件。标本W213:4,瓮片,泥质灰陶,内壁呈黄褐色,外壁呈灰褐色。整体较光滑。器表施绳纹与弦纹,局部隐约可见绳纹呈条带状。残高22.5厘米(图二五二,6)。标本W213:5,盆片,泥质黄褐陶。腹下部弧收,腹底分界不明显,平底。通体较光滑。外壁腹下部施横向绳纹,底部施竖向绳纹,局部纹饰因磨光不清晰。底径21.92、残高7.72厘米(图二五二,2)。

W214 位于Ⅲ区T76东北关键柱内。开口于第②层下,打破生土层。椭圆形土坑竖穴墓,西南—东北向,北偏东约36°。墓圹后期遭破坏,墓壁较直,墓底较平整。墓葬南北长1.1、东西宽0.6、深0.34米(图二五三,1)。葬具为陶釜3件(图二五三,3—5),另发现陶釜片1件(图二五三,2),自北向南由釜(W214:1)—釜(W214:2)—釜(W214:3)组合而成,其中釜(W214:1)口部与釜(W214:2)口部对接,釜(W214:3)口部套接于釜(W214:2)底部,陶釜片(W213:4)置于釜(W214:3)腹部。

陶釜 3件。标本W214:1,夹云母红褐陶,含云母量较少,通体呈红褐色,腹中部局部呈黑色。敛口,圆唇,宽折沿,沿面内凹成槽,内沿呈凸棱状,斜直腹,腹下部斜弧收,腹底分界不清,圜底。器形较规整,内壁较光滑,外壁较粗糙。通体施竖向绳纹。口径31.12、沿宽1.8、高31.6厘米(图二五三,3;图版七〇,3)。标本W214:2,夹云母红褐陶,通体红褐色偏黄,外壁腹中部呈

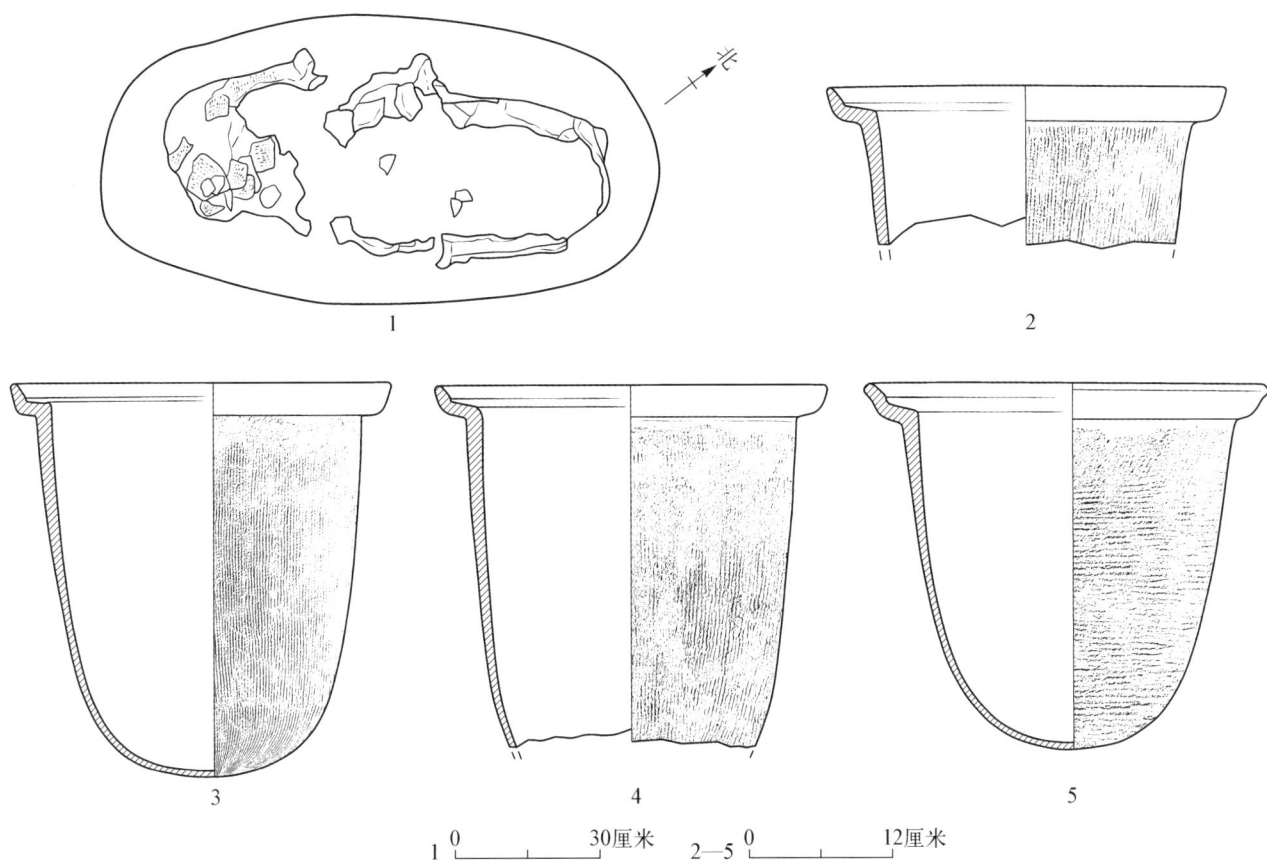

图二五三 W214平面图及葬具

1.W214平面图 2.陶釜片（W214：4） 3—5.陶釜（W214：1、W214：2、W214：3）

黑色。侈口，圆唇，宽折沿，沿面内凹，内沿呈凸棱状，斜直腹。通体较光滑。器表施竖向粗绳纹，局部磨光不清，腹下部纹样呈方格状。口径32.24、沿宽2.32、残高28.84厘米（图二五三，4；图版七〇，4）。标本W214：3，夹云母红褐陶，通体红褐色，外壁腹部发黑或有黑色斑驳。侈口，方唇，宽折沿，沿面内凹，内沿呈凸棱状，斜直腹，腹底分界不明显，圜底。内壁较光滑，外壁较粗糙。器表基本为弦纹，腹上部隐约可见斜向绳纹，局部为交错绳纹，纹样呈菱形，腹部与底部满施弦纹。口径33.48、沿宽2.92、高29.36厘米（图二五三，5；图版七〇，5）。

陶釜片 1件。标本W214：4，夹云母红褐陶，整体红褐色偏黄。侈口，圆唇，宽折沿，沿面内凹成槽，内沿呈凸棱状。通体较光滑。器表施竖向粗绳纹。口径33.04、沿宽2.72、残高12.64厘米（图二五三，2）。

W215 位于Ⅲ区T76东隔梁中部。开口于第②层下，打破生土层。椭圆形土坑竖穴墓，西南—东北向，北偏东约25°。墓圹后期遭破坏，墓壁较直，墓底较平整。墓葬南北长0.82、东西宽0.5、深0.16米（图二五四，1）。葬具为陶釜2件、陶豆盘1件（图二五四，2—4），自北向南由釜（W215：1）—釜（W215：2）—豆盘（W215：3）组合而成，其中釜（W215：1）口部与釜（W215：2）口部对接，釜（W215：2）底部与豆盘（W215：3）相贴。

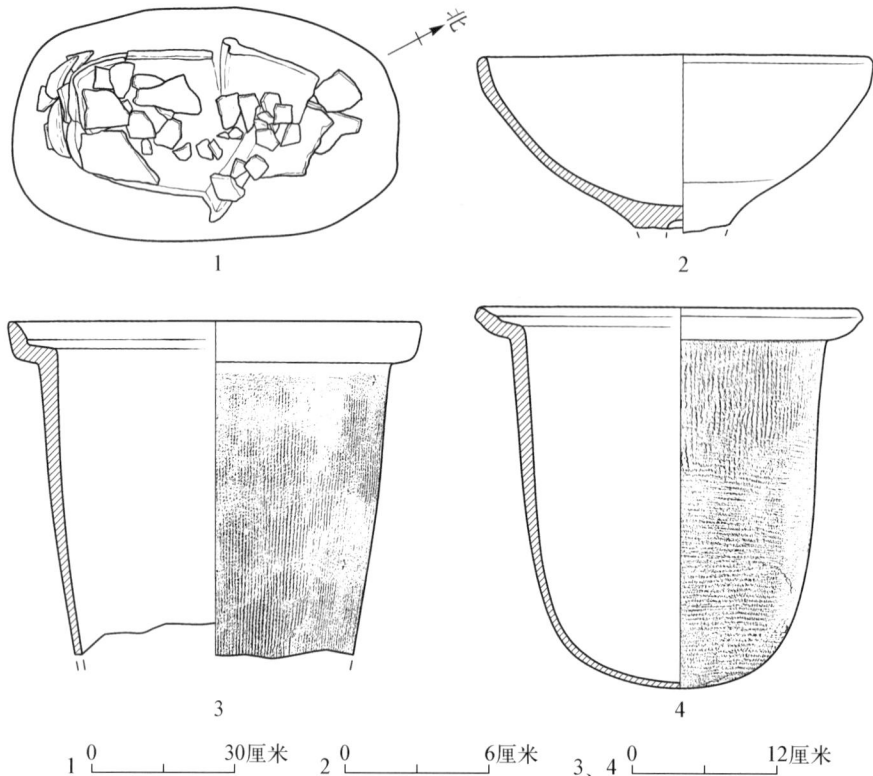

图二五四　W215平面图及葬具

1.W215平面图　2.陶豆盘（W215：3）　3、4.陶釜（W215：1、W215：2）

陶釜　2件。标本W215：1，夹云母红褐陶，含云母量极少，通体呈红褐色，内壁与外壁腹中部有黑色斑驳。侈口，圆唇，宽折沿，沿面内凹成槽，内沿呈凸棱状，斜直腹。内壁较光滑，外壁较粗糙。器表施竖向绳纹，腹中下部纹饰近方格状。口径34.24、沿宽2.64、残高26.76厘米（图二五四，3；图版七〇，6）。标本W215：2，夹云母红褐陶，通体呈红褐色，外壁腹中下部局部发黑，底部发黑。侈口，方唇，宽折沿，沿面内凹，内沿呈凸棱状，斜直腹，腹底分界不明显，圜底。器形较规整，腹中部局部有凹陷，内壁较光滑，外壁较粗糙。口沿下施竖向粗绳纹，腹中上部施小方格纹，腹中部及底部施弦纹。口径31.72、沿宽2.24、高30.52厘米（图二五四，4；图版七一，1）。

陶豆盘　1件。标本W215：3，泥质灰陶。敞口，圆唇，浅盘，弧腹，腹部与底部分界较明显，矮圈足。器形较规整，内壁较光滑，外壁较粗糙。通体素面。口径16.22、高6.96厘米（图二五四，2；图版七一，2）。

W216　位于Ⅲ区T65东部。开口于第②层下，打破生土层。椭圆形土坑竖穴墓，南北向，北偏东约20°。墓圹后期遭破坏，墓壁较直，墓底较平整。墓葬南北长0.82、东西宽0.5、深约0.07米（图二五五，1）。葬具为陶釜2件（图二五五，2、3），自北向南由釜（W216：1）口部与釜（W216：2）口部对接而成。

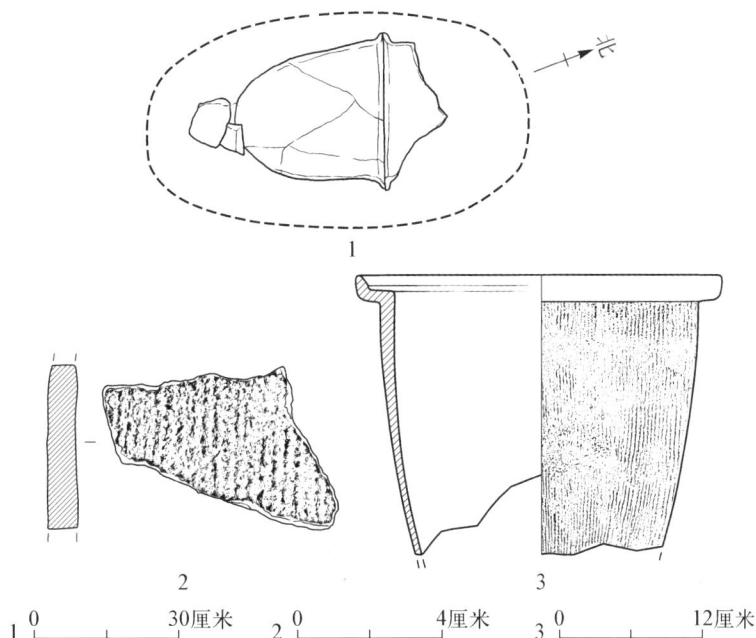

图二五五 W216平面图及葬具
1. W216平面图 2、3. 陶釜(W216：1、W216：2)

陶釜 2件。标本W216：1,夹云母红褐陶,内壁呈红褐色,外壁发黑。通体较光滑。器表施竖向粗绳纹。残高4.4厘米(图二五五,2)。标本W216：2,夹云母黄褐陶。侈口,尖圆唇,宽折沿,沿面内凹成槽,内沿呈凸棱状,斜直腹。通体较光滑。器表施竖向粗绳纹,纹饰因磨光不清晰。口径30.2、沿宽2.16、残高22.4厘米(图二五五,3)。

W217 位于Ⅲ区T87西部。开口于第②层下,打破生土层。圆角长方形土坑竖穴墓,南北向,北偏东约10°。墓壁较直,墓底较平整。墓葬南北长1.26、东西宽0.6、深0.37米(图二五六,1;图版一七,2)。葬具为陶釜2件、陶罐2件(图二五六,3—6),另发现陶釜片1件(图二五六,2),自北向南由釜(W217：2)—罐(W217：3)—罐(W217：4)—釜(W217：5)组合而成,其中釜(W217：2)口部套接于罐(W217：3)底部,罐(W217：4)腹部套接于罐(W217：3)口部,釜(W217：5)口部套接于罐(W217：4)口部,另有釜片(W217：1)封堵于釜(W217：2)底部。

陶釜片 1件。标本W217：1,夹云母黄褐陶,胎芯呈红褐色,通体红褐色偏黄。侈口,圆唇,宽折沿,沿面内凹成槽,内沿呈凸棱状。通体相对光滑。器表施竖向粗绳纹,局部纹样近方格状。口径35.24、沿宽2.12、残高10.28厘米(图二五六,2)。

陶釜 2件。标本W217：2,夹云母红褐陶,含云母量极少,内壁腹上部呈红褐色,腹中部有黑色斑驳,底部呈黑色,外壁腹上部呈红褐色,局部有黑色斑驳,腹中部红褐色偏黄,有黑色斑驳,腹下部至底部黑色较多。侈口,圆唇,宽折沿,沿面内凹成槽,内沿呈凸棱状,斜直腹,腹底分界不明显,圜底。器形较规整,整体相对光滑。器表施竖向绳纹,腹下部纹样呈方格状,底部施交错绳纹。口径33.32、沿宽2.12、高32.04厘米(图二五六,3;图版七一,3)。标本W217：5,夹

图二五六　W217平面图及葬具

1. W217平面图　2. 陶釜片（W217:1）　3、6. 陶釜（W217:2、W217:5）　4、5. 陶罐（W217:3、W217:4）

云母红褐陶,含云母量较少,内壁通体呈红褐色,底部发黑,外壁腹上部红褐色偏黄,腹中部至底部局部发黑,底部偏黄。侈口,圆唇,宽折沿,沿面内凹成槽,内沿呈凸棱状,斜直腹,腹下部斜弧收,腹底分界不明显,圜底。器形较规整,腹上部局部凹陷,内壁光滑,外壁较粗糙。器表通体施竖向绳纹,底部施交错绳纹,纹样近方格状。口径32.84、沿宽2.36、高34.12厘米(图二五六,6;图版七一,6)。

陶罐 2件。标本W217:3,泥质灰陶。敞口,方圆唇,窄折沿,束颈,溜肩,鼓腹,腹下部弧收。器形较规整,通体较光滑。外壁腹部施七周弦断绳纹,腹下部拍印斜向绳纹,纹饰因磨光不清晰。口径19.88、腹径32.96、残高32.48厘米(图二五六,4;图版七一,4)。标本W217:4,泥质灰陶,口沿部呈黑色,通体呈灰色,外壁局部红褐色偏黄。敛口,方唇,卷沿,沿面近唇部有一周凹棱,短颈,溜肩,鼓腹。通体较光滑。腹上部施竖向绳纹,腹部以下隐约可见交错绳纹或斜向绳纹。口径20.4、腹径30.8、残高21.36厘米(图二五六,5;图版七一,5)。

W218 位于Ⅲ区T107北隔梁东部。开口于第②层下,打破生土层。椭圆形土坑竖穴墓,西南—东北向,北偏东约42°。墓圹北部后期疑遭破坏,墓壁较直,墓底较平整。墓葬南北长1、东西宽0.44米,深度不明(图二五七,1)。葬具为陶釜3件(图二五七,2—4),自北向南由釜(W218:1)—釜(W218:2)—釜(W218:3)组合而成,其中釜(W218:1)口部与釜(W218:2)

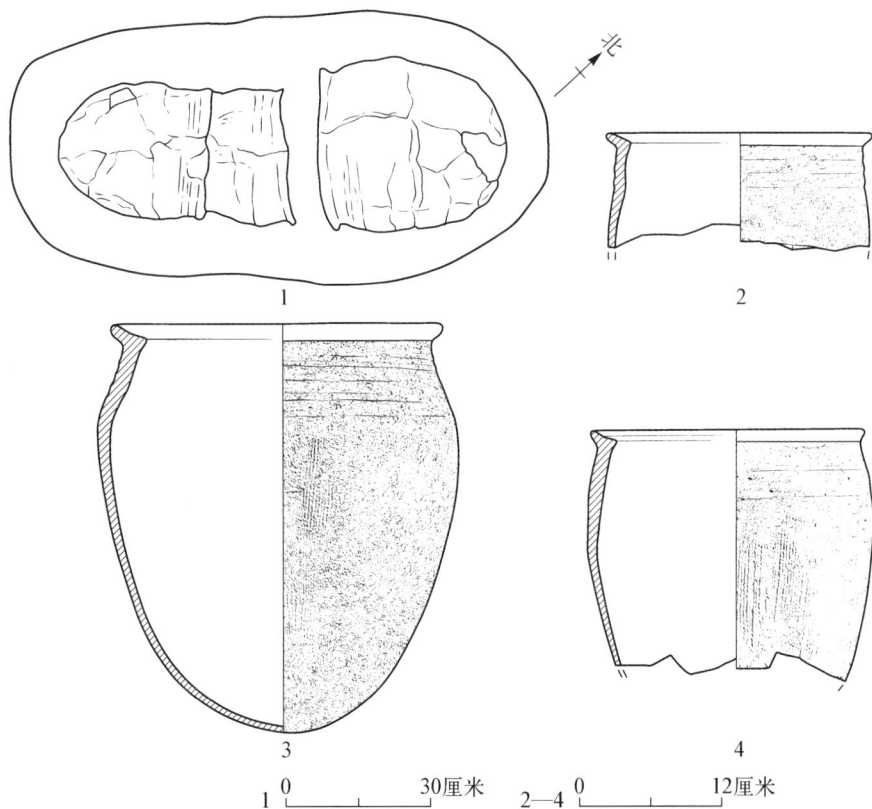

图二五七　W218平面图及葬具

1.W218平面图　2—4.陶釜(W218:3、W218:1、W218:2)

口部相对,间隔0.07米,釜(W218∶3)口部套接于釜(W218∶2)腹部。

陶釜 3件。标本W218∶1,夹云母红褐陶,内壁通体呈红褐色,腹下部局部发黑,外壁腹部有黑色斑驳或局部呈黑色,底部发黑。敛口,圆唇,窄折沿,沿面内弧,内沿呈凸棱状,腹微鼓,最大径在腹上部,腹下部斜弧收,腹下部与底部分界不清,圜底。器身较规整,通体较光滑。器表腹上部施弦纹,腹中部至底部施竖向绳纹,纹饰局部磨光不清。口径27.24、沿宽2.84、腹径29.68、高32.72厘米(图二五七,3;图版七二,1)。标本W218∶2,夹云母红褐陶,通体呈红褐色,内壁腹中部红褐色偏黄,外壁腹中部发黑。敛口,尖圆唇,窄折沿,沿面内弧,内沿呈凸棱状,腹微鼓,最大径在腹上部,弧收。整体较粗糙。器表腹上部施弦纹,腹中部至底部施竖向绳纹,纹饰局部磨光不清。口径22.88、沿宽2.08、腹径23.96、残高20.24厘米(图二五七,4;图版七二,2)。标本W218∶3,夹云母红褐陶,器内、外壁皆呈红褐色,外壁腹中部微发黑。敛口,圆唇,窄折沿,沿面微内弧,内沿呈凸棱状。器内壁较光滑,器外壁较粗糙。器表腹上部施弦纹,腹中部至底部施绳纹,纹饰因磨光不清晰。口径22.28、沿宽2.16、残高9.2厘米(图二五七,2)。

W219 位于Ⅲ区T145东南部,开口于第②层下,打破生土层。椭圆形土坑竖穴墓,西南—东北向,北偏东约60°。墓壁较直,墓底较平整。墓葬南北长0.84、东西宽0.45、深0.5米(图二五八,1;图版一七,3)。葬具为陶釜2件、陶钵1件(图二五八,2—4),自北向南由

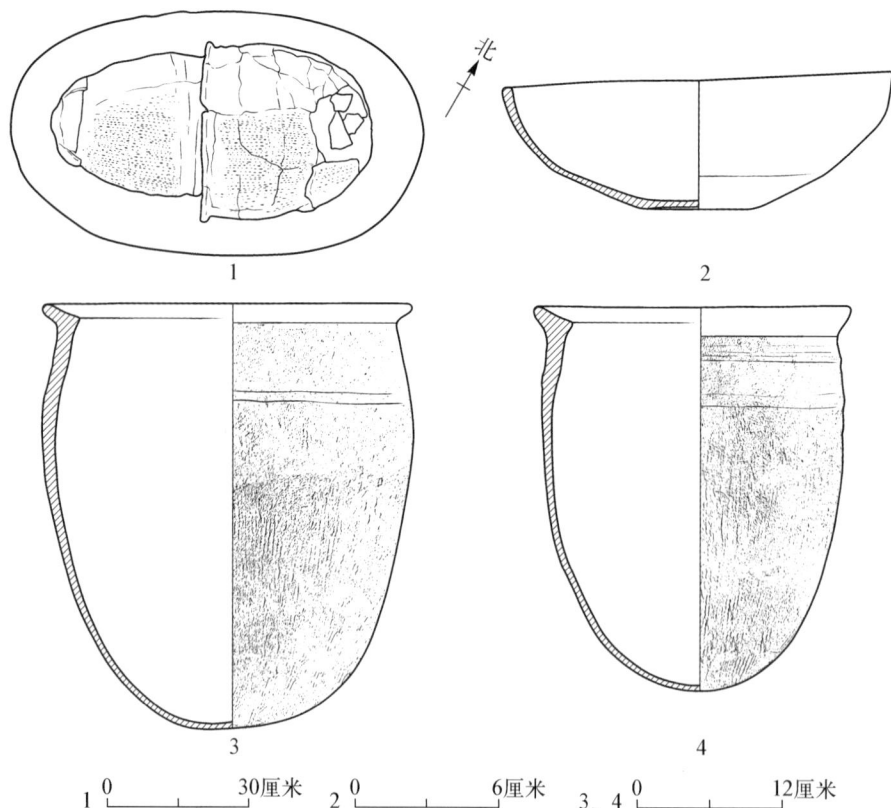

图二五八 W219平面图及葬具
1.W219平面图 2.陶钵(W219∶3) 3、4.陶釜(W219∶1、W219∶2)

釜(W219∶1)—釜(W219∶2)—钵(W219∶3)组合而成,其中釜(W219∶1)口部套接于釜(W219∶2)口部,用钵(W219∶3)封堵釜(W219∶2)底部。

　　陶釜　2件。标本W219∶1,夹云母红褐陶,内壁腹部呈红褐色,底部呈黑色,外壁腹上部呈红褐色,腹中部至近底部红褐色发黑,有红色斑驳。敛口,圆唇,折沿,沿面微内弧,内沿呈凸棱状,微鼓腹,最大径在腹上部,腹下部斜弧收,腹下部与底部分界不清,圜底。器身不规整,器表凹凸不平,通体较光滑,外壁腹上部较粗糙。器表腹上部素面,腹部以下局部施竖向绳纹,纹饰因磨光不清晰。口径30.72、沿宽3、腹径30.96、高34.08厘米(图二五八,3;图版七二,3)。标本W219∶2,夹云母红褐陶,内壁腹部呈红褐色,腹下部有黑色斑驳,底部呈黑色,外壁腹上部呈红褐色,腹中部至底部呈黑色。敛口,圆唇,折沿,沿面微内弧,内沿呈凸棱状,腹微鼓,腹中下部斜弧收,腹下部与底部分界不清,圜底。器身较规整,整体较光滑。器表腹上部施弦纹,腹中部至底部施竖向绳纹,底部隐约可见交错绳纹,纹饰因磨光不清晰,纹样近方格状。口径26.08、沿宽3.12、腹径24.96、高31.04厘米(图二五八,4;图版七二,4)。

　　陶钵　1件。标本W219∶3,泥质灰陶,胎芯呈黑色,通体呈灰褐色。敛口,方唇,弧腹,腹部较浅,腹部与底部分界不明显,小平底。器形较规整。器表素面,通体磨光。口径16.02、底径4.4、高5.62厘米(图二五八,2;图版七二,5)。

　　W220　位于Ⅲ区T145东北部,开口于第②层下,打破生土层。西南—东北向,北偏东约48°。圆角长方形土坑竖穴墓,墓圹遭后期破坏,墓壁较直,墓底较平整。墓葬南北长约1.03、

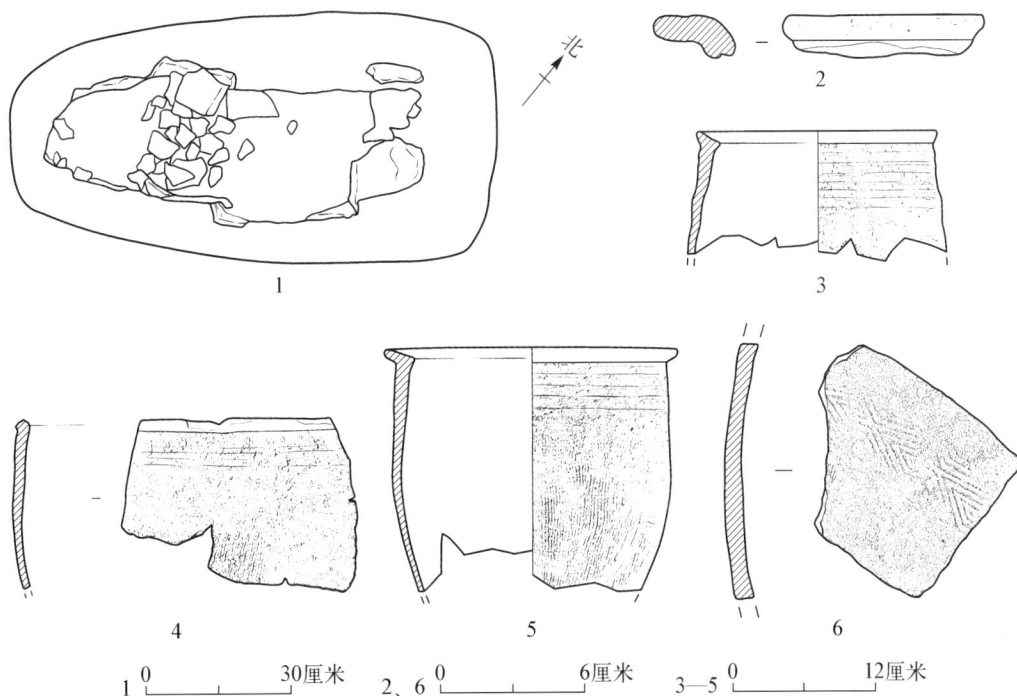

图二五九　W220平面图及葬具

1.W220平面图　2.陶片(W220∶5)　3—6.陶釜(W220∶1、W220∶2、W220∶3、W220∶4)

东西宽0.52、深0.25米（图二五九，1）。葬具为陶釜4件（图二五九，2—5），另发现陶片1件（图二五九，6），自北向南由釜（W220∶1）—釜（W220∶2）—釜（W220∶3）—釜（W220∶4）组合而成，其中釜（W220∶1）口部与釜（W220∶2）口部对接，釜（W220∶2）底部套接于釜（W220∶3）口部，釜（W220∶4）口部套接于釜（W220∶3）底部，陶片（W220∶5）置于釜（W220∶1）西侧。

陶釜　4件。标本W220∶1，夹云母红褐陶。敛口，圆唇，窄折沿，沿面微内弧，内沿呈凸棱状。通体较光滑。器表腹上部施弦纹，腹中部施绳纹。口径20.08、沿宽2.04、腹径21.64、残高9.92厘米（图二五九，3）。标本W220∶2，夹云母红褐陶，通体呈红褐色，腹部局部发黑。敛口，圆唇，窄折沿，内沿呈凸棱状。通体较光滑。器表纹饰因磨光不清晰。残高14厘米（图二五九，4）。标本W220∶3，夹云母红褐陶，通体呈红褐色，外壁局部发黑。敛口，圆唇，窄折沿，沿面微内弧，内沿呈凸棱状，腹微鼓。器形不甚规整，腹上部局部凹陷，通体较光滑。器表腹上部施弦纹，腹中部施竖向绳纹。口径24.12、沿宽2.44、腹径22.96、残高19.44厘米（图二五九，5）。标本W220∶4，夹砂灰褐陶，含砂量极少。通体较光滑。器表施菱形纹及两条弦纹，纹样呈条带状。残高10.2厘米（图二五九，6）。

陶片　1件。标本W220∶5，夹云母红褐陶。敛口，尖圆唇，窄折沿，沿面微弧，内沿呈凸棱状。器表纹饰因磨光不清晰。残高1.8厘米（图二五九，2）。

W221　位于Ⅲ区T145北隔梁中部，开口于第②层下，打破生土层。不规则长方形土坑竖穴墓，西南—东北向，北偏东约60°。墓壁较直，墓底较平整。墓葬南北长1.05、东西宽0.5、深0.33米（图二六〇，1）。葬具为陶釜3件（图二六〇，2—4），自北向南由釜（W221∶1）—釜（W221∶2）—釜（W221∶3）组合而成，其中釜（W221∶1）口部与釜（W221∶2）口部对接，釜（W221∶3）口部套接于釜（W221∶2）底部。

陶釜　3件。标本W221∶1，夹云母红褐陶，内壁基本为红褐色，局部发黑，外壁腹上部呈红褐色，腹部以下发黑。侈口，圆唇，窄折沿，沿面微内弧，内沿呈凸棱状，腹微鼓，最大径在腹上部，腹下部弧收。器形不甚规整，腹中部凹凸不平，通体较光滑。器表腹上部施弦纹，腹部以下施竖向绳纹，局部纹饰因磨光不清晰。口径30.68、沿宽2.8、腹径29.32、残高27.88厘米（图二六〇，2；图版七二，6）。标本W221∶2，夹云母红褐陶，器内、外壁腹上部呈红褐色，腹中部红褐色微发黑。敛口，圆唇，折沿，沿面斜平，内沿呈凸棱状，斜弧收。器形不甚规整，腹上部局部凹陷，内壁较光滑。器表腹上部施弦纹，腹中部至下部施竖向绳纹，纹饰因磨光不清晰。口径28.04、沿宽3.04、腹径28.88、残高24.72厘米（图二六〇，3）。标本W221∶3，夹云母红褐陶，通体呈橘红色。圆唇，窄折沿。通体较光滑。素面。残高4.2厘米（图二六〇，4）。

W222　位于Ⅲ区T156西南部，开口于第②层下，打破生土层。圆角长方形土坑竖穴墓，西南—东北向，北偏东约60°。墓圹后期遭破坏，墓壁较直，墓底较平整。墓葬南北长0.99、东西宽0.6、深0.33米（图二六一，1）。葬具为陶釜2件、陶罐1件（图二六一，2—4），自北向南由釜（W222∶1）—罐（W222∶2）—釜（W222∶3）组合而成，其中釜（W222∶1）口部套接于罐（W222∶2）底部，罐（W222∶2）口部与釜（W222∶3）口部对接。

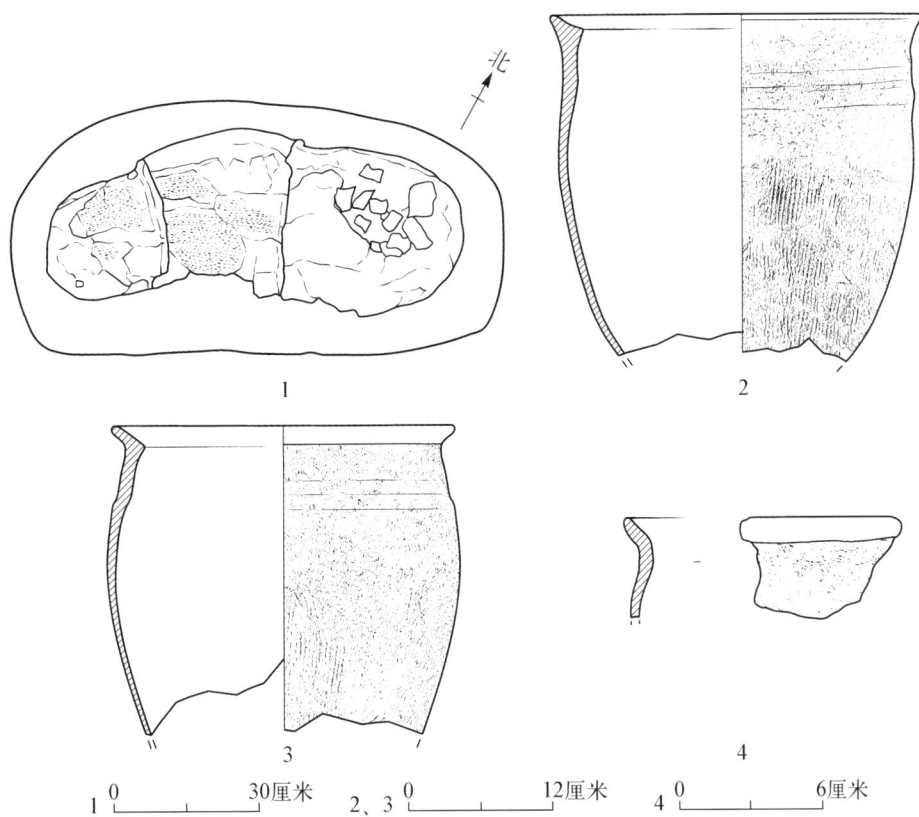

图二六〇　W221平面图及葬具

1. W221平面图　2—4. 陶釜（W221：1、W221：2、W221：3）

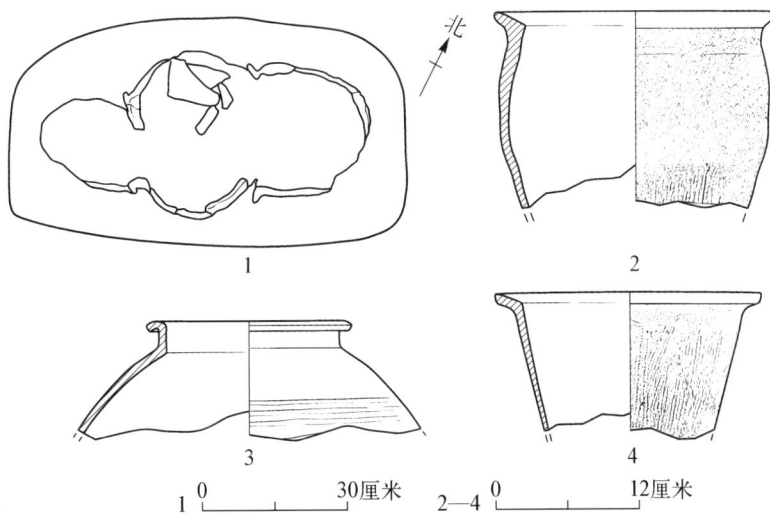

图二六一　W222平面图及葬具

1. W222平面图　2、4. 陶釜（W222：1、W222：3）　3. 陶罐（W222：2）

陶釜 2件。标本W222：1，夹云母红褐陶，通体呈红褐色，外壁腹中部有黑色斑驳。微敛口，圆唇，窄折沿，沿面斜平，内沿呈凸棱状。通体较粗糙。器表基本素面，腹中部局部可见竖向绳纹，纹饰因磨光不清晰。口径23.2、沿宽2.48、腹径22.52、残高15.8厘米（图二六一，2）。标本W222：3，夹云母红褐陶，内壁通体呈红褐色，外壁呈黑色，有红褐色斑驳。侈口，圆唇，窄折沿，沿面斜平，内沿呈凸棱状，斜直腹。器体不甚规整，器表凹凸不平，内壁较粗糙，外壁较光滑。器表通体以竖向绳纹为主，腹上部隐约可见斜向绳纹。口径22.16、沿宽2.28、残高11.08厘米（图二六一，4）。

陶罐 1件。标本W222：2，泥质灰陶。敛口，方唇，卷沿，短颈，溜肩。通体较光滑。器表肩部施弦纹。口径16.92、残高8.68厘米（图二六一，3）。

W223 位于Ⅲ区T156南部。开口于第②层下，打破生土层。椭圆形土坑竖穴墓，西南—东北向，北偏东约57°。墓圹上部遭后期破坏，墓壁较直，墓底较平整。墓葬南北长0.75、东西宽0.5、深0.3米（图二六二，1）。葬具为陶盆2件、陶釜1件（图二六二，2—4），自北向南由盆（W223：1）—釜（W223：2）—盆（W223：3）组合而成，其中盆（W223：1）口部与釜（W223：2）口部对接，盆（W223：3）口部套接于釜（W223：2）底部。

陶盆 2件。标本W223：1，泥质灰陶，内壁灰色偏黄，外壁呈灰色。敞口，方唇，卷沿，斜弧腹，腹下部弧收，腹底分界不明显，平底。器身整体较规整，通体较光滑，见有三个圆孔。口沿下

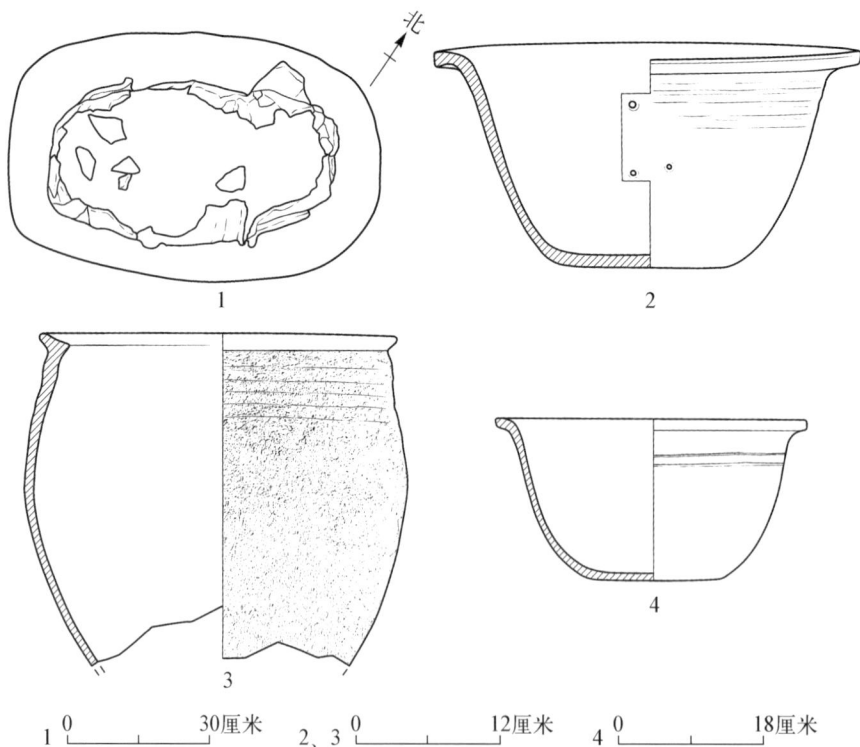

图二六二 W223平面图及葬具
1.W223平面图 2、4.陶盆（W223：1、W223：3） 3.陶釜（W223：2）

施弦纹,腹部以素面为主。口径34.96、底径13.88、高17.2厘米(图二六二,2;图版七三,1)。标本 W223:3,泥质灰陶,内壁灰色偏黄,外壁呈灰色。敞口,方唇,卷沿,斜弧腹,腹下部弧收,腹底分界不明显,平底。器身整体比较规整,通体较光滑。外壁素面,腹上部有两周弦纹。口径38.22、高19.2厘米(图二六二,4;图版七三,3)。

陶釜 1件。标本W223:2,夹云母红褐陶,通体呈红褐色,外壁腹中部发黑。敛口,圆唇,窄折沿,沿面微内弧,内沿呈凸棱状,腹微鼓,最大径在腹上部,斜弧收,底部缺失。器形不甚规整,腹中部凹凸不平,纹饰因磨光不清晰,通体较粗糙。器表腹上部施弦纹,腹部零星可见竖向绳纹。口径29.76、沿宽2.4、腹径31.92、残高26.56厘米(图二六二,3;图版七三,2)。

W224 位于Ⅲ区T156西南部。开口于第②层下,打破生土层。圆角长方形土坑竖穴墓,西南—东北向,北偏东约46°。墓壁较直,墓底较平整。墓葬南北长1.1、东西宽0.5、深0.36米(图二六三,1;图版一八,1)。葬具为陶釜3件(图二六三,2—4),自北向南由釜(W224:1)—釜(W224:2)—釜(W224:3)组合而成,其中釜(W224:1)口部与釜(W224:2)口部对接,釜(W224:3)口部套接于釜(W224:2)底部。

陶釜 3件。标本W224:1,夹云母红褐陶,通体以红褐色为主,腹中部局部呈黑色。敛口,圆唇,宽折沿,沿面内弧,内沿呈凸棱状,腹微鼓,腹下部斜弧收,与底部分界不清,圜底。

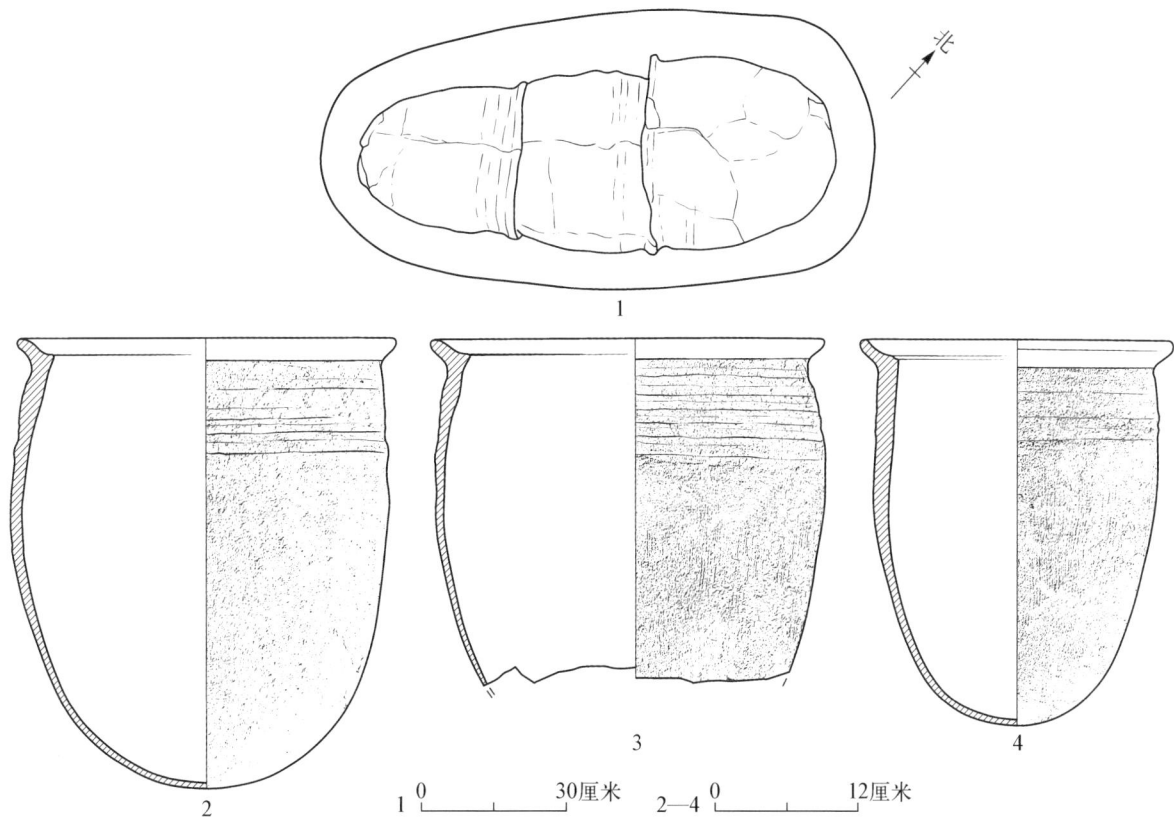

图二六三 W224平面图及葬具

1. W224平面图   2—4. 陶釜(W224:1、W224:2、W224:3)

器身不甚规整,器表凹凸不平,内壁较光滑,外壁较粗糙。器表腹上部施弦纹,腹部零星可见竖向绳纹,纹饰因磨光不清晰。口径31.12、沿宽3、腹径31.2、高35.96厘米(图二六三,2;图版七三,4)。标本W224:2,夹云母红褐陶,通体上部呈红褐色,内壁腹中部发黑。敛口,圆唇,宽折沿,沿面微内弧,内沿呈凸棱状,腹微鼓,斜弧,底部缺失。器形不甚规整,通体较光滑。器表腹上部施弦纹,腹中部施竖向绳纹,纹饰因磨光不清晰。口径32.4、沿宽3.16、腹径32.04、残高27.68厘米(图二六三,3;图版七三,5)。标本W224:3,夹云母红褐陶,通体呈红褐色,外壁腹部有黑色斑驳。敛口,圆唇,宽折沿,沿面微弧,内沿呈凸棱状,微鼓腹,腹下部斜弧收,与底部分界不清,圜底。器身不甚规整,鼓腹程度不一,通体较光滑。器表腹上部施弦纹,腹中部及下部局部隐约可见竖向绳纹,纹饰因磨光不清晰。口径26.4、高30.8厘米(图二六三,4;图版七三,6)。

W225 位于Ⅲ区T156西南部。开口于第②层下,打破生土层。近似椭圆形土坑竖穴墓,西南—东北向,北偏东约47°。墓壁较直,墓底较平整。墓葬南北长0.94、东西宽0.4—0.5、深0.36米(图二六四,1;图版一八,1)。葬具为陶釜2件(图二六四,2、3),自北向南由釜(W225:1)口部与釜(W225:2)口部对接而成。

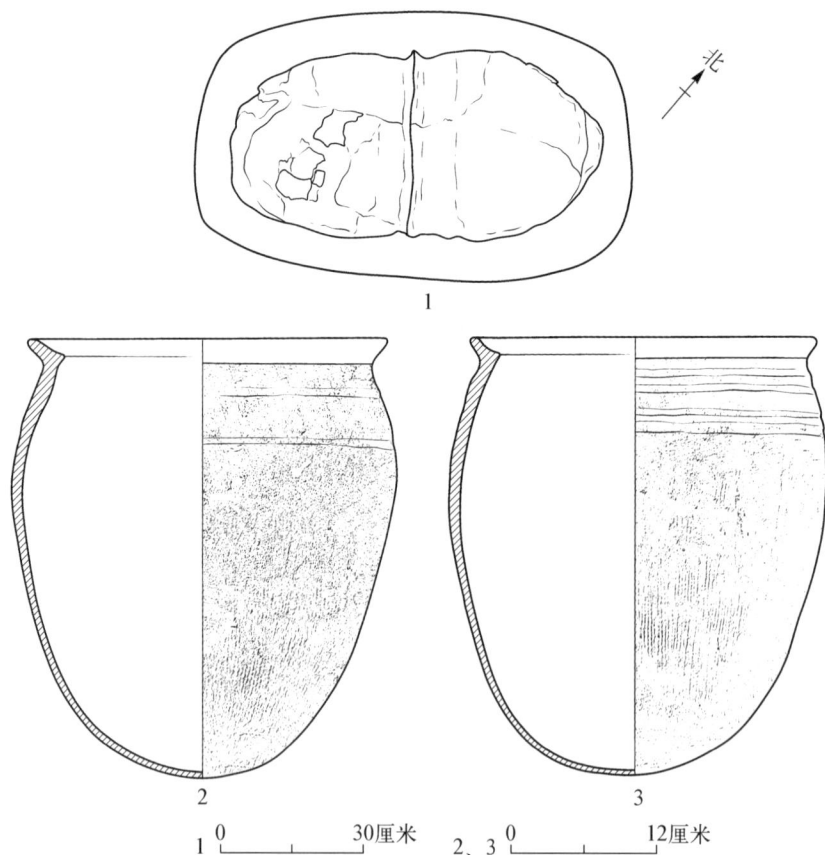

图二六四　W225平面图及葬具

1. W225平面图　2、3. 陶釜(W225:1、W225:2)

陶釜 2件。标本W225：1，夹云母红褐陶，通体基本呈红褐色，内壁腹中部局部为黑色，外壁腹下部至底部发黑。敛口，圆唇，窄折沿，沿面斜平，内沿呈凸棱状，腹微鼓，最大径在腹上部，腹下部弧收，与底部分界不清，圜底。器身不规整，腹上部凹凸不平，通体较光滑。器表腹上部基本为素面，腹下部至底部隐约可见竖向绳纹，纹饰因磨光不清晰。口径29.92、沿宽3.08、腹径32.08、高35.24厘米（图二六四，2；图版七四，1）。标本W225：2，夹云母红褐陶。敛口，圆唇，折沿，沿面微内弧，内沿呈凸棱状，腹微鼓，腹下部弧收，腹下部与底部分界不清，圜底。器身不甚规整，腹部凹凸不平，通体较光滑。器表腹上部施弦纹，腹中部至腹下部施竖向绳纹，底部绳纹模糊不清。口径28.44、沿宽2.4、腹径31.04、高35.12厘米（图二六四，3；图版七四，2）。

W226 位于Ⅲ区T156西北部。开口于第②层下，打破生土层。椭圆形土坑竖穴墓，西南—东北向，北偏东约40°。墓圹上部后期遭破坏，墓壁较直，墓底较平整。墓葬南北长0.76、东西宽0.65、深0.16米（图二六五，1）。葬具为陶釜1件、陶盆1件（图二六五，3、4），另发现陶片1件（图二六五，2），自北向南由釜（W226：2）—盆（W226：3）组合而成，其中盆（W226：3）口部套接于釜（W226：2）口部，陶片（W226：1）用于封堵釜（W226：2）的底部残缺处。

陶片 1件。标本W226：1，泥质灰陶，胎芯呈黄褐色，内壁呈黄褐色，外壁呈灰褐色。通体较光滑。器表施竖向绳纹，纹饰因磨光不清晰。残高7.8厘米（图二六五，2）。

陶釜 1件。标本W226：2，夹云母红褐陶，通体腹上部呈红褐色，腹中上部发黑。敛口，圆

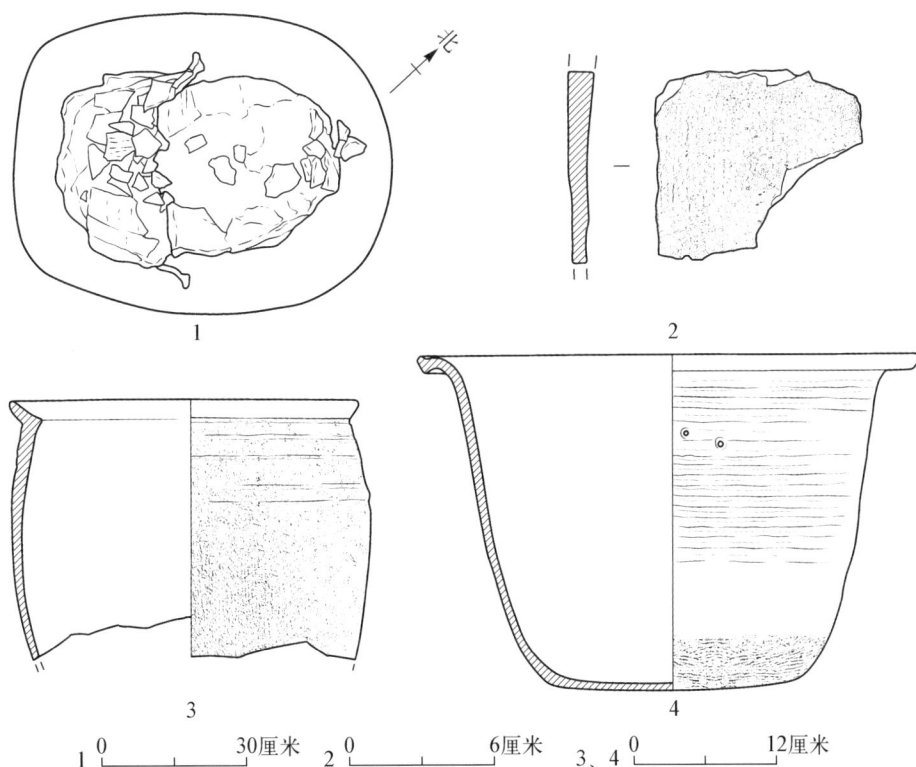

图二六五 W226平面图及葬具
1.W226平面图 2.陶片（W226：1） 3.陶釜（W226：2） 4.陶盆（W226：3）

唇,窄折沿,沿面微内弧,内沿呈凸棱状,腹微鼓,底部缺失。器形不甚规整,器表凹凸不平,通体较粗糙。器表腹上部施弦纹,腹中部局部隐约可见竖向绳纹,纹饰因磨光不清晰。口径28.68、沿宽2.96、腹径29.52、残高20.8厘米(图二六五,3;图版七四,3)。

陶盆 1件。标本W226:3,泥质灰陶。敞口,方唇,卷沿,斜直腹,腹下部弧收,腹底分界不明显,平底。器身比较规整,通体较光滑,见有两个圆孔。外壁基本素面,腹上中部施横向绳纹,底部纹饰模糊不清。口径41.64、底径20.64、高26.96厘米(图二六五,4;图版七四,4)。

W227 位于Ⅲ区T146北隔梁内。开口于第②层下,打破生土层。不规则长方形土坑竖穴墓,西南—东北向,北偏东约45°。墓壁较直,墓底较平整。墓葬南北长0.9、东西宽0.53、深0.15米(图二六六,1)。葬具为陶釜2件、陶盆1件(图二六六,2—4),自北向南由盆(W227:1)—釜(W227:2)—釜(W227:3)组合而成,其中盆(W227:1)口部套接于釜(W227:2)口部,釜(W227:2)底部套接于釜(W227:3)口部。

陶盆 1件。标本W227:1,泥质黄褐陶。敞口,方唇,唇面有两周凹棱,卷沿,弧腹微鼓。通体较光滑。口沿下施两周弦纹,腹部基本素面。口径36.84、残高15.64厘米(图二六六,2)。

陶釜 2件。标本W227:2,夹云母红褐陶,通体呈红褐色,外壁腹上部局部发黑,腹中下部红褐色偏黄。敛口,圆唇,窄折沿,沿面微内弧,内沿呈凸棱状,腹微鼓,最大径在腹中部,弧收,底部缺失。器形不甚规整,器表凹凸不平,通体较光滑。器表腹上部施弦纹,腹下部局部隐约可见

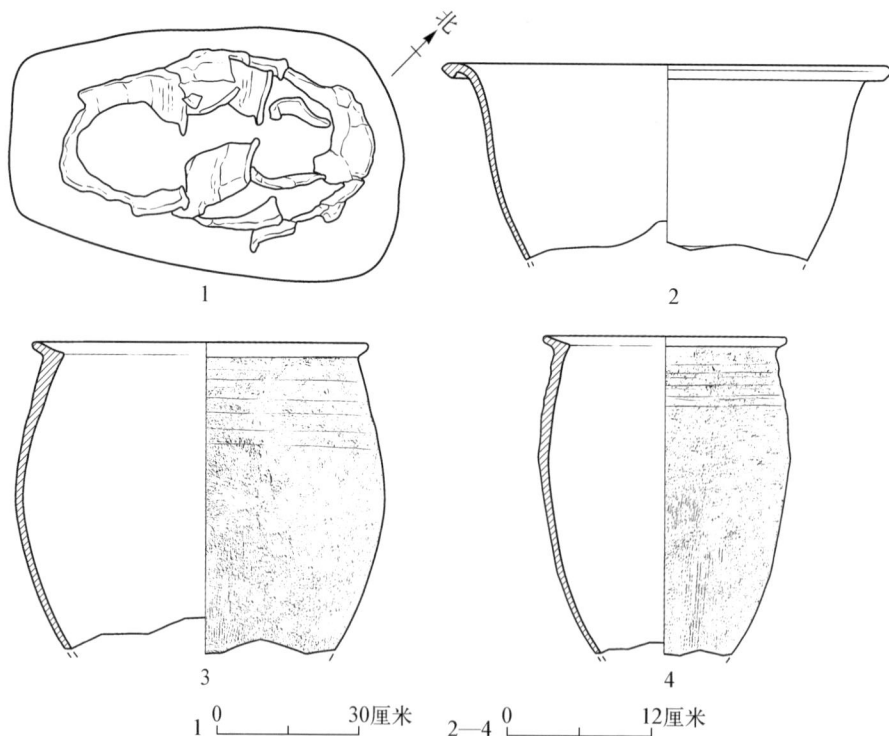

图二六六 W227平面图及葬具

1. W227平面图 2. 陶盆(W227:1) 3、4. 陶釜(W227:2、W227:3)

竖向绳纹，纹饰因磨光不清晰，局部可见刮抹痕。口径27.92、沿宽2.56、腹径30.68、残高24.56厘米（图二六六，3；图版七四，5）。标本W227∶3，夹云母红褐陶，基本呈红褐色，腹部呈黑色或有黑斑。敛口，圆唇，窄折沿，沿面斜平，内沿呈凸棱状，腹微鼓，斜弧收。通体较光滑。器表腹上部施弦纹，腹中下部施竖向绳纹，纹饰因磨光不清晰。口径20、沿宽2.12、腹径20.74、残高25.48厘米（图二六六，4；图版七四，6）。

W228 位于Ⅲ区T157南部偏东。开口于第②层下，打破生土层。椭圆形土坑竖穴墓，西南—东北向，北偏东约56°。墓圹上部后期遭破坏，墓壁较直，墓底较平整。墓葬南北长0.8、东西宽0.5、深0.19米（图二六七，1）。葬具为陶釜2件（图二六七，3、4），另发现陶盆片1件（图二六七，2），自北向南由釜（W228∶1）—釜（W228∶2）组合而成，其中釜（W228∶1）口部套接于釜（W228∶2）口部，陶盆片（W228∶3）用于封堵釜（W228∶2）的底部。

陶釜 2件。标本W228∶1，夹云母红褐陶，通体呈红褐色，内壁发黄，外壁腹中部至底部发黑。敛口，圆唇，窄折沿，沿面内弧，内沿呈凸棱状，腹微鼓，最大径在腹上部，腹下部弧收，与底部分界不明显，圜底。通体较光滑。器表腹上部施弦纹，腹中部至腹下部隐约可见竖向绳纹。口径29.32、沿宽2.76、腹径29.96、高32.76厘米（图二六七，4；图版七五，1）。标本W228∶2，夹云母红褐陶，含云母量极少，通体呈红褐色，内壁腹部发黑。敛口，圆唇，窄折沿，沿面微内弧，内

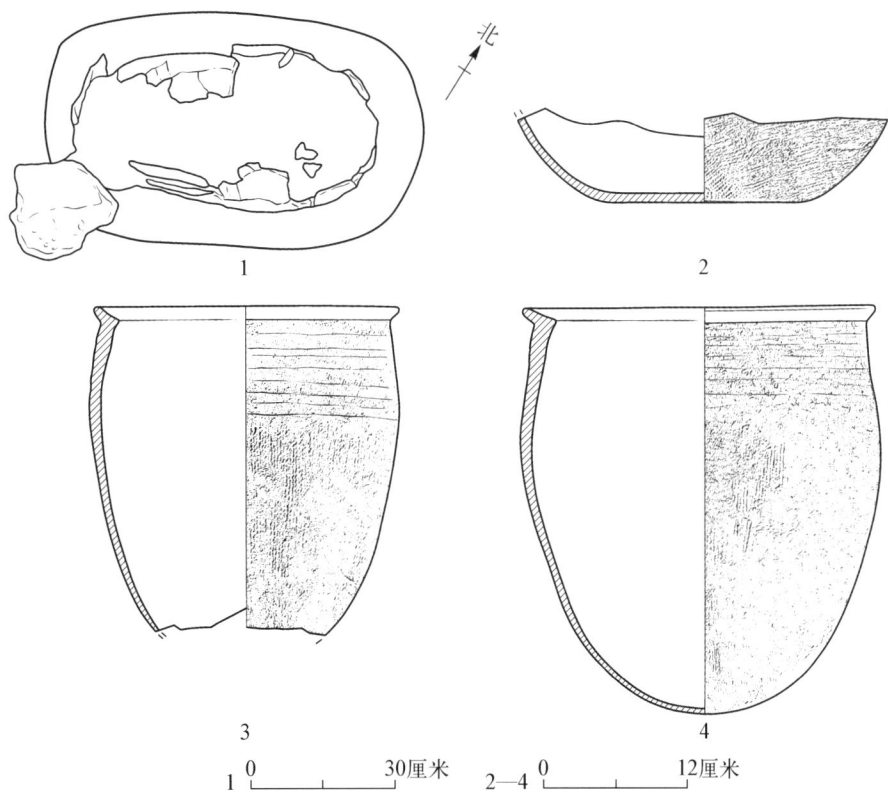

图二六七 W228平面图及葬具
1.W228平面图 2.陶盆片（W228∶3） 3、4.陶釜（W228∶2、W228∶1）

沿呈凸棱状,腹微鼓,腹下部弧收,圜底。通体较光滑。器形不甚规整,器表腹上部施弦纹,腹部以下施竖向绳纹,纹饰因磨光不清晰。口径25、沿宽2.24、腹径25.4、残高26.32厘米(图二六七,3;图版七五,2)。

陶盆片 1件。标本W228:3,泥质黄褐陶。口、肩、腹部缺失,腹下部为弧腹,腹底分界不明显,平底。通体较光滑。外壁腹下部施斜向绳纹,底部施交错绳纹,纹样近方格状,局部纹饰因磨光不清晰。底径16.12、残高6.68厘米(图二六七,2)。

W229 位于Ⅲ区T110北隔梁中部。开口于第②层下,打破第③层。不规则椭圆形土坑竖穴墓,西南—东北向,北偏东约60°。墓壁较直,墓底较平整。墓葬南北长1.27、东西宽0.7、深0.65米(图二六八,1;图版一八,2)。葬具为陶釜1件、陶瓮1件、陶罐1件(图二六八,2—4),自北向南由釜(W229:1)—瓮(W229:2)—罐(W229:3)组合而成,其中釜(W229:1)口部套接于瓮(W229:2)底部,瓮(W229:2)口部套接于罐(W229:3)口部。

陶釜 1件。标本W229:1,夹云母红褐陶,通体呈红褐色,腹中部有黑色斑驳,底部微发黑。侈口,圆唇,宽折沿,沿面内凹成槽,内沿呈凸棱状,斜直腹,腹底分界不明显,圜底。器形较规整,内壁光滑,外壁较粗糙。器表施竖向绳纹,底部施交错绳纹,纹饰因磨光不清晰。口径33.72、沿

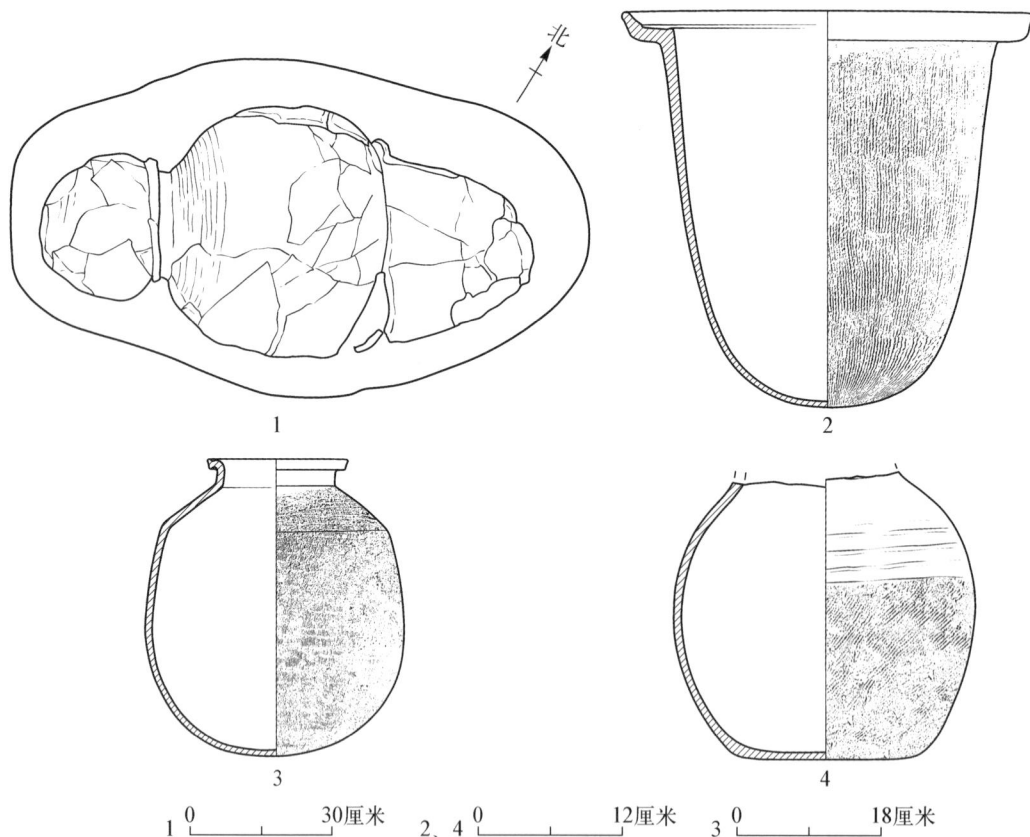

图二六八 W229平面图及葬具

1.W229平面图 2.陶釜(W229:1) 3.陶瓮(W229:2) 4.陶罐(W229:3)

宽2.4、高31.64厘米(图二六八,2;图版七五,3)。

陶瓮 1件。标本W229:2,泥质灰陶,内壁呈灰褐色,外壁局部为黄褐色。敞口,方唇,卷沿,短直颈,溜肩,直腹,腹下部弧收,腹底分界不明显,圜底。通体较光滑。器表肩部至底部施弦纹与竖向绳纹,绳纹交错呈条带状,纹样近方格状,局部纹饰因磨光不清晰。口径17.76、腹径32.52、高35.7厘米(图二六八,3;图版七五,4)。

陶罐 1件。标本W229:3,泥质灰陶,通体呈灰色,腹中部至底部呈黑色。近球状,唇、口缺失,溜肩,鼓腹,弧收,腹底分界不明显,平底。器形较规整,通体较光滑。器表腹上部施弦纹,腹部以下施斜向绳纹,底部施绳纹,纹饰局部磨光不清。残高23.04厘米(图二六八,4;图版七五,5)。

W230 位于Ⅲ区T110东北关键柱内。开口于第②层下,打破第③层。不规则椭圆形土坑竖穴墓,西南—东北向,北偏东约50°。墓壁较直,墓底较平整。墓葬南北长1.1、东西宽0.5、深0.45米(图二六九,1;图版一八,3)。葬具为陶釜3件(图二六九,2—4),自北向南由釜(W230:1)—釜(W230:2)—釜(W230:3)组合而成,其中釜(W230:1)口部与釜(W230:2)

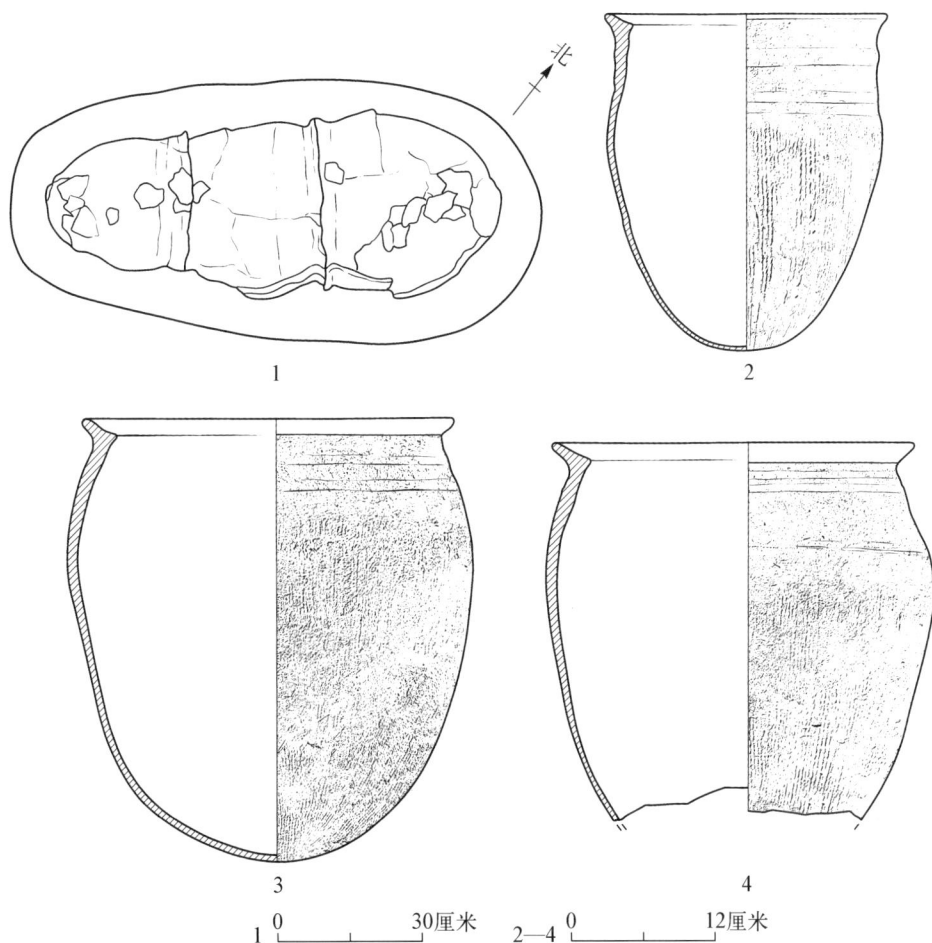

图二六九 W230平面图及葬具

1. W230平面图 2—4. 陶釜(W230:3、W230:1、W230:2)

口部对合,釜(W230:3)口部套接于釜(W230:2)底部。

陶釜 3件。标本W230:1,夹云母红褐陶,通体呈红褐色,外壁腹中部发黑,底部呈黑色。敛口,圆唇,窄折沿,沿面微弧,内沿呈凸棱状,腹微鼓,最大径在腹上部,腹下部弧收,腹底分界不清,圜底。通体较光滑。器表腹上部施弦纹,腹中部至底部施竖向绳纹,底部隐约可见交错绳纹,纹饰因磨光不清晰。口径30.25、沿宽3、腹径33.28、高35.52厘米(图二六九,3;图版七五,6)。标本W230:2,夹云母红褐陶,通体呈红褐色,外壁腹下部发黑。敛口,圆唇,宽折沿,沿面斜平,内沿呈凸棱状,腹微鼓,最大径在腹上部,弧收,底部缺失。器形不甚规整,腹部凹凸不平,内壁较光滑,外壁较粗糙。口沿下施一周弦纹,腹中部至下部施竖向绳纹,纹饰因磨光不清晰。口径30.04、沿宽3.12、腹径32.32、残高30.16厘米(图二六九,4;图版七六,1)。标本W230:3,夹云母红褐陶,内壁通体呈红褐色,底部局部呈黑色,外壁腹中部至腹下部有黑色斑驳,底部呈黑色。敛口,圆唇,窄折沿,沿面微弧,内沿呈凸棱状,腹微鼓,最大径在腹上部,腹下部弧收,腹底分界不清,圜底。内壁较光滑,外壁较粗糙。器表腹上部施凸弦纹,腹中部至底部施竖向绳纹,底部纹饰因磨光不清晰。口径23.52、沿宽2.28、腹径23、高27.04厘米(图二六九,2;图版七六,2)。

W231 位于Ⅲ区T147东隔梁南部。开口于第②层下,打破第③层。圆角梯形土坑竖穴墓,西南—东北向,北偏东约43°。墓壁较直,墓底较平整。墓葬南北长1.2、东西宽0.38—0.54米,深

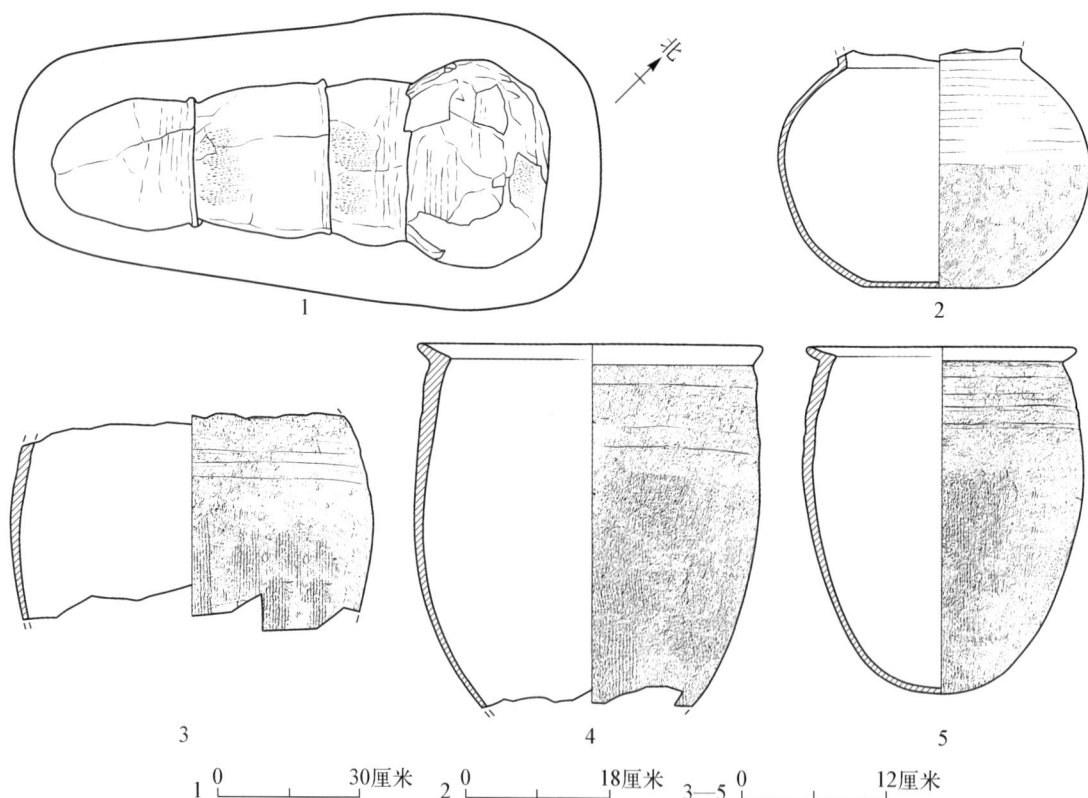

图二七〇 W231平面图及葬具
1.W231平面图 2.陶罐(W231:1) 3—5.陶釜(W231:2、W231:3、W231:4)

度不明(图二七〇,1;图版一九,1)。葬具为陶罐1件、陶釜3件(图二七〇,2—5),自北向南由罐(W231:1)—釜(W231:2)—釜(W231:3)—釜(W231:4)组合而成,其中釜(W231:2)口部套接于罐(W231:1)口部,釜(W231:3)口部套接于釜(W231:2)腹部,釜(W231:4)口部套接于釜(W231:3)底部。

陶罐 1件。标本W231:1,泥质灰陶。口部残,溜肩,鼓腹,腹下部弧收,平底。通体较光滑。外壁腹上部施数周瓦楞纹,腹下部施斜向绳纹,纹饰因磨光不清晰。腹径38.4、残高28.98厘米(图二七〇,2;图版七六,3)。

陶釜 3件。标本W231:2,夹云母红褐陶,通体呈红褐色,腹中部有黑色斑驳。唇、口缺失,腹微鼓。内壁光滑,外壁较粗糙。器表腹上部施弦纹,腹中部施竖向绳纹,局部纹饰因磨光不清晰。腹径30.12、残高16.48厘米(图二七〇,3;图版七六,4)。标本W231:3,夹云母红褐陶,内壁呈红褐色,腹下部微发黑,外壁腹上部呈红褐色,局部发黑,腹部以下呈黑色。敛口,圆唇,窄折沿,沿面斜平,内沿呈凸棱状,腹微鼓,弧收,底部缺失。器形不甚规整,通体较粗糙。器表腹中上部施弦纹,腹下部施竖向绳纹,纹饰因磨光不清晰。口径28.36、沿宽2.68、腹径28.48、残高29.12厘米(图二七〇,4;图版七六,5)。标本W231:4,夹云母红褐陶,内壁呈黑色,腹上部及底部局部呈红褐色。外壁呈红褐色,腹部局部发黑。敛口,圆唇,窄折沿,沿面斜平,内沿呈凸棱状,腹微鼓,最大径在腹中部,腹下部弧收,腹底分界不清,圜底。通体较光滑。器表腹上部施弦纹,腹部隐约可见竖向绳纹,纹饰因磨光不清晰。口径22.2、沿宽2.32、腹径23.12、高27.8厘米(图二七〇,5;图版七六,6)。

W232 位于Ⅲ区T110北隔梁西部。开口于第②层下,打破第③层。椭圆形土坑竖穴墓,西南—东北向,北偏东约25°。墓圹后期遭破坏,墓壁较直,墓底较平整。墓葬南北0.95、东西宽0.47、深约0.85米(图二七一,1;图版一九,2)。葬具为陶釜3件(图二九七,2—4),自北向南由釜(W232:1)—釜(W232:2)—釜(W232:3)组合而成,其中釜(W232:1)口部与釜(W232:2)口部对接,釜(W232:2)腹部套接于釜(W232:3)口部。

陶釜 3件。标本W232:1,夹云母红褐陶,通体呈红褐色,内壁底部呈黑色,外壁腹部呈黑色,有红褐色斑驳,底部发黑。敛口,圆唇,窄折沿,沿面微内弧,内沿呈凸棱状,腹微鼓,腹下部弧收,腹底分界不清,圜底。器形不甚规整,腹下部凹凸不平,内壁较光滑,外壁较粗糙。器表腹上部施弦纹,腹中部至底部施竖向绳纹,底部隐约可见交错绳纹,口径28.96、沿宽2.04、腹径31.24、高35.2厘米(图二七一,3;图版七七,1)。标本W232:2,夹云母红褐陶,通体呈红褐色,外壁腹中部有黑色斑驳。敛口,圆唇,窄折沿,沿面斜平,内沿呈凸棱状,微鼓腹,底部缺失。器形不甚规整,器表凹凸不平,通体较光滑,外壁腹上部较粗糙。器表腹上部素面,腹中部施竖向绳纹,纹饰因磨光不清晰。口径24.04、沿宽2.6、腹径24.72、残高18.84厘米(图二七一,2;图版七七,2)。标本W232:3,夹云母红褐陶,内壁基本呈红褐色,腹下部及底部呈黑色,外壁腹部局部呈黑色,其余大部分为红褐色或有黑色斑驳。敛口,圆唇,窄折沿,沿面内弧,内沿呈棱状,鼓腹,最大径在腹上部,腹下部弧收,腹底分界不清,圜底。器形不甚规整,器表凹凸不平,内壁较光滑,外壁较粗糙。器表腹上部施弦纹,腹中部以下施竖向绳纹,纹饰因磨光不清晰。口径22.36、沿宽2.08、腹径

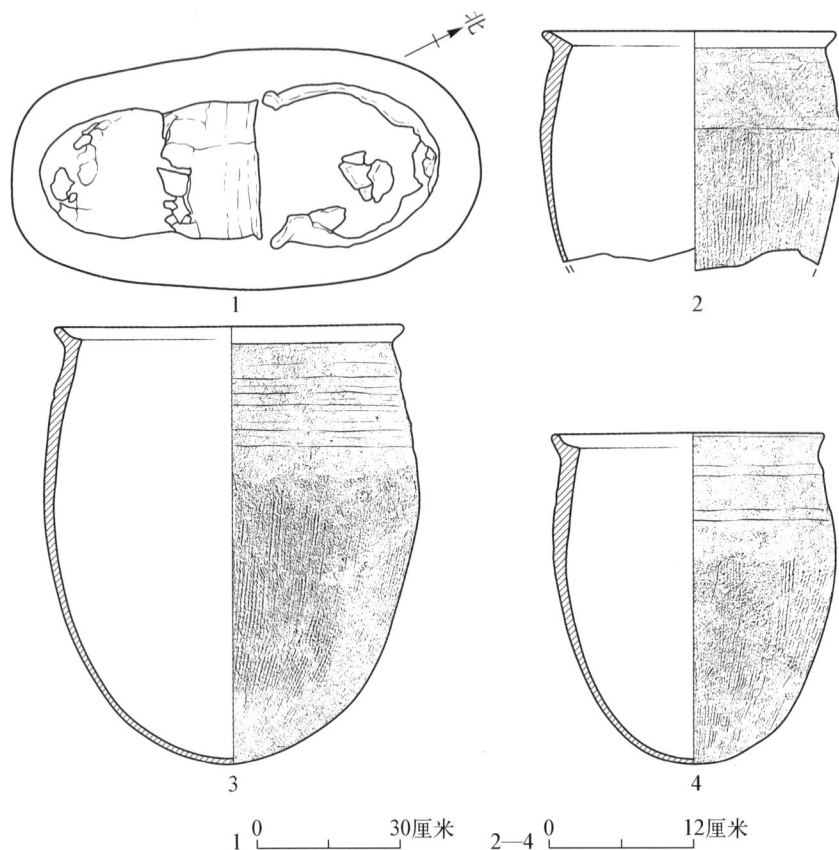

图二七一　W232平面图及葬具

1.W232平面图　2—4.陶釜（W232：2、W232：1、W233：3）

23.2、高26.52厘米（图二七一，4；图版七七，3）。

　　W233　位于Ⅲ区T147中南部。开口于第②层下，打破第③层。不规则椭圆形土坑竖穴墓，西南—东北向，北偏东约35°。墓壁较直，墓底较平整。墓葬南北长1.3、东西宽0.76米，深度不明（图二七二，1；图版一九，3）。葬具为陶釜2件、陶瓮1件（图二七二，2—4），自北向南由釜（W233：1）—瓮（W233：2）—釜（W233：3）组合而成，其中瓮（W233：2）底部套接于釜（W233：1）口部，瓮（W233：2）口部与釜（W233：3）口部对接。

　　陶釜　2件。标本W233：1，夹云母红褐陶，内壁通体呈红褐色，底部微发黑，外壁腹上部呈红褐色，局部发黑，腹中部及腹下部发黑，有红褐色斑驳，底部红褐色偏黄。侈口，圆唇，宽折沿，沿面内凹成槽，内沿呈凸棱状，斜直腹，斜弧收，腹底分界不明显，圜底。器形较规整，内壁较光滑，外壁较粗糙。器表施竖向绳纹，底部隐约可见交错绳纹，纹饰因磨光不清晰。口径31.88、沿宽2.2、高30.04厘米（图二七二，3；图版七七，4）。标本W233：3，泥质红陶，器内、外壁皆呈红褐色，器外壁近底部微发黑。侈口，方唇，窄折沿，沿面有一周凹棱，斜直腹，腹下部弧收，腹底分界不清，近平底。器形较规整，通体较光滑。器表腹中部至底部施竖向绳纹，局部纹饰因磨光不清晰。口径21.4、高14.84厘米（图二七二，2；图版七七，6）。

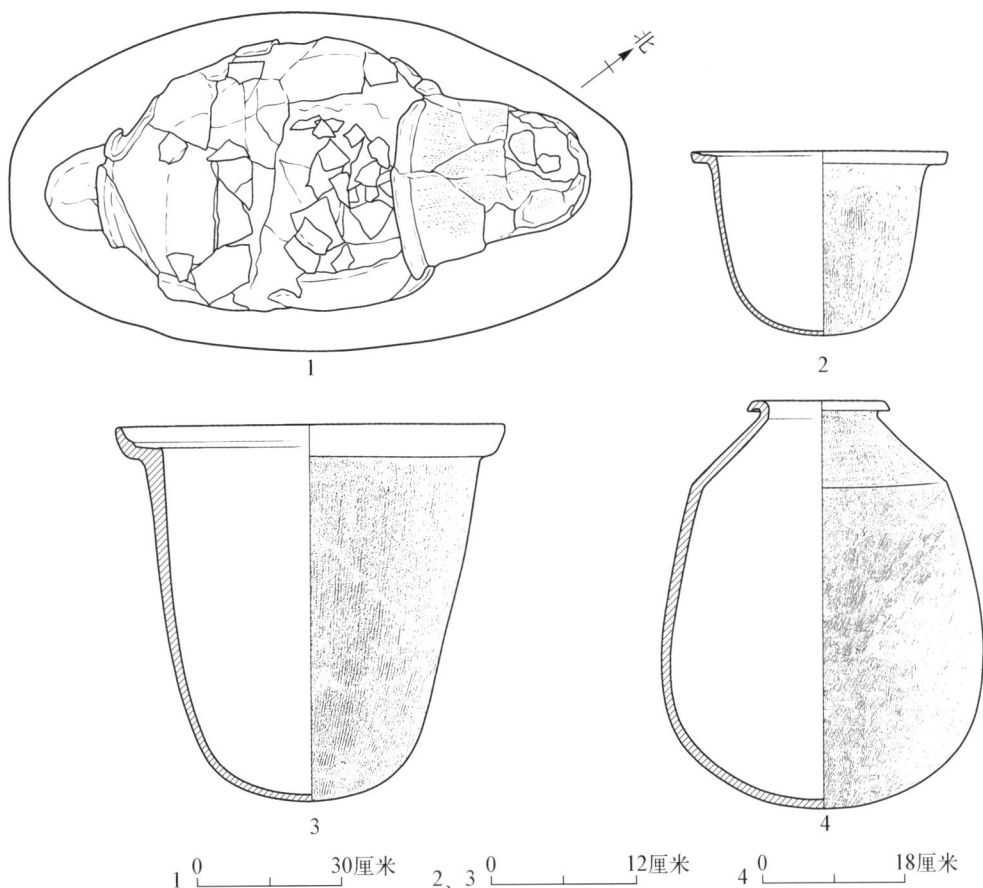

图二七二　W233平面图及葬具

1. W233平面图　2、3. 陶釜（W233∶3、W233∶1）　4. 陶瓮（W233∶2）

陶瓮　1件。标本W233∶2，泥质黄褐陶，通体呈黄褐色，腹上部局部发黑。敞口，圆唇，卷沿，束颈，折肩，深垂腹，腹下部弧收，腹底分界不明显。器形较规整，通体较光滑。器表通体施斜向绳纹，肩部施弦纹与竖向绳纹，绳纹呈条带状，纹饰局部磨光不清。口径16.2、腹径40.26、高48.9厘米（图二七二，4；图版七七，5）。

W234　位于Ⅲ区T147西部偏南。开口于第②层下，打破第③层。椭圆形土坑竖穴墓，西南—东北向，北偏东约64°。墓圹后期遭破坏，墓壁较直，墓底较平整。墓葬南北长0.8、东西宽0.5、深0.4米（图二七三，1）。葬具为陶釜2件、陶瓮1件（图二七三，2—4），自北向南由釜（W234∶1）—瓮（W234∶2）—釜（W234∶3）组合而成，其中釜（W234∶1）口部与瓮（W234∶2）肩部对接，瓮（W234∶2）口部与釜（W234∶3）口部对接。

陶釜　2件。标本W234∶1，夹云母红褐陶，含云母量极少，通体呈红褐色，有黑色斑驳，腹中部发黑，腹下部至底部红褐色偏黄，局部发黑。敛口，近方唇，窄折沿，沿面微内弧，内沿呈凸棱状，微鼓腹，最大径在腹中部，弧收，腹底分界不清，圜底。器形较规整，通体较光滑。器表腹上部施弦纹，腹中部至底部隐约可见竖向绳纹，纹样近菱形状，局部纹饰因磨光不清晰。口径31.44、

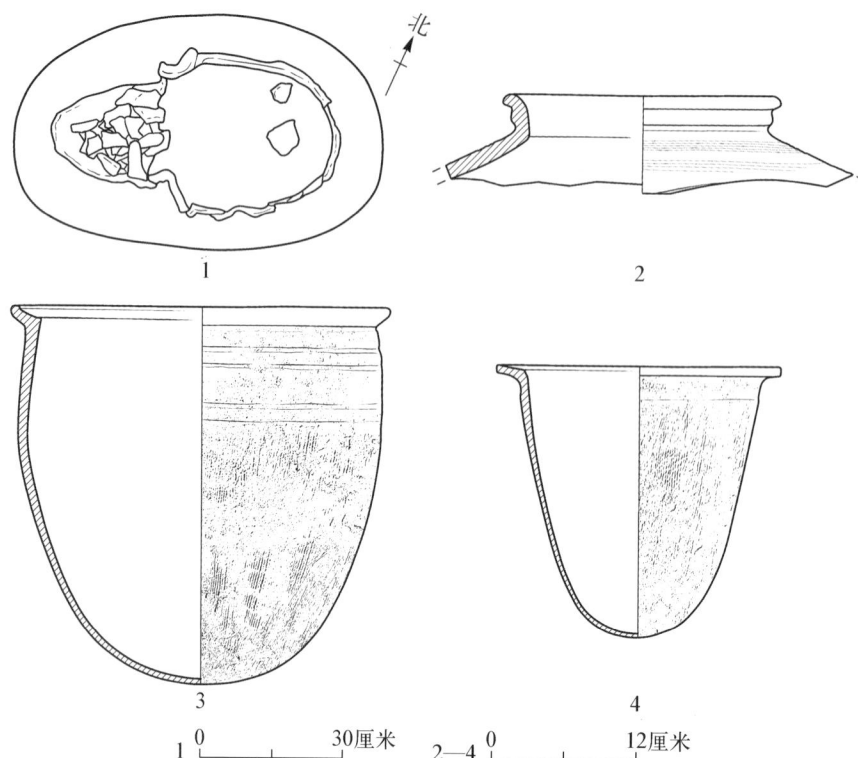

图二七三　W234平面图及葬具

1. W234平面图　2. 陶瓮（W234：2）　3、4. 陶釜（W234：1、W234：3）

沿宽2、腹径30.24、高30.2厘米（图二七三，3；图版七八，1）。标本W234：3，夹云母红褐陶，通体
呈红褐色，外壁发黑。敛口，圆唇，折沿，斜直腹，腹下部斜弧收，腹底分界不清，圜底。器形不甚
规整，器表凹凸不平，通体较光滑。器表腹部施竖向绳纹，纹饰因磨光不清晰。口径23.32、沿宽
2.2、高21.76厘米（图二七三，4；图版七八，2）。

陶瓮　1件。标本W234：2，夹云母泥质灰陶。侈口，圆唇，卷沿，束颈，颈部有一周棱状凸
起，溜肩。通体较光滑。器表施弦纹。口径22.88、残高6.6厘米（图二七三，2）。

W235　位于Ⅲ区T99东北关键柱内。开口于第②层下，打破第③层。圆角长方形土坑
竖穴墓，东西向，北偏东约76°。墓圹后期遭破坏，墓壁较直，墓底较平整。墓葬南北长1、东
西宽0.5、深0.35米（图二七四，1；图版二〇，1）。葬具为陶釜3件（图二七四，2—4），自北向南
由釜（W235：1）—釜（W235：2）—釜（W235：3）组合而成，其中釜（W235：2）口部套接于釜
（W235：1）口部，釜（W235：3）口部套接于釜（W235：2）底部。

陶釜　3件。标本W235：1，夹云母红褐陶，通体呈红褐色，腹中下部有黑色斑驳。敛口，圆
唇，窄折沿，沿面微内弧，内沿呈凸棱状，腹微鼓，斜弧收，腹底分界不清，圜底。器形不甚规整，
器表凹凸不平，内壁光滑，外壁较粗糙。器表腹上部施弦纹，腹中上部至底部施竖向绳纹，纹饰
因磨光不清晰。口径23.76、沿宽2.04、腹径24.04、高28厘米（图二七四，2；图版七八，3）。标本
W235：2，夹云母红褐陶，内壁通体呈黄褐色，外壁腹上部红褐色偏黄，腹中部发黑。敛口，圆唇，

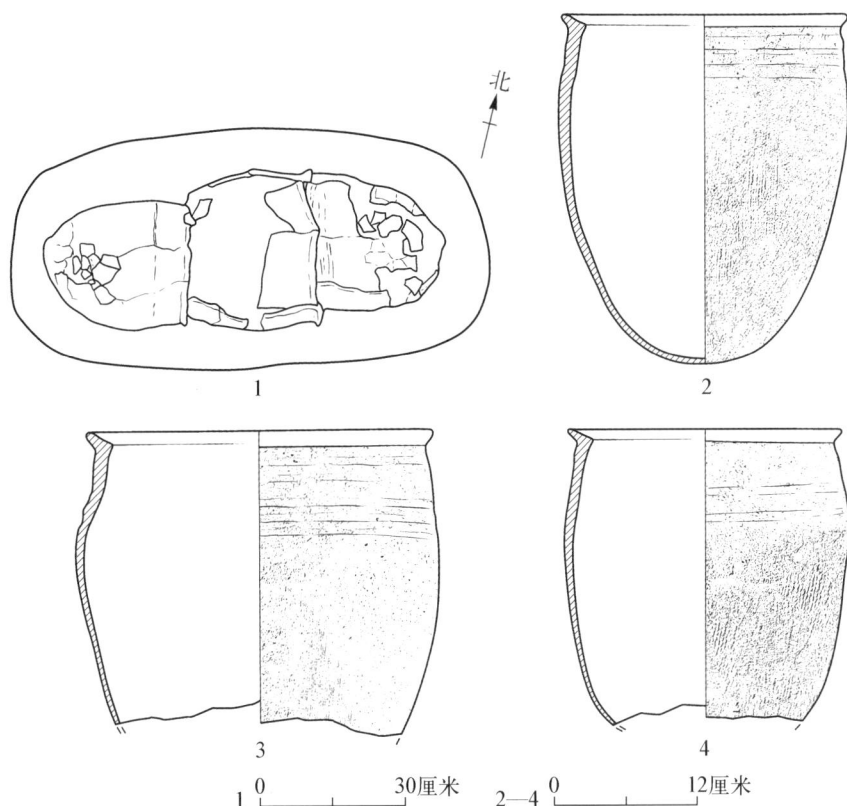

图二七四 W235平面图及葬具

1. W235平面图 2—4.陶釜（W235：1、W235：2、W235：3）

窄折沿，沿面斜平，内沿呈凸棱状，腹微鼓，最大径在腹上部，底部缺失。器形不甚规整，腹中部凹凸不平，通体较光滑。器表腹上部施弦纹，腹中下部纹饰因磨光不清晰。口径28.4、沿宽2.12、腹径29.8、残高24.36厘米（图二七四，3；图版七八，4）。标本W235：3，夹云母黄褐陶，通体呈黄褐色，腹中部局部发黑。敛口，尖圆唇，窄折沿，沿面斜平，内沿呈凸棱状，腹微鼓，最大径在腹上部，底部缺失。器形不甚规整，腹中部凹凸不平，内壁较光滑，外壁较粗糙。基本素面，纹饰因磨光不清晰。口径22.8、沿宽2.16、腹径23.96、残高23.76厘米（图二七四，4；图版七八，5）。

W236 位于Ⅲ区T149北隔梁西部。开口于第②层下，打破生土层。椭圆形土坑竖穴墓，西南—东北向，北偏东约40°。墓圹后期遭破坏，墓壁较直，墓底较平整。墓葬南北长0.76、东西宽0.5、残深0.3米（图二七五，1）。葬具为陶釜2件（图二七五，2、3），另发现陶片1件（图二七五，4），自北向南由釜（W236：1）口部与釜（W236：2）口部对接，陶片（W236：3）用于封堵釜（W236：2）的底部。

陶釜 2件。标本W236：1，夹云母红褐陶，通体红褐色发黑。整体较光滑。素面。残高6.8厘米（图二七五，2）。标本W236：2，夹云母红褐陶，内壁呈红褐色，外壁通体红褐色偏黄，腹中部有黑色斑驳。敛口，尖圆唇，窄折沿，沿面斜平，内沿呈凸棱状，腹微鼓。通体较粗糙。器表腹上部素面，腹中部施竖向绳纹，纹饰因磨光不清晰。口径24.04、沿宽2.08、腹径25.72、残高12.52厘米（图二七五，3）。

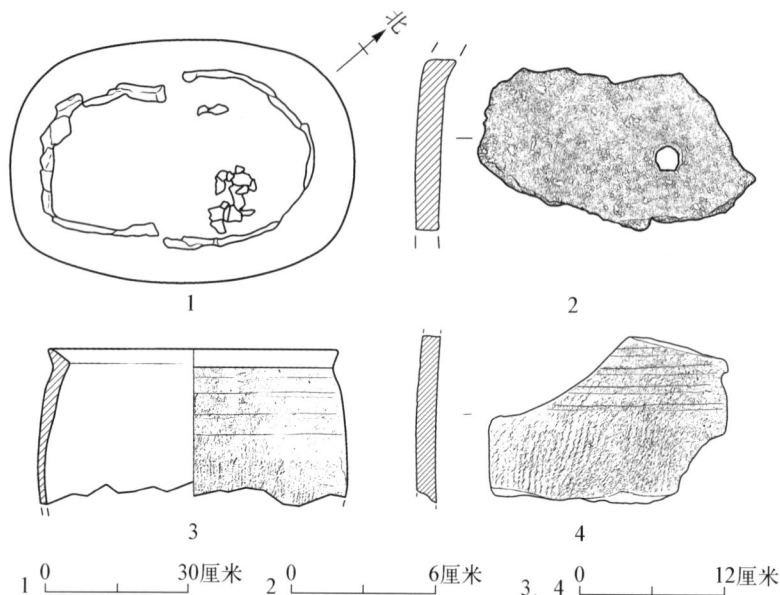

图二七五　W236平面图及葬具

1. W236平面图　2、3. 陶釜（W236：1、W236：2）　4. 陶片（W236：3）

　　陶片　1件。标本W236：3，泥质灰陶。通体较光滑。器表有三周明显的棱状凸起，局部施竖向绳纹，纹饰因磨光不清晰。残高13.5厘米（图二七五，4）。

　　W237　位于Ⅲ区T151西南角。开口于②层扰沟下，打破生土层。圆角长方形土坑竖穴墓，西南—东北向，北偏东约50°。墓圹北部被扰沟破坏，墓壁较直，墓底较平整。墓葬南北长1.1、东西宽0.5、残深0.35米（图二七六，1）。葬具为陶釜3件（图二七六，2—4），自北向南由釜（W237：1）—釜（W237：2）—釜（W237：3）组合而成，其中釜（W237：1）与釜（W237：2）组合方式不明，釜（W237：3）口部套接于釜（W237：2）底部。

　　陶釜　3件。标本W237：1，夹云母红褐陶，通体呈红褐色。敛口，圆唇，窄折沿，沿面斜平，内沿呈凸棱状。内壁较光滑，外壁较粗糙。器表腹上部施弦纹。残高8.1厘米（图二七六，2）。标本W237：2，夹云母红褐陶，通体腹上部呈红褐色，腹中部发黑。敛口，圆唇，窄折沿，沿面斜平，内沿呈凸棱状，腹微鼓。内壁较粗糙，外壁较光滑。器表腹上部施弦纹，腹中部至腹下部局部隐约可见竖向绳纹，纹饰因磨光不清晰。口径32.32、沿宽2.56、腹径32.32、残高24.28厘米（图二七六，3）。标本W237：3，夹云母红褐陶，通体呈红褐色，外壁腹中下部微发黑。敛口，圆唇，窄折沿，沿面微弧，内沿呈凸棱状，腹微鼓，腹下部斜弧收，底部缺失。器形不甚规整，通体较粗糙。器表腹上部施弦纹，腹中下部隐约可见竖向绳纹，纹饰因磨光不清晰。口径31.64、沿宽2.6、腹径32.08、残高26.12厘米（图二七六，4；图版七八，6）。

　　W238　位于Ⅲ区T154东隔梁中部。开口于第②层下，打破生土层（图二七七，1）。土坑竖穴墓，西南—东北向，北偏东约35°。墓圹被扰沟破坏，墓底较平整。墓葬南北残长0.53、东西宽0.61—0.62、残深0.3米。因破坏严重，仅可知葬具为瓮（W238：1；图二七七，2）。

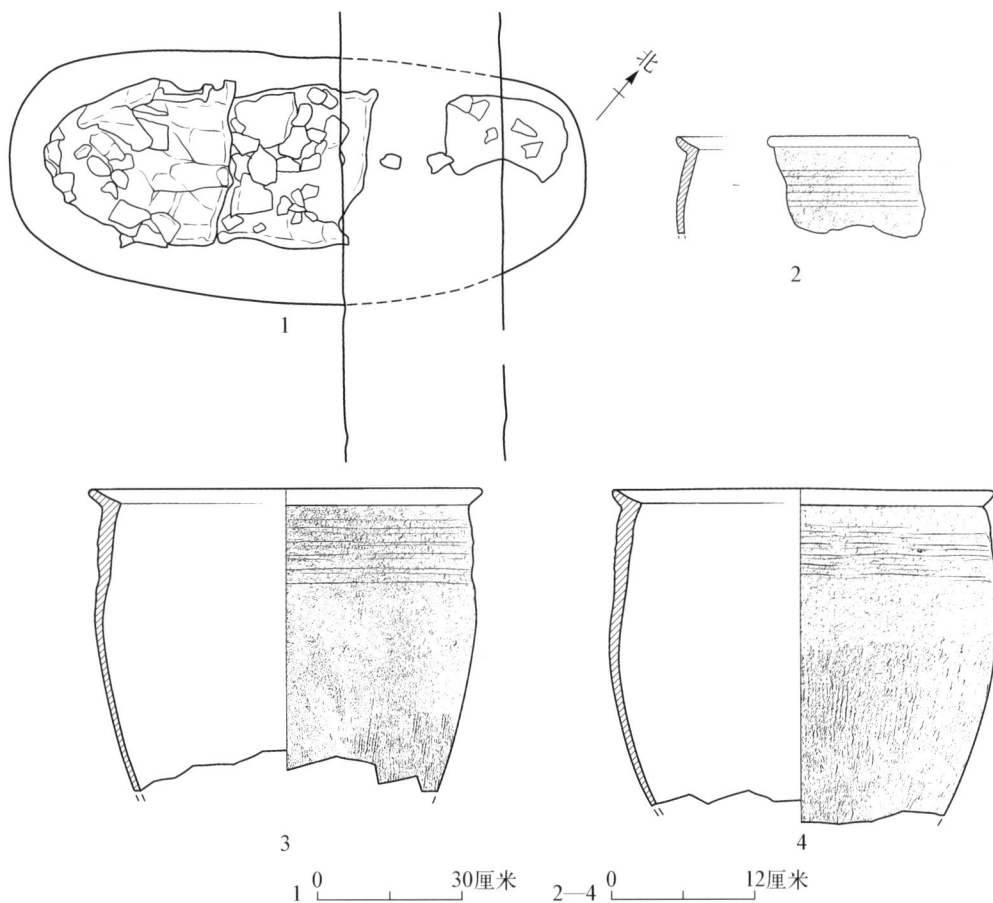

图二七六 W237平面图及葬具

1. W237平面图 2—4. 陶釜（W237∶1、W237∶2、W237∶3）

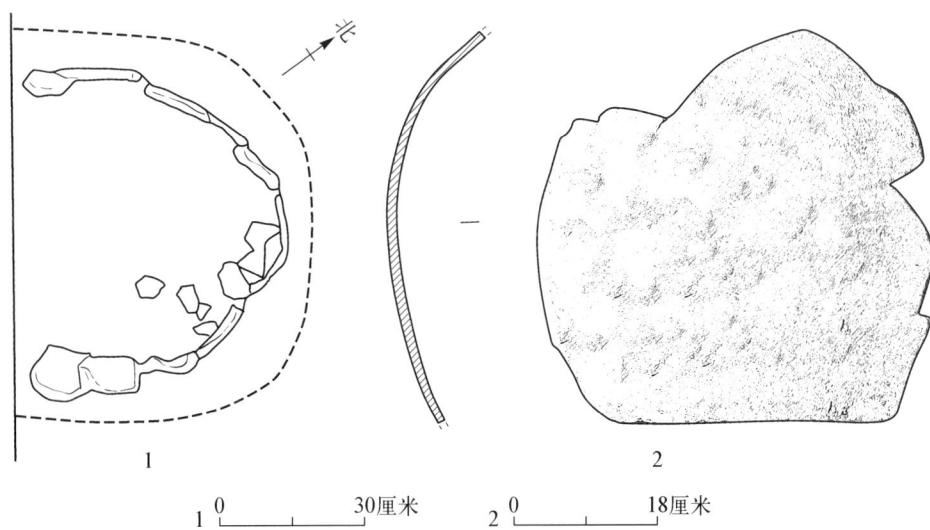

图二七七 W238平面图及葬具

1. W238平面图 2. 陶瓮（W238∶1）

陶瓮 1件。标本W238：1，泥质灰陶。疑为弧腹。通体较光滑。外壁通体拍印斜向绳纹。残高47.4厘米(图二七七，2)。

W239 位于Ⅲ区T78东南部。开口于第②层下，打破生土层。椭圆形土坑竖穴墓，西南—东北向，北偏东约30°。墓壁较直，墓底较平整。墓葬南北长0.95、东西宽0.5、残深0.45米(图二七八，1)。葬具为陶釜2件、陶盆1件(图二七八，2—4)，自北向南由釜(W239：1)—釜(W239：2)—盆(W239：3)组合而成，其中釜(W239：1)口部与釜(W239：2)口部对合，盆(W239：3)口部套接于釜(W239：2)底部。

陶釜 2件。标本W239：1，夹云母红褐陶，通体腹上部呈红褐色，腹部以下发黑，有红褐色斑驳，外壁腹部以下红褐色偏黄。侈口，圆唇，折沿，沿面内凹，沿下呈棱状凸起，斜直腹，腹下部斜弧收，腹底分界不明显，圜底。器形较规整，通体较光滑。器表通体施竖向粗绳纹，底部局部可见交错绳纹，大约每平方厘米两条，腹上部纹饰因磨光不清晰。口径28、沿宽3.3、高30.9厘米(图二七八，3；图版七九，1)。标本W239：2，夹云母红褐陶，器内壁通体呈红褐色，腹中部有黑色斑驳，底部微发黑，器外壁腹上部呈红褐色，腹中下部呈黑色，局部呈黄褐色，底部呈黄褐色。侈口，圆唇，折沿，沿面内凹，沿面有一周凹棱，沿下呈棱状凸起，斜直腹，腹下部斜弧收，腹部与底部分

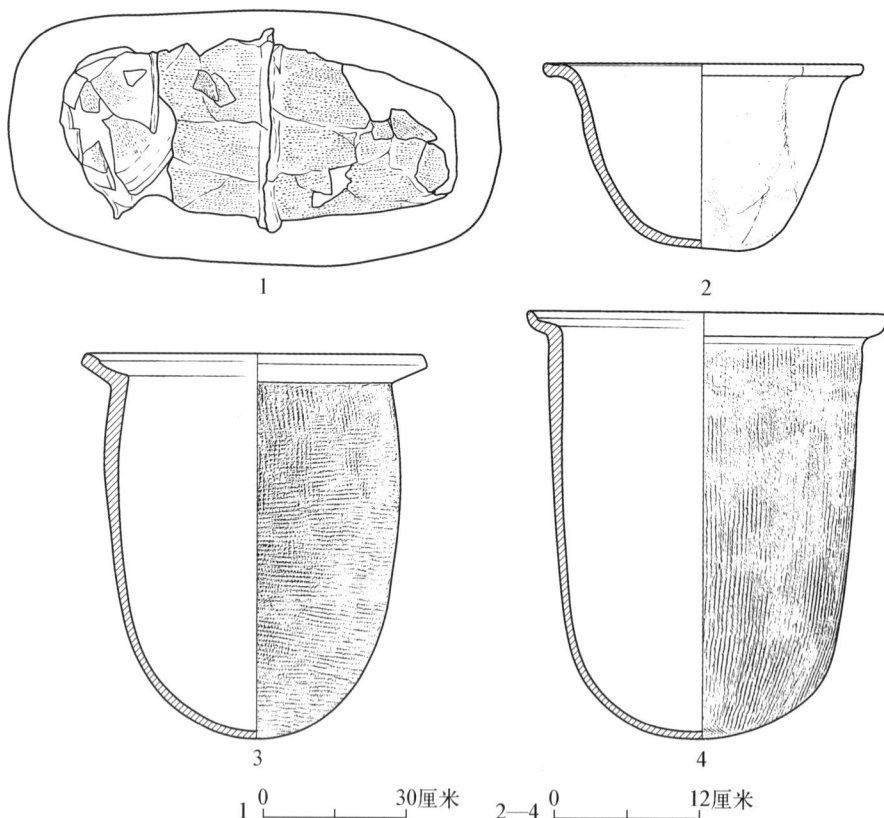

图二七八 W239平面图及葬具

1.W239平面图 2.陶盆(W239：3) 3、4.陶釜(W239：1、W239：2)

界不清,圜底。器表通体施竖向粗绳纹,每平方厘米三条,局部因刮抹而模糊不清,底部施交错绳纹,纹样呈菱形,沿下近腹上部隐约可见弦纹。口径29.5、沿宽2.9、高34厘米(图二七八,4;图版七九,2)。

陶盆 1件。标本W239:3,泥质灰陶,内壁呈黄色,外壁呈灰色,局部有黄色斑驳。敞口,方唇,平折沿,内沿上有凸棱,斜直腹,腹下部弧收,平底。通体施斜向绳纹,局部纹饰因磨光不清晰。口径26.2、底径8.8、高15厘米(图二七八,2)。

W240 位于Ⅲ区T161南部。开口于第②层下,打破生土层。圆角长方形土坑竖穴墓,西南—东北向,北偏东约49°。墓壁较直,墓底较平整。墓葬南北长1、东西宽0.58、残深0.25米(图二七九,1)。葬具为陶釜3件(图二七九,2—4),自北向南由釜(W240:1)—釜(W240:2)—釜(W240:3)组合而成,其中釜(W240:1)口部与釜(W240:2)口部对接,釜(W240:3)口部套接于釜(W240:2)底部。

陶釜 3件。标本W240:1,夹云母红褐陶,通体呈红褐色,外壁腹中部发黑。敛口,圆唇,窄折沿,沿面微内弧,内沿呈凸棱状,腹微鼓。最大径在腹上部,弧收,腹底分界不清,圜底。器形不甚规整,腹中部凹凸不平,通体较光滑。器表腹上部施弦纹,腹中部至腹下部施竖向绳纹,纹饰因磨光不清晰。口径27.88、沿宽2.28、腹径28.92、高30.08厘米(图二七九,2;图版七九,3)。标本W240:2,夹云母红褐陶,通体呈红褐色。敛口,圆唇,窄折沿,沿面内弧,内沿呈棱状,腹微鼓。通

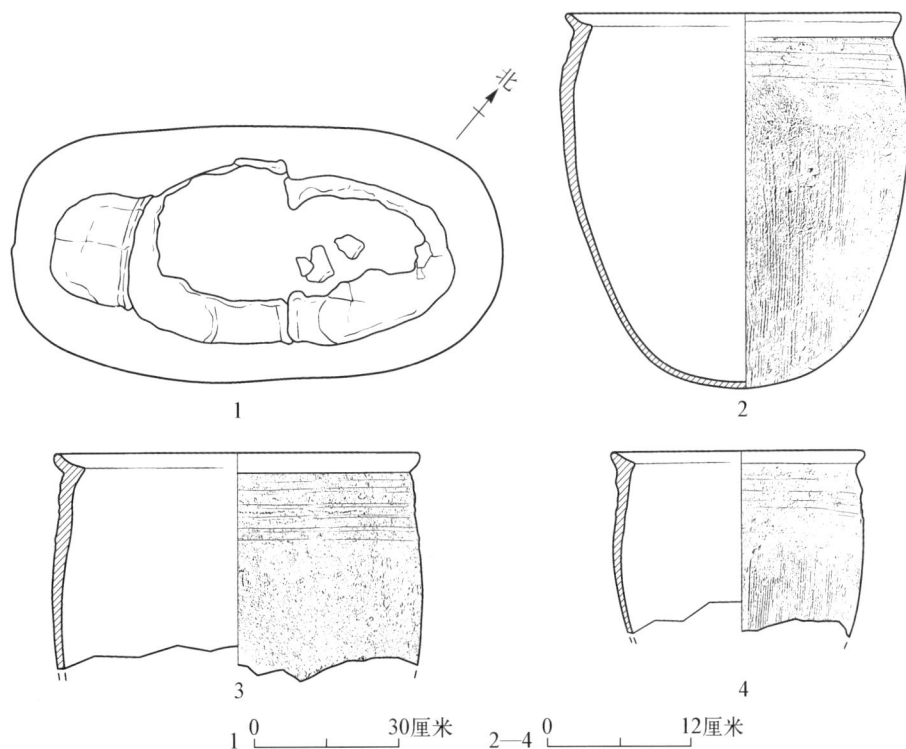

图二七九 W240平面图及葬具

1. W240平面图 2—4. 陶釜(W240:1、W240:2、W240:3)

体较光滑。口沿下施弦纹,下部纹饰不清晰。口径30.16、沿宽2.72、腹径30.44、残高17.28厘米(图二七九,3)。标本W240:3,夹云母红褐陶,通体呈红褐色,外壁腹中部发黑。敛口,圆唇,窄折沿,沿面内弧,内沿呈棱状,腹微鼓。器形不甚规整,通体较粗糙。器表腹上部施弦纹,腹中部施竖向绳纹,纹饰因磨光不清晰。口径21.36、沿宽2.12、残高15.08厘米(图二七九,4;图版七九,4)。

W241 位于Ⅲ区T161东南部。开口于第②层下,打破生土层。椭圆形土坑竖穴墓,西南—东北向,北偏东约55°。墓壁较直,墓底较平整。墓葬南北长1、东西宽0.65、深0.5米(图二八〇,1)。葬具为陶釜2件、陶盆1件(图二八〇,3—5),另发现陶釜片1件(图二八〇,2),自北向南由釜(W241:2)—釜(W241:3)—盆(W241:4)组合而成,釜(W241:3)口部套接于釜(W241:2)腹部,盆(W241:4)口部套接于釜(W241:3)腹部。

陶釜 2件。标本W241:2,夹云母红褐陶,通体呈红褐色,局部发黑。侈口,圆唇,宽折沿,沿面内凹成槽,槽部不明显,内沿呈凸棱状,斜直腹,腹下部斜弧收,底部缺失。器体较规整,内壁较光滑,外壁较粗糙。器表通体施竖向细绳纹,局部纹饰因磨光不清晰。口径35、沿宽2.6、残高30.48厘米(图二八〇,3;图版七九,5)。标本W241:3,夹云母红褐陶,通体呈红褐色,底部局部发黑。侈口,圆唇,宽折沿,沿面内凹,内沿呈凸棱状,斜直腹,斜弧收,腹底分界不明显,圜底。器

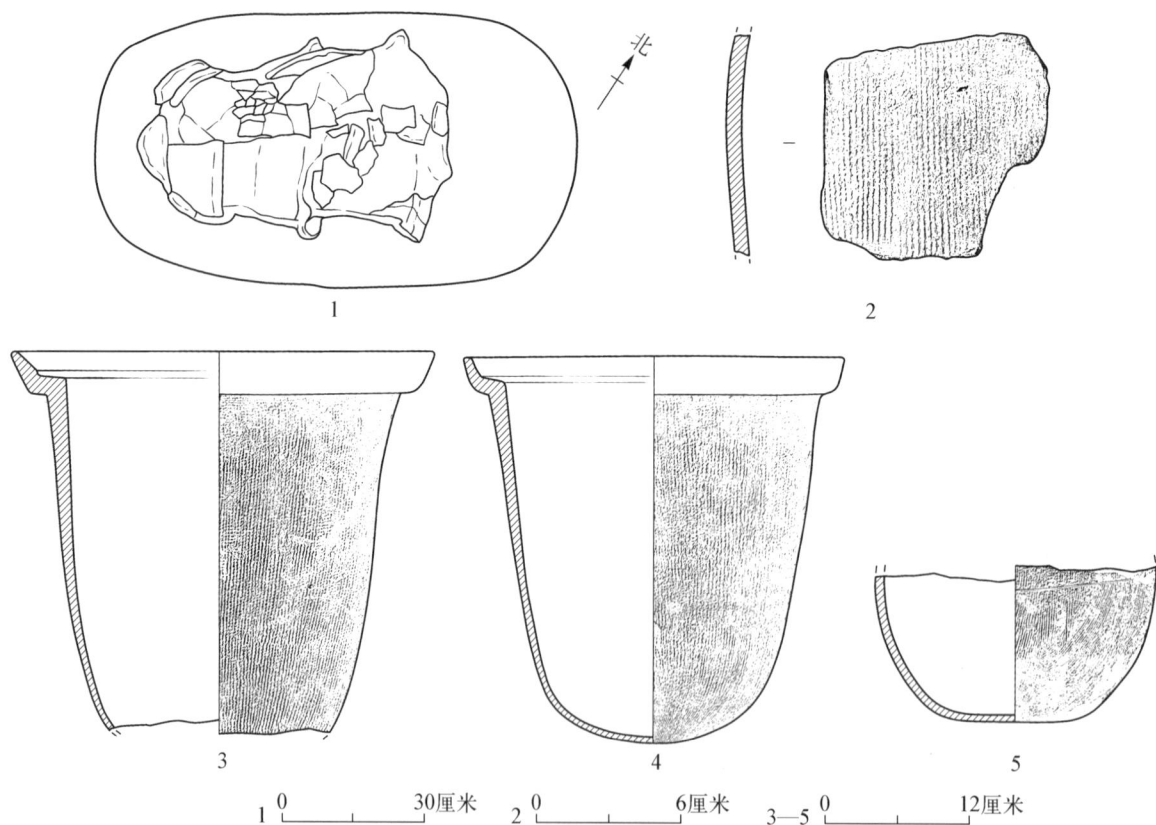

图二八〇 W241平面图及葬具

1. W241平面图 2.陶釜片(W241:1) 3、4.陶釜(W241:2、W241:3) 5.陶盆(W241:4)

形不甚规整,器表凹凸不平,内壁较光滑,外壁较粗糙。器表施竖向绳纹,底部隐约可见交错绳纹,纹饰因磨光不清晰。口径31.36、沿宽1.96、高31.04厘米(图二八〇,4;图版七九,6)。

陶釜片 1件。标本W241:1,夹云母红褐陶,通体红褐色发灰,外壁局部发黑。仅存腹部,斜直腹。通体较光滑。器表施竖向细绳纹,纹样近方格状。残高9.2厘米(图二八〇,2)。

陶盆 1件。标本W241:4,泥质灰陶。唇、沿、口缺失,浅弧腹,腹下部弧收,腹底分界不明显,平底。器身整体较规整,通体较光滑。外壁以斜向细绳纹为主,底部隐约可见交错绳纹。底径10.56、残高12.56厘米(图二八〇,5)。

W242 位于Ⅲ区T161中部偏东。开口于第②层下,打破生土层。椭圆形土坑竖穴墓,西南—东北向,北偏东约51°。墓壁较直,墓底较平整。墓葬南北长1.2、东西宽0.65、深0.6米(图二八一,1)。葬具为陶釜1件、陶盆1件、陶瓮1件(图二八一,2—4),自北向南由釜(W242:1)—盆(W242:2)—瓮(W242:3)组合而成,其中釜(W242:1)口部套接于盆(W242:2)底部,盆(W242:2)口部套接于瓮(W242:3)口部。

陶釜 1件。标本W242:1,夹云母红褐陶,含云母量较少,通体呈红褐色,腹中部局部微发黑。侈口,圆唇,宽折沿,沿面内凹成槽,槽部不明显,内沿呈凸棱状,斜直腹,腹下部斜弧收,腹底分界不明显,圜底。器形不甚规整,腹中部凹凸不平,器内壁较光滑,器外壁较粗糙。器表施竖向

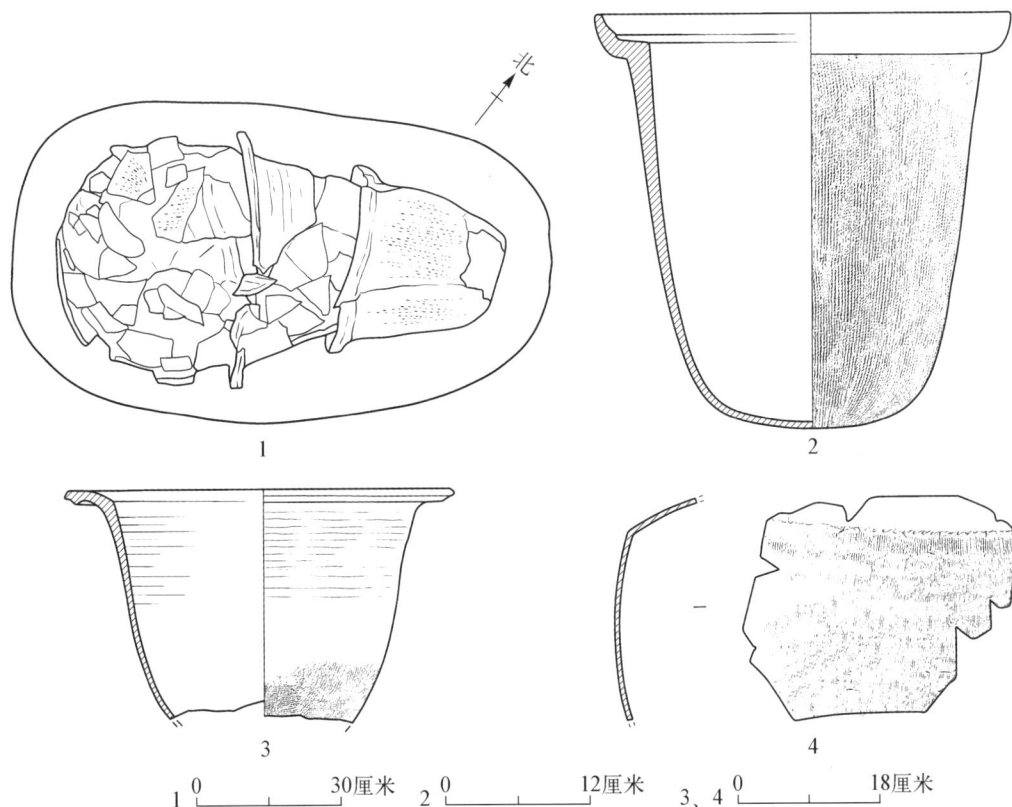

图二八一 W242平面图及葬具
1.W242平面图 2.陶釜(W242:1) 3.陶盆(W242:2) 4.陶瓮(W242:3)

绳纹,绳纹纹样近方格状,纹饰因磨光不清晰。口径34.48、沿宽2.72、高33.24厘米(图二八一,2;图版八〇,1)。

陶盆 1件。标本W242:2,泥质灰陶,器内、外壁皆呈灰色。敞口,尖圆唇,卷沿,沿下有一周棱状凸起,内沿呈凸棱状,深弧腹,腹下部弧收,底部缺失。器身整体较规整,通体较光滑。外壁腹上部施弦纹,腹下部施横向绳纹与竖向绳纹,局部呈交错绳纹状,纹饰因磨光不清晰。口径46.92、残高28.08厘米(图二八一,3;图版八〇,2)。

陶瓮 1件。标本W242:3,泥质灰陶。折肩,斜弧腹。外壁肩颈交界处施一周附加堆纹,腹部施弦断绳纹,纹饰因磨光不清晰。残高27厘米(图二八一,4)。

W243 位于Ⅲ区T162西南部。开口于第②层下,打破生土层。椭圆形土坑竖穴墓,西南—东北向,北偏东约49°。墓底较平整。墓葬南北残长0.75、东西宽0.3、残深0.05米(图二八二,1)。葬具为陶釜3件(图二八二,2—4),自北向南由釜(W243:1)—釜(W243:2)—釜(W243:3)组合而成,因墓葬被扰,具体组合方式不明。

陶釜 3件。标本W243:1,夹云母红褐陶,内壁通体呈黄褐色,外壁通体红褐色偏黄。侈口,尖圆唇,宽折沿,沿面内凹成槽,内沿呈凸棱状,斜直腹,斜弧收。器表不甚规整,腹中下部有凹陷,通体较光滑。器表通体施竖向绳纹,局部磨光不清。口径30、沿宽1.92、残高30.8厘米(图

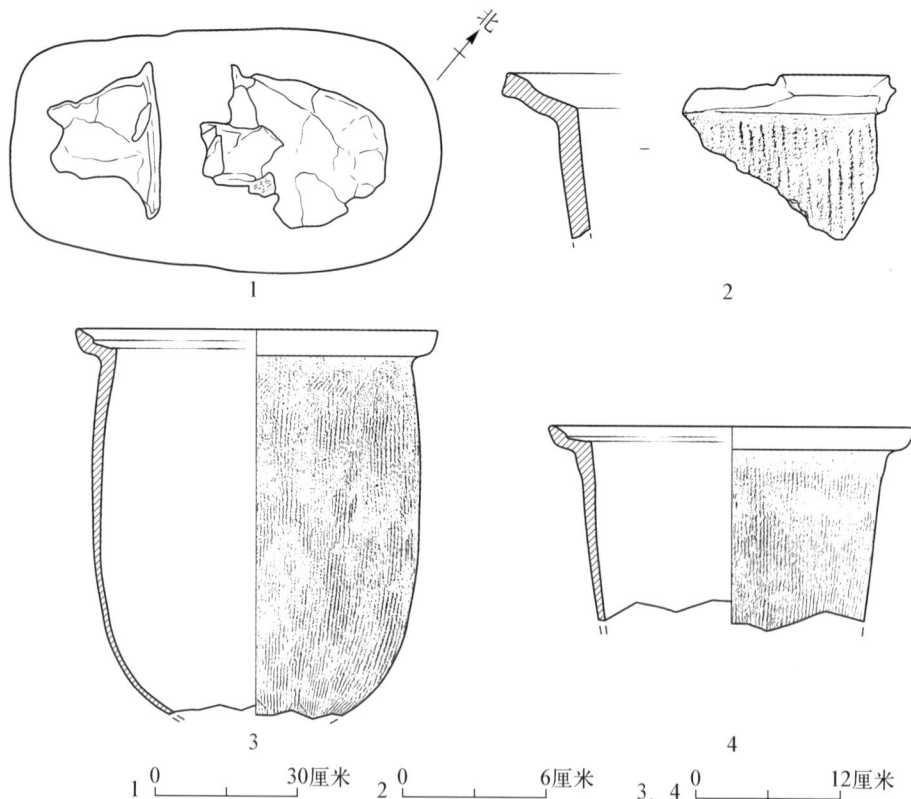

图二八二 W243平面图及葬具

1.W243平面图 2—4.陶釜(W243:2、W243:1、W243:3)

二八二,3)。标本W243:2,夹云母红褐陶,通体呈红褐色。侈口,方唇,唇面有凹棱,宽折沿,沿面微内弧,内沿呈凸棱状,斜直腹。通体较光滑。器表施竖向粗绳纹。残高6.6厘米(图二八二,2)。标本W243:3,夹云母红褐陶,通体呈橘红色。尖圆唇,宽折沿,沿面内凹成槽,内沿呈凸棱状,斜直腹。通体较光滑。器表腹上部施竖向绳纹,纹饰因磨光不清晰。口径29.96、沿宽1.92、残高15.6厘米(图二八二,4)。

W244　位于Ⅲ区T165东北部。开口于②层扰沟下,打破生土层。椭圆形土坑竖穴墓,西南—东北向,北偏东约40°。墓圹被扰沟破坏,墓壁较直,墓底较平整。墓葬南北长1.5、东西宽0.6米,深度不明(图二八三,1)。葬具为陶罐1件、陶釜2件(图二八三,2—4),因W244破损严重,组合关系暂不明确,仅可知自北向南由罐(W244:1)—釜(W244:2)—釜(W244:3)组合而成,其中罐(W244:1)口部与釜(W244:2)口部套接,釜(W244:2)底部与釜(W244:3)口部套接。

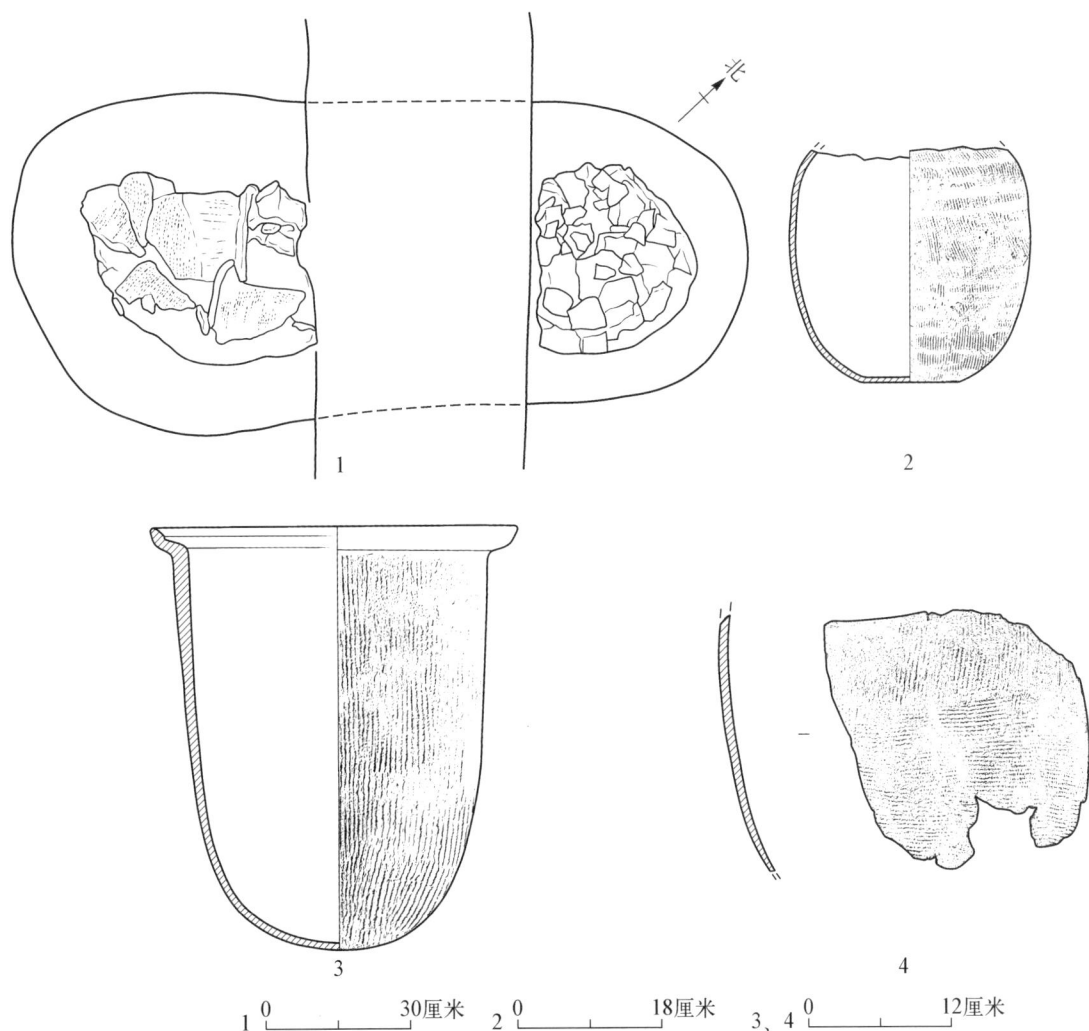

图二八三　W244平面图及葬具

1. W244平面图　2. 陶罐(W244:1)　3、4. 陶釜(W244:2、W244:3)

陶罐　1件。标本W244：1，泥质红褐陶，内壁通体呈红褐色，外壁基本为黑色，局部呈红褐色。溜肩，直腹，平底。通体较光滑。器表腹上部施斜向绳纹，腹下部施竖向绳纹，绳纹呈条带状，器表施13周弦纹。腹径30.12、底径12.36、残高27.6厘米（图二八三，2）。

陶釜　2件。标本W244：2，夹云母红褐陶，含云母量少，通体腹上部及中部呈红褐色，腹下部至底部呈黑色。侈口，方唇，宽折沿，沿面内凹成槽，内沿呈凸棱状，斜直腹，腹底分界不清，圜底。器形较规整，通体较光滑。口沿下通体施竖向绳纹。口径30.4、沿宽1.92、高34厘米（图二八三，3；图版八〇，3）。标本W244：3，夹云母红褐陶，通体呈红褐色，局部黑色。通体较粗糙。器表施横向绳纹与竖向绳纹，局部纹饰呈方格状。残高20.8厘米（图二八三，4）。

W245　位于Ⅲ区T62东北关键柱内。开口于第②层下，打破生土层。椭圆形土坑竖穴墓，西南—东北向，北偏东约55°。墓圹后期遭破坏，墓壁较直，墓底较平整。墓葬南北长0.9、东西宽0.6、深0.12米（图二八四，1）。葬具为陶釜2件（图二八四，2、3），因W245破损严重，组合关系暂不明确，仅可知自北向南为釜（W245：1）口部与釜（W245：2）口部对接而成。

陶釜　2件。标本W245：1，夹云母红褐陶，通体呈红褐色，外壁腹下部呈黑色。敛口，圆唇，窄折沿，沿面微内弧，内沿呈凸棱状，腹微鼓。通体较粗糙。器表腹上部施弦纹，腹中下部隐约可见竖向绳纹，纹饰因磨光不清晰。口径32.08、沿宽2.48、腹径35.52、残高29.28厘米（图二八四，

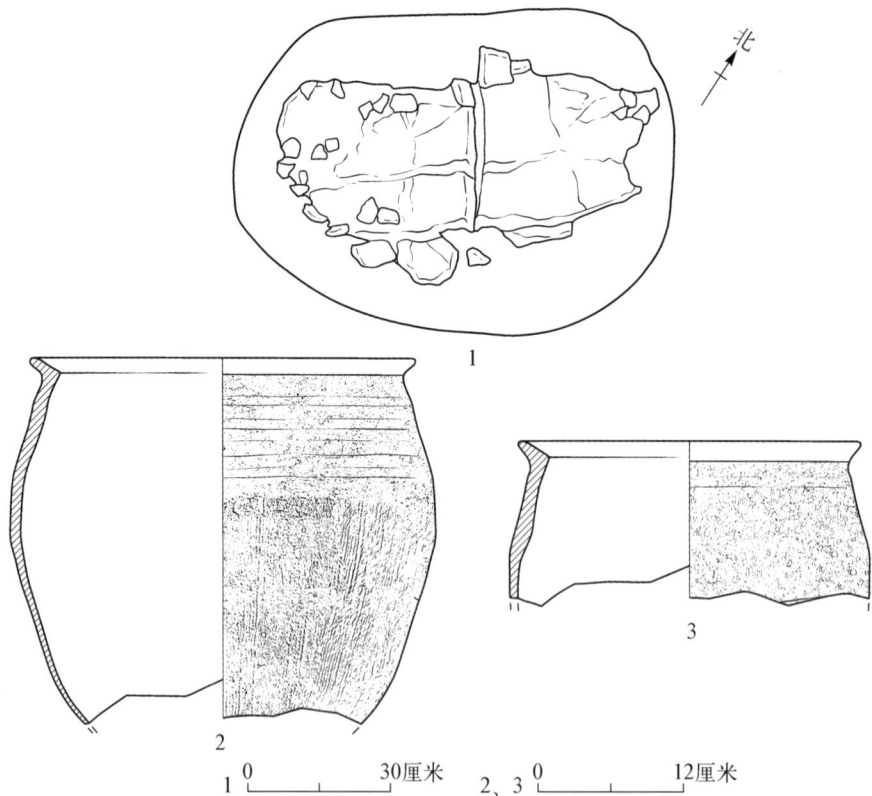

图二八四　W245平面图及葬具

1. W245平面图　2、3. 陶釜（W245：1、W245：2）

2)。标本W245：2，夹云母红褐陶。敛口，圆唇，折沿，沿面微内弧，内沿呈凸棱状。通体较粗糙。器表基本素面，腹中上部局部可见竖向绳纹，但模糊不清。口径28.08、沿宽2.68、腹径29.56、残高12.6厘米（图二八四，3）。

W246　位于Ⅲ1区T72北隔梁内。开口于第②层下，打破生土层。不规则椭圆形土坑竖穴墓，西南—东北向，北偏东约60°。墓圹南部被扰沟破坏，墓壁较直，墓底较平整。墓葬南北残长0.76、东西宽0.5、深0.12米（图二八五，1）。葬具为陶盆1件、陶釜2件（图二八五，2—4），因W245破损严重，组合关系暂不明确，仅可知自北向南由盆（W246：1）—釜（W246：2）—釜（W246：3）组合而成，其中釜（W246：2）口部与盆（W246：1）口部对接，釜（W246：3）口部与釜（W246：2）底部对接。

陶盆　1件。标本W246：1，泥质灰陶。疑为敞口，方唇，唇面内凹，卷沿。通体较光滑。器表基本素面。残高8.5厘米（图二八五，3）。

陶釜　2件。标本W246：2，夹云母红褐陶，通体呈红褐色，局部有黑色斑驳。敛口，圆唇，窄折沿，沿面微内弧，内沿呈凸棱状，腹微鼓。通体较光滑。口沿下施弦纹，腹中部零星可见竖向绳纹，纹饰因磨光不清晰。口径25.02、沿宽2.34、腹径28.95、残高24.12厘米（图二八五，2）。标本W246：3，夹云母红褐陶。敛口，圆唇，窄折沿，沿面微内弧，内沿呈凸棱状。通体较粗糙。口沿下施弦纹，腹中下部纹饰因磨光不清晰。口径27.9、残高9.88厘米（图二八五，4）。

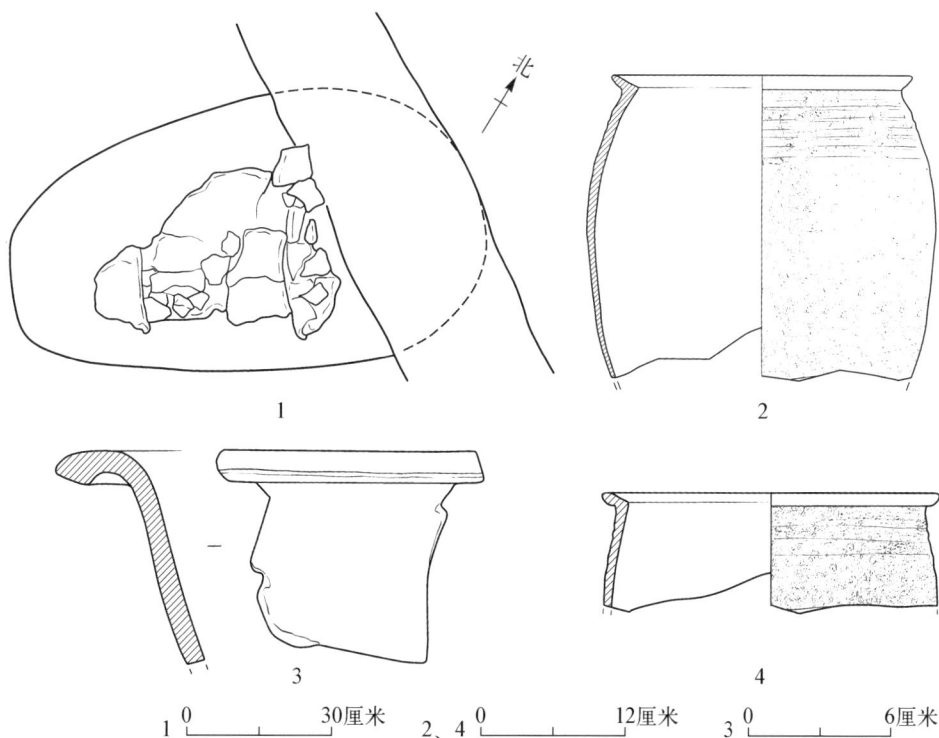

图二八五　W246平面图及葬具

1.W246平面图　2、4.陶釜（W246：2、W246：3）　3.陶盆（W246：1）

W247　位于Ⅲ区T16东北关键柱内。开口于第②层下，打破生土层。椭圆形土坑竖穴墓，西南—东北向，北偏东约48°。墓圹后期遭破坏，墓壁较直，墓底较平整。墓葬南北长1、东西宽0.55米，深度不明（图二八六，1）。葬具为陶罐1件、陶釜2件（图二八六，2—4），另发现陶片2件（图二八六，5、6），自北向南由釜（W247∶1）—釜（W247∶2）—罐（W247∶3）组合而成，其中釜（W247∶2）口部与釜（W247∶1）口部对接，罐（W247∶3）底部与釜（W247∶2）底部对接，陶片（W247∶4）用于封堵罐（W247∶3）的口部，釜（W247∶1）内含陶片（W247∶5）。

陶釜　2件。标本W247∶1，夹云母红褐陶，通体呈红褐色，外壁腹中部有黑色斑驳。敛口，圆唇，窄折沿，沿面微内弧，内沿呈凸棱状，腹微鼓，斜弧收。通体较粗糙。器表腹中上部隐约可见竖向绳纹，纹饰因磨光不清晰。口径22.12、沿宽1.6、腹径22.88、残高14.8厘米（图二八六，2）。标本W247∶2，夹云母红褐陶，通体呈红褐色，局部发黑。敛口，圆唇，窄折沿，沿面斜平，内沿呈凸棱状，腹微鼓。通体较粗糙。器表腹中上部隐约可见竖向绳纹，纹饰因磨光不清晰。口径22.96、残高12.32厘米（图二八六，3）。

陶罐　1件。标本W247∶3，泥质灰陶。直口，方唇，近唇部有一周棱状凸起，微卷沿，束颈，腹微鼓。通体较光滑。器表腹上部施弦纹。口径18、腹径32.8、残高14.4厘米（图二八六，4）。

陶片　2件。标本W247∶4，泥质黄褐陶。内壁素面，外壁磨光，施瓦楞纹。有轮制痕迹。残

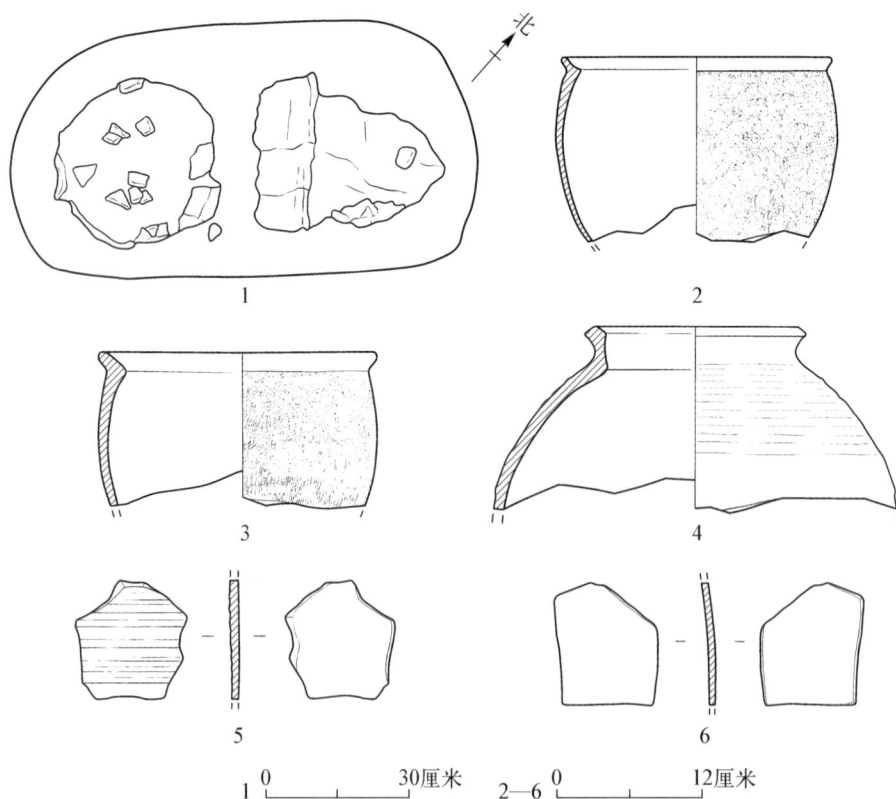

图二八六　W247平面图及葬具

1. W247平面图　2、3.陶釜（W247∶1、W247∶2）　4.陶罐（W247∶3）　5、6.陶片（W247∶4、W247∶5）

高9.6厘米(图二八六,5)。标本W247：5,位于釜(W247：1)内,泥质黄褐陶。内、外壁皆磨光,内壁有刮抹痕迹,外壁部分施瓦楞纹。残高9.8厘米(图二八六,6)。

W248 位于Ⅲ区T68东北关键柱内。开口于第②层下,打破生土层。椭圆形土坑竖穴墓,西南—东北向,北偏东约36°。墓壁较直,墓底较平整。墓葬南北长0.9、东西宽0.6、深0.3米(图二八七,1)。葬具为陶釜2件、陶盆1件(图二八七,3—5),另发现陶瓦1件(图二八七,2),自北向南由釜(W248：2)—盆(W248：3)—釜(W248：4)组合而成,其中釜(W248：2)口部与釜(W248：4)口部对接,釜(W248：4)口部残缺处用盆(W248：3)口沿所替代,腹部与釜(W248：2)相连接,陶瓦(W248：1)用于封堵釜(W248：2)的底部。

陶瓦 1件。标本W248：1,泥质灰陶。整体较光滑。表面呈瓦楞状凸起。残高20.4、厚1.9厘米(图二八七,2)。

陶釜 2件。标本W248：2,夹云母红褐陶,通体呈红褐色,外壁红褐色偏黄,局部发黑。敛口,圆唇,窄折沿,沿面斜平,内沿呈凸棱状,腹微鼓。通体较光滑。器表腹上部施弦纹,腹中部施竖向绳纹,纹饰因磨光不清晰。口径28.08、沿宽2.2、腹径31.8、残高21.8厘米(图二八七,3)。标本W248：4,夹云母红褐陶。敛口,圆唇,窄折沿,沿面斜平,内沿呈凸棱状,腹微鼓。通体较光滑。素面。口径26.12、残高10.04厘米(图二八七,5)。

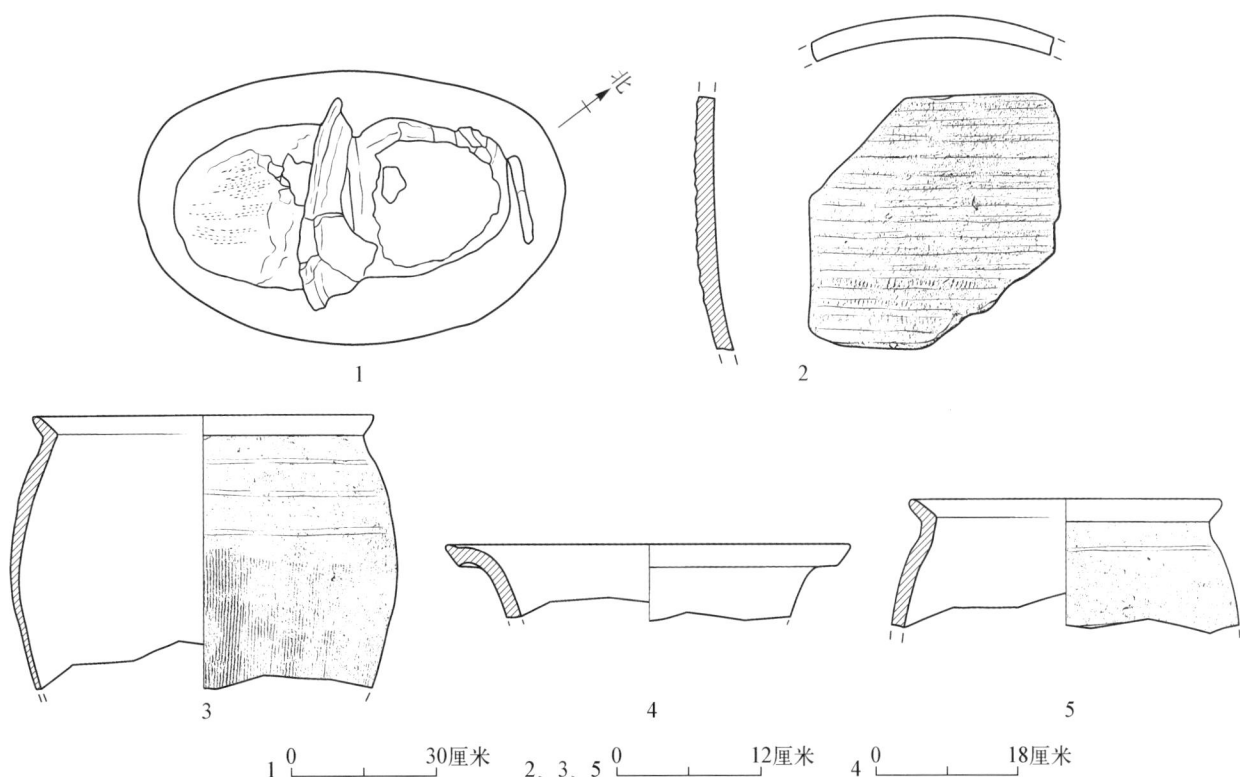

图二八七 W248平面图及葬具

1. W248平面图 2. 陶瓦(W248：1) 3、5. 陶釜(W248：2、W248：4) 4. 陶盆(W248：3)

陶盆　1件。标本W248：3，泥质灰陶。敞口，尖唇，唇下有一周棱状凸起，卷沿。通体较光滑。素面。口径49.98、残高8.82厘米（图二八七，4）。

　　W249　位于Ⅲ区T192东南角。开口于第②层下，打破生土层。圆角长方形土坑竖穴墓，南北向，北偏东约177°。墓壁较直，墓底较平整。墓葬南北长1、东西宽0.5、深0.42米（图二八八，1；图版二〇，2）。葬具为陶釜3件（图二八八，2—4），自北向南由釜（W249：1）—釜（W249：2）—釜（W249：3）组合而成，其中釜（W249：1）口部与釜（W249：2）口部对接，釜（W249：3）口部套接于釜（W249：2）腹部。

　　陶釜　3件。标本W249：1，夹云母黄褐陶，胎芯呈红褐色，通体腹上部红褐色偏黄，腹部以下发黑，有黄褐色斑驳。侈口，圆唇，宽折沿，沿面内凹成槽，内沿呈凸棱状，斜直腹，腹下部斜弧收，腹底分界不明显，圜底。器形较规整，通体较光滑。器表通体施竖向粗绳纹，底部施交错绳纹，纹饰因磨光不清晰。口径35.4、沿宽2.56、高35.6厘米（图二八八，3；图版八〇，4）。标本W249：2，夹云母红褐陶，通体呈红褐色，局部呈黑色。侈口，尖圆唇，宽折沿，沿面内凹成槽，内沿呈凸棱状，斜直腹，底部缺失。通体较光滑。器表通体施绳纹，沿下施斜向绳纹，腹部施竖

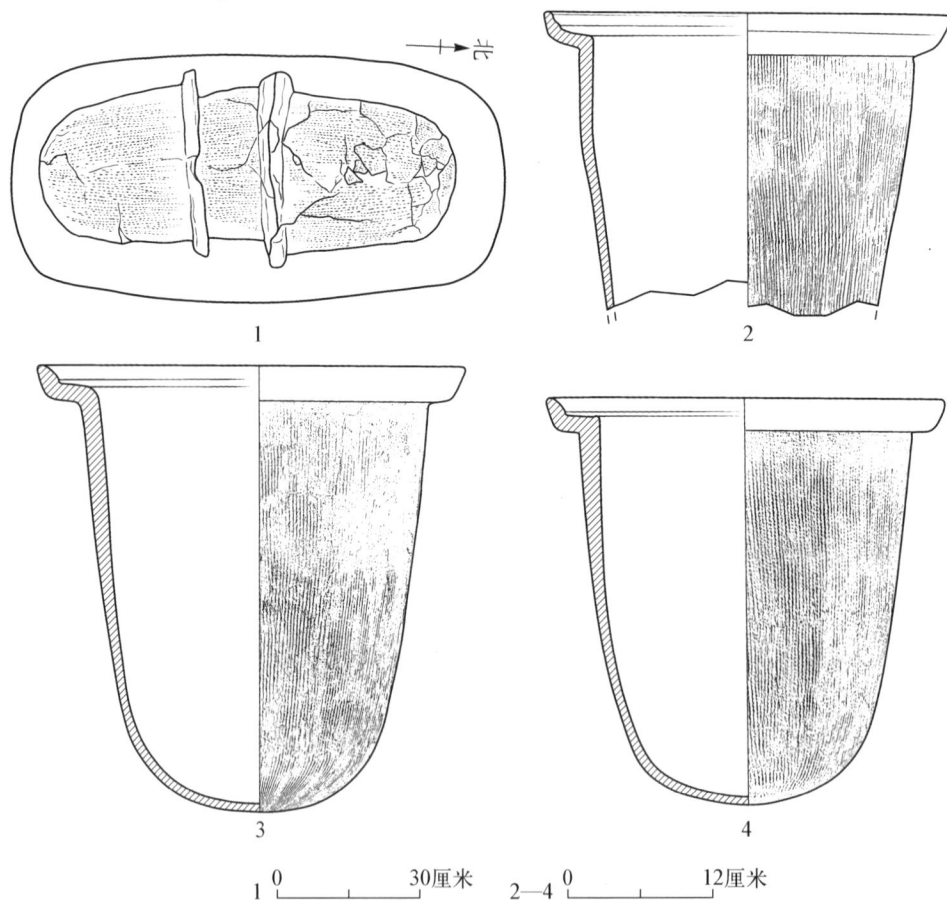

图二八八　W249平面图及葬具

1. W249平面图　2—4. 陶釜（W249：2、W249：1、W249：3）

向绳纹,局部不甚明显。口径33.32、沿宽2.68、残高23.8厘米(图二八八,2;图版八〇,5)。标本W249:3,夹云母红褐陶,腹上部呈红褐色,腹中下部局部呈黑色,底部发黑。侈口,圆唇,宽折沿,沿面内凹成槽,内沿呈凸棱状,斜直腹,腹下部斜弧收,腹底分界不明显,圜底。器形较规整,内壁较光滑。器表通体施绳纹,纹样近方格状。口径32.72、沿宽2.64、高32.4厘米(图二八八,4;图版八〇,6)。

W250　位于Ⅲ区T207东南角。开口于第②层下,打破生土层。椭圆形土坑竖穴墓,西南—东北向,北偏东约30°。墓圹后期遭破坏,墓壁较直,墓底较平整。墓葬南北长1.16、东西宽0.53—0.58、深0.45米(图二八九,1)。葬具为陶瓮1件、陶盆1件、陶釜1件(图二八九,2—4),自北向南由瓮(W250:1)—盆(W250:2)—釜(W250:3)组合而成,其中瓮(W250:1)口部与盆(W250:2)口部对接,釜(W250:3)口部套接于盆(W250:2)底部。

陶瓮　1件。标本W250:1,泥质灰陶,通体呈灰色,腹下部局部呈黄褐色。敛口,圆唇,束颈,颈部有一周凸棱,溜肩,球形腹,腹下部弧收,腹底分界不明显,近平底。器形较规整,通体较光滑。器表肩部施菱形回字纹,腹下部施竖向绳纹,腹下部近底部施两周弦纹,底部有刮抹痕,局部纹饰因磨光不清晰。口径22.68、腹径38.82、高37.68厘米(图二八九,3;图版八一,1)。

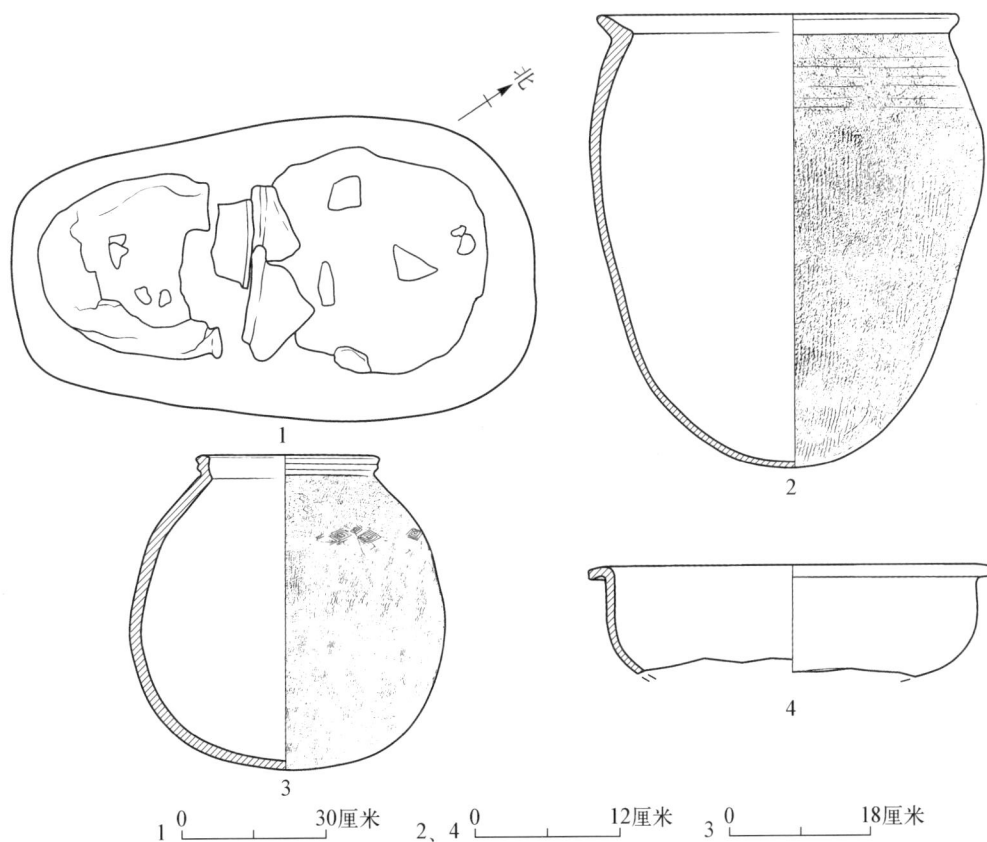

图二八九　W250平面图及葬具

1.W250平面图　2.陶釜(W250:3)　3.陶瓮(W250:1)　4.陶盆(W250:2)

陶盆 1件。标本W250：2，泥质灰陶，通体呈灰色，局部有黄色斑驳。敛口，方唇，卷沿，腹上部微外鼓。通体较光滑。素面。口径33.4、残高8.68厘米（图二八九，4；图版八一，2）。

陶釜 1件。标本W250：3，夹云母红褐陶，通体腹上部呈红褐色，腹中部有黑色斑驳，腹下部局部黑色，外壁底部发灰。敛口，圆唇，窄折沿，沿面微内弧，内沿呈凸棱状，腹微鼓，最大径在腹上部，弧收，腹底分界不清，圜底。器形不甚规整，器表凹凸不平，通体较光滑。口沿下施弦纹，其下施竖向粗绳纹，纹饰因磨光不清晰。口径29.92、沿宽2.92、腹径32.64、高36.12厘米（图二八九，2；图版八一，3）。

W251 位于Ⅲ区T213中部偏东。开口于第②层下，打破生土层。圆角长方形土坑竖穴墓，西南—东北向，北偏东约30°。墓壁较直，墓底较平整。墓葬南北长1.1、东西宽0.6、深0.45米（图二九〇，1）。葬具为陶釜3件（图二九〇，2—4），自北向南由釜（W251：1）—釜（W251：2）—釜（W251：3）组合而成，其中釜（W251：2）口部套接于釜（W251：1）口部，釜（W251：3）口部套接于釜（W251：2）底部。

陶釜 3件。标本W251：1，夹云母红褐陶，腹上部呈红褐色，腹中部呈黑色，有红褐色斑驳。敛口，圆唇，窄折沿，沿面微内弧，内沿呈凸棱状，腹微鼓，最大径在腹上部，斜弧收，底部缺失。器形不甚规整，器表凹凸不平，通体较光滑。器表腹部以上基本素面，腹中部施竖向绳纹，局部纹样近菱形，

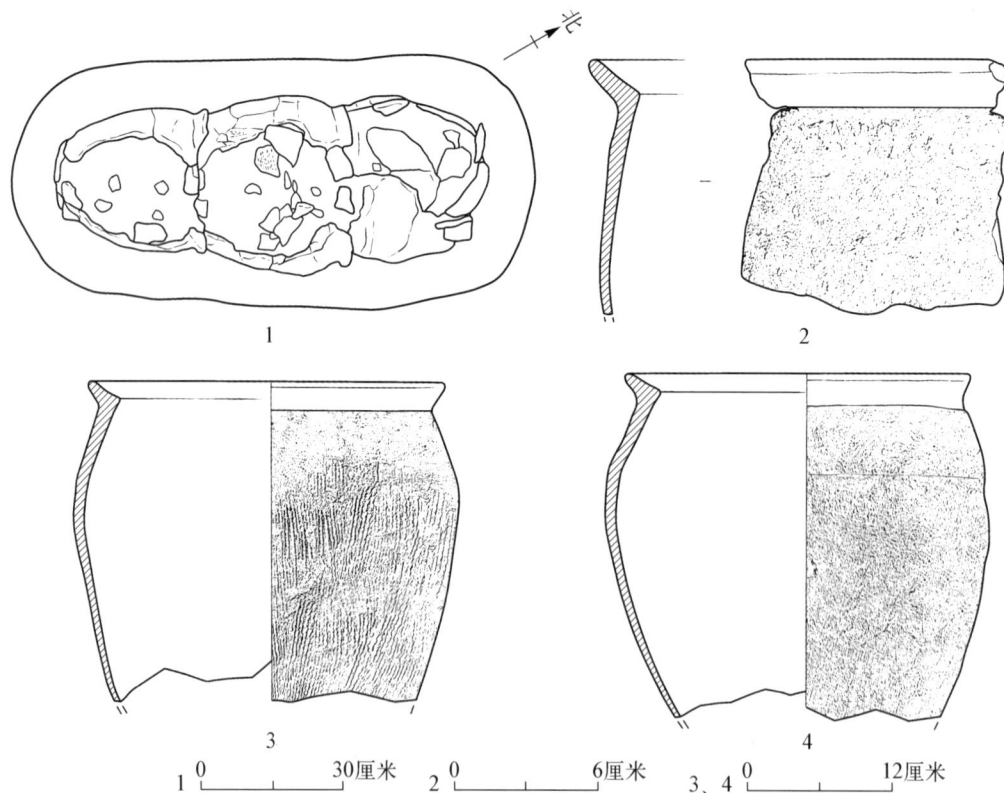

图二九〇　W251平面图及葬具
1. W251平面图　2—4. 陶釜（W251：3、W251：1、W251：2）

纹饰因磨光不清晰。口径29.52、沿宽2.68、腹径31.8、残高25.6厘米(图二九〇,3;图版八一,4)。标本W251:2,夹云母红褐陶,通体呈红褐色,外壁腹部以下呈黑色。敛口,圆唇,窄折沿,沿面较斜平,内沿呈凸棱状,腹微鼓,最大径在腹上部,弧收,底部缺失。器形不甚规整,器表凹凸不平,通体较粗糙。器表腹部以上基本素面,腹中下部隐约可见竖向绳纹,纹饰因磨光不清晰。口径28.32、沿宽2.84、腹径31.32、残高27.52厘米(图二九〇,4;图版八一,5)。标本W251:3,夹云母红褐陶,通体呈橘红色。敛口,圆唇,窄折沿,沿面较斜平。通体较光滑。素面。残高10.2厘米(图二九〇,2)。

W252　位于Ⅲ区T218西南部。层位关系不明。西南—东北向,椭圆形土坑竖穴墓,北偏东约40°。墓圹遭后期破坏,墓壁较直,墓底较平整。墓葬南北长0.9、东西宽0.55、残深0.41米(图二九一,1)。葬具为陶釜2件、陶盆1件(图二九一,2—4),自北向南由釜(W252:1)—釜(W252:2)—盆(W252:3)组合而成,其中釜(W252:1)口部与釜(W252:2)口部对接,盆(W252:3)口部套接于釜(W252:2)底部。

陶釜　2件。标本W252:1,夹云母红褐陶,内壁红褐色发黑,外壁腹上部红褐色偏黄,腹部以下发黑。敛口,圆唇,窄折沿,沿面微凸,内沿呈凸棱状,腹微鼓,斜弧收。通体较光滑。器表腹上部素面,腹中部以下施竖向绳纹,纹饰因磨光不清晰。口径30.12、沿宽2.8、腹径33.36、残高

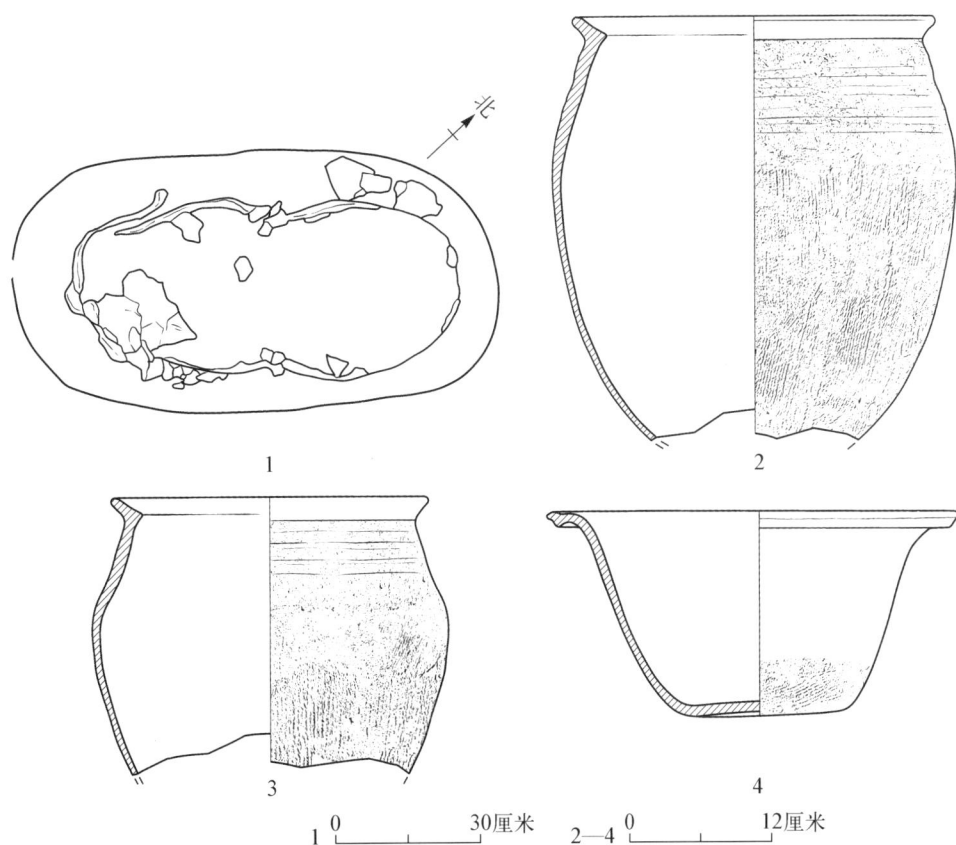

图二九一　W252平面图及葬具

1.W252平面图　2、3.陶釜(W252:1、W252:2)　4.陶盆(W252:3)

33.8厘米（图二九一，2）。标本W252：2，夹云母红褐陶，内壁呈红褐色，外壁腹上部呈红褐色，有黑色斑驳，腹中部发黑。敛口，圆唇，窄折沿，沿面微内凹，内沿呈凸棱状，腹微鼓。通体较光滑。器表腹上部施弦纹，腹中部施竖向绳纹，局部纹饰因磨光不清晰。口径26.04、沿宽2.48、腹径29.2、残高22.16厘米（图二九一，3）。

陶盆　1件。标本W252：3，泥质灰陶。敞口，方唇，唇面内凹，沿面近唇部有一周棱状凸起，卷沿，斜直腹，腹下部弧收，腹底分界不明显，平底。器身整体较规整，通体较光滑。外壁基本素面，腹下部局部施斜向绳纹。口径34.12、高16.32厘米（图二九一，4；图版八一，6）。

W253　位于Ⅲ区T219北隔梁西部。开口于第②层下，打破生土层。椭圆形土坑竖穴墓，西南—东北向，北偏东约30°。墓壁较直，墓底较平整。墓内填土为灰褐土。墓葬南北长1.2、东西宽0.5、深0.4米（图二九二，1；图版二〇，3）。葬具为陶釜3件（图二九二，2—4），自北向南由釜（W253：1）—釜（W253：2）—釜（W253：3）组合而成，其中釜（W253：1）口部与釜（W253：2）口部对接，釜（W253：3）口部套接于釜（W253：2）底部。

陶釜　3件。标本W253：1，夹云母红褐陶，通体呈红褐色，腹中部局部发黑，有红褐色斑驳。敛口，圆唇，窄折沿，沿面较斜平，内沿呈凸棱状，腹微鼓，最大径在腹上部，斜弧收，底部缺失。器

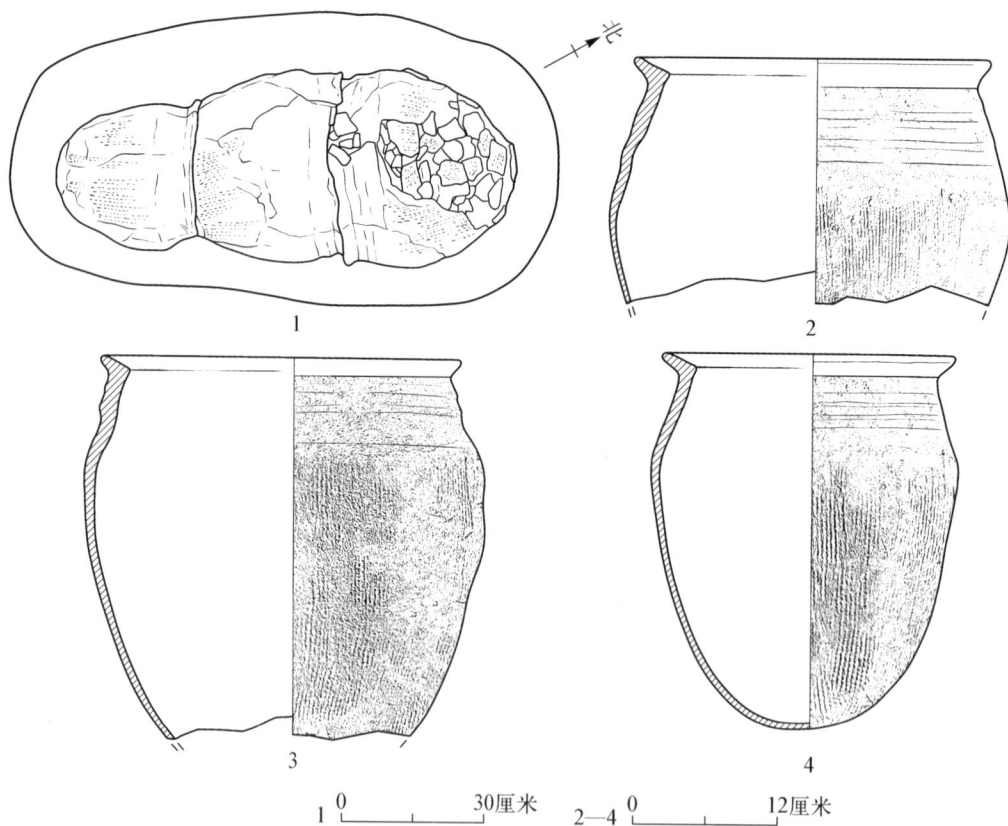

图二九二　W253平面图及葬具
1. W253平面图　2—4. 陶釜（W253：1、W253：2、W253：3）

形不甚规整,通体较光滑。器表腹上部施弦纹,腹中部施竖向绳纹,纹饰因磨光不清晰。口径29.24、沿宽2.96、腹径32.76、残高19.72厘米(图二九二,2;图版八二,1)。标本W253:2,夹云母红褐陶,通体呈红褐色,内壁腹下部有黑色斑驳,外壁腹下部呈黑色。敛口,圆唇,窄折沿,沿面微凸,内沿呈凸棱状,腹微鼓,最大径在腹上部,斜弧收,底部缺失。器形不甚规整,腹中部凹凸不平,通体较光滑。器表腹上部施凸弦纹,腹部以下施竖向绳纹,局部施斜向绳纹,纹饰因磨光不清晰。口径29.68、沿宽2.36、腹径33.2、残高30.6厘米(图二九二,3;图版八二,2)。标本W253:3,夹云母红褐陶,通体呈红褐色,外壁腹中部局部发黑。敛口,圆唇,窄折沿,沿面较斜平,内沿呈凸棱状,腹微鼓,最大径在腹中上部,弧收,腹底分界不清,圜底。器形不甚规整,腹上部凹凸不平,通体较光滑。器表腹上部施弦纹,腹部以下施竖向绳纹,腹下部局部纹样近方格状,纹饰因磨光不清晰。口径24.12、沿宽2.68、腹径25.16、高29.8厘米(图二九二,4;图版八二,3)。

W254 位于Ⅲ区T220西南部。开口于第②层下,打破生土层。椭圆形土坑竖穴墓,西南—东北向,北偏东约36°。墓壁较直,墓底较平整。墓葬南北长1.35、东西宽0.7、深0.64

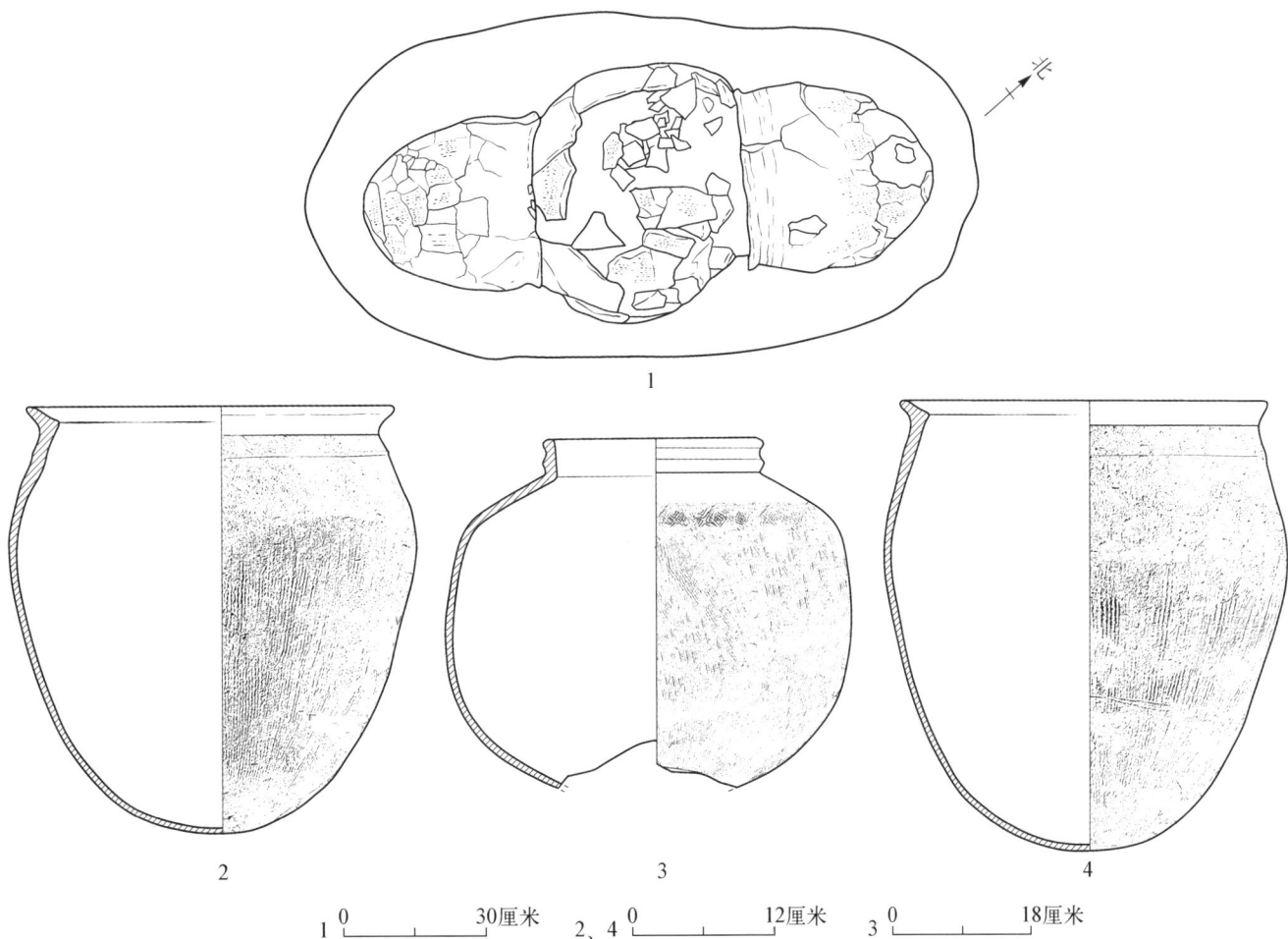

图二九三 W254平面图及葬具

1. W254平面图 2、4. 陶釜(W254:1、W254:3) 3. 陶瓮(W254:2)

米(图二九三,1;图版二一,1)。葬具为陶釜2件、陶瓮1件(图二九三,2—4),自北向南由釜(W254:1)—瓮(W254:2)—釜(W254:3)组合而成,其中釜(W254:1)口部套接于瓮(W254:2)底部,釜(W254:3)口部套接于瓮(W254:2)口部。

陶釜 2件。标本W254:1,夹云母黄褐陶,胎芯呈红褐色,内壁通体呈黄褐色,底部发黑,外壁腹上部呈黄褐色,腹中部黄褐色发黑,腹下部至底部有黑色斑驳。敛口,圆唇,窄折沿,沿面较斜平,内沿呈凸棱状,腹微鼓,最大径在腹上部,弧收,腹底分界不清,圜底。器形较规整,通体较光滑。器表腹上部素面,腹部以下施竖向绳纹,底部隐约可见交错绳纹,纹饰因磨光不清晰。口径30.76、沿宽2.68、腹径34.08、高34.64厘米(图二九三,2;图版八二,4)。标本W254:3,夹云母红褐陶,通体呈红褐色,内壁腹下部局部发黑,外壁腹中下部呈黑色,底部红褐色发黑。敛口,圆唇,窄折沿,沿面较斜平,内沿呈凸棱状,腹微鼓,最大径在腹上部,弧收,圜底。器形较规整,通体较光滑。器表腹上部素面,腹部以下施竖向绳纹,纹饰因磨光不清晰。口径31.08、沿宽2.28、腹径34、高36.52厘米(图二九三,4;图版八二,6)。

陶瓮 1件。标本W254:2,泥质灰陶。直口,方圆唇,唇下部有一周尖棱状凸起,束颈,鼓肩,球形腹,腹下部弧收,底部缺失。通体较光滑。器外壁肩部施一周回形几何纹,纹饰呈条带状,腹部施绳纹,纹饰因磨光不清晰。口径26.28、腹径50.94、残高42.48厘米(图二九三,3;图版八二,5)。

W255 位于Ⅲ区T219东北部。开口于第②层下,打破生土层。不规则椭圆形土坑竖穴墓,西南—东北向,北偏东约45°。墓壁较直,墓底较平整。墓葬南北长1.3、东西宽0.6—0.8、深0.55米(图二九四,1;图版二一,2)。葬具为陶瓮1件、陶盆2件、陶釜1件(图二九四,2—5),自北向南由瓮(W255:1)—盆(W255:2)—釜(W255:3)—盆(W255:4)组合而成,其中盆(W255:2)口部套接于瓮(W255:1)口部,釜(W255:3)口部套接于盆(W255:2)底部,盆(W255:4)口部套接于釜(W255:3)腹部。

陶瓮 1件。标本W255:1,泥质黄褐陶,含云母量极少,通体呈黄褐色。敛口,圆唇,束颈,颈部有一周棱状凸起,鼓肩,球形腹,最大径在腹中部,腹下部弧收,圜底。器形不甚规整,腹下部鼓腹程度不一,通体较光滑。器表肩部施菱形纹,腹下部至底部施竖向细绳纹,腹中部纹饰因磨光不清晰。口径28.8、腹径52.26、高51.72厘米(图二九四,2;图版八三,1)。

陶盆 2件。标本W255:2,泥质灰陶。敞口,方唇,卷沿,斜直腹。器身整体较规整,通体较光滑。素面。口径46.88、残高22.72厘米(图二九四,3;图版八三,2)。标本W255:4,泥质黄褐陶。敞口,方唇,卷沿,唇面有一周凹槽,深弧腹,腹下部弧收,腹底分界不明显,平底。器形不甚规整,制作粗糙,通体较光滑。器表腹上部素面,腹部以下施竖向绳纹。口径36.18、高20.46厘米(图二九四,5;图版八三,4)。

陶釜 1件。标本W255:3,夹云母红褐陶,通体呈红褐色,外壁腹中部局部呈黑色。敛口,圆唇,窄折沿,沿面内凹,内沿呈凸棱状,腹微鼓,最大径在腹上部,斜弧收,底部缺失。器形不甚规整,腹下部凹凸不平,通体较粗糙。器表腹上部素面,腹部以下局部施竖向粗绳纹,纹饰因磨光不清晰。口径29.4、沿宽2.84、腹径32.64、残高23.6厘米(图二九四,4;图版八三,3)。

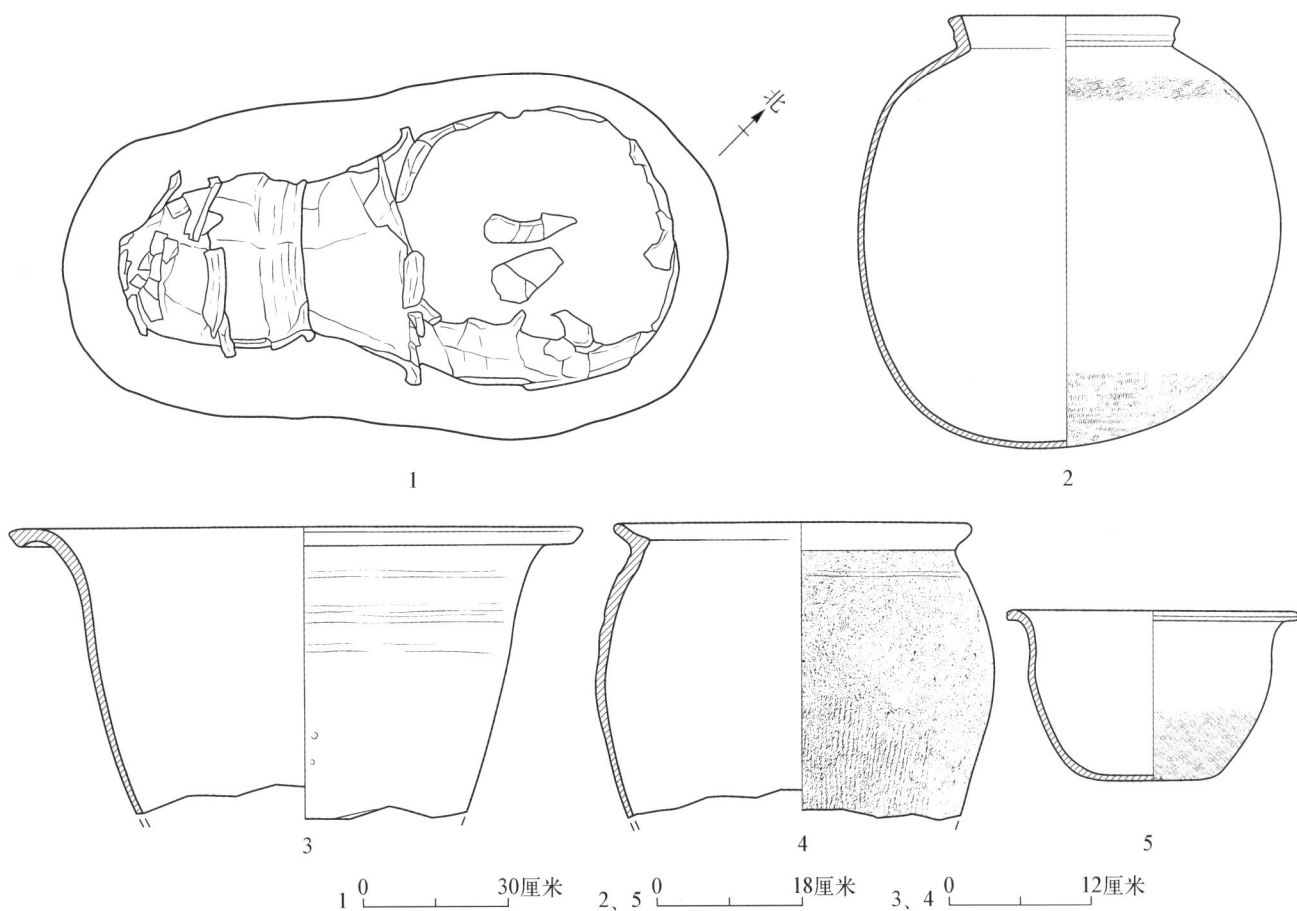

图二九四　W255平面图及葬具

1. W255平面图　2. 陶瓮（W255：1）　3、5. 陶盆（W255：2、W255：4）　4. 陶釜（W255：3）

　　W256　位于Ⅲ区T222东隔梁南部。开口于第②层下，打破生土层。椭圆形土坑竖穴墓，西南—东北向，北偏东约24°。墓圹后期遭破坏，墓壁较直，墓底较平整。墓葬南北长1.25、东西宽0.6、残深约0.5米（图二九五，1）。葬具为陶釜2件、陶瓮1件（图二九五，2—4），自北向南由釜（W256：1）—瓮（W256：2）—釜（W256：3）组合而成，其中釜（W256：1）口部套接于瓮（W256：2）底部，瓮（W256：2）口部与釜（W256：3）口部对接。

　　陶釜　2件。标本W256：1，夹云母红褐陶。敛口，窄折沿。通体较粗糙。素面。残高7.5厘米（图三二一，2）。标本W256：3，夹云母红褐陶，通体呈红褐色，外壁腹中上部有黑色斑驳。敛口，圆唇，窄折沿，沿面较斜平，内沿呈凸棱状，腹微鼓。器形不甚规整，通体较粗糙。口沿下施弦纹，腹中上部局部隐约可见竖向绳纹，纹饰因磨光不清晰。口径29.16、沿宽2.36、腹径31.56、残高14.92厘米（图二九五，4）。

　　陶瓮　1件。标本W256：2，泥质灰陶，胎芯呈黄褐色，器内壁通体呈灰色，器外壁通体呈灰褐色，局部发黑。侈口，方唇，卷沿，短直颈，溜肩，球腹，最大径在腹中部，腹下部弧收，底部缺失。器形较规整，器内、外壁皆较光滑。器表肩部近腹上部及腹中部施云雷纹，纹样呈条带状，纹饰局

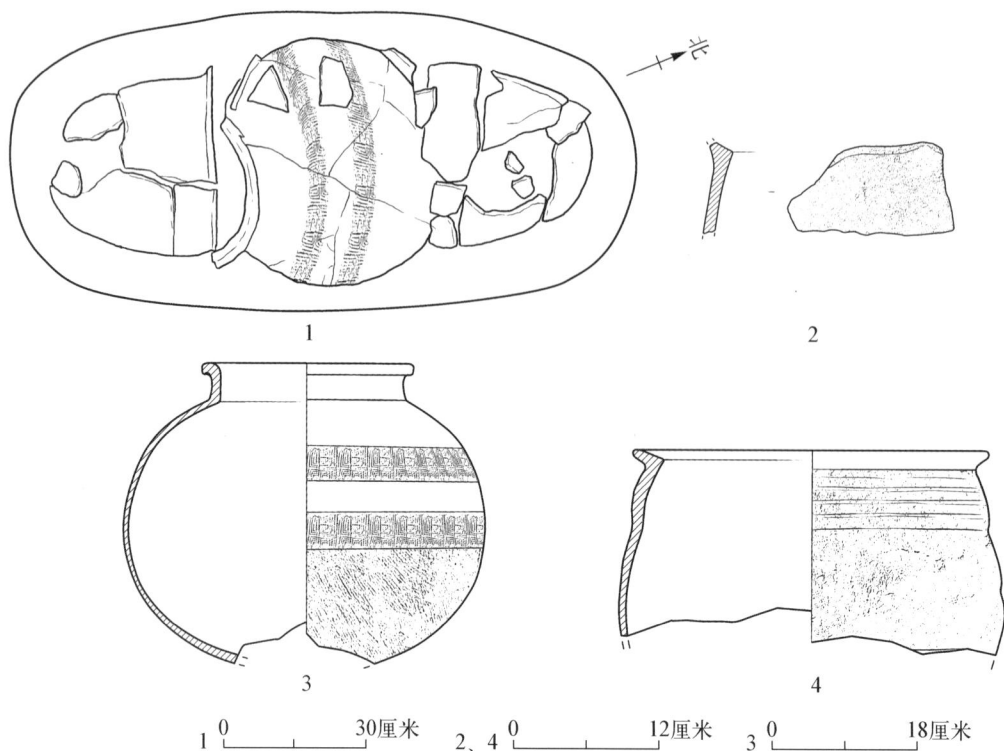

图二九五　W256平面图及葬具

1. W256平面图　2、4. 陶釜（W256：1、W256：3）　3. 陶瓮（W256：2）

部模糊不清，腹下部施绳纹，局部构成交错绳纹。口径26.34、腹径44.82、残高35.88、纹饰宽4.2厘米（图二九五，3；图版八三，5）。

　　W257　位于Ⅲ区T233西南角。开口于第②层下，打破生土层。椭圆形土坑竖穴墓，西南—东北向，北偏东约30°。墓壁较直，墓底较平整。墓内填土为灰褐土。墓葬南北长0.9米，东西宽不明，深约0.45米（图二九六，1；图版二一，3）。葬具为陶釜3件（图二九六，2—4），自北向南由釜（W257：1）—釜（W257：2）—釜（W257：3）组合而成，其中釜（W257：1）口部套接于釜（W257：2）口部，釜（W257：2）腹部套接于釜（W257：3）口部。

　　陶釜　3件。标本W257：1，夹云母红褐陶。敛口，圆唇，窄折沿，沿面内凹，内沿呈凸棱状，腹微鼓，最大径在腹上部，斜弧收，底部缺失。器形不甚规整，腹上部有凹陷，通体较粗糙。口沿施弦纹，腹中部局部隐约可见竖向绳纹，纹饰因磨光不清晰。口径30.56、沿宽2.72、腹径31.72、残高19.4厘米（图二九六，2；图版八三，6）。标本W257：2，夹云母红褐陶，内壁发黑，外壁通体呈红褐色，腹中部有黑色斑驳。敛口，圆唇，窄折沿，沿面微内凹，内沿呈凸棱状，腹微鼓，最大径在腹上部，底部缺失。器形不甚规整，器表凹凸不平，通体较光滑。口沿下施弦纹，腹中部局部隐约可见竖向绳纹，纹饰因磨光不清晰。口径24.44、沿宽2.48、残高15.84厘米（图二九六，3；图版八四，1）。标本W257：3，夹云母红褐陶，通体呈红褐色，内壁腹下部及底部呈黑色，外壁腹中部局部发黑。敛口，圆唇，折沿，沿面微内凹，内沿呈凸棱状，腹微鼓，弧收，腹底分界不清，圜底。器形不甚

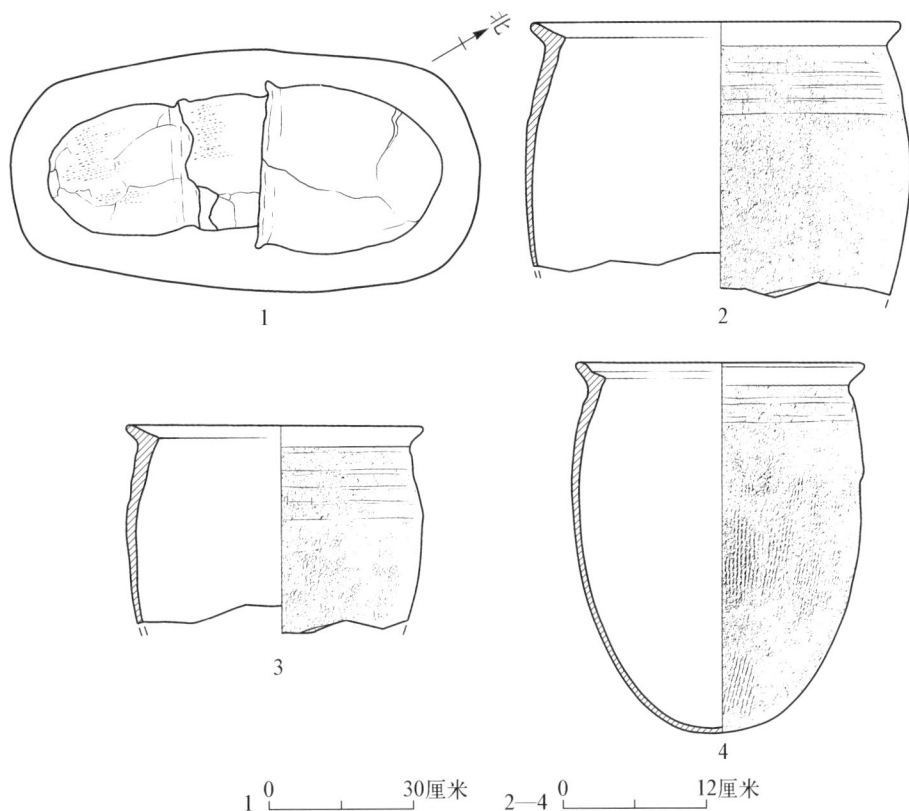

图二九六　W257平面图及葬具

1. W257平面图　2—4.陶釜（W257：1、W257：2、W257：3）

规整，器表鼓腹程度不一，通体较光滑。器表腹上部施弦纹，腹中部至底部施竖向绳纹，纹饰因磨光不清晰。口径23.96、沿宽1.12、残高29.4厘米（图二九六，4；图版八四，2）。

W258　位于Ⅲ区T231东南部。开口于第②层下，打破生土层。椭圆形土坑竖穴墓，西南—东北向，北偏东约55°。墓圹后期遭破坏，墓壁较直，墓底较平整。墓葬南北长0.9、东西宽0.45、残深0.35米（图二九七，1）。葬具为陶釜4件（图二九七，2—5），自北向南由釜（W258：1）—釜（W258：2）—釜（W258：3）—釜（W258：4）组合而成，其中釜（W258：1）口部套接于釜（W258：2）腹部，釜（W258：2）口部与釜（W258：3）口部对接，釜（W258：3）腹部套接于釜（W258：4）口部。

陶釜　4件。标本W258：1，夹云母红褐陶，内壁呈红褐色，外壁腹上部呈红褐色，腹中下部发黑，局部有黄褐色斑驳。敛口，尖圆唇，窄折沿，沿面微内凹，内沿呈凸棱状，腹微鼓。通体较光滑。器表腹上部施弦纹，腹部施竖向绳纹，纹饰因磨光不清晰。口径24、沿宽2.28、残高20.96厘米（图二九七，2）。标本W258：2，夹云母红褐陶。敛口，圆唇，窄折沿，沿面微内凹，内沿呈凸棱状，腹微鼓。通体较粗糙。口沿下施弦纹，纹饰因磨光不清晰。口径22.04、沿宽1.56、残高13.24厘米（图二九七，3）。标本W258：3，夹云母红褐陶，通体呈红褐色，外壁腹上部局部发黑。敛口，圆唇，窄折沿，沿面斜平，内沿呈凸棱状，腹微鼓。内壁较粗糙，外壁较光滑。器表腹上部施弦纹，

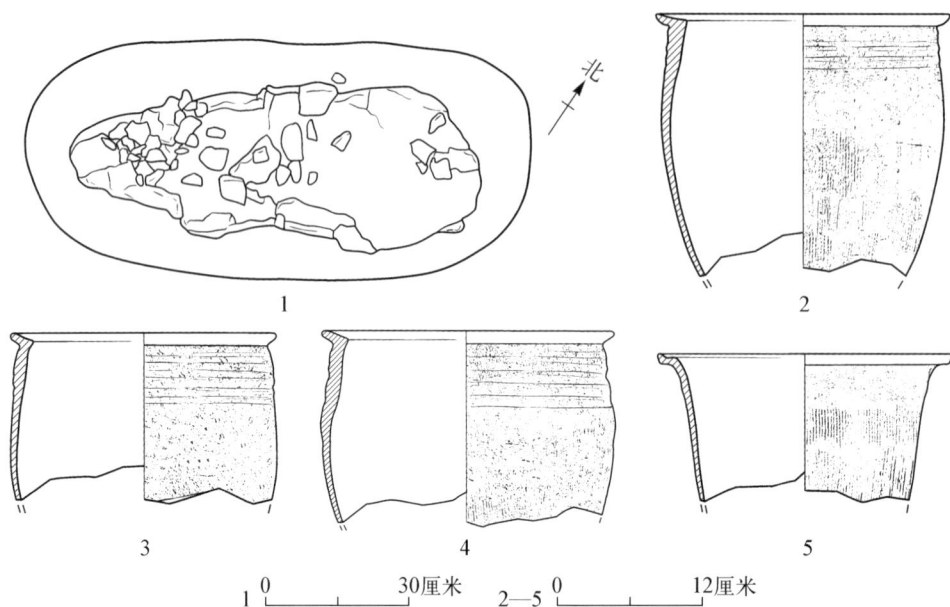

图二九七　W258平面图及葬具

1. W258平面图　2—5.陶釜（W258：1、W258：2、W258：3、W258：4）

腹中部施竖向细绳纹,纹饰因磨光不清晰。口径24.03、沿宽1.83、腹径24.03、残高15.3厘米（图二九七,4）。标本W258：4,夹云母红褐陶,内壁通体呈红褐色,外壁呈黑色,局部呈红褐色。敛口,近方唇,平折沿。通体较光滑。器表腹上部局部可见竖向绳纹,纹饰因磨光不清晰。口径24.08、残高11.92厘米（图二九七,5）。

　　W259　位于Ⅲ区T231东南角。开口于第②层下,打破生土层。圆角长方形土坑竖穴墓,西南—东北向,北偏东约45°。墓圹后期遭破坏,墓壁较直,墓底较平整。墓葬南北长1.1、东西宽0.56、残深0.3米（图二九八,1）。葬具为陶盆1件、陶釜3件（图二九八,2—5）,自北向南由盆（W259：1）—釜（W259：2）—釜（W259：3）—釜（W259：4）组合而成,其中盆（W259：1）口部与釜（W259：2）口部对接,釜（W259：2）腹部套接于釜（W259：3）口部,釜（W259：4）口部套接于釜（W259：3）底部。

　　陶盆　1件。标本W259：1,泥质灰陶。敞口,圆唇,卷沿,唇下有一周棱状凸起,沿面近唇部有一周凹棱,斜直腹,弧收,腹底分界不清,近平底。器身整体较规整,通体较光滑。口沿下施瓦楞纹,腹下部施横向绳纹,底部施交错绳纹,纹样近菱形。口径44.44、底径13.6、高26.68厘米（图二九八,3;图版八四,3）。

　　陶釜　3件。标本W259：2,夹云母红褐陶。敛口,圆唇,窄折沿,沿面斜平,内沿呈凸棱状,腹微鼓。通体较粗糙。器表纹饰因磨光不清晰。口径26.04、沿宽2.48、腹径27.16、残高16.2厘米（图二九八,2）。标本W259：3,夹云母红褐陶,器内壁通体呈红褐色,略偏黄,器外壁腹上部红褐色发黄,腹中部局部呈黑色,腹下部呈红褐色。敛口,圆唇,窄折沿,沿面内凹,内沿呈凸棱状,腹微鼓。通体较粗糙。口沿下施弦纹,腹部以下施竖向绳纹,纹饰因磨光不清晰。口径22.04、沿宽

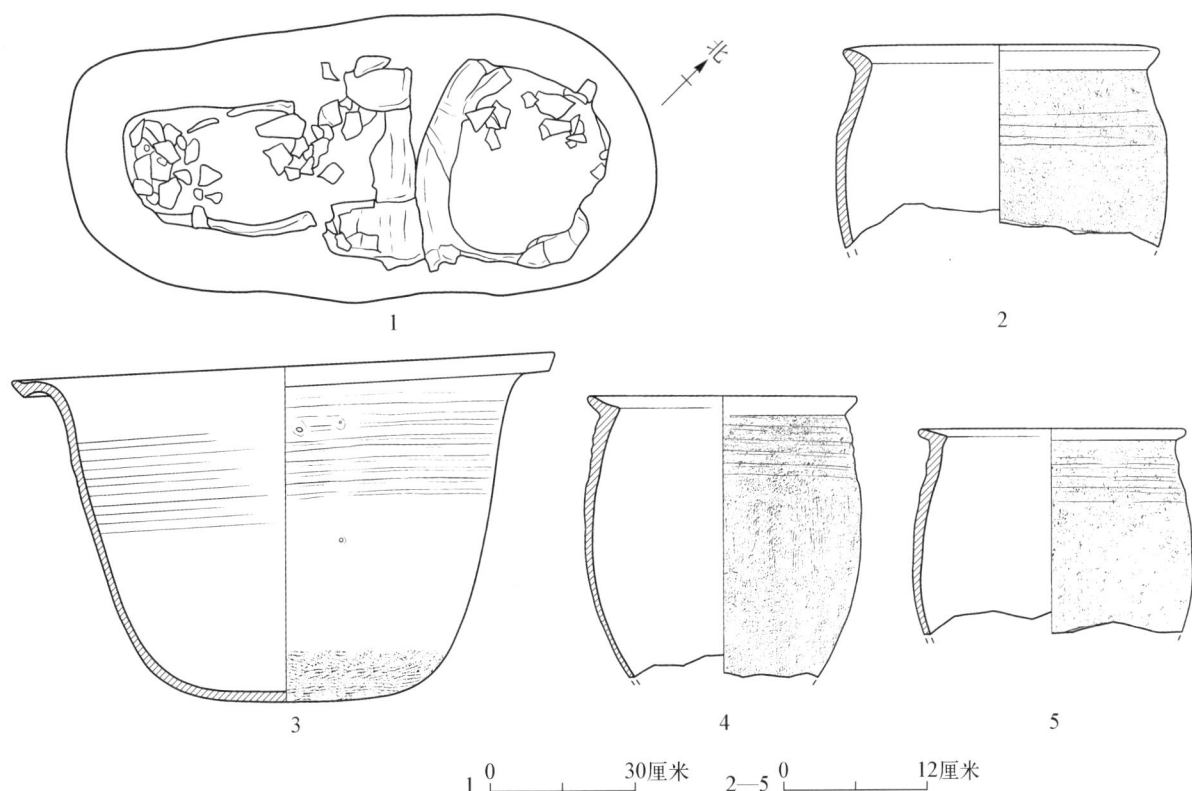

图二九八 W259平面图及葬具

1. W259平面图 2、4、5. 陶釜（W259：2、W259：3、W259：4） 3. 陶盆（W259：1）

2.4、腹径22.68、残高22.52厘米（图二九八，4）。标本W259：4，夹云母红褐陶，内壁呈红褐色，略偏黄，外壁通体呈红褐色，局部有黑色斑驳。敛口，圆唇，窄折沿，沿面斜平，内沿呈凸棱状，腹微鼓。内壁较粗糙，外壁较光滑。口沿下至上腹部施弦纹，腹中部隐约可见竖向绳纹，纹饰因磨光不清晰。口径22、沿宽1.88、腹径23.04、残高16.32厘米（图二九八，5）。

W260　位于Ⅲ区T231东隔梁中部。开口于第②层下，打破生土层。椭圆形土坑竖穴墓，西南—东北向，北偏东约40°。墓圹后期遭破坏，墓壁较直，墓底较平整。墓内填土为灰褐土，土质较软。墓葬南北长1、东西宽0.6、深0.5米（图二九九，1）。葬具为陶釜2件、陶盆1件（图二九九，2—4），自北向南由釜（W260：1）—盆（W260：2）—釜（W260：3）组合而成，其中盆（W260：2）口部套接于釜（W260：1）口部，釜（W260：3）口部套接于盆（W260：2）底部。

陶釜　2件。标本W260：1，夹云母红褐陶，内壁通体呈红褐色，外壁基本呈红褐色，腹部局部发黑。侈口，圆唇，窄折沿，沿面微内凹，内沿呈凸棱状，腹微鼓，最大径在腹上部。器形不甚规整，腹上部凹凸不平，通体较光滑。器表局部可见竖向绳纹，纹饰因磨光不清晰。口径32.2、腹径32.68、残高20.88厘米（图二九九，2；图版八四，4）。标本W260：3，夹云母红褐陶。敛口，圆唇，窄折沿，沿面微内凹，内沿呈凸棱状，腹微鼓。通体较粗糙。器表腹部局部可见竖向绳纹，纹饰因磨光不清晰。口径23.73、沿宽2.28、残高13.2厘米（图二九九，4）。

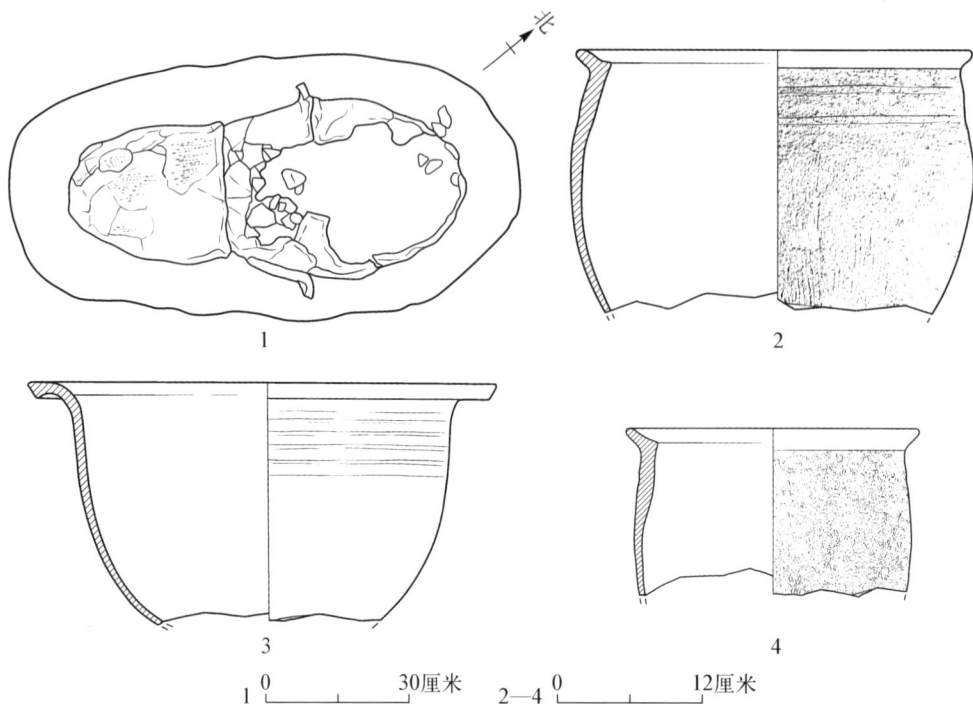

图二九九　W260平面图及葬具

1. W260平面图　2、4. 陶釜（W260：1、W260：3）　3. 陶盆（W260：2）

陶盆　1件。标本W260：2，泥质灰陶。敞口，方唇，卷沿，弧腹，腹下部弧收，底部缺失。器身整体较规整，通体磨光，较光滑。沿下至上腹部施弦纹，腹下部隐约可见斜向绳纹。口径38.76、残高19.44厘米（图二九九，3；图版八四，5）。

W261　位于Ⅲ区T235西南部。开口于第②层下，打破生土层。椭圆形土坑竖穴墓，西南—东北向，北偏东约34°。墓圹后期遭破坏，墓壁较直，墓底较平整。墓内填土为灰褐土。墓葬南北长1.1、东西宽0.55、深0.5米（图三〇〇，1）。葬具为陶釜2件、陶罐1件（图三〇〇，2—4），自北向南由釜（W261：1）—釜（W261：2）—罐（W261：3）组合而成，其中釜（W261：2）底部套接于釜（W261：1）口部，釜（W261：2）口部与罐（W261：3）口部对接。

陶釜　2件。标本W261：1，夹云母红褐陶，内壁黄褐色发黑，外壁腹上部发黑。侈口，圆唇，窄折沿，沿面微内凹，内沿呈凸棱状，斜直腹。通体较光滑。器表隐约可见竖向绳纹，纹饰因磨光不清晰。口径22.2、残高18.08厘米（图三〇〇，2）。标本W261：2，夹云母红褐陶，通体呈红褐色，外壁腹上部有黑色斑驳。敛口，尖圆唇，窄折沿，沿面内凹，内沿呈凸棱状，腹微鼓，斜弧收。通体较粗糙。口沿下施弦纹，其下纹饰因磨光不清晰。口径26、沿宽1.4、腹径28.6、残高20.96厘米（图三〇〇，3）。

陶罐　1件。标本W261：3，泥质灰陶，内壁通体呈黄褐色，外壁呈灰褐色。直口，方唇，窄折沿，束颈，溜肩，鼓腹，最大径在腹中部，腹下部弧收，平底。器形较规整，通体较光滑。器表肩部施弦纹，腹中部局部为交错绳纹，纹样近方格状，腹下部施斜向绳纹，底部施竖向绳纹，纹饰因磨

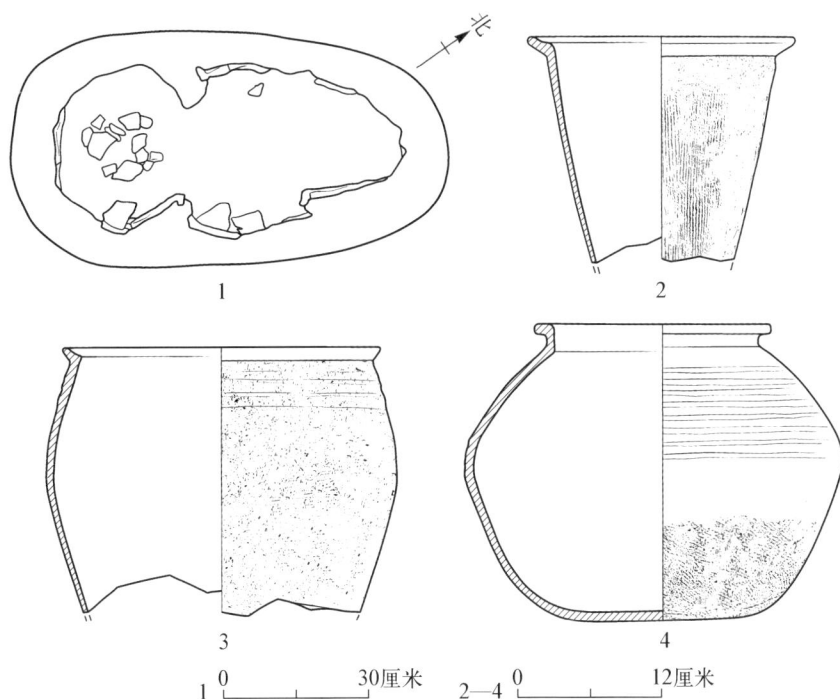

图三〇〇 W261平面图及葬具

1. W261平面图　2、3. 陶釜（W261：1、W261：2）　4. 陶罐（W261：3）

光不清晰。口径19.52、腹径31.08、底径13.8、高23.56厘米（图三〇〇,4；图版八四,6）。

　　韩新庄遗址Ⅲ区除发现261座瓮棺葬外，还发现单墓道砖室墓1座（编号M1）。

　　M1　位于Ⅲ区T77内，开口于第①层下，墓向205°。由墓道、甬道和墓室三部分组成。南北通长5.8、东西宽2.2、残深约1.2米（图三〇一）。

　　墓道　墓道位于甬道南部，通过甬道与墓室相通。墓道长2.2、宽0.8—1.1米。墓道底部由南向北逐渐向下倾斜19°，形成斜坡。继续向北1米左右为一垂直向下台阶，台阶高0.8米，台阶底部与甬道底部齐平。墓道内堆积分为两层，上层与墓室内堆积相似；下层质地坚硬，呈灰黄色，似经过人为夯打，内无任何遗物。

　　甬道　墓室南壁偏东有一拱形甬道与墓道相同。甬道内的砖已全部破坏，残存土圹，甬道底部与墓道底部齐平，高出墓室底部约0.15米，拱形甬道宽约1.1、通高0.85、进深0.55米，拱高0.33米。地层堆积与墓室地层堆积相似。

　　墓室　墓室位于墓葬北部，保存情况较差，平面近长方形，南北长约3.05、东西宽约2.2、残高1.2米。墓圹直接挖在生土上，墓壁破坏严重，只在西北角残存一块原位的墓砖。墓室内堆积土质较疏松，夹有大量的绳纹砖、少量的泥质素面灰陶片、夹云母红褐绳纹陶片、人牙及烧骨。填土中出土遗物有可复原的三足瓷、陶罐、陶耳杯和陶鸟（图三〇二,1—4）。

　　由于M1破坏严重，仅发现少量残骨及牙齿，头向、性别等重要信息均难以检测，只能根据残留牙齿初步推测墓主应为成年人。

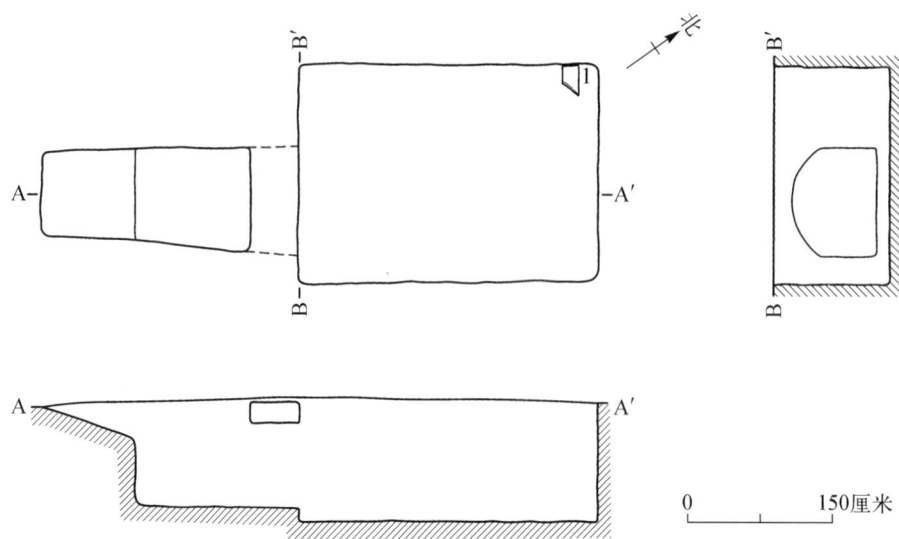

图三〇一 M1平、剖面图

1. 墓砖

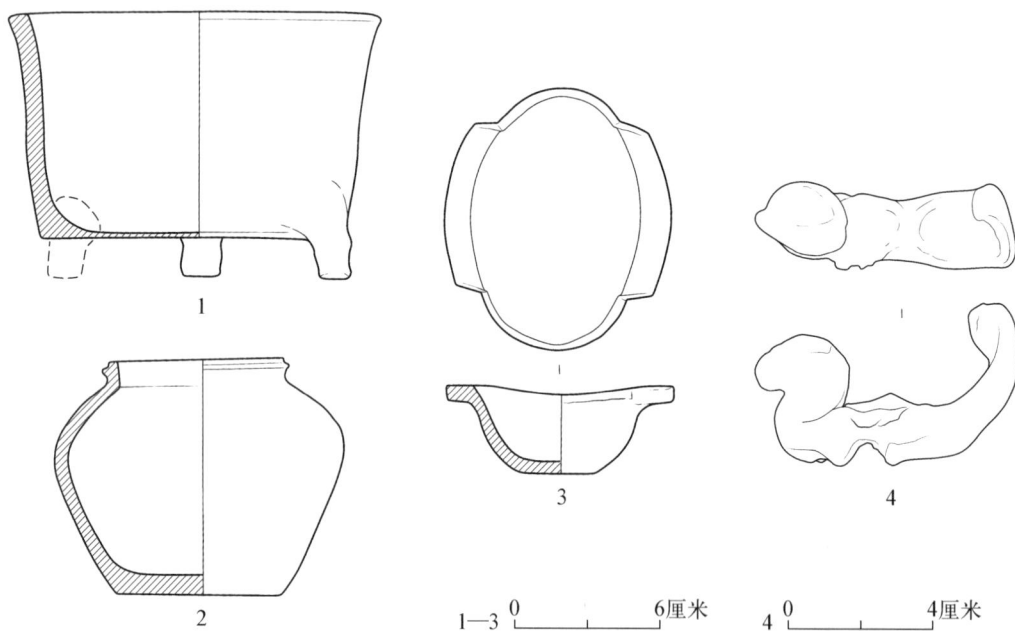

图三〇二 M1出土遗物

1.陶三足奁(M1：1) 2.陶罐(M1：2) 3.陶耳杯(M1：3) 4.陶鸟(M1：4)

M1出土遗物4件,均为陶器。包含陶三足奁1件、陶罐1件、陶耳杯1件、陶鸟1件。

陶三足奁 1件。标本M1：1,泥质黄褐陶。侈口,方唇,直腹,腹底分界不明显,平底,腹下部接三矮柱足。素面。口径15.4、高10.5厘米(图三〇二,1)。

陶罐 1件。标本M1：2,泥质黄陶,基本呈黄褐色,局部呈黑色。直口,重唇,束颈,溜肩,斜直腹,平底。素面。口径7.2、腹径12、底径6.6、高9.4厘米(图三〇二,2)。

陶耳杯　1件。标本M1：3，泥质灰陶。平面如船形，圆唇，敞口，浅弧腹，腹底分界不明显，平底，半月形双耳。素面。长径10.42、短径6.94、高3.12厘米（图三〇二，3）。

陶鸟　1件。标本M1：4，夹砂灰陶。手制。呈卧立状，吻部外凸，短颈，四矮足，背部内凹，卷尾上翘。通高4.3厘米（图三〇二，4）。

砖室墓为两汉时期墓葬的典型代表，带甬道的单室砖墓在东汉中期开始逐渐流行[1]。仿铜陶礼器消失不见，随葬品基本为陶器，包括模型明器中的动物模型陶鸟，形制较为简单，生活用具有陶耳杯、陶三足奁和陶罐，基本都是东汉晚期墓葬的典型随葬品组合特征。其中陶耳杯M1：3与北京市丰台区槐房东汉晚期的M18：3形制相似，综合以上遗存特征，我们初步判断滦县韩新庄遗址M1的年代为东汉晚期前后。

第五节　孟店子遗址

孟店子遗址位于韩新庄村西南的孟店子村，具体位于孟店子村北一长条形台地上（图三〇三）。在台地的边缘发现许多暴露的瓮棺葬，经简单清理，采集了有明确遗迹位置的瓮棺葬具，分别属于4座不同的瓮棺葬，编号LMW1—LMW4，同时也采集了2件无明确位置的葬具，另外有一些瓮棺葬破坏严重，未采集相关葬具，只标注了相对位置（图三〇三中标注"W"处）。除此之外，还在台地上布设了4个探方（即LMT1—LMT4）进行试掘，在LMT1和LMT2内共发现3座瓮

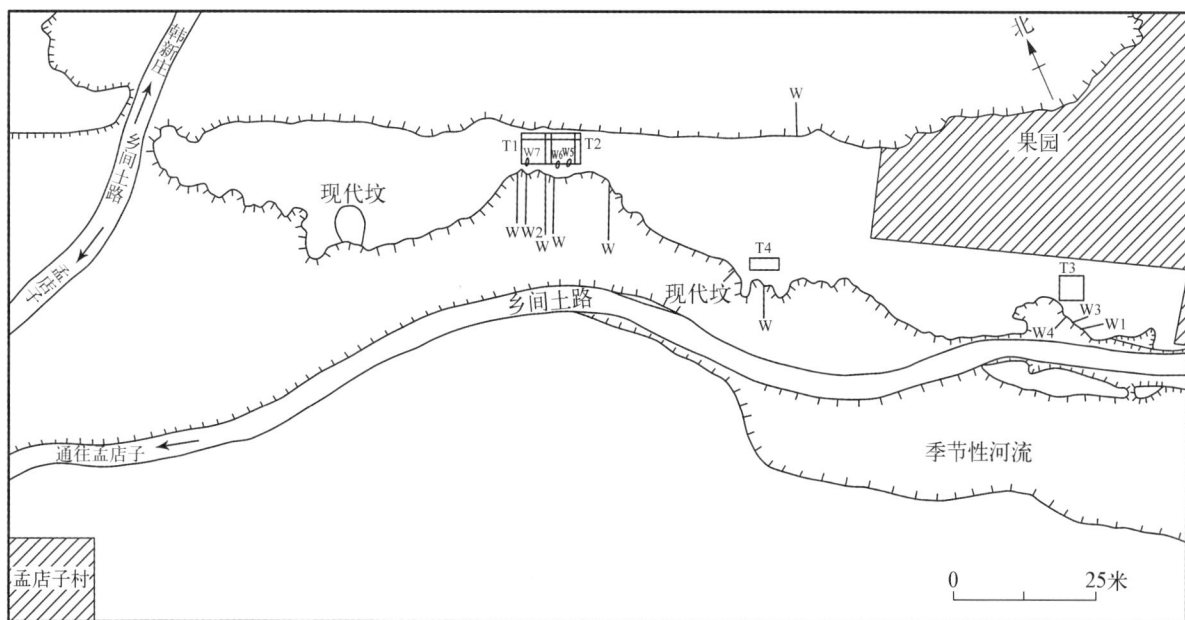

图三〇三　孟店子遗址平面分布图

---

[1]　罗二虎：《河北鹿泉西龙贵汉代墓葬》，《考古学报》2013年第1期。

棺葬,编号LMW5—LMW7。

一、地层堆积

本区域可统一划分为4层。现以T1地层剖面为例进行介绍。

第①层：耕土层,厚0.2米。

第②层：扰土层,灰黄色,厚0.15米。

第③层：灰黑土,厚0.3—0.6米。

第④层：淤积卵石层。

第④层以下为生土。

发现的瓮棺葬均开口在第③层下。

二、遗迹及遗物

LMW1 共采集到1件夹云母红陶釜,墓葬结构、组合关系等信息不明。

陶釜 1件。标本LMW1:1,夹云母红褐陶,通体呈红褐色,腹中下部局部发黑。敛口,圆唇,窄折沿,沿面微弧,内沿呈凸棱状,腹微鼓,腹下部弧收。口沿下施弦纹,上腹部有一圈明显凸棱,腹上部至腹下部施竖向绳纹,纹饰因磨光不清晰。口径34.4、沿宽3.08、残高31.2厘米(图三〇四,1)。

LMW2 共采集到1件夹云母红陶釜,墓葬结构、组合关系等信息不明。

陶釜 1件。标本LMW2:1,夹云母红褐陶,内壁呈橘红色,近底部发黑,外壁腹中下部呈灰黑色。敛口,圆唇,窄折沿,沿面内弧,内沿呈凸棱状,腹微鼓,腹下部弧收,腹底分界不清,圜底。沿下近腹上部施弦纹,上腹部有一圈明显凸棱,腹中部至近底部施竖向细绳纹,纹饰因磨光不清晰。口径33.4、沿宽3.32、高35.2厘米(图三〇四,2)。

LMW3 共采集到2件夹云母红陶釜,2号陶釜位于整个瓮棺葬的最北部,墓葬结构、组合关系等信息不明。

陶釜 2件。标本LMW3:1,夹云母红褐陶。敞口,圆唇,短折沿,沿面内弧,内沿呈凸棱状,近直腹微鼓。器形不甚规整,腹上部局部凹陷。沿下施有弦纹。口径28.2、沿宽2.28、残高18.8厘米(图三〇四,3)。标本LMW3:2,夹云母红褐陶,通体呈红褐色,外腹中部发黑。敛口,圆唇,宽折沿,沿面内弧,内沿呈凸棱状,腹微鼓,腹下部弧收,腹底分界不清,圜底。口沿下施弦纹,上腹部有一圈明显凸棱,腹中部至近底部施竖向细绳纹,纹饰因磨光不清晰。口径33.4、沿宽2.92、高33.2厘米(图三〇四,5)。

LMW4 共采集到3件夹云母红陶釜,推测应为三釜组合的方式。

陶釜 3件。标本LMW4:1,夹云母红褐陶,通体呈红褐色,外腹中下部发黑。敛口,圆唇,宽折沿,沿面内弧,内沿呈凸棱状,腹微鼓,腹下部弧收,腹底分界不清,圜底。口沿下施弦纹,上腹部有一圈凸棱,腹中部至近底部施竖向细绳纹,纹饰因磨光不清晰。口径30.6、沿宽2.6、高34.4厘米(图三〇四,4)。标本LMW4:2,夹云母红褐陶。仅余口沿残片,敛口,圆唇,折沿,沿面内

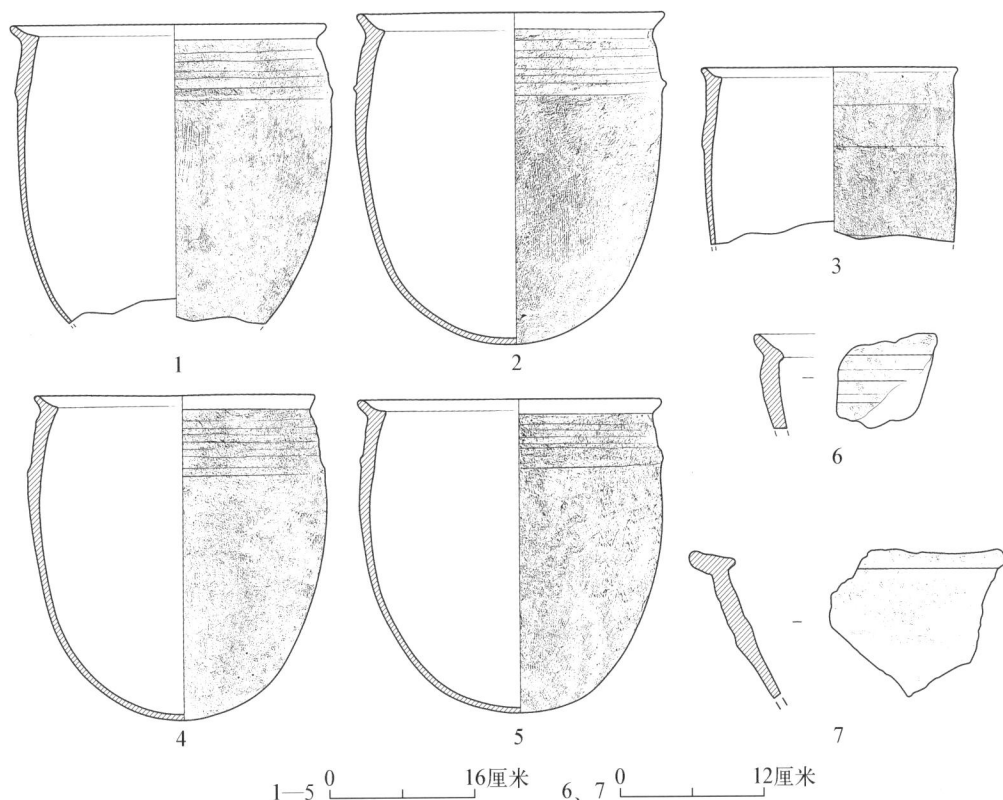

图三〇四　孟店子遗址LMW1—LMW4葬具

1—7.陶釜（LMW1：1、LMW2：1、LMW3：1、LMW4：1、LMW3：2、LMW4：2、LMW4：3）

弧，内沿呈凸棱状。沿下至上腹部施弦纹，以下纹饰因磨光不清晰。沿宽2.4、残高7.5厘米（图三〇四，6）。标本LMW4：3，夹云母红褐陶。仅余口沿残片，敛口，尖圆唇，折沿，沿面斜平，内沿呈凸棱状。口沿下施弦纹。口径28.5、沿宽3.7、残高11.8厘米（图三〇四，7）。

　　LMW5　位于LMT2东南部。开口于第③层下。西南—东北向，北偏东约40°。墓圹破坏严重，具体情况不明（图三〇五）。葬具为陶釜3件（图三〇六，1—3）。自北向南由釜（LMW5：1）—釜（LMW5：2）—釜（LMW5：3）组合而成，其中釜（LMW5：1）口部与釜（LMW5：2）口部对接，釜（LMW5：3）口部套于与釜（LMW5：2）腹部。

　　陶釜　3件。标本LMW5：1，夹云母红褐陶，通体呈红褐色，内底部呈黑色，外腹中下部呈黑色。敛口，圆唇，宽折沿，沿面内弧，内沿呈凸棱状，腹微鼓，腹下部弧收，腹底分界不清，圜底。口沿下施弦纹，腹中部至近底部施竖向细绳纹。口径32.4、沿宽3.2、高33厘米（图三〇六，1）。标本LMW5：2，夹云母红褐陶，通体呈红褐色，外腹中部呈黑色。敛口，圆唇，宽折沿，沿面内弧，内沿呈凸棱状，腹微鼓，腹下部弧收，腹底分界不清，圜底。口沿下施弦纹，腹中部局部施竖向细绳纹，纹饰因磨光不清晰。口径30.8、沿宽3.08、高33.6厘米（图三〇六，2）。标本LMW5：3，夹云母红褐陶，通体红褐色发黑。敛口，圆唇，宽折沿，沿面微弧，内沿呈凸棱状，腹微鼓，腹下部弧收。器形不甚规整，腹上部凹凸不平。上腹部有一圈凸棱，口沿下施弦纹。口径25.4、沿宽2.64、残高26.8厘米（图三〇六，3）。

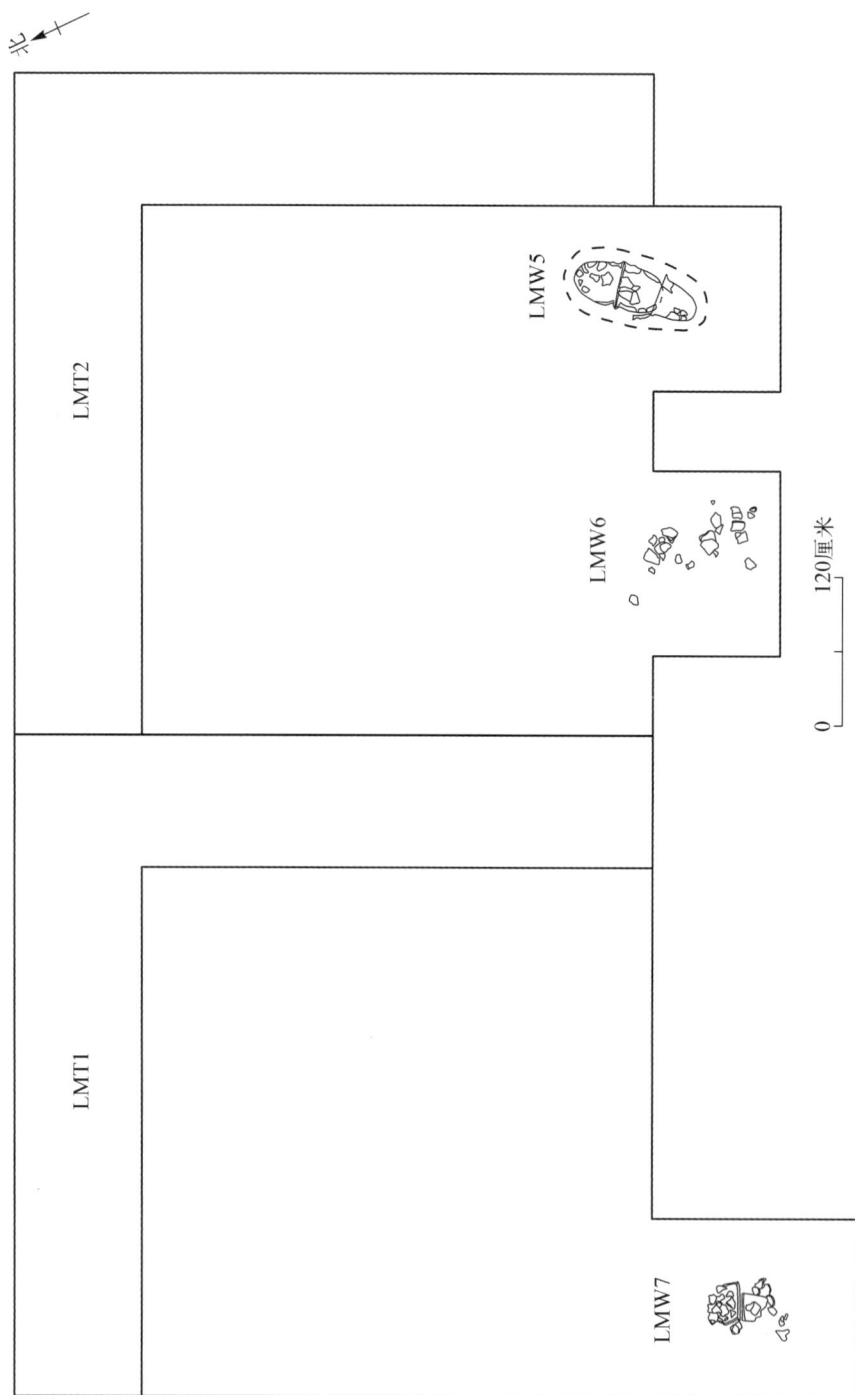

图三〇五 孟店子遗址 T1、T2 平面图

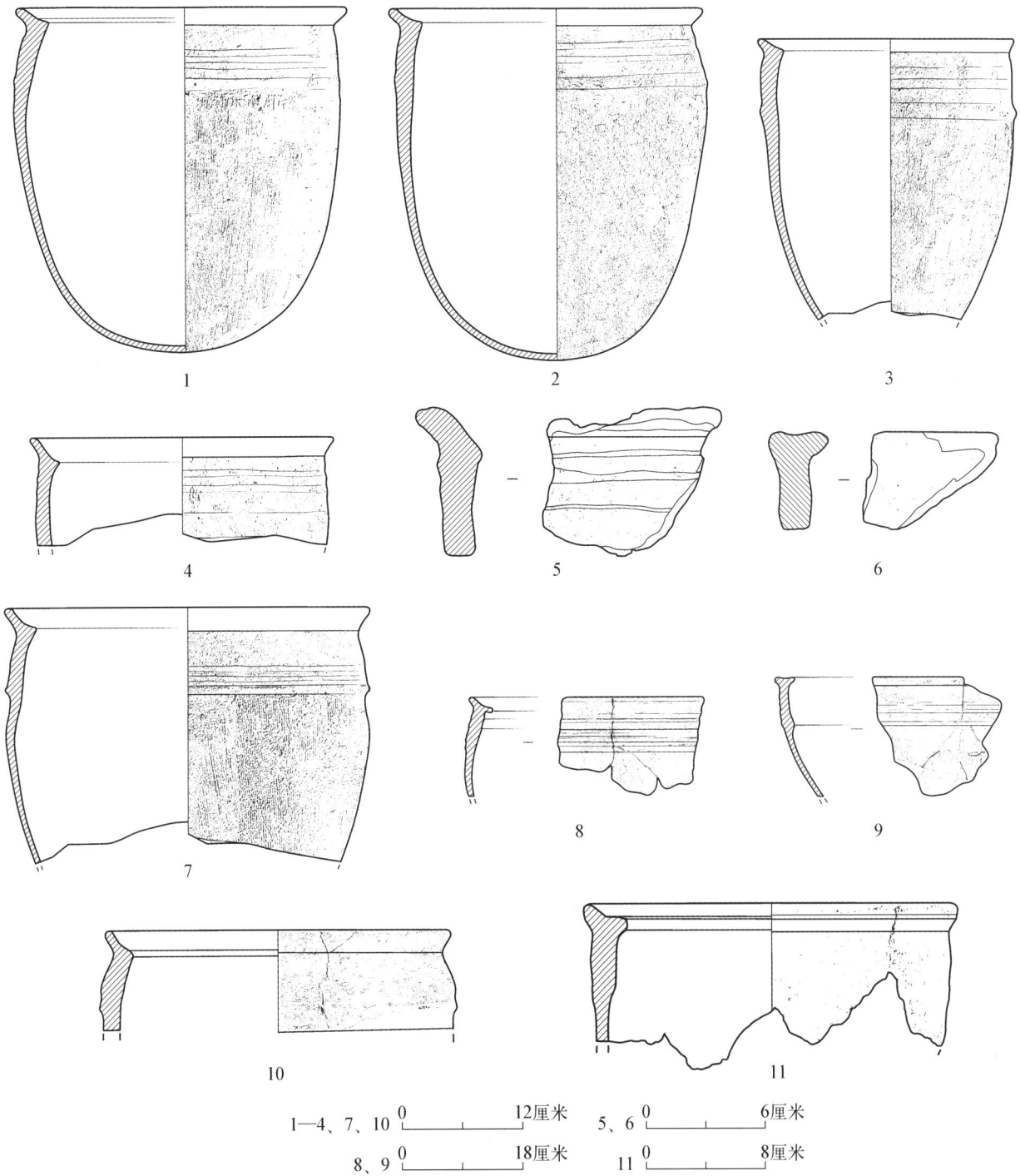

图三〇六　孟店子遗址 LMW5—LMW7 葬具及采集器物

1—11.陶釜(LMW5∶1、LMW5∶2、LMW5∶3、LMW6∶1、LMW6∶2、LMW6∶3、LMW7∶1、LMW7∶2、LMW7∶3、LM孟店子采∶1、LM孟店子采∶2)

LMW6　位于LMT2西南部。开口于第③层下。近南北向。墓圹破坏严重,具体情况不明(图三〇五)。葬具为陶釜3件(图三〇六,4—6)。北端釜(LMW6:3)口向南,中间釜(LMW6:1)口向北,与前者对口,最南端釜(LMW6:2)口向北,扣住中间釜断底。

陶釜　3件。标本LMW6:1,夹云母红褐陶。敛口,尖圆唇,宽折沿,沿面内弧,内沿呈凸棱状。沿下施弦纹。口径30、沿宽3.52、残高10.4厘米(图三〇六,4)。标本LMW6:2,夹云母红褐陶。仅余口沿残片,敛口,尖圆唇,窄折沿,沿面斜平,内沿呈凸棱状。口沿下施弦纹。残宽8.9、残高7.2厘米(图三〇六,5)。标本LMW6:3,夹云母红褐陶。仅余口沿残片,敛口,圆唇,平折沿,沿面内弧,内沿呈凸棱状。沿宽3.1、残高4.8厘米(图三〇六,6)。

LMW7　位于LMT1西南部。开口于第③层下。西南—东北向,北偏东约26°。墓圹破坏严重,具体情况不明(图三〇五)。葬具为陶釜3件(图三〇六,7—9)。北端釜(LMW7:1)口向南,中间釜(LMW7:3)口向北,与前者对口,最南端釜(LMW7:2)口向北,扣住中间釜断底。

陶釜　3件。标本LMW7:1,夹云母红褐陶,通体呈红褐色,外腹中部局部发黑。敛口,圆唇,平折沿,沿面内弧,内沿呈凸棱状,腹微鼓。腹上部施弦纹,上腹部有一圈凸棱,腹中部以下施竖向细绳纹。口径35.6、沿宽3.28、残高24.4厘米(图三〇六,7)。标本LMW7:2,夹云母红褐陶。仅余口沿残片,敛口,圆唇,窄折沿,沿面内弧,内沿呈凸棱状。口沿下施弦纹,以下纹饰因磨光不清晰。沿宽3.1、残高14.2厘米(图三〇六,8)。标本LMW7:3,夹云母黄褐陶,胎芯呈红褐色,通体呈黄褐色。仅余口沿残片,敛口,窄折沿,沿面内弧,内沿呈凸棱状。口沿下施弦纹,其下施竖向绳纹,纹饰因磨光不清晰。沿宽2.9、残高17.1厘米(图三〇六,9)。

孟店子遗址采集陶釜2件。

陶釜　2件。标本LM孟店子采:1,夹云母红褐陶,胎芯呈红褐色,外壁呈红褐色,内壁发黑。仅余口沿残片,敛口,圆唇,窄折沿,沿面内弧,内沿呈凸棱状。口沿下施弦纹,以下纹饰因磨光不清晰。口径33.6、沿宽2.2、残高9.9厘米(图三〇六,10)。标本LM孟店子采:2,夹云母红褐陶。敛口,圆唇,窄折沿,沿面内弧,内沿呈凸棱状。素面。口径24.8、沿宽2.8、残高10.7厘米(图三〇六,11)。

孟店子遗址周边有数量众多的瓮棺葬,在断崖上随处可见破碎的瓮棺残片,清理和采集的瓮棺葬共7座,其中LMW5、LMW6及LMW7组合关系相对完整,采集及发掘出土的葬具均为鼓腹釜,共计18件。相对于第Ⅲ发掘区的鼓腹釜来说,釜的制作工艺更加娴熟,腹部愈发圆鼓,沿面内凹更甚,且在腹上部有明显一圈凸棱。根据器物推断,孟店子遗址年代可能略晚于韩新庄第Ⅲ发掘区的瓮棺葬,大体为西汉中晚期。

第六节　采集遗物

韩新庄遗址发掘过程中,在周边区域采集遗物2件,均为陶盆。

陶盆　2件。标本96LH采:1,泥质灰陶。敞口,方唇,唇面有一周凹槽,卷沿,深弧腹,腹中部微外鼓,腹下部弧收,腹底分界不明显,平底。通体较光滑。器表施凸弦纹。口径28.8、底径

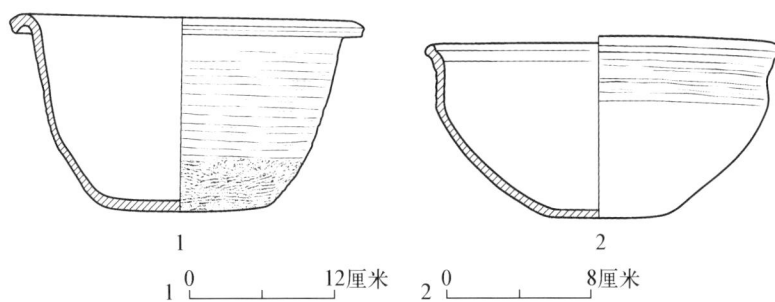

图三○七 韩新庄遗址采集器物

1、2.陶盆(96LH采：1、96LH采：2)

13.6、高15.6厘米(图三○七，1)。标本96LH采：2，泥质灰陶。敞口，方唇，束颈，弧腹，腹下部斜弧收，腹底分界不明显，平底。通体较光滑。内壁口部施瓦楞纹，外壁腹上部施弦纹。口径19.5、底径6.3、高9.6厘米(图三○七，2)。

第三章 瓮棺葬形制与葬具类型

第一节 瓮棺葬形制及类型学分析

一、瓮棺葬形制

韩新庄遗址瓮棺葬分布集中,排列有序,应为整体规划过的公共墓地。已发掘的261座墓葬均分布在Ⅲ区,全部为土坑竖穴墓。因葬具组合不同,墓圹形制丰富多样,主要有椭圆形、圆角长方形、不规则椭圆形、圆角三角形、圆角梯形等,其中椭圆形和圆角长方形居多,墓壁较直,墓底较平整。W142与W143为同一墓穴,并排摆放,为同穴合葬,墓圹形状为不规则平行四边形。

韩新庄遗址瓮棺葬分布密集,除瓮棺葬W2、W30、W34、W48、W53、W54及单墓道砖室墓M1开口于第①层下外,其余瓮棺葬均开口于第②层下。开口于第①层下的瓮棺葬破坏相对严重,应不代表其原始的开口层位。

瓮棺葬方向以西南—东北向为主,共计219座,占比约为83.9%;其次为南北向,共计29座,占比约为11%;少数为东西向,共计6座,占比约为2.3%;东南—西北走向的,共计3座,占比约1.2%;方向不明的,共计4座。

孟店子遗址共发现7座瓮棺葬,分布较为分散,LMW1—LMW4破坏严重,葬具组合关系不明。LMW5—LMW7均开口于第③层下,墓圹破坏较为严重,形制不清。方向以西南—东北向为主,共计2座;近南北向的,共计1座。

二、类型学分析

瓮棺葬的特点是利用深腹腔类日用陶器作为主要葬具盛敛尸体下葬的形式。韩新庄遗址的瓮棺葬葬具皆为日用陶器,葬具主要为釜、瓮、盆、罐等多件日常用器组合。除正常葬具外,发现部分瓮棺在墓葬两侧或是一侧用残钵片、残豆盘、残盆底、残罐口沿和瓦片等封堵的情况。韩新庄遗址共发现瓮棺葬261座,部分瓮棺葬存在葬具组合不明的情况,为保证对比数据的严谨性,下述仅以保存较为完整的墓葬为基础进行研究,其余从略。韩新庄遗址组合关系明确的瓮棺葬共215座,主要是使用数量不等的陶质葬具相接而成,数量众多且分布密集。葬具类型丰富,主要有釜、盆、罐、瓮、钵、甑、豆盘等。组合形式多样,从双器类组合到五器类组合,计有二十余种。其中三器类组合最为常见,占比达75.3%,双器类组合占比为15.8%,四器类组合占比为7.9%,五器类组合占比为0.93%。双器类组合一般采用套接或对接方式,三器类、四器类和五器类组合多采用对接与套接并用的方式。

单器类瓮棺葬有13座,均破坏严重,葬具组合结构不明,报告从略。

(一) 双器类瓮棺

此类墓葬数量相对较少,其中组合关系不明的有20座,保存较为完整的有34座。一般由两件陶器对接而成,作为葬具的陶器主要有釜、瓮、罐、盆等,部分双器类瓮棺在两侧或是某一侧用陶片、陶罐口沿、陶盆底封堵。基本可见4种组合方式,即釜—釜组合、釜—瓮组合、釜—罐组合、釜—盆组合,其中以釜—釜组合数量最多,有28座,占比达82.4%。

(二) 三器类瓮棺

此类墓葬数量较多,其中组合情况不明的有13座,保存较为完整的有162座。一般由三件陶器对接或套接而成,作为葬具的陶器主要有釜、瓮、罐、盆、甑、豆盘、钵等。最常见的组合方式为釜—釜—釜组合,有85座,占比约为52.5%。两釜与一陶器组合,有55座,占比约为40.0%。少数为三器相异组合,如盆—釜—罐、釜—罐—钵、釜—罐—瓮、瓮—釜—甑等。另有少数双器同类组合,如罐—釜—罐、釜—瓮—瓮、瓮—盆—瓮、釜—罐—罐、盆—瓮—盆、盆—釜—盆组合等。

(三) 四器类瓮棺

此类墓葬较少,共计17座。一般由四件陶器对接而成,作为葬具的陶器主要有釜、瓮、罐、盆、钵等。组合方式相对多样,其中釜—釜—釜—釜组合,计6座,占比约为35.3%。同类器为三釜的组合占比较高,可见三釜分别与盆、罐、钵、瓮等组合,保存都比较完整,计7座,占比约为41.2%。另有两釜两罐、两釜两盆、两盆一釜一瓮等组合形式。

(四) 五器类瓮棺

此类墓葬较少,仅有2座,均保存完整。一般由五件陶器对接或套接而成,作为葬具的陶器主要有釜、盆等。组合方式有盆—釜—盆—釜—釜、盆—盆—釜—盆—盆等形式。

三、葬俗与葬式

韩新庄瓮棺葬遗址大多数墓葬被扰乱或人骨保存状况极差,推测其原因是幼婴刚出生不久,骨骼尚未成熟,骨质不坚,抑或是尸体放于空隙较大的陶器之中,不易于保存[1]。仅少数墓葬尚存骨架,根据牙齿与身高推断为婴幼儿,具体葬式不明。

---

[1]　许宏:《略论我国史前时期瓮棺葬》,《考古》1989年第4期。

第二节 葬 具 类 型

韩新庄遗址出土葬具全部为日用陶器,数量众多,类型较为丰富,各类陶器共计724件。葬具种类包括釜、盆、罐、瓮、钵、豆盘和甑等。陶质主要为夹云母红陶和泥质灰陶。各类葬具中以夹云母红褐陶釜最为常见,含有这类红陶釜的瓮棺葬有256座,其中组合关系明确的有213座。

下文将分类介绍各类葬具。

一、陶釜

韩新庄遗址共出土陶釜580件。陶釜是作为葬具使用数量最多的一类陶器,约占总葬具数量的80.1%。其中,除63件陶釜因破碎严重无法确定形制外,其余517件陶釜根据整体形制差异可分为斜直腹釜和鼓腹釜两大类。另需注意的是,部分陶釜腹部破损严重,仅能分辨出属于斜直腹釜或鼓腹釜,其余信息不详,暂不列入统计。

(一)陶斜直腹釜

共计159件。釜最大径位于口部,多数为盘口。陶质较坚硬,器壁较厚,夹云母量较少。器表施绳纹,纹饰较清晰。根据器形大小分为两类:口径大于25厘米的为斜直腹大釜,口径小于25厘米的为斜直腹小釜。

陶斜直腹大釜 131件。夹云母红褐陶。其中2件陶釜器身上部施竖向粗绳纹,腹中部至腹下部施横向绳纹;其余129件多数通体施竖向粗绳纹,部分腹底部纹饰因磨光不清晰,少数可见交错绳纹。标本W86∶1,侈口,圆唇,宽折沿,沿面内凹成槽,内沿呈凸棱状,斜直腹,腹下部斜弧收,腹底分界不明显,圜底(图三〇八,1)。标本W90∶1,侈口,方唇,宽折沿,沿面内凹成槽,内沿呈凸棱状,斜直腹,腹下部斜弧收,腹底分界不明显,圜底(图三〇八,2)。标本W105∶3,直口,圆唇,宽折沿,沿面内凹成槽,内沿呈凸棱状,斜直腹,腹下部斜弧收,腹底分界不明显,圜底(图三〇八,3)。标本W176∶1,侈口,圆唇,折沿,沿面内凹成槽,内沿呈凸棱状,斜直腹,腹下部斜弧收,腹下部与底部分界不明显,圜底(图三〇八,4)。标本W214∶1,敛口,圆唇,宽折沿,沿面内凹成槽,内沿呈凸棱状,斜直腹,腹下部斜弧收,腹底分界不清,圜底(图三〇八,5)。标本W249∶1,侈口,圆唇,宽折沿,沿面内凹成槽,内沿呈凸棱状,斜直腹,腹下部斜弧收,腹底分界不明显,圜底(图三〇八,6)。

陶斜直腹小釜 28件。多数通体施竖向粗绳纹,部分腹底部纹饰因磨光不清晰,少数可见交错绳纹。标本W18∶4,侈口,近平沿,方唇,斜直腹,腹下部斜弧收,腹底分界不明显,圜底近平(图三〇八,7)。标本W32∶3,侈口,方唇,窄折沿,斜直腹,尖圜底(图三〇八,8)。标本W106∶4,圆唇,宽折沿,侈口,斜直腹,腹下部斜弧收,腹底分界不明显,圜底(图三〇八,9)。标本W206∶3,侈口,方唇,窄折沿,沿面斜平,内沿呈凸棱状,斜直腹,腹下部斜弧收(图三〇八,10)。

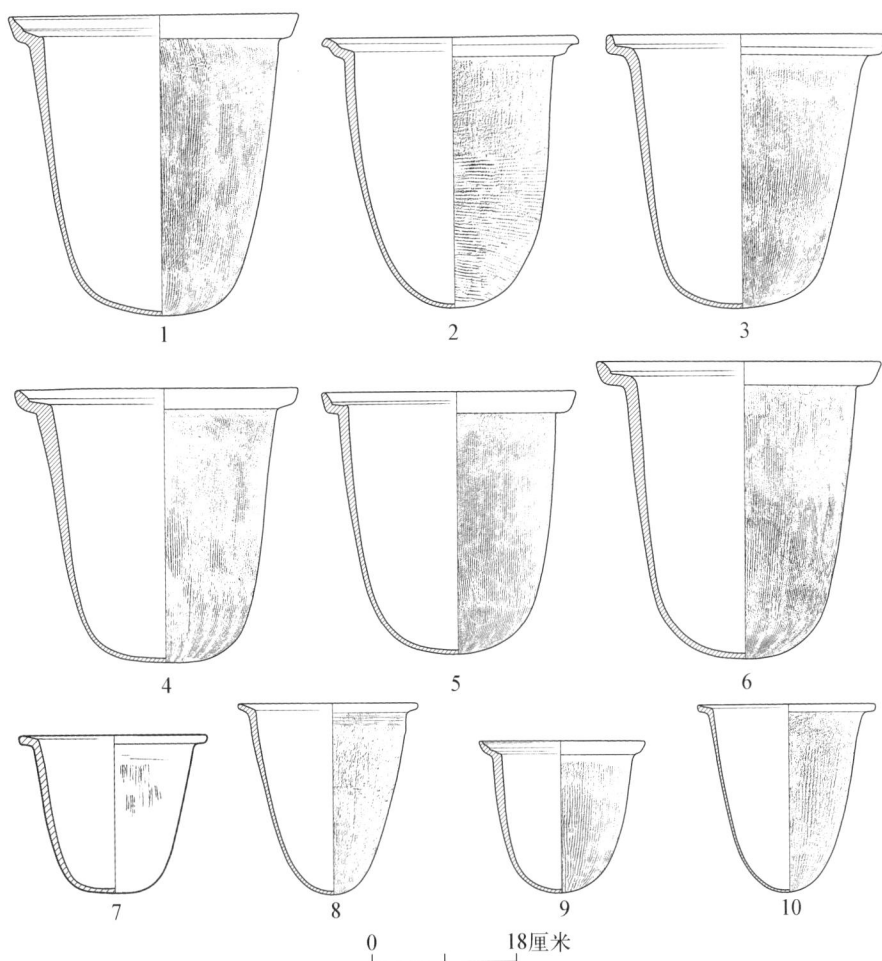

图三〇八　斜直腹釜

1—6. 陶斜直腹大釜（W86：1、W90：1、W105：3、W176：1、W214：1、W249：1）
7—10. 陶斜直腹小釜（W18：4、W32：3、W106：4、W206：3）

（二）陶鼓腹釜

共计340件。此类陶釜最大径位于腹上部或腹中部。陶质相对疏松，器壁较薄，夹云母量较多。口沿部多见棱状凸起，腹中部多施竖向或斜向绳纹。依据器形大小分为两类：口径大于25厘米，最大腹径大于26厘米为鼓腹大釜；口径小于25厘米，最大腹径小于26厘米为鼓腹小釜。

陶鼓腹大釜　232件。体型较为宽胖。标本W21：1，敛口，圆唇，窄折沿，沿面微弧，内沿呈凸棱状，腹微鼓，圜底（图三〇九，1）。标本W102：3，圆唇，窄折沿，敛口，微鼓腹，最大径在腹上部，腹下部弧收，腹底分界不清，圜底（图三〇九，2）。标本W131：1，圆唇，窄折沿，敛口，微鼓腹，最大径在腹上部，腹下部斜弧收，腹底分界不明显，圜底（图三〇九，3）。标本W165：1，敛口，圆唇，窄折沿，沿面微弧，内沿呈凸棱状，腹微鼓，腹中下部斜弧收，圜底（图三〇九，4）。标本W230：1，敛口，圆唇，窄折沿，沿面微弧，内沿呈凸棱状，腹微鼓，最大径在腹上部，腹下部弧收，腹底分界不清，圜底（图三〇九，5）。标本W250：3，敛口，圆唇，窄折沿，沿面微弧，内沿呈凸棱

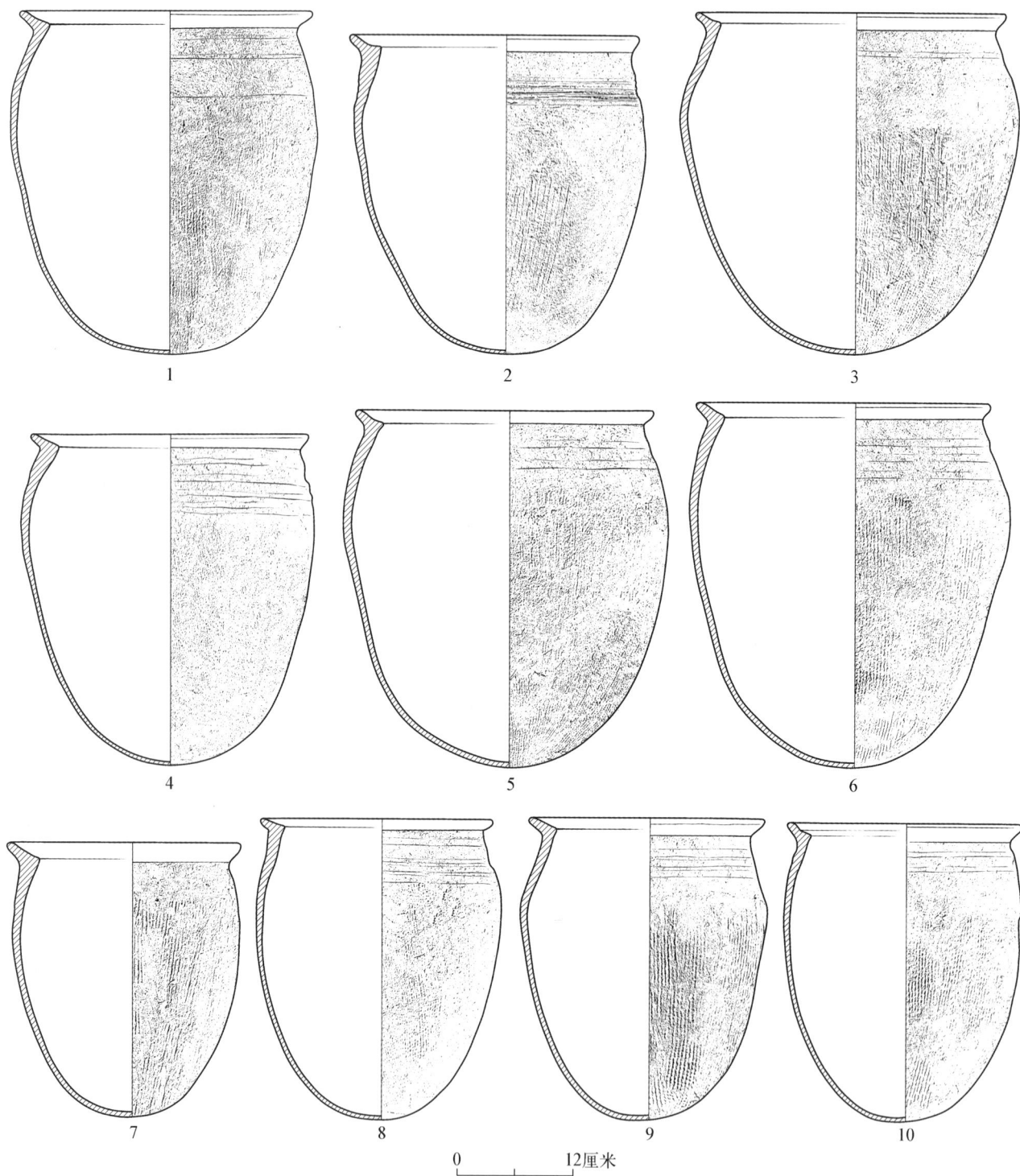

图三〇九　鼓腹釜

1—6.陶鼓腹大釜（W21：1、W102：3、W131：1、W165：1、W230：1、W250：3）　7—10.陶鼓腹小釜（W21：3、W125：1、W253：3、W257：3）

状,腹微鼓,弧收,腹底分界不清,圜底(图三〇九,6)。

陶鼓腹小釜　108件。体型较为瘦长。标本W21:3,敛口,圆唇,窄折沿,沿面微弧,内沿呈凸棱状,微鼓腹,腹下部弧收,圜底(图三〇九,7)。标本W125:1,敛口,圆唇,窄折沿,沿面微弧,内沿呈凸棱状,腹微鼓,腹底分界不明显,圜底(图三〇九,8)。标本W253:3,圆唇,窄折沿,敛口,腹部微外鼓,最大径在腹中上部,弧收,腹底分界不清,圜底(图三〇九,9)。标本W257:3,敛口,圆唇,折沿,沿面微内凹,内沿呈凸棱状,腹微鼓,弧收,腹底分界不清,圜底(图三〇九,10)。

二、陶盆

韩新庄遗址共出土55件陶盆,约占葬具总数的7.6%。陶质多为泥质灰褐陶。其中12件无法确定形制,其余43件依据腹部形制差异可分为斜弧腹盆、斜直腹盆、微鼓腹盆。

陶斜弧腹盆　23件。斜弧腹或弧腹,器表以素面为主,少数施绳纹或弦纹。标本W14:1,敞口,卷沿,方唇,弧腹,腹下部弧收(图三一〇,1)。标本W110:4,敞口,方唇,卷沿,弧腹(图三一〇,2)。标本W197:1,方唇,唇面有一周凹槽,卷沿,沿面有一周凹棱,敞口,深弧腹,弧收,腹底分界不明显,平底(图三一〇,3)。

陶斜直腹盆　12件。斜直腹,腹下部弧收,器表多素面或施绳纹。标本W208:3,敞口,方唇,卷沿,斜直腹,腹下部弧收,腹底分界不明显,平底(图三一〇,4)。标本W226:3,方唇,卷沿,

图三一〇　陶盆

1—3.陶斜弧腹盆(W14:1、W110:4、W197:1)　4.陶斜直腹盆(W208:3)　5.陶微鼓腹盆(W255:4)

敞口,斜直腹,腹下部弧收,腹底分界不明显,平底,器身见有钻孔。

陶微鼓腹盆　8件。腹部微鼓,最大径在腹中部,器表以素面为主,少数施绳纹。标本 W255:4,泥质黄褐陶。方唇,唇面有一周凹槽,卷沿,敞口,微鼓腹,最大径在腹中部,腹下部弧收,腹底分界不明显,平底(图三一〇,5)。

三、陶罐

韩新庄遗址共出土44件陶罐,约占葬具总数的6.1%。多为泥质灰褐陶。其中12件无法确定形制,其余32件根据肩部形制差异可分为溜肩罐、鼓肩罐、折肩罐。

陶溜肩罐　28件。束颈,多方唇,溜肩,器表肩部多施弦纹,少数施绳纹与瓦楞纹,腹部施弦纹与绳纹,底部为平底或圜底。标本 W172:1,泥质黄褐陶,通体发黄。方唇,唇面有一周凹槽,卷沿,沿面近唇部有一圈凹槽,直口,矮颈,溜肩,腹中上部明显外鼓,腹下部斜弧收,腹底分界明显,平底内凹(图三一一,1)。标本 W261:3,直口,方唇,窄折沿,束颈,溜肩,鼓腹,最大径在腹中部,腹下部弧收,平底(图三一一,2)。

陶鼓肩罐　3件。束颈,鼓肩,颈部至腹上部施弦纹,腹部施细绳纹。标本 W83:1,侈口,微敛,圆唇,束颈,鼓肩,弧腹,腹下部弧收,底部缺失(图三一一,3)。

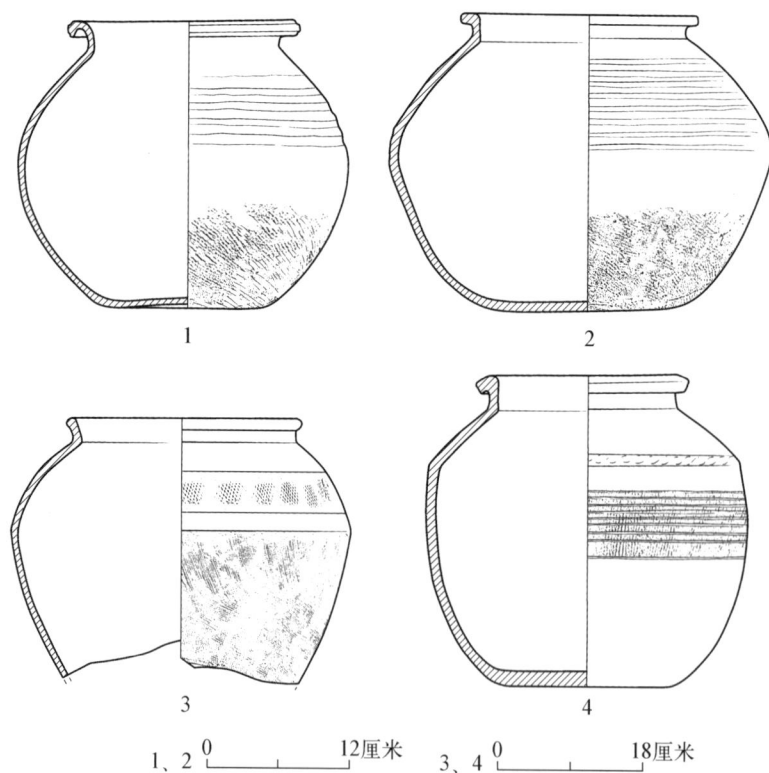

图三一一　陶罐

1、2.陶溜肩罐(W172:1、W261:3)　3.陶鼓肩罐(W83:1)　4.陶折肩罐(W21:2)

陶折肩罐　1件。方唇,束颈,折肩,腹下部弧收,肩部施弦纹,腹部施绳纹。标本W21:2,方唇,卷沿,直口,束颈,折肩,弧腹,平底(图三一一,4)。

四、陶瓮

韩新庄遗址共出土33件陶瓮,约占葬具总数的4.6%。多为泥质灰陶。其中6件无法确定形制,其余27件根据形制差异可分为深垂腹瓮、球腹瓮、浅弧腹瓮和直腹瓮。

陶深垂腹瓮　12件。深垂腹,最大径位于腹下部,器表肩部多施弦纹与绳纹,绳纹交错呈条带状,腹部至底部施斜向绳纹。标本W20:2,敞口,折沿,方唇,束颈,溜肩,深腹,腹下部弧收,圆底(图三一二,1)。标本W158:2,夹云母黄褐陶。圆方唇,侈口,束颈,颈部有两周折棱,折肩,深垂腹,最大径在腹下部,腹下部弧收,底部缺失(图三一二,2)。标本W233:2,敞口,圆唇,卷沿,束颈,折肩,深垂腹,腹下部弧收,腹底分界不明显(图三一二,3)。

陶球腹瓮　7件。整体呈球状,底部为圆底或尖圆底,器肩部多施弦纹,少数施几何纹、菱形纹、云雷纹,肩下部至底部多施弦纹与绳纹。标本W46:1,方唇,敞口,鼓肩,球腹,腹下部弧收,圆底(图三一二,4)。标本W102:1,直口,圆唇,束颈,颈部有一周凸棱,球形腹,腹下部弧收,腹底分界不明显,尖圆底(图三一二,5)。

陶浅弧腹瓮　7件。鼓腹或弧腹,多平底,器表肩部施条带状纹饰,腹中部施弦纹与竖向绳纹,腹下部拍印斜向绳纹,构成交错绳纹。标本W117:2,敛口,方唇,束颈,颈部有一周凸棱,折肩,腹下部弧收,腹部与底部分界不明显,平底(图三一二,6)。标本W208:1,圆唇,直口微敛,束颈,颈部有一周凸棱,折肩,微鼓腹,腹下部弧收,腹底分界明显,平底(图三一二,7)。

陶直腹瓮　1件。深腹,腹壁较直,器表肩部至腹下部施竖向绳纹与弦纹,绳纹交错呈条带状。标本W202:2,方唇,唇面有一周凸棱,侈口,短直颈,折肩,深腹微外鼓,腹下部弧收,腹底分界不明显,下腹部有圆孔(图三一二,8)。

五、陶钵

韩新庄遗址共出土7件陶钵,约占葬具总数的1.0%。多为泥质灰陶。根据形制差异可分为弧腹钵、折腹钵。

陶弧腹钵　6件。弧腹,浅盘,器表以素面为主,零星可见细绳纹。标本W119:3,圆唇,敞口,浅盘,弧壁,腹部与底部分界不明显,近平底(图三一三,1)。标本W123:3,微敛口,方圆唇,器外壁腹上部近口部有一周棱状凸起,浅盘,弧腹,腹部与底部分界不明显,腹下部近底部有五条竖折棱,小平底(图三一三,2)。

陶折腹钵　1件。折腹,腹下部弧收,器表腹上部施弦纹。标本W68:3,方唇,直口,折腹,腹下部弧收(图三一三,3)。

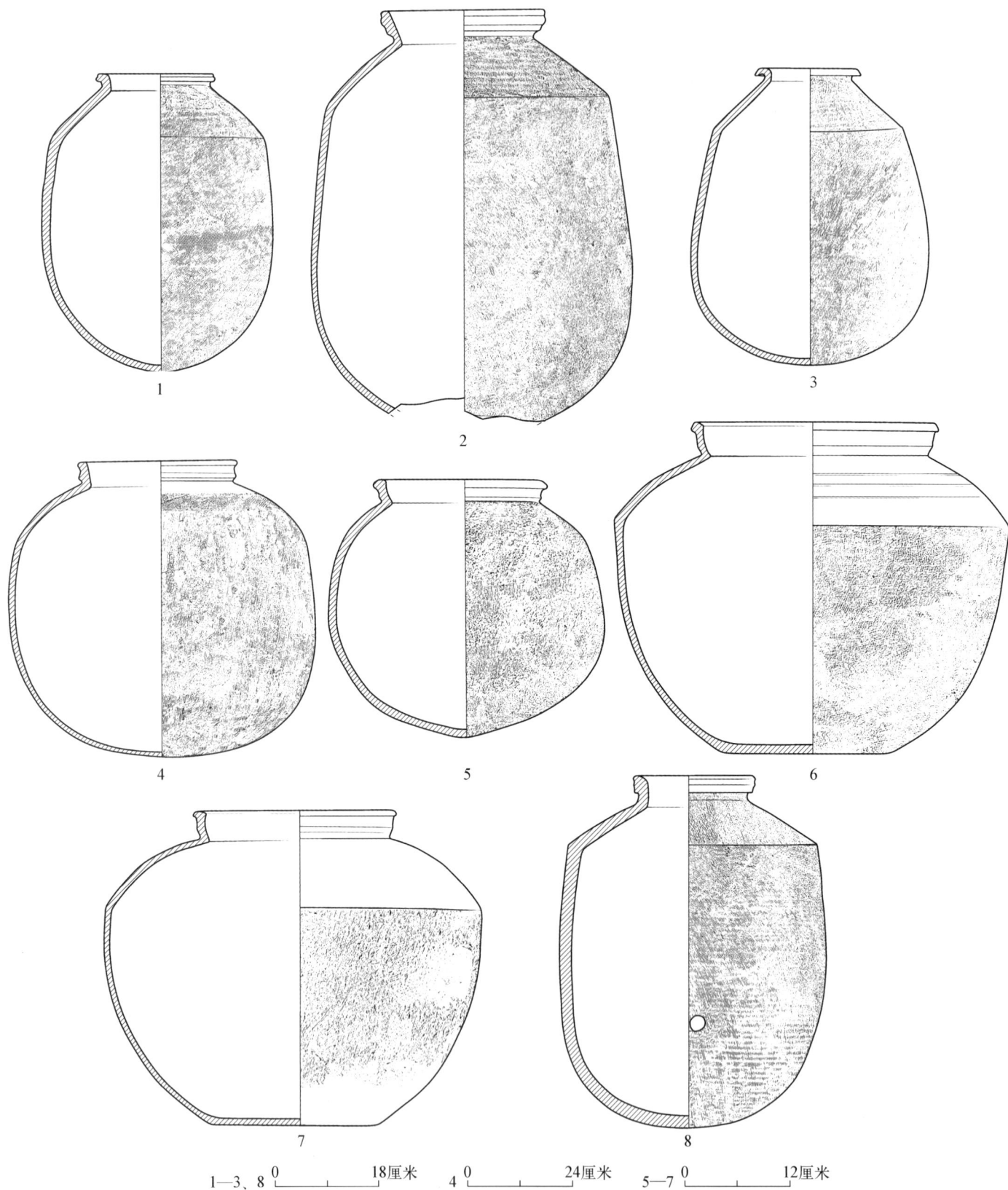

图三一二   陶瓮

1—3.陶深垂腹瓮（W20：2、W158：2、W233：2）   4、5.陶球腹瓮（W46：1、W102：1）
6、7.陶浅弧腹瓮（W117：2、W208：1）   8.陶直腹瓮（W202：2）

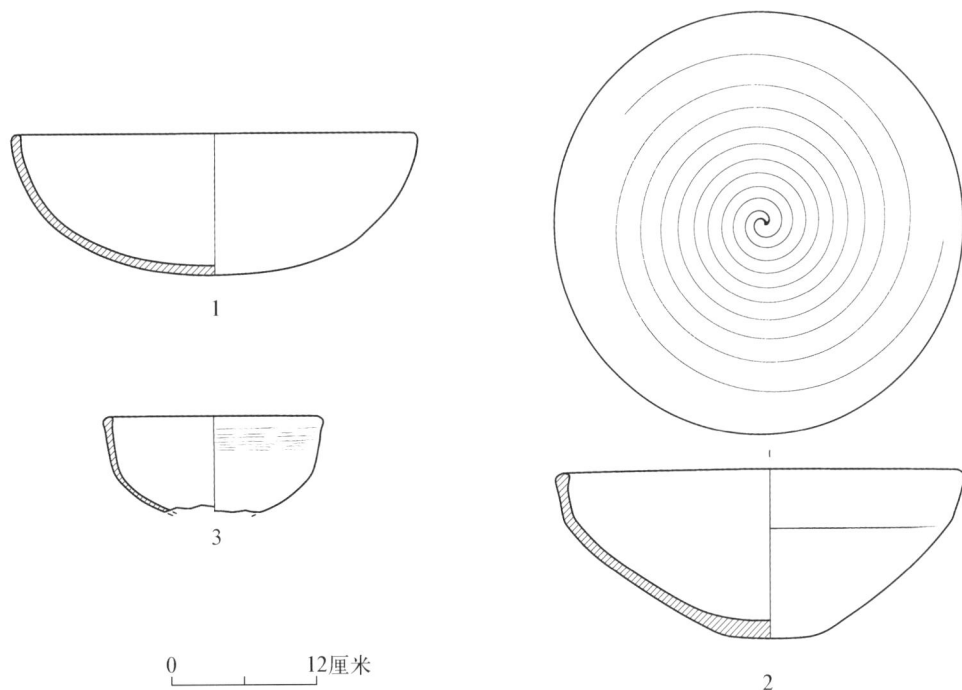

图三一三　陶钵

1、2. 陶弧腹钵（W119∶3、W123∶3）　3. 陶折腹钵（W68∶3）

六、陶豆盘

韩新庄遗址共出土1件陶豆盘，约占葬具总数的0.1%。

陶豆盘　1件。标本W215∶3，敞口，圆唇，浅盘，弧腹，腹部与底部分界较明显，矮圈足（图三一四）。

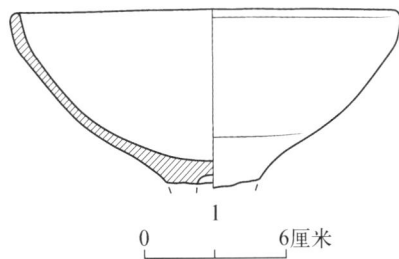

图三一四　陶豆盘

七、陶甑

韩新庄遗址共出土3件陶甑，约占葬具总数的0.4%。其中1件破坏严重，无法确定形制。多为泥质灰陶，方唇，卷沿，敞口。

陶甑　2件。标本W116∶3，方唇，卷沿，小敞口，微鼓腹，弧收，平底，底部有长条形孔（图三一五，1）。腹中下部局部施斜向绳纹，每平方厘米三条。标本W150∶1，方唇，卷沿，敞口，斜弧腹，平底内凹，底部有椭圆形箅孔，器外壁唇部有一周凹棱，腹部施数周瓦楞纹（图三一五，2）。

韩新庄遗址另出土少量陶片，共54件，主要用于封堵瓮棺。其中31件形制无法判断，23件可识别，具体为：瓦片3件、盆片6件、盆口沿3件、罐片1件、罐口沿3件、釜片4件、甑片1件、瓮片1

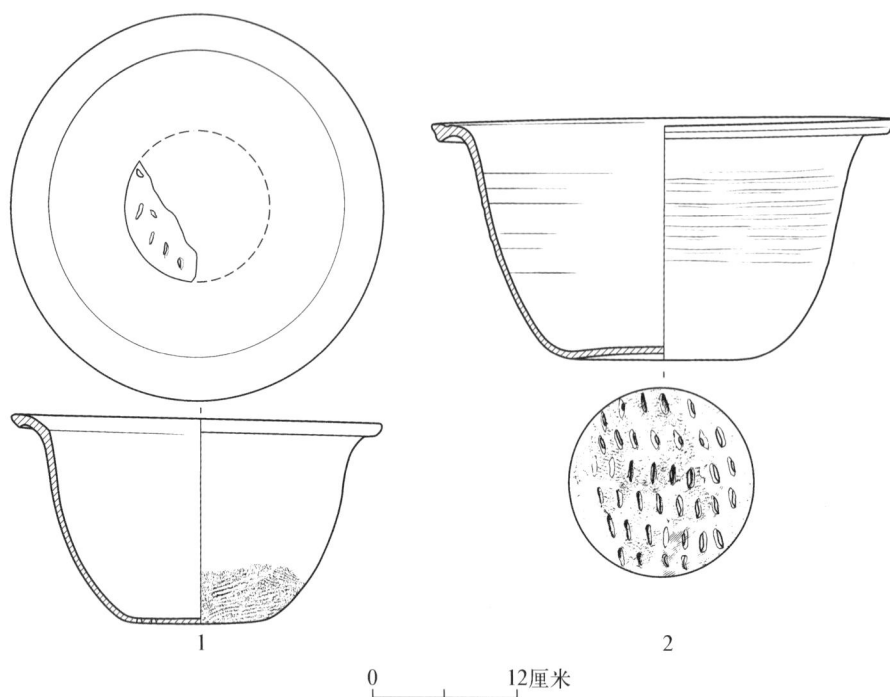

图三一五　陶甑

1、2.陶甑（W116∶3、W150∶1）

件、豆盘片1件。

　　孟店子遗址出土遗物均为夹云母红陶釜，共计18件。其中9件因破碎严重无法确定形制，其余9件多为鼓腹大釜，形制基本一致，存在腹部变弧的趋势。

第四章　相关问题探讨

韩新庄遗址Ⅲ区共揭露瓮棺葬261座，分布相对集中，经初步研究表明，这应是一处战国中期到西汉中期的大型墓地。本章拟通过四个方面对这批瓮棺葬的相关问题进行探讨。

第一节　墓葬年代与分期

这批墓葬未出土带有明确纪年的遗物，因此需要通过与其他地区出土陶器的比对确定墓葬的年代与分期。葬具皆为日用陶器，数量众多，类型多样，组合方式复杂。依据墓葬的叠压和打破关系来确定墓葬的年代与分期，是最科学有效的方法。除此之外，还应当结合以往的研究成果，与这批出土材料进行横向比较和分析，最终推定整个墓地的年代和分期。

韩新庄遗址仅有少数墓葬存在叠压打破关系，为以下七组：W19→W20、W47→W46、W65→W64、W70→W69、W105→W106、W117→W116、W157→W158。下文将以这七组有叠压打破关系的瓮棺葬为基础，探求瓮棺葬具的年代早晚关系。

第一组：W19→W20。W19（晚期）葬具为3件陶釜，W20（早期）葬具为2件陶釜，可供对比的同类陶器为釜。W19除W19：2腹部斜直外，其余2件陶釜口沿均斜折外侈，腹部微外鼓，沿下施稀疏弦纹（图三一六，1—3）。W20的2件陶釜，口部状似盘口，沿面内凹，斜直深腹，器表施竖向绳纹（图三一六，4、5）。

第二组：W47→W46。W47（晚期）葬具为盆1件、釜1件，另有1件甑片，W46（早期）葬具为瓮1件、盆1件、釜1件，可供对比的同类陶器为盆和釜。W47：1，敞口，卷沿，弧腹，上腹部施弦纹。W47：2，侈口，斜直沿，鼓腹，上腹部施弦纹（图三一七，1、2）。W46：2与W47：1相比，卷沿更大。W46：3与W47：2相比，侈口，斜直沿微内凹，深斜直腹，上腹部施稀疏弦纹（图三一七，3、4）。

第三组：W65→W64。W65（晚期）葬具为陶釜2件，另有陶片2件，W64（早期）葬具为陶釜1件、陶罐1件，可供对比的同类陶器为釜。W65：1，口、底均残，W65：2，侈口，斜直沿微内凹，鼓腹，上腹部施两道弦纹，腹中部以下施竖向绳纹（图三一八，1、2）。W64：2与W65：2形制和纹饰大体相同，腹部稍鼓（图三一八，3）。

第四组：W70→W69。W70（晚期）葬具为陶釜3件，W69（早期）葬具为陶釜2件，可供对

1、3 0 ———— 12厘米   2 0 ———— 8厘米

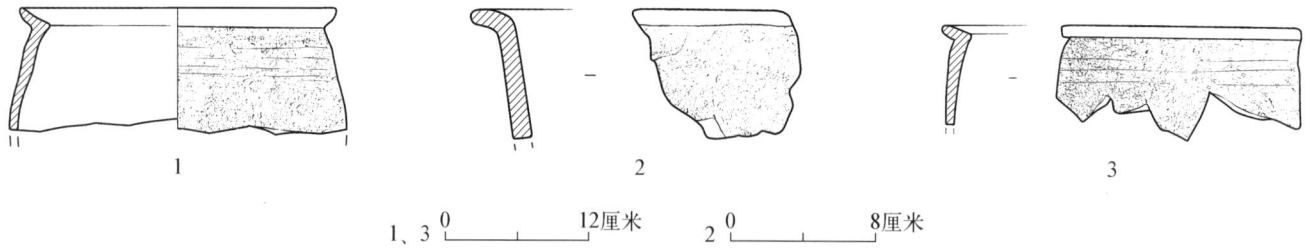

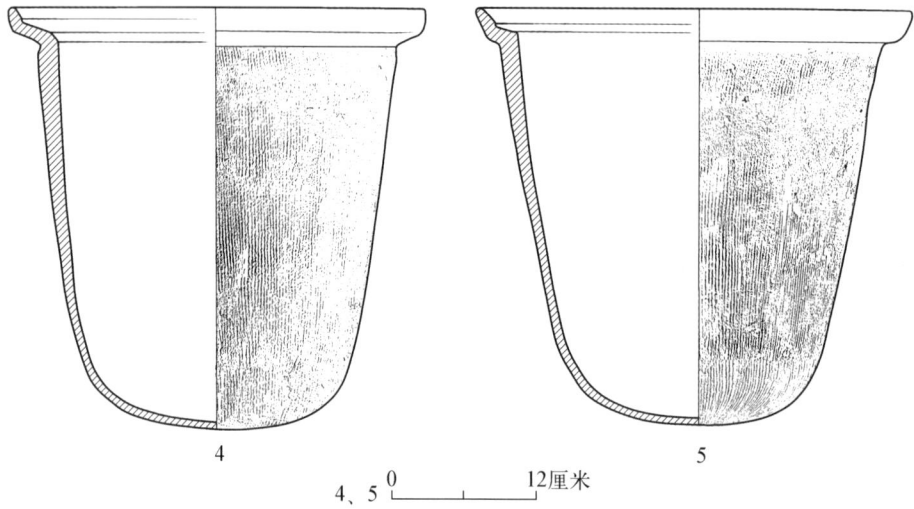

图三一六 W19(晚期)和W20(早期)瓮棺葬具比较图

1—3. W19陶釜(W19:1、W19:2、W19:3)晚期 4、5. W20陶釜(W20:1、W20:2)

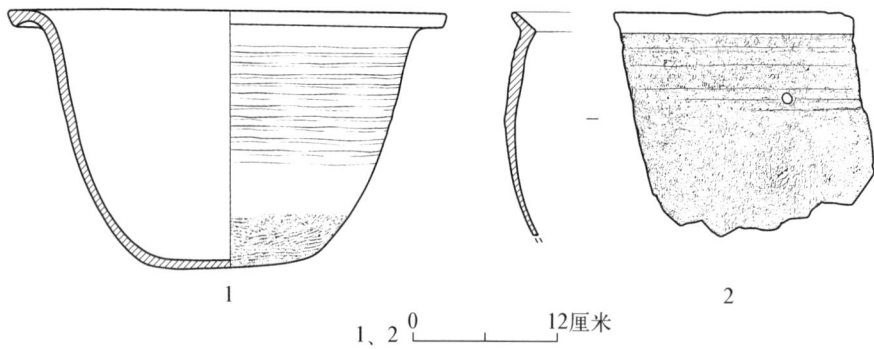

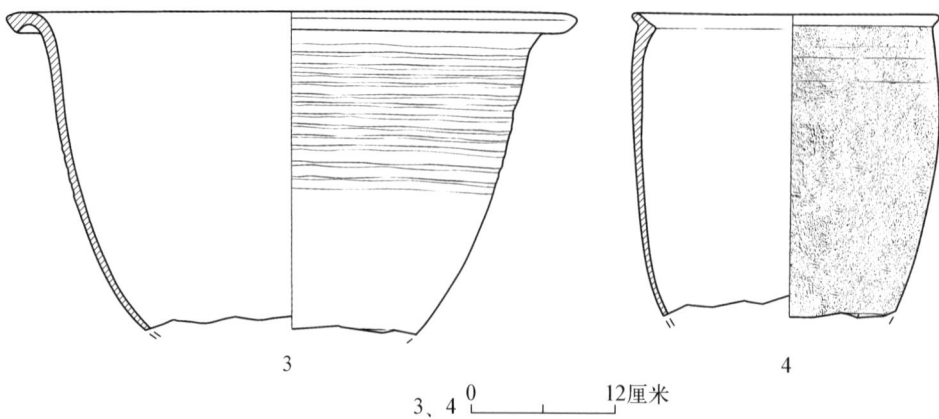

1、2 0 ———— 12厘米

图三一七 W47(晚期)和W46(早期)瓮棺葬具比较图

1. W47陶盆(W47:1) 2. W47陶釜(W47:2) 3. W46陶盆(W46:2) 4. W46陶釜(W46:3)

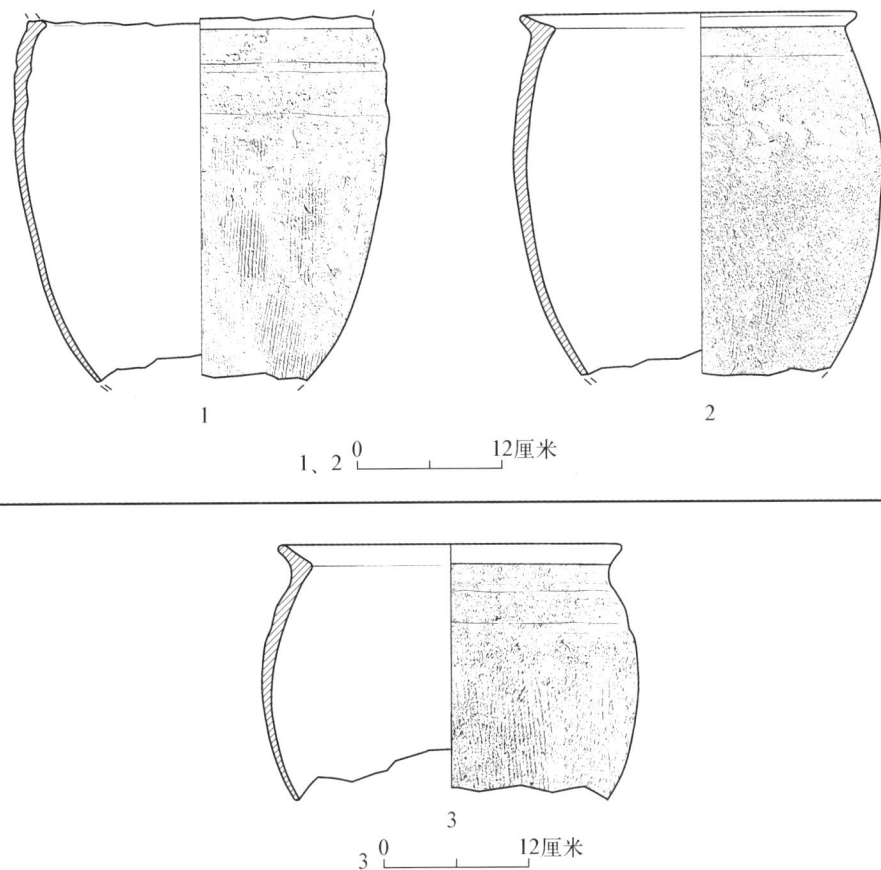

图三一八 W65（晚期）和W64（早期）瓮棺葬具比较图

1、2.W65陶釜（W65∶1、W65∶2） 3.W64陶釜（W64∶1）

比的同类陶器为釜。W70的3件陶釜均不完整,侈口,斜直沿,W70∶1,斜直沿微内凹,鼓腹,W70∶1、W70∶2腹中部以下隐约可见竖向绳纹（图三一九,1—3）。W69的2件陶釜,侈口,斜直沿微内凹,斜弧腹,口沿下施弦纹,腹中以下隐约可见竖向绳纹。与W70的3件陶釜相比,W69的2件陶釜为斜弧腹,器体较高（图三一九,4、5）。

第五组：W105→W106。W105（晚期）葬具为陶釜3件,W106（早期）葬具为陶釜4件,可供对比的同类陶器为釜。W105的3件陶釜均为敞口,宽折沿,沿面内凹成槽,内沿呈凸棱状,斜直腹,腹下部斜弧收,腹底分界不明显,器表通体施竖向绳纹,底部施交错绳纹,圜底（图三二〇,1—3）。与W105的3件陶釜相比,W106的4件陶釜的形制与纹饰风格相近,唯W106的陶釜沿面内凹槽更明显一些,深腹微外弧（图三二〇,4—7）。

第六组：W117→W116。W117（晚期）葬具为陶瓮2件、陶釜1件,陶瓮和陶釜为残片。W116（早期）葬具为陶瓮1件、陶釜1件、陶甑1件,陶瓮和陶釜为残片。陶甑与陶瓮、陶釜不属于同类器,没有可比性。

第七组：W157→W158。W157（晚期）葬具为陶釜3件,W158（早期）葬具为陶釜2件,可供

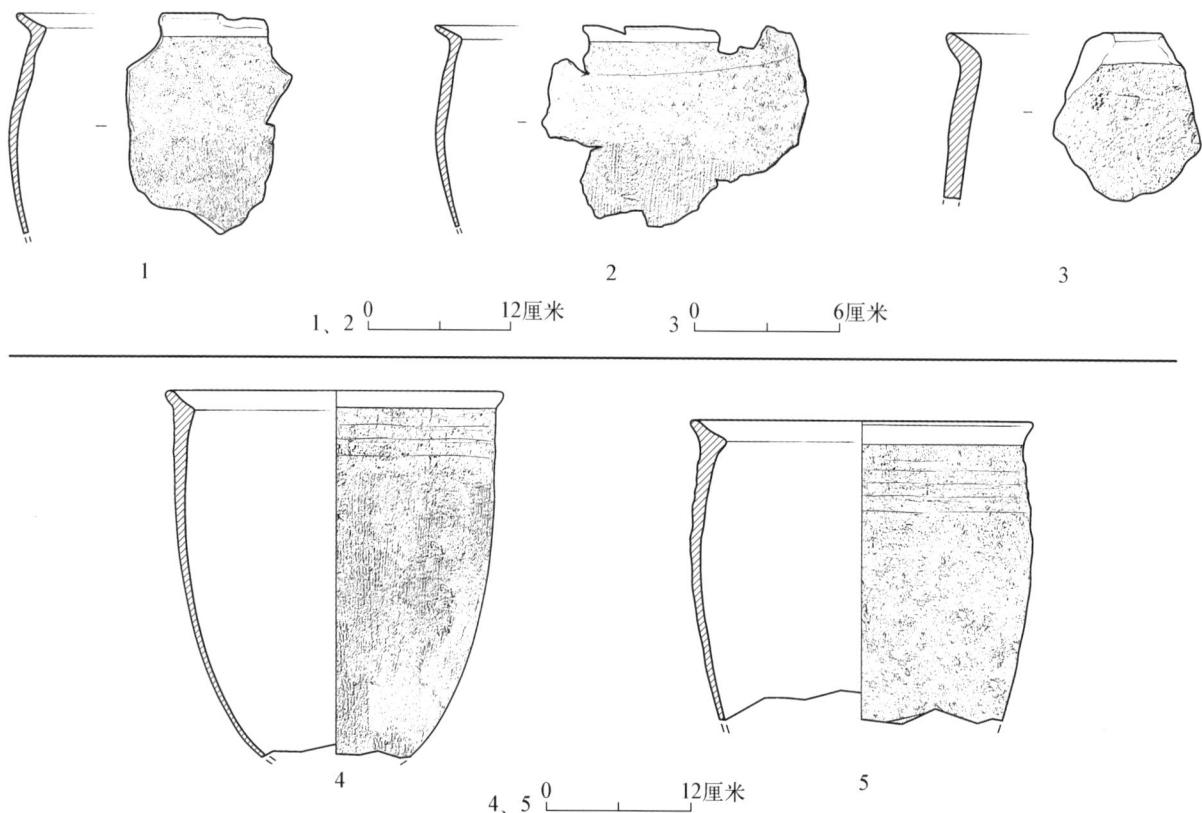

图三一九　W70（晚期）和W69（早期）瓮棺葬具比较图

1—3. W70陶釜（W70∶1、W70∶2、W70∶3）　4、5. W69陶釜（W69∶1、W69∶2）

对比的同类陶器为釜。W157的3件陶釜均为敞口，宽折沿，W157∶2，沿面微内凹，W157∶1，深斜弧腹，其余2件微鼓腹，局部可见竖向绳纹（图三二一，1—3）。W158的2件陶釜与W157的3件相比，为大敞口，宽折沿，沿面内凹成槽，内沿呈凸棱状（图三二一，4、5）。

韩新庄遗址瓮棺葬的陶质葬具具有较为典型的燕式陶器特征，主要体现在器物组合的更迭、器物类型的丰富上，时代特征明显。

根据瓮棺葬陶质葬具的形态、器物组合的变化以及墓葬形制的演变，并结合以上七组瓮棺葬存在的叠压打破关系，本报告将韩新庄墓地分为以下四期。

第一期：葬具组合方式多样，以墓葬W57、W74、W193为代表。釜W74∶1与天津宝坻歇马台的M15∶2形制相似，其年代应不晚于战国中期[1]。W57与河北卢龙蔡家坟遗址战国中期的WG6葬具组合皆为两釜，其中W57∶2与WG6∶1口沿相似，腹部纹饰相近，腹上部为竖向绳纹，腹中下部为横向绳纹[2]。斜直腹釜W57∶2与河北易县东沈村6号居住址战国中期的陶釜D6T88③∶3形

---

[1]　梅鹏云：《周秦汉时期环渤海地区红陶釜研究》，《北方文物》1995年第4期。河北省文物研究所：《燕下都》，文物出版社，1996年，第352页。

[2]　赵全明：《河北卢龙蔡家坟遗址战国墓葬发掘简报》，《文物》2018年第4期。

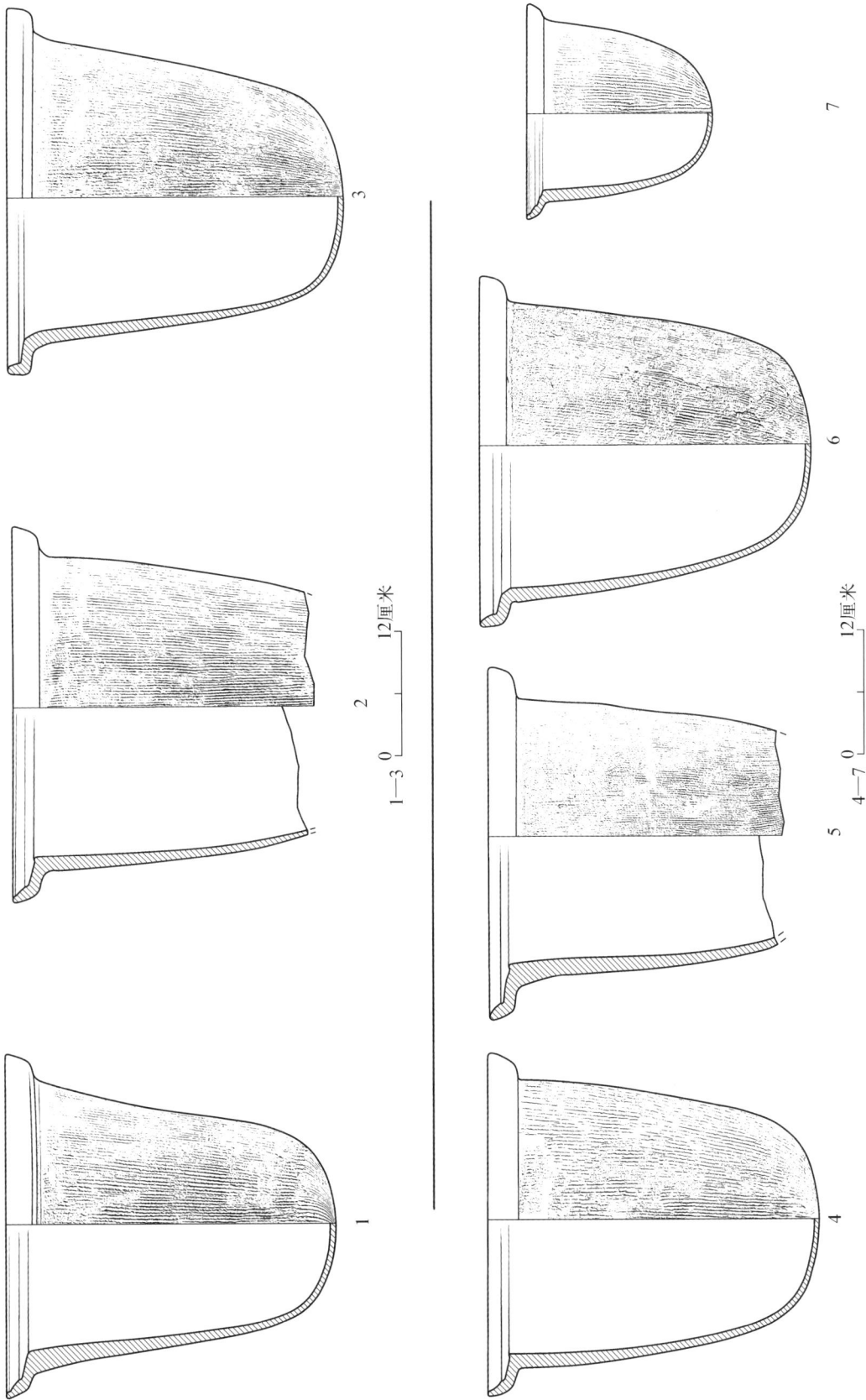

图三二〇 W105（晚期）和W106（早期）瓮棺葬具比较图

1—3. W105陶釜（W105：1，W105：2，W105：3） 4—7. W106陶釜（W106：1，W106：2，W106：3，W106：4）

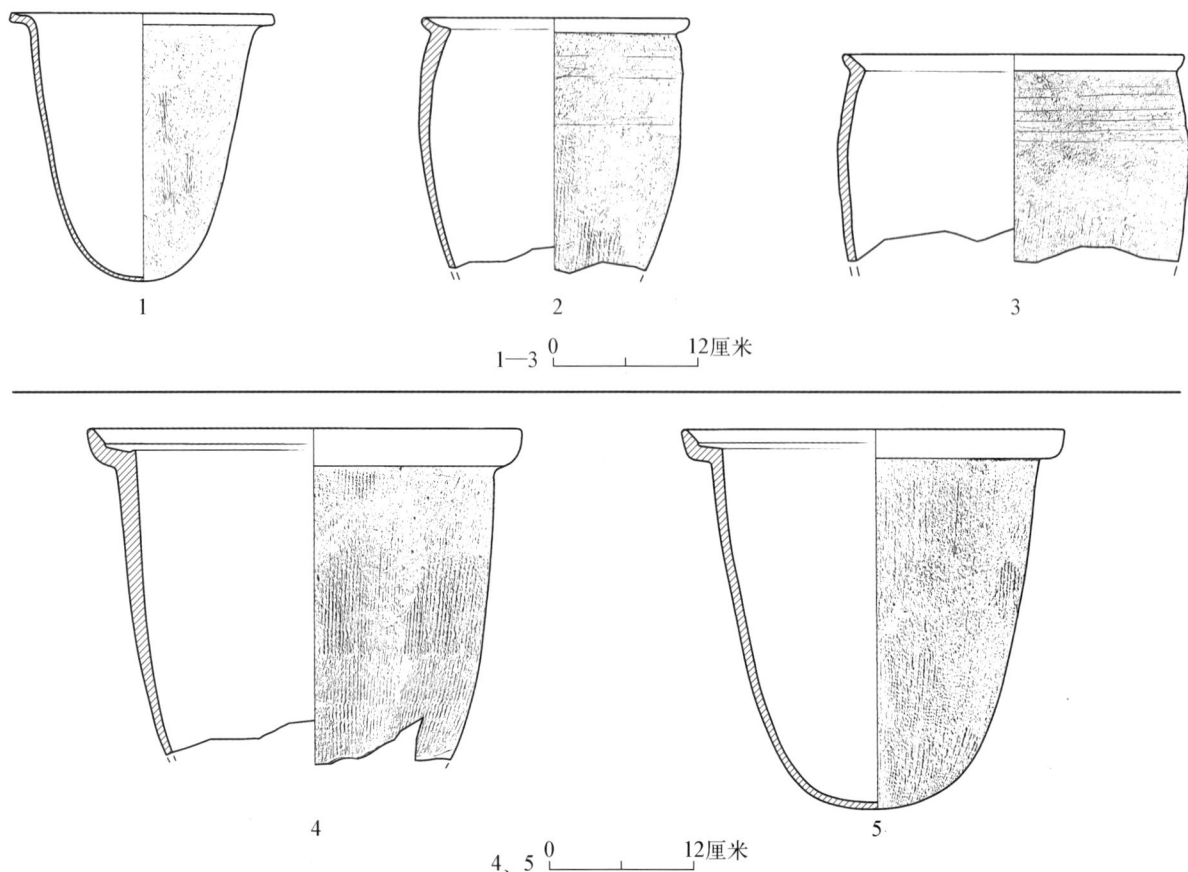

图三二一　W157(晚期)和W158(早期)瓮棺葬具比较图

1—3. W157陶釜(W157∶1、W157∶2、W157∶3)　4、5. W158陶釜(W158∶1、W158∶3)

制相似。釜W57∶1与河北易县郎井村13号作坊遗址战国中期的LJ13T4④∶7形制相似[1]。结合本遗址反映的釜发生的变化,W57∶2延续了战国早期釜的形制,推测W57为战国中期早段。釜W193∶2与河北唐山东欢坨战国中晚期的M4∶2形制相似,且较为瘦长,将W193的年代定为战国中期晚段[2]。

根据上述葬具组合以及陶器的对比分析,本期墓葬的年代应属战国中期。

第二期:葬具组合方式和类型多样,种类与数量较第一期明显增多,以墓葬W31、W93、W105、W158、W202、W217为代表。W158与战国晚期的天津宝坻秦城W56葬具组合方式一致,皆为两釜一瓮,且瓮W158∶3与河北易县燕下都郎井村10号作坊遗址战国晚期的LJ10T113③∶13口沿一致[3],将W158判定为战国晚期。结合瓮棺葬的叠压打破关系,W105打破W106,W105与

[1]　河北省文物研究所:《燕下都》,文物出版社,1996年,第102页。

[2]　河北省文物研究所、唐山市文物管理处:《唐山东欢坨遗址战国遗址发掘报告》,《河北省考古文集(一)》,东方出版社,1998年。

[3]　河北省文物研究所:《燕下都》,文物出版社,1996年,第352页。

战国晚期的河北卢龙蔡家坟遗址WG4葬具组合一致,皆为三釜组合,且釜形制相似[1],故W105为战国晚期。瓮W31∶1与战国晚期的天津牛道口遗址W24∶2器形相似[2]。斜直腹釜W217∶5与战国晚期的天津宝坻秦城出土的W5∶2相似。斜直腹釜W93∶1与河北易县燕下都郎井村10号遗址的W13∶2形制相似,其年代为战国晚期。盆W202∶1与河北唐山东欢坨的M6∶2形制相似,M6的年代为战国中晚期。直腹瓮W202∶2与宝坻秦城的W6∶2形制相似,宝坻秦城W6的年代为战国晚期,W202年代应与其相近。

根据上述葬具组合以及陶器的对比分析,本期墓葬的年代应为战国晚期。

第三期:墓葬发现数量较多,斜直腹大釜突然消失,鼓腹釜突然出现,且制作粗糙,器形不规整的现象普遍存在,腹上部套接痕迹明显,器内部有数周明显凸出的泥圈痕迹。本期代表墓葬有W157、W253等。结合瓮棺葬的叠压打破关系,W157打破W158,W158为战国晚期,推测W157为西汉早期,其中W157的鼓腹釜制作工艺粗糙,套接痕迹明显,斜直腹小釜为平折沿,推测为早段。W253与河北保定徐水东黑山的M20葬具组合皆为三釜,其中W253∶3与东黑山的M20∶3形制相似,M20的年代为西汉早期;W253∶1与W253∶2腹上部明显外鼓,套接痕迹明显,据此将W253的年代判定为西汉早期。

根据上述陶器的对比分析,并结合瓮棺葬的叠压打破关系,本期墓葬的年代应为西汉早期。

第四期:墓葬发现数量较多,葬具组合方式丰富,鼓腹釜的制作工艺较第三期有明显提升,器物不规整现象大为减少,腹上部套接痕迹较第三期减弱,愈发圆润流畅。本期代表墓葬有W35、W41、W64、W65、W69、W70等。W65打破W64,且釜W64∶1较第三期鼓腹釜的器形更为规整,将W64、W65的年代分别判定为西汉中期的早段、晚段。W70打破W69,皆为三釜组合,从鼓腹程度来看,W70∶1、W70∶2、W70∶3比W69∶1、W69∶2、W69∶3更为明显,制作更为精细,将W69、W70分别判定西汉中期的早段、晚段。鼓腹釜W41∶4、W35∶1分别与宝坻秦城Ⅰ式陶釜W23∶1、W29∶1相似,宝坻秦城的年代推测为西汉,不晚于西汉中期。早段鼓腹釜腹上部略微不规则,套接痕迹隐约可见,晚段腹上部更为圆润,套接痕迹不明显,因此W41∶4为西汉中期早段,W35∶1为西汉中期晚段。

根据上述葬具组合以及陶器的对比分析,并结合瓮棺葬的叠压打破关系,本期墓葬的年代应为西汉中期的早段、晚段。

孟店子遗址瓮棺葬出土遗物多为鼓腹大釜,与韩新庄W64—W70、W77—W84组群中的鼓腹釜形制基本相近,年代也应接近于韩新庄Ⅲ区瓮棺葬的第四期,大体为西汉中期,部分可能略晚。

第二节　各期瓮棺葬的特点

第一期:葬具组合包含两器类、三器类、四器类瓮棺葬。本期使用的葬具主要为装殓器,包

[1]　赵全明:《河北卢龙蔡家坟遗址战国墓葬发掘简报》,《文物》2018年第4期。
[2]　天津市历史博物馆考古队、宝坻县文化馆:《天津坻县牛道口遗址调查发掘简报》,《考古》1991年第7期。

括釜、瓮、罐、盆等,覆盖器豆盘、钵等较少出现。

釜主要有斜直腹大釜与斜直腹小釜,其中以腹上部施竖向绳纹、腹中部之下施横向绳纹的斜直腹大釜最早。总的来看,斜直腹大釜的侈口程度变小,多为尖圆唇或圆唇,宽折沿,由沿面内凹、槽部不明显变成沿面内凹成槽,内沿呈凸棱状;斜直腹,由腹部下垂变为腹部宽胖,上、下腹部直径基本一致,斜直程度由小变大,腹部与底部分界不清,多圜底。斜直腹小釜多为平折沿,沿面内凹,槽部不明显,内沿呈凸棱状,斜直腹,腹部宽胖,上下腹径基本一致,腹部与底部分界不清,圜底。

深垂腹瓮与腹上部施竖向绳纹、腹中下部施横向绳纹的斜直腹大釜共出,且多与斜直腹大釜同时出现。深垂腹瓮垂腹程度变小,器形由不甚规整变成规整,部分深垂腹瓮的腹部存在向直腹演变的趋势,但数量较少。

除釜、瓮外,本期还有溜肩罐、弧腹盆等,但数量较少。

第二期:葬具组合包含两器、三器、四器、五器瓮棺葬。使用的葬具主要为装殓器,包括釜、瓮、罐、盆等,覆盖器豆盘较少出现,未见钵。

釜主要有斜直腹大釜与斜直腹小釜两种。斜直腹大釜的侈口程度变小,有些边缘与沿面形成直角,多为尖圆唇或圆唇,宽折沿,沿面内凹成槽,槽部明显,内沿呈凸棱状,斜直腹,腹部由宽胖变成瘦长,斜直程度由小变大,腹下部斜收,腹部与底部分界不清,多尖圜底与圜底。斜直腹小釜为宽折沿,沿面内凹成槽,槽部明显,内沿呈凸棱状,斜直腹,腹部宽胖,上、下腹径基本一致,腹部与底部分界不清,多圜底与圜底近平。

深垂腹瓮仍然可见,新出现直腹瓮与球腹瓮。深垂腹瓮垂腹程度变小,腹下部直径缩小,逐渐演变成直腹瓮器形由不甚规整变为规整。直腹瓮与球腹瓮器形相对比较规整,但数量较少。

直腹盆与弧腹盆依然存在,且数量增多。新出现微鼓腹盆,不过数量较少。

罐的种类有鼓肩罐、溜肩罐,数量较第一期明显增多。

第三期:葬具组合包含两器、三器、四器、五器瓮棺葬。使用的葬具主要为装殓器,包括釜、瓮、罐、盆等,覆盖器豆盘消失,新出现钵、甑。

斜直腹大釜基本完全消失,仍可见斜直腹小釜,新出现鼓腹釜,由此定为第三期。斜直腹小釜由第二期的折沿,沿面内凹成槽变成平折沿,沿面近平。鼓腹釜既有鼓腹大釜,也有鼓腹小釜。特点为敛口,圆唇,窄折沿,沿面斜平或内弧,内沿呈凸棱状,微鼓腹,器形不甚规整,腹中部凹凸不平,器表口沿下近腹上部施弦纹,腹中部施竖向绳纹,纹饰因磨光不清晰。鼓腹釜的制作较第二期的斜直腹釜要更粗糙,器形多不规整,腹上部外鼓明显,腹中部凹凸不平。鼓腹釜数量激增,腹上部变化较为明显,由内收逐渐走向圆弧,外鼓程度由大到小,代表鼓腹釜的制作工艺在不断进步。

球腹瓮仍可见,新出现浅弧腹瓮。球腹瓮为球腹、尖圜底,浅弧腹瓮为弧腹、平底,器形都比较规整。

除釜、瓮外,微鼓腹盆、溜肩罐的数量较一、二期增多,覆盖器钵的数量也有所增加。

第四期:葬具组合包含两器、三器、四器瓮棺葬。使用的葬具主要为装殓器,包括釜、瓮、罐、盆等,覆盖器钵、甑的数量较第三期明显减少。

鼓腹釜制作工艺明显进步,上腹部变得圆润,与第三期的鼓腹釜出现明显差别,由此定为第四期。鼓腹釜器壁渐薄,腹部愈发圆鼓,鼓腹部位相对于第三期下移,线条愈发流畅。器形变得略胖,沿下至腹上部纹饰较第三期更为清晰,多施几圈弦纹。斜直腹小釜,由平折沿变成斜折沿,较第三期的斜直腹小釜更为瘦长,腹部由斜直变为斜直内收。

瓮主要有球腹瓮与浅弧腹瓮,球腹瓮由尖圜底变为圜底近平。

甑的数量极少。

第三节 组群与葬具

在已发掘的261座墓葬中,战国时期的瓮棺葬较少,共计75座,占比28.73%。多集中在发掘区的南部、中东部,中部偏西南位置也有部分分布,其余散布在发掘区边缘或夹杂在汉代瓮棺葬中。汉代瓮棺葬172座,占比达65.9%,多集中在发掘区的东北部、中部、中西部、东南部,其中中部最为密集,以西汉早、中期的瓮棺葬数量最多。另有14座墓葬无法确定具体年代。

从整个发掘区看,部分区域瓮棺葬分布较为密集,推测为组群,组群内墓葬年代相近、出土器物形制相似,存有一定规律。

W184、W198、W199、W200、W201、W203、W204 共计7座。瓮棺葬位置相近,均位于发掘区Ⅲ区中东部,排列密集,包括三器类组合瓮棺葬5座,其中三釜组合瓮棺葬有4座,双器类组合瓮棺葬2座。

葬具主要为斜直腹大釜,另有部分斜直腹小釜,可辨别出斜直腹大釜13件、小釜3件。斜直腹大釜多侈口,唇部形制多样,圆唇、尖圆唇或方唇均有,宽折沿,沿面内凹成槽,内沿呈凸棱状,斜直腹,腹下部斜弧收,腹部与底部分界不清,圜底。器形较规整,器表多施竖向绳纹,底部隐约可见交错绳纹,通体较光滑,局部较粗糙。斜直腹小釜形制与斜直腹大釜形制相近,仅尺寸和口沿形制差别较大,斜直腹小釜的口径均小于25厘米,为侈口,圆唇或尖圆唇,其中2件口沿沿面呈弧状内凹,凹槽不明显,另1件沿面内凹成槽明显,且口沿较短小。两种斜直腹小釜的口沿内沿均呈凸棱状,腹下部斜弧收,腹部与底部分界不清,圜底。器表多施竖向粗绳纹,内壁较光滑,外壁较粗糙。据釜的形制综合判断,该组群主要为第二期墓葬,年代集中在战国晚期,其中W204为战国中期。

仅有W203出土1件盆和W200出土1件瓮。泥质灰陶盆W203∶3口沿形制特殊,在韩新庄遗址所出土的55件盆中罕见,为敞口,方唇,折沿,口部有一周棱状凸起,斜弧腹,平底,口沿下施瓦楞纹,通体磨光,器形较规整。灰陶瓮W200∶2为直口,方唇,矮束颈,折肩,深垂腹,垂腹程度变小,腹下部弧收,圜底,器表可见弦纹和绳纹。

W14、W15、W17、W18、W21、W22、W23、W24、W25、W27、W28、W29 共计12座。瓮棺葬位置相近,位于发掘区Ⅲ区中部,排列密集,包括三器类组合瓮棺葬8座,其中三釜组合的有5座,双器类组合瓮棺葬2座,四器类组合瓮棺葬2座。

葬具主要为鼓腹大釜,另有部分鼓腹小釜,可辨别出鼓腹大釜23件、小釜8件,其中W18伴出

1件斜直腹小釜。斜直腹小釜为敛口,圆唇,折沿,沿面近平、微斜,斜直腹,通体磨光,施弦纹或绳纹。鼓腹釜多为敛口,圆唇,窄折沿,沿面斜平或内弧,内沿呈凸棱状,微鼓腹,器形不甚规整,腹中部凹凸不平,器表沿下近上腹部施弦纹,腹中部施竖向绳纹,纹饰因磨光不清晰。根据釜的形制判断,该组群主要为第三期墓葬,除W18、W24两座瓮棺葬属战国晚期—西汉初期外,其余均为汉初。

另出土罐3件、盆2件。罐为敞口或直口,卷沿,方唇居多,束颈,鼓肩、折肩、溜肩均有,腹部较鼓,多平底。盆仅有W14:1保存较完整,弧腹,平底,腹部多施绳纹,纹饰因磨光不清晰。W30随葬1件泥质灰陶碗,敛口,方圆唇,弧壁,小平底,器表素面,通体磨光。

W64、W65、W66、W67、W68、W69、W70、W77、W78、W79、W80、W81、W82、W83、W84 共计15座。瓮棺葬位置接近,位于发掘区Ⅲ区中西部,排列密集,包括三器类组合瓮棺葬11座,其中三釜组合的有7座,双器类组合瓮棺葬3座,四器类组合瓮棺葬1座。

葬具主要为鼓腹大釜,另有部分鼓腹小釜。可根据口径与最大腹径辨别出鼓腹大釜22件、小釜6件,仅能辨别出鼓腹的釜2件。釜的制作工艺进步明显,多敛口,圆唇,折沿或窄折沿,沿面斜平或微内弧,内沿多呈凸棱状,器壁较薄,鼓腹部位下移,腹部更加圆润、流畅,整体器形略胖。器表多磨光,上腹部多施弦纹,下腹部多施竖向绳纹。根据釜的形制可判断该组群主要为第四期墓葬,年代属西汉中期。

另出土3件盆、2件罐及1件钵。盆因破坏严重,仅能判断其中一件为斜直腹,其余两件形制不明。罐均为鼓肩罐。仅W68出土1件折腹钵,直口,方唇,折腹,腹下部弧收,腹上部施弦纹。

W219、W220、W221、W222、W223、W224、W225、W226、W227、W228 共计10座。瓮棺葬位置相近,位于发掘区Ⅲ区东北部,包括三器类组合瓮棺葬6座,双器类组合瓮棺葬3座,四器类组合瓮棺葬1座。

葬具主要为鼓腹大釜,另有部分鼓腹小釜。可辨别出鼓腹大釜12件、小釜5件,仅W222伴出1件斜直腹小釜。斜直腹小釜为圆唇,侈口,斜折沿,器表施竖向绳纹,底部缺失。该组群鼓腹釜形制与W64—W70、W77—W84组群的鼓腹釜相近,均为第四期。

另出土4件盆、1件溜肩罐及1件弧腹钵。盆多为敞口,方唇,卷沿,斜弧腹或斜直腹,腹下部弧收,腹底分界不明显,平底,器身整体较规整,通体磨光,器表以素面为主,部分施弦纹、绳纹。弧腹钵为敛口,方唇,弧腹,腹部较浅,小平底,器表素面。

W229、W230、W231、W232、W233、W234 共计6座。瓮棺葬位置相近,位于发掘区Ⅲ区东北部,排列密集,包括三器类组合瓮棺葬5座,其中三釜组合的有2座,四器类组合瓮棺葬1座。

葬具主要为鼓腹大釜和鼓腹小釜,另有部分斜直腹小釜、斜直腹大釜,共计鼓腹大釜6件、鼓腹小釜4件、斜直腹小釜2件、斜直腹大釜2件。鼓腹大釜为敛口,圆唇,窄折沿与宽折沿均有,沿面斜平或微弧,内沿呈凸棱状,腹微鼓,弧收,最大径在腹上部,腹下部弧收,腹底分界不清,圜底。多在口沿下施弦纹,腹部施竖向绳纹,底部施交错绳纹,纹饰因磨光不清晰,器形不甚规整,制作较粗糙。鼓腹小釜与鼓腹大釜形制相近,仅有尺寸差别,敛口,圆唇,窄折沿,沿面斜平或微弧,内沿呈凸棱状,腹微鼓,下部弧收,腹底分界不清,圜底。器表多施竖向绳纹,部分上腹部施弦纹,纹饰因磨光不清晰。器形不甚规整,制作较为粗糙。该组群的斜直腹小釜分别出土于W233和

W234，但形制略有差异。W233：3斜直腹小釜与斜直腹大釜同出，形制为侈口，方唇，平折沿，沿面近平，沿面有一周凹槽，腹部宽胖，腹下部弧收，腹底分界不清，近平底。W234：3斜直腹小釜与鼓腹釜同出，敛口，圆唇，平折沿，沿面近平，腹部瘦长，腹下部斜弧收，腹底分界不清，圜底。两件小釜腹部均施竖向绳纹，通体磨光，纹饰因磨光不清晰。根据釜的形制可判断该组群主要为第四期墓葬，属西汉中期，W233、W229属战国晚期。

另出土瓮3件、罐2件。其中2件瓮器形相对完整，敞口，卷沿，束颈，深垂腹，圜底，器表施弦纹及绳纹。2件罐口部均残损，无法判断形制，溜肩，鼓腹，腹部近球状，弧收，平底，器表施瓦楞纹及斜向绳纹。

在韩新庄瓮棺葬中，斜直腹大釜与斜直腹小釜共出，鼓腹大釜、鼓腹小釜与斜直腹小釜也有共出，但斜直腹大釜与鼓腹釜不共存。W109、W122、W176、W180、W184、W195、W198、W204、W233存在斜直腹大釜和斜直腹小釜共出的情况。斜直腹大釜多侈口，以圆唇为主，也有部分尖圆唇或方唇，宽折沿，沿面多内凹成槽，也有部分沿面呈斜弧状，内沿呈凸棱状，腹下部斜弧收，腹底分界不明显，圜底。器表施竖向绳纹，底部施交错绳纹。斜直腹小釜形制分为两种。一种形制与同时期斜直腹大釜类似，仅有尺寸差别，为侈口，圆唇，宽折沿，沿面内凹成槽，也有部分沿面无槽呈斜弧状，内沿呈凸棱状，腹下部斜弧收，腹底分界不明显，圜底。通体施竖向绳纹，底部隐约可见交错绳纹，局部磨光不清。这种形制的小釜在战国时期较为普遍。另一种形制为侈口，方唇，平折沿，沿面凹槽较浅，腹下部弧收，腹底分界不清，近平底。腹中部至底部施竖向绳纹。相较于前一种形制，该形制口沿向平折沿发展，且器形更为宽胖，腹部、底部更加圆润，年代应晚于前一种，处于战国晚期。

W18、W19、W32、W49、W127、W153、W157、W159、W172、W192、W206、W234　共12座。存在斜直腹小釜和鼓腹釜共出。鼓腹大釜多敛口，圆唇，窄折沿，沿面微内弧或斜平，内沿呈凸棱状，腹微鼓，沿下施弦纹，腹部多施绳纹。W18所出斜直腹小釜与较早时候和斜直腹大釜同出的斜直腹小釜形制类似，为侈口，近平折沿，方唇，器形较宽胖，圜底近平，同属西汉早期偏早阶段。可见斜直腹大釜与平折沿、宽胖型斜直腹小釜的器物组合是战国秦汉过渡时期下的特殊器物组合。其余11座墓葬年代较W18稍晚，斜直腹小釜除口沿形制略有不同外，器形无明显差别，一种为圆唇、平折沿或近平折沿，部分沿面有槽，时代主要集中在汉初；一种为方唇、斜折沿，沿面内凹或斜平，较此前器形更为瘦长，腹部由斜直变为斜直内收，时代主要集中在汉代早期早段至晚段。二者相较于宽胖型的斜直腹小釜器形明显更瘦长且圜底更尖。

第四节　丧葬习俗及文化内涵

一、韩新庄遗址瓮棺葬分布集中，排列有序，应为整体规划过的公共墓地。揭露的261座瓮棺葬皆为土坑竖穴墓，埋葬方式似有一定的规律，瓮棺的放置方式皆为横向，葬具所使用的陶器皆为日常生活用陶，葬具组合方式多种多样。令人不解的是，绝大多数瓮棺葬无随葬品。仅3座墓葬有随葬品,其中W30随葬1件陶碗,W158随葬1件石环,W202随葬1件琉璃环。从瓮棺葬的规模、所用葬具的多寡来看,似乎有一定的等级观念,但绝大多数并不明显。

二、因葬具组合不同,墓圹形制丰富多样,主要有椭圆形、圆角长方形、不规则椭圆形、圆角三角形、圆角梯形等,其中以椭圆形和圆角长方形居多,墓壁较直,墓底较平整。W142与W143为同一墓穴,并排摆放,同穴合葬,墓圹形状为不规则平行四边形。瓮棺葬的特点是利用深腹腔类日常生活陶器作为主要葬具盛敛尸体下葬的形式。韩新庄遗址的瓮棺全部为装殓入葬,葬具分为两种:一种是装殓器,主要为瓮、釜、罐等;一种是覆盖器,主要为钵、豆盘、瓦片等。

三、葬具丰富,主要有釜、瓮、罐、盆、瓿、豆盘、钵等。组合形式多样,从单器类到五器类,组合多达二十余种,其中三器组合类最多见,占比达75.3%,体现出本区域瓮棺葬的葬具组合特征。除釜、盆、瓮等较完整葬具外,部分瓮棺葬可见两侧或一侧用陶片覆盖器底的现象。

四、韩新庄瓮棺葬文化内涵十分丰富,墓葬年代为战国中期到西汉中期。瓮棺葬主要流行于战国秦汉时期,在京津冀地区广为流行。根据对墓葬形制和陶器的类型学分析,发现战国秦汉时期红陶釜极具典型性,斜直腹釜广泛流行于战国时期,至西汉时,仅存斜直腹小釜,斜直腹大釜逐渐走向消亡,取而代之的是新出现的鼓腹釜,鼓腹釜广泛流行于西汉时期,制作工艺也不断走向成熟。

第五节 余 论

环渤海及辽东半岛地区,包含今河北、北京、天津及辽宁南部地区在内,曾发掘出土大量瓮棺葬,该地区瓮棺葬具有出现年代早、流行时间长、发现数量多、分布地域广的特点[1]。在唐山地区,贾各庄遗址发现瓮棺葬6座、陡河水库栗园镇徐庄发现瓮棺葬2座、丰润东欢坨战国遗址发现瓮棺葬9座。在河北其他地区,易县燕下都发现瓮棺葬18座、卢龙蔡家坟发现瓮棺葬6座、黄骅郭堤城发现115座。在北京地区,窦店古城遗址发现瓮棺葬3座、延庆西屯墓地发现瓮棺葬18座。在天津地区,宝坻秦城遗址发现瓮棺葬46座、宝坻牛道口遗址发现瓮棺葬1座。在辽宁地区的凌源安杖子古城址、辽阳三道壕遗址等也发现有瓮棺葬,其中辽阳三道壕遗址发现瓮棺葬348座。遗憾的是,部分材料年代久远,资料不够详尽,虽然辽阳三道壕遗址发掘了348座瓮棺葬,但发表的材料仅举例了其中5座墓葬,对器物组合和陶器的类型学分析也较少。

滦县韩新庄遗址所属的环渤海地区是战国秦汉时期瓮棺葬的主要流行地区之一,瓮棺形态、结构和埋葬特点等均具有鲜明的地域特色[2]。目前在该地区发现的最早的瓮棺葬为战国早期,位

[1] 白云翔:《公元前一千纪后半环黄海地区的瓮棺葬及其历史文化阐释》,中国社会科学院考古研究所等:《瓮棺葬与古代东亚文化交流研究——瓮棺葬与古代东亚文化交流(中国黄骅)国际学术研讨会论文集》,科学出版社,2017年,第27页。

[2] 白云翔:《公元前一千纪后半环黄海地区的瓮棺葬及其历史文化阐释》,中国社会科学院考古研究所等:《瓮棺葬与古代东亚文化交流研究——瓮棺葬与古代东亚文化交流(中国黄骅)国际学术研讨会论文集》,科学出版社,2017年,第28页。

于燕文化的中心地带即燕下都一带。随着燕民向东北方向的不断迁徙,人群流动带动了燕文化的北进东渐,瓮棺葬不断向东北扩展,至战国中期扩展至天津、北京一带,至战国晚期扩展至辽宁地区。

战国时期,河北地区瓮棺葬分布不均衡,与同时期燕文化分布区高度相关:以燕文化中心区分布最为密集;冀东和冀东北次之;冀北山地和冀南赵文化的范围内,瓮棺葬的分布较为稀疏。整体上呈现由燕文化中心区向周边地区扩散的态势,其中冀东、冀东北方向受到的影响最大,这与该时期人群的流动及燕文化的扩张方向一致。至汉代,河北地区瓮棺葬的分布范围虽然仍与战国时期大致相同,但分布更为分散。总而言之,汉代冀北的瓮棺葬在分布地区、葬具类型、墓葬形制上与战国时期具有一致性,韩新庄遗址地处冀东北,在战国时期即为瓮棺葬分布较为密集的地区之一,且从战国中期一直沿用至西汉中期,文化内涵十分丰富。

韩新庄遗址内部多由几座或十几座瓮棺葬分组构成,排列密集,横向的瓮棺放置方式、多样的葬具组合以及墓内少见随葬品的特征在京津冀及辽东地区也有发现,情况相近。同期宝坻秦城的42座汉代瓮棺葬有序排列在城址东门口内的一条东西向狭长道路上,皆为埋葬幼童。辽阳三道壕遗址的瓮棺葬也成组排列。这种分组状况可能与当时的家族血缘关系有关,也使韩新庄遗址具有公共墓地的性质。目前这种丛葬墓地,主要发现于保定—易县—延庆—通州/黄骅—天津—唐山至辽阳一线及其邻近地区,反映出燕地瓮棺葬从易县燕下都一带向南、向东尤其是向东北方向的扩展,这可能是人群移动的结果[1]。

通过对战国秦汉时期京津冀地区广为流行的瓮棺葬墓葬形制、陶器类型学分析研究,发现红陶釜极具典型性,斜直腹釜广泛流行于战国时期,至西汉时,仅存斜直腹小釜,斜直腹大釜走向消亡,鼓腹釜出现并广泛流行,制作工艺也不断走向成熟。西汉时期,冀南地区亦受燕文化影响,邯郸、邢台、石家庄、沧州、衡水等地区均将红陶釜作为瓮棺葬的主要葬具,而且居址中鲜少发现红陶釜,表明在该地区陶釜可能是专用于瓮棺葬,而非日常用器。

韩新庄遗址发现的瓮棺葬规模庞大,时代跨度大,上自战国中期,下至西汉中期,墓葬分布密集,葬具类型丰富且组合方式多样,文化内涵丰富,为战国秦汉时期典型的墓地之一。韩新庄遗址瓮棺葬的发现完善了河北乃至京津冀地区瓮棺葬考古学文化的年代序列,葬具所具有的典型燕文化特征,为研究燕文化东渐和人群流动提供了新材料。

---

[1] 白云翔:《公元前一千纪后半环黄海地区的瓮棺葬及其历史文化阐释》,中国社会科学院考古研究所等:《瓮棺葬与古代东亚文化交流研究——瓮棺葬与古代东亚文化交流(中国黄骅)国际学术研讨会论文集》,科学出版社,2017年,第34页。

附表一

韩新庄遗址瓮棺葬统计表

（单位：件）

| 墓号 | 葬具组合类型 | 组合类型是否确定 | 葬具数量 | 葬具 | | | | | | | 封堵残片 | 墓向 | 年代 | 备注 |
				釜	盆	瓿	罐	钵	甑	豆				
W1	釜—釜	是	2	2								40°	战国晚期	
W2	釜—釜—釜	是	3	3								34°	战国晚期	
W3	甑—盆—釜	是	3	1	1							45°	西汉早期	
W4	釜—釜	否	2	2								38°	西汉早期	
W5	釜—釜—釜	是	3	3								34°	西汉早期	
W6	釜—釜—盆	是	3	2	1							140°	战国晚期	
W7	釜—釜—釜	是	3	3								33°	西汉中期	
W8	瓿—釜—釜	是	3	2		1						40°	西汉早期	
W9	釜—釜	否	2	2								40°	西汉早期	
W10	釜—釜	是	2	2								35°	战国中期	
W11	釜—釜—釜	是	3	3								36°	西汉早期	
W12	盆—釜—盆—釜—釜	是	5	3	2							45°	西汉早期	
W13	釜	否	1	1								不详	不详	
W14	盆—釜—釜	是	3	2	1							45°	西汉早期	

续表

墓号	葬具组合类型	组合类型是否确定	葬具数量	葬具							封堵残片	墓向	年代	备注
				釜	盆	瓮	罐	钵	甑	豆				
W15	釜—釜—釜	是	3	3								37°	西汉早期	
W16	釜	否	1	1								35°	西汉中期	
W17	釜—釜—釜	是	3	3								38°	西汉中期	
W18	釜—罐—釜	是	4	3			1					45°	西汉早期	
W19	釜—釜—釜	否	3	3								44°	西汉早期	
W20	釜—瓮—釜	是	3	2		1						44°	战国中期	
W21	釜—釜	是	3	2			1					45°	西汉早期	
W22	釜—釜—釜—罐	是	4	3			1				盆片1	45°	西汉早期	
W23	釜—釜	是	2	2								57°	西汉中期	
W24	盆—釜—釜	是	3	2	1							35°	西汉早期	
W25	釜—釜—釜	是	3	3								46°	西汉早期	
W26	釜—釜—釜	否	3	3								45°	西汉早期	
W27	釜—釜—釜	是	3	3								37°	西汉早期	
W28	釜—釜	是	2	2							罐片1	45°	西汉早期	
W29	釜—釜—釜	是	3	3								40°	西汉早期	
W30	釜—釜	否	2	2								46°	西汉早期	随葬陶碗1
W31	瓮—釜	否	2	1		1						54°	战国晚期	
W32	釜—釜—釜	是	3	3								43°	西汉早期	
W33	釜—釜	否	2	2								60°	战国晚期	

续表

墓号	葬具组合类型	组合类型是否确定	葬具数量	釜	盆	瓮	罐	钵	甑	豆	封堵残片	墓向	年代	备注
W34	釜	否	1	1								不详	不详	
W35	釜—罐—釜	是	3	2			1					56°	西汉中期	
W36	釜	否	1	1								不详	不详	
W37	釜—釜—釜	否	3	3							盆片1	34°	西汉早期	
W38	釜	否	1	1								45°	西汉早期	
W39	釜—罐—釜	否	3	2			1					57°	西汉早期	
W40	釜—罐—钵	是	3	1			1	1				60°	西汉中期	
W41	罐—釜—钵	是	4	2			2					38°	西汉中期	
W42	釜—釜	是	2	2								50°	不详	
W43	釜—盆—釜	是	3	2	1						瓦片1	52°	西汉早期	
W44	釜—釜—釜	是	3	3								54°	西汉中期	
W45	釜—釜—钵	是	4	3				1				46°	西汉早期	
W46	瓮—盆—釜	是	3	1	1	1						60°	西汉早期	
W47	盆—釜	是	2	1	1						甑片1	60°	西汉早期	
W48	釜—瓮—釜	否	3	2		1						45°	战国中期	
W49	釜—釜—釜	是	3	3								30°	西汉早期	
W50	瓮—釜	否	2	1		1						46°	战国晚期	
W51	釜—釜—罐	是	3	2			1					55°	西汉中期	
W52	釜—釜—釜	是	3	3								36°	西汉中期	

续表

墓号	葬具组合类型	组合类型是否确定	葬具数量	葬具							封堵残片	墓向	年代	备注
				釜	盆	瓮	罐	钵	瓶	豆				
W53	釜	否	1	1							陶片1	42°	不详	
W54	釜—釜	是	2	2							陶片1	42°	西汉早期	
W55	釜—釜—盆	是	3	2	1							62°	战国晚期	
W56	釜—釜	是	2	2							陶片2	30°	西汉中期	
W57	釜—釜	是	2	2								40°	战国中期	
W58	釜—釜—盆	否	3	2	1							不详	不详	
W59	釜—釜—盆	是	3	2	1							57°	战国晚期	
W60	罐—釜—罐	是	3	1			2					30°	战国晚期	
W61	釜—釜—釜	是	3	3								10°	战国晚期	
W62	罐—釜—釜	是	3	2			1					20°	战国晚期	
W63	釜—釜—釜	是	3	3								37°	不详	
W64	釜—罐	是	2	1			1				陶片2	26°	西汉中期	
W65	釜—釜	是	2	2								26°	西汉中期	
W66	釜—釜—釜	是	3	3								45°	西汉中期	
W67	盆—釜—釜	是	3	2	1							35°	西汉中期	
W68	釜—釜—钵	是	3	2				1				40°	西汉早期	
W69	釜—釜—釜	是	3	3								不详	西汉中期	
W70	釜—釜—釜	是	3	3								15°	西汉中期	
W71	釜—釜—釜	是	3	3								46°	战国晚期	

续表

墓号	葬具组合类型	组合类型是否确定	葬具数量	釜	盆	瓮	罐	钵	甑	豆	封堵残片	墓向	年代	备注
W72	釜—釜	是	2	2								28°	战国晚期	
W73	釜—釜	是	2	2								50°	战国晚期	
W74	釜—瓮	是	3	2		1						55°	战国中期	
W75	釜—釜	是	3	3								42°	西汉中期	
W76	釜—釜	是	2	2								30°	西汉中期	
W77	盆—釜	是	3	2	1							50°	西汉中期	
W78	釜—釜	是	2	2							盆片1	42°	西汉中期	
W79	釜—釜	是	3	3								6°	西汉中期	
W80	釜—釜	是	3	3								43°	西汉中期	
W81	釜—釜	是	3	3								51°	西汉中期	
W82	釜—釜	是	3	3								25°	西汉中期	
W83	罐—釜	是	3	2			1				陶片1	25°	西汉中期	
W84	釜—釜—釜	是	4	4							瓦片1	25°	西汉中期	
W85	釜—釜—釜	是	4	4								80°	战国晚期	
W86	釜—釜	否	3	3								44°	战国晚期	
W87	釜—罐	否	3	2			1					135°	战国晚期	
W88	釜—豆	是	3	2						1		30°	战国晚期	
W89	釜—釜	否	2	2								55°	战国晚期	
W90	釜—罐	是	3	2			1					55°	战国晚期	

续表

墓号	葬具组合类型	组合类型是否确定	葬具数量	葬具								封堵残片	墓向	年代	备注
				釜	盆	瓮	罐	钵	甑	豆				
W91	釜—釜	否	2	2									30°	西汉中期	
W92	釜—釜—釜	是	3	3									55°	战国晚期	
W93	釜—釜	否	2	2								罐片1	78°	战国晚期	
W94	罐—釜	是	2	1			1						51°	战国晚期	
W95	釜—釜	否	2	2									60°	战国晚期	
W96	釜—釜	否	2	2									80°	不详	
W97	罐—釜—盆	是	3	1	1		1						40°	西汉中期	
W98	釜—釜	否	2	2									55°	西汉中期	
W99	釜—釜—釜	是	3	3									70°	西汉早期	
W100	釜—釜—釜	是	3	3									68°	西汉中期	
W101	瓮—釜	是	2	2		1						瓮片1	60°	西汉中期	
W102	瓮—罐—釜	是	3	1		1	1						45°	西汉早期	
W103	釜—釜—釜	是	3	3									40°	西汉早期	
W104	釜—釜—釜	是	3	3									12°	战国晚期	
W105	釜—釜—釜	是	3	3									36°	战国晚期	
W106	釜—釜—釜—釜	是	4	4									36°	战国中期	
W107	釜—釜—釜	是	3	3									17°	战国晚期	
W108	釜—釜—釜	是	3	3									20°	战国晚期	
W109	盆—釜—釜	是	3	2	1								43°	战国晚期	

续表

墓号	葬具组合类型	组合类型是否确定	葬具数量	釜	盆	瓮	罐	钵	甑	豆	封堵残片	墓向	年代	备注
W110	盆—釜—盆—盆	是	5	1	4							96°	战国晚期	
W111	釜	否	1	1							罐片1	42°	战国晚期	
W112	釜—釜—釜	是	3	3								44°	西汉中期	
W113	釜	否	1	1								33°	不详	
W114	釜	否	1	1								60°	不详	
W115	盆—釜	否	2	1	1							60°	战国晚期	
W116	瓮—釜—甑	是	3	1		1			1			50°	西汉早期	
W117	瓮—釜	是	3	1		2						50°	西汉早期	
W118	罐	否	1				1					不详	不详	
W119	釜—釜—钵	是	3	2				1				40°	西汉早期	
W120	釜—釜—罐	是	3	2			1					47°	西汉中期	
W121	釜—釜	否	2	2								55°	西汉中期	
W122	釜—釜	否	2	2							陶片1	60°	战国晚期	
W123	釜—釜—钵	是	3	2				1				50°	西汉中期	
W124	釜—釜—釜	是	3	3								49°	西汉中期	
W125	釜—釜	是	2	2								60°	西汉早期	
W126	釜—釜—釜	是	3	3							陶片1	35°	西汉中期	
W127	釜—釜—釜	是	3	3								34°	西汉早期	
W128	釜—釜	是	2	2							盆片1	60°	西汉中期	

续表

墓号	葬具组合类型	组合类型是否确定	葬具数量	釜	盆	瓮	罐	钵	甑	豆	封堵残片	墓向	年代	备注
W129	釜-釜-釜	是	3	3							陶片1	47°	西汉中期	
W130	釜-釜-釜	是	3	3							罐片1	63°	西汉中期	
W131	釜-釜-盆	否	3	2	1							17°	西汉早期	
W132	釜-釜-盆	是	3	2	1						盆片1	42°	西汉早期	
W133	罐-釜-釜	是	3	2			1					25°	西汉早期	
W134	釜-盆-盆	是	3	1	2						盆片1	28°	西汉早期	
W135	釜-釜-釜	是	3	3								25°	西汉早期	
W136	釜-釜-釜-盆	是	4	3	1							29°	西汉中期	
W137	盆-釜-釜-盆	是	4	2	2							16°	西汉早期	
W138	瓮-釜-釜	否	2	2							陶片1	25°	西汉中期	
W139	瓮-釜-罐	是	3	1		1	1					36°	西汉早期	
W140	釜-釜-釜-釜	是	4	4								8°	战国晚期	
W141	釜-釜-釜	是	3	3							陶片2	15°	西汉中期	
W142	釜-釜-釜	是	3	3								34°	西汉中期	
W143	釜-釜	是	2	2								34°	西汉中期	
W144	釜-釜-釜	是	3	3								35°	西汉中期	
W145	釜-釜-釜	是	3	3								30°	西汉中期	
W146	釜-釜	是	2	2							盆片1	33°	西汉中期	
W147	釜-釜-釜	是	3	3							陶片1	43°	西汉中期	

续表

墓号	葬具组合类型	组合类型是否确定	葬具数量	葬具							封堵残片	墓向	年代	备注
				釜	盆	瓮	罐	钵	甑	豆				
W148	釜—釜—釜	是	3	3								52°	西汉中期	
W149	釜—釜	是	2	2							盆片1	40°	西汉中期	
W150	甑—釜—釜	是	3	2					1			48°	西汉中期	
W151	瓮	否	1			1						63°	不详	
W152	罐—釜	是	3	2			1					42°	西汉中期	
W153	釜—釜	否	3	3								不详	西汉早期	
W154	釜—盆	是	3	2	1							45°	西汉早期	
W155	釜—釜	是	3	3								50°	西汉早期	
W156	釜—釜	是	3	3								50°	西汉早期	
W157	釜—釜	是	3	3								50°	西汉早期	
W158	釜—瓮	是	3	2		1						50°	战国晚期	随葬石环1
W159	釜—釜	是	3	3								51°	西汉早期	
W160	罐	否	2	1			1					18°	战国晚期	
W161	釜	是	2	2							陶片1	20°	西汉早期	
W162	瓮—釜	是	3	1		2						40°	战国中期	
W163	釜	否	1	1								不详	战国晚期	
W164	釜—罐	是	3	2			1					35°	西汉早期	
W165	釜—釜	是	3	3								43°	西汉早期	
W166	釜—盆	是	3	2	1							35°	西汉中期	

续表

墓号	葬具组合类型	组合类型是否确定	葬具数量	釜	盆	瓮	罐	钵	甑	豆	封堵残片	墓向	年代	备注
W167	釜—罐	是	2	1			1				陶片1	47°	西汉中期	
W168	釜—盆	是	3	2	1							55°	战国中期	
W169	釜—盆	是	3	2	1							60°	西汉中期	
W170	釜—釜	是	3	3								42°	西汉早期	
W171	釜—釜	是	3	3								50°	西汉中期	
W172	罐—釜—釜	是	3	2			1					45°	西汉早期	
W173	釜—釜	否	2	2							陶片1	50°	不详	
W174	釜—釜—罐	是	3	2			1					30°	西汉中期	
W175	瓮—釜—瓮	是	3		1	2						160°	战国晚期	
W176	釜—釜—釜	是	3	3								20°	战国晚期	
W177	釜—釜	是	2	2							豆盘片1	不详	战国晚期	
W178	釜—釜	否	2	2								18°	战国中期	
W179	釜—罐	是	3	1		1	1					不详	战国晚期	
W180	釜—釜	是	3	3								20°	战国晚期	
W181	釜—釜	是	3	3								40°	西汉早期	
W182	釜—釜	是	3	3								50°	西汉早期	
W183	釜—釜	是	3	3							釜片1	58°	西汉早期	
W184	釜—釜	是	3	3								38°	战国晚期	
W185	釜—罐	是	3	2			1					40°	西汉早期	

续表

墓号	葬具组合类型	组合类型是否确定	葬具数量	葬具							封堵残片	墓向	年代	备注
				釜	盆	瓮	罐	钵	瓶	豆				
W186	釜—釜—釜	是	3	3								34°	西汉中期	
W187	釜—釜—釜	是	3	3								45°	西汉早期	
W188	釜—釜—釜	是	3	3							陶片1	61°	西汉早期	
W189	釜—釜—釜	是	3	3							陶片1	50°	西汉早期	
W190	釜—釜—釜	是	3	3								25°	西汉早期	
W191	釜—釜	是	2	2							釜片1	40°	西汉早期	
W192	釜—釜—釜	是	3	3								30°	西汉早期	
W193	釜—釜—钵	是	3	2				1				60°	战国中期	
W194	釜—釜—罐	是	3	1	1		1					20°	战国晚期	
W195	釜—釜—釜	是	3	3								8°	战国晚期	
W196	罐—釜—釜—釜	是	4	3			1				陶片1	30°	西汉早期	
W197	盆—瓮—釜	是	3	1	1	1						31°	西汉中期	
W198	釜—釜—釜	是	3	3								30°	战国晚期	
W199	釜—釜—釜	是	3	3								18°	战国晚期	
W200	釜—瓮	否	2	1		1						23°	战国晚期	
W201	釜—釜	是	2	2							釜片1	30°	战国晚期	
W202	盆—瓮—盆	是	3		2	1						30°	战国晚期	随葬琉璃环1
W203	釜—釜—盆	是	3	2	1							30°	战国晚期	

续表

墓号	葬具组合类型	组合类型是否确定	葬具数量	葬具							封堵残片	墓向	年代	备注
				釜	盆	瓮	罐	钵	甑	豆				
W204	釜—釜—釜	是	3	3								14°	战国中期	
W205	釜—盆—釜	是	3	2	1						陶片2	40°	西汉早期	
W206	釜—釜—釜	是	3	3								50°	西汉早期	
W207	釜—釜—罐	否	3	2			1					44°	西汉早期	
W208	瓮—釜—盆	是	3	1	1	1						30°	西汉早期	
W209	釜—釜—釜	是	3	3								50°	西汉早期	
W210	釜—釜	是	2	2								26°	战国晚期	
W211	釜—罐—罐	是	3	1			2					180°	战国晚期	
W212	釜—瓮—釜	是	3	2		1						10°	战国晚期	
W213	釜—釜—釜	是	3	3								陶片2	10°	西汉早期	
W214	釜—釜—釜	是	3	3								陶片1	36°	战国晚期	
W215	釜—釜—豆	是	3	2						1		25°	战国中期	
W216	釜—釜	是	2	2								20°	战国晚期	
W217	釜—罐—罐	是	4	2			2				陶片1	10°	战国晚期	
W218	釜—釜—釜	是	3	3								42°	西汉中期	
W219	釜—釜—钵	是	3	2				1				60°	西汉中期	
W220	釜—釜—釜	是	4	4							陶片1	48°	西汉中期	
W221	釜—釜—釜	是	3	3								60°	西汉中期	
W222	釜—罐—釜	是	3	2			1					60°	西汉中期	

续表

墓号	葬具组合类型	组合类型是否确定	葬具数量	釜	盆	瓮	罐	钵	瓿	豆	封堵残片	墓向	年代	备注
W223	盆—釜—盆	是	3	1	2							57°	西汉中期	
W224	釜—釜—釜	是	3	3								46°	西汉中期	
W225	釜—釜	是	2	2								47°	西汉中期	
W226	釜—盆	是	2	1	1						陶片1	40°	西汉中期	
W227	盆—釜—釜	是	3	2	1							45°	西汉中期	
W228	釜—釜	是	2	2							盆片1	56°	西汉中期	
W229	釜—瓮—罐	是	3	1		1	1					60°	战国晚期	
W230	釜—釜—釜	是	3	3								50°	西汉中期	
W231	罐—釜—釜—釜	是	4	3			1					43°	西汉中期	
W232	釜—釜—釜	是	3	3								25°	西汉中期	
W233	釜—瓮—釜	是	3	2		1						35°	战国晚期	
W234	釜—瓮—釜	是	3	2		1						64°	西汉早期	
W235	釜—釜—釜	是	3	3								76°	西汉早期	
W236	釜—釜	是	2	2							陶片1	40°	西汉早期	
W237	釜—釜—釜	是	3	3								50°	西汉早期	
W238	瓮	否	1			1						35°	不详	
W239	釜—釜—盆	是	3	2	1							30°	战国晚期	
W240	釜—釜—釜	是	3	3								49°	西汉早期	
W241	釜—釜—盆	是	3	2	1						釜片1	55°	战国晚期	
W242	釜—盆—瓮	是	3	1	1	1						51°	西汉早期	

续表

墓号	葬具组合类型	组合类型是否确定	葬具数量	葬具							封堵残片	墓向	年代	备注
				釜	盆	瓮	罐	钵	甑	豆				
W243	釜—釜—釜	是	3	3								49°	西汉早期	
W244	罐—釜—釜	否	3	2			1					40°	战国晚期	
W245	釜—釜	否	2	2								55°	西汉早期	
W246	盆—釜—釜	否	3	2	1							60°	西汉中期	
W247	釜—釜—罐	是	3	2			1				陶片2	48°	西汉中期	
W248	釜—盆—釜	是	3	2	1						瓦片1	36°	西汉早期	
W249	釜—釜	是	3	3								177°	战国晚期	
W250	瓮—釜—釜	是	3	1		1						30°	西汉早期	
W251	釜—釜	是	3	3								30°	西汉早期	
W252	釜—盆—釜	是	3	2	1							40°	西汉早期	
W253	釜—釜	是	3	3								30°	西汉早期	
W254	釜—瓮—釜	是	3	2		1						36°	西汉早期	
W255	瓮—盆—釜—盆	是	4	1	2	1						45°	西汉早期	
W256	釜—瓮—釜	是	3	2		1						24°	西汉早期	
W257	釜—釜—釜	是	3	3								30°	西汉早期	
W258	釜—釜—釜—釜	是	4	4								55°	西汉早期	
W259	盆—釜—釜	是	4	3	1							45°	西汉中期	
W260	釜—釜—釜	是	3	2	1							40°	西汉中期	
W261	釜—釜—罐	是	3	2			1					34°	西汉早期	
总计			724	580	55	33	44	7	3	2	54			

附表二

孟店子遗址瓮棺葬统计表

(单位：件)

墓号	葬具组合类型	组合类型是否确定	葬具数量	釜 形 制		墓向	年 代
				鼓腹大釜	不详		
LMW1	釜	否	1	1		不详	西汉中晚期
LMW2	釜	否	1	1		不详	西汉中晚期
LMW3	釜—釜	否	2	2		不详	西汉中晚期
LMW4	釜—釜—釜	否	3	1	2	不详	西汉中晚期
LMW5	釜—釜—釜	是	3	3		40°	西汉中晚期
LMW6	釜—釜—釜	是	3		3	不详	西汉中晚期
LMW7	釜—釜—釜	是	3	1	2	26°	西汉中晚期
总计			16	9	7		

附表三

韩新庄遗址瓮棺葬葬具统计表

墓号	葬具数量	釜							盆				盂					罐				钵		甑	豆
		斜直腹大釜	斜直腹小釜	斜直腹	鼓腹大釜	鼓腹小釜	鼓腹	无法判断	弧腹	微鼓腹	斜直腹	无法判断	深垂腹	浅弧腹	球腹	直腹	无法判断	溜肩	鼓肩	折肩	无法判断	弧腹	折腹		
W1	2	2																							
W2	3	3																							
W3	3				1						1													1	
W4	2				2																				
W5	3				3																				
W6	3	1		1													1								
W7	3				2			1																	
W8	3					1		1							1										
W9	2					1	1																		
W10	2	2																							
W11	3				1	1	1																		

续表

墓号	葬具数量	釜							盆				瓮					罐				钵		甑	豆
		斜直腹大釜	斜直腹小釜	斜直腹	鼓腹大釜	鼓腹小釜	鼓腹	无法判断	弧腹	微鼓腹	斜直腹	无法判断	深垂腹	浅弧腹	球腹	直腹	无法判断	溜肩	鼓肩	折肩	无法判断	弧腹	折腹		
W12	5				1	2					1	1													
W13	1							1																	
W14	3				1	1			1																
W15	3				1	1	1																		
W16	1					1																			
W17	3				2	1																			
W18	4		1		2														1						
W19	3			1	1			1																	
W20	3	2											1												
W21	3				1	1														1					
W22	4				3													1							
W23	2				2																				
W24	3				1	1											1								
W25	3				2	1																			
W26	3				2		1																		

续表

墓号	葬具数量	釜						盆				瓮					罐				钵		甑	豆
		斜直腹		鼓腹			无法判断	弧腹	微鼓腹	斜直腹	无法判断	深垂腹	浅弧腹	球腹	直腹	无法判断	溜肩	鼓肩	折肩	无法判断	弧腹	折腹		
		斜直腹大釜	斜直腹小釜	鼓腹大釜	鼓腹小釜	鼓腹																		
W27	3				1		2																	
W28	2				1		1																	
W29	3			3																				
W30	2			2																				
W31	2	1														1								
W32	3		1	1			1																	
W33	2	2																						
W34	1						1																	
W35	3				2												1							
W36	1						1																	
W37	3			2			1																	
W38	1			1																				
W39	3			1		1														1				
W40	3			1													1				1			
W41	4				2												1			1				

续表

墓号	葬具数量	釜·斜直腹·斜直腹大釜	釜·斜直腹·斜直腹小釜	釜·斜直腹	釜·鼓腹·鼓腹大釜	釜·鼓腹·鼓腹小釜	釜·鼓腹	釜·无法判断	盆·弧腹	盆·微鼓腹	盆·斜直腹	盆·无法判断	瓮·深垂腹	瓮·浅弧腹	瓮·球腹	瓮·直腹	瓮·无法判断	罐·溜肩	罐·鼓肩	罐·折肩	罐·无法判断	钵·弧腹	钵·折腹	瓶	豆
W42	2		1					1																	
W43	3				2				1																
W44	3				1			2																	
W45	4				2			1														1			
W46	3					1			1					1											
W47	2						1		1																
W48	3	2											1												
W49	3		1		2																				
W50	2			1													1								
W51	3	1						1													1				
W52	3				2	1																			
W53	1							1																	
W54	2				1	1																			
W55	3	2										1													
W56	2				2																				

续表

墓号	葬具数量	釜·斜直腹大釜	釜·斜直腹小釜	釜·鼓腹大釜	釜·鼓腹小釜	釜·鼓腹	釜·无法判断	盆·弧腹	盆·微鼓腹	盆·斜直腹	盆·无法判断	瓮·深垂腹	瓮·浅弧腹	瓮·球腹	瓮·直腹	瓮·无法判断	罐·溜肩	罐·鼓肩	罐·折肩	罐·无法判断	钵·弧腹	钵·折腹	甑	豆
W57	2	2																						
W58	3						2				1													
W59	3	2							1															
W60	3		1														1			1				
W61	3	3																						
W62	3	2																1						
W63	3					1	2																	
W64	2			1																1				
W65	2			2																				
W66	3			2	1																			
W67	3			2						1														
W68	3			2																		1		
W69	3			2			1																	
W70	3					2	1																	
W71	3	3																						

续表

墓号	葬具数量	釜 斜直腹 斜直腹大釜	釜 斜直腹 斜直腹小釜	釜 鼓腹 鼓腹大釜	釜 鼓腹 鼓腹小釜	釜 鼓腹 鼓腹	釜 无法判断	盆 弧腹	盆 微鼓腹	盆 斜直腹	盆 无法判断	瓮 深垂腹	瓮 浅弧腹	瓮 球腹	瓮 直腹	瓮 无法判断	罐 溜肩	罐 敛肩	罐 折肩	罐 无法判断	钵 弧腹	钵 折腹	甑	豆
W72	2	2																						
W73	2	2																						
W74	3	2										1												
W75	3			1	1		1																	
W76	2			2																				
W77	3			2	1		1				1													
W78	2			2																				
W79	3			1	1		1																	
W80	3			2	1																			
W81	3			3																				
W82	3			1			2																	
W83	3						2											1						
W84	4			2	2																			
W85	4	4																						
W86	3	1					2																	

墓号	葬具数量	釜						盆				瓮					罐				钵		甑	豆
		斜直腹		鼓腹			无法判断	弧腹	微鼓腹	斜直腹	无法判断	深垂腹	浅弧腹	球腹	直腹	无法判断	溜肩	敛肩	折肩	无法判断	弧腹	折腹		
		斜直腹大釜	斜直腹小釜	鼓腹大釜	鼓腹小釜	鼓腹																		
W87	3						2										1							
W88	3	2																						1
W89	2	2																						
W90	3	2																		1				
W91	2			1			1																	
W92	3	2	1																					
W93	2						2																	
W94	2	1																		1				
W95	2	2																						
W96	2						2																	
W97	3			2				1																
W98	2				2																			
W99	3			3																				
W100	3			3																				
W101	2			2																				

续表

墓号	葬具数量	釜						盆				瓮					罐				钵		甑	豆
		斜直腹大釜	斜直腹小釜	鼓腹大釜	鼓腹小釜	鼓腹	无法判断	弧腹	微鼓腹	斜直腹	无法判断	深垂腹	浅弧腹	球腹	直腹	无法判断	溜肩	鼓肩	折肩	无法判断	弧腹	折腹		
W102	3			1										1			1							
W103	3			2	1																			
W104	3	3																						
W105	3	3																						
W106	4	3	1																					
W107	3	3																						
W108	3	3																						
W109	3	1	1					1																
W110	5	1						1	2	1														
W111	1	1																						
W112	3	2			1																			
W113	1										1													
W114	1										1													
W115	2										1					1								
W116	3										1					1							1	

续表

墓号	葬具数量	釜 斜直腹·斜直腹大釜	釜 斜直腹·斜直腹小釜	釜 斜直腹·斜直腹	釜 鼓腹·鼓腹大釜	釜 鼓腹·鼓腹小釜	釜 鼓腹·鼓腹	釜 无法判断	盆 弧腹	盆 微鼓腹	盆 斜直腹	盆 无法判断	瓮 深垂腹	瓮 浅弧腹	瓮 球腹	瓮 直腹	瓮 无法判断	罐 溜肩	罐 鼓肩	罐 折肩	罐 无法判断	钵 弧腹	钵 折腹	甑	豆
W117	3					1								1			1								
W118	1																	1							
W119	3				1	1																1			
W120	3				2													1							
W121	2				1	1																			
W122	2	1	1																						
W123	3				2																	1			
W124	3				1			2																	
W125	2				1	1																			
W126	3				1	1	1																		
W127	3		1		2																				
W128	2				2																				
W129	3				2	1																			
W130	3				1	2																			
W131	3				2						1														

续表

| 墓号 | 葬具数量 | 釜 | | | | | | 盆 | | | | 瓮 | | | | | 罐 | | | | 钵 | | 甑 | 豆 |
		斜直腹大釜	斜直腹小釜	鼓腹大釜	鼓腹小釜	鼓腹	无法判断	弧腹	微鼓腹	斜直腹	无法判断	深垂腹	浅弧腹	球腹	直腹	无法判断	溜肩	鼓肩	折肩	无法判断	弧腹	折腹		
W132	3			2					1															
W133	3			1	1												1							
W134	3						1	1	1															
W135	3			1	2																			
W136	4			3							1													
W137	4			2					1		1													
W138	2				1		1																	
W139	3			1									1				1							
W140	4	4																						
W141	3			2	1																			
W142	3			2	1																			
W143	2			1	1																			
W144	3			2	1																			
W145	3			3																				
W146	2			1	1																			

续表

墓号	葬具数量	釜 斜直腹大釜	釜 斜直腹小釜	釜 斜直腹	釜 鼓腹大釜	釜 鼓腹小釜	釜 鼓腹	釜 无法判断	盆 弧腹	盆 微鼓腹	盆 斜直腹	盆 无法判断	瓮 深垂腹	瓮 浅弧腹	瓮 球腹	瓮 直腹	瓮 无法判断	罐 溜肩	罐 鼓肩	罐 折肩	罐 无法判断	钵 弧腹	钵 折腹	甑	豆
W147	3				2	1																			
W148	3				3																				
W149	2				2																				
W150	3				2																			1	
W151	1														1										
W152	3					2												1							
W153	3		1			1																			
W154	3				1	1			1																
W155	3		1		1	1																			
W156	3		1		2	1																			
W157	3				1	1																			
W158	3	2											1												
W159	3		1		1	1																			
W160	2							1													1				
W161	2				1	1																			

续表

墓号	葬具数量	釜 斜直腹大釜	釜 斜直腹小釜	釜 鼓腹大釜	釜 鼓腹小釜	釜 鼓腹	釜 无法判断	盆 弧腹	盆 微鼓腹	盆 斜直腹	盆 无法判断	瓮 深垂腹	瓮 浅弧腹	瓮 球腹	瓮 直腹	瓮 无法判断	罐 溜肩	罐 鼓肩	罐 折肩	罐 无法判断	钵 弧腹	钵 折腹	瓿	豆
W162	3	1										2												
W163	1	1																						
W164	3			2													1							
W165	3			1	2																			
W166	3			2				1																
W167	2			1																1				
W168	3	2						1																
W169	3			1	1						1													
W170	3			1	2																			
W171	3			2	1																			
W172	3		1	1													1							
W173	2			2																				
W174	3			2													1							
W175	3							1				2												
W176	3	2	1																					

续表

墓号	葬具数量	釜 斜直腹大釜	斜直腹小釜	斜直腹	鼓腹大釜	鼓腹小釜	鼓腹	无法判断	盆 弧腹	微鼓腹	斜直腹	无法判断	瓮 深垂腹	浅弧腹	球腹	直腹	无法判断	罐 溜肩	鼓肩	折肩	无法判断	钵 弧腹	折腹	瓶	豆
W177	2	2																							
W178	2	1		1									1												
W179	3	1																1							
W180	3	2	1																						
W181	3				1	2																			
W182	3				1	2																			
W183	3				3																				
W184	3	2	1																						
W185	3				1	1												1							
W186	3				3																				
W187	3				2	1																			
W188	3					2	1																		
W189	3				2	1																			
W190	3				2	1																			
W191	2				1	1																			

续表

墓号	葬具数量	釜-斜直腹大釜	釜-斜直腹小釜	釜-鼓腹大釜	釜-鼓腹小釜	釜-无法判断	盆-弧腹	盆-微鼓腹	盆-斜直腹	盆-无法判断	瓮-深垂腹	瓮-浅弧腹	瓮-球腹	瓮-直腹	瓮-无法判断	罐-溜肩	罐-鼓肩	罐-折肩	罐-无法判断	钵-弧腹	钵-折腹	瓿	豆
W192	3		1	2																			
W193	3	2																		1			
W194	3	1	1				1									1							
W195	3	2																					
W196	4			2	1											1							
W197	3				1		1					1											
W198	3	2	1																				
W199	3	3																					
W200	2					1					1												
W201	2	2																					
W202	3						1		1		1												
W203	3	2					1																
W204	3	2	1																				
W205	3			1	1			1															
W206	3		1	1	1																		

续表

墓号	葬具数量	釜 斜直腹·大釜	釜 斜直腹·小釜	釜 斜直腹	釜 鼓腹·大釜	釜 鼓腹·小釜	釜 鼓腹	釜 无法判断	盆 弧腹	盆 微鼓腹	盆 斜直腹	盆 无法判断	瓮 深垂腹	瓮 浅弧腹	瓮 球腹	瓮 直腹	瓮 无法判断	罐 溜肩	罐 鼓肩	罐 折肩	罐 无法判断	钵 弧腹	钵 折腹	甑	豆
W207	3				2																1				
W208	3				1						1			1											
W209	3	2			1																				
W210	2	1						1																	
W211	3	1																1			1				
W212	3		1	1													1								
W213	3		1		1	1																			
W214	3	3																							
W215	3	2				1																			
W216	2	1						1																	
W217	4	2																2							
W218	3					2																			1
W219	3				1	1																1			
W220	4					1		3																	

续表

墓号	葬具数量	斜直腹大釜	斜直腹小釜	鼓腹大釜	鼓腹小釜	鼓腹	无法判断(釜)	弧腹(盆)	微鼓腹(盆)	斜直腹(盆)	无法判断(盆)	深垂腹(瓮)	浅弧腹(瓮)	球腹(瓮)	直腹(瓮)	无法判断(瓮)	溜肩(罐)	鼓肩(罐)	折肩(罐)	无法判断(罐)	弧腹(钵)	折腹(钵)	甑	豆
W221	3			2			1																	
W222	3		1		1												1							
W223	3			1				2																
W224	3			3																				
W225	2			2																				
W226	2			1						1														
W227	3			1	1			1																
W228	2			1	1																			
W229	3	1													1		1							
W230	3			2	1																			
W231	4			2	1												1							
W232	3			1	2							1												
W233	3	1	1	1												1								
W234	3		1	1																				

续表

墓号	葬具数量	釜·斜直腹·大金	釜·斜直腹·小金	釜·斜直腹	釜·鼓腹·大金	釜·鼓腹·小金	釜·鼓腹	釜·无法判断	盆·弧腹	盆·微鼓腹	盆·斜直腹	盆·无法判断	瓮·深垂腹	瓮·浅弧腹	瓮·球腹	瓮·直腹	瓮·无法判断	罐·溜肩	罐·鼓肩	罐·折肩	罐·无法判断	钵·弧腹	钵·折腹	甑	豆
W235	3				1	2																			
W236	2					1		1																	
W237	3				2			1																	
W238	1													1											
W239	3	2									1														
W240	3				2	1																			
W241	3	2							1																
W242	3	1							1					1											
W243	3	2		1																					
W244	3							1				1						1							
W245	2				2																				
W246	3				1			1				1													
W247	3					2												1							
W248	3				2							1													

续表

墓号	葬具数量	釜-斜直腹大釜	釜-斜直腹小釜	釜-斜直腹	釜-鼓腹大釜	釜-鼓腹小釜	釜-鼓腹	釜-无法判断	盆-弧腹	盆-微鼓腹	盆-斜直腹	盆-无法判断	盅-深垂腹	盅-浅弧腹	盅-球腹	盅-直腹	盅-无法判断	罐-溜肩	罐-鼓肩	罐-折肩	罐-无法判断	钵-弧腹	钵-折腹	瓶	豆
W249	3	3																							
W250	3				1					1					1										
W251	3				2			1																	
W252	3				2	1					1														
W253	3				2																				
W254	3				2										1										
W255	4				1						1				1										
W256	3				1			1							1										
W257	3				1	2																			
W258	4		1		1	3																			
W259	4				1	2					1														
W260	3		1		1	1			1									1							
W261	3				1																				
合计	724	131	28	7	232	108	11	63	23	8	12	12	12	7	7	1	6	28	3	1	12	6	1	3	2

后　记

　　1996年4月初，为配合京沈高速公路的建设，在河北省交通厅世界金融组织贷款项目办公室的大力支持下，河北省文物研究所（今河北省文物考古研究院）、唐山市文物管理处（今唐山市文物古建研究所）和滦县文物保管所（今滦州市文物管理所）组成联合考古队，对韩新庄遗址进行了全面的发掘。张春长任此次发掘工作的领队，参与发掘工作的还有翟良富、刘连强、周国立、赵立国、张文海、张德林等人。本次发掘最重要的发现是261座战国秦汉时期的瓮棺葬，这是截至目前河北地区发现数量最多、埋葬最为集中的瓮棺葬群，也是全国战国秦汉瓮棺葬最重要的发现之一。

　　田野发掘工作结束后，由于客观原因一直未开展全面的资料整理工作，除个别瓮棺葬在唐山市博物馆展出外，大多数器物和资料一直在河北省文物考古研究院的库房中。2017年，"瓮棺葬与古代东亚文化交流国际学术研讨会"在黄骅召开，会议方曾邀请张春长对韩新庄瓮棺葬的情况做相关介绍，但其因工作原因未能参会，特委托当时在黄骅参与郛堤城瓮棺葬发掘工作的马小飞将韩新庄瓮棺葬的情况在大会上做了汇报。至此，韩新庄瓮棺葬的发现再次受到学界的关注。

　　为更好地保护和展示韩新庄瓮棺葬遗存，使相关考古成果尽快为世人所知，在河北省文物局和河北省文物考古研究院的大力支持下，2018年启动了对韩新庄遗址发掘资料的整理和报告编写工作，受考古领队张春长委托，马小飞具体负责相关工作。

　　本报告按照单位将全部遗物和相关资料进行刊布，以保证资料的完整性和真实性，便于学者开展进一步的研究工作。报告遗迹线图的初稿主要由张春长、刘连强、李树伟绘制，现场照片主要由张春长拍摄，器物的修复、绘图和图版拍摄等工作由吉林省文保科技有限公司提供技术服务。在报告的编写过程中，得到了河北省文物局、河北省文物考古研究院领导和专家的大力支持，吉林大学、山西大学、河北大学师生提供了指导和帮助，上海古籍出版社的宋佳女士为报告的出版付出了辛勤的劳动，在此深表谢意。

编者

2024年6月

1. 韩新庄遗址Ⅲ区瓮棺葬（西—东）

2. 韩新庄遗址Ⅲ区瓮棺葬局部（东北—西南）

韩新庄遗址Ⅲ区瓮棺葬

1. W8

2. W18

3. W20

W8、W18、W20

1. W21

2. W35

3. W41

W21、W35、W41

1. W43

2. W46、W47

3. W88

W43、W46、W47、W88

1. W102

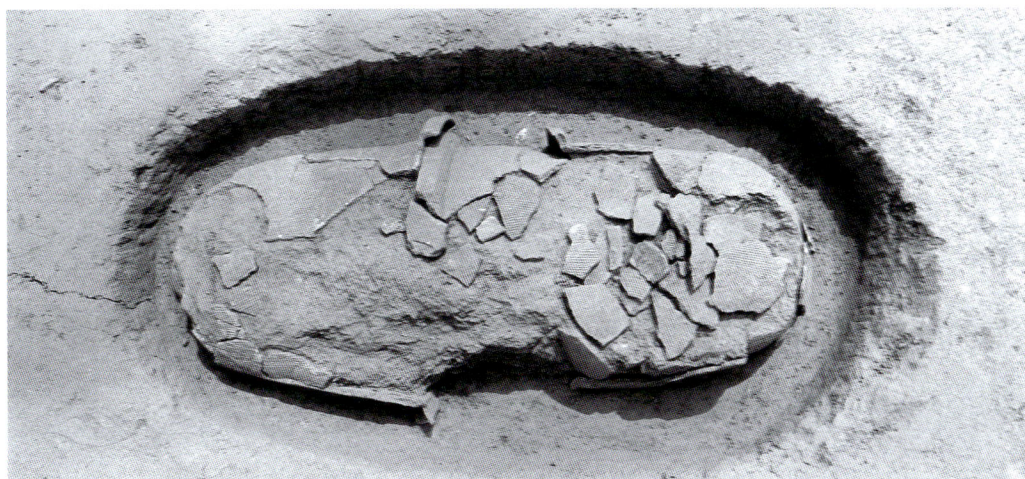

2. W104

3. W105、W106

W102、W104、W105、W106

图版六

1. W109

2. W130

3. W132

W109、W130、W132

1. W133

2. W136

3. W140

W133、W136、W140

1. W144

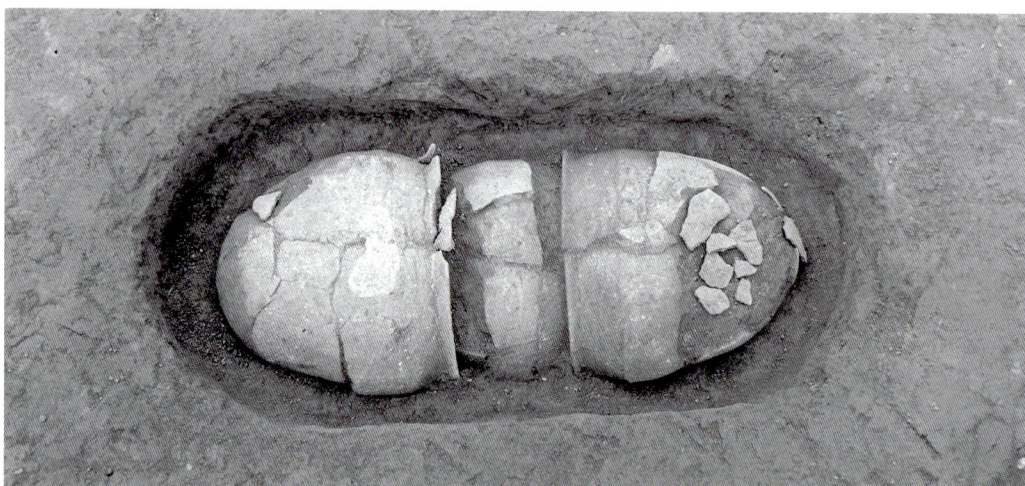

2. W148

3. W149

W144、W148、W149

1. W150

2. W152

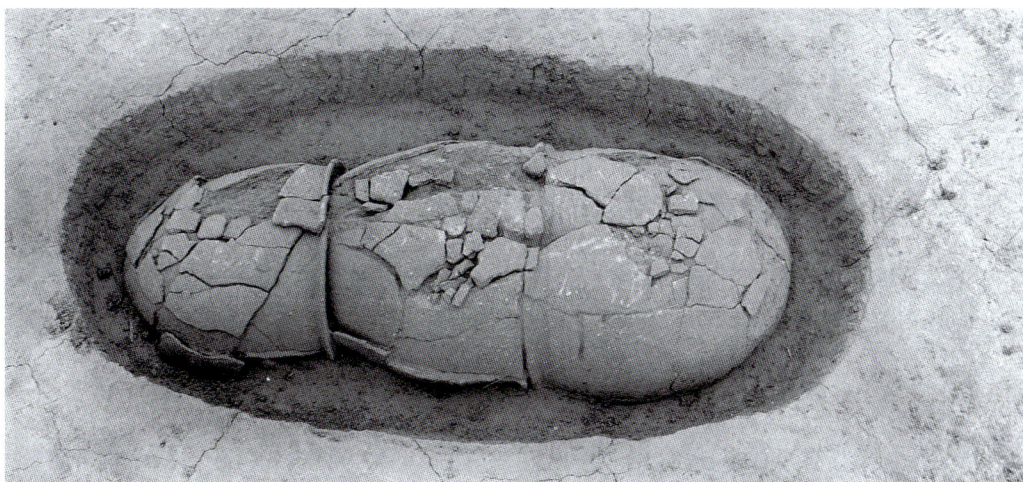

3. W155

W150、W152、W155

1. W162

2. W165

3. W166

W162、W165、W166

1. W168

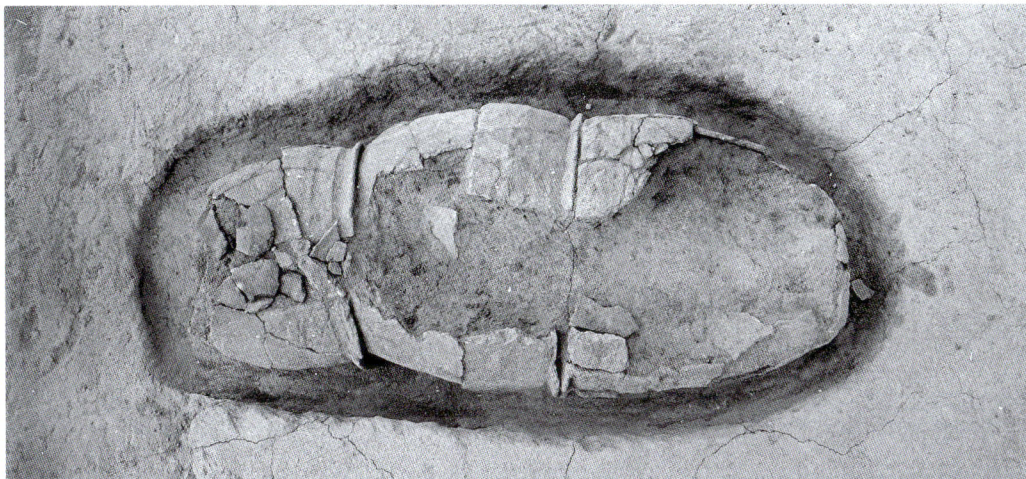

2. W171

3. W175

W168、W171、W175

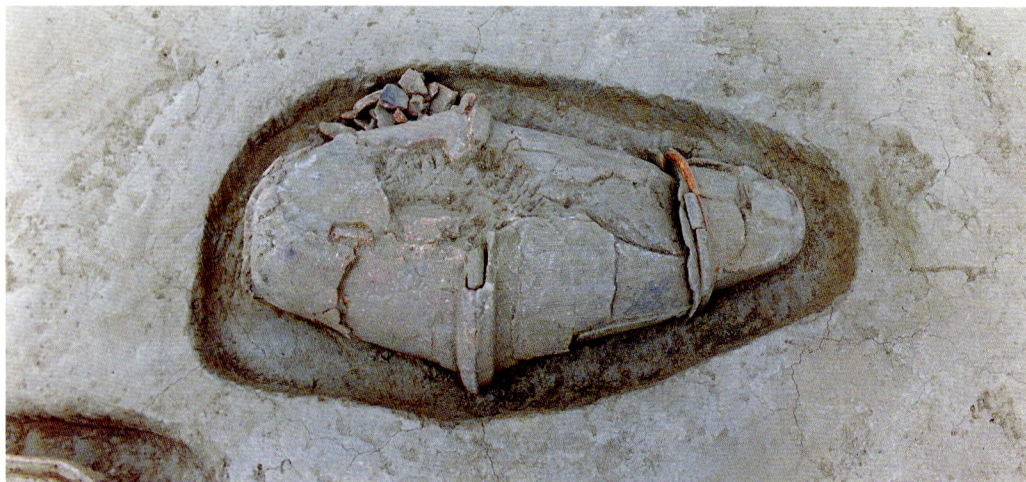

1. W176

2. W179

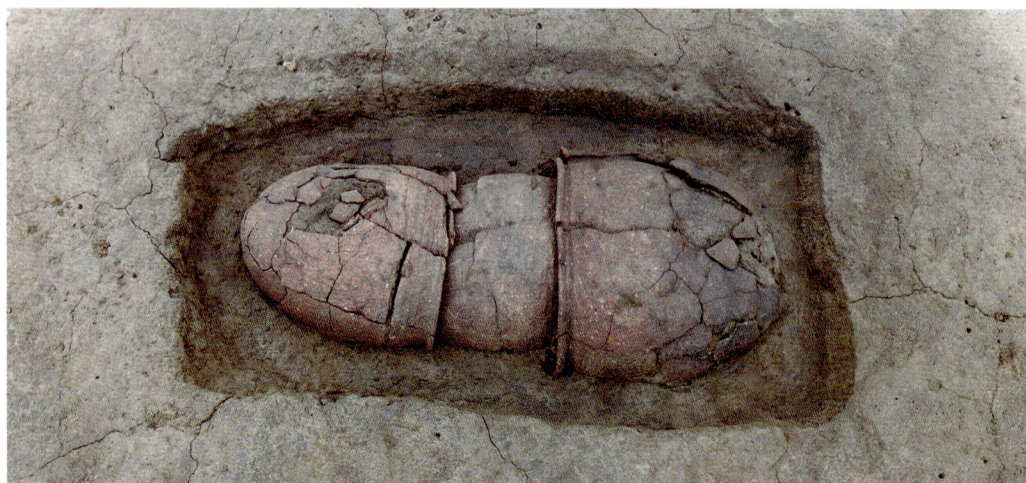

3. W181

W176、W179、W181

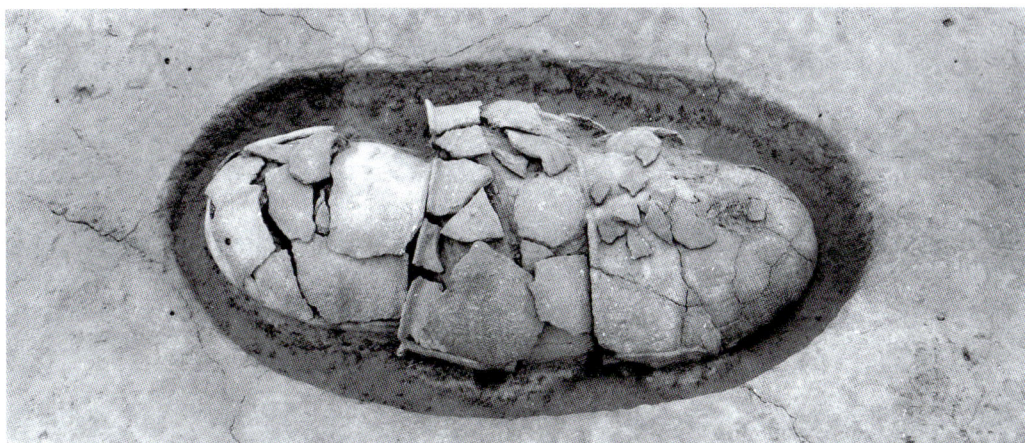

1. W182

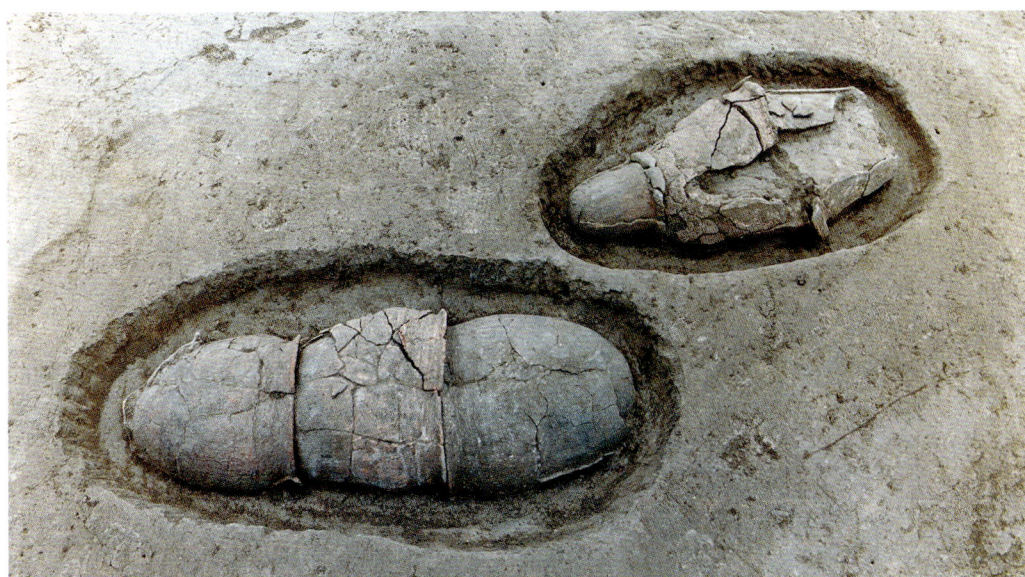

2. W183、W184

3. W190

W182、W183、W184、W190

1. W192

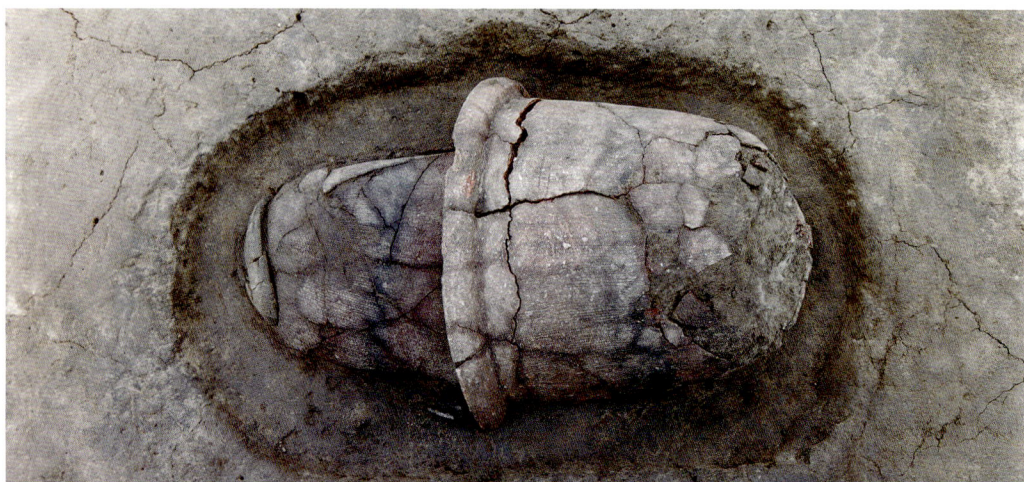

2. W193

3. W194

W192、W193、W194

1. W195

2. W196

3. W198、W199

W195、W196、W198、W199

1. W199

2. W204

3. W205

W199、W204、W205

1. W208

2. W217

3. W219

W208、W217、W219

1. W224、W225

2. W229

3. W230

W224、W225、W229、W230

1. W231

2. W232

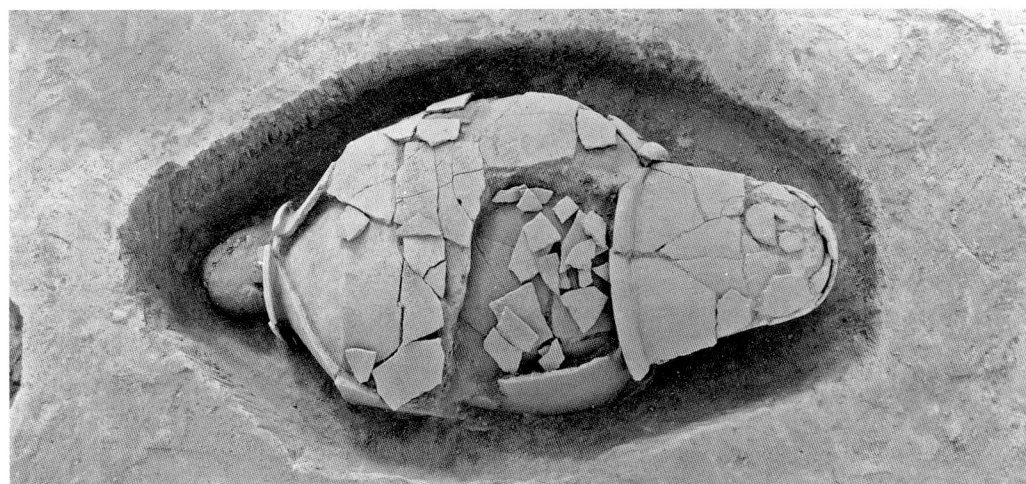

3. W233

W231、W232、W233

1. W235

2. W249

3. W253

W235、W249、W253

1. W254

2. W255

3. W257

W254、W255、W257

1. 陶釜（W7：2）

2. 陶瓮（W8：1）

3. 陶釜（W8：3）

4. 陶釜（W10：1）

5. 陶釜（W10：2）

6. 陶釜（W14：3）

W7、W8、W10、W14葬具

1. 陶釜（W18：1）

2. 陶罐（W18：3）

3. 陶釜（W18：4）

4. 陶釜（W20：1）

5. 陶瓮（W20：2）

6. 陶釜（W20：3）

W18、W20葬具

1. 陶釜（W21：1）

2. 陶罐（W21：2）

3. 陶釜（W21：3）

4. 陶釜（W22：4）

5. 陶罐（W22：5）

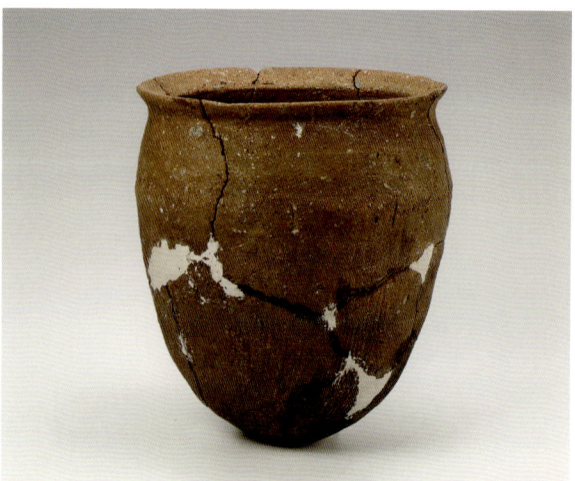

6. 陶釜（W24：3）

W21、W22、W24葬具

1. 陶釜（W25：1）

2. 陶釜（W29：1）

3. 陶碗（W30：3）

4. 陶釜（W32：2）

5. 陶釜（W32：3）

6. 陶釜（W35：1）

W25、W29、W30、W32、W35葬具及随葬品

1. 陶罐（W35：2）

2. 陶罐（W41：2）

3. 陶釜（W41：3）

4. 陶釜（W41：4）

5. 陶釜（W43：1）

6. 陶釜（W43：2）

W35、W41、W43葬具

1. 陶盆（W43∶3）

2. 陶瓮（W46∶1）

3. 陶盆（W46∶2）

4. 陶釜（W46∶3）

5. 陶盆（W47∶1）

6. 陶瓮（W48∶3）

W43、W46、W47、W48葬具

1. 陶釜（W49：1）

2. 陶釜（W49：3）

3. 陶釜（W54：1）

4. 陶釜（W55：2）

5. 陶釜（W56：2）

6. 陶釜（W57：1）

W49、W54、W55、W56、W57葬具

1. 陶釜（W57：2）

2. 陶盆（W59：3）

3. 陶釜（W61：1）

4. 陶釜（W61：2）

5. 陶釜（W62：2）

6. 陶罐（W64：2）

W57、W59、W61、W62、W64葬具

1. 陶釜（W65：2）

2. 陶釜（W68：1）

3. 陶釜（W74：1）

4. 陶瓮（W74：2）

5. 陶釜（W75：2）

6. 陶釜（W76：2）

W65、W68、W74、W75、W76葬具

1. 陶釜（W80：1）

2. 陶釜（W80：3）

3. 陶釜（W82：1）

4. 陶罐（W83：1）

5. 陶釜（W84：3）

6. 陶釜（W84：4）

W80、W82、W83、W84葬具

1. 陶釜（W86：1）

2. 陶釜（W88：1）

3. 陶釜（W88：2）

4. 陶豆盘（W88：3）

5. 陶釜（W90：1）

6. 陶釜（W90：2）

W86、W88、W90葬具

1. 陶釜（W93：1）

2. 陶釜（W94：2）

3. 陶盆（W97：3）

4. 陶釜（W100：1）

5. 陶釜（W100：2）

6. 陶釜（W100：3）

W93、W94、W97、W100葬具

1. 陶釜（W101∶1）

2. 陶釜（W101∶2）

3. 陶瓮（W102∶1）

4. 陶罐（W102∶2）

5. 陶釜（W102∶3）

6. 陶釜（W103∶1）

W101、W102、W103葬具

1. 陶釜（W103∶2）

2. 陶釜（W104∶1）

3. 陶釜（W104∶3）

4. 陶釜（W105∶1）

5. 陶釜（W105∶2）

6. 陶釜（W105∶3）

W103、W104、W105葬具

1. 陶釜（W106：1）

2. 陶釜（W106：2）

3. 陶釜（W106：3）

4. 陶釜（W106：4）

5. 陶釜（W107：1）

6. 陶釜（W107：2）

W106、W107葬具

1. 陶釜（W107：3）

2. 陶釜（W108：1）

3. 陶釜（W108：2）

4. 陶釜（W108：3）

5. 陶盆（W109：1）

6. 陶釜（W109：2）

W107、W108、W109葬具

1. 陶釜（W109：3）

2. 陶盆（W110：1）

3. 陶盆（W110：2）

4. 陶釜（W112：1）

5. 陶釜（W112：2）

6. 陶釜（W112：3）

W109、W110、W112葬具

1. 陶甗（W116：3）

2. 陶瓮（W117：2）

3. 陶钵（W119：3）

4. 陶釜（W123：1）

5. 陶钵（W123：3）

6. 陶釜（W125：1）

W116、W117、W119、W123、W125葬具

1. 陶釜（W125：2）

2. 陶釜（W126：1）

3. 陶釜（W127：1）

4. 陶釜（W127：3）

5. 陶釜（W128：1）

6. 陶釜（W128：2）

W125、W126、W127、W128葬具

1. 陶釜（W129：2）

2. 陶釜（W129：3）

3. 陶釜（W130：1）

4. 陶釜（W130：2）

5. 陶釜（W130：3）

6. 陶釜（W131：1）

W129、W130、W131葬具

1. 陶釜（W132：1）

2. 陶盆（W132：3）

3. 陶罐（W133：1）

4. 陶釜（W133：2）

5. 陶釜（W133：3）

6. 陶盆（W134：2）

W132、W133、W134葬具

1. 陶釜（W135：1）

2. 陶釜（W136：1）

3. 陶釜（W136：2）

4. 陶釜（W136：3）

5. 陶盆（W137：2）

6. 陶釜（W137：3）

W135、W136、W137 葬具

1. 陶瓮（W139：1）

2. 陶釜（W139：2）

3. 陶罐（W139：3）

4. 陶釜（W140：1）

5. 陶釜（W140：2）

6. 陶釜（W140：3）

W139、W140葬具

1. 陶釜（W140：4）

2. 陶釜（W141：1）

3. 陶釜（W141：2）

4. 陶釜（W141：4）

5. 陶釜（W142：1）

6. 陶釜（W143：2）

W140、W141、W142、W143葬具

1. 陶釜（W144：1）

2. 陶釜（W144：2）

3. 陶釜（W144：3）

4. 陶釜（W145：1）

5. 陶釜（W145：2）

6. 陶釜（W145：3）

W144、W145葬具

1. 陶釜（W147：4）

2. 陶釜（W148：1）

3. 陶釜（W148：2）

4. 陶釜（W148：3）

5. 陶釜（W149：1）

6. 陶釜（W149：2）

W147、W148、W149葬具

1. 陶甑（W150：1）

2. 陶釜（W150：2）

3. 陶釜（W150：3）

4. 陶釜（W152：1）

5. 陶罐（W152：2）

6. 陶釜（W152：3）

W150、W152葬具

1. 陶釜（W154：3）

2. 陶釜（W155：1）

3. 陶釜（W155：2）

4. 陶釜（W155：3）

5. 陶釜（W156：1）

6. 陶釜（W156：2）

W154、W155、W156葬具

图版五○

1. 陶釜（W156：3）

2. 陶釜（W157：1）

3. 陶釜（W157：2）

4. 陶釜（W158：1）

5. 陶瓮（W158：2）

6. 陶釜（W158：3）

W156、W157、W158葬具

1. 石环（W158：4）

2. 陶釜（W159：1）

3. 陶釜（W159：3）

4. 陶釜（W161：2）

5. 陶釜（W162：1）

6. 陶瓮（W162：2）

W158、W159、W161、W162葬具及随葬品

1. 陶瓮（W162：3）

2. 陶罐（W164：3）

3. 陶釜（W165：1）

4. 陶釜（W165：2）

5. 陶釜（W165：3）

6. 陶釜（W166：1）

W162、W164、W165、W166葬具

1. 陶釜（W166：2）

2. 陶盆（W166：3）

3. 陶釜（W168：1）

4. 陶釜（W168：2）

5. 陶盆（W168：3）

6. 陶釜（W169：1）

W166、W168、W169 葬具

1. 陶釜（W170：1）

2. 陶釜（W171：1）

3. 陶釜（W171：2）

4. 陶釜（W171：3）

5. 陶罐（W172：1）

6. 陶釜（W172：2）

W170、W171、W172葬具

1. 陶釜（W174：2）

2. 陶釜（W174：3）

3. 陶瓮（W175：1）

4. 陶盆（W175：2）

5. 陶瓮（W175：3）

6. 陶釜（W176：1）

W174、W175、W176葬具

1. 陶釜（W176：2）

2. 陶釜（W176：3）

3. 陶釜（W177：1）

4. 陶釜（W177：2）

5. 陶豆盘（W177：3）

6. 陶釜（W179：1）

W176、W177、W179葬具

1. 陶瓮（W179：2）

2. 陶罐（W179：3）

3. 陶釜（W181：1）

4. 陶釜（W181：2）

5. 陶釜（W181：3）

6. 陶釜（W182：1）

W179、W181、W182葬具

1. 陶釜（W182：2）

2. 陶釜（W182：3）

3. 陶釜（W183：1）

4. 陶釜（W183：3）

5. 陶釜（W184：1）

6. 陶釜（W184：2）

W182、W183、W184葬具

1. 陶釜（W184：3）

2. 陶罐（W185：3）

3. 陶釜（W186：1）

4. 陶釜（W186：2）

5. 陶釜（W186：3）

6. 陶釜（W187：2）

W184、W185、W186、W187葬具

1. 陶釜（W187：3）

2. 陶釜（W188：1）

3. 陶釜（W188：3）

4. 陶釜（W189：3）

5. 陶釜（W190：1）

6. 陶釜（W190：2）

W187、W188、W189、W190 葬具

1. 陶釜（W190：3）

2. 陶釜（W192：1）

3. 陶釜（W192：2）

4. 陶釜（W192：3）

5. 陶釜（W193：1）

6. 陶釜（W193：2）

W190、W192、W193葬具

1. 陶钵（W193：3）

2. 陶盆（W194：1）

3. 陶釜（W194：2）

4. 陶罐（W194：3）

5. 陶釜（W195：1）

6. 陶釜（W195：2）

W193、W194、W195葬具

1. 陶釜（W195：3）

2. 陶罐（W196：1）

3. 陶釜（W196：2）

4. 陶釜（W196：3）

5. 陶釜（W196：4）

6. 陶盆（W197：1）

W195、W196、W197葬具

1. 陶釜（W197：3）

2. 陶釜（W198：1）

3. 陶釜（W198：2）

4. 陶釜（W198：3）

5. 陶釜（W199：1）

6. 陶釜（W199：2）

W197、W198、W199葬具

1. 陶釜（W199：3）

2. 陶瓮（W200：2）

3. 陶釜（W201：1）

4. 陶盆（W202：1）

5. 陶瓮（W202：2）

6. 陶盆（W202：3）

W199、W200、W201、W202葬具

1. 琉璃环（W202：4）

2. 陶釜（W203：2）

3. 陶盆（W203：3）

4. 陶釜（W204：1）

5. 陶釜（W204：2）

6. 陶釜（W204：3）

W202、W203、W204葬具及随葬品

1. 陶釜（W205：1）

2. 陶盆（W205：2）

3. 陶釜（W205：3）

4. 陶釜（W206：1）

5. 陶釜（W206：2）

6. 陶釜（W206：3）

W205、W206葬具

1. 陶釜（W207：1）

2. 陶釜（W207：2）

3. 陶瓮（W208：1）

4. 陶釜（W208：2）

5. 陶盆（W208：3）

6. 陶釜（W209：2）

W207、W208、W209 葬具

1. 陶釜（W209：3）

2. 陶釜（W210：1）

3. 陶釜（W210：2）

4. 陶釜（W211：1）

5. 陶釜（W212：3）

6. 陶釜（W213：1）

W209、W210、W211、W212、W213葬具

1. 陶釜（W213：2）

2. 陶釜（W213：3）

3. 陶釜（W214：1）

4. 陶釜（W214：2）

5. 陶釜（W214：3）

6. 陶釜（W215：1）

W213、W214、W215葬具

1. 陶釜（W215：2）

2. 陶豆盘（W215：3）

3. 陶釜（W217：2）

4. 陶罐（W217：3）

5. 陶罐（W217：4）

6. 陶釜（W217：5）

W215、W217葬具

1. 陶釜（W218：1）

2. 陶釜（W218：2）

3. 陶釜（W219：1）

4. 陶釜（W219：2）

5. 陶钵（W219：3）

6. 陶釜（W221：1）

W218、W219、W221葬具

1. 陶盆（W223：1）

2. 陶釜（W223：2）

3. 陶盆（W223：3）

4. 陶釜（W224：1）

5. 陶釜（W224：2）

6. 陶釜（W224：3）

W223、W224葬具

1. 陶釜（W225：1）

2. 陶釜（W225：2）

3. 陶釜（W226：2）

4. 陶盆（W226：3）

5. 陶釜（W227：2）

6. 陶釜（W227：3）

W225、W226、W227葬具

1. 陶釜（W228：1）

2. 陶釜（W228：2）

3. 陶釜（W229：1）

4. 陶瓮（W229：2）

5. 陶罐（W229：3）

6. 陶釜（W230：1）

W228、W229、W230葬具

1. 陶釜（W230：2）

2. 陶釜（W230：3）

3. 陶罐（W231：1）

4. 陶釜（W231：2）

5. 陶釜（W231：3）

6. 陶釜（W231：4）

W230、W231葬具

1. 陶釜（W232：1）

2. 陶釜（W232：2）

3. 陶釜（W232：3）

4. 陶釜（W233：1）

5. 陶瓮（W233：2）

6. 陶釜（W233：3）

W232、W233葬具

1. 陶釜（W234：1）

2. 陶釜（W234：3）

3. 陶釜（W235：1）

4. 陶釜（W235：2）

5. 陶釜（W235：3）

6. 陶釜（W237：3）

W234、W235、W237葬具

1. 陶釜（W239：1）

2. 陶釜（W239：2）

3. 陶釜（W240：1）

4. 陶釜（W240：3）

5. 陶釜（W241：2）

6. 陶釜（W241：3）

W239、W240、W241葬具

1. 陶釜（W242：1）

2. 陶盆（W242：2）

3. 陶釜（W244：2）

4. 陶釜（W249：1）

5. 陶釜（W249：2）

6. 陶釜（W249：3）

W242、W244、W249葬具

1. 陶瓮（W250：1）

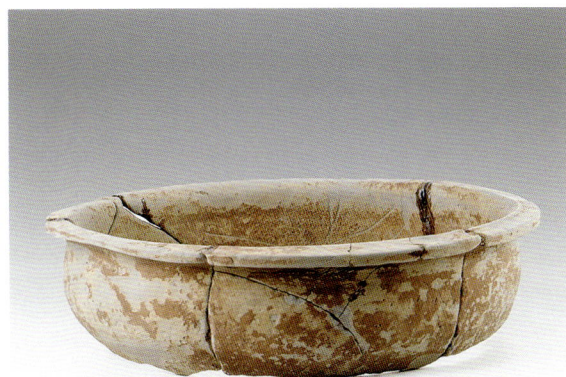

2. 陶盆（W250：2）

3. 陶釜（W250：3）

4. 陶釜（W251：1）

5. 陶釜（W251：2）

6. 陶盆（W252：3）

W250、W251、W252葬具

1. 陶釜（W253：1）

2. 陶釜（W253：2）

3. 陶釜（W253：3）

4. 陶釜（W254：1）

5. 陶瓮（W254：2）

6. 陶釜（W254：3）

W253、W254葬具

1. 陶瓮（W255：1）

2. 陶盆（W255：2）

3. 陶釜（W255：3）

4. 陶盆（W255：4）

5. 陶瓮（W256：2）

6. 陶釜（W257：1）

W255、W256、W257葬具

1. 陶釜（W257∶2）

2. 陶釜（W257∶3）

3. 陶盆（W259∶1）

4. 陶釜（W260∶1）

5. 陶盆（W260∶2）

6. 陶罐（W261∶3）

W257、W259、W260、W261葬具